Der Eichmann-Prozeß in der deutschen Presse

Fritz Bauer Institut

Studien- und Dokumentationszentrum zur
Geschichte und Wirkung des Holocaust

Wissenschaftliche Reihe des Fritz Bauer Instituts, Band 8

Peter Krause, Dr. phil., studierte Politologie an der Freien Universität Berlin und ist persönlicher Referent der Präsidentin der Europa-Universität Viadrina in Frankfurt/Oder.

Peter Krause

Der Eichmann-Prozeß in der deutschen Presse

Campus Verlag
Frankfurt/New York

Gedruckt mit Unterstützung der ZEIT-Stiftung, Hamburg

Die Deutsche Bibliothek – CIP-Einheitsaufnahme

Ein Titeldatensatz für diese Publikation ist bei
Der Deutschen Bibliothek erhältlich
ISBN 3-593-37001-8

Umschlaggestaltung: conceptdesign, Offenbach
Umschlagmotiv: Adolf Eichmann während des Prozesses in Jerusalem
© Israelisches Staatsarchiv, Jerusalem
Satz: Satz-Studio Rolfs, Dreis-Brück
Gedruckt auf säurefreiem und chlorfrei gebleichtem Papier.
Printed in Germany

Inhalt

Vorwort

Das vorliegende Buch ist die gekürzte Fassung meiner im Dezember 1999 vom Otto-Suhr-Institut der Freien Universität Berlin angenommenen Dissertation. Betreut wurde sie von Gesine Schwan, der ich für die langjährige offene und kritische Unterstützung besonders dankbar bin.

Viele Menschen haben mich bei meiner Arbeit begleitet, denen ich für ihren Rat und ihre Hilfe danken möchte. Da sind zu allererst meine Eltern, Renate und Hans, die mich in der Zeit meines Studiums tatkräftig unterstützt haben. Danken möchte ich auch Lutz Mannes und meinen langjährigen Studienfreunden Johannes Heesch und Peter Hurrelbrink für ihr neugieriges Interesse an meiner Arbeit, sowie meinen akademischen Lehrern Hajo Funke, Helmut Müller, Ingo Peters, Peter Steinbach und Bodo Zeuner, und schließlich meiner Liebsten Birgit Schwelling, die mich unermüdlich und liebevoll begleitet und unterstützt hat.

Susanne Meinl und Irmtrud Wojak vom Fritz Bauer Institut danke ich für die kritische Lektüre meines Manuskripts und die vielen Hinweise, die zu seiner Verbesserung beigetragen haben.

Mein besonderer Dank gilt der Stiftung Wissenschaft und Demokratie, die durch ihre großzügige finanzielle Unterstützung diese Studie ermöglich hat.

Ein weiterer Dank gilt der ZEIT-Stiftung Ebelin und Gerd Bucerius, die die Drucklegung dieses Buches gefördert hat.

Berlin, im Winter 2001 Peter Krause

I. Einleitung

Die große Bedeutung der Auseinandersetzung mit der nationalsozialistischen Vergangenheit und insbesondere der Verfolgung und Ermordung der europäischen Juden für die politische Kultur und das Selbstverständnis der Bundesrepublik ist kaum zu überschätzen und nahezu unumstritten. Die kaum noch überschaubare und stetig wachsende Zahl der zu diesem Thema veröffentlichten Literatur ist dafür ein sichtbares Zeichen.[1] Daß dabei die Qualität dieser auch »Vergangenheitsbewältigung« genannten Auseinandersetzung unterschiedlich bewertet wird, ändert nichts an ihrer grundsätzlichen Relevanz für die deutsche Nachkriegsgesellschaft.

---

1 Aus der äußerst umfangreichen Literatur zum Thema seien hier nur folgende wichtige Titel genannt: Karl Jaspers, Die Schuldfrage. Von der politischen Haftung Deutschlands. München 1987 (zuerst 1946); Theodor W. Adorno, Was bedeutet: Aufarbeitung der Vergangenheit?, in: ders., Eingriffe. Neun kritische Modelle. Frankfurt am Main 1996 (zuerst Wiesbaden 1959), S. 125-146; Alexander Mitscherlich, Margarete Mitscherlich, Die Unfähigkeit zu trauern. Grundlagen kollektiven Verhaltens. München 1968; Hermann Lübbe, Der Nationalsozialismus im deutschen Nachkriegsbewußtsein, in: Historische Zeitschrift, Band 236 (1983), S. 577-599; Ralph Giordano, Die zweite Schuld oder Von der Last ein Deutscher zu sein. Hamburg, Zürich 1987; Dan Diner (Hg.), Zivilisationsbruch – Denken nach Auschwitz. Frankfurt am Main 1988; Rainer Lepsius, Das Erbe des Nationalsozialismus und die politische Kultur der Nachfolgestaaten des »Großdeutschen Reiches«, in: Kultur und Gesellschaft. Verhandlungen des 24. Deutschen Soziologentags und des 8. Kongresses der Schweizerischen Gesellschaft für Soziologie in Zürich 1988; herausgegeben von Max Haller, Hans Jürgen Hoffmann-Nowottny, Wolfgang Zapf. Frankfurt am Main u.a. 1989, S. 247-264; Walter Pehle (Hg.), Der historische Ort des Nationalsozialismus – Annährungen. Frankfurt am Main 1990; Uwe Backes, Eckhard Jesse, Rainer Zitelmann (Hg.), Die Schatten der Vergangenheit. Impulse zur Historisierung des Nationalsozialismus. Frankfurt am Main u.a. 1990; Hanno Loewy (Hg.), Holocaust: Die Grenzen des Verstehens. Eine Debatte über die Besetzung der Geschichte. Reinbek bei Hamburg 1992; Manfred Kittel, Die Legende von der »Zweiten Schuld«. Vergangenheitsbewältigung in der Ära Adenauer. Berlin u.a. 1993; Thomas Herz, Michael Schwab-Trapp (Hg.), Umkämpfte Vergangenheit. Diskurse über den Nationalsozialismus seit 1945. Opladen 1997; Gesine Schwan, Politik und Schuld. Die zerstörerische Macht des Schweigens. Frankfurt am Main 1997; und mit Blick auf beide deutsche Staaten: Jeffrey Herf, Zweierlei Erinnerung. Die NS-Vergangenheit im geteilten Deutschland. Berlin 1998.

Die wichtigen Kristallisationspunkte, an denen diese Auseinandersetzung mit der deutschen Vergangenheit und ihre Bedeutung für die deutsche Gegenwart und Zukunft besonders deutlich erkennbar wird, sind sowohl zahlreich als auch unterschiedlich. Der Bogen spannt sich von der »Vergangenheitspolitik« (Norbert Frei) und den Debatten um die Verstrickung namhafter bundesdeutscher Politiker in das NS-Regime und die Verjährung von NS-Verbrechen in den fünfziger und sechziger Jahren, über die Diskussionen um die Fernsehserie »Holocaust« Ende der siebziger Jahre, den sogenannten »Historikerstreit« Mitte der achtziger Jahre, bis zu den Debatten um die Wehrmachtsausstellung, die Kontroverse um die Thesen des amerikanischen Historikers Daniel J. Goldhagen und die langwierigen Diskussionen um die Errichtung eines Mahnmals für die ermordeten Juden Europas in den neunziger Jahren.[2] Immer wieder wurde die Frage nach dem angemessenen Umgang und den »richtigen Lehren« aus der Vergangenheit vor und von einer breiten Öffentlichkeit engagiert und kontrovers diskutiert. Die Frage nach der Verantwortung und Schuld für die »in deutschem Namen« begangenen Verbrechen war dabei eine zentrale Kategorie.[3] Bereits 1946 hatte Karl Jaspers mit seiner bis heute stark rezipierten Schrift *Die Schuldfrage* die Relevanz und Reichweite dieser Fragen herausgearbeitet.[4]

Besonders wichtig für die Auseinandersetzung mit der nationalsozialistischen Vergangenheit und den nationalsozialistischen Verbrechen waren die großen Strafprozesse gegen diejenigen, die an den während der NS-Zeit begangenen Verbrechen beteiligt waren.[5] Dazu zählt neben den Prozessen von Nürnberg (1945/46), dem Ulmer Einsatz-

---

2 Vgl. Norbert Frei, Vergangenheitspolitik. Die Anfänge der Bundesrepublik und die NS-Vergangenheit. München 1996; Jörg Friedrich, Die kalte Amnestie. NS-Täter in der Bundesrepublik. Erweiterte und überarbeitete Neuausgabe, München 1994; Peter Märthesheimer, Ivo Frenzel (Hg.), Im Kreuzfeuer: Der Fernsehfilm »Holocaust«. Eine Nation ist betroffen. Frankfurt am Main 1979; »Historikerstreit« – Die Dokumentation der Kontroverse um die Einzigartigkeit der nationalsozialistischen Judenvernichtung. München u.a. 1987; Hans-Günther Thiele (Hg.), Die Wehrmachtsausstellung. Dokumentation einer Kontroverse. Bremen 1997; Daniel J. Goldhagen, Hitlers willige Vollstrecker. Ganz gewöhnliche Deutsche und der Holocaust. Berlin 1996; Wolfgang Wippermann, Wessen Schuld? Vom Historikerstreit zur Goldhagen-Kontroverse. Berlin 1997; Johannes Heil, Rainer Erb (Hg.), Geschichtswissenschaft und Öffentlichkeit. Der Streit um Daniel J. Goldhagen. Frankfurt am Main 1998; Michael S. Cullen (Hg.), Das Holocaust-Mahnmal. Dokumentation einer Debatte. Zürich 1999.

3 Siehe dazu grundlegend: Schwan, Politik und Schuld.

4 Vgl. Jaspers, Die Schuldfrage.

5 Siehe hierzu besonders: Ulrich-Dieter Oppitz, Strafverfahren und Strafvollstreckung bei NS-Gewaltverbrechen. Darstellung an Hand von 542 rechtskräftigen Urteilen deutscher Gerichte aus der Zeit von 1946-1975. 2., erweiterte Aufl., Ulm 1979; Peter Steinbach, Nationalsozialistische Gewaltverbrechen. Die Diskussion in der Öffentlichkeit nach 1945. Berlin 1981; Adalbert Rückerl, NS-Verbrechen vor Gericht. Versuch einer Vergangenheitsbewältigung. 2., überarbeitete Aufl.,

gruppen-Prozeß (1958) und dem Auschwitz-Prozeß in Frankfurt am Main (1963-65), der Prozeß gegen den ehemaligen SS-Obersturmbannführer Adolf Eichmann in Jerusalem (1961).

Die Bedeutung der NS-Strafprozesse bestand nicht ausschließlich in dem Versuch, die nationalsozialistischen Verbrechen mit Hilfe juristischer Mittel aufzuarbeiten und die Verantwortlichen zur Rechenschaft zu ziehen. Vielmehr lag ihre Bedeutung auch darin, daß sie verschiedentlich wichtige Anlässe und Auslöser einer breiteren öffentlichen Auseinandersetzung mit der Vergangenheit waren. Sie boten eine Gelegenheit, die zentrale Frage nach der Verantwortung und Schuld für die begangenen Verbrechen anhand von konkreten Ereignissen und Zusammenhängen und am Beispiel einzelner Personen oder Personengruppen und Institutionen erneut zu stellen.

Durch die Berichterstattung in den Massenmedien wurden die Ereignisse, die im Gerichtssaal thematisiert wurden, einer breiteren Öffentlichkeit bekannt. Dabei verbreiteten die Massenmedien nicht nur »sachliche« Informationen über den Hergang der Verfahren und deren historische und rechtliche Hintergründe, sondern wirkten durch die Art und den Inhalt ihrer Berichterstattung und Kommentare auch aktiv und entscheidend am Verlauf der öffentlichen Debatte über die nationalsozialistische Vergangenheit mit.[6] Bis in die sechziger Jahre hinein spielten die Printmedien, das heißt Zeitungen und Zeitschriften, eine besonders wichtige Rolle für die Herstellung von

---

Heidelberg 1984; Jürgen Weber, Peter Steinbach (Hg.), Vergangenheitsbewältigung durch Strafverfahren? NS-Prozesse in der Bundesrepublik Deutschland. München 1984; Albrecht Götz, Bilanz der Verfolgung von NS-Straftaten. Köln 1986; Helge Grabitz, NS-Prozesse – Psychogramme der Beteiligten. Heidelberg 1986. Und zu grundlegenden juristischen Problemen der strafrechtlichen Aufarbeitung von NS-Verbrechen: Herbert Jäger, Verbrechen unter totalitärer Herrschaft. Studien zur nationalsozialistischen Gewaltkriminalität. Frankfurt am Main 1982.

6 Dieser Einfluß beschränkt sich selbstverständlich nicht ausschließlich auf die Berichterstattung über NS-Strafprozesse, sondern läßt sich auch im grundsätzlicheren Umgang mit der Vergangenheit ausmachen. Siehe hierzu: Die stichprobenartige und in Teilen polemische Presseanalyse zur Berichterstattung über den 30. Jahrestag der »Machtergreifung«, den 25. Jahrestag des Beginns des Zweiten Weltkrieges und den 20. Jahrestag des 20. Juli in der bundesdeutschen Tagespresse 1963/64 von Reinhard Kühnl, Das Dritte Reich in der Presse der Bundesrepublik. Kritik eines Geschichtsbildes. Frankfurt am Main 1966; sowie die Untersuchung zur Thematisierung des Nationalsozialismus und des Krieges in den Fortsetzungsromanen, Tatsachenberichten und Leserbriefen in den Illustrierten *Stern* und *Quick* in den 50er Jahre von Michael Schornstheimer, Bombenstimmung und Katzenjammer. Vergangenheitsbewältigung: Quick und Stern in den 50er Jahren. Köln 1989 (vgl. auch Michael Schornstheimer, Die leuchtenden Augen der Frontsoldaten. Nationalsozialismus und Krieg in den Illustriertenromanen der fünfziger Jahre. Berlin 1995). Und als kurzen Überblick jüngst Jürgen Wilke, Massenmedien und Vergangenheitsbewältigung, in: ders (Hg.), Mediengeschichte der Bundesrepublik Deutschland (Schriftenreihe der Bundeszentrale für politische Bildung Band 361). Bonn 1999. S. 649-671.

Öffentlichkeit, da sie in den ersten Nachkriegsjahrzehnten – vor der Verbreitung des Fernsehens und neben dem Rundfunk – die einflußreichsten Massenmedien in der Bundesrepublik waren.[7]

Vor diesem Hintergrund ist es erstaunlich, daß bisher nur wenige Untersuchungen vorliegen, die sich der Berichterstattung über NS-Prozesse in der deutschen Presse widmen.[8] Im Hinblick auf den Eichmann-Prozeß sind drei Arbeiten zu nennen: zum einen die von Hans Lamm bereits 1961 – noch vor der Urteilsverkündung in Jerusalem – herausgegebene Zusammenstellung von ausgewählten Berichten und Kommentaren aus der bundesdeutschen Presse und verschiedenen Stellungnahmen aus Politik und Gesellschaft: eine reine Dokumentation, ohne Kommentierung und weitergehende analy-

---

Verwiesen sei hier auch auf Norbert Frei, der die Bedeutung der öffentlichen Meinung und der Presse für die »Vergangenheitspolitik« und die Auseinandersetzung mit der nationalsozialistischen Vergangenheit hervorgehoben hat. Dabei merkt er kritisch an, daß dies in der Forschung bisher noch nicht zufriedenstellend beachtet wurde. Vgl. Frei, Vergangenheitspolitik, S. 16. Siehe hierzu auch ders., Das Problem der NS-Vergangenheit in der Ära Adenauer, in: Heinrich Oberreuter (Hg.), Freundliche Feinde? Die Alliierten und die Demokratiegründung in Deutschland. München u.a. 1996, S. 181-193, hier S. 183f.

7 Zur Entwicklung der Medien und der Bedeutung der Presse für die politische Meinungsbildung in der Bundesrepublik siehe u.a.: Handbuch der Weltpresse, Band 1: Die Pressesysteme der Welt, herausgegeben vom Institut für Publizistik der Universität Münster unter Leitung von Heinz Prakke, Winfried B. Lerg und Michael Schmolke. Köln u.a. 1970, Stichwort Bundesrepublik Deutschland, S. 121-129; Harry Pross (Hg.), Deutsche Presse seit 1945. Bern u.a. 1965; Norbert Frei, Die Presse, in: Wolfgang Benz (Hg.), Die Geschichte der Bundesrepublik Deutschland. Frankfurt am Main 1989, Band 4: Kultur, S. 370-416; Otfried Jarren, Medien und Kommunikation in den 50er Jahren, in: Axel Schildt, Arnold Sywottek (Hg.), Modernisierung im Wiederaufbau. Die westdeutsche Gesellschaft der 50er Jahre, ungekürzte, durchges. und aktualisierte Studienausgabe. Bonn 1998, S. 433-438; Kurt Koszyck, Presse- und Pressekonzentration in den 50er Jahren, in: Schildt, Sywottek (Hg.), Modernisierung, S. 439-457; Jürgen Wilke (Hg.), Mediengeschichte der Bundesrepublik Deutschland (Schriftenreihe der Bundeszentrale für politische Bildung Band 361). Bonn 1999.

8 Zu nennen ist hier vor allem die Dissertation von Ulrich Kröger, Die Ahndung von NS-Verbrechen vor westdeutschen Gerichten und ihre Rezeption in der deutschen Öffentlichkeit 1958 bis 1965 unter besonderer Berücksichtigung von »Spiegel«, »Stern«, »Zeit«, »SZ«, »FAZ«, »Welt«, »Bild«, »Hamburger Abendblatt«, »NZ« und »Neuem Deutschland«, Diss. 1973; eine ambitionierte Arbeit, die sich auf die Betrachtung einzelner Zeitungen beschränkt, diese allerdings nicht miteinander in Beziehung setzt und so keine übergreifenden inhaltlichen Grundlinien der Berichterstattung herausarbeitet. Der Jerusalemer Eichmann-Prozeß von 1961 bleibt in der Arbeit von Kröger »grundsätzlich ausgeklammert«, da er im Ausland und nicht in Deutschland stattfand. (Vgl. ebd., S. 6) Erwähnung findet der Eichmann-Prozeß nur im Zusammenhang mit der Berichterstattung über andere NS-Prozesse und in einer kurzen kritischen Darstellung der während des Eichmann-Prozesses erhobenen Meinungsumfragen zu diesem Prozeß. (Vgl. ebd., S. 271-275)

tische Fragestellung.[9] Als zweites ist ein 1993 veröffentlichter Aufsatz von Heinz P. Wassermann über die Berichterstattung über den Eichmann-Prozeß in ausgewählten österreichischen Tageszeitungen zu nennen.[10] Dabei handelt es sich um eine anregende, aber bei weitem nicht erschöpfende Betrachtung, die die deutsche Berichterstattung über den Prozeß nicht berücksichtigt. Schließlich ist die vergleichende Studie *Holocaust und NS-Prozesse* zu nennen, die 1995 von Jürgen Wilke und anderen herausgegeben wurde.[11] In dieser quantitativen Studie wird die Berichterstattung von vier israelischen und vier bundesdeutschen Tageszeitungen über den Nürnberger Prozeß (1945/46), den Eichmann-Prozeß (1961), den Auschwitz-Prozeß (1963-65) und den Demjanjuk-Prozeß (1987/88) hinsichtlich ihrer formalen, strukturellen und inhaltlichen Merkmale analysiert und verglichen. Detailliert werden die Anzahl, die Länge, die Plazierung sowie die Herkunft der Berichte und Artikel über die Prozesse aufgeführt und einander gegenübergestellt. Darüber hinaus werden Anzahl und Unterschiede der angesprochenen Themen und der zeitliche Verlauf und »emotionale Gehalt«[12] der Berichterstattung in Form von Tabellen und Grafiken statistisch erfaßt und verglichen. Eine qualitative Analyse der Inhalte der Beiträge sowie eine Einbindung der Berichterstattung in die zeitgenössische Auseinandersetzung erfolgt hingegen nicht.

Im Rahmen der vorliegenden Arbeit soll der Frage nachgegangen werden, wie in der bundesdeutschen Öffentlichkeit und besonders in der Presse die Verbrechen Adolf Eichmanns und der Prozeß gegen ihn thematisiert wurden. Im Zentrum steht dabei die Frage, inwieweit der Prozeß zum Anlaß genommen wurde, sich mit der nationalsozialistischen Vergangenheit und dem Verbrechen der Vernichtung der europäischen Juden auseinanderzusetzen. Wurden die Verhaftung Eichmanns und der Prozeß zum Anlaß genommen, sich offen mit der »dunklen Vergangenheit« auseinanderzusetzen, oder forderte man einen »Schlußstrich«? Wurde versucht, die Verantwortung und Schuld »der Deutschen« zu ergründen, oder wurde die Strategie verfolgt, Eichmann und »die Füh-

---

9 Hans Lamm, Der Eichmann-Prozeß in der deutschen öffentlichen Meinung. Eine Dokumentensammlung. Frankfurt am Main. 1961.

10 Heinz P. Wassermann, »Lang lebe Deutschland, lang lebe Argentinien, lang lebe Österreich ...« – Der Prozeß gegen Adolf Eichmann: Eine Analyse historischer Bewußtseinsbildung durch die Tagespresse, in: Zeitgeschichte, Nr. 20/1993, S. 249-259. Bei diesem Aufsatz handelt es sich um eine überarbeitete Fassung des Kapitels »Eichmann« aus der Diplomarbeit von Heinz P. Wassermann, Gepreßte Geschichte. Der Nationalsozialismus in der veröffentlichten Meinung der Zweiten Republik. Ein Beitrag zur Bewußtseinsgeschichte und Bewußtseinsbildung der Zweiten Republik. Graz 1990.

11 J. Wilke, B. Schenk, A. A. Cohen, T. Zemach, Holocaust und NS-Prozesse. Die Presseberichterstattung in Israel und Deutschland zwischen Aneignung und Abwehr (Medien in Geschichte und Gegenwart Band 3). Köln u.a. 1995.

12 Vgl. ebd., S. 123.

rung« als die alleinigen Schuldigen an der Entrechtung, Verfolgung und Vernichtung der europäischen Juden darzustellen? Wie wurde Eichmann dargestellt und beurteilt? Sah man in ihm »einen von uns«, oder nur eine verbrecherische »Ausnahmeerscheinung«, die nichts mit den »normalen Deutschen« gemein hatte? Wurde die Befürchtung geäußert, daß der Prozeß in Jerusalem dem Ansehen der Bundesrepublik schaden könnte, oder trat man für eine rückhaltlose Aufklärung der Verbrechen ein?

Dies sind die Kernfragen bei der Auswertung der Presse-Berichterstattung über den Eichmann-Prozeß, die als Wegmarkierung dienen sollen, um die Fülle des vorliegenden Materials zu sichten und zu ordnen. Dabei wird angestrebt, ein möglichst aussagekräftiges Bild von der Auseinandersetzung mit dem Fall Eichmann und dem Eichmann-Prozeß zu zeichnen, um so die öffentliche Auseinandersetzung mit der nationalsozialistischen Vergangenheit zu Beginn der sechziger Jahre erfassen und beurteilen zu können.

Der Eichmann-Prozeß eignet sich aus zumindest zwei Gründen für eine solche Untersuchung. Zum einen fand er in der deutschen – und in der internationalen – Öffentlichkeit starke Beachtung. Die spektakuläre Festnahme Eichmanns in Argentinien und der Umstand, daß er in Israel vor Gericht gestellt wurde, schufen eine Konstellation, die es nahezu unmöglich machte, einer Auseinandersetzung mit diesem Prozeß auszuweichen. Die Tatsache, daß der ehemalige SS-Obersturmbannführer kein »kleiner Nazi« gewesen war, sondern als Leiter der für »Judenangelegenheiten« zuständigen Abteilung im Reichssicherheitshauptamt eine Schlüsselfigur bei der Umsetzung der »Endlösung«, bot die Gelegenheit, die nationalsozialistischen Verbrechen in all ihren Dimensionen vor Gericht zu bringen und damit vor einer breiten Öffentlichkeit zu erörtern.

Zum anderen fiel der Eichmann-Prozeß genau in jenen für die »Vergangenheitsbewältigung« wichtigen Zeitraum zwischen dem Ende der fünfziger und dem Beginn der sechziger Jahre, in dem sich aufgrund verschiedener Ereignisse und Entscheidungen – wie beispielsweise der Verjährungsdebatte und der Gründung der Zentralen Stelle der Landesjustizverwaltungen zur Aufklärung nationalsozialistischer Verbrechen in Ludwigsburg, aber auch den Hakenkreuzschmierereien im Winter 1959/60[13] – ein gewisser Wandel in der Art des Umgangs mit der Vergangenheit abzuzeichnen schien. Im Kern läßt sich dieser Wandel als eine Bewegung weg von einer eher auf gesellschaftliche Stabilität und Ruhe bedachten »Vergangenheitspolitik« (Norbert Frei), hin zu einer kritischeren, an Aufklärung orientierten, offeneren und vor allem öffentlichen Auseinandersetzung mit der nationalsozialistischen Vergangenheit beschreiben.[14] Insofern kann

---

13 Siehe hierzu Abschnitt II. 4. Kalter Krieg und »kalte Amnestie« – Der zeitgeschichtliche Hintergrund des Eichmann-Prozesses.

14 Siehe zum Wandel der Auseinandersetzung mit der nationalsozialistischen Vergangenheit in der Bundesrepublik u.a.: Helmut König, Das Erbe der Diktatur. Der Nationalsozialismus im politischen Bewußtsein der Bundesrepublik, in: Leviathan Jg. 24 (1996), H. 2, S. 163-180; Andreas

eine Untersuchung über die Berichterstattung zum Eichmann-Prozeß mit dazu beitragen, die Quantität und Qualitität tatsächlicher oder vermeintlicher Veränderungen der »Vergangenheitsbewältigung« in jenen Jahren präziser zu erkennen und einzuordnen.

Die empirische Grundlage der vorliegenden Untersuchung bildet im wesentlichen die bundesdeutsche Presseberichterstattung. Der Untersuchungszeitraum spannt sich von der Meldung der Gefangennahme Eichmanns am 23. Mai 1960 bis eine Woche nach seiner Hinrichtung in der Nacht vom 31. Mai auf den 1. Juni 1962. Die Untersuchung beschränkt sich damit nicht nur auf den Zeitraum des Prozesses vor dem Jerusalemer Bezirksgericht (11. April bis 15. Dezember 1961), sondern berücksichtigt auch die Monate vor dem Prozeßbeginn, sowie den Zeitraum zwischen der erstinstanzlichen Verurteilung und der Bestätigung des Todesurteils durch die Berufungsinstanz und der Hinrichtung Eichmanns nach der Ablehnung des Gnadengesuchs.

Bei der Auswahl der hier zur Auswertung herangezogenen Presse wurde vor allem darauf geachtet, daß sich darin ein möglichst breites politisches Spektrum widerspiegelt. Auch sollten die Zeitungen und Zeitschriften eine große, bundesweite Leserschaft, das heißt eine möglichst hohe Auflage und eine überregionale Verbreitung aufweisen. Bei den Tageszeitungen, die berücksichtigt wurden, handelt es sich um den Berliner *Tagesspiegel*, die *Süddeutsche Zeitung* aus München, die Zeitung *Die Welt* aus Hamburg, die *Frankfurter Rundschau* und die *Frankfurter Allgemeine Zeitung*. Aus dem Angebot der Zeitschriften wurden der christlich-konservative *Rheinische Merkur* aus Koblenz, die Illustrierte *Der Stern*, das Nachrichtenmagazin *Der Spiegel* und die Wochenzeitung *Die Zeit* – alle drei aus Hamburg – ausgewählt.[15]

Die Zeitungen und Zeitschriften wurden hinsichtlich relevanter Berichte und Kommentare, aber auch entsprechender Fotos – besonders in der Illustrierten *Stern* – und entsprechender Leserbriefe gesichtet. Die entsprechenden Beiträge wurden vor dem

---

Wöll, Vergangenheitsbewältigung in der Gesellschaftsgeschichte der Bundesrepublik. Zur Konfliktlogik eines Streitthemas, in: Gary S. Schaal, Andreas Wöll (Hg.), Vergangenheitsbewältigung – Modelle der politischen und sozialen Integration in der bundesdeutschen Nachkriegsgeschichte. Baden-Baden 1997, S. 29-42; Frei, Vergangenheitspolitik, besonders S. 397-406; ders., Das Problem der Vergangenheit, S. 191-193; und mit besonderem Blick auf die fünfziger Jahre Hartmut Berghoff, Zwischen Verdrängung und Aufarbeitung. Die bundesdeutsche Gesellschaft und ihre nationalsozialistische Vergangenheit in den fünfziger Jahren, in: GWU, 49. Jg. (1998), H. 2, S. 96-114.

15 Die Auflagen der Zeitungen bzw. Zeitschriften betrugen im Jahre 1961: *Tagesspiegel* 98.500 (Wochenende 123.400); *Süddeutsche Zeitung* 211.400 (Wochenende 287.900); *Die Welt* 257.000 (Samstag 319.100); *Frankfurter Rundschau* 120.400; *Frankfurter Allgemeine Zeitung* 246.000 (Samstag 322.400); *Die Zeit* 87.900; *Rheinischer Merkur* 65.800; *Stern* 1.338.800; *Der Spiegel* 386.200. Sämtliche Angaben aus Willy Stamm (Hg.), Leitfaden für die Presse und Werbung 1961. Essen 1961, S. II 9; II 23; II 28; II 36; II 46; IV 148.

Hintergrund der gewählten Leitfragen nach der Methode der qualitativen Inhaltsanalyse ausgewertet.[16] Dies bedeutet, daß – im Gegensatz zur Untersuchung von Wilke u.a.[17] – nicht die Anzahl, der Umfang und die Platzierung der Beiträge und der Themen, sondern vielmehr der Inhalt und die konkrete Aussage des jeweiligen Beitrags im Zentrum des analytischen Interesses steht. Unabhängig von seinem Umfang und seiner Platzierung wurde jeder Beitrag, der im Untersuchungszeitraum auf den Fall Eichmann oder den Eichmann-Prozeß Bezug nimmt, für die Auswertung herangezogen. Das bedeutet, daß hier ein kurzer Kommentar von nur wenigen Zeilen von größerem Interesse und größerer Aussagekraft sein kann, als eine mehrseitige Fotoreportage oder ein ausführlicher, mehrspaltiger Agentur- oder Korrespondentenbericht über den Prozeßverlauf, der ausschließlich den Hergang des Verfahrens schildert.

Da die Auseinandersetzung mit dem Eichmann-Prozeß und der nationalsozialistischen Vergangenheit nicht nur eine bundesdeutsche »Angelegenheit«, sondern vielmehr ein gesamtdeutsches »Problem« war und ist, wurden als Ergänzung und als eine Art Pendant zur Auswertung der bundesdeutschen Presse zwei Zeitungen aus der DDR ausgewertet: das Zentralorgan der SED *Neues Deutschland* und das Organ der SED-Bezirksleitung von Berlin (Ost), die *Berliner Zeitung*. Die Ergebnisse dieser Auswertung werden in einem Exkurs vorgestellt und erläutert. Ein dezidierter Vergleich zwischen der Berichterstattung in der Bundesrepublik und in der DDR ist dabei jedoch nicht beabsichtigt. Aber auch wenn hier nur ein kleiner Einblick in die Berichterstattung in der DDR über den Fall Eichmann gegeben werden kann, so erscheint dies durchaus angebracht. Denn es finden sich darin nicht nur interessante Erkenntnisse über die Art der »Vergangenheitsbewältigung« in der DDR, sondern ein solcher Exkurs ermöglicht wiederum Rückschlüsse auf die in der Bundesrepublik verbreitete Sorge vor einer Instrumentalisierung des Eichmann-Prozesses durch die antiwestliche Propaganda aus »dem Osten«.

Zum Verständnis der Presseberichterstattung und als »historiografische Rückbindung« (Norbert Frei)[18] ist der Presseanalyse ein umfangreiches Kapitel zum historischen Hintergrund des Eichmann-Prozesses vorangestellt. Es beleuchtet Eichmanns Rolle bei der Umsetzung der »Endlösung« und den Ablauf des Jerusalemer Prozesses und

---

16 Zur Methode der qualitativen Inhaltsanalyse vgl. Siegfried Lamnek, Qualitative Sozialforschung, Band 2, Methoden und Technik. München 1989, S. 167-232; Philipp Mayring, Qualitative Inhaltsanalyse. Grundlagen und Techniken. Weinheim, 1988; Philipp Mayring, 6.3.1 Qualitative Inhaltsanalyse, in: U. Flick, E. v. Kardorff, H. Keupp, L. v. Rosenstiel, S. Wolff (Hg.), Handbuch der Qualitativen Sozialforschung. München 1991, S. 209-213; Uwe Flick, Qualitative Forschung. Theorie, Methoden, Anwendung in Psychologie und Sozialwissenschaften. 2. Aufl., Reinbek 1996.

17 Vgl. J. Wilke u.a., Holocaust und NS-Prozesse.

18 Vgl. Frei, Das Problem der NS-Vergangenheit, S. 183, Anm. 8.

gibt einen Einblick in das allgemeine politische und gesellschaftliche Klima in der Bundesrepublik im Hinblick auf die Auseinandersetzung mit der nationalsozialistischen Vergangenheit im allgemeinen und dem Eichmann-Prozeß im besonderen. Hierzu werden vor allem solche Äußerungen aus Politik und Gesellschaft zum Fall Eichmann kritisch dargestellt und analysiert, die direkt oder indirekt in der (hier ausgewerteten) Presse ihren Niederschlag fanden oder die Sicht auf den Prozeß nachhaltig beeinflußt haben – wie zum Beispiel die Stellungnahmen prominenter Politiker[19] oder der Prozeßbericht von Hannah Arendt.[20]

Die Kombination von zeitgeschichtlicher Betrachtung und qualitativer Presseauswertung erlaubt es, ein relativ genaues Bild von der öffentlichen Auseinandersetzung mit dem Jerusalemer Prozeß in der Bundesrepublik zu zeichnen. Darüberhinaus bietet sie die Möglichkeit, etwaige Wechselwirkungen zwischen der Presseberichterstattung und Stellungnahmen seitens anderer Institutionen und Personen des öffentlichen Lebens zum Eichmann-Prozeß herauszuarbeiten. So bilden zeitgeschichtliche Betrachtung und Presseauswertung eine gedankliche Einheit, ohne die die Reaktionen auf den Prozeß nicht zu verstehen wären.

Dabei zeigt sich, daß die Bedeutung des Prozesses gegen den ehemaligen SS-Obersturmbannführer für die »Vergangenheitsbewältigung« kaum zu überschätzen ist. Der Eichmann-Prozeß trug maßgeblich dazu bei, daß das »kommunikative Schweigen« (Hermann Lübbe) über die Vergangenheit und die Verbrechen gebrochen wurde. Nun wurden vor und von einer breiten Öffentlichkeit Fragen gestellt, die zuvor nur wenige kritische Intellektuelle zu interessieren schienen: angefangen bei der Frage nach dem Verbleib der Täter und ihrer »Helfershelfer«, über die Frage nach der »historischen Aufklärung« der Jugend, bis hin zum Problem einer »angemessenen« Sühne für die begangenen Verbrechen. Der Eichmann-Prozeß war der Anstoß, der Bewegung in die über ein Jahrzehnt nahezu ruhende Debatte über Vergangenheit, Verantwortung, Versagen und Schuld brachte. Und es waren engagierte Journalisten, die das durch den Prozeß geweckte Interesse nutzten, um die Deutschen mit ihrer Vergangenheit zu konfrontieren und sie aufforderten, sich nicht der notwendigen Auseinandersetzung und Selbstprüfung zu entziehen.

Dies aufzuzeigen und zu analysieren, ist das Ziel dieses Buches.

---

19 Siehe hierzu Abschnitt II. 5.2. Stimmen aus der bundesdeutschen Politik.

20 Vgl. Hannah Arendt, Eichmann in Jerusalem. Ein Bericht von der Banalität des Bösen. Mit einem Essay von Hans Mommsen, Neuausgabe 8. Auflage. München 1992 (zuerst 1964). Siehe auch Abschnitt II. 5.4.4. Hannah Arendt – Von der »Banalität des Bösen«.

II. Historischer Kontext

1. Adolf Eichmann – Zur Person und Karriere im NS-Regime

Adolf Eichmann wurde am 19. März 1906 in Solingen im Rheinland geboren.[1] Er war das erste von insgesamt fünf Kindern. Sein Vater, Adolf Karl Eichmann, den er als »streng religiösen Menschen« beschrieb, der sich nicht um Politik kümmerte,[2] arbeitete zu dieser Zeit als Buchhalter bei der Solinger Straßenbahn-Elektrizitätsgesellschaft. Nach der Versetzung des Vaters nach Linz, zog die Familie Eichmann 1914 nach Österreich.

Nachdem er ohne Abschluß von der Realschule abgegangen war, begann Adolf Eichmann 1921 eine Ausbildung als Mechaniker, die er ebenfalls nicht beendete.[3] In der Folgezeit arbeitete er einige Monate in einer von seinem Vater nach dessen vorzeitiger Pensionierung gegründeten Bergbaugesellschaft, bevor er für zweieinhalb Jahre bei einer österreichischen Elektronikfirma in die Lehre ging. Schließlich wurde er 1928 Reisevertreter der amerikanischen Vacuum Oil Company A.G. für Oberösterreich, wo er bis zu seiner Entlassung im Juni 1933 für die Aufstellung von Benzinpumpen und Petroleumlieferungen zuständig war. Am 21. März 1935 heiratete Eichmann die Sudetendeutsche Vera Liebl,[4] mit der er vier Söhne (Klaus, Horst, Dieter und Ricardo) hatte.

Eichmanns Werdegang in der nationalsozialistischen »Bewegung« begann ein Jahr vor seiner Entlassung durch die Vacuum Oil Company am 1. April 1932 mit seinem Eintritt in die österreichische Nationalsozialistische Partei und SS, zu dem ihm seinen

---

1 Zu den folgenden allgemeinen Angaben über Lebenslauf und Familienverhältnisse Adolf Eichmanns vgl. vor allem: Enzyklopädie des Holocaust. Die Verfolgung und Ermordung der europäischen Juden, Hg. der deutschen Ausgabe: Eberhard Jäckel, Peter Longerich, Julius Schoeps, München, Zürich ohne Jahresangabe, Band I: A-G, Stichwort Eichmann, S. 385-389; Robert Pendorf, Mörder und Ermordete. Eichmann und die Judenpolitik des Dritten Reiches. Hamburg 1961; sowie auch: Jochen v. Lang (Hg.), Das Eichmann-Protokoll. Tonbandaufzeichnungen der israelischen Verhöre. Wien 1991 und Moshe Pearlman, Die Festnahme des Adolf Eichmann. Frankfurt am Main 1961, vor allem S. 69-88.

2 V. Lang (Hg.), Eichmann-Protokoll, S. 11 und 16.

3 Vgl. ebd. S. 12.

4 Moshe Pearlman, Die Festnahme, S. 71.

Angaben zufolge ein Bekannter, nämlich der spätere Chef des Reichssicherheitshauptamtes (RSHA) Ernst Kaltenbrunner, überredet hatte.[5] Eichmann, dem die Parteinummer 899.895 und die SS-Nummer 45.326[6] zugeteilt wurden, war einer von vielen. Daß er einmal einer der Hauptorganisatoren der »Endlösung« und »in entscheidender Schlüsselrolle verantwortlich für die Ausrottung des jüdischen Volkes« sein würde,[7] war in keiner Weise vorhersehbar.

Bis zum Verbot der NSDAP und aller ihrer Gliederungen in Österreich am 19. Juni 1933 verrichtete Eichmann an den Wochenenden seinen gewöhnlichen SS-Dienst und erhielt eine erste paramilitärische Ausbildung. Nach dem Verbot der Partei wenige Monate nach seiner Entlassung bei der Vacuum Oil Company entschloß er sich im Juli 1933, Österreich zu verlassen und nach Deutschland zurückzukehren.[8] Dort angekommen, trat er, ausgestattet mit einem Empfehlungsschreiben von Kaltenbrunner,[9] der Österreichischen Legion bei, einer speziell für österreichische Nationalsozialisten eingerichteten Einheit der SS. Hier erhielt er zunächst in Kloster Lechfeld und später in Dachau eine weitere militärische Ausbildung. Um dem »Einerlei des Dienstes«[10] in der Kaserne zu entkommen, meldete er sich im Oktober 1934 freiwillig zur Berliner Zentrale des Sicherheitsdienstes (SD) der SS. Eichmann erinnerte sich später, über seine neue Tätigkeit zunächst enttäuscht gewesen zu sein, da die Büroarbeit, die er beim SD in der Wilhelmstraße zu erledigen hatte, nicht seinen Erwartungen entsprochen habe:

»Ich dachte, da sitzt du im Wagen drin, mußt aufpassen, siehst allerhand, bist heute da, morgen da. [...] Ich stellte mir darunter vor, was ich auch in der Münchner Illustrierten gesehen habe: hinter hohen Parteiführern fuhren SS-Kommandos her, da stand man auf Trittbrettern, da war ein Begleitkommando [...].«[11]

Schenkt man seinen späteren Erklärungen Glauben, dann hatte er den SD mit dem für die persönliche Sicherheit der SS-Führung zuständigen Reichssicherheitsdienst »verwechselt«.[12] So war es nicht seine Aufgabe, als Leibwächter hohe Parteiführer zu be-

---

5 Siehe hierzu vor allem die Aussage Eichmanns – vgl. v. Lang (Hg.), Eichmann-Protokoll, S. 17f. – aber auch: Herbert S. Levine, Politik, Persönlichkeit und Verbrechertum im Dritten Reich. Der Fall Adolf Eichmann, in: Jürgen Bergmann, Klaus Megerle, Peter Steinbach (Hg.): Geschichte als politische Wissenschaft. Sozialökonomische Ansätze, Analyse politikhistorischer Phänomene, politologische Fragestellungen in der Geschichte. Stuttgart 1979, S. 175-193, hier 180f.

6 Vgl. den als Faksimile abgedruckten Personalbericht der SS über Eichmann, in: v. Lang (Hg.), Eichmann-Protokoll.

7 Ebd. S. 7.

8 Vgl. Pendorf, Mörder, S. 25.

9 Vgl. v. Lang (Hg.), Eichmann-Protokoll, S. 20.

10 Ebd., S. 22f.

11 Ebd., S. 23.

12 Ebd.

schützen, sondern vorerst arbeitete er als Hilfskraft an der vom SD aufgebauten Freimaurerkartei und dem dazugehörigen Freimaurermuseum (SD-Referat II 111).[13]

Im Juni 1935 wurde Eichmann in das neu geschaffene, ausschließlich für Juden zuständige Referat II-112 des SD versetzt. Nachdem er schon während seiner Arbeit an der Freimaurerkartei am Rande mit »Judenangelegenheiten« in Berührung gekommen war, wurde dies nun sein einziges Arbeitsgebiet. Seine neue Aufgabe als »Sachbearbeiter« bestand zunächst im systematischen Sammeln von Informationen über Ziele und Tätigkeiten, Mitgliederstärke und finanzielle Situation verschiedener jüdischer bzw. zionistischer Organisationen. Er wertete die jüdische Presse aus, las Theodor Herzls *Der Judenstaat*[14] und andere Bücher über den Zionismus und die jüdische Geschichte und schrieb für den internen Gebrauch des SD und der SS ein »SS-Leitheft«, in dem er sein Wissen zusammenfaßte.[15]

Die stetige Ausweitung der Aufgaben des Referats II-112 führte dazu, daß es von einer Stelle zur Beobachtung, Informationsbeschaffung und Registrierung zu einer zentralen Planungs- und Schaltstelle für die Vorbereitung und Umsetzung der antijüdischen Politik des NS-Regimes ausgebaut wurde. Vor allem wurde die Zusammenarbeit mit der Gestapo verstärkt und besonderes Gewicht auf Fragen der »Auswanderung« (sprich: Vertreibung) der Juden aus Deutschland – dann auch aus Österreich – gelegt.[16] Im Zuge dieser allmählichen Aufgabenerweiterung erhielt Eichmann im September 1937 den Auftrag, zusammen mit seinem damaligen Vorgesetzten Herbert Hagen nach Palästina zu reisen. Zweck dieser Reise war es, Verbindung mit jüdischen und arabischen Politikern aufzunehmen, wohl um die Möglichkeiten einer forcierten Auswanderung deutscher Juden nach Palästina zu sondieren. Die britische Mandatsmacht verweigerte den beiden als Journalisten getarnten SS-Männern jedoch die Einreise, so daß ihre Nahostreise erfolglos in Kairo endete.[17]

---

13 Vgl. ebd., S. 24f., sowie Pendorf, Mörder, S. 25.

14 Eichmann über das Buch Theodor Herzls: »Das Buch hat mich interessiert, ich hörte bis dahin noch nie so etwas, und nahm es in mich auf. Ich hatte – es kommt wohl von meiner romantischen Seite her, von meiner Liebe zur Natur, zu den Bergen, zu den Wäldern – irgendwie einen solchen Kontakt zu diesem Buch bekommen, daß ich mir den Inhalt auch merkte und aufnahm. Ich wußte ja nicht, was dann kommen sollte.«, v. Lang (Hg.), Eichmann-Protokoll, S. 26.

15 Vgl. ebd., S. 26f.; sowie Hans Safrian, Die Eichmann-Männer. Wien 1993, S. 26f. Und zur Einordnung der Arbeit des Referats II-112 in den Gesamtzusammenhang der Judenverfolgung Saul Friedländer, Das Dritte Reich und die Juden. Die Jahre der Verfolgung 1933-1939. München 2000, S. 216ff.

16 Vgl. Safrian, Eichmann-Männer, S. 24ff.

17 Vgl. Eichmanns Ausführungen während der israelischen Verhöre, v. Lang (Hg.), Eichmann-Protokoll, S. 34ff., S. 42ff.; Safrian, Die Eichmann-Männer, S. 28; und auch Jochen v. Lang, Die Gestapo. Instrument des Terrors. München 1993, S. 102f. Siehe zu Eichmanns Tarnung als Journalist und zur Instrumentalisierung des Deutschen Nachrichtenbüros – dem damaligen deutschen Presse-

Nach dem »Anschluß« Österreichs im März 1938 wurde Eichmann mit dem Auftrag nach Wien geschickt, die »Auswanderung« der Juden aus Österreich zu organisieren. In Wien angekommen, ließ er zunächst verschiedene Funktionäre jüdischer Organisationen verhaften und Unterlagen beschlagnahmen, die Auskunft über die Aktivitäten und Strukturen dieser Organisationen geben konnten.[18] Sodann reorganisierte er unter der Aufsicht seiner SS-Dienststelle die zuvor zerschlagenen jüdischen Vereine und Verbände, wobei alles darauf ausgerichtet war, eine möglichst weitreichende Kontrolle über die jüdische Gemeinde in Österreich zu erlangen. Es gelang ihm, durch Zwang und falsche Versprechungen mehrere Persönlichkeiten der jüdischen Gemeinde zur Mitarbeit bei der Organisation der Vertreibung zu bewegen und so die jüdischen Institutionen für seine Zwecke zu instrumentalisieren. Angeregt durch einen Vorschlag von Funktionären der Jüdischen Kultusgemeinde, der zur »Vereinfachung der bürokratischen Modalitäten« gedacht war, errichtete Eichmann im August des Jahres 1938 die Wiener »Zentralstelle für jüdische Auswanderung«.[19] Das Konzept war denkbar einfach: Alle beteiligten Ämter und Dienststellen wurden in dieser »Zentralstelle« unter Eichmanns Kontrolle zusammengefaßt und in einem Gebäude untergebracht. Auf diese Weise ermöglichte die »Zentralstelle« einen »fließbandartigen Schalterbetrieb, der es den jüdischen Auswanderern ermöglichte, die zahllosen benötigten Stempel und Bescheinigungen statt in mehreren Wochen in einigen Tagen zu erlangen.«[20] Das Infame daran war zum einen, daß die Juden an ihrer eigenen Vertreibung mitarbeiten mußten. Zum anderen mußten die zur Auswanderung gezwungenen nicht nur ihr gesamtes Vermögen offenlegen und ihre Wertsachen zum größten Teil zu einem Spottpreis veräußern, sondern auch für jeden Stempel, für jedes Formular und jede Unterschrift eine Gebühr bezahlen. So finanzierten sie ihre eigene Vertreibung auch noch selbst, um am Ende häufig gänzlich mittellos dazustehen.

Eichmanns Arbeit in Wien wurde von seinen Vorgesetzten als derart erfolgreich angesehen, daß Hermann Göring im Januar 1939 Heydrich damit beauftragte, eine »Reichszentrale für die jüdische Auswanderung« zu bilden, die nach dem von Eichmann erprobten »Wiener Modell« alle beteiligten Behörden, Ämter und Institutionen im Reichsgebiet unter einem Dach vereinigen sollte. Durch diese Veränderung in der Verwaltung erhoffte man sich die Verstärkung und Beschleunigung der Zwangsauswanderung.[21]

---

dienst – durch den SD auch Otto Köhler, Unheimliche Publizisten. Die verdrängte Vergangenheit der Medienmacher. München 1995, S. 298ff.

18 Vgl. Safrian, Eichmann-Männer , S. 36f.

19 Ebd., S. 41. Siehe hierzu auch Götz Aly, Susanne Heim, Vordenker der Vernichtung. Auschwitz und die deutschen Pläne für eine neue europäische Ordnung. Frankfurt am Main 1993, S. 39.

20 Pendorf, Mörder, S. 59.

21 Vgl. Aly, Heim, Vordenker, S. 30; sowie Safrian, Eichmann-Männer, S. 46ff.

Eichmann selber, inzwischen im Rang eines Hauptsturmführers[22], wurde im Sommer 1939 nach dem deutschen Einmarsch in die Tschechoslowakei (Oktober 1938) damit beauftragt, die Vertreibung der dort lebenden Juden zu organisieren. Er wurde nach Prag geschickt, um nach dem bereits bewährten »Modell« eine weitere Zentralstelle für jüdische Auswanderung einzurichten.[23]

Vor dem Hintergrund stagnierender Auswandererzahlen organisierte Eichmann auf Befehl seines Vorgesetzten Heinrich Müller noch im gleichem Jahr die ersten Deportationen aus Wien und der besetzten Tschechoslowakei. In mehreren Transporten ließ er im Oktober 1939 vor allem Juden, aber auch »Zigeuner« aus Kattowitz, Mährisch-Ostrau und Wien in das besetzte Polen deportieren. Zielort war Nisko am San, ein kleines Städtchen südlich von Lublin, das über einen Bahnanschluß verfügte und im Aktionsraum der Einsatzgruppe I lag. Der angebliche Sinn dieser Aktion sollte es sein, die Deportierten der ersten Transporte zunächst Baracken für ein Lager errichten zu lassen, um so ausreichend Unterkünfte für einige zehntausend Juden zu schaffen, die mit den folgenden Transporten ankommen sollten. Im völligen Gegensatz zu diesen Überlegungen wurde aber nur eine geringe Zahl der Deportierten zum Aufbau eines Lagers eingesetzt. Der weitaus größte Teil der Verschleppten wurde, kaum in Nisko angekommen, mit Schüssen und Prügel über die nahe Demarkationslinie in die Sowjetunion getrieben.[24] Vom Aufbau eines »autonomen Judenstaates«, wie Eichmann die »Umsiedlungsaktion« zu seiner Verteidigung nachträglich begründete,[25] war nie die Rede. Nach nur wenigen Transporten mußten die Deportationen unter anderem aufgrund von Transportschwierigkeiten eingestellt werden, und im April 1940 wurde die gesamte Aktion abgebrochen.[26]

Aber auch wenn diese später als »Nisko-Aktion« bezeichneten Deportationen abgebrochen werden mußten, war diese Aktion ein Eckpunkt in Eichmanns Karriere. Sein Aufgabengebiet hatte sich erweitert: Er war nun nicht mehr nur für die Organisation der (Zwangs-)Auswanderung der Juden zuständig, sondern von nun an gehörten auch Deportationen zu seinem Arbeitsfeld. Und noch vor Beendigung der Aktion im Oktober

---

22 1936 wurde Eichmann zum Hauptscharführer, 1937 zum Untersturmführer, 1938 zum Obersturmführer, 1939 zum Hauptsturmführer, 1940 zum Sturmbannführer und 1941 schließlich zum Obersturmbannführer befördert. Vgl. Pearlman, Die Festnahme, S. 75.

23 Siehe hierzu Safrian, Eichmann-Männer, S. 72f.

24 Vgl. Seev Goshen, Eichmann und die Nisko-Aktion im Oktober 1939. Eine Fallstudie zur NS-Judenpolitik in der letzten Etappe vor der »Endlösung«, in: VfZg Nr. 29 (1981), S. 74-96; Safrian, Eichmann-Männer, S. 72-81, sowie Irmtrud Wojak, Eichmanns Memoiren. Ein kritischer Essay. Frankfurt am Main u.a. 2001, S. 108-115.

25 Vgl. v. Lang (Hg.), Eichmann-Protokoll, S. 56f.

26 Vgl. zu den Gründen der Beendigung der Aktion Goshen, Eichmann, S. 92ff. sowie Safrian, Eichmann-Männer, S. 78ff.

1939 wurde er zum Leiter des Referats IV D 4 (Räumungsangelegenheiten und Reichszentrale für jüdische Auswanderung) im kurz zuvor aus der Zusammenlegung von Geheimer Staatspolizei (Gestapo) und SD gebildeten RSHA ernannt.[27] Im März 1941 wurde dieses Referat im Zuge einer Umstrukturierung des RSHA und im Zusammenhang mit dem Verbot der jüdischen Auswanderung in IV B 4 (Juden- und Räumungsangelegenheiten) umbenannt.

Als Leiter des Referats IV D 4 bzw. IV B 4 war Eichmann in den folgenden Jahren für die gesamte Organisation der Juden-Deportation in Europa zuständig. Er koordinierte sämtliche Transporte und sorgte für die Einhaltung der Fahrpläne und für die Zusammenstellung und »Auslastung« der Züge. Und obwohl Eichmann im Laufe seiner »Arbeit« wiederholt verschiedene Vernichtungslager – die Zielorte seiner Tranporte – besuchte und bei Erschießungen und Vergasungen anwesend war,[28] ist anzunehmen, daß er nie mit eigenen Händen einen Menschen getötet hat. Er gilt daher zu Recht als das Musterbeispiel des nationalsozialistischen »Schreibtischtäters« – allerdings eines »Schreibtischtäters«, der aus eigener Anschauung genau wußte, was seine mit Papier und Feder begangenen Taten bedeuteten.

Ein weiterer wichtiger Abschnitt in der Karriere Eichmanns, der während des Jerusalemer Prozesses zur Sprache kam, war der sogenannte »Madagaskar-Plan«, jene absurde Idee, die europäischen Juden auf die tropische Insel Madagaskar umzusiedeln.[29] Ausgehend von Überlegungen, die der Legationsrat im Auswärtigen Amt Franz Rademacher Anfang Juni 1940 – nach der deutschen Besetzung Frankreichs im Mai – anstellte und seinen Vorgesetzten vorlegte, begannen Eichmann und seine Mitarbeiter im RSHA-Referat IV D 4 mit der Ausarbeitung von Vorschlägen zur Durchführung von Juden-Deportationen auf die zum französischen Kolonialreich gehörende Insel vor der afrikanischen Küste.[30] Auf Anweisung des Reichsaußenministers Ribbentrop arbeiteten die Beamten des Auswärtigen Amtes, wo die »Federführung für das Madagaskar-Projekt lag« (Aly/Heim), mit den Spezialisten für »Räumungsangelegenheiten« des

---

27 Vgl. ebd., S. 80.

28 Siehe hierzu u.a. Eichmanns eigene Ausführungen während der israelischen Verhöre (vgl. v. Lang (Hg.), Eichmann-Protokoll, passim). Sowie auch die Aufzeichnungen des Kommandanten von Auschwitz Rudolf Höss. Vgl. Martin Broszat (Hg.): Kommandant von Auschwitz. Autobiografische Aufzeichnungen des Rudolf Höss. 13. Aufl., 122. bis 125. Tausend, München 1992, vor allem S. 133, 155ff.

29 Zum Madagaskar-Plan und der besonderen Rolle Eichmanns vgl. Hans Jansen, Der Madagaskar-Plan. Die beabsichtigte Deportation der europäischen Juden nach Madagaskar. München 1997; Safrian, Eichmann-Männer, S. 93ff; Aly, Heim, Vordenker, S. 88f, 257ff.; sowie für die Einordnung in den Gesamtkomplex der »Endlösung« auch Raul Hilberg, Die Vernichtung der europäischen Juden, 3 Bde. Frankfurt am Main 1993, Band 2, besonders S. 416ff.

30 Vgl. Safrian, Eichmann-Männer, S. 94f.

RSHA bei diesen Planungen eng zusammen.[31] Obwohl Eichmann und seine Kollegen einige Zeit in dieses Vorhaben investierten, wurde der Madagaskar-Plan im Herbst 1940 quasi aufgegeben, denn die Kriegslage überholte die damit verbundenen Pläne und Absichten.[32]

Wichtig im Hinblick auf den Jerusalemer Prozeß ist hier vor allem – ähnlich wie bei der Nisko-Aktion –, daß Eichmann seine Arbeit an diesem Projekt als einen Beweis für seine angeblich nur auf »Umsiedlung« und nicht auf Ausrottung ausgerichteten Bestrebungen ansah. Er präsentierte sich dem Gericht ausschließlich als einen für die Durchführung der Transporte und Deportationen verantwortlichen Beamten, der mit dem Geschehen an den Zielorten nichts zu tun hatte.

Die für die Beurteilung Eichmanns durch die Öffentlichkeit wichtigste Station seiner Karriere war seine Rolle bei der Vorbereitung und Durchführung einer behörden- und ministerienübergreifenden Besprechung über eine, wie es in der Einladung hieß »Gesamtlösung der Judenfrage«. An dieser nach dem Tagungsort, einer Villa am Berliner Wannsee, später als »Wannsee-Konferenz« bezeichneten Besprechung am 20. Januar 1942[33] nahmen auf Einladung von Reinhard Heydrich Vertreter der SS und des Polizeiapparats, der Parteikanzlei, des Justizministeriums, des Reichsministeriums für die besetzten Ostgebiete, des Generalgouvernements und des Auswärtigen Amtes teil.[34] Zweck der Zusammenkunft war es, die an der Deportation und Ermordung der europäischen Juden beteiligten deutschen Behörden und Ministerien auf das gemeinsame Ziel einer »Endlösung der Judenfrage in Europa« festzulegen und die weitere gemeinsame Vorgehensweise abzustimmen, um in der Zukunft eine bessere Zusammenarbeit zu erreichen.[35] Das im Anschluß von Eichmann angefertigte Protokoll gibt Aufschluß über

---

31 Vgl. ebd., S. 94; sowie Aly, Heim, Vordenker, S. 263.

32 Vgl. ebd., S. 265.

33 Ursprünglich war diese Konferenz auf den 9.12.1941 festgesetzt worden. Wohl aufgrund der Kriegsereignisse – Kriegseintritt der USA und Stocken der deutschen Offensive in der Sowjetunion –, wurde die Besprechung kurzfristig auf den 20.1.1942 verschoben. Vgl. vor allem Kurt Pätzold, Erika Schwarz, Tagesordnung: Judenmord. Die Wannsee-Konferenz am 20. Januar 1942. Eine Dokumentation zur Organisation der »Endlösung«. 3. Aufl., Berlin 1992, S. 33ff., und auch Safrian, Eichmann-Männer, S. 169.

34 Vgl. zur Wannsee-Konferenz und zur Rolle Eichmanns bei der Vorbereitung und Durchführung der Konferenz: Safrian, Eichmann-Männer, S. 169ff.; Wojak, Eichmanns Memoiren, S. 188ff.; und vor allem Pätzold, Schwarz, Tagesordnung.

35 Vgl. zum Beispiel Safrian, Eichmann-Männer, S. 169ff.; sowie das Schreiben Reinhard Heydrichs an SS-Gruppenführer Otto Hofmann, Chef des Rasse- und Siedlungshauptamtes der SS, vom 29. November 1941 mit der Einladung zur »gemeinsamen Aussprache« (Wannsee-Konferenz) zum ursprünglich vorgesehenen Termin am 9. Dezember 1941, in: Pätzold, Schwarz, Tagesordnung, S. 88-89.

die Ergebnisse der Konferenz am Großen Wannsee in Berlin. Demnach waren sich die Vertreter der verschiedenen Regierungsstellen einig, daß die »Zurückdrängung der Juden aus dem Lebensraum des deutschen Volkes« aufgrund der Kriegssituation nicht mehr auf dem Wege der Zwangsauswanderung erreicht werden könne.[36] Die »Endlösung der Judenfrage« sollte von nun an durch eine planmäßige »Evakuierung der Juden nach Osten« vorbereitet werden. Dabei sollten die beim »Durchkämmen« Europas von Westen nach Osten erfaßten Juden in »Durchgangsghettos« verbracht werden oder »in geeigneter Weise im Osten zum Arbeitseinsatz kommen«, wobei davon ausgegangen wurde, daß »zweifellos ein Großteil durch natürliche Verminderung ausfallen«, das heißt durch Krankheit, Hunger oder Entkräftung sterben würde. Diejenigen, die diese Behandlung überlebten, müßten »entsprechend behandelt«, das heißt getötet werden.[37]

Nach dieser Besprechung ging Eichmann als Leiter des für »Juden- und Räumungsangelegenheiten« zuständigen Referats im RSHA IV B 4 (ab 1. April 1944 IV A 4) unverzüglich daran, die getroffenen Entscheidungen umzusetzen. Unter seiner Leitung arbeitete das Referat in den nächsten Monaten und Jahren mit schrecklicher Effizienz. In ganz Europa wurden die Juden registriert, zusammengetrieben, in Züge gepfercht und zur Zwangsarbeit in die Ghettos und Vernichtungslager im besetzten Polen transportiert.

Sein »Meisterstück«[38] lieferte Eichmann 1944 mit der Deportation von 400.000 ungarischen Juden nach Auschwitz.[39] Er und seine Deportationsexperten – unter ihnen

---

36 Vgl. »Besprechungsprotokoll« der Wannsee-Konferenz vom 20. Januar 1942, angefertigt von Adolf Eichmann nach Instruktionen Reinhard Heydrichs, in: ebd., S. 102-112.

37 Vgl. ebd. Obwohl es bereits vor der Wannsee-Konferenz zu Massenmorden an Juden gekommen war, wird die Wannsee-Konferenz von verschiedener Seite – und auch während des Eichmann-Prozesses – als Beginn der planmäßigen und bürokratisch organisierten Ermordung der europäischen Juden gewertet. Ob diese Konferenz tatsächlich der Schlußpunkt eines Entscheidungsprozesses war, an dessen Ende, wie Hans Safrian schreibt, der »entscheidende Schritt« gemacht wurde, »durch den die ›Endlösung der Judenfrage‹ von einer primär auf totale Vertreibung abzielenden Strategie zu einer planmäßigen und mit industriellen Methoden betriebenen Genozidpolitik wurde« (Safrian, Eichmann-Männer, S. 173), wird in der Literatur diskutiert und gilt inzwischen als eher unwahrscheinlich. Siehe hierzu Kurt Pätzold, »Die vorbereitenden Arbeiten sind eingeleitet«. Zum 50. Jahrestag der »Wannsee-Konferenz« vom 20. Januar, in: Aus Politik und Zeitgeschichte, Nr. 1-2 vom 3. Januar 1992, S. 14-23.

38 »Eichmanns Meisterstück: Ungarn« lautet die Überschrift des entsprechenden Kapitels in Albert Wuchers Buch über Eichmann. Wucher, Eichmanns gab es viele. Ein Dokumentarbericht über die Endlösung der Judenfrage. München u.a. 1961, S. 213.

39 Vgl. zur Durchführung der »Endlösung« in Ungarn vor allem Hilberg, Vernichtung, Bd. 2, S. 859-926; zur Rolle Eichmanns vgl. besonders Safrian, Eichmann-Männer, S. 294ff.; sowie Yehuda Bauer, Freikauf von Juden. Verhandlungen zwischen dem nationalsozialistischen Deutschland und den jüdischen Repräsentanten von 1933 bis 1945. Frankfurt am Main 1996, passim.

auch SS-Hauptsturmführer Dieter Wisliceny, der nach dem Krieg in seinen Aussagen vor dem Nürnberger Tribunal Eichmann schwer belastete[40] – verfuhren dabei auch in Ungarn nach ihrer bewährten Methode: Mit Versprechungen, Lügen und Drohungen gelang es ihnen, die jüdischen Funktionäre und Organisationen unter ihre Kontrolle zu bekommen und als Werkzeuge für deren eigene Vernichtung zu instrumentalisieren.[41] »Die jüdische Gemeindeführung«, so schreibt Raul Hilberg, »war zu einer Marionette in den Händen der Deutschen geworden.«[42] In den folgenden Wochen und Monaten wurden unter tatkräftiger Mithilfe der unter deutscher Kontrolle stehenden ungarischen Regierung die entrechteten und weitestgehend enteigneten Juden systematisch in Ghettos und Lagern zusammengetrieben. Unter Eichmanns Leitung und aufgrund seines Engagements wurden bis Ende Juni etwa 400.000 Juden nach Auschwitz und damit in den sicheren Tod geschickt.[43]

Schwierigkeiten bereitete Eichmann weniger die zum Teil instabile politische Lage in Ungarn,[44] sondern vor allem der Mangel an Transportmöglichkeiten. Aber auch hier suchte und fand Eichmann einen Weg, die Vernichtungsmaschinerie immer weiter am Laufen zu halten: Er ließ nun zehntausende Juden in riesigen Kolonnen zu Fuß über Österreich nach Deutschland zur Zwangsarbeit marschieren. Bei diesen Todesmärschen starben Tausende an Hunger und Entkräftung, wurden erschlagen oder erschossen.[45] Eichmann und seinem Sondereinsatzkommando gelang es innerhalb weniger Monate und im Angesicht der immer näher rückenden Niederlage des »Dritten Reiches«, nahezu die gesamte jüdische Gemeinde Ungarns zu vernichten. Besonders tragisch war, daß er – wie bereits zuvor in Wien und Prag –, mit Hilfe der von ihm geschaffenen »Judenräte« die Opfer zu Gehilfen ihrer eigenen Vernichtung machte.

Aber innerhalb der jüdischen Gemeinde Ungarns fanden sich auch einzelne, die versuchten, sich der unabwendbar scheinenden Vernichtung entgegenzustellen. Am bekanntesten ist der versuchte – und zum Teil erfolgreich realisierte – Freikauf der zur Deportation bereits zusammengetriebenen Juden durch eine Gruppe um Rudolf Kastner, einem Journalisten und Mitglied in der zionistischen Bewegung der ungarischen Ju-

40 Die wichtigsten Passagen der Aussagen Wislicenys über Eichmann vor dem Nürnberger Tribunal sind wiedergeben in: Pearlman, Die Festnahme, S. 22-36. Siehe auch den schriftlichen Bericht Wislicenys vom 18. November 1946, den dieser während seiner Gefangenschaft in Bratislawa verfaßte. Dokumentiert in: Léon Poliakov, Joseph Wulf, Das Dritte Reich und die Juden. Frankfurt am Main u.a. 1983, S. 87-98.

41 Siehe hierzu vor allem Safrian, Eichmann-Männer, S. 296; sowie Hilberg, Vernichtung, Bd. 2., S. 888f.

42 Ebd., S. 890.

43 Vgl. Safrian, Eichmann-Männer, S. 304.

44 Vgl. hierzu Hilberg, Vernichtung, Bd. 2, S. 920ff.

45 Vgl. Safrian, Eichmann-Männer, S. 306f.; sowie Hilberg, Vernichtung, Bd. 2, S. 922ff.

den.[46] Als Verbindungsmann bei diesem »Handel um Menschenleben«[47] (Pendorf) zwischen der SS und dem von Otto Komoly und Rudolf Kastner geführten jüdischen »Unterstützungs- und Rettungskomitee« fungierte Adolf Eichmann.

Nach erfolglosen Versuchen, die Alliierten zur Bombardierung der Bahnverbindungen nach Auschwitz zu bewegen, traten Kastner und sein Mitarbeiter Joel Brand im April 1944 direkt an Hauptsturmführer Wisliceny vom SS-Sondereinsatzkommando Eichmann heran. Ziel dieser Kontaktaufnahme war es, auszuloten, ob die Möglichkeit bestünde, »›auf wirtschaftlicher Grundlage‹ über einen Verzicht auf die Deportation der ungarischen Juden [...] zu verhandeln«.[48] Kastners Bericht zufolge hatte Wisliceny bei diesem Treffen angeboten, gegen eine Zahlung von etwa 4 Mio. Reichsmark zunächst einigen hundert Juden die Ausreise in Richtung Palästina zu gestatten. Obwohl überrascht von diesem Angebot, gelang es innerhalb von einigen Wochen, das geforderte Geld zu beschaffen, woraufhin die deutsche Seite die Zahl der Ausreiseberechtigten auf 1.600 erhöhte.[49] Kurze Zeit später, am 8. Mai 1944, wurde Joel Brand zu Eichmann gerufen. Auf Anweisung Heinrich Himmlers bot Eichmann ihm ein weiteres Geschäft an: Das Leben der ungarischen Juden im Tausch gegen kriegswichtige Güter.[50] Bis zur Beschaffung der geforderten Güter und Waren würden die Transporte in Richtung Auschwitz jedoch weitergehen.

---

46 Siehe hierzu neben Hilberg, Vernichtung, Bd. 2, S. 908ff., Wucher, Eichmanns, S. 213ff. vor allem Rudolf Kastner, Der Kastner-Bericht über Eichmanns Menschenhandel in Ungarn. München 1961, sowie Joel Brand, Adolf Eichmann. Fakten gegen Fabeln. München u.a. 1961, sowie Bauer, Freikauf, S. 241ff.

47 Pendorf, Mörder, S. 124.

48 Ebd., S. 123. Vgl. auch: Kastner, Der Kastner-Bericht, S. 71ff., sowie Bauer, Freikauf, S. 258ff.

49 Vgl. Kastner, Der Kastner-Bericht, S. 73ff. und 126-134, Hilberg, Vernichtung, Bd. 2, S. 909; sowie Bauer, Freikauf, S. 259ff.

50 Vgl. Hilberg, Vernichtung, Bd. 2, S. 910; sowie den Bericht von Brand, Adolf Eichmann, besonders Kapitel IV: Meine Erfahrungen mit Eichmann in Ungarn. Nach seinem Bericht wurde Joel Brand von Eichmann mit folgenden Worten begrüßt: »Sie wissen, wer ich bin. Ich habe die Aktionen im Reich, in Polen, in der Tschechoslawakai [sic] eingeführt, jetzt kommt Ungarn an die Reihe. Ich habe Sie kommen lassen, um Ihnen ein Geschäft vorzuschlagen. Vorerst habe ich Sie und Ihre Leute prüfen lassen, die vom Joint und die von der Sochnuth und ich habe festgestellt, daß Sie noch leistungsfähig sind. Ich bin also bereit, Ihnen eine Million Juden zu verkaufen, alle werde ich Ihnen nicht verkaufen. So viel Geld und Waren können Sie nicht aufbringen, aber eine Million, das wird gehen. Ware für Blut, Blut für Ware. Sie können sich diese aus den Ländern holen, in denen es noch Juden gibt. Sie können sie aus Ungarn nehmen, aus Polen, aus der Ostmark, von Theresienstadt, von Auschwitz, von wo immer Sie wollen. Was wollen Sie gerettet haben? Zeugungsfähige Männer, gebärfähige Frauen, Greise, Kinder. Setzen Sie sich und reden Sie.« Ebd., S. 35f. Vgl. auch Bauer, Freikauf, S. 260f.

Kastner und Brand gingen auf das Angebot ein, wohl wissend, daß die Erfolgsaussichten für ein solches Geschäft mehr als gering waren. Aber Kastner sah hier, so Ernest Landau, eine »Chance, die Deportationen und damit die Vernichtung von Juden so lange zu verzögern, bis die Alliierten Deutschland militärisch überrannt hätten«.[51] Und so flog Joel Brand wenige Tage nach dem Treffen mit Eichmann mit einem deutschen Kurierflugzeug nach Istanbul, um dort mit den Alliierten und jüdischen Organisationen Kontakt aufzunehmen und die Möglichkeiten zur Beschaffung der verlangten Waren auszuloten.[52] Aber obwohl Brand und Kastner eindringlich ihre Bitte um Unterstützung und Hilfe wiederholten, sahen sich sowohl die Alliierten als auch die jüdischen Organisation außerhalb Europas nicht in der Lage, die geforderte und notwendige Unterstützung zu leisten. Auch alle Versuche, Eichmann zum Einlenken und zum Stop der Deportationen zu bewegen, schlugen fehl, so daß das makabre »Geschäft« scheiterte und die Züge weiter nach Eichmanns Fahrplänen Richtung Auschwitz rollten. Einzig die bereits »bezahlten« 1.600 Juden durften schließlich über Bergen-Belsen in die Schweiz ausreisen.[53]

Aber auch diese am Ende geglückte Rettungsaktion war letztlich nicht frei von Opfern: Die besondere Tragik war, daß Jahre später, am 3. März 1957, Rudolf Kastner, einer der Organisatoren des Freikaufs, in Tel Aviv erschossen wurde. Wiederholt hatte man ihm vorgeworfen, er habe mit den Nazis zusammengearbeitet, um seine eigene Haut zu retten und bei der – ihm von Eichmann aufgezwungenen – Auswahl der zur Ausreise bestimmten Juden Freunde und Verwandte bevorzugt. Auch wenn er im Januar 1958 postum von einem israelischen Gericht rehabilitiert wurde, blieb es weiter umstritten, inwieweit seine Verhandlungen mit Eichmann dazu beigetragen hatten, die Juden zu beruhigen und sie vom aktiven Widerstand abzuhalten.[54] Die Kontroverse um Kastner ist mithin ein Beispiel für die andauernde Diskussion um die Rolle der »Judenräte«, die während des Eichmann-Prozesses, in dem Joel Brand als Zeuge aussagte, erneut aufflammte.[55]

Das Urteil über Eichmanns Verhalten bei diesem »Geschäft« ist jedenfalls einhellig: Er habe nur widerwillig die von Himmler gewünschten Verhandlungen bei dem Geschäft »Juden gegen Lastwagen« geführt. »Im Herzen«, so Raul Hilberg. »zog er

51 Ernest Landau, Nachwort, in: Kastner, Der Kastner-Bericht, S. 337-348, hier 339.

52 Vgl. Brand, Adolf Eichmann, S. 34; sowie Bauer, Freikauf, S. 272ff.

53 Vgl. Brand, Adolf Eichmann, S. 39f., sowie Hilberg, Vernichtung, Bd. 2, S. 909.

54 Vgl. hierzu Ernest Landau, Nachwort, in: Kastner, Der Kastner-Bericht, S. 337-348, besonders 343-348.

55 Zur Diskussion um Rudolf Kastner und deren Bedeutung für die israelische Gesellschaft vgl. Tom Segev, Die siebte Million. Der Holocaust und Israels Politik der Erinnerung. Reinbek bei Hamburg 1995, S. 339-424.

tote Juden lebendigen Juden vor«.[56] So kann es denn auch nicht überraschen, daß die Beurteilungen durch seine Vorgesetzten rundum »positiv« ausfielen. In seinem Personalbericht wurden unter anderem seine »allgemeinen Charaktereigenschaften« als »sehr aktiv, kameradschaftlich, zielstrebig« gelobt und ihm eine »bedingungslose« Zustimmung zur »nationalsozialistischen Weltanschauung« bescheinigt. Die »Gesamtbeurteilung« war »sehr gut«, wobei besonders darauf verwiesen wurde, daß er »grosse [sic] Fähigkeiten in der selbständigen Verwaltung seines Sachgebiets« habe.[57] Und noch im Dezember 1944, also unmittelbar nach Abschluß der Deportationen der ungarischen Juden und keine sechs Monate vor der bedingungslosen Kapitulation, wurde Adolf Eichmann vom Reichsführer-SS das Kriegsverdienstkreuz Erster Klasse mit Schwertern verliehen.[58]

Die Deportation der ungarischen Juden war der schreckliche Höhepunkt und das Ende von Eichmanns Karriere im »Dritten Reich«. Rechtzeitig bevor die russischen Truppen die ungarische Hauptstadt einnahmen, setzte er sich um die Weihnachtsfeiertage 1944 aus Budapest nach Berlin ab. Nach der Niederlage des nationalsozialistischen Regimes gehörte der SS-Obersturmbannführer zu denen, die sich erfolgreich ihrer Bestrafung durch die Siegermächte durch Flucht entziehen konnten – bis zum Mai 1960, als er vom israelischen Geheimdienst gefangengenommen wurde.

2. Flucht, Suche und Festnahme

»Vor kurzer Zeit wurde Adolf Eichmann, einer der größten Nazikriegsverbrecher, vom israelischen Geheimdienst ausfindig gemacht. Dieser Mann war zusammen mit den Naziführern für das verantwortlich, was sie die ›Endlösung der jüdischen Frage‹ genannt haben, das heißt die Ausrottung von sechs Millionen europäischer Juden. Adolf Eichmann befindet sich bereits in israelischem Gewahrsam und wird in Kürze nach dem Gesetz gegen Nationalsozialisten und Kollaborateure vor Gericht gestellt werden.«[59]

Mit diesen Worten gab der israelische Ministerpräsident David Ben-Gurion am 23. Mai 1960 vor der Knesseth die Festnahme des ehemaligen SS-Obersturmbannführers Adolf Eichmann bekannt. Die jahrelange Suche nach einem der hauptverantwortlichen NS-

---

56 Hilberg, Vernichtung, Bd. 2, S. 912.

57 Vgl. den als Faksimile abgedruckten Personalbericht der SS über Eichmann, in: v. Lang (Hg.), Eichmann-Protokoll, Anhang.

58 Faksimile der entsprechenden Benachrichtung an die Personalabteilung des RSHA in: ebd., Anhang.

59 Zitiert nach: Pearlman, Die Festnahme, S. 171.

Verbrecher war zu Ende, aber die Spekulationen über den Ort und den Hergang der Festnahme wucherten, denn die offiziellen israelischen Stellen hielten sich bedeckt und verweigerten tagelang jede Information über die tatsächlichen Hintergründe der Gefangennahme. Bis zum Bekanntwerden der wahren Umstände – etwa eine Woche nach der Erklärung Ben-Gurions vor der Knesseth[60] – kursierte in der Öffentlichkeit das Gerücht, daß Eichmann in einem arabischen Land – vor allem wurde Kuwait genannt – aufgespürt, dingfest gemacht und dann nach Israel gebracht worden sei. Zu einem späteren Zeitpunkt meldete das Hamburger Nachrichtenmagazin *Der Spiegel*, die israelische Regierung habe dieses Gerücht selbst in die Welt gesetzt, um von den wahren Hintergründen der erfolgreichen Jagd nach Eichmann abzulenken.[61] Nur wenige wußten zum Zeitpunkt der Erklärung Ben-Gurions, daß der sensationellen Festnahme Eichmanns eine der spektakulärsten Aktionen des israelischen Geheimdienstes Mossad vorausgegangen war. In einer beispiellosen Aktion war Eichmann in der argentinischen Hauptstadt Buenos Aires von einer verdeckt arbeitenden Einheit des Mossad gefangengenommen und dann heimlich nach Israel gebracht worden.[62] Auch wenn die israeli-

---

60 Bereits am 30.5.1960 konzentrierten sich die Spekulationen, die durch diplomatische Unstimmigkeiten zwischen Argentinien und Israel bestärkt wurden, auf eine illegale Festnahme Eichmanns in Argentinien. Aber erst am 7. Juni 1960 gab die israelische Regierung in einer in Buenos Aires überreichten offiziellen Erklärung die Gefangennahme Eichmanns in Argentinien zu. Vgl. z.B. F.O.E., Eichmann soll schon am 11. Mai gefaßt worden sein, in: FAZ vom 30.5.1960; F.O.E., Israel gibt Festnahme Eichmanns in Argentinien zu, in: ebd. vom 8.6.1960.

61 Vgl. Der Endlöser, in: Der Spiegel Nr. 25 vom 15.6.1960, S. 20-33.

62 Bereits während des Prozesses, aber vor allem in den Jahren danach, erschienen verschiedene Bücher, die Schilderungen der Suche und Gefangennahme Eichmanns gaben. Neben den bereits an anderer Stelle zitierten Büchern von Pearlman, Die Festnahme, und Pendorf, Mörder, sei hier vor allem noch auf Simon Wiesenthal, Ich jagte Eichmann. Tatsachenbericht. Gütersloh 1961; sowie auf Isser Harel, Das Haus in der Garibaldistraße. Frankfurt am Main u.a., 1976, Peter Z. Malkin, Ich jagte Eichmann. Der Bericht des israelischen Geheimagenten, der den Organisator der »Endlösung« gefangennahm. München u.a. 1991, und Zvi Aharoni, Wilhelm Dietl, Der Jäger – Operation Eichmann. Was wirklich geschah. Stuttgart 1996 verwiesen. Besonders hervorzuheben sind hier die Bücher von Moshe Pearlman und Isser Harel. Pearlman schied – wie er in seinem Vorwort schreibt – im Mai 1960 aus dem israelischen Staatsdienst aus, um als Schriftsteller tätig zu sein. Sein Buch galt z.Zt. des Prozesses für viele quasi als offizielle israelische Version der Gefangennahme Eichmanns. Harel war z.Zt der Eichmann-Aktion, Chef des Mossad. Peter Z. Malkin und Zvi Aharoni waren Mitglieder des Mossad-Teams, das Eichmann in Argentinien gefangen nahm und nach Israel brachte. Desweiteren sei auf die umfangreiche Studie über die israelischen Geheimdienste von Ian Black, Benny Morris, Israel's Secret Wars. The Untold Story of Israeli Intelligence, London 1991, besonders auf den Abschnitt »Nazi-Hunting« S. 188ff., sowie auf das Buch von Dan Raviv, Yossi Melmann, Die Geschichte des Mossad – Aufstieg und Fall des israelischen Geheimdienstes. München 1994, besonders S. 135-143, verwiesen.

sche Regierung offiziell behauptete, »jüdische Freiwillige« hätten Eichmann gesucht, gefangen und nach Israel gebracht, um ihn den Behörden zu übergeben,[63] zweifelte bereits kurz nach Bekanntwerden der Entführung Eichmanns niemand daran, daß sie vom israelischen Geheimdienst ausgeführt worden war.[64]

An der Aufregung und den Spekulationen um die Gefangennahme Eichmanns zeigte sich, daß der Eichmann-Prozeß nicht nur wegen des Angeklagten große Aufmerksamkeit erregte, sondern auch wegen der Art und Weise, wie er letztlich erst durch das rechtlich umstrittene Eingreifen Israels ermöglicht wurde. Es ist deshalb wenig überraschend, daß der spektakulären Festnahme Eichmanns auch von Seiten der deutschen Presse große Aufmerksamkeit – vereinzelt gar Bewunderung und Respekt für die Leistung der israelischen Sicherheitsdienste – zuteil wurde, deren Ablauf und die damit verbundenen juristischen und vor allem völkerrechtlichen Aspekte kontrovers diskutiert wurden. Dies spiegelte sich auch in der öffentlichen Meinung wider. Laut einer Umfrage des Instituts für Demoskopie in Allensbach vom Juni 1960 waren nur 20% der befragten Deutschen der Ansicht, daß die Entführung Eichmanns gerechtfertigt gewesen sei, während 48% der Meinung waren, die Israelis hätten Eichmann nicht entführen dürfen; »unentschieden« waren 32%.[65]

Aber nicht nur die »technischen« und juristischen Seiten der Entführung sorgten für Schlagzeilen, sondern auch die unmittelbar nach deren Bekanntwerden einsetzenden diplomatischen Verstimmungen zwischen Argentinien und Israel. Die argentinische Regierung warf Israel vor, durch die Entführung das Völkerrecht auf das gröbste verletzt zu haben. Der israelische Botschafter wurde einbestellt, diplomatische Noten wurden ausgetauscht, der UN-Sicherheitsrat angerufen und ein argentinisch-israelisches

---

63 Sogar als die israelische Regierung die Gefangennahme Eichmanns in Argentinien bereits eingestanden hatte, wurde jede Mitwirkung israelischer Dienststellen an der Aktion abgestritten. Vielmehr seien es »jüdische Freiwillige« gewesen, die ohne Wissen der israelischen Behörden Eichmann aufgespürt und nach Israel gebracht hätten. Vgl. F.O.E., Israel gibt Festnahme Eichmanns in Argentinien zu, in: FAZ vom 8.6.1960.

64 So ist zum Beispiel in der Tageszeitung *Die Welt* bereits drei Tage nach der Bekanntgabe der Festnahme von einem »Coup des israelischen Geheimdienstes« die Rede. Vgl. Keiner will Eichmann verteidigen, in: DW vom 26./27.5.1960.

65 Jahrbuch der Öffentlichen Meinung 1958-1964, hg. v. Elisabeth Noelle und Erich Peter Neumann, Allensbach. Bonn 1965, S. 225. »Man muß allerdings berücksichtigen,« so schreibt Inge Deutschkron mit Blick auf diese Umfrageergebnisse, »daß mancher Deutsche vielleicht fürchtete, mit seiner Zustimmung zu diesem Fall von Entführung auch die Fälle von Menschenraub zu billigen, die in den Jahren des Ost-West-Konflikts in West-Berlin an der Tagesordnung waren.« (Inge Deutschkron, Israel und die Deutschen. Das schwierige Verhältnis, erweiterte Neuauflage. Köln 1991, S. 122) Auch wenn man Inge Deutschkron hier nicht ohne weiteres folgen mag, so zeigt ihre Anmerkung zumindest, wie stark die zeitgeschichtlichen Hintergründe in die Beurteilung des Falles Eichmann und seiner öffentlichen Thematisierung hineinwirkten.

Gipfeltreffen von Präsident Frondizi und Ministerpräsident Ben-Gurion in Brüssel angestrebt.[66] Von Israel wurde sowohl eine Entschuldigung und Wiedergutmachung als auch die sofortige Rückführung Eichmanns gefordert. Die israelische Seite war ohne weiteres bereit, sich für die Verletzung der argentinischen Souveränität zu entschuldigen und drückte ihr Bedauern aus, eine Auslieferung Eichmanns an Argentinien kam jedoch nicht in Frage. Damit wollte oder konnte sich die argentinische Regierung nicht zufriedengeben. Kompliziert wurde die Beilegung des Konflikts durch die schwierige innenpolitische Situation in Argentinien, die am 13. Juni 1960 in einer erfolglosen Militärrevolte ihre dramatische Zuspitzung erfuhr.

Auf dem Höhepunkt der Krise wurde der argentinische Botschafter aus Israel abberufen und der israelische Botschafter in Buenos Aires zur persona non grata erklärt. In einer ohne Gegenstimmen – bei Enthaltung der UdSSR und Polen – angenommenen Entschließung des UN-Sicherheitsrates, der sich auf Antrag Argentiniens mit der Entführung beschäftigt hatte, wurde Israel aufgefordert, »angemessene Wiedergutmachung« zu leisten. Gleichzeitig wurde von Seiten des Sicherheitsrates jedoch mit Nachdruck betont, daß die UNO die nationalsozialistische Judenverfolgung verurteile und die Resolution »in keiner Weise« als eine Entschuldigung für die »abscheulichen Verbrechen« ausgelegt werden dürfe, deren Eichmann angeklagt sei.[67] Während Israel und Argentinien über den Verlauf der Debatte durchaus befriedigt schienen und bemüht waren, die UNO als konfliktschlichtende Instanz anzuerkennen, nutzten die Vertreter Polens und der Sowjetunion die Aussprache über die Entführung Eichmanns als Forum für propagandistische Angriffe auf die Bundesrepublik, in denen sie behaupteten, in der Bundesrepublik würden zahlreiche NS-Verbrecher unbehelligt leben und Kriegsverbrecher in hohen Bonner Ämtern sitzen. Von französischer und amerikanischer Seite wurde der westdeutsche Bündnispartner gegen diese Angriffe in Schutz genommen.[68]

Nach mehr als zwei Monate andauernden diplomatischem Schlagabtausch konnten die Unstimmigkeiten zwischen Argentinien und Israel beigelegt werden. Am 3. August 1960 wurde ein gemeinsames Kommuniqué verabschiedet, in der beide Seiten erklärten, »den Zwischenfall als erledigt zu betrachten, der durch Handlungen israelischer Staatsbürger hervorgerufen wurde, die dabei fundamentale Rechte des argentinischen Staates verletzten«.[69] Damit hatte die argentinische Regierung ihr Gesicht gewahrt, und Eichmann blieb in Israel. Die Verstimmungen zwischen beiden Staaten schienen besei-

66 Zu den diplomatischen Spannungen zwischen Israel und Argentinien siehe Pearlman, Die Festnahme, Kapitel IX, Die Schlacht der Diplomaten, S. 173-199.

67 Vgl. die Entschließung des UNO-Sicherheitsrates vom 23. Juni 1960, dokumentiert in: ebd., S. 193f.

68 Vgl. Kompromiß im Fall Eichmann in Sicht, in: FAZ vom 25.6.1960.

69 Gemeinsames Kommuniqué der Regierung Israels und Argentiniens vom 3.8.1960, dokumentiert in: Pearlman, Die Festnahme, S. 198f.

tigt – allerdings nur auf offizieller Ebene. Denn auch wenn die argentinische Regierung die Entschuldigung Israels angenommen hatte und die Angelegenheit als erledigt betrachtete, gab es jedoch in Argentinien und anderen südamerikanischen Staaten gewaltbereite rechte Gruppierungen, die die Entführung und den Prozeß zum Anlaß nahmen, ihren Antisemitismus gewalttätig auszuleben. Unmittelbar nach Bekanntwerden der Gefangennahme Eichmanns und auch während des Prozesses kam es in Argentinien und in anderen Ländern zu antisemitischen Ausschreitungen. Jüdische Friedhöfe und Schulen wurden verwüstet und Bombenanschläge auf Synagogen verübt. In Buenos Aires wurden zwei jüdische Frauen ermordet, die beschuldigt worden waren, die israelischen Agenten unterstützt zu haben.[70] In der bundesdeutschen Presse wurde wiederholt über antisemitische Zwischenfälle und Anschläge auf Synagogen in Argentinien und Uruguay berichtet.[71]

Den spektakulären und umstrittenen »Handlungen israelischer Staatsbürger« in Argentinien, die zu diesen diplomatischen Spannungen und antisemitischen Ausschreitungen in Südamerika führten, ging eine jahrelange Suche nach dem am Ende des Krieges untergetauchten SS-Obersturmbannführer voraus. Und es war nur dem Zufall geschuldet, daß die Suche nicht bereits 1945 zu Ende gewesen war. Denn im Frühjahr 1945 wurde Eichmann von amerikanischen Soldaten verhaftet, die, wie Robert Pendorf schreibt, »freilich nicht ahnten, wen sie da auf der Landstraße aufgelesen und in das nächste Gefangenenlager gesteckt« hatten.[72] Eichmann gab sich als Adolf Barth aus und trug die Uniform eines Obergefreiten der Luftwaffe.[73] Bevor jedoch seine wahre Identität entdeckt wurde, konnte er aus dem überfüllten Lager fliehen.[74] Nach seiner Flucht im Januar 1946 tauchte Adolf Eichmann schließlich unter dem Namen Otto Heninger in der Gemeinde Eversen in der Lüneburger Heide unter.[75] In den nächsten Jahren lebte er in bescheidenen Verhältnissen, arbeitete erst als Waldarbeiter und versuchte später, eine kleine Hühnerfarm aufzubauen.[76]

---

70 Siehe hierzu Raviv, Melman, Die Geschichte, S. 143; sowie Aharoni, Dietl, Der Jäger, S. 283.

71 Vgl. zum Beispiel: Fall Eichmann vor dem Sicherheitsrat, in: FAZ vom 16.6.1960; Ben Gurion war bei de Gaulle, in: SZ vom 15.-17.6.1960; Karl Wilhelm Körner, Argentinien über antisemitische Vorfälle empört, in: ebd. vom 31.8.1960; Tränengas gegen »Mein Kampf«, in: FAZ vom 25.5.1961.

72 Pendorf, Mörder, S. 133.

73 Vgl. ebd.

74 Über Eichmanns kurzen Aufenthalt in amerikanischen Gefangenenlagern und seine Flucht finden sich in der Literatur verschiedene Versionen mit in einzelnen Details voneinander leicht abweichenden Angaben. Siehe hierzu vor allem die jeweiligen Berichte in: Pendorf, Mörder, S. 133-136; v. Lang (Hg.), Eichmann-Protokoll, S. 254; sowie Pearlman, Die Festnahme, S. 112-119.

75 Vgl. Pendorf, Mörder, S. 136.

76 Vgl. ebd., S. 136f., sowie Pearlman, Die Festnahme, S. 119f.

1950 verließ Eichmann Deutschland. Mit Unterstützung ehemaliger Kameraden und anderer Helfer reiste er im Mai über Österreich nach Italien.[77] Sowohl in Rom als auch in der Hafenstadt Genua erhielt er – wie auch andere ehemalige Nazis vor und nach ihm[78] – weitere Unterstützung durch katholische Geistliche, die ihm Unterschlupf gewährten und einen Flüchtlingspaß des Vatikans für »displaced persons« auf den Namen Richard Klement besorgten.[79] Nachdem er mit Hilfe der neuen Ausweispapiere ein argentinisches Einreisevisum erhalten hatte, ging Eichmann alias Richard Klement Ende Juni an Bord eines Schiffes und verließ Europa in Richtung Südamerika.[80] In Argentinien angekommen, erhielt er argentinische Papiere und nannte sich von nun an Ricardo Klement.[81] Kurze Zeit nach seiner Ankunft bekam er eine Stellung bei einem Unternehmen namens CAPRI (Compania Argentina para Proyectos y Realizaciones Industriales). Die Firma, die Projektierungsarbeiten für den Bau von Wasserkraftwerken ausführte, wurde 1950 von dem Deutsch-Argentinier Horst Carlos Fuldner gegründet und diente zahlreichen aus Deutschland geflohenen Nazis und SS-Leuten als Arbeitgeber.[82] Nachdem das Unternehmen Mitte der fünfziger Jahre Konkurs anmelden und schließen mußte,[83] versuchte Eichmann in Buenos Aires erfolglos eine Wäscherei zu betreiben und sich als Kaninchenzüchter zu betätigen. Schließlich erhielt er eine feste Anstellung in den deutsch-argentinischen Mercedes-Benz-Werken in einem Vorort von Buenos Aires, wo er bis zu seiner Gefangennahme arbeitete.[84]

Bereits 1950 hatte Eichmann von Argentinien aus Kontakt mit seiner in Österreich zurückgebliebenen Ehefrau aufgenommen. Vera Eichmann verließ Ende Juni 1952 zusammen mit ihren drei Söhnen Europa und folgte ihrem Mann nach Buenos Aires.[85] Zunächst gab sie sich als Witwe aus, um dann später zu behaupten, sie habe in aller

---

77 Vgl. Pearlman, Die Festnahme, S. 123f.; sowie Pendorf, Mörder, S. 139f.

78 Siehe zur Unterstützung ehemaliger Nazis durch die Katholische Kirche Ernst Klee, Persilscheine und falsche Pässe. Wie die Kirche den Nazis half. 11.-16. Tausend, Frankfurt am Main 1992; sowie Holger M. Meding, Flucht vor Nürnberg? Deutsche und österreichische Einwanderung in Argentinien 1945-1955. Köln u.a. 1992, besonders S. 76-81.

79 Moshe Pearlman und Robert Pendorf, der sich auf Pearlman beruft, schreiben 1961 übereinstimmend, das es sich bei den hilfsbereiten katholischen Geistlichen um Franziskaner handelte, nennen aber keine Namen. Vgl. Pearlman, Die Festnahme, S. 123f.; sowie Pendorf, Mörder, S. 139f. In seinem Buch *Persilscheine und falsche Pässe* gibt Ernst Klee den deutschen Pallottiner-Pater Anton Weber als zumindest einen der hilfsbereiten Geistlichen an. Vgl. Klee, Persilscheine, S. 25.

80 Vgl. Pearlman, Die Festnahme, S. 124.

81 Als Faksimile abgedruckt in ebd., S. 127.

82 Vgl. Meding, Flucht aus Nürnberg?, S. 214-219.

83 Vgl. ebd., S. 218.

84 Vgl. Pearlman, Die Festnahme, S.126-131; sowie Pendorf, Mörder, S. 141-146.

85 Vgl. Pendorf, Mörder, S. 143.

Stille ihren »Freund Herrn Klement« geheiratet. Der jüngste, 1955 in Argentinien geborene Sohn, führte den Familiennamen Klement, während die drei älteren den Namen Eichmann behielten.[86] Gut fünf Jahre nach der Geburt des vierten Sohnes Ricardo bezog die Familie Eichmann alias Klement im Frühjahr 1960 ein kleines Haus außerhalb der Stadt. Bis zu seiner Festnahme und Entführung durch israelische Geheimdienstagenten im Mai 1960 lebte Eichmann hier in relativ bescheidenen Verhältnissen.[87]

Daß Eichmann scheinbar mühelos in den letzten Kriegstagen und ersten Nachkriegsmonaten untertauchen, unerkannt aus einem amerikanischen Gefangenenlager fliehen konnte und sich schließlich in Argentinien gut zehn Jahre hatte verstecken können, mag daran gelegen haben, daß man ihn zunächst für tot hielt.[88] Ein weiterer Grund lag darin, daß er seine schreckliche Arbeit nicht im Lichte der Öffentlichkeit ausführte, sondern in der Abgeschlossenheit seines Büros, so daß er als Person und in seiner Funktion als Deportationsspezialist nur wenigen bekannt gewesen ist. Erst die belastenden Aussagen seines langjährigen Mitarbeiters Dieter Wisliceny und anderer Angeklagter oder Zeugen vor dem Nürnberger Tribunal rückten Eichmann – »Das Gespenst von Nürnberg«[89] (Pearlman) – zum ersten Mal in den Blickpunkt des Interesses einer breiteren Öffentlichkeit.[90]

Auch wenn große Unsicherheit bestand, ob Eichmann die Wirren der letzten Kriegswochen überlebt hatte, war die Suche jedoch nie völlig zum Erliegen gekommen. Bereits 1945 hatten vor allem Überlebende der nationalsozialistischen Vernichtungslager mit der Suche nach ihrem Peiniger begonnen.[91]

---

86 Vgl. Pearlman, Die Festnahme, S. 131.

87 Vgl. ebd., S. 129ff.

88 Siehe z.B. ebd., S. 94ff., sowie S. 125f.

89 So eine Kapitelüberschrift in ebd., S. 14.

90 Inge Deutschkron schreibt hinsichtlich des Wissens über Eichmann und seine Rolle bei der Verfolgung und Ermordung der Juden: »In der Tat konnten nur wenige Deutsche diesen Namen und die speziellen Funktionen dieses Mannes gekannt haben. Selbst von seinen Opfern wären nur wenige imstande gewesen, Näheres über ihn auszusagen. Wer jedoch die Gaskammern überlebt oder rechtzeitig ins Ausland hatte fliehen können, kannte Eichmanns Namen als den eines der Hauptverantwortlichen für die sogenannte Endlösung. Dem deutschen Durchschnittsbürger wäre es – selbst wenn er den selbstmörderischen Versuch unternommen hätte – weder vor dem Kriege noch später gelungen, Einblick in den Apparat der Geheimen Staatspolizei zu erhalten. Am allerwenigsten hätte er die Namen derjenigen erfahren, die mit dem organisierten Massenmord zu tun hatten. [...] Zum ersten Male wurden Namen und Funktion Adolf Eichmanns in Deutschland während der Nürnberger Prozesse im Jahre 1946 bei der Erörterung der Judenmorde erwähnt. Doch geschah dies zu einer Zeit, als die Mehrheit der deutschen Bevölkerung einem derartigen Prozeß nur geringe Aufmerksamkeit schenkten.« Deutschkron, Israel und die Deutschen, S. 119f.

91 Unter ihnen an erster Stelle Tuvia Friedman und der später als »Nazi-Jäger« und Leiter des jüdischen Dokumentationszentrums in Wien bekannt gewordene Simon Wiesenthal, die sich beide im

Nachdem zunächst alle Bemühungen, Eichmann zu finden, vergebens waren, erhielten die israelischen Behörden in den späten fünfziger Jahren verschiedene Hinweise, daß sich der ehemalige SS-Oberstumbannführer unter dem Namen Ricardo Klement in Buenos Aires aufhielt. Nach erstem Zögern wurde Ende 1950, Anfang 1960 beschlossen, eine Gruppe von Agenten des Geheimdienstes nach Argentinien zu schikken, um diese Hinweise zu überprüfen und später die Gefangennahme und den Transport nach Israel vorzubereiten und durchzuführen.[92] Wer den letztlich entscheidenden Hinweis über den Aufenthaltsort des untergetauchten Eichmann gab, wird in der Literatur nicht eindeutig beantwortet. Simon Wiesenthal spricht von einem ihm zufällig in die Hände gefallenen Brief, in dem Argentinien als Aufenthaltsort Eichmanns angegeben werde, der ihn letztlich auf die Spur des Gesuchten gebracht habe.[93] Moshe Pearlman hingegen erwähnt in seinem Bericht nur einen »Juden, der in einem der südamerikanischen Staaten lebte und häufig nach Argentinien reiste«, von dem der »letzte Hinweis« stammte.[94] Nach dem Mitte der siebziger Jahre veröffentlichten Bericht des damaligen Mossad-Chefs Isser Harel und dem vor wenigen Jahren erschienenen Buch des an der Entführung beteiligten ehemaligen Mossad-Agenten Zvi Aharoni hatte der damalige Frankfurter Generalstaatsanwalt Fritz Bauer wesentlichen, wenn nicht gar entscheidenden Anteil an der erfolgreichen Suche nach Eichmann. Bauer habe den israelischen Behörden wichtige Erkenntnisse und Unterlagen über den Aufenthaltsort des früheren Obersturmbannführers zugespielt, die zu der Ergreifung Wesentliches beigetragen haben.[95] Auch Irmtrud Wojak unterstreicht in ihrer jüngst veröffentlichten Studie über *Eichmanns Memoiren* die außerordentlich wichtige Rolle von Fritz Bauer bei der Fest-

---

Vorfeld und nach dem Prozeß zu Wort meldeten, um auf ihren jeweiligen Anteil bei der erfolgreichen Suche und Festnahme Eichmanns hinzuweisen. Beide veröffentlichten Berichte über ihre Jagd nach Adolf Eichmann: Wiesenthal, Ich jagte Eichmann; Tuvia Friedman, The blind man who discovered Adolf Eichmann in Argentina. Haifa 1987, sowie Tuvia Friedman, Nazi Hunting. Haifa 1961. Viel beachtet wurde eine Ende Oktober 1960 von Wiesenthal abgehaltene Pressekonferenz, auf der dieser u.a. über seinen Anteil an der erfolgreichen Suche nach Eichmann berichtete. Siehe dazu u.a.: Erste Spur Eichmanns ein Brief?, in: FAZ vom 25.10.1960; sowie: Wie Eichmann gejagt wurde, in: ebd. vom 26.10.1960.

92 Vgl. ebd., S. 144ff., und vor allem auch die detaillierten Schilderungen von Aharoni, Dietl, Der Jäger, S. 117-188.

93 Vgl. Wiesenthal, Ich jagte Eichmann.

94 Pearlman, Die Festnahme, S. 144.

95 Vgl. Harel, Das Haus, vor allem S. 11-47; sowie Aharoni, Dietl, Der Jäger, S. 117-131; und Deutschkron, Israel und die Deutschen, S. 120f. Besonders der Bericht Zvi Aharonis betont die große Bedeutung Fritz Bauers und übt dabei gleichzeitig harte Kritik an seinem damaligen Vorgesetzten Isser Harel. Dieser habe die überaus wichtigen Informationen des deutschen Staatsanwaltes nicht ernst genug genommen und so ihre Überprüfung unnötig verschleppt.

nahme Eichmanns. Die Frankfurter Historikerin weist darüber hinaus darauf hin, daß wichtige Hinweise zur Identität und zum Aufenthaltsort Eichmanns bereits 1957 vorgelegen haben. Möglicherweise kam ein entscheidener, aber wohl unbeabsichtigter Hinweis von dem aus den Niederlanden stammenden ehemaligen SS-Mann und Journalisten William Sassen.[96] Sassen hatte Eichmann in Argentinien kennengelernt und mit ihm zahlreiche Gespräche und Interviews über dessen Rolle bei der Umsetzung der »Endlösung« geführt und auf Tonband aufgezeichnet. Als Sassen entgegen der mit Eichmann getroffenen Absprache Mitte 1959 versuchte, diese Interviews an das amerikanische LIFE-Magazin zu verkaufen, leitete ein Mitarbeiter der Zeitschrift dieses Interview an die israelischen Behörden weiter.[97] Später, im Vorfeld des Prozesses, wurden Auszüge des sogenannten »Sassen-Interviews« im LIFE-Magazin veröffentlicht.[98]

Für die Beurteilung der Berichterstattung über die Entführung Eichmanns ist es wichtig, sich zu erinnern, daß zum Zeitpunkt des Prozesses die öffentlich zugänglichen Informationen über den Ablauf der Suche und Entführung wesentlich geringer waren als es heute, mehr als 35 Jahre später, der Fall ist. So finden sich beispielsweise in der damaligen Berichterstattung zwar einzelne Meldungen über Spekulationen dahingehend, daß den deutschen Stellen der Aufenthaltsort Eichmanns bekannt gewesen sei. Konkrete und handfeste Informationen oder gar Beweise für eine Mithilfe Fritz Bauers bei der Ergreifung des untergetauchten Obersturmbannführers finden sich jedoch nicht. Vgl. zum Beispiel War der Aufenthaltsort Eichmanns lange bekannt?, in: FR vom 19.10.1960.

96 Vgl. Wojak, Eichmanns Memoiren, besonders S. 26-33.

97 Vgl. ebd., S. 35ff. Zum Sassen-Interview siehe neben der ausführlichen Studie von Irmtrud Wojak auch Gideon Hausner, Gerechtigkeit in Jerusalem. München 1967; Christina Große, Der Eichmann-Prozeß zwischen Recht und Politik. Frankfurt am Main u.a. 1995, S. 50-54; und auch Meding, Flucht vor Nürnberg, S. 153f.

98 Siehe: Eichmann tells his own damning Story, Part I: »I transported them ... to the Butcher«, in: LIFE international, Vol. 30, No. 1, January 9, 1961, S. 9-19, sowie Part II: »To sum it all up, I regret nothing«, in: LIFE international, Vol. 30, No. 3, February 13, 1961, S. 76-82.

Für die Rechte an diesen Aufzeichnungen zahlte LIFE sowohl an Sassen als auch an Eichmanns Frau eine nicht unerhebliche Summe. Vera Eichmann hatte unter Mithilfe von Sassen mit der Illustrierten einen Exklusiv-Vertrag über die Verwertung der über 700 Manuskriptseiten – die z.T. mit handschriftlichen Notizen und Bemerkungen Eichmanns versehen waren – abgeschlossen; sie erhielt dafür 15.000 US$ und Sassen 2.500 US$. Unter Berufung auf verschiedene Akten führt Christina Große aus, daß Sassen darüberhinaus noch weit größere Summen an der Vermarktung dieser Interviews verdiente. Vgl. Große, Der Eichmann-Prozeß, S. 52f.

Das Interview, in dem sich Eichmann selbst schwer belastete, diente der israelischen Staatsanwaltschaft zudem zur Vorbereitung der Anklage. Der Versuch, es dem Jerusalemer Gericht als Beweismaterial vorzulegen, scheiterte allerdings am Einspruch Eichmanns und seines Verteidigers, so das nur wenige Seiten der Tonbandabschriften zugelassen wurde. Vgl. Hausner, Gerechtigkeit, S. 536; sowie Avner Less (Hg.), Schuldig: Das Urteil gegen Adolf Eichmann. Mit einem Nachwort von Jochen v. Lang. Frankfurt am Main 1987, S. 78f.

Nach gründlicher Überprüfung aller Hinweise und längerer Überwachung von Ricardo Klement konnten die nach Argentinien geschickten Mitarbeiter des israelischen Geheimdienstes zweifelsfrei feststellen, daß es sich um den gesuchten Adolf Eichmann handelte. Daraufhin wurden alle erforderlichen Maßnahmen getroffen, ihn gefangenzunehmen, nach Israel zu bringen und dort vor Gericht zu stellen. Zu diesem Schritt hatte man sich entschlossen, da es zwischen Israel und Argentinien kein Auslieferungsabkommen gab, und um zu vermeiden, daß Eichmann bei Bekanntwerden seiner Entdeckung – was bei einem offiziellen Auslieferungsersuchen unvermeidbar gewesen wäre – erneut untertauchte. Und so wurde Adolf Eichmann alias Ricardo Klement am 11. Mai 1960 auf dem Weg von der Arbeit nach Hause von den israelischen Agenten überwältigt, in ein Auto gezerrt und in eine Villa in einem Vorort von Buenos Aires gebracht.[99] Dort wurde er gründlich medizinisch untersucht und erstmals verhört. Nachdem die Narbe von der Entfernung der Blutgruppen-Tätowierung entdeckt worden war und man ihm seine SS-Nummer nannte, gab er zu, der Gesuchte zu sein.[100] Zehn Tage später, am 21. Mai 1961, wurde Eichmann, verkleidet als krankes Besatzungsmitglied und unter Drogen, an Bord einer Maschine der israelischen Fluggesellschaft *El Al* gebracht und nach Israel gflogen.[101]

3. Der Prozeß

3.1. Die letzten Vorbereitungen

Knapp elf Monate nach der Bekanntgabe der Verhaftung Eichmanns begann am 11. April 1961 in Jerusalem der Prozeß gegen den ehemaligen SS-Obersturmbannführer.[102]

---

99 Siehe hierzu vor allem Malkin, Ich jagte Eichmann, Kapitel 18, S. 217-227, sowie Aharoni, Dietl, Der Jäger, S.211-218.

100 Vgl. Malkin, Ich jagte Eichmann, S. 226f.

101 Vgl. zum genauen Hergang des Transportes von Eichmann von Argentinien nach Israel ebd., S. 251, 263ff. und S. 283-290. Das Flugzeug der Fluggesellschaft *El Al* war ein Sonderflug anläßlich des argentinischen Nationalfeiertages und hatte eine offizielle Delegation der israelischen Regierung an Bord. Es war das erste israelische Flugzeug, das in Argentinien landete; bis zu diesem Zeitpunkt hatte es keinen offiziellen Flugverkehr zwischen Argentinien und Israel gegeben.

102 Siehe zum Prozeß: Dov B. Schmorak (Hg.), Sieben sagen aus. Zeugen im Eichmann-Prozeß. Mit einer Einleitung von Peter Schier-Gribowsky. Berlin 1962; ders. (Hg.), Der Prozeß-Eichmann. Dargestellt an Hand der in Nürnberg und in Jerusalem vorgelegten Dokumente sowie der Gerichtsprotokolle. Wien u.a. 1964; die Dokumentation des Journalisten Bernd Nellessen, Der Pro-

Die Monate zwischen der Gefangennahme und dem Prozeßbeginn waren angefüllt mit umfangreichen Ermittlungsarbeiten und Prozeßvorbereitungen. Eichmann wurde über mehrere Monate hinweg intensiv und ausgiebig verhört.[103] Er selbst fertigte im Laufe seiner Haft »hunderte von Seiten« umfassende »schriftliche Berichte und Erinnerungen, Notizen, Tabellen und Anmerkungen zu dokumentarischen Unterlagen« an.[104] Eine eigens für diesen Fall geschaffene Abteilung der israelischen Polizei (Büro 06) trug hunderte von Dokumenten und Zeugenaussagen zusammen. Sie dienten der vom israelischen Generalstaatsanwalt Gideon Hausner geleiteten Arbeitsgruppe der Staatsanwaltschaft ebenso zur Vorbereitung der Anklage, wie die umfangreichen Verhörprotokolle,

---

zeß von Jerusalem. Ein Dokument. Düsseldorf u.a. 1964; den sehr umfangreichen Bericht des damaligen Anklagevertreters Gideon Hausner, Gerechtigkeit in Jerusalem. München 1967; die von Eichmanns Verteidiger Robert Servatius erstellte Dokumentation, Verteidigung Adolf Eichmann. Plädoyer. Bad Kreuznach 1961; die Dokumentation des Urteils von Avner Less (Hg.), Schuldig. Das Urteil gegen Adolf Eichmann. Frankfurt am Main 1987; sowie die z.T. auf lange unzugänglichen Akten des Auswärtigen Amtes, des Bundesjustizministeriums und des Eichmann-Verteidigers Servatius beruhende Studie von Christina Große, Der Eichmann-Prozeß zwischen Recht und Politik. Frankfurt am Main u.a. 1996. Und vor allem auch die Berichte von Arendt, Eichmann in Jerusalem; und Harry Mulisch, Strafsache 40/61. Eine Reportage über den Eichmann-Prozeß. Berlin 1987. Erwähnt sei hier auch die Dokumentation von Zeugenaussagen aus dem ersten Frankfurter Auschwitz- und dem Eichmann-Prozeß über die Behandlung von Müttern und Kindern in den Ghettos und Lagern von Inge Deutschkron, ... denn ihrer war die Hölle. Kinder in Gettos und Lagern. Köln 1965.

103 Die Verhöre fanden im Zeitraum vom 29.5.1960 bis 2.2.1961 statt und dauerten insgesamt 275 Stunden. Das gesamte Protokoll der Verhöre umfaßt 3564 Seiten. Im Verlauf des Verhörs wurden Eichmann wiederholt Dokumente sowie Zeugenaussagen von Vorgesetzten, Komplizen und Opfern vorgelegt, die seine Mittäterschaft an der Deportation und Ermordung der europäischen Juden belegten. Er bekam die Gelegenheit, sich ausführlich zu den gegen ihn erhobenen Vorwürfen zu äußern. Ihm wurde jede einzelne Seite der Tonbandabschriften zur Korrektur vorgelegt. Vor Beginn des Prozesses wurden den in Jerusalem akkreditierten Journalisten zunächst ausgewählte Teile und im Verlauf der ersten Prozeßwochen die gesamte Abschrift der Tonbandprotokolle zugänglich gemacht. Siehe hierzu: Alice Kempe, Der Tag der Sühne ist gekommen, in: TSP vom 9.4.1961; »Und so avancierte ich dann« – Adolf Eichmann über sich selbst. Aus den israelischen Vernehmungsprotokollen, in: Der Spiegel Nr. 27 vom 28.6.1961; Francois Bondy, »Ja, mein lieber guter Storfer ...« – Eichmann wörtlich, in: Der Monat, 13. Jg. (Juni 1961), Nr. 153, S. 58-61. Während der Verhandlung wurden Auszüge aus den Tonbandprotokollen im Gerichtssaal abgespielt. In der Dokumentation von Jochen v. Lang (Hg.), Eichmann-Protokoll, wurden wichtige Teile der Verhörprotokolle veröffentlicht und durch erklärende Kommentare und Dokumente, sowie um ein Nachwort des verhörenden israelischen Polizeioffiziers, Avner Less, ergänzt.

104 Hausner, Gerechtigkeit, S. 424. Siehe zu den Aufzeichnungen Eichmanns ausführlich Wojak, Eichmanns Memoiren.

Eichmanns Aufzeichnungen und das sogenannte »Sassen-Interview«.[105] Hausner und seine Mitarbeiter konnten neben den Unterlagen aus dem umfangreichen Archiv der nationalen Holocaust-Gedenkstätte Yad Vashem auch auf Dokumente aus dem europäischen Ausland und den USA zurückgreifen, die bereitwillig zur Verfügung gestellt wurden. Einzig die Sowjetunion verweigerte die Unterstützung und hielt ihre Archive für die israelischen Ermittler verschlossen.[106]

Nach diesen intensiven Vorarbeiten wurde schließlich am 21. Februar 1961 die fünfzehn Punkte umfassende Anklageschrift bei Gericht eingereicht und an Eichmann und seinem Verteidiger ausgehändigt. Von nun an hatte der Fall Eichmann nach der laufenden Aktennummer des Bezirksgerichts Jerusalem die offizielle Bezeichnung Strafsache 40/61.[107] Bevor jedoch am 11. April der Prozeß eröffnet werden konnte, mußten die verbliebenen juristischen und auch politischen Schwierigkeiten und Probleme ausgeräumt werden, die einem Prozeß in Jerusalem entgegenstanden. Vor allem galt es zu klären, ob Israel überhaupt berechtigt war, Eichmann vor Gericht zu stellen, und, wenn ja, auf welcher gesetzlichen Grundlage dies geschehen sollte. Dabei wurden von der Verteidigung und den Gegnern eines Prozesses in Israel hauptsächlich zwei Argumente gegen ein Gerichtsverfahren in Israel vorgebracht: Zum einen wurde darauf verwiesen, daß Eichmann durch eine illegale Handlung – seine Entführung aus Argentinien – nach Israel gebracht worden sei. Dies bedeute von vornherein die Verletzung von grundlegenden Rechten des Angeklagten und mache somit ein streng rechtsstaatliches Verfahren unmöglich. Als zweites gewichtiges Argument wurde angeführt, daß der jüdische Staat nicht das Recht habe, den ehemaligen Obersturmbannführer – oder auch jeden anderen NS-Verbrecher – vor Gericht zu stellen, da der Staat Israel zur Zeit der Ausführung der Eichmann zur Last gelegten Verbrechen noch gar nicht existierte. Zudem habe Eichmann, die ihm vorgeworfenen Verbrechen nicht in Israel, sondern in Deutschland und in den von Deutschland besetzten Gebieten begangen.[108]

Im Verlauf dieser Debatte forderte Argentinien wiederholt die Auslieferung bzw. die Rückführung Eichmanns und eine offizielle Entschuldigung und Wiedergutmachung seitens der israelischen Regierung.[109] Und auch in der Bundesrepublik wurden einzelne Stimmen laut, die die Auslieferung des ehemaligen Obersturmbannführers forderten.

---

105 Vgl. zu den Verhören und Vorbereitungen der Anklage vor allem Moshe Pearlman, Die Festnahme, S. 214-220; sowie Hausner, Gerechtigkeit, vor allem S. 423-438; und auch v. Lang (Hg.): Eichmann-Protokoll, zur Bedeutung des »Sassen-Interviews« für die Anklagevorbereitung siehe Wojak, Eichmanns Memoiren.

106 Vgl. Hausner, Gerechtigkeit, S. 436.

107 Vgl. ebd., S. 459.

108 Vgl. hierzu vor allem Pearlman, Die Festnahme, Kapitel XII: Die juristische Seite; sowie Hausner, Gerechtigkeit, S. 439ff.

109 Vgl. zu den argentinischen Forderungen Abschnitt II. 2. Flucht, Suche, Festnahme.

Sie vertraten die Auffassung, Eichmann müsse der (bundes)deutschen Justiz übergeben und vor ein (bundes)deutsches Gericht gestellt werden.[110] Für die Bundesregierung stand jedoch frühzeitig fest, daß sie sich nicht um eine Auslieferung Eichmanns bemühen würde. Als offizielles Argument wurde angeführt, daß zwischen der Bundesrepublik und Israel weder diplomatische Beziehungen noch ein Auslieferungsabkommen bestanden.[111] Für die Zurückhaltung Bonns dürften nach Einschätzung von Christina Große jedoch weniger formaljuristische, sondern vielmehr politische Erwägungen ausschlaggebend gewesen sein. In ihrer Studie über den Eichmann-Prozeß im Spannungsfeld zwischen Recht und Politik schreibt sie:

»Das Auswärtige Amt fürchtete, daß der aussichtslose Versuch, die Auslieferung Eichmanns an die Bundesrepublik zu erreichen, zu einer neuen Diffamierungskampagne durch den Osten führen könnte. [...] Auch rechnete Bonn mit der Möglichkeit, von den westlichen Partnern kritisiert zu werden, die Bundesregierung wolle einen Verbrecher wie Eichmann schützen und seine Aussagen in der Hauptverhandlung vor einem deutschen Gericht beeinflussen.«[112]

Ein Verbleib Eichmanns in Israel und ein Verfahren vor einem israelischen Gericht erschien den Verantwortlichen in Bonn allem Anschein nach weniger problematisch als ein Beharren auf Auslieferung – war doch nicht abzusehen, welche politischen Folgen die Auslieferung und ein Verfahren vor einem bundesdeutschen Gericht haben würden. In einem Interview mit der amerikanischen Fernsehanstalt ABC (American Broadcasting Company) unmittelbar vor Beginn des Prozesses brachte der damalige Präsident des Deutschen Bundestages, Eugen Gerstenmaier, die überaus schwierige Situation der Bundesregierung auf den Punkt. Auf die Frage, warum Deutschland die Auslieferung Eichmanns nicht beantragt hätte, antwortete er:

»Wenn die deutsche Justiz Eichmann in ihre Gewalt hätte bringen können, dann wäre er von jedem deutschen Gericht zur Höchststrafe verurteilt worden. Die Verfassung der Bundesrepublik hat die Todesstrafe ausgeschlossen. Die Auslieferung Eichmanns aus Israel nach Deutschland wäre zu einer Art Lebensrettung für Eichmann geworden. Ich glaube nicht, daß wir den Wunsch haben, einen notorischen Massenmörder wie Eichmann vor dem Galgen zu retten.«[113]

---

110 Neben Eichmanns Verteidiger Robert Servatius erhoben auch der Frankfurter Generalstaatsanwalt Fritz Bauer und der in England lebende Schriftsteller Arthur Koestler Forderungen in diese Richtung, vgl. Große, Der Eichmann-Prozeß, S. 101, 116. Siehe auch Abschnitt III. 2.1. »Eichmann nach Deutschland!« – Pressestimmen gegen einen Prozeß in Israel.

111 Vgl. zur deutschen Debatte um die Auslieferung vor allem Christina Große, Der Eichmann-Prozeß, S. 100-118; sowie Ulrich Brochhagen, Nach Nürnberg. Vergangenheitsbewältigung und Westintegration in der Ära Adenauer. Hamburg 1994, S. 336-340.

112 Große, Der Eichmann-Prozeß, S. 107.

113 Fernseh-Interview des Präsidenten des Deutschen Bundestages, Dr. Eugen Gerstenmaier, mit ABC, dokumentiert in: Bulletin des Presse- und Informationsamtes der Bundesregierung Nr. 66 vom 8.4.1961, S. 635.

Einzig bei einer von Anfang an unwahrscheinlichen Rückführung Eichmanns nach Argentinien oder bei einer eventuell drohenden Auslieferung an Polen wollte die Bundesregierung in Jerusalem vorstellig werden.[114] »Zu groß«, so der Historiker Ulrich Brochhagen, »erschien das Risiko eines propagandistisch aufbereiteten und gegen die Bundesrepublik gerichteten Eichmann-Prozesses in Polen.«[115] Befürchtet wurde, daß in den Zeiten des Kalten Krieges ein solcher Prozeß in einem Ostblock-Land zu einem antiwestlichen Schauprozeß umfunktioniert würde. Zweifellos wäre daraus eine für die Bundesregierung sehr unangenehme Situation entstanden.

Ein von verschiedener Seite – u.a. auch von Karl Jaspers[116] – wiederholt in die öffentliche Debatte eingebrachter Vorschlag zur Lösung des Auslieferungs-Problems bestand darin, ein internationales Tribunal – ähnlich dem in Nürnberg – ins Leben zu rufen, vor dem sich Eichmann verantworten sollte. Immerhin ein knappes Drittel der deutschen Bevölkerung befürwortete ein solches Verfahren: Laut einer Umfrage des Instituts für Demoskopie in Allensbach vom Juni 1960 waren 30% der befragten Deutschen der Ansicht, Eichmann sollte vor ein internationales Gericht gestellt werden, 28% waren der Meinung, Eichmann gehöre vor ein deutsches Gericht, 16% sprachen sich für ein israelisches Gericht aus und 24% äußerten sich unentschieden oder machten keine korrekten Angaben. Eine kleine Minderheit von 2% wollte, daß Eichmann überhaupt nicht vor Gericht gestellt wird.[117]

Der prominenteste Verfechter der Idee eines internationalen Gerichtshofes auf jüdischer Seite war der Vorsitzende des Jüdischen Weltkongresses, Nahum Goldmann. Er hatte bereits Ende Mai 1960 in einem Interview in der israelischen Tageszeitung *Haboker* angeregt, daß die Länder, die unter deutscher Besatzung gelitten hatten, einen gemeinsamen Gerichtshof unter Vorsitz eines israelischen Richters zur Aburteilung Eichmanns bilden sollten.[118] Der Vorschlag Goldmanns, der auch in der deutschen Presse Beachtung fand,[119] stieß bei der israelischen Regierung auf wenig Gegenliebe. Vor allem David Ben-Gurion lehnte ein internationales Tribunal ab und beharrte auf einem Prozeß vor einem israelischen Gericht. Er sah es als die »Pflicht des Staates Israel« an, die Schrecken des Holocaust und die Einzigartigkeit dieses Verbrechens in Erinnerung zu rufen.[120]

---

114 Vgl. Große, Der Eichmann-Prozeß, S. 103; sowie Brochhagen, Nach Nürnberg, S. 338f.

115 Brochhagen, Nach Nürnberg, S. 339.

116 Siehe hierzu ausführlich Abschnitt II. 5.4.1. Für ein Tribunal der Menschheit – Karl Jaspers zum Eichmann-Prozeß.

117 Jahrbuch der öffentlich Meinung 1958-1964, S. 225.

118 Vgl. Segev, Siebte Million, S. 433 ff.

119 Siehe zum Beispiel Israel dementiert Gerüchte über Eichmann, in: FAZ vom 1.6.1960; Benno Reifenberg, Unmenschen-Raub, in: ebd. vom 22.6.1960.

120 Vgl. Segev, Siebte Million, S. 435f.

Zudem stand dem Vorschlag, Eichmann vor ein internationales Gericht zu stellen die schlichte Tatsache entgegen, daß ein derartiges Tribunal nicht existierte und die Bildung einer solchen Institution ungeahnte Schwierigkeiten aufgeworfen und aller Voraussicht nach auch ein erhebliches Maß an Zeit benötigt hätte – wenn ein solches Tribunal in Zeiten des Kalten Kriegs überhaupt zustande gekommen wäre. So entschied sich die israelische Regierung letzten Endes dafür, den ehemaligen Obersturmbannführer Eichmann im eigenem Land vor ein israelisches Gericht zu stellen und nach dem im August 1950 von der Knesseth verabschiedeten Gesetz zur Bestrafung von Nationalsozialisten und ihren Kollaborateuren zur Rechenschaft zu ziehen.[121]

Als Richter für diesen historischen Prozeß wurden Mosche Landau (Vorsitzender), Benjamin Halevi und Itzchak Raveh berufen. Alle drei stammten – was vor allem in der deutschen Presse besonders hervorgehoben wurde[122] – ursprünglich aus Deutschland oder hatten zumindest lange Zeit dort gelebt und waren nach der Machterübernahme der Nationalsozialisten vertrieben worden.[123] Die richtige Wahl des Verteidigers gestaltete sich problematisch, galt es doch einen versierten Juristen zu finden, der sowohl den juristischen Anforderungen eines solch komplizierten Strafverfahrens gewachsen war, die Zustimmung der israelischen Regierung fand und nicht zuletzt auch das notwendige Vertrauen des Angeklagten genoß. Für einige Monate bot die Frage nach Eichmanns Rechtsbeistand reichlich Raum für Spekulationen, bis schließlich der deutsche Rechtsanwalt Dr. Robert Servatius als Verteidiger berufen wurde. Der Kölner Anwalt, der bereits in Nürnberg NS-Kriegsverbrecher verteidigt hatte und daher über einschlägige Erfahrungen verfügte,[124] war – nach einem Bericht des Hamburger Nachrichtenmagazins *Der Spiegel* – an die in Deutschland lebende Familie des Bruders von Adolf Eichmann herangetreten und hatte ihnen seine Dienste angeboten.[125] Nach verschiedenen Besuchen bei dem in Haft sitzenden Adolf Eichmann, stimmte dieser der Wahl seines Bruders zu und akzeptierte Servatius als Verteidiger.[126] Um dem deutschen An-

---

121 Vgl. hierzu besonders Segev, Siebte Million, S. 440-444. Die deutsche Übersetzung des Gesetzes ist dokumentiert in: Servatius, Verteidigung, S. 81-87.

122 So z.B. von Robert Pendorf in der Wochenzeitung *Die Zeit*, Die Richter von Jerusalem, in: Die Zeit Nr. 23 vom 2.6.1961; oder in der *Frankfurter Allgemeinen Zeitung*: Eichmanns Richter benannt, in: FAZ vom 27.2.1961.

123 Mosche Landau, Richter am Obersten Gerichtshof Israels, war in Danzig geboren worden; Benjamin Halevi, Präsident des Bezirksgerichts Jerusalem, und Itzchak Raveh, Richter am Bezirksgericht Tel Aviv, hatten beide in Berlin studiert und promoviert. Vgl. Hausner, Gerechtigkeit, S. 465f.

124 Vgl. Hausner, Gerechtigkeit, S. 460f.; Pearlman, Die Festnahme, S. 219; und auch Große, Der Eichmann-Prozeß, S. 22f.

125 Vgl. den Bericht des *Spiegel*: Wer zahlt?, in: Der Spiegel Nr. 43 vom 19.10.1960, S. 37-41.

126 Vgl. Eichmann akzeptiert Servatius, in: FAZ vom 11.10.1960.

walt und seinem Assistenten, dem Münchner Juristen Dieter Wechtenbruch, die Arbeit in Israel zu ermöglichen, wurde von der Knesseth im November 1960 eigens eine Gesetzesänderung (»Ergänzung der israelischen Anwaltsordnung«) vorgenommen. Sie gestattete es ausländischen Anwälten, in besonderen Fällen, nämlich, wenn das mögliche Strafmaß die Todesstrafe einschließt, vor einem israelischen Gericht als Verteidiger aufzutreten.[127] »Glücklicherweise«, schrieb Gideon Hausner über die Berufung des Anwalts, »konnte Dr. Servatius den Beweis erbringen, daß er nie Mitglied der Nazipartei gewesen war. Er hatte vom Jahr 1935 bis zum Zusammenbruch seines Vaterlandes als Offizier im deutschen Heer gedient. Als ich das erstemal mit dem etwas korpulenten einundsechzigjährigen Rheinländer zusammentraf, der sich offensichtlich wenig aus Politik und mehr aus den Freuden der Tafel machte, fragte ich mich, was ihn wohl veranlaßt haben mochte, eine so anstrengende Aufgabe zu übernehmen. Er versicherte mir, er habe sich freiwillig zu ihr erboten, weil er es für seine berufliche Pflicht hielt.«[128]

Für einen Moment allerdings sah es so aus, als ob Servatius als Verteidiger ausfallen würde. Denn nach der Veröffentlichung des sogenannten »Sassen-Interviews« erklärte Servatius, daß er sein Mandat niederlegen werde, falls sich die in diesem »Interview« enthaltenen und Eichmann belastenden Äußerungen als wahr erweisen würden. Nachdem Eichmann seinen Anwalt jedoch davon überzeugen konnte, daß Sassen seine Äußerungen zum Teil nicht wahrheitsgemäß bzw. verfälschend wiedergegeben hatte, war Servatius weiterhin bereit, ihn zu verteidigen.[129]

Um einem anderen deutschen Anwalt die aktive Teilnahme am Prozeß zu verwehren, wurde eine weitere Gesetzesänderung von der Knesseth verabschiedet: Bei Verbrechen, bei denen die Todesstrafe drohte, wurde eine Nebenklage als unzulässig erklärt.[130] Der wichtigste und vermutlich einzige Grund für diese Einschränkung war, den Auftritt des ostdeutschen Rechtsanwalts und SED-Mitglieds Prof. Dr. Friedrich Karl Kaul im Gerichtssaal zu verhindern.

Der bekannte Ost-Berliner Anwalt[131] wollte im Namen von mehreren jüdischen Bürgern der DDR, deren Angehörige in den Konzentrationslagern ermordet worden

---

127 Vgl. Hausner, Gerechtigkeit, S. 461; Pearlman, Die Festnahme, S. 219f.; Servatius, Verteidigung, S. 5; Große, Der Eichmann-Prozeß, S. 24. Die FAZ schrieb nach der Entscheidung der Kneseth von der »Lex Servatius«, vgl. Servatius darf Eichmann verteidigen, in: FAZ vom 24.11.1960.

128 Hausner, Gerechtigkeit, S. 461.

129 Siehe hierzu: ebd., S. 523f.; Große, Der Eichmann-Prozeß, S. 51; Wojak, Eichmanns Memoiren, S. 46ff.

130 Vgl. Große, Der Eichmann-Prozeß, S. 25.

131 Zur Person vgl. Jochen Cerny (Hg.), Wer war Wer – DDR. Ein biografisches Lexikon. 2. Auflage, Berlin 1992, S. 221f.

waren, als Nebenkläger am Eichmann-Prozeß teilnehmen.[132] Aus Angst, Kaul, der 1956 die KPD als Rechtsbeistand vor dem Bundesverfassungsgericht vertreten und zahlreiche einzelne KPD- und FDJ-Mitglieder vor anderen bundesdeutschen Gerichten verteidigt hatte,[133] würde seine Position als Nebenkläger in diesem weltweit beachteten Prozeß für Propaganda gegen die Bundesrepublik mißbrauchen, erließ das israelische Parlament diese »lex Kaul« (Große). Ihm wurde dadurch nur der Status eines Prozeßbeobachters zugestanden wurde.[134] »Der DDR«, schreibt Christina Große, »war es nicht geglückt, einen ›Fuß in die Tür‹ zum Eichmann-Prozeß zu setzen, sondern sie wurde zum Hintereingang verwiesen.«[135] Daß aber auch der »Hintereingang« für die »antifaschistische« Propaganda gegen die Bundesrepublik ausreichte, zeigten die öffentlichen Auftritte Kauls vor der Weltpresse während des Prozesses in Jerusalem.[136] Für den Augenblick aber war man auf Seiten der Bundesregierung sehr zufrieden mit der Abweisung des »sowjetzonalen Star-Anwalts Kaul« (*Bulletin*) durch die Israelis. »Die Bundesrepublik«, so das *Bulletin* im März 1961, »kann diese Entscheidung in Tel Aviv nur mit Genugtuung zur Kenntnis nehmen. Denn sie [...] zeigt, daß der Staat Israel es ablehnt, aus den verabscheuungswürdigen Morden Hitlers politisches Kapital im Sinne des Kommunismus schlagen zu lassen.«[137]

Einen weiteren, für den Prozeßverlauf wichtigen Beschluß faßte das israelische Kabinett im Januar 1961: Der israelische Staat erklärte sich bereit, die Kosten für die Verteidigung des Angeklagten in einer Höhe von bis zu 20.000 US$ zu übernehmen.[138]

---

132 Unter den von Kaul vertretenen Personen befanden sich der Komponist Hans Eisler, die Schriftsteller Stefan Hermlin und Stefan Heym, sowie der Landesrabbiner von Ost-Berlin, Martin Riesenburger, vgl. SED und Judentum, in: Bulletin des Presse- und Infomationsamtes des Bundesregierung Nr. 36 vom 22.2.1961, S. 323-324.

133 Zur Zeit des Eichmann-Prozesses hatte der Bundesgerichtshof in Karlsruhe den DDR-Anwalt Kaul als Verteidiger von zwei Prozessen in der Bundesrepublik ausgeschlossen. Vgl. Keine Zulassung für Kaul, in: Bulletin des Presse- und Informationsamtes der Bundesregierung, Nr. 52 vom 16.3.1961, S. 499.

134 Vgl. hierzu vor allem Große, Der Eichmann-Prozeß, S. 25f.

135 Ebd., S. 26.

136 Siehe hierzu Abschnitt III. 5. Exkurs: Die DDR-Presse und der Eichmann-Prozeß sowie Abschnitt III. 6. Der Fall Eichmann und der Kalte Krieg – Die Reaktionen auf die Propaganda aus dem »Osten«.

137 Keine Zulassung für Kaul, in: Bulletin des Presse- und Informationsamtes der Bundesregierung, Nr. 52 vom 16.3.1961, S. 499.

138 In den meisten Presseberichten und Publikationen (jüngst bei Große, Der Eichmann-Prozeß, S. 62) wird die Summe von 20.000 US$ genannt. Der Generalstaatsanwalt nennt in seinem Prozeßbericht die Summe von 30.000 US$, vgl. Hausner, Gerechtigkeit, S. 461.

Diese Entscheidung war unumgänglich geworden, da die finanziellen Möglichkeiten Eichmanns und seiner Familie begrenzt waren und sich die Bundesregierung vehement weigerte, die Kosten für den Rechtsbeistand zu übernehmen. Aber obwohl die israelische Regierung durch ihre Entscheidung die finanzielle Grundlage für eine ordnungsgemäße Verteidigung des Angeklagten gesichert hatte, versuchte Eichmanns Anwalt Servatius bis zum Abschluß des Prozesses vor bundesdeutschen Gerichten über mehrere Instanzen eine Übernahme der Kosten durch die Bundesrepublik einzuklagen. Servatius war der Ansicht, daß es für die Bevölkerung Israels unzumutbar sei, für die Kosten der Verteidigung aufzukommen.[139] Seine Klagen vor dem Kölner Verwaltungsgericht und dem Oberverwaltungsgericht in Münster erregten zwar einige Aufmerksamkeit in der deutschen Presse, blieben jedoch ohne Erfolg.[140] Am Ende hatte sich die Bundesregierung mit ihrer Position, daß sie aus rechtlicher Perspektive betrachtet nicht verpflichtet sei, Eichmann Rechtsbeistand zu gewähren, durchgesetzt. Begründet wurde diese Position damit, daß es sich bei den ihm vorgeworfenen Verbrechen um kriminelle Straftaten handele und nicht um kriegsbedingte Handlungen.[141]

Folgt man den auf der Auswertung von Akten und Dokumenten des Außenministeriums beruhenden Ausführungen Christina Großes, so läßt sich vermuten, daß die Weigerung der Bundesregierung weniger auf formalrechtlichen Erwägungen, sondern vielmehr auf der »politischen Entscheidung« beruhte, »durch eine offene Distanzierung von der Verteidigung den Eindruck zu vermeiden, als engagiere man sich für den Täter Eichmann«.[142] Daß man damit den Opfern zumutete, die Verteidigung des Täters zu bezahlen, wurde offensichtlich als weniger problematisch angesehen. Letztlich beließ es die Bundesregierung bei Rechtshilfeleistungen als Unterstützung der israelischen Behörden zur Vorbereitung und Durchführung des Verfahrens[143] und entsandte auf Ein-

---

139 Vgl. Große, Der Eichmann-Prozeß, S. 78.

140 Vgl. zu den Verteidigungskosten vor allem Große, Der Eichmann-Prozeß, Kapitel II: Wer soll für Eichmann zahlen? Die Kosten der Verteidigung, S. 50-99. Zum Echo in der Presse siehe: Prozeß um Eichmanns Prozeßkosten, in: FAZ vom 1.2.1961; Die Kosten für Eichmann, in: ebd. vom 4.2.1961; sowie D.C., Eichmanns Verteidigung, in: ebd. vom 9.11.1961.

141 Vgl. zur offiziellen Position der Bundesregierung Große, Der Eichmann-Prozeß, vor allem S. 85f.

142 Ebd., S. 83. Vgl. hierzu auch Brochhagen, Nach Nürnberg, S. 339ff.

143 Im Verlauf des Eichmann-Prozesses baten sowohl die israelische wie auch die westdeutsche Seite die jeweils andere um Hilfestellung. Während die israelischen Behörden vor allem mit dem Wunsch nach Akteneinsicht und der Bitte um Hilfestellung bei der Einvernahme der von Eichmanns Verteidiger benannten deutschen Entlastungszeugen aufwartete, bat man von deutscher Seite darum, Eichmann als Zeuge in Zusammenhang mit anstehenden Strafverfahren vernehmen zu dürfen. Dies lehnte Eichmann allerdings ab. Vgl. Große, Der Eichmann-Prozeß, S. 118-134.

ladung Israels eine mehrköpfige offizielle Beobachtergruppe, die den Prozeß verfolgen und über seinen Verlauf berichten sollte.[144]

So entstand schließlich eine durchaus merkwürdige Situation: Einem deutschen NS-Verbrecher, verteidigt von einem von der israelischen Regierung bezahlten deutschen Rechtsanwalt, wurde von in Deutschland ausgebildeten und von den Nationalsozialisten aus Deutschland vertriebenen Juden in einem Gerichtssaal in Jerusalem der Prozeß gemacht.

Aber bevor der Gerichtssaal im eigens umgebauten Jerusalemer Kulturhaus schließlich seine Türen öffnen konnte,[145] ging dem Prozeß eine weitere Gesetzesänderung voraus. Bis zu diesem Zeitpunkt sah die israelische Strafprozeßordnung ein Verfahren dann als beendet an, wenn sich der Angeklagte als schuldig bekannte. Um nun zu verhindern, daß der Prozeß durch ein Schuldbekenntnis Eichmanns frühzeitig endete, ehe er »richtig« begonnen hatte, wurde die Strafprozeßordnung derart verändert, daß es dem Gericht möglich wurde, den Prozeß auch bei einem Schuldbekenntnis des Angeklagten weiterzuführen.[146] Auf diese Weise sollte offensichtlich sichergestellt werden, daß der Prozeß nicht bereits – wider allen Erwartungen – nach wenigen Stunden zu Ende ging. Der Prozeß gegen Eichmann sollte mehr als nur ein einfacher Strafprozeß gegen einen Kriegsverbrecher werden. Er sollte vor allem auch nach dem Willen David Ben-Gurions durchaus auch politische Funktionen erfüllen.[147] Auf der einen – der außenpolitischen – Seite sollten der Welt die Leiden der Juden erneut ins Gedächtnis gerufen werden, um so erstens den Antisemitismus als verbrecherische Ideologie zu entlarven und zweitens eine stärkere Unterstützung und breitere Solidarität für den jüdischen Staat zu erreichen. Auf der anderen – der innenpolitischen – Seite sollte der Prozeß vor allem der jungen Generation Israels die Leiden ihrer Eltern und Großeltern, ihrer Familien vor Augen führen, um darüber die Loyalität gegenüber dem Staat Israel zu stärken. Die Konfrontation mit dem Holocaust sollte den Israelis erneut in Erinnerung rufen, wo die

---

144 Die Beobachtergruppe, unter der Leitung des Wiesbadener Rechtsanwalts Freiherr von Preuschen, bestand aus insgesamt zehn Personen (einschließlich technisches Personal wie Sekretärin u.ä.), darunter auch Staatsanwalt Zeug von der im Herbst 1958 gegründeten Zentralen Stelle der Landesregierung zur Aufklärung nationalsozialistischer Verbrechen in Ludwigsburg, sowie (als wissenschaftlicher Assistent) Dr. Wolfgang Scheffler von der Freien Universität Berlin. Bei der Auswahl der Mitglieder der Gruppe war die Bundesregierung sehr darum bemüht, keine Personen zu berufen, die durch eine eventuelle problematische Vergangenheit in der Nazizeit belastet waren. Vgl. hierzu vor allem ebd., S. 154-169.

145 Der ursprünglich für den Prozeß vorgesehene Saal war im Frühsommer 1960 bei einem Feuer zerstört worden. Vgl. Ben Gurion schreibt Frondizi, in: SZ vom 11./12.6.1960.

146 Vgl. Eichmanns Verteidiger in Zeitnot, in: FAZ vom 8.2.1961.

147 Vgl. zur innenpolitischen Bedeutung des Eichmann-Prozesses für Israel vor allem Segev, Siebte Million, S. 425-506.

historischen Wurzeln des jüdischen Staates lagen und ihnen verdeutlichen, daß einzig dieser Staat der Garant für die Sicherheit der Juden war.[148] »Ben Gurion«, schreibt der israelische Publizist Tom Segev, »hatte zwei Ziele: Zum einen wollte er die Länder der Welt daran erinnern, daß der Holocaust sie verpflichtete, den einzigen jüdischen Staat auf Erden zu unterstützen. Zum zweiten wollte er dem israelischen Volk, und insbesondere der jüngeren Generation, eindrücklich vorführen, was sie aus dem Holocaust lernen sollten.«[149]

3.2. Die Anklage

Die dem Angeklagten und seinem Verteidiger am 21. Februar 1961 überreichte Anklageschrift umfaßte fünfzehn Punkte. Die Eichmann darin vorgeworfenen »Verbrechen gegen das jüdische Volk« und »Verbrechen gegen die Menschheit« sowie »Kriegsverbrechen« reichten von der Anwendung der Nürnberger Gesetze (dritter Anklagepunkt) über den Tatbestand der Deportation, Versklavung und Vernichtung der jüdischen Bevölkerung in den von Deutschland kontrollierten Gebieten (fünfter Anklagepunkt), bis hin zur Deportation von »Zigeunern« (elfter Anklagepunkt) und der Mitgliedschaft in SS, SD und Gestapo (dreizehnter, vierzehnter, fünfzehnter Anklagepunkt). Die Anklage war davon überzeugt, das Eichmann während seiner gesamten Karriere im NS-System mit dem Vorsatz gehandelt hatte, »das jüdische Volk zu vernichten« und dabei »zusammen mit anderen« auf dieses Ziel hingearbeitet habe.[150]

In den Verhandlungen vor dem Bezirksgericht in Jerusalem wollte Generalstaatsanwalt Hausner mit Hilfe von insgesamt 112 Zeugen und etwa 1.500 Dokumenten den Beweis für diese Anschuldigungen erbringen.[151] Zunächst aber mußte er sich den von der Verteidigung aufgeworfenen verfahrensrechtlichen Problemen des Prozesses zuwenden. Anlaß dafür waren die nach der Prozeßeröffnung und der Verlesung der Anklageschrift in der ersten Sitzung des Gerichts am 11. April 1961 von Eichmanns Verteidiger Servatius vorgebrachten Zweifel an der Gültigkeit der israelischen Gesetze, der Zuständigkeit des Jerusalemer Gerichts und der Unbefangenheit der Richter.[152] So mußte

148 Vgl. ebd., S. 432ff.

149 Ebd., S. 432f.

150 Die Anklageschrift ist vollständig dokumentiert in: Servatius, Verteidigung, S. 7-21. Auch in der FAZ vom 19.4.1961 wurde die Anklageschrift vollständig abgedruckt.

151 Einen guten Ein- und Überblick über die wichtigsten, während des Verfahrens vorgelegten Beweise und Zeugenaussagen geben die beiden Dokumentationen von Schmorak, Sieben sagen aus; und ders. (Hg.), Der Prozeß Eichmann; sowie die Dokumentation von Nellessen, Der Prozeß.

152 Vgl. Hausner, Gerechtigkeit, S. 473ff. Die Einwände der Verteidigung sind dokumentiert in: Servatius, Verteidigung, S. 22-34. Siehe hierzu auch Abschnitt II. 3.3. Die Verteidigung.

sich das Gericht in den folgenden fünf Sitzungen mit der Begründung der eigenen Zuständigkeit und mit den Befangenheitsvorwürfen seitens des Eichmann-Verteidigers beschäftigen, die letztlich abgewiesen wurden. Und obwohl Gideon Hausner wußte, daß er mit einer intensiven und weitreichenden Auseinandersetzung mit den verfahrenstechnischen Problemen das Interesse der Öffentlichkeit an diesem Prozeß auf die Probe stellte, widmete sich der mit der Anklagevertretung betraute Generalstaatsanwalt vier Sitzungen lang der Abwehr der Anträge der Verteidigung. Hausner versuchte die vorgebrachte Kritik und die weitverbreiteten Zweifel an der Zuständigkeit und Rechtmäßigkeit des israelischen Gerichts möglichst umfassend auszuräumen.[153] Der eigentliche Beginn des Prozesses mit dem Eröffnungsplädoyer der Anklage verzögerte sich somit um einige Tage, so daß die Verlesung der Anklagerede Hausners – die sich ihrerseits über drei Sitzungen und insgesamt acht Stunden erstreckte – erst am 17. April beginnen konnte.[154]

Wie der israelische Ministerpräsident war auch der Generalstaatsanwalt der Überzeugung, daß dieser Prozeß mehr war als ein reiner Strafprozeß gegen einen »kleinen« NS-Verbrecher. Auch Hausner schrieb dem Prozeß gegen Eichmann eine überaus große Bedeutung für die gesamte israelische Gesellschaft – besonders für die junge Generation – und für das Selbstverständnis des jüdischen Staates zu. Vor allem aber sah er den Prozeß als eine wichtige Gelegenheit, den Holocaust in seiner ganzen monströsen Grausamkeit auch der nicht-jüdischen Welt in Erinnerung zu rufen. Es ging ihm nicht nur allein um die Bestrafung des Verbrechers Eichmann, sondern auch um eine möglichst umfangreiche Dokumentation der Vernichtung der europäischen Juden und eine historische und moralischen Verurteilung des Nationalsozialismus und des Antisemitismus. In seinem Prozeßbericht *Gerechtigkeit in Jerusalem* schrieb Hausner nach dem Ende des Verfahrens über die Aufgabe und die Bedeutung des Prozesses:

»Es war für die Festigung der Jugend unbedingt erforderlich, daß sie die volle Klarheit dessen, was geschehen war, erfuhr, denn nur durch solche Kenntnis waren Verständnis und Aussöhnung mit der Vergangenheit zu erreichen. Unsere jüngere Generation, die so völlig im Aufbau und Schutz des neuen Staates aufging, besaß viel zuwenig Einblick in die Ereignisse, die von Rechts wegen ein entscheidender Punkt ihrer Bildung und Erziehung sein sollten. Die jungen Menschen Israels unter zwanzig, die zumeist schon in diesem Staat oder während des Kampfes um ihn geboren waren, besaßen keine wirkliche Kenntnis und deshalb auch keine Erkenntnis der Art und Weise, auf die ihr eigenes Fleisch und Blut zugrunde gegangen war. Hier lag ein Bruch zwischen den Generationen vor, der möglicherweise

153 Vgl. Hausner, Gerechtigkeit, S. 475-486, S. 490 und: Bezirksgericht Jerusalem. Strafsache 40/61. Der Generalstaatsanwalt des Staates Israel gegen Adolf Sohn des Adolf Karl Eichmann. Protokoll der Sitzung 1-121. Nicht redigierte und nicht korrigierte Transkription der Simultanübersetzung, Sitzung 2 bis 6.

154 Vgl. Hausner, Gerechtigkeit, S. 497.

zum Quell eines Abscheus vor dem Gestern der Nation werden konnte. Dieser Bruch ließ sich allein durch sachliche Aufklärung beseitigen.

Dann ging es aber auch um die große Außenwelt, die so leicht und gerne die Schrecken vergessen hatte, die sich vor ihren Augen zugetragen hatten. [...] Es war dringend erforderlich, daß die Welt zu ihrem eigenen Besten und mit so vielen Einzelheiten wie irgend möglich an die gigantische menschliche Tragödie erinnert wurde, die unauslöschlicher Teil dieses Jahrhunderts der unbegrenzten Möglichkeiten für Gut und Böse ist.«[155]

Für Hausner hatte die strafrechtliche Aufarbeitung des Falles Eichmann – und mithin aller NS-Verbrechen – auch eine moralische und erzieherische Funktion. Dabei sah er sich, so sein Eröffnungsplädoyer, selbst als Sprecher der Opfer, der die Pflicht hatte, in ihrem Namen als Ankläger gegen ihren Mörder aufzutreten:[156]

»An dieser Stelle, an der ich vor sie trete, Richter in Israel, um die Anklage gegen Adolf Eichmann zu führen, stehe ich nicht allein. Mit mir treten zu dieser Stunde sechs Millionen Kläger auf. Aber sie vermögen nicht, sich zu erheben. Sie können keinen drohenden Finger gegen diese Glaszelle ausstrekken, und gegen den, der da sitzt, ausrufen: Ich klage an! Denn ihre Asche liegt verstreut auf den Hügeln von Auschwitz, auf den Feldern Treblinkas, wurde ausgeschüttet in Polens Flüsse. Ihre Gräber sind verteilt über alle Länder Europas. Ihr Blut schreit, aber ihre Stimme verstummte. Darum werde ich ihr Mund sein, und in ihrem Namen die furchtbare Anklage zu erheben.«[157]

Nach diesen persönlichen Worten begann Hausner mit seiner Anklagerede, in der er versuchte, eine umfassende Darstellung des Holocaust zu geben und dabei den persönlichen Anteil Eichmanns an der Vernichtung der europäischen Juden herauszuarbeiten. Um zu verdeutlichen, in welchen Dimensionen sich die Eichmann zur Last gelegten Verbrechen bewegten, suchte Hausner nach vergleichbaren Verbrechen und Verbrechern in der Geschichte, aber selbst die Greueltaten eines Attila oder eines Dschingis-Khan sah er vor dem Grauen der Verbrechen der Nazis verblassen. Für ihn gab es keinen Zweifel daran, daß es sich beim Völkermord an den Juden um ein in der Geschichte »beispielloses Verbrechen« handelte.[158] Auch im Vergleich mit anderen Kriegsereignissen, etwa dem Bombardement von Städten, bleibe die »Endlösung« in ihren ungeheuren Dimensionen einmalig. Die Beurteilung der Ermordung der Juden als eine quasi »normale« Kriegshandlung wies er im Verlauf seines Plädoyers entschieden zurück.[159] In dem Angeklagten Eichmann sah er eine neue Art von Verbrecher, einen »neuen

155 Ebd., S. 444f.

156 In seinem Prozeßbericht erwähnt Gideon Hausner, der Ende der zwanziger Jahre mit zwölf Jahren aus der polnischen Stadt Lwow (Lemberg) nach Palästina emigrierte, daß nicht wenige aus seiner eigenen Familie im Vernichtungslager Belzec ermordet worden waren, vgl. ebd., S. 530.

157 Bezirksgericht Jerusalem. Strafsache 40/61, 6. Sitzung, S. C1. Vgl. auch mit einigen geringen sprachlichen Abweichungen: Hausner, Gerechtigkeit, S. 494.

158 Vgl. Bezirksgericht Jerusalem. Strafsache 40/61, 6. Sitzung, S. I 1f.

159 Vgl. ebd., S. IV 16.

Mördertyp«, »der das Bluthandwerk vom Schreibtisch aus betreibt und nur selten persönlich eingreift«.[160]

Weiterhin machte Hausner deutlich, daß nach seiner Ansicht Hitler und der Nationalsozialismus kein »Unfall« der Geschichte gewesen seien. Vielmehr müsse das Hitler-Regime als ein »Entwicklungsergebnis« der historischen Bedingungen und Ereignisse in Deutschland angesehen werden.[161] Ebenso sei der Antisemitismus keine Erfindung der Nazis, sondern habe schon lange vor Hitler existiert. Hitler habe nur »den Judenhass freigelegt, der in der Seele weiter Kreise des deutschen Volkes verborgen war; er verstärkte ihn und spornte ihn an. Er verpflanzte den Bazillus des Judenhasses in den guten Naehrboden und entwickelte ihn zur Epidemie«.[162]

Der israelische Generalstaatsanwalt war darüberhinaus davon überzeugt, daß die Mehrheit des deutschen Volkes bereitwillig und mit Hingabe Hitler gefolgt sei.[163] »Die grosse, die überwiegende Mehrheit im deutschen Volk«, so Hausner, »fand sich mit der neuen Herrschaft ab und schaute in Seelenruhe dem furchtbarsten Verbrechen der Weltgeschichte zu«.[164] Und so war es nur folgerichtig, daß Hausner eine große Zahl an »Mitschuldigen« in allen Schichten der deutschen Gesellschaft ausmachte, die direkt oder indirekt Eichmanns Komplizen bei der Verfolgung und Ermordung von Millionen Juden gewesen seien.

»Seine [Eichmanns] Mitschuldigen«, sagte Hausner, »sind nicht bloss Gangster und Gestalten der Unterwelt, sondern unter ihnen finden wir auch Fuehrer der Nation, Professoren und Gelehrte, Wuerdenträger und Inhaber akademischer Titel, Sprachkundige, Gebildete, – ›die Intellektuellen‹. Wir treffen sie, diese Aerzte und Anwaelte, Gelehrten und Wirtschaftler, in den Sitzungen, in denen die Vernichtung Israels beschlossen wurde, und unter den Befehlshabern und den Aufsehern ueber das Mordhandwerk in allen Stadien seines Schreckens und Grauens.«[165] Die Härte dieses Urteils wurde auch nicht dadurch gemildert, daß Hausner ausdrücklich diejenigen Deutschen würdigte, die durch ihr couragiertes Verhalten und ihren persönlichen Heldenmut Juden vor Verfolgung und Tod bewahrt hatten, denn diese Deutschen waren letztlich nur eine »geringe Minderheit« gewesen. Die Mehrheit habe sich mit der »neuen Herrschaft« abgefunden und den Verbrechen nur zugeschaut.[166]

Mit seiner Beschreibung des NS-Staates als ein von breiter Zustimmung getragenes und durch lange tradierten Antisemitismus gestütztes Regime wandte sich Hausner aus-

---

160 Ebd., S. I 1.
161 Ebd., S. I 3.
162 Ebd. S. I 6.
163 Vgl. ebd., S. I 3.
164 Ebd., S. I 7.
165 Ebd., S. I 2.
166 Vgl. ebd., S. I 7.

drücklich gegen jene Formen der Geschichtsdeutung, in denen die Verantwortung und Schuld an den nationalsozialistischen Verbrechen nur einer kleinen Führungsclique um Hitler zugeschrieben wird. Ebenso wandte er sich gegen die These eines durch einen mit geradezu hypnotischen Fähigkeiten ausgestatteten »Führer« verführten, naiven und damit schuldlosen Volkes. Er verwarf damit jene Entschuldigungen, in denen der Versuch gemacht wird, einzig Hitler – oder den Angeklagten Eichmann – als einen allmächtigen Einzeltäter darzustellen. Wie er auch im weiteren Verlauf des Verfahrens immer wieder deutlich machte, daß er davon überzeugt war, daß an der Ermordung der Juden ungezählte Deutsche beteiligt gewesen waren, sei es durch aktive Mithilfe oder durch Wegschauen.

Damit traf er eine wunde und empfindliche Stelle vieler deutscher Zeitgenossen, die nur allzu gern die gesamte Verantwortung für die nationalsozialistische Gewaltherrschaft und das millionenfache Morden auf wenige »große« Verbrecher – wie Eichmann oder Hitler – abgeladen und das Kapitel Nationalsozialismus am liebsten für immer geschlossen hätten. Nun aber rückten auch die vielen weniger bekannten Schreibtischtäter in den Blickpunkt des Interesses, da Hausner sie als Mitschuldige an der Umsetzung der »Endlösung« und als Komplizen Eichmanns benannt hatte. Über dem Verfahren schwebte so ständig die Frage nach der Schuld all jener Staatsdiener aus Verwaltung und Justiz, Wehrmacht und Auswärtigem Amt, die zwar nie eigenhändig Blut vergossen, aber nicht zuletzt durch ihre dienstbeflissene »Pflichterfüllung« die Mordmaschinerie bis zum Ende funktionsfähig erhalten hatten. Hausner warf damit die Frage auf, ob es nicht viele kleine »Eichmänner« geben hatte, die, gleich dem ehemaligen Obersturmbannführer und Leiter des Judenreferats des RSHA, ebenso auf die Jerusalemer Anklagebank gehörten. So rückten im Verlauf des Verfahrens unter anderen auch die westdeutschen Politiker Theodor Oberländer und Hans Globke in das Rampenlicht der Öffentlichkeit – und dies nicht nur, weil die DDR-Propaganda bemüht war, sie aufgrund ihrer Verstrickung in das NS-Regime als Nazi-Verbrecher zu entlarven.[167]

Konkret wollte Hausner beweisen, daß Eichmann während seiner gesamten Karriere in SS und SD und aufgrund seiner am Ende außergewöhnlichen Stellung als Leiter der für Judenangelegenheiten zuständigen Abteilung IV B 4 im RSHA entscheidenden Anteil an der Entrechtung, Ausplünderung, Vertreibung und schließlich Ermordung der im Machtbereich Nazi-Deutschlands lebenden Juden gehabt hatte. Angefangen beim Aufbau der »Zentralstelle für jüdische Auswanderung« in Wien, Prag und schließlich für das gesamte Deutsche Reich bis hin zu seinem Wirken als »Vernichtungsmeister« (Hausner) bei der Deportation und Ermordung von 400.000 ungarischen Juden 1944, war Eichmann aus der Sicht der Anklage an allen Stufen der Verfolgung und Vernich-

---

167 Vgl. zur propagandistischen Ausschlachtung des Eichmann-Prozesses den Abschnitt III. 5. Exkurs: Die DDR-Presse und der Eichmann-Prozeß.

tung der Juden maßgeblich beteiligt gewesen. Eichmann sei mithin für alles mitverantwortlich, was im Verlauf der Verfolgung und Vernichtung geschah: Vertreibung, Deportation und Ausplünderung, die Errichtung der Ghettos und Lager, die Erschießungen durch die Einsatzgruppen und der Massenmord durch Giftgas. In der »Vernichtung der Judenheit« habe Eichmann seine »Bestimmung« und »Berufung« gesehen, der er sich mit »Enthusiasmus und uneingeschraenktem Einsatz« gewidmet habe.[168]

Darüberhinaus beschuldigte Hausner Eichmann, in Budapest eigenhändig ein jüdisches Kind erschlagen zu haben, weil es angeblich von einem Baum im Garten seiner Dienstvilla Früchte gestohlen habe.[169] Obwohl die Anklage im Laufe des Verfahrens einen Zeugen für diese Anschuldigung aufbieten konnte, hielt das Gericht die Beweise für eine Verurteilung in diesem Fall nicht für ausreichend. Die Richter sahen sich nicht in der Lage, aufgrund einer einzigen Aussage Eichmann diese Tat zur Last zu legen.[170]

All diese Verbrechen habe Eichmann – davon war Hausner überzeugt – nicht nur mit Ehrgeiz und Eifer, sondern auch aus tiefster Überzeugung begangen. Unter Berufung auf Aussagen seiner früheren SS-Kameraden und Mordkomplizen beschrieb er den Angeklagten als einen überzeugten Nationalsozialisten, der das »Abschlachten nicht in Geistesverwirrung, sondern mit klaren Sinnen und in hellem Bewußtsein; in voller Überzeugung, daß es so richtig sei und es getan werden sollte,« betrieben habe.[171]

In den insgesamt 121 Sitzungen bemühte sich Hausner, genügend Beweise für seine weitreichenden Anschuldigungen zu erbringen. Er reichte eine Vielzahl unterschiedliche Dokumente ein und lud zahlreiche Zeugen vor, darunter eine große Zahl von Überlebenden aus den Lagern und Ghettos. Er war bestrebt, ein umfassendes Bild der »Endlösung« zu zeichnen und legte gleichzeitig großen Wert darauf, immer wieder Eichmanns besondere Funktion im nationalsozialistischen Verfolgungs- und Vernichtungsapparat herauszuarbeiten, sowie seine persönliche Verantwortung und Schuld an den ihm zur Last gelegten Verbrechen zu beweisen.

Hausners Bemühungen, die Vernichtung der europäischen Juden in einen größeren historischen Zusammenhang einzuordnen, wurden bereits zu Beginn der Zeugenvernehmung deutlich. Nach dem Abspielen einzelner ausgewählter Passagen aus den Tonbändern des Eichmann-Verhörs sowie der Befragung des verhörenden Polizeioffiziers Avner Less rief Hausner als ersten Zeugen Salo Wittmayer Baron, Professor für jüdische Geschichte an der New Yorker Columbia Universität, in den Zeugenstand, der in seiner Aussage – ähnlich einem Sachverständigen – bemüht war, einen kurzen Abriß

---

168 Bezirksgericht Jerusalem, Strafsache 40/61, 8. Sitzung, Eröffnungsvortrag für die Anklage, S. I2.

169 Vgl. ebd., S.I 1; siehe auch: Hausner, Gerechtigkeit, S. 523f.

170 Vgl. Less (Hg.), Das Urteil, Abschnitt 118, S. 169.

171 Bezirksgericht Jerusalem, Strafsache 40/61, 8. Sitzung, Eröffnungsvortrag für die Anklage, S. III6.

der jüdischen Geschichte, der Ursachen des Antisemitismus und der Folgen des Holocaust für das Judentum zu geben.[172] Mit diesem ersten Zeugen machte Hausner bereits zu Beginn des Prozesses die historische Dimension deutlich, in deren Rahmen er den Fall Eichmann beurteilt sehen wollte: nicht nur allein die Person Eichmann und seine Taten sollten Gegenstand des Verfahrens sein, sondern die Verfolgung und Vernichtung der Juden als Ganzes. Und nicht nur die Verurteilung Eichmanns und des Nationalsozialismus war sein Ziel, sondern die Verurteilung jeder antisemitischen Ideologie.

Besonders wichtig waren Hausner die Aussagen der Überlebenden, die das Leiden der Opfer nachvollziehbar werden ließen. »Der einzige Weg«, so Hausner nach dem Prozeß, »die Katastrophe überhaupt zu konkretisieren, bestand darin, so viele überlebende Zeugen aufzurufen, wie der Rahmen des Prozesses überhaupt zuließ, und jeden zu bitten ein winziges Bruchstück dessen zu erzählen, was er gesehen und erlebt hatte.«[173] In den Mittelpunkt der Zeugenaussagen traten dabei neben den ungeheuren Grausamkeiten, die die Opfer in den Ghettos und Lagern und während der Deportationen durchlitten hatten, vor allem die von den Opfern als sadistisch empfundene Gefühlskälte der Mörder und Peiniger.[174]

Dabei kam es zu erschütternden Szenen im Zeugenstand und im Zuschauerraum: Von ihren Erinnerungen überwältigt brachen Menschen zusammen oder verloren die Beherrschung und beschimpften Eichmann, der in seinem kugelsicheren Glaskasten keine Regung zeigte und den Ausführungen der Zeugen wie versteinert folgte. Größere Aufmerksamkeit erregte die Aussage des Zeugen Yehiel Dinoor, der als Schriftsteller unter dem Namen Ka-Tzetnik mehrere Bücher über Auschwitz geschrieben hat. Während seiner Aussage brach er, nach dem Versuch des Staatsanwaltes, ihn zu einer geordneten Aussage zu bewegen, im Zeugenstand zusammen und mußte aus dem Gerichtssaal getragen werden.[175]

---

172 Vgl. Hausner, Gerechtigkeit, S. 497.

173 Ebd., S. 445. Über die Auswahl seiner Zeugen schrieb Gideon Hausner nach dem Prozeß: »Mir lag daran zu berichten, was sich in jedem einzelnen Gebiet unter den Nazis abgespielt hatte, und ich wollte diese Geschichte von einem breiten Querschnitt von Menschen erzählen lassen – von Professoren, Hausfrauen, Handwerkern, Schriftstellern, Bauern, Kaufleuten, Ärzten, Beamten und einfachen Arbeitern. Dies ist der Grund, warum ich eine so buntgemischte Folge von Menschen in den Zeugenstand rief.« Ebd., S. 452.

174 Siehe zu den zahlreichen Zeugenaussagen vor allem die Dokumentationen von Schmorak, Der Prozeß Eichmann, ders., Sieben sagen aus, sowie auch Nellessen, Der Prozeß.

175 Vgl. Hausner, Gerechtigkeit, S. 530. Besonders kritisch über diesen Vorfall und die Person Dinoors äußert sich Hannah Arendt. Nach ihren Schilderungen ähnelte der Zusammenbruch eher einer Inszenierung, die Dinoor aufgeführt habe, weil er sich durch die Zwischenfragen des vorsitzenden Richters und des Staatsanwaltes »offenbar tief beleidigt« gefühlt habe. Vgl. Arendt, Eichmann in Jerusalem, S. 268f.

Bei all dem Leid, das durch die Aussagen der Überlebenden in Erinnerung gerufen worden war, zeigten ihre Berichte aber auch, daß sich die Juden der Vernichtung nicht ohne jeden Widerstand ergeben hatten. Hausner rief bewußt auch Zeugen auf, die als Juden im bewaffneten Kampf gegen ihre Peiniger und die Mörder ihrer Familien gestanden hatten. Unter ihnen waren Überlebende des Aufstandes im Warschauer Ghetto und Mitglieder jüdischer Partisanengruppen.[176] Auch dies kann als ein Zeichen für die dem Prozeß von Seiten des Staatsanwalts zugewiesene Bedeutung für das israelische Selbstverständnis und den Umgang mit dem Trauma der Vernichtung gedeutet werden. Es galt nicht nur die Erinnerung an die Leiden der Opfer wachzuhalten und der Jugend ins Bewußtsein zu bringen. Vielmehr sollte durch die Würdigung des jüdischen Widerstandes auch der Mythos des willenlosen und gehorsamen Opfers demontiert und so das beschädigte jüdische Selbstbewußtsein gestärkt werden. »Ich hielt es für meine Pflicht«, schreibt Hausner in seinem Prozeßbericht, »zumindest einen Bruchteil dessen zu zeigen, was die Juden immerhin geleistet hatten, wenn sie eine Gelegenheit fanden, gegen die Deutschen zu kämpfen.«[177]

Verschiedene Prozeßbeobachter (zum Beispiel Hannah Arendt[178]) bemängelten als ein Manko der meisten Zeugen der Anklage, daß sie dem Angeklagten nie persönlich begegnet waren, so daß sie durch ihre Aussagen Eichmann nicht direkt belasten konnten. Ganz anders verhielt es sich bei den Zeugen Joel Brand und Propst Heinrich Grüber. Beide hatten Eichmann persönlich kennengelernt: der Budapester Jude Brand bei den Verhandlungen um den Freikauf der ungarischen Juden 1944,[179] der Berliner Christ Grüber bei seinen Bemühungen, Juden gegen die Verfolgung beizustehen und ihnen bei der Flucht aus Nazi-Deutschland zu helfen.[180] Beide schilderten in ihren Zeugenaussagen ihr Zusammentreffen mit Eichmann und beschrieben die Härte und den Ehrgeiz des SS-Obersturmbannführers bei der Verfolgung der Juden.[181] Während die Aussage Brands

---

176 Vgl. Hausner, Gerechtigkeit, S. 535-537.

177 Ebd., S. 535.

178 Arendt bezeichnete die große Zahl an Zeugen der Anklage abwertend als »Zeugenaufmarsch«. Vgl. Arendt, Eichmann in Jerusalem, S. 269. Siehe auch Abschnitt II. 5.4.4. Hannah Arendt – Von der »Banalität des Bösen«.

179 Siehe Abschnitt II. 1. Adolf Eichmann – Zur Person und Karriere im NS-Regime.

180 Heinrich Grüber hatte als protestantischer Pfarrer gemeinsam mit anderen eine private Hilfsorganisation, das »Büro Grüber«, gegründet und versucht, Juden – darunter viele zum Protestantismus konvertierte – bei der Emigration und gegen die Verfolgung zu helfen. Siehe hierzu vor allem die Lebenserinnerungen von Heinrich Grüber, Erinnerungen an sieben Jahrzehnte. Köln u.a. 1968, vor allem S. 85-218.

181 Die Aussage Propst Heinrich Grübers vom 16.5.1961 (41. und 42. Sitzung) ist vollständig dokumentiert in: Schmorak (Hg.), Sieben sagen aus, S. 92-133; sowie in Auszügen in: Nellessen, Der Prozeß, S. 115-120; die Aussage von Joel Brand vom 29. und 30.5.1961 (56. und 57. Sitzung) ist in Auszügen dokumentiert in: Nellessen, Der Prozeß, S. 126-131.

zu einer Art Kristallisationspunkt im innerjüdischen Streit um die Rolle der Judenräte im »Dritten Reich« wurde und sich Brand auch mit kritischen, fast feindseligen, Stimmen konfrontiert sah,[182] erfuhr Propst Grüber – der einzige Zeuge der Anklage aus Deutschland – große Symphatien in Israel.[183] Sein mutiger und selbstloser Einsatz für die Verfolgten, den er selbst mit der Einlieferung ins Konzentrationlager bezahlen mußte, machte ihn in den Augen vieler Israelis – und auch vieler Deutscher[184] – zu einer Art Symbol für das »andere«, das »bessere Deutschland«. Gleichzeitig wurde durch Grübers Aussage aber auch deutlich, daß es auch während der NS-Diktatur durchaus möglich gewesen war, zwischen bedingungslosem Gehorsam und Verweigerung oder gar Widerstand zu wählen. Dafür stand nicht nur er selbst, sondern Grüber berichtete im Gerichtssaal auch über einzelne Mitarbeiter von Ministerien und Polizei, die durch weiteste Auslegung von Gesetzen und Verordnungen oder durch das Weitergeben von

182 Siehe hierzu Segev, Siebte Million, passim.

183 Vor seinem Rückflug nach Deutschland wurde er auf dem Flughafen von Vertretern verschiedener Opferverbände verabschiedet. Im Gerichtssaal hatte er von den Zuhörern gar Beifall erhalten. Vgl. Grüber, Erinnerungen, S. 410. In seinem Vorwort zum Abdruck der Aussage Grübers schreibt der damalige Mitarbeiter des israelischen Außenministeriums Schmorak, der Grüber in Jerusalem getroffen hatte, über einen gemeinsamen Spaziergang vom Gerichtssaal zum Hotel: »Als wir uns durch die Straßen Jerusalems zum Hotel ›Eden‹ begaben, riefen viele Einwohner der Hauptstadt dem grauhaarigen Herrn ein herzliches hebräisches ›Toda raba‹ (vielen Dank) zu. Am Eingang des Hotels warteten deutsche Pressevertreter. ›Für uns Deutsche‹, sagten sie, ›war das der einzige glückliche Tag bei diesem Prozeß. Als wir hörten, wie Sie sprachen, Herr Dr. Grüber, konnten wir uns wenigsten für einen Tag von unserem Schamgefühl befreien.‹« Schmorak (Hg.), Sieben sagen aus, S. 94f. Zu den positiven Reaktionen auf Grübers Erscheinen in Israel siehe auch Deutschkron, Israel und die Deutschen, S. 140f. Grübers Aussage wurde aber nicht nur positiv bewertet. So betrachtete z.B. Arendt – die Grübers Einsatz für die verfolgten Juden durchaus anerkannte – Grübers Aussage eher geringschätzig, war sie doch der Meinung, daß sie »aller Präzision« »entbehrte« und die darin enthaltenen »Urteile über Eichmann« allzu »konventionell« gewesen seien. Vgl. Arendt, Eichmann in Jerusalem, S. 167.

184 Nach dem Prozeß erschien 1963 in Berlin ein dünnes Buch mit dem Titel: Heinrich Grüber – Zeuge Pro Israel, das von einem »Freundeskreis Heinrich Grübers« herausgegeben wurde. Darin werden seine Standhaftigkeit und sein Widerstand während des Nationalsozialismus und sein Wirken für die jüdisch-christliche Versöhnung in der Nachkriegszeit gewürdigt. In einem der Beiträge berichtet eine sich zur Zeit des Eichmann-Prozesses in Israel aufhaltende junge deutsche Studentin über ihre Gefühle im Hinblick auf die Aussage Grübers: »Es war mir, als könnte ich zum erstenmal aufatmen unter der Last der Schuld unserer Väter, die man uns junge Menschen hier zwar nicht sichtbar fühlen läßt, der wir uns aber doch nicht entwinden können […] .« Heinrich Grüber – Zeuge pro Israel, herausgegeben und bearbeitet durch einen Freundeskreis Heinrich Grübers. Berlin 1963, S. 60. Aber es gab auch andere Stimmen in Deutschland. So berichtete Grüber in seiner Aussage vor Gericht auch von Drohbriefen, die er erhalten hatte, vgl. Schmorak (Hg.), Sieben sagen aus, S. 92-133, hier S. 127.

Informationen versucht hatten, ihn bei seiner Hilfe für die Verfolgten zu unterstützen.[185] So trat im Licht seiner Aussage das Profil des Täters Eichmann, den Grüber als gefühllosen »Eisblock« und »Landsknecht«, »der mit seiner Uniform, die er anzieht, das Gewissen und den Verstand abgelegt« habe, beschrieb, noch stärker hervor.[186] Denn Eichmanns Rechtfertigung mit dem angeblich allumfassenden Zwang von Befehl und Gehorsam, der ihn in seinem Tun gebunden habe, bekam durch die von Grüber genannten Beispiele von Mut und Zivilcourage erhebliche Risse.

Aus der Sicht der Anklage und auch vieler Prozeßbeobachter war aber vor allem die Aussage Eichmanns und das anschließende Kreuzverhör für die Charakterisierung des Angeklagten entscheidend. In den insgesamt 33 Sitzungen, in denen er im Zeugenstand vernommen wurde, kam Eichmann ausführlich zu Wort und erhielt die Möglichkeit, sich zu verteidigen und auf die Anschuldigungen der Anklage zu reagieren. Für viele waren seine Aussagen der wichtigste und spektakulärste Teil des Verfahrens, da sich hier die erste Gelegenheit bot, die Rechtfertigungsversuche des Angeklagten aus eigener Anhörung kritisch zu begutachten. Für Hausner, der das Kreuzverhör führte, galt es, die Widersprüche in Eichmanns Aussagen aufzuzeigen und den letzten Nachweis für seine Schuld zu erbringen.

3.3. Die Verteidigung

Eichmanns Haltung gegenüber den Anschuldigungen überraschte die Prozeßbeobachter nicht. Auf die Frage des Gerichts, ob er sich schuldig bekenne, antwortete er in allen Punkten »nicht schuldig«.[187] Seine Verteidigung beruhte hauptsächlich auf zwei Argumenten. Das erste zielte ausschließlich auf formaljuristische Fragen. Den Richtern wurde Befangenheit vorgeworfen und dem israelischen Gericht jede Zuständigkeit für seine Aburteilung mit der Begründung abgesprochen, israelische Gesetze dürften nicht angewandt werden, da sowohl das Gericht als auch die Gesetze erst nach den ihm vorgeworfenen Taten geschaffen worden seien. Darüber hinaus vertrat Eichmanns Verteidiger Servatius die Ansicht, daß die dem Angeklagten zur Last gelegten Handlungen

---

185 Unter anderem nannte Grüber die Namen des Oberregierungsrates im Innenministerium Lösener – ein Mitarbeiter des damaligen Staatssekretärs von Stuckart – und des bei der Gestapo arbeitenden Oberregierungsrat vom Rath, Vater des in Paris von Herschel Grünspan erschossenen Diplomaten. Die Namen einiger Helfer wollte Grüber nicht öffentlich nennen, da er befürchtete, diese würden dadurch in Deutschland Nachteile erfahren. Vgl. Schmorak (Hg.), Sieben sagen aus, S. 92-133, hier S. 100f., S. 106.

186 Vgl. ebd., S. 99f.

187 Vgl. Bezirksgericht Jerusalem, Strafsache 40/61, 6. Sitzung, S. A 2, B 1.

generell nicht justitiabel seien, da es sich hier letztlich um Handlungen eines Staates gehandelt habe.

Zweitens behauptete Eichmann, er habe weder aus eigenem Willen noch nach eigenem Ermessen gehandelt, sondern ausschließlich auf Befehl und gemäß der damals bestehenden Gesetze und Verordnungen. Er sei vollkommen in das System von Befehl und Gehorsam eingebunden gewesen. Seine untergeordnete Position habe ihm so gut wie keinen Spielraum für eigene Entscheidungen geboten. Eichmann betonte, daß er keine Möglichkeit gehabt habe, sich diesem Zwang zu entziehen, weder durch Befehlsverweigerung noch durch Versetzung in eine andere Dienststelle. Jeder Versuch, sich seinem Dienst im Judenreferat des RSHA zu entziehen, hätte ihn in die Gefahr einer Hinrichtung gebracht. Hervorzuheben ist dabei, daß weder Eichmann noch sein Verteidiger die Tatsache der Verfolgung und Vernichtung anzweifelten.

Die formalen und juristischen Bedenken brachte Eichmanns Verteidiger Servatius zu Beginn der Verhandlung am ersten Sitzungstag vor. Den Antrag auf Befangenheit begründete er mit dem Hinweis darauf, daß allein die Tatsache, daß die Richter Juden seien, bei dem Angeklagten die »Besorgnis« auslösen könne bzw. müsse, daß seine Richter nicht unbefangen urteilten. Denn »die Natur des Prozeßstoffes«, die »Katastrophe der Vernichtung« des »jüdischen Volkes«, berechtige anzunehmen, unterstellte Servatius, daß kein Jude dem Angeklagten unbefangen gegenüber treten könne.[188]

Seinen Einwand, daß das Gericht nicht zuständig sei, begründete Servatius erstens mit der Behauptung, die gesetzliche Grundlage des Verfahrens und der Anklage sei völkerrechtswidrig, und zweitens mit der »gewaltsamen Entführung des Angeklagten«.[189] Dabei begründete er seine Kritik an den gesetzlichen Grundlagen mit dem Hinweis darauf, daß das maßgebliche Gesetz (Gesetz zur Bestrafung von Nazis und Nazihelfern) erst im Jahre 1950 – also nachträglich – formuliert worden und daher als »post factum Gesetz« »nicht anwendbar« sei[190], wie auch der Staat Israel erst nach den im anstehenden Strafprozeß zur Beurteilung anstehenden Ereignissen entstanden sei. Allenfalls seien jene Länder berechtigt, Eichmann vor Gericht zu stellen, auf deren Territorien die ihm vorgeworfenen Handlungen und Vergehen begangen worden sind. Ein »besondere[r] Notstand«, der die Anwendung eines »Ausnahmegesetzes« – wie eben das Gesetz zur Bestrafung von Nazis und Nazihelfern – rechtfertigen könne, lag nach Ansicht von Servatius nicht vor, denn durch das dem Nürnberger Tribunal zugrundeliegende Londoner Statut sei die Möglichkeit geschaffen worden, daß Eichmann in den Ländern vor

---

188 Vgl. zu den Ausführungen der Verteidigung Servatius, Verteidigung, S. 22-28, hier besonders S. 22.

189 Ebd., S. 24.

190 Ebd., S. 26.

Gericht gestellt werden könnte, in denen die Taten begangen worden waren. Ebenso sei ein Gerichtsverfahren in Deutschland »gesichert«.[191]

Im Hinblick auf die Festnahme war für Servatius der Tatbestand eindeutig. Aus seiner Sicht handelte es sich dabei um eine von staatlichen Stellen geplante und durchgeführte gesetzeswidrige Entführung, woran auch die von Eichmann in Argentinien unterschriebene Erklärung nichts ändere, da diese Unterschrift nur unter Zwang erfolgt sei.[192]

Ein weiterer grundlegender Einwand wurde mit der Behauptung formuliert, Eichmann könne nicht für die Taten »seines Staates« »sühnen«. Nur dieser Staat, so seine Position, könne und müsse für diese Taten und deren »Folgen moralisch einstehen«.[193] Und diese Sühne würde, so der Verteidiger, auch bereits von der Bundesrepublik, die die »moralische Haftung« für die »Maßnahmen der früheren Staatsorgane« übernommen habe, in Form von »Wiedergutmachung« geleistet.[194]

Schließlich vertrat Servatius den Standpunkt, daß es sich bei diesem Prozeß um eine Aburteilung wegen der Beteiligung »an politischen Vorgängen« handele, »an deren Verfolgung jetzt ein politisches Interesse des israelischen Staates und des jüdischen Volkes besteht«.[195] Für Eichmanns Verteidiger war dieses »politische Interesse« »das Motiv« des Verfahrens.[196] Folgt man dieser Argumentation, so wären Eichmanns Verbrechen »politische Vorgänge« und ein Prozeß gegen ihn kein Strafprozeß, sondern ein politischer Schauprozeß. Aus all diesen Gründen war nach Ansicht der Verteidigung das Gericht in Jerusalem nicht zuständig, die Richter befangen und somit ein Prozeß in Israel nicht statthaft.

Nach dem Scheitern des Versuchs des Verteidigers, das Gericht für nicht zuständig und die Richter als befangen zu erklären, blieb für die weitere Verteidigung einzig die Behauptung, Eichmann habe nur auf Befehl gehandelt und sei damit für seine Taten nicht strafrechtlich haftbar zu machen, auch wenn sie moralisch verwerflich gewesen seien. Besonders deutlich formulierte der Angeklagte diese Position selbst, als er am Ende seiner Aussage im Gerichtssaal eine vorbereitete Erklärung verlas, in der er jede juristische Verantwortung und Schuld von sich wies und betonte, daß die Schuld diejenigen zu tragen hätten, die die Befehle gegeben hatten und denen er zum Gehorsam verpflichtet gewesen sei. Das einzige Zugeständnis an ein gewisses Maß an individueller Verantwortung war sein Verweisen auf die »menschliche Seite« und die »höheren

---

191 Vgl. ebd. S. 24f.
192 Ebd., S. 28.
193 Vgl. ebd., S. 25.
194 Ebd.
195 Ebd., S. 23.
196 Ebd.

Sphären«, die jenseits der Gesetze liegen, vor denen jeder – auch er – »über sich selbst das Urteil« zu fällen habe.[197] Wie weit in diesen Äußerungen ein Anflug von Reue oder gar ein möglicher Hinweis auf ein persönliches Schuldeingeständnis zu sehen sind, ist mehr als zweifelhaft, denn sie standen im krassen Widerspruch zu seinen anderen, im Gerichtssaal und während des Polizeiverhörs gemachten Äußerungen, in denen er stets darauf bedacht war, jegliche Verantwortung von sich zu weisen.

Bei der Berufung der Entlastungszeugen für Eichmann sah sich die Verteidigung mit einem nicht unerheblichen Problem konfrontiert. Da alle berufenen Personen während des »Dritten Reiches« mehr oder weniger wichtige Positionen inne hatten, mußten diese bei ihrer Einreise nach Israel damit rechnen, wegen ihrer Beteiligung an der Verfolgung und Vernichtung der Juden ebenso wie Eichmann strafrechtlich zur Rechenschaft gezogen zu werden. Daß dies nicht nur ein theoretisches Risiko war, zeigten sowohl die Ankündigung Hausners, die israelischen Gesetze konsequent anzuwenden, als auch seine, wie auch die Weigerung des israelischen Justizministers, den Zeugen für die Dauer ihrer Aussage in Jerusalem freies Geleit zuzusichern.[198] So wurde es der Verteidigung in diesem Punkt erschwert, ihre Aufgabe zu erfüllen. Zur Lösung dieser schwierigen Situation gestattete das Gericht, daß diejenigen Zeugen, die eine Reise nach Israel aus Angst vor ihrer Verhaftung und den strafrechtlichen Konsequenzen nicht antreten wollten – und das waren letztlich alle Zeugen der Verteidigung –, am jeweiligen Wohnort von den dort zuständigen Stellen vernommen werden konnten. Damit war der Weg frei für das Verhör von am Ende insgesamt sechzehn Zeugen in Italien, Österreich und der Bundesrepublik.[199] Die Aussagen wurden dem Gericht in

197 Vgl. Bezirksgericht Jerusalem. Strafsache 40/61, 88. Sitzung.

198 Vgl. hierzu Hausner, Gerechtigkeit, S. 571ff., sowie Große, Der Eichmann-Prozeß, S. 128-131. Bei zwei Zeugen war Hausner bereit, eine Ausnahme zu machen. Nach Rücksprache mit dem israelischen Kabinett wurde dem Drängen Servatius' nachgegeben, den Zeugen Wilhelm Höttl und Walter Huppenkothen sicheres Geleit zuzusagen; beide Zeugen zogen es aber dennoch vor, an ihrem Heimatort auszusagen. Vgl. Hausner, Gerechtigkeit, S. 577.

199 Die Zeugen waren unter anderen: Der z.Zt. des Eichmann-Prozesses in Italien wegen Kriegsverbrechen inhaftierte Herbert Kappler (ehem. SS-Obersturmbannführer, Kommandeur der Sicherheitspolizei und des SD in Rom), Franz Novak (ehemaliger Mitarbeiter Eichmanns im Referat IV B 4 des RSHA, 1961 in Österreich inhaftiert und verurteilt, 1966 nach einem Wiederaufnahmeverfahren freigesprochen), Franz Slavik (z.Zt. des Prozesses in Österreich inhaftiert und unter Anklage), Wilhelm Höttl (SS-Sturmbannführer und Referent im Amt IV des RSHA) in Österreich; Richard Baer (letzter Kommandant von Auschwitz, seit 20.12.1960 in Frankfurt am Main. in Untersuchungshaft, im Juni 1963 vor Beginn des Frankfurter Auschwitz-Prozesses im Gefängnis verstorben), Kurt Becher (ehem. SS-Obersturmbannführer, beteiligt an den Verhandlungen mit Rudolf Kastner in Ungarn), Hermann Krumey (ehem. SS-Obersturmbannführer, Mitarbeiter von Eichmann in Ungarn, z.Zt des Eichmann-Prozesses in Haft und 1965 in Frankfurt am Main verurteilt), Prof. Franz Six (ehemaliger Kommandeur der Einsatzgruppen), Erich von dem Bach-Zelewski

Jerusalem vorgelegt und im Anschluß an Eichmanns Aussage während der Verhandlung verlesen.[200]

Aber Eichmanns ehemalige »Kameraden« und »Weggefährten« waren weder bereit, den Angeklagten zu entlasten, noch wollten sie einen Teil der Schuld übernehmen. »Fast allen diesen Zeugen ging es darum«, so die Einschätzung Hausners, »ihre eigene Person soweit wie möglich reinzuwaschen und ihrer früheren Tätigkeit eine harmlose Auslegung zu geben. Besonders jene, deren Strafverfahren noch bevorstanden, bemühten sich ganz offensichtlich, sich ›herauszuwickeln‹.«[201]

Besonders unangenehm für Eichmann muß die Aussage von Franz Six gewesen sein. Six, ehemaliger Professor für Recht- und Staatswissenschaft in Königsberg und Berlin und Kommandeur bei den Einsatzgruppen, schilderte Eichmann als überzeugten Nationalsozialisten, der »im Zweifelsfall immer nach der Parteidoktrin in ihrer äußersten Auslegungsmöglichkeit handelte«.[202] Darüberhinaus widersprach er Eichmanns Behauptung, es hätte für ihn keine Möglichkeit gegeben, sich dem Dienst im RSHA und der Arbeit im Judenreferat durch Versetzung zu entziehen. Six hatte selber erfolgreich um seine Versetzung von den Einsatzgruppen gebeten und war zum Nachrichtendienst beim Auswärtigen Amt versetzt worden. »Es bestand die Möglichkeit«, so Six, »eine Versetzung zum Dienst an der Front zu erlangen oder zu einer völlig anderen Aufgabe freigestellt zu werden.«[203]

Der wichtigste Zeuge der Verteidigung war Eichmann selbst. Nach der Beweisaufnahme stand er vom 20. Juni bis zum 24. Juli 1961 selbst im Zeugenstand. Sein Verteidiger hatte ihn als Zeugen in eigener Sache aufgerufen und der Staatsanwalt nahm ihn anschließend ins Kreuzverhör. Bevor Eichmann im Gerichtssaal Rede und Anwort stand,

---

(ehem. SS-Obergruppenführer, z.Zt. des Eichmann-Prozesses inhaftiert und in Nürnberg angeklagt und für schuldig befunden, an der Ermordung der SA-Spitze 1934 beteiligt gewesen zu sein), Eberhard vom Thadden (ehem. Beamter im Auswärtigen Amt, beteiligt an der Deportation der ungarischen Juden) und Max Merten (ehem. Chef der deutschen Militärverwaltung in Saloniki) in der Bundesrepublik. Die Aussage von Max Merten wurde von der Verteidigung nicht verwendet. Vgl. zu den Zeugen der Verteidigung vor allem Hausner, Gerechtigkeit, S. 571-591. Die Aussagen von Kurt Becher waren nahezu wertlos, da Becher die Fragen bereits vor der Vernehmung bekannt waren. Vgl. Hausner, Gerechtigkeit, S. 589f.; sowie Große, Der Eichmann-Prozeß, S. 133f.

200 Auszüge aus den Aussagen sind dokumentiert in Schmorak, Der Prozeß. Die schriftlichen Protokolle der Aussagen von Otto Winkelmann, Edmund Veesenmayer, Horst Grell, Wilhelm Höttl, Hermann Krumey, Kurt Becher und Franz Novak sind dokumentiert in: Tuvia Friedmann (Hg.), Vor 50 Jahren 1944-1994. Das SS-Sonderkommando Eichmann in Budapest und die Vernichtung der Juden Ungarns/Rumäniens, Documentarische Sammlung. Haifa 1994.

201 Hausner, Gerechtigkeit, S. 573f.

202 Zit. nach ebd., S. 589. Zu Six vgl. Lutz Hachmeister, Der Gegenreforscher. Die Karriere des Franz Alfred Six. München 1996.

203 Zit. nach Hausner, Gerechtigkeit, S. 589.

umriß Servatius erneut die Position der Verteidigung. Dabei konzentrierte er sich auf die politische und historische Dimension des Verfahrens und sprach von der »Welt der Leidenden« und der »Welt der Herrschenden« und »Cäsaren«, die keine Tränen kenne, womit er die angebliche Unfähigkeit des Gerichts herausstreichen wollte, die Vernichtung der Juden mit juristischen Mitteln zu begreifen. In seinen Aussagen war der Holocaust ein weltpolitisches Ereignis, über das einzig die Geschichte richten könne.

Servatius kündigte an, mit Hilfe der von der Anklage vorgelegten Dokumente zu zeigen, »daß die Einschaltung des Angeklagten in die Judenverfolgung die notwendige und für den Angeklagten unabwendbare Folge des politischen Wollens der Staatsführung war«. Servatius erklärte, daß »die Verantwortung für die Geschehnisse allein bei der politischen Führung« lag, die mit Hilfe der »höchsten staatlichen Stellen« und der von ihnen erlassenen Gesetze, Verordnungen und Richtlinien die Grundlagen und Voraussetzungen für die Verfolgung der Juden geschaffen hatte. Entscheidend für die Verteidigung war, daß Eichmann – so die Argumentation – für die Vernichtung nicht verantwortlich zu machen sei, da er nicht den Befehl dazu gegeben habe und auch nicht »der Ausführende« gewesen sei.[204] Dabei bestritt die Verteidigung weder die Tatsache der Judenverfolgung als solche, noch daß Eichmann an ihr beteiligt gewesen war.

Und auch Eichmann selbst – der es abgelehnt hatte, auf die Bibel zu schwören und vorzog, bei Gott zu geloben[205] – bestritt im Verlauf seiner Aussage weder die Tatsache der Vernichtung von Millionen Juden, noch seine Mittäterschaft an der »Endlösung« und bekannte freimütig, Nationalsozialist gewesen zu sein. Er räumte ohne großes Zögern ein, von den Massenmorden gewußt zu haben, sei es aus den Berichten, die ihn erreichten, oder durch persönliche Anschauung bei seinen verschiedenen Reisen zu den Ghettos und Vernichtungslagern. Ebenso widersprach er nicht der Feststellung, daß auch die von ihm organisierten Transporte und Deportationen ein Teil der Mordmaschinerie gewesen waren. Aber er wies jede direkte und unmittelbare Verantwortung für das Morden in den Lagern und durch die Einsatzkommandos weit von sich. Seine Aufgabe sei nur die Organisation und Koordination der (Zwangs)Auswanderung, Umsiedlung und Deportationen gewesen; Einfluß auf die Zustände in den Ghettos und Lagern habe er nicht gehabt. Vor allem aber betonte er wiederholt, daß er nur getreu dem Fahneneid seine Pflicht getan und den Befehlen seiner Vorgesetzten (seiner »Führer«) gehorcht habe. Wenn überhaupt, dann habe er nur über sehr begrenzte Entscheidungs- und Weisungsbefugnisse, jedoch bei weitem nicht über die ihm von der Anklage und von Zeugen zugeschriebene Macht verfügt.

---

204 Alle Zitate: Servatius in der 75. Sitzung, zit. nach ebd., S. 538f.

205 Vgl. hierzu: Ebd., S. 539. Zu Eichmanns Haltung gegenüber der Religion vgl. William L. Hull, Kampf um eine Seele. Gespräche mit Eichmann in der Todeszelle. Wuppertal 1964, zu Eichmanns Schwur zu Beginn des Verhörs siehe S. 11.

Um seine Vorstellungen von Pflicht, Befehl und Gehorsam zu verdeutlichen, griff Eichmann am Ende des Kreuzverhörs auf Kants »Kategorischen Imperativ« zurück – wie er es bereits während des Polizeiverhörs getan hatte. Er versuchte darzulegen, daß er immer bemüht gewesen sei, gemäß dem »Kantschen Grundsatz« zu leben, der seinem »Ermessen« nach auch den »Gehorsam gegenüber der Obrigkeit«, die die jeweiligen Handlungen ihrer Untergebenen zu verantworten habe, mit einschließt. Nach Rückfragen durch die Richter mußte er jedoch schließlich einräumen, daß das bedingungslose Befolgen von Befehlen und das Töten von Menschen, »nicht im Sinne der Kantschen Forderung liegen« kann.[206]

Zu seiner Behauptung, nicht aus eigenem Willen, sondern nur nach Vorschrift und auf Befehl gehandelt zu haben, paßte auch sein Bemühen, stets darauf zu achten, sich als *korrekten* Beamten darzustellen, der zwar befehlsgemäß seine *Pflicht* getan, aber nie *unnötige Härte* an den Tag gelegt habe. So sei beispielsweise auch seine »Zusammenarbeit« mit den jüdischen Funktionären während seiner Tätigkeit als Leiter des Amtes für jüdische Auswanderung in Wien »beiderseits« eine »sachlich korrekte« gewesen. Der ehemalige SS-Obersturmbannführer gab sich überzeugt, daß die Vertreter der jüdischen Gemeinde »sehr gerne« mit ihm »zusammengearbeitet« hätten.[207] Aber obwohl Eichmann bemüht war, seine Aussage schlüssig und glaubhaft zu machen, verwickelte er sich wiederholt in Widersprüche. Seine Strategie, zunächst prinzipiell alle Vorwürfe abzustreiten, gab er immer dann nach und nach auf, wenn er mit entsprechenden beweiskräftigen Dokumenten konfrontiert wurde.[208]

Besonders unangenehm fiel den Prozeßbeobachtern Eichmanns kalte und distanzierte Sprache auf. Seine Wortwahl erschreckte die Zuhörer, schien sie doch aus dem Wörterbuch des Unmenschen zu stammen. Wenn er sprach, wurde die gewaltsame Vertreibung der Juden aus Österreich zur »gesteuerten, planmäßigen Auswanderung«[209], das Vernichtungslager Auschwitz zu einer »Zielstation«, die er, wenn »befohlen«, »fahrplanmäßig entsprechend eingebaut« hatte,[210] und die Ermordung der Juden zu »Bräuche[n] [...], die im Osten angewandt werden«.[211] Als Eichmann im Verlauf seiner Aussage selbstgezeichnete Tabellen, Grafiken und Diagramme zur Erläuterung der Zuständigkeiten und Befugnisse, der einzelnen mit jüdischen Angelegenheiten befaßten

---

206 Siehe Eichmanns Ausführungen zu Kant und dem Kategorischen Imperativ in der 105. und 106. Sitzung: Schmorak, Prozeß Eichmann, S. 142-144.

207 Eichmann in der 90. Sitzung, 10.7.1961, hier zit. nach: Schmorak, ebd., S. 99f.

208 Als Beispiel sei hier auf Eichmanns Aussagen über seine Zuständigkeit bei der Einweisung in die Ghettos und Lager verwiesen. Vgl. ebd., S. 86-91.

209 Eichmann in der 90. Sitzung, 10.7.1961, hier zit. nach: ebd., S. 98.

210 Eichmann in der 100. Sitzung, 18.7.1961, hier zit. nach: ebd., S. 230.

211 Eichmann in der 98. Sitzung, 17.7.1961, über die Behandlung der in die Ghettos und Lager deportierten Juden; hier zit. nach: ebd., S. 90.

Dienststellen vorlegte, erinnerte er mehr an einen emotional unbeteiligten Bürokraten als an einen fanatischen Nationalsozialisten.[212]

Hinzu kam, daß seine oftmals langatmigen Ausführungen – vor allem über die Zuständigkeitsfragen im RSHA und anderen Behörden und Ministerien – von einem verwirrenden, »logischen« Aufbau waren. Wenn er nicht mit einem knappen »Jawohl« auf die Fragen des Staatsanwalts oder der Richter antwortete, waren seine Aussagen geprägt von langen und komplizierten Satzkonstruktionen, die es den Zuhörern im Gerichtssaal und den Richtern oftmals schwer machten, ihren Sinn zu erfassen.

In seiner Einleitung zu der Prozeß-Dokumentation *Sieben sagen aus* schildert Peter Schier-Gribowsky eine exemplarische Situation vor Gericht. Auf die Frage nach der Zusammenarbeit des Amtes VI (Gegnerforschung und -bekämpfung) – in dem Eichmann arbeitete – mit dem Amt III (Deutsche Lebensgebiete) im RSHA antwortete Eichmann mit einem »Nazi-Sprach-Bandwurm« (Schier-Gribowsky):

»Wenn man hiervon ausgeht und gesehen hat, daß sämtliche im Befehls- und Kommandobereich eines höheren SS- und Polizeiführers stehenden Obliegenheiten der Polizei von ihm befohlen und kommandiert werden, als der ständige Vertreter des Reichsführers SS und Chef der deutschen Polizei, wenn man andererseits bedenkt, daß mit der Aussiedlung von Polen und Juden aus den neuen deutschen Ostgebieten im Jahre 1939 die einzelnen Landräte bestellt wurden, wenn man aber andererseits durchlaufend gesehen hat, daß die Erstellung der Fahrpläne Aufgabe der örtlichen Instanzen war und seit der Errichtung der Umwandererzentralstellen auch in der *rein transporttechnisch* organisatorischen Transportführung eine allgemein generelle Zentralisierung durch die Bestellung beziehungsweise Errichtung eines Sonderreferates im Amt IV des Reichssicherheitshauptamtes unter meiner persönlichen Führung befohlen wurde, dann erhält die Beteiligung – nämlich diese Umwandererzentralstellen hatten durch engsten Konnex mit den *Detailarbeit* durchzuführenden Landratsstellen, örtlichen Polizeistellen, Gendarmerieposten usw. und so fort *einerseits und andererseits* durch ständige Fühlungsnahme mit meinem Sonderreferat, das ihnen ja den Fahrplan in die Hand geben sollte und mußte, die Steuerung rein örtlich zu betreiben und hier eine Ordnung hereinzubringen. Eine *Ordnung im Sinne der Befehlsgebung* einmal und eine Ordnung, die nun, es ist nicht zu leugnen oder wegzureden, plötzlich *auch den Umzusiedelnden in irgendeiner Form und Art zugute kam*, wenn man dieses Wort überhaupt erwähnen kann…«[213]

Wer sollte diesen langen Auführungen folgen können? Wer konnte sich in dem von Eichmann produzierten Wort-Gewirr zurechtfinden? Ob es sich bei dieser Wortflut um einen bewußten taktischen Zug zur Verwirrung des Gerichts oder um Eichmanns »normale« Sprache handelte, ist wohl nicht letztgültig zu klären. Für die Richter gab es an dieser Stelle nur die Möglichkeit, den Angeklagten zu unterbrechen und zu ermahnen, sich in seinen Aussagen kürzer zu fassen und verständlich auszudrücken.[214]

---

212 Vgl. Hausner, Gerechtigkeit, S. 548f.

213 Adolf Eichmann, zit. nach: Peter Schier-Gribowsky, Einleitung, in: Schmorak, Sieben sagen aus, S. XIVf. Hervorhebungen von mir.

214 Vgl. ebd.

Zum Abschluß versuchte Servatius am 14. August 1961 die Position der Verteidigung in seinem Schlußplädoyer zusammenzufassen, bevor sich das Gericht zur Beratung zurückzog.[215] Der Kern der umfangreichen Ausführungen war wieder die Behauptung, Eichmann sei nicht der »große Schuldige«, sondern nur ein kleiner Befehlsempfänger mit nahezu keinen Befugnissen, der ausschließlich im Rahmen seiner dienstlichen Zuständigkeit und gemäß der bestehenden Richtlinien, Anordnungen und Befehle seiner Vorgesetzten gehandelt habe. Daß der »politische Befehl«, der die Juden zu Feinden erklärte und letztlich zu ihrer Verfolgung führte, strafbar gewesen sei, sei für Eichmann nicht erkennbar gewesen, da er nicht zur »Führung« gehört habe. Die Judenverfolgung sei, wie auch der Völkermord an den Indianern oder der »Sklavenraub in Afrika«, »Politik« gewesen und kein »offenkundiges Verbrechen, deren sich die Mitwirkenden bewußt sein mußten«. Eichmann sei somit nicht mehr als ein Opfer der politischen Führung und des allen Staaten eigenen Prinzips des Gehorsam auf dem »Gebiet der Politik«.[216]

Nach seinen ins grundsätzliche gehenden Ausführungen über das Wesen von Politik, Staat und Gehorsam beantragte Servatius die Einstellung des Verfahrens und legte dem Gericht nahe, den auch im israelischen Volk überlieferten »Gedanken der Verjährung« zu berücksichtigen und durch ein »salomonisches Urteil« mit dafür zu sorgen, daß »die Wunden heilen können«.[216] Die Verteidigung schloß also nicht mit einem Eingeständnis von Verantwortung oder Schuld, sondern mit der Flucht in grundsätzliche Betrachtungen über die historisch-politische Dimension staatlichen Handelns und der Mahnung an die israelischen Richter, nicht durch eine Verurteilung und Bestrafung Eichmanns die historische Chance zur Abkehr vom »totalen Streit der maßlosen Kollektive« und zur Rückkehr »zum Maßhalten, zur Selbstbeherrschung, zur Humanitas« ungenutzt verstreichen zu lassen.[218]

3.4. Das Urteil

Nach den Abschlußplädoyers der Anklage und der Verteidigung zog sich das Gericht für fast vier Monate zur Beratung zurück. Genau acht Monate nach dem Beginn des Prozesses verkündete der Vorsitzende Richter Mosche Landau am 11. Dezember 1961

215 Vgl. Plädoyer zur Schuldfrage vom 14.8.1961, in: Servatius, Verteidigung, S. 35-80.
216 Vgl. ebd., S. 74ff.
217 Vgl. ebd., S. 80.
218 Ebd.

das Urteil gegen den Angeklagten.[219] Mit nur sehr geringen Einschränkungen folgte das Gericht der Anklage und befand Eichmann in allen fünfzehn Anklagepunkten für schuldig.[220]

Bevor die Richter über fünf Sitzungen hinweg das Urteil und die umfangreiche Begründung verlasen, betonten sie ausdrücklich, daß es in diesem Prozeß nur um die Klärung der persönlichen Schuld des Angeklagten ginge und es nicht die Aufgabe des Gerichts sei, darüberhinausgehende Fragen – etwa nach den Ursachen des Holocaust – zu beantworten.[221] Sodann widmete sich das Gericht der Begründung des Zuständigkeitsbeschlusses und den am Beginn des Prozesses von der Verteidigung aufgeworfenen Verfahrens- und Zuständigkeitsfragen sowie der Entführung Eichmanns und den daraus resultierenden juristischen Schwierigkeiten.[222]

Unmittelbar im Anschluß daran begann die Verlesung des Urteils mit einer knappen Übersicht über die im Laufe des Prozesses eingebrachten Beweismittel und einem ausführlichen, zusammenfassenden Abriß über die während der Verhandlung skizzierten Hauptphasen der Judenverfolgung im »Dritten Reich«.[223] In dieser chronologisch sowie geografisch gegliederten Zusammenfassung lag der Fokus auf der Tätigkeit des Angeklagten bei der Umsetzung der judenfeindlichen Politik des NS-Staates.[224] Nach dieser detaillierten Schilderung des historischen Tatbestandes der Entrechtung, Deportation und Ermordung der europäischen Juden, und bevor einzeln auf jeden der fünfzehn Anklagepunkte eingegangen wurde,[225] widmeten sich die Richter der persönlichen Verantwortung und Schuld des Angeklagten.[226]

Sie stellten zunächst fest, daß das von Eichmann geleitete Referat des RSHA die volle Verantwortung für die Organisation und Durchführung der Judendeportationen inne hatte.[227] Des weiteren kamen die Richter zu der Überzeugung, daß Eichmann be-

219 Siehe zum Urteil und zur Urteilsverkündung Hausner, Gerechtigkeit. S. 623-659; die Dokumentation des Urteils von Less (Hg.), Schuldig; sowie die kritische Würdigung des Urteils von Jürgen Baumann, Gedanken zum Eichmann-Urteil, in: Juristenzeitung, Jg. 18 (1963), Nr. 4, S. 110-121.

220 Die Einschränkungen bezogen sich im 1. bis 3. Anklagepunkt auf die Zeit vor August 1941 (enthalten in der Schuldigsprechung in Anklagepunkt 5), und im 13. bis 15. Anklagepunkt auf die Zeit vor Mai 1940 (verjährt). In den Anklagepunkten 11 und 12 war nach Ansicht des Gerichts nur bewiesen, daß Eichmann die Deportationen geplant habe, die Ermordung der Deportierten konnte ihm nach Ansicht des Gerichts nicht zur Last gelegt werden. Vgl. Less (Hg.), Schuldig, Urteilsformel, S. 325-330.

221 Vgl. ebd., S. 4f.

222 Vgl. ebd., S. 5-75.

223 Vgl. ebd., S. 76ff.

224 Vgl. ebd., S. 79-235.

225 Vgl. ebd., S. 263-323 und 325-330.

226 Vgl. ebd., S. 235-262.

227 Siehe ebd., vor allem S. 224 sowie 260.

reits seit dem Sommer 1941 »von der Erteilung des Befehls zur Endlösung durch totale Vernichtung« gewußt habe und sich mindestens seit diesem Zeitpunkt darüber im Klaren war, daß die von ihm organisierten Deportationen Teil der »physischen Vernichtung« der Juden waren.[228] Das Gericht zeigte sich davon überzeugt, daß Eichmann nicht nur »von der dem Plane der Endlösung innewohnenden Absicht der Ausrottung des jüdischen Volkes Kenntnis hatte, sondern daß er auch persönlich von diesem Vorsatz durchdrungen war«.[229]

Entschieden zurückgewiesen wurde Eichmanns wiederholt vorgebrachte Rechtfertigung mit dem ihn bindenden Zwang von Befehl und Gehorsam. Das Gericht betonte, daß der Befehl zur »Endlösung« – zur Ermordung von Millionen von Menschen – auch im »Dritten Reich« als rechtswidrig galt und Eichmann dies zweifellos gewußt habe.[230] Seine Bemühungen, sich als kleines, unbedeutendes Rädchen in der großen Maschinerie der Vernichtung darzustellen, welches niemals aus eigenem Antrieb gehandelt habe, wurde von den Richtern verworfen.[231] »Es mag wohl stimmen,« so wird im Urteil betont, »daß der Angeklagte gehorsam war, wie es von einem guten Nationalsozialisten verlangt wurde, und daß ihm als SS-Mann der blinde Gehorsam bis zum Äußersten eingepaukt worden war. Das besagt aber nicht, daß er seine Aufgabe nur aus Befehlserfüllungseifer ausgeführt hat. Er hat vielmehr seine Aufgabe in all ihren Phasen auch aus innerer Überzeugung mit ganzem Herzen und ganzer Seele geleistet.«[232] Die Richter stellten fest, daß der ehemalige Obersturmbannführer »keine ›Marionette‹ in den Händen anderer« war, sondern »seinen Platz unter den Drahtziehern« eingenommen habe.[233]

Darüberhinaus bescheinigte das Urteil Eichmann einen geradezu manisch anmutenden Arbeitseifer bei der Erfüllung der ihm übertragenen Aufgaben. »In all seinen Handlungen« habe er eine »unermüdliche Energie, die bereits an Rastlosigkeit grenzte, zur Beschleunigung der Endlösung« an den Tag gelegt.[234] Eichmann sei »tatkräftig, erfindungsreich und extrem in seiner Aktivität zur Durchführung der Endlösung«[235] und in allen Phasen der antijüdischen Politik ein Mittäter gewesen, der seine Handlungen unter dem »Vorsatz« »der vollständigen biologischen Vernichtung des gesamten jüdischen Volkes« begangen habe.[236] Die Ursache für Eichmanns willfähriges und engagiertes Verhalten sahen die Richter nicht in dem von ihm immer wieder als Entschul-

---

228 Vgl. ebd., S. 237ff.

229 Ebd., S. 266.

230 Vgl. ebd., S. 302f.

231 Vgl. z.B. ebd., S. 240.

232 Ebd., S. 310.

233 Ebd., S. 261.

234 Vgl. ebd., S. 313.

235 Ebd., S. 314.

236 Ebd., S. 275.

digung vorgebrachten angeblichen Befehlszwang, sondern in seinem persönlichen Ehrgeiz und Karrierestreben.[237]

Ebenso auf Unglauben bei den Richtern stieß Eichmanns Behauptung, kein Antisemit gewesen zu sein. Das Gericht hielt es zwar für möglich, daß er – der sich als »Sachkundiger in Sachen Juden« verstand – nicht an die »groben Hetzmethoden Streichers« glaubte; sein Versuch, sich als einen Nationalsozialisten darzustellen, der die Juden nicht haßte, wurde von den Richtern aber schlicht als »verfehlt« angesehen. »Falls ein Mann wie er,« so die Richter, »der im Mittelpunkt des Kampfes gegen die Juden stand [...] die leichteste Abweichung vom orthodoxen Antisemitismus, der von jedem gewöhnlichen Parteimitglied gefordert wurde, an den Tag gelegt hätte, hätte er selbst einen einzigen Tag dort nicht standgehalten.«[238]

Und obwohl sich die Richter durchaus bewußt waren, daß es dem Gericht kaum möglich ist, »das Innerste der Seele des Angklagten« »zu ergründen«,[239] formulierten sie zum Ende der Urteilsbegründung ihre Einschätzung der Beweggründe Eichmanns. Demnach habe Eichmann »sein Gewissen beiseite gelegt«, so wie es von Seiten »seines Regimes, dem er sich ergeben und mit Leib und Seele verkauft hatte, verlangt wurde«. Dies bedeutete aber nicht, daß er nur noch aus »blindem Gehorsam gehandelt hätte« – ganz im Gegenteil. Er habe mit »fester Überzeugung« »an die Lügenlehre des National-Sozialismus [sic], daß die Juden erbarmungslos zu vernichtende Reichsfeinde seien«, geglaubt und sein »Haß« sei »kühl und berechnet« gewesen.[240]

Aufgegriffen und zurückgewiesen wurde auch der auf Schuldentlastung zielende Einwand Eichmanns, er sei nicht direkt, also quasi mit eigenen Händen, an der Ermordung der Juden beteiligt, sondern nur für deren Transport verantwortlich gewesen. Das Gericht vertrat hierzu die Auffassung, daß die »rechtliche und moralische Verantwortung desjenigen, der das Opfer dem Tode ausliefert, [...] nicht geringer ist, als die Verantwortung desjenigen, der das Opfer mit eigenen Händen tötet, wobei sie sogar die Verantwortung des letzteren übersteigen kann«.[241] Grundsätzlich stellten die Richter an anderer Stelle fest, daß aufgrund des besonderen Charakters der »Endlösung« als eines Massenverbrechens, an dem eine überaus große Zahl an (Mit)Tätern gemeinschaftlich und an den verschiedensten Stellen beteiligt waren, die Verantwortung nicht teilbar sei. Die »Verantwortlichkeit« jedes einzelnen Täters, der vom Plan der »Endlösung« ge-

---

237 Vgl. ebd., S. 308.

238 Ebd., S. 310f. Als einen Beweis für den Antisemitismus Eichmanns führten die Richter u.a. die Aussage des in Deutschland verhörten Franz Six an. Dieser hatte in seiner Aussage Eichmann als gläubigen Nationalsozialisten, der immer nach der Parteidoktrin gehandelt habe, bezeichnet. (Ebd., S. 311)

239 Ebd., S. 322.

240 Ebd., S. 320.

241 Ebd., S. 206.

wußt habe, sei die »Verantwortlichkeit eines Haupttäters«, der das »Gesamtverbrechen in Mittäterschaft mit anderen begangen hatte«.[242] Die besondere Organisation des Verbrechens der »Endlösung« bringe es zudem mit sich, daß das »Verantwortlichkeitsmaß« zunehme, je weiter man in der Hierarchie der »Befehlsstufen« nach oben gelange, so daß der Vorgesetzte, der womöglich nie eigenhändig die Waffe führte, mehr Verantwortung trage, als der Untergebene, der den Abzug zieht.[243]

Auch wenn die individuelle Schuld Eichmanns Gegenstand des Prozesses war, nutzte das Gericht die Urteilsverkündung dazu, ausdrücklich festzustellen, daß Eichmann bei weitem nicht der einzige Täter gewesen sei. Ungezählte Personen und Behörden des NS-Staates hätten bei der Vernichtung der Juden mitgewirkt. Die Richter ließen keinen Zweifel daran, daß nach ihrer Überzeugung diese »Mittäter« nicht nur in der SS, im Innen- und Justizministerium und beim Oberkommando der Wehrmacht zu suchen seien.[244] Denn nicht nur diese waren an der Ermordung der europäischen Juden beteiligt gewesen, »sondern«, so die Richter, letztlich »alle Behörden des Reichs und der national-sozialistischen [sic] Partei, deren Tätigkeitsgebiet irgendetwas mit Judenangelegenheiten zu tun hatten, alle wetteiferten miteinander bei der Mitarbeit am gemeinschaftlichen Ziel: die Juden, die Reichsfeinde, vollständig, mit allen Mitteln, so gründlich und so rasch wie möglich, auszurotten.«[245]

Mit dieser Feststellung zielten die Richter zweifellos auf die vielen anderen »Befehlsempfänger« und Staatsdiener, die im Gegensatz zu Eichmann nicht vor Gericht gestellt und verurteilt wurden, sondern nach dem Krieg weitestgehend unbehelligt blieben. Daß die Richter damit an einer offenen deutschen Wunde gerührt hatten, zeigen Reaktionen auf diese Benennung der Mittäter Eichmannns. »Die Behandlung dieses Punktes«, schreibt Jürgen Baumann im Februar 1963 in seiner kritischen Würdigung des Urteils, »klingt für den aufmerksamen Leser aus in der Frage: wieviel Eichmanns hat es gegeben und gibt es noch? Auch sie werden sich auf Befehl, auf die untergeordnete Funktion als ›kleines Rädchen‹, auf ihren Beamteneid, usw. berufen und auch sie wissen doch, daß sie schuldig sind. Wie Eichmann.«[246]

Adolf Eichmann selbst nutzte nach den Plädoyers des Staatsanwalts und des Verteidigers zum Strafmaß die Möglichkeit zu einem Schlußwort in der vorletzten Sitzung am 13. Dezember, um zum wiederholten Male zu betonen, daß er nur Befehlen gehorcht habe und nicht für die Entscheidungen und Befehle der politischen Führung zur Verantwortung gezogen werden könne. Er war vom Urteil »enttäuscht« und sah sich nicht in der Lage, den Schuldspruch anzuerkennen. Eichmann sagte:

242 Ebd., S. 274.

243 Vgl. ebd., S. 277.

244 Vgl. ebd., S. 320f.

245 Ebd, S. 321.

246 Baumann, Gedanken, S. 115.

»In meiner Hoffnung auf Gerechtigkeit sehe ich mich enttäuscht. Den Schuldspruch kann ich nicht anerkennen. Ich habe Verständnis, dass man Sühne für die Verbrechen fordert, die an den Juden begangen worden sind. […] Ich hatte das Unglück, in diese Greuel verwickelt zu werden. Aber diese Untaten geschahen nicht mit meinem Willen. Mein Wille war nicht, Menschen umzubringen. Der Massenmord ist allein die Schuld der politischen Führer. […] Ich betone auch jetzt wieder, meine Schuld ist mein Gehorsam, meine Unterwerfung unter Dienstpflicht und Kriegsdienstverpflichtung und Fahneneid … und Diensteid, dazu galt ab Kriegsbeginn das Kriegsgesetz. Dieses Gehorchen war nicht leicht. […] Ich habe nicht mit Gier und Lust Juden verfolgt. Dies tat die Regierung. Die Verfolgung konnte auch nur die Regierung durchführen. […] Ich sagte schon, die Führungsschicht, zu der ich nicht gehörte, hat die Befehle gegeben, sie hat, meines Erachtens mit Recht Strafe verdient für die Greuel, die auf ihren Befehlen an den Opfern begangen wurden. Aber auch die Untergebenen sind jetzt Opfer. Ich bin ein solches Opfer.«[247]

Sein Schlußwort macht deutlich, daß er auch am Ende des Prozesses nicht in der Lage oder nicht willens war, für seine Handlungen einzustehen. Er sah sich ausschließlich als Opfer: als Opfer der Regierung, als Opfer von Befehl und Gehorsam, als Opfer von Lügen und Unwahrheiten, und als Opfer eines ungerechten Urteils.

Zwei Tage später, am 15. Dezember, wurde in der nur wenige Minuten andauernden 121. Sitzung das Strafmaß verkündet:

»Wegen der Verbrechen gegen das juedische Volk, wegen der Verbrechen gegen die Menschheit und wegen der Kriegsverbrechen, deren Begehung Adolf Eichmann schuldig befunden worden ist, verurteilt ihn das Gericht zum Tode.«[248]

Das Gericht betonte, daß »zum Zwecke seiner Bestrafung« und »zur Abschreckung« für den Angeklagten keine andere Strafe als die »Maximalstrafe« möglich sei.[249] Die Richter sahen Eichmann als unmittelbar verantwortlich für die Ermordung der Juden an und akzeptierten seine versuchte Entschuldigung mit den Gesetzen von Befehl und Gehorsam nicht. In den Ausführungen des Vorsitzenden Richters heißt es unter anderem:

»Jeder Eisenbahnzug mit tausend Menschen, den der Angeklagte nach Auschwitz oder eine andere Staette der Vernichtung geschickt hat, bedeutet, dass der Angeklagte unmittelbar an tausend vorsaetzlich ueberlegten Mordtaten teilgenommen hat, und seine rechtliche und moralische Verantwortung fuer diese Mordtaten ist um nichts geringer, als die Verantwortung dessen, der sie eigenhaendig in die Gaskammer warf.

Selbst waeren wir zu der Ansicht gelangt, dass der Angeklagte, wie er es behauptet, aus blindem Gehorsam gehandelt hat, wuerden wir immer noch erklaeren, dass, wer Verbrechen solchen Masstabes jahrelang veruebt, die aeusserste Strafe erleiden muss, die das Gesetz kennt, und kein Befehl von oben

247 Bezirksgericht Jerusalem. Strafsache 40/61, 120. Sitzung, S. J 1. Das mit handschriftlichen Anmerkungen und Ergänzungen Eichmanns versehene Manuskript seines Schlußwortes ist als Faksimile abgedruckt in Aharoni, Dietl, Der Jäger, S. 275-281.

248 Bezirksgericht Jerusalem. Strafsache 40/61, 121. Sitzung, S. A 1.

249 Ebd.

kann ihm helfen, auch nicht zur Minderung der Strafe. Aber wir sind zu der Feststellung gelangt, dass der Angeklagte sich mit den Befehlen, die ihm erteilt wurden, innerlich identifiziert hat und dass er mit dem festen Willen taetig war, das verbrecherische Ziel zu erreichen.«[250]

Die von der Verteidigung am 17. Dezember eingelegte Berufung änderte nichts am Schuldspruch und Strafmaß. Das am 22. März 1962 unter dem Vorsitz des Präsidenten des Obersten Gerichtshofs Israels, Isaac Olsham, zur ersten Sitzung zusammengetretene Berufungsgericht bestätigte nach sechs Sitzungen am 29. Mai das Urteil in vollem Umfang.[251] Alle von der Verteidigung vorgebrachten Einwände wurden – wie zuvor bereits von den meisten Beobachtern erwartet – einstimmig zurückgewiesen. Die Argumente des Verteidigers waren nicht neu, sondern wurden von ihm und seinem Mandanten seit dem Beginn des Verfahrens ohne Unterlaß wiederholt: Von der angeblichen Unzuständigkeit des israelischen Gerichts und der Befangenheit der jüdischen Richter bis hin zum angeblichen »Befehlsnotstand« des Angeklagten.[252] Aufmerksamkeit erregte die Berufungsverhandlung einzig durch den Antrag von Servatius, den Staatssekretär im Bonner Bundeskanzleramt und früheren Kommentator der Nürnberger Gesetze, Hans Maria Globke, als Experten für die antijüdische Gesetzgebung im Dritten Reich vorzuladen.[253] Der Verteidiger gab an, Globke könne Wichtiges und Entlastendes über die Eichmann in seiner Tätigkeit im RSHA bindenden gesetzlichen Hintergründe der Judenverfolgung aussagen. Die Richter lehnten jedoch eine Vorladung Globkes ab, so daß es nicht zu einer Aussage vor dem Gericht in Jerusalem kam.

Nach der Abweisung der Revision und Bestätigung des Urteils blieb Eichmann nur noch der Gnadenweg. In seinem Gesuch an den israelischen Staatspräsidenten Itzhak Ben Zwi, in dem er um die Abmilderung des Todesurteils bat, wiederholte Eichmann die bereits aus den Verhören und dem Prozeß bekannten Argumente: Nicht er sei der wirklich Schuldige, sondern die »Verantwortlichen«, die »Führer«. Er sei nur ein »Werkzeug« gewesen; irgendeine Form von Reue für seine Taten zeigte er jedoch nicht.[254]

Neben Eichmann selbst, seinem Verteidiger, Robert Servatius, seiner Frau und einem in Österreich lebenden Bruder,[255] ersuchten auch andere darum, das Todesurteil nicht zu vollstrecken – unter ihnen auch der bekannte jüdische Religionswissenschaftler und Philosoph Martin Buber. Das Motiv Bubers, der 1938 aus Deutschland nach Palästina

---

250 Ebd.

251 Zur Verhandlung vor dem Berufungsgericht vgl. Das Oberste Gericht, Israel. Strafberufung Nr. 336/61. Adolf, Sohn des Adolf Karl Eichmann gegen den Staatsanwalt des Staates Israel. Protokoll der Sitzung 1-6. Nicht redigierte und nicht korrigierte Transkription der Simultanübersetzung.

252 Vgl. Hausner, Gerechtigkeit, S. 666-676; und auch Baumann, Gedanken, S. 111f. und 115.

253 Vgl. z.B. Globke soll im Eichmann-Prozeß als Experte aussagen, in: FR vom 23.3.1962; Servatius beantragt Vernehmung Globkes, in: DW vom 23.3.1962.

254 Vgl. Hausner, Gerechtigkeit, S. 676.

255 Vgl. Mehrere Gnadengesuche für Eichmann, in: FAZ vom 1.6.1962.

emigriert war, sich gegen die Vollstreckung des Todesurteils auszusprechen, war es jedoch nicht, Eichmann vor einer gerechten Strafe zu bewahren. Buber, der sich bereits im Dezember 1961 nach der Verkündung des erstinstanzlichen Urteils für eine Begnadigung Eichmanns ausgesprochen hatte,[256] sorgte sich mehr um das Wohlergehen Israels. Er sah in der Hinrichtung Eichmanns (wie in *jeder* Hinrichtung) eine Verletzung grundlegender religiöser Gesetze, und vertrat die Ansicht, daß nicht einmal Eichmann den jüdischen Staat dazu verleiten dürfe, einen Verbrecher mit dem Tode zu bestrafen.[257]

Aber sowohl Bubers als auch die Gnadengesuche von anderer Seite änderten nichts an der Entscheidung der israelischen Gerichte. Der israelische Staatspräsident lehnte alle Gnadengesuche am 31. Mai 1962 ab.[258] Wenige Stunden nach dieser Entscheidung wurde das Todesurteil vollstreckt. In der Nacht vom 31. Mai zum 1. Juni 1962 wurde der ehemalige SS-Obersturmbannführer Adolf Eichmann durch den Strang hingerichtet. Seine Leiche wurde verbrannt und die Asche ins Meer gestreut.[259] Damit wurde das erste und bisher einzige Todesurteil in Israel vollstreckt.

4. Kalter Krieg und »kalte Amnestie«[260] – Der zeitgeschichtliche Hintergrund des Eichmann-Prozesses

Der Eichmann-Prozeß fiel in eine deutschland- und weltpolitisch unruhige, von den Spannungen des Kalten Krieges geprägte Zeit.[261] Die von vielen Menschen als bedrohlich empfundenen Ereignisse jener bewegten Jahre bildeten den Hintergrund für die

---

256 Siehe z.B. Eichmann – Schlüsselfigur in der Judenverfolgung, in: FAZ vom 13.12.1961, sowie Martin Buber für Begnadigung, in: SZ vom 13.12.1961, Martin Buber gegen Todesstrafe für Eichmann, in: TSP vom 14.12.1961.

257 Vgl. Hausner, Gerechtigkeit, S. 677. Siehe zu den Bemühungen Martin Bubers auch Deutschkron, Israel und die Deutschen, S. 137.

258 Vgl. Hausner, Gerechtigkeit, S. 676f. Nach einem Bericht der FAZ vom 2./3.6.1962 schrieb Ben Zwi auf das Gnadengesuch Eichmanns: »Wie Dein Schwert Weiber ihrer Kinder beraubt hat, so also soll auch Deine Mutter beraubt sein unter den Weibern.« (Samuel, Kap.15, Vers. 33) Vgl. Eichmann durch den Strang hingerichtet, in: ebd.

259 Siehe hierzu vor allem den Bericht von Hull, Kampf um eine Seele, S. 133-146.

260 Vgl. Jörg Friedrich, Die kalte Amnestie. NS-Täter in der Bundesrepublik. Erweiterte und überarbeitete Neuausgabe, München 1994.

261 Siehe zum weltpolitischen Hintergrund in den fünfziger und sechziger Jahren u.a. Wolfgang Benz, Hermann Graml (Hg.), Europa nach dem Zweiten Weltkrieg 1945-1982. Das Zwanzigste Jahrhundert II (Fischer Weltgeschichte Band 35). Frankfurt am Main 1983; Andreas Hillgruber, Europa in der Weltpolitik der Nachkriegszeit 1945-1963, Oldenbourg Grundriß der Geschichte Band 18. München 1988.

Berichterstattung über den Eichmann-Prozeß und waren mithin ein Bezugspunkt für die Beurteilung der nationalsozialistischen Gewaltverbrechen, zu deren Symbol der Angeklagte im Lauf des Prozesses geworden war. So zog denn auch der Journalist Benno Reifenberg in der *Frankfurter Allgemeinen Zeitung* am Ende des Jahres 1961 mit Blick auf den Jerusalemer Prozeß ein eher düsteres Resümee zum Jahreswechsel:

»Das Jahr 1961 ist von Krisen geschwängert gewesen und bleibt es bis in seine letzten Tage hinein; [sic] Die Möglichkeit einer Menschheitsvernichtung ist aufgetaucht, neue Sorgen, grausame Formen der Kriegsführung zeigen sich bei den zivilisiertesten Nationen, in asiatischen Bereichen offenbart der Hunger seine Schrecken – aber jene Erinnerung, die vor dem israelischen Gericht angesichts des Angeklagten am Zeugenstand herausgeschrien oder kaum vernehmlich gestammelt worden sind, besiegeln das miserabelste Kapitel der neueren Menschheitsgeschichte.«[262]

Die Zahl der bedeutenden außen- wie innenpolitischen Ereignisse war groß, und nicht selten verdrängten die Nachrichten darüber den Eichmann-Prozeß von den Titelblättern.[263]

In erster Linie bestimmten die Spannungen zwischen den atomar hochgerüsteten Supermächten USA und Sowjetunion das weltpolitische Geschehen. In nahezu allen Bereichen standen sich Ost und West unversöhnlich gegenüber. Sogar der spektakuläre Wettlauf um die »friedliche Eroberung« des Weltalls wurde so zu einem wichtigen »Schlachtfeld« des Kalten Krieges, galt es doch die angebliche Überlegenheit des jeweiligen Systems unter Beweis zu stellen. Daß der erste Mensch, der am 12. April 1961 – nur einen Tag nach dem Beginn des Eichmann-Prozesses – die Erde in einem Raumschiff umkreiste, der russische Kosmonaut Juri Gagarin war, erwies sich für die Sowjetunion und den gesamten Ostblock nicht nur als technisch-wissenschaftlicher, sondern in erster Linie als propagandistischer Erfolg.[264] In der DDR-Presse wurden Gagarin und sein Flug sogar in direkte Beziehung zu Eichmann und dem Jerusalemer Prozeß ge-

262 Benno Reifenberg, Schuldig, in: FAZ vom 12.12.1961.

263 Albert Wucher hat sehr anschaulich in der *Süddeutschen Zeitung* auf dieses Problem hingewiesen, als er schrieb: »Ja freilich, die Weltöffentlichkeit wird noch von anderen Ereignissen in Atem gehalten. Eichmann hat gewissermaßen einen günstigen Moment erwischt. Zuerst der Raketenmensch Gagarin, dann das Invasionsabenteuer in Cuba, jetzt der Aufstand in Algerien. Muß man nicht befürchten, daß der Schock, der vom Eichmann-Prozeß in Jerusalem ausgehen könnte, durch derlei Weltereignisse neutralisiert wird? Ihm nicht ausweichen – wenn man so sagen kann – kann einzig und allein das israelische Volk, denn es ist sein Schicksal, das hier verhandelt wird. Für die Juden ist Eichmann nicht Vergangenheit, sondern Gegenwart, die Ursache immer noch und in fast jeder Familie gegenwärtigen Leids.« Albert Wucher, Der Staatsanwalt ruft die Zeugen auf, in: SZ vom 26.4.1961.

264 Auch in der bundesdeutschen Presse sorgte der erste Raumflug eines Menschen für Schlagzeilen und verdrängte verschiedentlich die Berichte über den gerade beginnenden Eichmann-Prozeß auf den zweiten Platz. Siehe beispielsweise die Schlagzeile: Erster Raumflug eines Menschen, in: ebd. vom 13.4.1961.

setzt, um so die angebliche moralische Überlegenheit des Kommunismus gegenüber der »kapitalistischen« und »revanchistischen« Bundesrepublik herauszustellen.[265]

Die dominanten weltpolitischen Themen jener Jahre aber waren das in beunruhigender Weise eskalierende atomare Wettrüsten der Großmächte und der ständige Kampf um die Sicherung und Ausdehnung der jeweiligen Einflußgebiete. Insbesondere die sich stetig verschärfenden Spannungen um Kuba, das nach dem Sieg der Revolutionäre um Fidel Castro (1959) die Unterstützung der Sowjetunion gesucht hatte und von den USA unter Druck gesetzt wurde,[266] sowie die andauernden Krisen um das geteilte Berlin boten Ende der fünfziger, Anfang der sechziger Jahre vielen Menschen in Deutschland – und nicht nur dort – Grund zur Angst vor einem neuen, und letztlich atomaren Weltkrieg. Der Historiker Hans-Peter Schwarz spricht in diesem Zusammenhang von einem »kriegsträchtigen Sommer«, der für das Jahr 1961 kennzeichnend gewesen sei.[267]

Vor allem die ständigen Krisen um Berlin, wo sich die Großmächte unmittelbar gegenüberstanden, hatten wesentlichen Einfluß auf das politische Klima in Deutschland.[268] Die im Mai 1959 auf Betreiben der Bundesregierung und der Westmächte in

---

265 Siehe hierzu Abschnitt III. 5. Exkurs: Die DDR-Presse und der Eichmann-Prozeß.

266 Knapp zehn Tage nach dem Beginn des Eichmann-Prozesses in Jerusalem sorgte der gescheiterte Versuch einer von den USA unterstützten militärischen Landungsaktion von Castro-Gegnern auf Kuba in der deutschen Presse für Schlagzeilen. Siehe zum Beispiel Invasion auf Kuba gescheitert, in: SZ vom 21.4.1961.

267 Hans-Peter Schwarz, Die Ära Adenauer. Epochenwechsel 1957-1963, Geschichte der Bundesrepublik Deutschland Band 3. Stuttgart u.a. 1983, S. 141.

268 Siehe zur deutschen Geschichte der fünfziger und sechziger Jahre u.a. Hans Georg Lehmann, Chronik der Bundesrepublik Deutschland 1945/49 bis 1983, zweite, aktualisierte Auflage. München 1983; Wolfgang Benz (Hg.), Die Geschichte der Bundesrepublik Deutschland, 4 Bände. Aktualisierte und erweiterte Neuausgabe, Frankfurt am Main. 1989; Schwarz, Die Ära Adenauer; Christoph Kleßmann, Zwei Staaten, eine Nation. Deutsche Geschichte 1955-1970, Schriftenreihe der Bundeszentrale für politische Bildung Band 265. Bonn 1988; Adolf M. Birke, Nation ohne Haus. Deutschland 1945-1961, für die Sammlung Siedler durchgesehene und auf den neuen Stand gebrachte Ausgabe. Berlin 1994; Kurt Sontheimer, Die Adenauer-Ära. Grundlegung der Bundesrepublik. München 1991; Rudolf Morsey, Die Bundesrepublik Deutschland. Entstehung und Entwicklung bis 1969, Oldenbourg-Grundriß der Geschichte Band 19. 2. Aufl. München 1990; Peter Bender, Neue Ostpolitik. Vom Mauerbau bis zum Moskauer Vertrag. München 1986; Peter Bender, Episode oder Epoche? Zur Geschichte des geteilten Deutschland. München 1996; Dietrich Thränhardt, Geschichte der Bundesrepublik Deutschland 1949-1990, Moderne Deutsche Geschichte Band 12. Erweiterte Neuausgabe, Frankfurt am Main 1996; Axel Schildt, Arnold Sywottek (Hg.), Modernisierung im Wiederaufbau. Die westdeutsche Gesellschaft der 50er Jahre. Aktualisierte und ungekürzte Studienausgabe, Bonn 1998. Speziell für die Geschichte der DDR siehe u.a. Hermann Weber, DDR – Grundriß der Geschichte 1945-1981. 3., überarbeitete und ergänzte Auflage, Hannover 1982; Dietrich Staritz, Geschichte der DDR 1949-1990, Moderne Deutsche Geschichte Band 11, erweiterte Neuausgabe. Frankfurt am Main 1996.

Genf tagende Außenministerkonferenz, die zur Lösung der Spannungen um Berlin beitragen sollte und an der neben den Delegationen der vier Siegermächte des Zweiten Weltkrieges erstmals auch Vertreter der Bundesrepublik und der DDR teilnahmen, blieb am Ende ergebnislos. Eine weitere Gipfelkonferenz in Paris am 16./17. Mai 1960 – eine knappe Woche vor der offiziellen Bekanntgabe der Festnahme Eichmanns – ließ der damalige sowjetische Partei- und Regierungschef Nikita Chruschtschow scheitern. Anlaß dafür war der Abschuß eines amerikanischen U2-Spionageflugzeugs über dem Territorium der Sowjetunion.[269]

Beide deutsche Staaten fanden sich immer stärker in zwei sich feindlich gegenüberstehende politische Lager eingebunden. Die Hoffnungen auf ein gemeinsames, wiedervereinigtes Deutschland schwanden Ende der fünfziger, Anfang der sechziger Jahre immer weiter dahin. Vor allem die stetig steigende Zahl an Flüchtlingen, die die DDR in Richtung Bundesrepublik verließen – allein im Juli 1961 flüchteten 30.000 Menschen aus der DDR in Richtung Westen[270] –, verschärfte die Spannungen um Berlin, das mit seinen noch weitestgehend offenen Grenzen zwischen den Ost- und West-Sektoren der geteilten Stadt ein Tor zum Westen war. Für die DDR entstand durch diese enorme Fluchtbewegung eine existenzbedrohende Situation. Ihren Höhepunkt fand diese neue Krise um das geteilte Berlin schließlich in der Nacht zum 13. August 1961 – ein Tag vor dem Ende der Beweisaufnahme in Jerusalem –, als die Partei- und Staatsführung der DDR mit sowjetischer Rückendeckung die Sektorengrenzen in Berlin abriegeln ließ und mit dem Bau der Mauer begann, um die zehntausendfache »Abstimmung mit den Füßen« zu stoppen.

Besonders in der Zeit unmittelbar vor und nach dem Bau der Berliner Mauer verschärfte sich die »Propagandaschlacht« zwischen der Bundesrepublik und der DDR. Dabei versuchten beide Seiten, der jeweils anderen die demokratische Legitimation abzusprechen. Auf westdeutscher Seite wurde die DDR – in der Regel nur als »SBZ« (Sowjetische Besatzungszone), »Ostzone« oder schlicht »die Zone« bezeichnet – als totalitärer Vasallenstaat der Sowjetunion attackiert. Nicht selten griff man dabei – auf beiden Seiten – auch auf Vergleiche oder gar Gleichsetzungen mit dem »Dritten Reich« und dem Nationalsozialismus zurück. So wurde beispielsweise im *Bulletin des Presse- und Informationsamtes der Bundesregierung* Walter Ulbricht als »Roter Hitler«[271] diffamiert. Den am 13. August 1961 begonnenen Bau der Mauer durch Berlin setzte man in Teilen der westdeutschen Presse mit der Errichtung eines Konzentrationslagers

269 Vgl. Beschloss, Powergame, S. 35 und 48.

270 Zu den Zahlenangaben vgl. Weber, DDR, S. 77.

271 Vgl. Roter Hitler, in: Bulletin des Presse- und Informationsamtes der Bundesregierung, Nr. 36 vom 22.2.1961, S. 323.

gleich.[272] Auch eine direkte Anspielung auf den Eichmann-Prozeß findet sich in der antikommunistischen Propaganda der westdeutschen Seite: So ließ der West-Berliner Senat im Oktober 1961 Lautsprecherwagen an der nunmehr befestigten und abgeriegelten Sektorengrenze auffahren, die über die Mauer hinweg Propaganda, Nachrichten und auch Musik sendeten (»Studio am Stacheldraht«). Unter anderem gemahnte man die an der Grenze postierten Grenzsoldaten unter ausdrücklichem Hinweis auf den Fall Eichmann daran, daß, wer einen Flüchtling erschieße, einen Mord begehe und dafür später zur Rechenschaft gezogen werde, auch wenn man angeblich nur auf Befehl gehandelt habe:

»Denkt an Eichmann! Wer einen Menschen erschießt, der von Deutschland nach Deutschland gehen will, begeht einen Mord. Eines Tages werdet ihr Rechenschaft ablegen müssen. Handelt so, daß ihr vor eurem Gewissen bestehen könnt. [...] Mord bleibt Mord, auch wenn er befohlen wird. Denkt an Eichmann!«[273]

Auf der anderen Seite versuchte die DDR-Führung mit tatkräftiger Unterstützung aus anderen Ostblock-Staaten die Bundesrepublik als einen von ehemaligen Nazis und gefährlichen Revanchisten beherrschten, militaristischen und imperialistischen Staat zu verunglimpfen.[274] Dabei ließ man keine Gelegenheit ungenutzt, um auf jene Fälle hinzuweisen, in denen angebliche oder tatsächliche ehemalige Nationalsozialisten auf mehr oder weniger wichtigen und einflußreichen Positionen in der Bundesrepublik zu finden seien. Abgesehen davon, daß nicht wenige dieser Vorwürfe im konkreten Einzelfall überzogen waren und die SED-Führung wohl kaum aus Sorge um eine angemessene Bestrafung von NS-Tätern, sondern vielmehr aus propagandistischem Interesse das Vorhandensein angeblicher oder tatsächlicher ehemaliger NS-Größen in den Führungsetagen der Bundesrepublik anprangerte, so waren die Vorwürfe im Kern jedoch nicht vollkommen falsch: in der Tat waren zahlreiche ehemalige Nationalsozialisten in der Bundesrepublik in hohe und höchste Ämter gelangt. Vor allem im Justiz- und Beamtenapparat gab es nicht wenige, die an gleicher oder ähnlicher Stelle bereits zwischen 1933 und 1945 zu finden gewesen waren.[275] Aber auch in höheren politischen Positionen

---

272 So zum Beispiel in der Illustrierten Stern: Robert Pendorf, KZ der SED, in: Stern Nr. 35 vom 27.8.1961, S. 7-12 und 62.

273 Zitiert nach »Denkt an Eichmann!« dröhnt es aus dem Lautsprecher – Der »Phon-Krieg« an der Sektorengrenze, in: DW vom 14./15.10.1961.

274 Siehe hierzu Abschnitt III. 5. Exkurs: Die DDR-Presse und der Eichmann-Prozeß.

275 Aber nicht nur in der Justiz und im Beamtenapparat konnten belastete Personen nach dem Krieg recht schnell wieder Fuß fassen. Siehe zu diesem Thema insbesondere: Ingo Müller, Furchtbare Juristen. Die unbewältigte Vergangenheit unserer Justiz. München 1989, besonders S. 203-299; Ernst Klee, Was sie taten – Was sie wurden. Ärzte, Juristen und andere Beteiligte am Kranken- oder Judenmord. Frankfurt am Main 1986; sowie allgemein auch Friedrich, Die kalte Amnestie; und speziell für den Bereich der Presse und der Medien Köhler, Unheimliche Publizisten; sowie

fanden sich einzelne, die mit einer »schwierigen« Vergangenheit belastet waren. Die »starke personelle Kontinuität von Beamtenschaft und Richterschaft im Übergang vom Dritten Reich zur Bundesrepublik«[276], wie sie Kurt Sontheimer diagnostiziert, war nicht zuletzt eine direkte Folge der in Artikel 131 des Grundgesetzes getroffenen Festlegungen und Entscheidungen zur »Wiederverwendung« von ehemaligen Beamten des »Dritten Reiches« im öffentlichen Dienst der Bundesrepublik:[277] Über »90 Prozent der nach 1945 entlassenen Nazi-Beamten« fanden, so Ingo Müller, »wieder zurück in den Staatsdienst«.[278]

Begünstigt wurde diese personelle Kontinuität durch den Kalten Krieg. Der Kampf gegen die neue Bedrohung der Demokratie durch die kommunistischen Regime in der Sowjetunion und der DDR überlagerte und verdrängte zunehmend eine kritische Auseinandersetzung mit dem Nationalsozialismus und der Judenvernichtung. »Angesichts der vordringlichen Immunisierung gegen den kommunistischen Totalitarismus der Gegenwart«, so schreibt Rudolf Morsey mit Blick auf die fünfziger Jahre, »war eine inhaltliche Auseinandersetzung mit dem nationalsozialistischen Totalitarismus der Vergangenheit weitgehend unterblieben. Das galt jedenfalls, wenn ›Bewältigung‹ mehr bedeuten sollte als historische Erforschung der Vergangenheit und deren Nutzung für die ›politische Bildung‹ im Sinne von Institutionen-Sicherung und mehr als individuelle Schuldzuweisung bzw. entsprechende Verurteilung. Die keineswegs forcierte strafrechtliche Verfolgung von nationalsozialistischen Gewaltverbrechen erregte wenig Aufsehen.«[279]

Vor dem Hintergrund der deutschen Teilung sah man als wichtigen und gefährlichen Gegner nicht den Nationalsozialismus der Vergangenheit, sondern den Kommunismus der Gegenwart.[280] Mithin fand man im Antikommunismus eine »funktionelle neue Identifikationsideologie«, die es auch den ehemaligen Parteigängern Hitlers ermöglichte, sich leichter in die demokratische Gesellschaft der Bundesrepublik zu integrieren.[281] »Die große Menge der ehemaligen Nationalsozialisten und die noch größere Zahl der ehemaligen Antidemokraten«, so Dietrich Thränhardt, »konnte auf diese Wei-

---

mit besonderem Blick auf die unmittelbare Nachkriegszeit Peter Köpf, Schreiben nach jeder Richtung. Goebbels-Propagandisten in der westdeutschen Nachkriegspresse. Berlin 1995.

276 Sontheimer, Die Adenauer-Ära, S. 176.

277 Siehe hierzu u.a. Wilhelm Bleek, Verwaltung und öffentlicher Dienst, in: Benz (Hg.), Die Geschichte der Bundesrepublik , Bd. 1: Politik, S. 155-180, hier 152ff.; mit besonderem Blick auf die Justiz Müller, Furchtbare Juristen, S. 207-210; und Frei, Vergangenheitspolitik , S. 69-100.

278 Müller, Furchtbare Juristen, S. 208.

279 Morsey, Die Bundesrepublik Deutschland, S. 85.

280 Vgl. hierzu besonders Bender, Neue Ostpolitik, S.11ff.

281 Vgl. Thränhardt, Geschichte der Bundesrepublik , S. 112.

se allmählich eine neue positive Identifikation gewinnen, die aber häufig partiell blieb.«[282] Die »Verbrechen der Nazis«, so Hans Karl Rupp betont kritisch, schienen dadurch »sühnbar« zu werden, »daß man jetzt kräftig mithalf, den gegenwärtigen Totalitarismus zu bekämpfen.«[283] Dabei war man offensichtlich bereit, über den einen oder anderen »braunen Fleck« in der Vergangenheit einzelner, für den Aufbau der Bundesrepublik benötigter »Experten« hinwegzusehen.

Zu den bekanntesten und spektakulärsten Fällen, die in den fünfziger und sechziger Jahren wegen ihrer Vergangenheit im NS-Regime in der Öffentlichkeit wiederholt für Unruhe und Schlagzeilen sorgten, zählen die des Staatssekretärs im Bonner Kanzleramt Hans Maria Globke und des langjährigen Bundesministers für Vertriebene, Theodor Oberländer, wobei nicht zuletzt auch gezielte Propaganda aus der DDR diese Unruhe zu schüren suchte.[284] Besonders Globke, als langjähriger Chef des Kanzleramtes unter Adenauer in sehr einflußreicher und exponierter Position, stand wegen seiner Mitarbeit an den Kommentaren zu den nationalsozialistischen Rassegesetzen von Nürnberg und seiner Tätigkeit als Oberregierungsrat im Reichsinnenministerium in der Öffentlichkeit unter ständiger Kritik.[285] Aufgrund seiner Nähe zu Adenauer wurde er »über die Adenauer-Ära hinaus [zum] Inbegriff der personellen Kontinuität vom Dritten Reich bis zur Bundesrepublik, wie sie von den Kritikern der Restauration in der Bundesverwaltung ganz allgemein unterstellt wurde«.[286] Auch während des Eichmann-Prozesses wurde die Vergangenheit Globkes in der Öffentlichkeit thematisiert. Ursache dafür war zum einen die gezielte Propaganda aus der DDR, die unablässig bemüht war, den Vertrauten

---

282 Ebd.

283 Hans Karl Rupp, Politische Geschichte der Bundesrepublik Deutschland. Entstehung und Entwicklung – Eine Einführung. Zweite, erweiterte und verbesserte Auflage, Stuttgart u.a. 1982, S. 90.

284 Beispielsweise verurteilte der Oberste Gerichtshof der DDR in zwei aufwendig inszenierten Schauprozessen sowohl Theodor Oberländer wie auch Hans Globke im April 1960 bzw. im Juli 1963 wegen »Kriegsverbrechen und Verbrechen gegen die Menschlichkeit« in Abwesenheit zu lebenslangen Zuchthausstrafen. Vgl. Kleßmann, Zwei Staaten, S. 370; und auch: Braunbuch – Kriegs- und Naziverbrecher in der Bundesrepublik und in Westberlin, Hg. Nationalrat der Nationalen Front des demokratischen Deutschland. Dokumentationszentrum der Staatlichen Archivverwaltung der DDR. Berlin (DDR) 1968, S. 292ff, 326f.

285 Vgl. Thränhardt, Geschichte der Bundesrepublik, S. 113f.; Sontheimer, Die Adenauer-Ära, S. 121f. und 176f.; sehr scharf Friedrich, Die kalte Amnestie, S. 304-309; sowie eher zurückhaltend Schwarz, Ära-Adenauer, passim, besonders S. 214f.

286 Sontheimer, Die Adenauer-Ära, S. 121; mit besonderem Blick auf die Kontinuität in der Beamtenschaft ähnlich auch Bleek, Verwaltung, S. 156. Jörg Friedrich bezeichnet Globke als das »Wahrzeichen der Restauration schlechthin«, in dessen »Position« sich »das Heimatrecht der NS-Beamten im Staat von Bonn manifestierte«, Friedrich, Die kalte Amnestie, S. 307.

des Bundeskanzlers als einen wichtigen Helfers-Helfer Eichmanns darzustellen.[287] Eine weitere Ursache war der Prozeß selbst, in dessen Verlauf Globkes Name verschiedentlich im Zusammenhang mit der judenfeindlichen Gesetzgebung des NS-Regimes genannt wurde, was wiederum dazu führte, daß vor allem die SPD seinen Rücktritt bzw. seine Amtsenthebung forderte.[288]

Die scheinbar reibungslose Übernahme von Personen mit »brauner« Vergangenheit in den Staatsdienst der jungen Bundesrepublik ging einher mit einer eher schleppenden Strafverfolgung von NS-Verbrechen.[289] Deutlich wird dies an der Zahl der wegen ihrer Taten im »Dritten Reich« rechtskräftig verurteilten Personen. Wurden im Jahre 1949 noch 1523 Angeklagte verurteilt, ging die Zahl ab 1950 – dem Jahr, in dem der Alliierte Kontrollrat die bis dahin für die deutsche Justiz geltenden Vorbehalte hinsichtlich der Strafverfolgung von NS-Tätern aufhob – in kürzester Zeit schnell und sprunghaft erheblich zurück, so daß es 1955 nur noch zu 21 Verurteilungen kam.[290] »Mitte der fünfziger Jahre«, so Norbert Frei in seiner ausführlichen Studie zur Vergangenheitspolitik jener Zeit, »mußte fast niemand mehr befürchten, ob seiner NS-Vergangenheit von Staat und Justiz behelligt zu werden.«[291] Zu der geringen Zahl an Verurteilten kam ein in vielen Fällen derart geringes Strafmaß, das – wie der frühere hessische Generalstaatsanwalt Fritz Bauer es ausdrückte – »einer Verhöhnung der Opfer recht nahe« kam.[292] Ähnlich äußerte sich auch Ulrich-Dieter Oppitz, der 1979 nicht nur mit Blick auf das verhängte Strafmaß, sondern auch auf die tatsächliche Strafvollstreckung und die öffentliche Wirkung von Strafverfahren gegen NS-Täter schrieb:

> »Deutlich erkennbar ist, daß die Gerichte bestrebt sind, unter extensiver Ausnutzung aller rechtlichen Möglichkeiten eine nicht allzuhohe Strafe zu verhängen, die Anrechnung von Zeiten der Internierung und anderer Inhaftierungen andauern zu lassen. Die Tendenz ist deutlich erkennbar, daß für die Gerich-

---

287 Siehe hierzu Abschnitt III. 5. Exkurs: Die DDR-Presse und der Eichmann-Prozeß.

288 Siehe hierzu u.a. SPD-Zeitung »Vorwärts« fordert Globke Rücktritt. in: FR vom 17.5.1961; Amtsenthebung Globkes gefordert, in: ebd. vom 24./25.6.1961; sowie den Abschnitt III. 4. »Eichmanns gab es viele«: Die Entdeckung der Täter, Mittäter und Helfershelfer.

289 Zur Strafverfolgung von NS-Verbrechen in der Bundesrepublik siehe Oppitz, Strafverfahren und Strafvollstreckung; Rückerl, NS-Verbrechen; ders. (Hg.), NS-Vernichtungslager im Spiegel deutscher Strafprozesse. 3. Aufl., München 1979; Steinbach, Nationalsozialistische Gewaltverbrechen; Weber, Steinbach (Hg.), Vergangenheitsbewältigung; Albrecht Götz, Bilanz der Verfolgung von NS-Straftaten. Köln 1986.

290 In den Jahren 1960 bis 1962 – dem Zeitraum von der Festnahme bis zur Hinrichtung Eichmanns – wurden 23 (1960), 38 (1961) bzw. 36 (1962) Personen von bundesdeutschen Gericht wegen NS-Verbrechen rechtskräftig verurteilt. Alle Zahlenangaben aus Rückerl, NS-Verbrechen, S. 329; siehe auch S. 123-139.

291 Frei, Vergangenheitspolitik, S. 20.

292 Fritz Bauer zit. nach Müller, Furchtbare Juristen, S. 257.

te oft das Ziel eines Prozesses erreicht ist, wenn eine Verurteilung stattgefunden hat. Der öffentlichkeitswirksame Zweck erscheint erreicht, die spätere Vollstreckung findet keine besondere Beachtung mehr.«[293]

Der Publizist Jörg Friedrich spricht in diesem Zusammenhang in der Rückschau von einer »kalten Amnestie«, die für den Umgang der bundesdeutschen Justiz mit den NS-Tätern kennzeichnend gewesen sei.[294]

Erst im Herbst 1958, unter dem Eindruck des im August beendeten, spektakulären Ulmer-Einsatzkommando-Prozesses[295] und der im Mai 1960 anstehenden Verjährung von Totschlagsdelikten aus der NS-Zeit, konnten sich die Justizminister der Länder und des Bundes dazu entschließen, eine länderübergreifende zentrale Ermittlungsbehörde zu bilden, die sich ausschließlich der Verfolgung von NS-Tötungsverbrechen widmen sollte. Man hatte erkannt, so Adalbert Rückerl, »daß der Ahndung der bisher offensichtlich strafrechtlich nicht erfaßten NS-Verbrechen Ermittlungen vorauszugehen hatten, die jedes bisher bekannte Ausmaß staatsanwaltschaftlicher Aufklärungsarbeit bei weitem übersteigen mußten«.[296] Die schließlich von den elf Landesjustizministerien eingerichtete »Zentrale Stelle der Landesjustizverwaltungen zur Aufklärung nationalsozialistischer Verbrechen« in Ludwigsburg sollte Erkenntnisse und Beweise über NS-Verbrechen sammeln und Nachforschungen nach dem Verbleib der Täter anstellen. Die Einleitung eines Strafverfahrens blieb weiterhin die Aufgabe der jeweils zuständigen Staatsanwaltschaft.[297] Die personelle Ausstattung dieser für die strafrechtliche Auf-

293 Oppitz, Strafverfahren, S. 380.

294 Friedrich, Die kalte Amnestie.

295 Im sogenannten Ulmer-Einsatzkommando-Prozeß mußte sich ein ehemaliger Offizier der SS und Polizeidirektor von Memel wegen der Beteiligung an Massenerschießungen von Juden in Litauen vor Gericht verantworten. Am 29.8.1958 wurde er vom Schwurgericht Ulm wegen Beihilfe zum Mord zu zwölf Jahren Zuchthaus verurteilt. Weitere neun Mitangeklagte wurden zu Zuchthausstrafen zwischen drei und fünfzehn Jahren verurteilt. Besonders spektakulär an diesem Prozeß war, daß der verurteilte SS-Offizier jahrelang unter falschem Namen in der Bundesrepublik gelebt hatte, bis seine wahre Identität durch einen Zufall entdeckt wurde. Er hatte versucht, vor Gericht die Wiedereinstellung in den Staatsdienst nach Art. 131 GG einzuklagen. Vgl. Rückerl, NS-Verbrechen, S. 140.

296 Rückerl, NS-Verbrechen, S. 142. Siehe hierzu auch Steinbach, Nationalsozialistische Gewaltverbrechen, S. 46-50.

297 Siehe zu den Bedingungen der Bildung sowie den Aufgaben der Zentralen Stelle vor allem Rückerl, NS-Verbrechen, S. 139-151; Steinbach, Nationalsozialistische Gewaltverbrechen, S. 48-50; kritisch Friedrich, Die kalte Amnestie, S. 343f, sowie jüngst Norbert Frei, der sehr stark auf die vergangenheitspolitische Bedeutung der anstehenden Verjährung von Totschlagsdelikten für die Bildung der Ludwigsburger Zentralen Stelle hinweist: »Die Einrichtung der staatsanwaltlichen Ermittlungsstelle in Ludwigsburg Ende 1958, gemeinhin als Antwort auf den ›Schock‹ des Ulmer Einsatzgruppenprozesses gewertet, muß sehr viel stärker vor dem Hintergrund einer jahrelangen justitiellen Untätigkeit gesehen werden, die nun die Möglichkeit zu gefährden schien, die für

arbeitung der NS-Vergangenheit wichtigen Institution wirkte gemessen an der enormen Aufgabe eher bescheiden. Von Frühjahr 1959 bis Spätherbst 1964 waren 20 bis 25 Personen in der Zentralstelle beschäftigt, erst in den Jahren 1968/69 wurde die Zahl der Mitarbeiter auf 121 aufgestockt.[298] Als erster Leiter der Zentralen Stelle, die am 1. Dezember 1958 ihre Arbeit aufnahm, wurde Erwin Schüle benannt, der sich, wie Adalbert Rückerl, ab 1966 Nachfolger Schüles, schreibt, »als Verantwortlicher für die Ermittlungen zur Vorbereitung des ›Ulmer Einsatzkommando-Prozesses‹ und schließlich dort als Anklagevertreter vor dem Schwurgericht durch seinen Eifer und seine Sachkenntnis für diese Aufgabe empfohlen hatte«.[299]

Es ist festzustellen, daß mit dem Ende der fünfziger und dem Beginn der sechziger Jahre eine Phase der verstärkten kritischen Auseinandersetzung mit der nationalsozialistischen Vergangenheit einsetzte. Der Phase einer in der Rückschau nahezu uneingeschränkt anmutenden Integration ehemaliger Nazis in die bundesrepublikanische Gesellschaft in den fünfziger Jahren folgte eine Zeit, in der sich viele, vor allem auch jüngere Menschen mit der bis dahin praktizierten »Vergangenheitspolitik« (Norbert Frei) nicht mehr zufrieden gaben und die Frage nach Verantwortung und Schuld für die begangenen Verbrechen in der Öffentlichkeit neu gestellt wurde. Dies zeigte sich unter anderem in einem verstärkten Bemühen um die strafrechtliche Verfolgung von nationalsozialistischen Gewaltverbrechen, als dessen erstes Ergebnis auch die Gründung der Ludwigsburger Zentralstelle gewertet werden kann, die im ersten Jahr ihres Bestehens (1959) bereits 400 Vorermittlungsverfahren eingeleitet hatte.[300] Als Folge davon stieg denn auch ab 1960 die Zahl der in zum Teil sehr umfangreichen Prozessen verurteilten Personen wieder an.[301] Als ein erster Höhepunkt der Bemühungen von bundesdeutschen Gerichten zur strafrechtlichen Aufarbeitung der nationalsozialistischen Vergangenheit in den sechziger Jahren gilt der von Dezember 1963 bis August 1965 in Frankfurt am Main durchgeführte erste Auschwitz-Prozeß, dem von Seiten der Öffentlichkeit

---

1960 anstehende Verjährung von Totschlagsverbrechen passieren zu lassen; jedenfalls entstand die Zentrale Stelle auch in der Erwartung, der Hinweis auf die dort geleistete Arbeit könnte politische Bedenken gegen einen planmäßigen Verjährungseintritt aus dem Weg räumen.« (Frei, Vergangenheitspolitik, S. 399)

298 Zu den Angaben bezüglich der Mitarbeiterzahlen siehe Rückerl, NS-Verbrechen, S. 144, 178. Jörg Friedrich schreibt mit Blick auf die Personalstärke der Zentralen Stelle geradezu sarkastisch von einer »winzigen Behörde mit einem Dutzend Beamten«. Vgl. ders, Die kalte Amnestie, S. 344.

299 Rückerl, NS-Verbrechen, S. 142. Leicht getrübt wird dieses positive Bild allerdings dadurch, daß Schüle Mitglied sowohl der SA als auch der NSDAP gewesen war, vgl. ebd., S. 172. So zeigt sich auch hier, wie schwierig es offensichtlich war, einen gänzlich unbelasteten Juristen zu finden.

300 Vgl. ebd., S. 147.

301 Für den Zeitraum 1960-1970 vgl. ebd., S. 156-194.

große Aufmerksamkeit entgegengebracht wurde.[302] Die Ermittlungen, die ihren Endpunkt in diesem Prozeß gegen maßgeblich am Massenmord im Vernichtungslager Auschwitz beteiligte Personen fanden, hatten bereits 1958 begonnen und am 20. Dezember 1960[303] – also in der Zeit um den Eichmann-Prozeß – zur Festnahme des letzten Kommandanten von Auschwitz, Richard Baer, geführt, der bis dahin unter falschem Namen unbehelligt in der Bundesrepublik gelebt hatte.[304]

Neben der Festnahme von Richard Baer, in Deutschland auch als Zeuge für den Eichmann-Prozeß vernommen, sorgten in jener Zeit vor allem die Ermittlungen in Zusammenhang mit dem Fall des SS-Arztes Prof. Werner Heyde für besondere Aufmerksamkeit in der Presse.[305] Heyde, als medizinischer Leiter der NS-Euthanasie maßgeblich an der Ermordung zehntausender Menschen beteiligt, hatte nach dem Krieg bis zur Aufdeckung seiner wahren Identität unter dem Namen Dr. Sawade als Arzt in Norddeutschland gelebt. Bis zu seiner »Enttarnung« und Inhaftierung im November 1959 arbeitete er über Jahre hinweg als medizinischer Gutachter für Versicherungen und Gerichte. Infolge der Ermittlungen wurde sehr schnell bekannt, daß eine größere Anzahl von Personen – darunter auch Richter, hohe Beamte und renomierte Mediziner, die zum Teil selbst in das NS-Unrechtssystem verstrickt gewesen waren – über die tatsächliche Identität des angeblichen Dr. Sawade genau informiert waren und ihn durch ihr jahrelanges Schweigen, ihre tätige Unterstützung und berufliche Förderung vor dem Zugriff der Justiz geschützt hatten. Der Fall Heyde/Sawade ließ die Öffentlichkeit aufhorchen und führte dazu, daß der Schleswig-Holsteinische Landtag einen Untersuchungs-

---

302 Siehe zum Auschwitz-Prozeß vor allem Hermann Langbein (Hg.), Der Auschwitz-Prozeß. Eine Dokumentation, 2 Bände. Frankfurt am Main 1995; Gerhard Werle, Thomas Wandres, Auschwitz vor Gericht. Völkermord und bundesdeutsche Strafjustiz. Mit einer Dokumentation des Auschwitz-Urteils. München 1995; Fritz Bauer Institut (Hg.), »Gerichtstag halten über uns selbst…«. Geschichte und Wirkung des ersten Frankfurter Auschwitz-Prozesses. Frankfurt am Main u.a. 2001.

303 Zur Datumsangabe vgl. Werle, Wandres, Auschwitz, S. 52.

304 Die überraschende Festnahme Baers fand in der Presse ein erhebliches Echo. So veröffentlichte etwa die Illustrierte *Stern* einen ausführlichen Artikel über den Kommandanten von Auschwitz, in dem auch ein Vergleich mit Eichmann gezogen wurde, wie auch die *Süddeutsche Zeitung* ausführlich über den Fall Baer berichtete. Vgl. Robert Pendorf, Lothar Wiedemann, Der Todesmühle letzter Kommandant Richard Baer, in: Stern Nr. 33 vom 15.1.1961, S. 16-23; Gerd Kistenmacher, Mittags um zwölf wurde Karl Bär [sic] gefesselt, in: SZ vom 22.12.1960.

305 So veröffentlichte etwa die *Süddeutsche Zeitung* eine dreiteilige Artikelserie über den Fall Heyde/Sawade und die damit zusammenhängenden Untersuchungen. Vgl. Willi Kinnigkeit, Schleswig-Holsteins Skandale (I): Herr Heyde hatte seine Gönner, in: SZ vom 9.12.1960; ders., Schleswig-Holsteins Skandale (II): Stille Teilhaber am Fall Heyde, in: ebd. vom 13.12.1960; ders., Schleswig-Holsteins Skandale (III): Die Hypotheken des Dritten Reiches, in: ebd. vom 16.12.1960.

ausschuß einsetzte, der die Hintergründe des Skandals aufklären sollte.[306] Die im Umfeld der Heyde/Sawade-Affäre geführten Ermittlungen im Zusammenhang mit der NS-Euthanasie hatten weitere Ermittlungsverfahren gegen weitere Beteiligte an den Krankenmorden zur Folge, die auch zu einzelnen Festnahmen führten.[307] Und auch die von dem hessischen Generalstaatsanwalt Fritz Bauer im Juni 1960 – also nur wenige Wochen nach Bekanntwerden der Verhaftung Eichmanns – angekündigten Ermittlungen gegen mehr als 120 Justizbeamte fanden ein breites Echo.[308] Ausgelöst durch diese Ermittlungs- und Gerichtsverfahren und die Ereignisse um den Fall Eichmann, stellte sich immer eindringlicher die Frage nach dem Verbleib der zahlreichen, an den nationalsozialistischen Verbrechen beteiligten Täter und deren Helfershelfern.

In etwa zeitgleich mit der Intensivierung der Strafverfolgung von NS-Verbrechen und der Inhaftierung Prof. Heydes wurde die bundesrepublikanische Gesellschaft zudem auf eine vollkommen andere Art mit den Schatten der Vergangenheit konfrontiert. Im Winter 1959/60 – wenige Monate vor der Festnahme Eichmanns im Mai 1960[309] – schwappte eine Welle von antisemitischen Schmierereien über die Bundesrepublik. Im Zeitraum zwischen den Hakenkreuzschmierereien an der kurz zuvor wiedereröffneten Kölner Synagoge um Weihnachten 1959 bis Ende Januar 1960 wurden 470 derartige Fälle registriert.[310] Eine Situation, die in der Öffentlichkeit mit Erschrekken wahrgenommen wurde, zumal nahezu die Hälfte der ermittelten Täter Jugendliche

---

306 Siehe zum Fall Heyde/Sawade vor allem die detaillierte Studie von Klaus-Detlev Godau-Schüttke, Die Heyde/Sawade Affäre. Wie Juristen und Mediziner den NS-Euthanasie-Professor Heyde nach 1945 deckten und straflos blieben. Baden-Baden 1998; sowie auch Klee, Was sie taten, passim, besonders S. 19-29; und auch Friedrich, Die kalte Amnestie, S. 386f.

307 Siehe hierzu Klee, Was sie taten; sowie zum gesamten Komplex der strafrechtlichen Verfolgung der NS-Krankenmorde Hanno Loewy, Bettina Winter (Hg.), NS-«Euthanasie« vor Gericht. Fritz Bauer und die Grenzen juristischer Bewältigung. Frankfurt am Main u.a. 1996.

308 Vgl. Friedrich, Die kalte Amnestie, S. 386.

309 Auch nach der Festnahme Eichmanns sorgten Schmierereien dieser Art für Aufmerksamkeit in der Öffentlichkeit. So meldete der Berliner *Tagesspiegel* am 26.5.1960 – also nur wenige Tage nach der Nachricht von der Ergreifung Eichmanns – die Verurteilung eines Täters. Vgl. Vier Monate Haft für Hakenkreuzschmierer, in: TSP vom 26.5.1960. Und die *FAZ* berichtete im Dezember von einem Wiederholungstäter, der erneut eine Synagoge beschmiert habe. Vgl. Synagogenschänder schmierte wieder, in: FAZ vom 19.12.1960. Im Februar 1961 schließlich wurde die Festnahme eines »Schmierfinken« gemeldet, der Hitler-Parolen an Wände geschrieben hatte, wobei mit bitterem Spott angemerkt wurde, daß er statt Hitler »HIDLER« geschrieben habe. Vgl. Hakenkreuzschmierer festgenommen, in: ebd. vom 18.2.1961. Im April veranstaltete der DGB eine Demonstration gegen die Hakenkreuzschmierereien. Vgl. Empörung über Hakenkreuzschmierereien, in: TSP vom 13.4.1961.

310 Vgl. Schwarz, Die Ära Adenauer, S. 209f.

waren.[311] Die Kultusministerkonferenz nahm dies zum Anlaß, »den Schulen eine intensivere Auseinandersetzung mit dem Dritten Reich zu empfehlen«.[312] Und auch wenn man hinter der einen oder anderen antisemitischen Schmiererei nicht zu Unrecht den langen Arm des DDR-Geheimdienstes vermutete, der auf diesem Weg die Bundesrepublik vor der Weltöffentlichkeit diffamieren wollte,[313] tat dies der Empörung keinen Abbruch. Während Bundeskanzler Adenauer mit verbaler Härte empfahl, den »Lümmeln« eine »Tracht Prügel« zu verabreichen, verhängten die Gerichte über gefaßte Schmierer nicht nur empfindliche Geldstrafen, sondern in einzelnen Fällen sogar mehrmonatige Gefängnisstrafen.[314] Die Beunruhigung darüber, daß eine große Zahl der Täter Jugendliche waren, mag auch ein Grund dafür gewesen sein, warum in der hier untersuchten Presse vor dem Hintergrund des Eichmann-Prozesses auch die Frage nach der Bedeutung der »Vergangenheitsbewältigung« für die deutsche Jugend thematisiert wurde.[315]

Neben den Hakenkreuzschmierereien sorgte ein weiterer antisemitischer Vorfall Ende der fünfziger, Anfang der sechziger Jahre für Aufsehen: Der Fall des wegen antisemitischer Ausfälle zu einem Jahr Gefängnis verurteilten Studienrates Ludwig Zind.[316] Zind hatte im April 1957 in einem Lokal einen jüdischen Gast mit »antisemitischen Beschimpfungen verhöhnt« und ihm Prügel angedroht. Im Verlauf des darauf folgenden Strafprozesses hatte er sich sogar noch im Gerichtssaal zur »nationalsozialistischen Gesinnung« bekannt und von einer »historischen Notwendigkeit« der Konzentrationslager gesprochen.[317] Der Vollstreckung des durch den Bundesgerichtshof nach der Ablehnung des Revisionsantrags bestätigten Urteils entzog sich Zind im November 1958 durch die Flucht ins Ausland. Im August 1960 wurde er zwar in Italien verhaftet, aber nachdem ein italienisches Gericht einen von der Bundesrepublik gestellten Ausliefe-

---

311 Vgl. ebd., S. 209.

312 Vgl. Kleßmann, Zwei Staaten, S. 179.

313 Siehe hierzu Abschnitt III. 5. Exkurs: Die DDR-Presse und der Eichmann-Prozeß.

314 Vgl. zum Adenauer-Zitat sowie zu den von den Gerichten verhängten Strafen Schwarz, Die Ära Adenauer, S. 209. Zu den Reaktionen der deutschen Öffentlichkeit auf die antisemitischen Schmierereien siehe auch Peter Schönbach, Reaktionen auf die antisemitische Welle im Winter 1959/60. Frankfurt am Main 1961; sowie auch Werner Bergmann, Antisemitismus in öffentlichen Konflikten. Kollektives Lernen in der politischen Kultur der Bundesrepublik 1949-1989. Schriftenreihe des Zentrums für Antisemitismusforschung Berlin, Band 4. Frankfurt am Main 1997, S. 235-277.

315 Siehe hierzu Abschnitt III. 8. Der Fall Eichmann und die Jugend.

316 Vgl. Wolfgang Kraushaar, Aus der Protest-Chronik, in: Mittelweg 36, 4. Jg (1995), H. 1, S. 93-95; Werner Bergmann, Rainer Erb, Antisemitismus in Deutschland 1945-1996, in: Wolfgang Benz, Werner Bergmann (Hg.), Vorurteil und Völkermord. Entwicklungslinien des Antisemitismus. Bonn 1997, S. 397-434, hier 420f.

317 Vgl. Kraushaar, Aus der Protest-Chronik, S. 93.

rungsantrag abgelehnt hatte, am 11. April 1961 – dem ersten Verhandlungstag im Eichmann-Prozeß – wieder auf freien Fuß gesetzt.[318]

Aber nicht nur durch die »epidemischen Hakenkreuzschmierereien« (Schwarz), den Fall Zind und die verschiedenen Bemühungen aus den Reihen der Justiz, die Strafverfolgung von NS-Verbrechen zu intensivieren, wurden die Bundesbürger mit der dunklen Vergangenheit konfrontiert. Auch in anderen Bereichen läßt sich am Ende der fünfziger, Anfang der sechziger Jahre ein gesteigertes Interesse an einer kritischen Auseinandersetzung mit der nationalsozialistischen Vergangenheit und der Vernichtung der europäischen Juden feststellen. So wurden in jenen Jahren zahlreiche wissenschaftliche, dokumentarische und belletristische Bücher sowie Theaterstücke veröffentlicht, die bis heute zu den wichtigsten Arbeiten zu diesem Thema gezählt werden: so beispielsweise das 1963 uraufgeführte Theaterstück »Der Stellvertreter« von Rolf Hochhuth und die von Martin Broszat im gleichen Jahr herausgegebene Dokumentation der autobiografischen Aufzeichnungen des Kommandanten des Vernichtungslagers Auschwitz, Rudolf Höss.[319]

Ein besonderes Beispiel für eine beginnende neue Qualität in der Auseinandersetzung mit der nationalsozialistischen Vergangenheit war die von Reinhard Strecker, damals Student an der Freien Universität Berlin, mit Unterstützung des Sozialistischen Deutschen Studentenbundes (SDS) zusammengestellte und organisierte Ausstellung über ehemalige NS-Juristen, die in der Bundesrepublik wieder zu Amt und Würden gelangt waren.[320] Die Ende November 1959 zunächst in Karlsruhe und später auch in anderen deutschen und europäischen Städten gezeigte Ausstellung mit dem Titel »Ungesühnte Nazijustiz« beruhte unter anderem auf Dokumenten, die von seiten der DDR zusammengestellt und veröffentlicht worden waren.[321] Auch wenn aufgrund der Herkunft einzelner der gezeigten Dokumente die Ausstellung in Teilen der Öffentlichkeit starker Kritik ausgesetzt war und als Teil einer kommunistischen Kampagne verunglimpft wur-

---

318 Vgl. ebd., S. 94f. Siehe auch die Pressemeldungen: Ku., Italien liefert Zind nicht aus, in: SZ vom 6.4.1961; Studienrat Zind freigelassen, in: ebd. vom 12.4.1961.

319 Vgl. hierzu Kleßmann, Zwei Staaten, S. 172-178.

320 Siehe hierzu vor allem Michael Kohlstruck, Das zweite Ende der Nachkriegszeit. Zur Veränderung der politischen Kultur um 1960, in: Gary S. Schaal, Andreas Wöll (Hg.), Vergangenheitsbewältigung – Modelle der politischen und sozialen Integration in der bundesdeutschen Nachkriegsgeschichte. Baden-Baden 1997, S. 113-127; sowie Friedrich, Kalte Amnestie, S. 379f.; Tilman Fichter, Siegward Lönnendonker, Kleine Geschichte des SDS. Der Sozialistische Deutsche Studentenbund von 1946 bis zur Selbstauflösung. 2. Auflage, Berlin 1979, S. 66 und vor allem Anm. 109.

321 Neben Dokumenten aus der Bundesrepublik wurden auch Dokumente aus der DDR und aus israelischen und polnischen Archiven zur Vorbereitung der Ausstellung herangezogen. Zu den Angaben über die Herkunft der Dokumente vgl. vor allem Kohlstruck, Das zweite Ende, 115ff.

de,[322] zeigte sich hier doch exemplarisch, wie stark vor allem die junge Generation an einer offeneren und vor allem weit kritischeren Auseinandersetzung mit der nationalsozialistischen Vergangenheit und den damit zusammenhängenden Fragen nach Verantwortung und Schuld interessiert war.

Der Hinweis darauf, daß im Generationswechsel eine wesentliche Ursache für die veränderte Qualität in der Auseinandersetzung mit der deutschen Vergangenheit und dem Holocaust zu suchen ist, wird durch die Ergebnisse weiterer Untersuchungen gestützt.[323] Jene, die Ende der fünfziger, Anfang der sechziger Jahre gerade um die zwanzig Jahre alt waren, hatten die Zeit des Nationalsozialismus allenfalls als Kinder oder Jugendliche miterlebt. Sie waren in aller Regel frei von persönlicher Schuld und – folgt man den Ergebnissen entsprechender Untersuchungen – eher als ihre Eltern und Großeltern dazu bereit, die unbequemen und schwierigen Fragen nach Verantwortung und Schuld zu stellen. Die nachfolgende Generation der Söhne und Töchter begann – im wahren und übertragenen Sinn des Wortes – die Eltern bzw. die älteren Generationen zu befragen und forderte von ihnen Aufklärung und Rechenschaft. Peter Bender, selbst Jahrgang 1923, schreibt dazu:

»Die Bedeutung des Generationswechsels läßt sich kaum überschätzen. Vernunft und Einsicht zeigten sich nicht so sehr deshalb, weil die Alten lernten, sondern weil die Jungen heranwuchsen, die anders erzogen und durch die ›Gnade der späten Geburt‹ persönlich schuldlos waren. Die Jüngeren waren es auch vor allem, die in den siebziger und achtziger Jahren nachholten, was die Älteren versäumt hatten. Die Söhne oder erst die Enkel nahmen sich der Themen an, die von den Vätern und Großvätern peinlich gemieden worden waren. Sie widmeten sich der Doppelaufgabe, die Zeit vor und nach 1945 aufzuarbeiten: den Nazismus und das Versagen bei dessen Bewältigung.«[324]

Vor allem für Teile der akademischen Jugend, die sogenannte »68er-Generation«, wurde die Auseinandersetzung mit der nationalsozialistischen Vergangenheit und dem »Faschismus« zu einem zentralen Bezugspunkt bei der »Abrechnung« mit der von vielen von ihnen als restaurativ empfundenen bundesrepublikanischen Wirklichkeit jener Zeit.[325]

---

322 So spricht denn auch Hans-Peter Schwarz unter Hinweis auf gezielte Kampagnen der DDR, bundesdeutsche Richter und Staatsanwälte als ehemalige Nazis zu denunzieren, von einer »stark umstrittenen Ausstellung«, Schwarz, Die Ära Adenauer, S. 214.

323 Genannt seien hier nur Friedrich, Die kalte Amnestie, besonders S.343-350; Bender, Episode, S. 47f.; Schwarz, Die Ära-Adenauer, S. 215; und auch Norbert Frei, Das Problem der NS-Vergangenheit in der Ära Adenauer, in: Heinrich Oberreuter (Hg.), Freundliche Feinde? Die Alliierten und die Demokratiegründung in Deutschland. München u.a. 1996, S. 181-193, hier S. 192f.

324 Bender, Episode oder Epoche?, S. 48.

325 Siehe zur Bedeutung der Auseinandersetzung mit der NS-Vergangenheit für die 68er Generation u.a. Heinz Bude, Das Altern einer Generation. Die Jahrgänge 1938-1948. Frankfurt am Main 1997; Sophinette Becker, Bewußte und unbewußte Identifikationen der 68er Generation, in: Bri-

Aus der Rückschau kann dies als ein Resultat einer Entwicklung gedeutet werden, die am Ende der fünfziger Jahre ihren Ausgangspunkt hatte, wobei anzunehmen ist, daß sie durch die großen und spektakulären Strafprozesse jener Jahre gegen NS-Täter nachhaltig geprägt wurde. In diesem Zusammenhang schreibt Hermann Langbein in Bezug auf den Auschwitz-Prozeß:

»Eine Generation, die die Herrschaft der Nationalsozialisten nicht selbst miterlebt und bis dahin kaum etwas über sie erfahren hatte, sah sich zur Auseinandersetzung mit dieser Epoche veranlaßt. 1968 war von dieser Aufarbeitung der Vergangenheit geprägt.«[326]

Was Hermann Langbein hier für den Frankfurter Auschwitz-Prozeß feststellt, dürfte mit gleicher Berechtigung auch für den für die öffentliche Auseinandersetzung mit der Vergangenheit nicht minder bedeutsamen Eichmann-Prozeß gelten, der in diesem Sinne durchaus als eine Art Vorläufer des nur kurze Zeit später in Frankfurt durchgeführten Prozesses bezeichnet werden kann.

5. Politiker, Kirchen und Intellektuelle – Das breite Echo auf den Eichmann-Prozeß

5.1. Allgemeines

Im Vorfeld, während und in unmittelbarer Folge des Jerusalemer Prozesses fand der Fall Eichmann ein breites und starkes Echo in der Öffentlichkeit. Vor allem in Israel und in Deutschland – in der Bundesrepublik wie in der DDR – meldeten sich neben Politikern und Vertretern der Kirchen und Verbände auch Publizisten und Intellektuelle wiederholt mit kritischer und mahnender Stimme zu Wort. Während sich in der DDR die veröffentlichten Stimmen weitestgehend in Angriffen auf die »militaristische« und »faschistische BRD«, die als alleiniger Nachfolger und Erbe des »Dritten Reiches« denunziert wurde, und im überschwenglichen Lob der »antifaschistischen« DDR, die

---

gitte Rauschenbach (Hg.), Erinnern, Wiederholen, Durcharbeiten. Zur Psycho-Analyse deutscher Wenden. Berlin 1992, S. 269-275; Martina Althoff, Kiesinger, die APO und der Nationalsozialismus. Zur Dynamik eines NS-Konfliktes, in: Wolfgang Benz (Hg.), Jahrbuch für Antisemitismusforschung 5. Frankfurt am Main 1996, S. 211-232; sowie auch Kohlstruck, Das zweite Ende. Speziell für die 68er Generation in der DDR sei hier nur verwiesen auf das sehr interessante Essay von Anette Simon, Kluge Kinder sterben früh. Die Achtundsechziger in der DDR – Was verbindet, was trennt sie von jenen in der Bundesrepublik?, in: Die Zeit Nr. 24 vom 6.6.1997.

326 Langbein (Hg.), Der Auschwitz-Prozeß, S. 7.

angeblich die »richtigen Lehren« aus der Vergangenheit gezogen habe, erschöpften,[327] wurde in der Bundesrepublik ausgiebig und durchaus kontrovers über die verschiedenen Aspekte des Prozesses berichtet und diskutiert. Heinz Theo Risse schrieb im Juni 1961 – wenige Wochen nach dem Beginn des Prozesses – in der Zeitschrift *Freiburger Rundbrief*:

»In keiner Phase der Nachkriegszeit sind die Verbrechen, die während der Nazidiktatur von Deutschen und im Namen Deutschlands begangen wurden, dem Bewußtsein der Bürger in der Bundesrepublik so gegenwärtig gewesen wie seit dem Beginn des Eichmann-Prozesses in Jerusalem. Hatten schon vorher zahlreiche Strafprozesse manche individuelle Untat ans Licht der Öffentlichkeit geholt und dazu beigetragen, die Frage nach der ›unbewältigten Vergangenheit‹ für eine größere Zahl von Deutschen neu zu stellen, so konnte sich jetzt erst recht kaum einer der Sensation des Prozesses entziehen.«[328]

Die wichtigsten Ursachen für dieses diagnostizierte, starke Echo sind zum einen die spektakuläre Festnahme Eichmanns durch Mitarbeiter des israelischen Geheimdienstes in Argentinien und die Tatsache, daß der langgesuchte SS-Mann nicht an Deutschland – oder ein anderes Land – ausgeliefert, sondern in Jerusalem vor ein israelisches Gericht gestellt wurde. Ein weiterer Grund war die zentrale Rolle von Adolf Eichmann als Leiter der für »Judenangelegenheiten« zuständigen Abteilung 4 B IV im RSHA bei der Vernichtung der europäischen Juden.

Alles zusammengenommen war dies eine Konstellation, die geradezu dazu prädestiniert war, das Interesse der Öffentlichkeit auf sich zu ziehen und folgerichtig dazu führte, daß bereits im Vorfeld und vor allem während des Prozesses die nationalsozialistischen Verbrechen erneut detailliert aufgezeigt und durch eine umfangreiche Berichterstattung in den Massenmedien einer breiten Öffentlichkeit zugänglich gemacht wurden. Dies geschah nicht nur in Israel und Deutschland; der Prozeß war vielmehr, wie Peter Bender schreibt, ein »Weltereignis«.[329] Neben den etwa 500 Journalisten aus aller Welt – davon allein 50 aus der Bundesrepublik –, die über die Vorbereitung und den Ablauf des Prozesses berichteten, waren unter den Beobachtern auch prominente Schriftsteller, Historiker und Juristen.[330] Der israelische Rundfunk übertrug wichtige Teile des

327 Siehe hierzu Abschnitt III. 5. Exkurs: Die DDR-Presse und der Eichmann-Prozeß.

328 Heinz Theo Risse, Der Eichmann-Prozeß und die Jugend in der Bundesrepublik, in: Freiburger Rundbrief, XIII. Folge 1960/61, Nr. 50/52, S. 37-41, hier S. 37.

329 Bender, Episode oder Epoche, S. 46.

330 Vgl. vor allem Hausner, Gerechtigkeit, S. 469f.; sowie Christina Große, Der Eichmann-Prozeß, S.34. Eine (unvollständige) Liste der nach Jerusalem entsandten deutschen Journalisten in Lamm, Der Eichmann-Prozeß, S. 72-73. Unter den aus der Bundesrepublik angereisten Journalisten befanden sich auch Korrespondenten der im Rahmen der vorliegenden Arbeit näher untersuchten Zeitungen und Zeitschriften, so z.B. Alice Kempe von der Berliner Tageszeitung *Der Tagesspiegel* und Robert Pendorf für die Wochenzeitung *Die Zeit*.

Prozesses direkt aus dem Gerichtssaal live im Radio.[331] Die Verhandlungen wurden gefilmt und die Aufnahmen den interessierten Fernsehgesellschaften und Wochenschauen zur Verfügung gestellt.[332] Alle bundesdeutschen Rundfunksender berichteten »seit Prozeß-Beginn täglich, zum Teil mehrfach, über das Verfahren, teilweise aus Jerusalem (im Rahmen der Tagesnachrichten), teilweise aus Deutschland (im Rahmen von Kommentaren).«[333] Ebenso berichtete das Deutsche Fernsehen in den täglichen Nachrichtensendungen regelmäßig über den Verlauf des Falles Eichmann, sowie während des Prozesses zweimal wöchentlich (Dienstag und Freitag) in Sondersendungen von je 20 Minuten nach den Abendnachrichten. Diese unter dem Serien-Titel EINE EPOCHE VOR GERICHT, in Jerusalem von Joachim Besser und Peter Schier-Gribowsky zusammengestellten Reportagen[334] wurden laut einer Analyse von Infratest im Durchschnitt von 50% – die ersten vier Folgen gar von 60% – des Fernsehpublikums gesehen.[335]

---

331 Vgl. Hausner, Gerechtigkeit, S. 471. Hausner beschreibt das große Interesse, das die Rundfunkübertragungen aus dem Gerichtssaal in Israel fanden, wie folgt: »Die Leute schlossen häufig ihre Geschäfte, um zuzuhören, und es hieß sogar, Autobus- und Taxifahrer hätten ihre Fahrzeuge angehalten, wenn die Verhandlung zu aufregend wurde. Schulkinder brachten Transistorenempfänger mit in die Schule, und die Lehrer mußten den Unterricht von Zeit zu Zeit unterbrechen und der Klasse erlauben, zuzuhören. Man konnte die Verhandlung überall auf der Straße hören, denn die Radiostimmen drangen aus jedem offenen Fenster. Es war ein Ereignis, das alle anderen in den Schatten stellte.« (ebd.)

332 Um unnötige Unruhe im Gerichtssaal zu vermeiden, erhielt nur eine Fernsehgesellschaft die Genehmigung, während der Verhandlungen Filmaufnahmen im Gerichtssaal zu machen, vgl. Hausner, Gerechtigkeit, S.468f. Einer dpa-Meldung in der *Süddeutschen Zeitung* zufolge stellte die mit den Filmaufnahmen beauftragte amerikanische Gesellschaft die Gewinne aus dem Verkauf der Filme an die verschiedenen Sender und Wochenschauen einer wohltätigen Organisation zur Verfügung, vgl. Eichmann-Prozeß wird gefilmt, in: SZ vom 11./12.3.1961; Eichmann-Prozeß mit Fernsehen, in: ebd. vom 14.3.1961. Ging man bisher davon aus, daß der gesamte Prozeß vollständig gefilmt wurde, meldete die Berliner *tageszeitung* in einer kleinen Notiz im Herbst 1995, daß, »entgegen bisheriger Annahmen«, der Prozeß nicht vollständig, sondern nur in »Ausschnitten filmisch dokumentiert« worden sei, vgl. taz vom 15.9.95. Hingewiesen sei hier auch auf die 1998 fertiggestellte, ambitionierte Montage von Teilen der vorhandenen Filmdokumente von Eyal Sivan mit dem Titel UN SPECIALISTE, die auf den 49. Internationalen Filmfestspielen von Berlin 1999 größere Aufmerksamkeit fand. Siehe hierzu: Lars-Olav Beier, Anatomie eines Mörders, in: FAZ vom 17.2.1999; Carlos Widmann, Zerstörer eines Volkes, in: Der Spiegel Nr. 7 vom 15.2.1999; Christiane Peitz, Auschwitz im Zoo-Palast, in: Die Zeit Nr. 8 vom 18.2.1999.

333 Lamm, Der Eichmann-Prozeß, S. 71.

334 Vgl. ebd., sowie auch Deutschkron, Israel und die Deutschen, S. 132. Siehe vor allem zur Wirkung dieser Sendereihe auch den Artikel von Robert Pendorf, »Weil ich Treue geschworen habe...«, in: Die Zeit Nr. 30 vom 21.7.1961.

335 Ergebnisse der Untersuchung von Infratest zitiert nach: Deutschkron, Israel und die Deutschen, S. 132.

Neben dieser eher tagesaktuellen Fernsehberichterstattung produzierte der Publizist und Filmregisseur Erwin Leiser – der sich bereits 1960 in der international beachteten Filmdokumentation MEIN KAMPF mit Adolf Hitler und dem Nationalsozialismus auseinandergesetzt hatte – eine umfangreichere filmische Dokumentationen über Eichmann und den Prozeß mit dem Titel EICHMANN UND DAS DRITTE REICH, die im Sommer 1961 in die deutschen Kinos kam und auch ein gewisses Echo in der Presse fand.[336]

Aufgrund der langen Dauer des Jerusalemer Verfahrens – von der Festnahme im Mai 1960 bis zur Hinrichtung in der Nacht zum 1. Juni 1962 zog sich der Prozeß insgesamt gut zwei Jahre hin – erschienen noch vor der Urteilsvollstreckung nicht nur kürzere Aufsätze, Essays oder Interviews, sondern bereits auch die ersten umfangreichen Bücher zum Fall Eichmann. Daß diese Publikationen nicht ohne Einfluß auf die Debatte um den Eichmann-Prozeß geblieben sind, belegen die verschiedenen Rezensionen in der damaligen Presse.[337] Zu den für die Rezeption des Prozesses in der Bundesrepublik wichtigsten und bereits 1961 veröffentlichten, besonders am aktuellen Informationsbedürfnis orientierten Arbeiten zählen das Buch des deutschen Journalisten Robert Pendorf *Mörder und Ermordete*,[338] der Dokumentarbericht von Moshe Pearlman, des ehemaligen Presseattaché des israelischen Ministerpräsidenten David Ben Gurion, *Die Festnahme des Adolf Eichmann*,[339] der Bericht des »Nazi-Jägers« Simon Wiesenthal,[340] die von dem Ankläger bei den Nürnberger Prozessen, Robert M. W. Kempner, verfaßte Dokumentation über die Umsetzung der »Endlösung« und die daran beteiligten Täter

---

336 Vgl. zur Wirkung des Films von Erwin Leiser vor allem: Albert Wucher, Eichmann-Film mit nächtlichem Vorspiel, in: SZ vom 2.6.1961.

337 So z.B. die Sammelrezensionen von: Fritz René Allemann, Bücher über Eichmann. Der Prozeß warf seinen Schatten voraus, in: Der Monat, 13. Jg. (1961), Heft 152, S. 54-56; Conrad Ahlers, Zum Thema Eichmann..., in: FR vom 13.4.1961; Wolfgang Helbich, Adolf Eichmann und die Endlösung, in: Die Zeit Nr. 51 vom 15.12.1961. Bemerkenswert ist, daß in diesen Sammelrezensionen nicht ausschließlich Bücher speziell über Eichmann besprochen wurden, sondern auch weiterführende Veröffentlichungen über die Judenverfolgung und das »Dritte Reich«, wie z.B. Gerald Reitlingers Buch *Die Endlösung*.

338 Pendorf, Mörder und Ermordete. Eichmann und die Judenpolitik des Dritten Reiches. Hamburg 1961.

339 Moshe Pearlman, Die Festnahme des Adolf Eichmann. Frankfurt am Main 1961. Siehe auch die Meldung Dokumentation zum »Fall Eichmann«, in: TSP vom 8.9.1960, in der über die anstehende Veröffentlichung des Buches berichtet wurde.

340 Simon Wiesenthal, Ich jagte Eichmann. Tatsachenbericht. Güterloh 1961.

und Helfershelfer *Eichmann und seine Komplicen*,[341] und die Monographie *Eichmanns gab es viele* von Albert Wucher.[342]

Besonders bemerkenswert ist zudem der schmale Band von Joel Brand, der für die Anklage in Jerusalem in den Zeugenstand trat, sowie der aus Anlaß des Prozesses neu-aufgelegte und mit einem Vorwort von Carlo Schmid versehene ausführliche Bericht des ehemaligen Funktionärs der Zionisten in Ungarn Rudolf Kastner. Beide Autoren schilderten aus ihrer Sicht die dramatischen Ereignisse um die verzweifelten Versuche zur Rettung der ungarischen Juden im Jahre 1944 (»Blut gegen Ware«) und berichteten über ihre damaligen Zusammentreffen mit Adolf Eichmann in Ungarn.[343] Und nicht zuletzt sei auf die kleine Zusammenstellung von Prozeßakten des Eichmann-Verteidigers Robert Servatius[344] hingewiesen.

Auch und vor allem in der Zeit nach dem Prozeß wurde eine große, kaum überschaubare Menge an Literatur zum Thema Eichmann veröffentlicht. Hervorzuheben sind an dieser Stelle die Prozeßberichte von Hannah Arendt *Eichmann in Jerusalem*[345] und des holländischen Schriftstellers Harry Mulisch *Strafsache 40/61*.[346] Beide Autoren begleiteten die Ereignisse in Jerusalem als Prozeßbeobachter. Ihre Bücher beruhen auf Artikelserien, die bereits während des Prozesses in der amerikanischen Wochenzeitschrift *The New Yorker* bzw. in der holländischen Zeitschrift *Elsviers Weekblad* veröffentlicht wurden. Vor allem Hannah Arendts Buch erfuhr und erfährt bis heute große Beachtung.[347]

Aber nicht nur in zahlreichen Reportagen und Prozeßberichten, Dokumentationen und wissenschaftlichen Studien, sondern auch in der Belletristik hinterließ die Auseinandersetzung mit der Person Eichmann und dem Prozeß ihre Spuren.[348] Der wohl be-

---

341 Robert M. W. Kempner, Eichmann und Komplicen. Zürich u.a. 1961. In seinem Vorwort weist Kempner darauf hin, daß er die Arbeit an dieser Dokumentation bereits Jahre vor der Festnahme Eichmanns begonnen hatte und die Meldung von dessen Ergreifung ihn bestärkt hätte, das Buch fertigzustellen, vgl. ebd., S. 5f.

342 Albert Wucher, Eichmanns gab es viele. Ein Dokumentarbericht über die Endlösung der Judenfrage. München u.a. 1961.

343 Brand, Adolf Eichmann; Kastner, Der Kastner-Bericht.

344 Robert Servatius, Verteidigung Adolf Eichmann. Plädoyer. Bad Kreuznach 1961.

345 Hannah Arendt, Eichmann in Jerusalem. Ein Bericht von der Banalität des Bösen. 8.Aufl., München, Zürich 1992 (dtsch. Erstveröffentlichung 1964).

346 Harry Mulisch, Strafsache 40/61. Eine Reportage über den Eichmann-Prozeß. Berlin 1987 (dtsch. Erstveröffentlichung 1963). Siehe zu Harry Mulisch auch Abschnitt II. 5.4. Intellektuelle zum Eichmann-Prozeß.

347 Siehe zu Hannah Arendt Abschnitt II. 5.4.4. Hannah Arendt – Von der »Banalität des Bösen«.

348 Eine Auseinandersetzung mit der Person Adolf Eichmann, seinen Verbrechen und dem Prozeß von Jerusalem findet sich in verschiedenen Romanen, Erzählungen und Theaterstücken. Neben

kannteste Versuch, sich dem Fall Eichmann und seinen verschiedenen Aspekten mit literarischen Mitteln zu nähern, ist das hauptsächlich auf den umfangreichen Protokollen der israelischen Polizei-Verhöre beruhende und erst im Januar 1983 uraufgeführte Theaterstück *Bruder Eichmann* des deutschen Schriftstellers Heinar Kipphardt.[349]

Ein für die öffentliche Auseinandersetzung mit dem Fall Eichmann nicht zu unterschätzender Aspekt dieser umfangreichen Berichterstattung und Rezeption ist in dem Umstand zu sehen, daß zum ersten Mal die Aussagen von Überlebenden aus den Ghettos und Vernichtungslagern, von den Transporten und Todesmärschen im Fernsehen ausgestrahlt wurden, so daß eine große Zahl von Menschen in Deutschland, Israel und auf der ganzen Welt die Stimme der Opfer hören und ihre Gesichter sehen konnte.[350] Aber nicht nur die Geschichte, die Stimmen und Gesichter der Opfer wurden präsent, sondern auch die Geschichte, die Stimme und das Gesicht des Täters Adolf Eichmann. Vielleicht ist dies der entscheidende Grund für die bemerkenswerte Aufmerksamkeit, die der Jerusalemer Prozeß und der Fall Eichmann bis heute erfahren.

Hier bot sich die Möglichkeit, einen der Täter näher und genauer zu studieren. Mit ungeduldigem Interesse beobachteten die Zuschauer, wie Eichmann aussah, was er sag-

---

dem unten aufgeführten Theaterstück von Heinar Kipphardt – in denen Eichmann im Zentrum steht – seien als Beispiele hier der Roman des Amerikaners Kurt Vonnegut, Mutter Nacht. München, Zürich 1988 (englisch 1962); und auch der Roman von Saul Bellow, Mr. Sammlers Planet. Berlin (DDR) 1989 (englisch 1970) genannt.

349 Vgl. Heinar Kipphardt, Bruder Eichmann. Schauspiel und Materialien, Gesammelte Werke in Einzelausgaben, hg. von Uwe Naumann, unter Mitarbeit von Pia Kipphardt. 19.-22.Tausend, Reinbek 1991. Siehe auch Abschnitt II. 5.4. Intellektuelle zum Eichmann-Prozeß.

350 Vgl. Judith Miller, One, by One, by One. The Landmark of the Holocaust and the Uses of Memory. New York 1990, S. 39. Judith Miller gibt in ihrer Untersuchung über den Umgang mit der Erinnerung an den Holocaust in Deutschland, Österreich, den Niederlanden, der Sowjetunion und den USA die Eindrücke zweier amerikanischer Juden wieder, die ihnen von den Ereignissen in Jerusalem in Erinnerung geblieben sind. Diese eindringlichen Schilderungen lassen erahnen, welch große Bedeutung die umfangreiche Berichterstattung über den Eichmann-Prozeß und vor allem die Berichte der Überlebenden für die öffentliche Thematisierung der Leiden der Opfer hatte: »The suppression of memory began to end with the trial of Adolf Eichmann in Israel 1961. ›I remenber it vividly,‹ said Leon Wieseltier, literary editor of The Republic and a jewish scholar, whose mother survived the Russian and German occupation of Schodnica, a village in Poland. ›Everything stopped in our house during the trial,‹ he said. ›There was a total silence.‹
›The trial was the first event awaken survivor consciousness, to touch even some nonsurvior Jews deeply,‹ said Michael Nutkiewicz, the son of survivors and the director of Martyrs Memorial and Museum of the Holocaust in Los Angeles. ›It was really the first time that surviors were telling their stories in public, expressing their pain on television, before the world‹.« (Ebd., S. 221f.). Daß nicht nur – wie hier geschildert – die Angehörigen der Opfer und Überlebenden von diesen öffentlichen Schilderungen der zahlreichen Zeugen berührt wurden, ist anzunehmen.

te und wie er auf die gegen ihn erhobenen Anschuldigungen reagierte. Würde er seine Schuld bekennen und Reue zeigen? Oder war er die Verkörperung des »Bösen«?

Der Täter Eichmann stand wie auf einer Bühne und die Zuschauer im Gerichtssaal erwarteten von ihm eine Antwort auf die Frage, warum ein Mensch der NS-Mordmaschinerie offenbar so überaus engagiert und bedingungslos gedient und sie bis zum Ende am Laufen gehalten hatte. Und da er alleine in seinem kugelsicheren Glaskasten war und die Anklagebank im Gerichtssaal nicht mit vielen anderen teilen mußte, konnte sich der Beobachter ganz auf Eichmann konzentrieren und ihn in seinem gläsernen Kasten wie unter einem Vergrößerungsglas betrachten. Das unfaßbare Verbrechen bekam so für den Betrachter ein Gesicht und einen Namen.

Der Historiker Peter Steinbach sieht vor allem in der von der Anklagevertretung angestrebten ausführlichen Darstellung des »historische[n] Gesamtereignis[ses] der ›Endlösung‹« eine entscheidende Ursache dafür, daß der »Prozeß zu einer Lektion in Zeitgeschichte [wurde], die die deutsche Öffentlichkeit stark beschäftigte und sicherlich auch die deutsche Verfolgungspraxis beeinflußte«. Darüberhinaus habe der Prozeß, so Steinbach, sowohl »die neuauflebende Diskussion über Befehlsnotstand, Tatbeteiligung und Verbotsirrtum« beeinflußt, als auch die durch das Begreifen Eichmanns als eines Teils eines komplexen Vernichtungsapparates aus verschiedenen Dienststellen und Einzelpersonen neu aufgeworfene »Frage nach der Mitwirkung und Verantwortlichkeit anderer Funktionsträger« bei der Umsetzung der »Endlösung« angeregt.[351] In dieser Hinsicht dürfte die Wirkung des Eichmann-Prozesses ähnlich groß oder sogar noch größer gewesen sein wie die Wirkung des Nürnberger Tribunals kurz nach dem Krieg oder die des ersten Auschwitz-Prozesses in Frankfurt (1963-1966), auch wenn der Eichmann-Prozeß, wie der Historiker Hans Mommsen schreibt, keine »grundlegend neuen Aufschlüsse« über die »konkrete Durchsetzung der ›Endlösungs-Politik‹« ergeben hat.[352]

---

351 Vgl. Steinbach, Nationalsozialistische Gewaltverbrechen, S. 53. Ein Beispiel für den Einfluß des Falles Eichmann auf die Debatte über den Befehlsnotstand ist die 1967 veröffentlichte grundlegende Studie des Rechtswissenschaftlers Herbert Jäger, Verbrechen unter totalitärer Herrschaft.

352 In seinem Vorwort zur achten Auflage der deutschen Taschenbuchausgabe von Hannah Arendts Buch »Eichmann in Jerusalem« schreibt Hans Mommsen über das Interesse der Öffentlichkeit am Eichmann-Prozeß mit sehr deutlich erkennbarem kritischen Unterton: »Das begreifliche Interesse der Weltöffentlichkeit am Eichmann-Prozeß stand in keiner angemessenen Relation zu den Informationen, die das Verfahren über die konkrete Durchsetzung der ›Endlösungs‹-Politik brachte. Zwar enthüllte der Prozeß, vor allem durch die Vernehmungen von Überlebenden, noch einmal die grauenhaften Bedingungen, unter denen sich der Mord an den europäischen Juden abgespielt hatte. Wer aber grundlegend neue Aufschlüsse über den Weg dazu erwartet hatte, sah sich auf der ganzen Linie enttäuscht.« Hans Mommsen, Hannah Arendt und der Prozeß gegen Adolf Eichmann, S. III, in: Arendt, Eichmann in Jerusalem, S. I-XXXVII.

Sein eigentliches Gewicht in der öffentlichen Auseinandersetzung mit den NS-Verbrechen erhielt der Prozeß letzten Endes nicht durch einen etwaigen Gewinn an neuen Erkenntnissen über den genauen Hergang der »Endlösung«, sondern vielmehr durch eine bis zu diesem Zeitpunkt nie dagewesene, intensive, durch die Massenmedien vermittelte öffentliche Konfrontation mit einem Täter, der sich gezwungen sah, vor einer nahezu weltweiten Öffentlichkeit über seine Taten Rechenschaft abzulegen. Mommsens kritischer Anmerkung ist daher entgegenzuhalten, daß nicht das historische Ereignis des millionfachen Mordes an den europäischen Juden im Mittelpunkt der öffentlichen Auseinandersetzungen stand, sondern vielmehr die Person, der Mensch und Mörder Adolf Eichmann und dessen Umgang mit der eigenen Verantwortung und Schuld. Wie konnte er das tun? Wie konnte ein »normaler« Mensch die Ermordung von hunderttausenden, gar Millionen Menschen mit organisieren ohne an der Last der Verantwortung und Schuld zu zerbrechen? Das sind die zentralen Fragen, die die Menschen – bis heute – beschäftigen und die in den verschiedensten Äußerungen zum Fall Eichmann immer wieder formuliert wurden.

So dauerte es nicht lange und der Prozeß war noch nicht beendet und Eichmann wurde zu einer Art »Musterexemplar« des nationalsozialistischen Schreibtischtäters. Und eben aus diesem Eindruck heraus diente der Name Eichmann als Synonym für die »Nazi-Mörder« schlechthin – man sprach nun nicht selten von »Eichmännern«.[353]

Aber damit nicht genug. Der Mann im Glaskasten bot vor allem den Altersgenossen Eichmanns in Deutschland zumindest die Möglichkeit, wie in einer Art Spiegel die eigenen Maßstäbe zu prüfen und sich des eigenen Verhaltens in den Jahren der Diktatur zu erinnern. Der jungen Generation bot sich vor dem Hintergrund des Prozesses die Gelegenheit, ihre Eltern und Großeltern nach deren Verstrickungen in das NS-System zu befragen. Ob und – wenn ja – in welchem Ausmaß der Eichmann-Prozeß tatsächlich als Gelegenheit zum Gespräch auch auf persönlicher und familiärer Ebene genutzt wurde, bleibt jedoch weitestgehend im Dunkeln.[354]

---

353 Siehe hierzu Abschnitt III. 4. »Eichmanns gab es viele«: Die Entdeckung der Täter, Mittäter und Helfershelfer. An dieser Stelle sei hier exemplarisch nur auf die Artikel von Robert Pendorf, Schuldspruch in Jerusalem. Eichmanns Name wurde ein düsteres Symbol, in: Die Zeit Nr. 51 vom 15.12.1961; und: Wieder wühlt er in den Akten, in: ebd. Nr. 27 vom 30.6.1961 verwiesen.

354 Auf die Bedeutung des Gesprächs zwischen den Generationen hat Theo Risse in einem Aufsatz in der Zeitschrift *Freiburger Rundbrief* hingewiesen. Risse sah darin auf der einen Seite eine wichtige Möglichkeit, den Jugendlichen die Zusammenhänge der deutschen Geschichte bewußt zu machen und sie vor vorschnellen Urteilen über ihre Eltern zu bewahren. Auf der anderen Seite mahnte er aber auch die ältere Generation zu einer offenen und ehrlichen Beantwortung der Fragen der Jugendlichen: »Der Eichmann-Prozeß hat den Jugendlichen der Bundesrepublik mit aller Eindringlichkeit die wichtigsten Tatsachen der nazistischen Judenverfolgung vor Augen gestellt. Die Schwarzweißmalerei, die dabei vielleicht unvermeidlich war, führt jedoch dazu, daß den weitaus

Als ein Beispiel für die Bedeutung des Eichmann-Prozesses für eine generationenübergreifende Auseinandersetzung mit der nationalsozialistischen Vergangenheit sei hier nur auf das 1963 – ein Jahr nach der Hinrichtung Eichmanns – veröffentlichte Buch von Melitta Maschmann *Fazit. Mein Weg in die Hitler-Jugend* verwiesen.[355] In diesen, in einem sehr persönlichen Ton gehaltenen und ausdrücklich besonders an die junge Generation addressierten autobiografischen Aufzeichnungen berichtete die ehemalige BDM- und Reichsarbeitsdienstführerin über ihre Karriere während des »Dritten Reiches« und über ihre eigene Auseinandersetzung mit dem Nationalsozialismus nach 1945.

Gegen Ende des Buches beschreibt sie ihre Gedanken und Gefühle angesichts des Jerusalemer Prozesses und unmittelbar anschließend ein durch die Berichterstattung über den Prozeß angeregtes Gespräch mit der »siebzehnjährigen Tochter eines HJ-Kameraden« über deren Vater. In ihrer Analyse des Gesprächs wird ihr Bemühen deutlich, letztlich zu unterscheiden zwischen gutgläubigen und am Ende verführten Nationalsozialisten, die sich aus ehrlicher Überzeugung am Aufbau einer gerechten »Volksgemeinschaft« beteiligt hätten, ohne aber das Verbrechen der Judenverfolgung gewollt oder gutgeheißen zu haben, und jenen, die die Verbrechen begangen hätten. Zu der ersten Gruppe zählte sie sich selbst, in der zweiten Gruppe sah sie Personen wie Adolf Eichmann. Der ehemaligen BDM-Führerin lag erkennbar viel daran, vor einem aus

---

meisten Jugendlichen der Zusammenhang mit der eigenen deutschen Geschichte, mit der Schuld, den Unterlassungen und Gedankenlosigkeiten vieler Deutscher nicht ohne weiteres klar wird. So fühlen sich die Jugendlichen nicht nur nicht betroffen, sie vermögen auch keine Aufgabe für die Zukunft zu erkennen, die sie selber anginge. [...] Bevor deshalb die Erfahrungen der älteren Generation unter der Naziherrschaft durch den natürlichen Generationswechsel verlorengehen, müßten sie fruchtbar gemacht werden, um den Blick der Jugendlichen für die Komplexität des ganzen Vorgangs zu schärfen, um ihnen klarzumachen, daß die justiziablen Verbrechen gar nicht möglich waren ohne die kleinen Diskriminierungen, Feigheiten und Ressentiments, ohne die unzähligen kleinen Schritte der vielen kleinen Leute, auf deren Boden das politische Verbrechen gedieh. Da aber die Älteren hier Grund genug haben, an die eigene Brust zu klopfen, geht der Weg zur besseren Einsicht der Jugendlichen nur über deren größeres Verständnis für die komplexe Situation und für das Versagen der älteren Generation. Es geht beileibe nicht darum, einer neuen Art von später Rechtfertigung das Wort zu reden, sondern es geht um die Vermittlung jener Erfahrung, weil anders der notwendige kritische Sinn der Jugendlichen nicht geweckt werden kann. [...] ›Verständnis‹ für die Situation der älteren Generation bei den Jugendlichen zu wecken, kann deshalb nicht heißen, sie zu einer billigen Kumpanei mit der eigenen Schuld zu verleiten. Die schroffe Ablehnung, die bohrenden Fragen gerade der gutwilligen, die ›Wahrheit über die Judenverfolgung‹ suchenden Jugendlichen sind ein besserer Ausgangspunkt gemeinsamer ›Bewältigung der Vergangenheit‹. Die Älteren müssen es ertragen, wenn ihre Kinder zunächst einmal über sie selbst zu Gericht sitzen. Eichmann darf kein Alibi werden.« Risse, Der Eichmann-Prozeß, S. 40f.

355 Melitta Maschmann, Fazit. Mein Weg in der Hitler-Jugend. 2. Aufl., München 1979 (unter dem Titel: Fazit. Kein Rechtfertigungsversuch; erstmals 1963).

ihrer Sicht simplifizierenden Zugang zur Geschichte zu warnen: Weder der Nationalsozialismus als Ganzes noch jeder Nationalsozialist dürfe zu einer Verkörperung des absolut Bösen stilisiert werden. Dies sei eine am Ende gefährliche Verkürzung, die nicht zu einer zutreffenden Sicht auf die Vergangenheit führe:

»Das Unheimliche lag eben darin, daß nicht Gangster und Rohlinge, sondern gutartige, mit Gaben des Geistes und der Seele ausgestattete Menschen sich verführen ließen, dem abgründig Bösen zuzustimmen und ihm zu dienen.«[356]

Inwieweit besagte Tochter jenes »HJ-Kameraden« allerdings diese Einschätzungen über die Verführbarkeit von an sich »gutartigen« Menschen teilte, berichtete die ehemalige BDM-Führerin Melitta Maschman nicht.

Daß der weitaus überwiegende Teil der Menschen in der Bundesrepublik von den Ereignissen in Jerusalem zumindest nicht unberührt geblieben ist, belegen die Ergebnisse der Befragungen durch Meinungsforschungsinstitute und entsprechende Untersuchungen aus dem Bereich der empirischen Sozialforschung.[357] So hatten nach einer Umfrage des Instituts für Demoskopie Allensbach im Juni 1960 – also im Monat nach der Bekanntgabe von der Festnahme Eichmanns – 90% der Befragten von der Verhaftung Eichmanns, dem »Mann, der unter Hitler und Himmler die Judenverfolgung organisierte«, gehört.[358] Und auf die Frage, ob »die Entführung durch die Israelis« gerechtfertigt gewesen sei, antworteten 48%, die Israelis »hätten Eichmann nicht entführen dürfen«, während nur 20% die Entführung für gerechtfertigt hielten; 32% waren »unentschieden«.[359] Nach den Ergebnissen einer zweiteiligen Umfrage des Frankfurter Instituts für Sozialforschung im Mai 1961 und zu Beginn des Jahres 1962 – also kurz nach dem Beginn der Verhandlungen im April 1961 bzw. nach dem erstinstanzlichen Urteil im Dezember 1961 – hatten jeweils rund 95% der Befragten »schon etwas vom

---

356 Vgl. ebd., S. 234-240, Zitat S. 240.

357 Siehe hierzu besonders: Regina Schmidt, Egon Becker, Reaktionen auf politische Vorgänge. Drei Meinungsstudien aus der Bundesrepublik. Frankfurt am Main 1967, S.107-141. Schmidt und Becker geben in ihrer Studie anhand einer kritischen Analyse der Ergebnisse des Instituts für Sozialforschung in Frankfurt am Main, des Godesberger Instituts für angewandte Sozialforschung, sowie des Allensbacher Instituts für Demoskopie einen Einblick in die Stimmungslage in der Bundesrepublik im Zusammenhang mit dem Eichmann-Prozeß. Die Ergebnisse der Untersuchung des Godesberger Instituts vom Mai 1961 sind dokumentiert in: Vorwärts vom 2.8.1961. Zu den Ergebnissen der Meinungsumfragen des Allensbacher Instituts für Demoskopie siehe auch: Elisabeth Noelle, Erich Peter Neumann (Ed.), The Germans. Public Opinion Polls 1947-1966. Westport 1981 (zuerst 1967), S. 91; S. 193-194.

358 Vgl. Jahrbuch der öffentlichen Meinung 1958-1964, herausgegeben von Elisabeth Noelle und Erich Peter Neumann, Institut für Demoskopie Allensbach. Allensbach u.a. 1965, S. 225.

359 Vgl. ebd.

Eichmann-Prozeß in Israel gehört«.[360] Darüberhinaus plädierte eine klare Mehrheit der Befragten dafür, den ehemaligen SS-Obersturmbannführer wegen seiner Verbrechen vor Gericht zu stellen: 35 bzw. 39% sprachen dabei Israel das Recht zu, Eichmann abzuurteilen; 18 bzw. 20% waren der Ansicht, Eichmann solle in der Bundesrepublik vor Gericht gestellt werden, um deutlich zu machen, »daß Deutschland bereit ist, die hier begangenen Verbrechen der Vergangenheit zu bestrafen«. Weitere 15 bzw. 14% waren der Ansicht, der Prozeß solle in der Bundesrepublik stattfinden, damit er nicht zur »Propaganda-Hetze gegen Deutschland ausgenutzt werden« könne. Gegenüber dieser grundsätzlichen Bejahung eines Prozesses gegen Eichmann, stimmten in der Befragung im Mai 1961 – also kurz nach Beginn der Verhandlungen – immerhin 15%, und nach dem Urteil Anfang 1962 14% der Befragten der Ansicht zu, »es wäre besser auf den Prozeß zu verzichten«, da man »nach so vielen Jahren« »nicht immer wieder diese Dinge aufführen« sollte.[361]

Interessant in diesem Zusammenhang ist auch die Einstellung zur Todesstrafe bzw. zum angemessenen Strafmaß für Eichmann. So waren nach einer Umfrage vom April 1961 35% der Befragten der Meinung, Eichmann müsse zum Tode verurteilt werden; 32% waren der Ansicht, Eichmann müsse »so hart wie möglich bestraft werden«, da sie aber die Todesstrafe grundsätzlich ablehnten, solle Eichmann »zu lebenslänglichem Zuchthaus mit schwerer Zwangsarbeit verurteilt werden«; und immerhin 15% waren der Meinung, man solle Eichmann »zugute halten, daß er aus dem Geist seiner Zeit gehandelt hat, und soll ihn deshalb milder beurteilen«.[362] Eine klare Mehrheit der Befragten sprach sich also für eine harte Bestrafung Eichmanns aus, während nur eine Minderheit ein milderes Urteil befürwortete.

Erwähnenswert ist hier auch die von Theo Risse initiierte »private Umfrage« (Risse) unter insgesamt 424 Jugendlichen, die an einer Berufsschule, einer »privaten Höheren Schule« und einem Gymnasium in einer »mittleren Kleinstadt von etwa 24000 Einwohnern zwischen Düsseldorf und Wuppertal« durchgeführt wurde.[363] Auch wenn diese

---

360 Vgl. Regina Schmidt, Becker, Reaktionen, S.108.

361 Vgl. ebd., Tabelle I, S.113. Erwähnt sei hier auch die bereits angeführte Umfrage des Instituts für Demoskopie Allensbach vom Juni 1960. Nach dieser zehn Monate vor dem Beginn des Prozesses durchgeführten Umfrage waren 30% der Befragten der Meinung, Eichmann solle vor ein internationales Gericht gestellt werden, 28% sprachen sich für ein deutsches Gericht aus, 16% für ein israelisches, 2% waren der Meinung, Eichmann solle »überhaupt nicht vor Gericht« gestellt werden, und 24% waren unentschieden oder machten keine konkrete Angabe. Vgl. Jahrbuch der öffentlichen Meinung 1958-1964, S. 225.

362 Vgl. Jahrbuch der öffentlichen Meinung 1958-1964, S. 225.

363 Risse, Der Eichmann-Prozeß. Siehe auch Erich Läufer, Eichmann und die Jugend, in: RhM Nr. 32 vom 4.8.1961. In seinem Artikel bezieht sich Läufer auf die Ergebnisse dieser Umfrage, weicht aber – wie Risse anmerkt – in einigen Punkten von der Auswertung Risses im *Freiburger Rundbrief* ab.

Umfrage wohl nicht den wissenschaftlichen Standards der Sozialforschung genügte und eher einen improvisierten Charakter hatte,[364] bietet sie doch einige nützliche Hinweise bezüglich der Sicht »der Jugend« auf den Eichmann-Prozeß.[365] So erklärten gemäß den Angaben Risses in der Zeitschrift *Freiburger Rundbrief* nur »ein rundes Fünftel der Befragten«, »am Eichmann-Prozeß weder irgendwelches Interesse noch darüber eine eigene Meinung zu haben«.[366] Aus diesem Ergebnis zog Risse den Schluß, »daß die Publizität des Eichmann-Prozesses auch in Bezug auf die Jugendlichen ein Ausmaß erreichte, das jedes andere, im weitesten Sinn politische Thema in den Schatten stellt«.[367] In bezug auf die Frage nach der Verantwortung und Schuld Eichmanns, hielten 51% der Befragten ihn für schuldig,[368] 28% waren der Meinung, »daß außer Eichmann auch andere schuldig seien«.[369] In Bezug auf die Durchführung des Prozesses waren es 27% der befragten Jugendlichen, die an dem Prozeß »den Charakter des Sensationellen, die Züge eines ›Schauprozesses‹ bemängelten«,[370] und nur 10% äußerten die Ansicht, der »Prozeß werde fair und objektiv geführt«.[371] Ein weiteres interessantes Ergebnis dieser Umfrage war, daß 25% der Jugendlichen den Prozeß als eine Möglichkeit begrüßten, mehr über die nationalsozialistische Vergangenheit zu erfahren.[372]

Nicht weniger interessant sind die Ergebnisse einer vom Allensbacher Institut für Demoskopie durchgeführten Umfrage vom August 1961, in der den Befragten eine Auswahl von achtzehn Antworten vorgelegt wurde, die sie als »richtig«, »nicht richtig« oder »unmöglich zu sagen« einstufen sollten.[373] So hielten 72% der Befragten die Aussage, »Leute wie Eichmann müssen bestraft werden, ganz egal ob sie Soldaten waren oder nicht«, für richtig, während 10% sie für nicht richtig hielten und es für immerhin 18% unmöglich war, sich in dieser Frage zu entscheiden. Die Aussage »Ich persönlich habe nichts damit [den NS-Verbrechen, P.K.] zu tun gehabt und möchte jetzt nichts mehr

---

364 In seinem Aufsatz gibt Risse wenig Auskunft über die genaue Erhebungsmethode (wie zum Beispiel den Wortlaut der gestellten Fragen), ebensowenig findet sich eine gründliche Auflistung der Umfrageergebnisse, wodurch eine wirklich tiefergehende Auseinandersetzung mit dieser Arbeit unnötig erschwert wird.

365 Risse weist selbst ausdrücklich darauf hin, daß es »›die deutsche Jugend‹, die so oder so auf Eichmann und den Prozeß reagiert [überhaupt nicht gibt], sondern es gibt, entsprechend der sozialen Differenzierung, differenzierte Äußerungen aus unterschiedlichen Gruppen, die qualitativ ganz verschiedenes Gewicht haben.« Risse, Der Eichmann-Prozeß, S. 39.

366 Ebd., S. 38.

367 Ebd.

368 Ebd.

369 Ebd., S. 39.

370 Ebd.

371 Ebd., S. 40.

372 Ebd., S. 39.

373 Vgl. Jahrbuch für öffentliche Meinung 1958-1964, S. 227-228.

darüber hören«, hielten 59% für richtig, 28% für nicht richtig und 13% wollten sich nicht klar festlegen.[374] Auf der einen Seite sprach sich also eine klare Mehrheit für die Bestrafung von »Leuten wie Eichmann« aus, auf der anderen Seite aber wollten fast 60% der Befragten »nichts mehr darüber hören«, also sich mit der Vergangenheit nicht mehr auseinandersetzen. Wie weit dieser Wunsch nach Ruhe verbreitet war, zeigt sich auch in der Einschätzung der Aussage: »Es wäre das Beste, wenn diese Angelegenheit [der Eichmann-Prozeß, P.K.] vergessen würde und wenn wir uns ausschließlich mit der Gegenwart und mit der Zukunft beschäftigen würden«. Diesen Satz hielten 53% der Befragten für richtig, während nur 33% dem nicht zustimmen konnten, und 14% sich nicht festlegten.[375]

Ein weiterer wichtiger Aspekt war die offensichtliche Sorge um das Ansehen Deutschlands und der Deutschen im Ausland. So hielten 51% der Befragten die Aussage »Das Übelste daran ist die Schändung des deutschen Rufes in der Welt – Eichmann ist ein Symbol« für richtig, während 29% diesen Satz für nicht richtig hielten und es für 20% unmöglich war, eine klare Aussage zu treffen.[376]

Wie stark die aktuellen politischen Ereignisse die Beurteilung des Falles Eichmann beeinflußten, zeigt sich in der Beurteilung der Aussage »Das, was die Kommunisten heute tun, ist ebenso schlecht oder noch schlechter als das, wofür Eichmann angeklagt ist«. Diese Aussage hielten 61% der Befragten für richtig und nur 17% für nicht richtig, während 22% sich nicht festlegten.[377] Inwieweit sich in dieser Beurteilung nur eine tiefe Ablehnung der damaligen Politik der Sowjetunion und der DDR und eine prinzipielle Ablehnung der kommunistischen Ideologie widerspiegelt, oder ob hier auch überkommene antibolschewistische Einstellungen aus der Zeit des »Dritten Reiches« miteingeflossen sind, ist nicht abschließend zu klären, gilt es aber zu bedenken. Deutlich erkennbar aber ist, daß eine große Mehrheit der Befragten die Einzigartigkeit des Holocaust infrage stellte.

Zusammenfassend läßt sich festhalten, daß der Eichmann-Prozeß von nahezu allen Bundesbürgern wahrgenommen wurde. Aber auch wenn sich der größte Teil der Bevölkerung für ein Verfahren gegen den ehemaligen Obersturmbannführer aussprach, gab es doch weitverbreitete Bedenken, daß der Prozeß dem Ansehen der Deutschen in der Welt schaden könnte. Eine große Zahl der Deutschen zeigte zudem wenig Interesse an einer Auseinandersetzung mit der nationalsozialistischen Vergangenheit. Ob und, wenn ja, inwieweit diese weitreichende Wahrnehmung des Eichmann-Prozesses bei jedem Einzelnen der entsprechenden Altersgruppe auch zu Reflexionen über eine persönliche Mitverantwortung oder gar Mitschuld an den NS-Verbrechen führte, lassen diese Zahlen nicht erkennen.

---

374 Vgl. ebd., S. 227.

375 Vgl. ebd.

376 Vgl. ebd., S. 228.

377 Vgl. ebd., S. 227.

Keine Zweifel bestehen daran, daß der Prozeß sowohl für die politisch-gesellschaftliche als auch für die juristische Auseinandersetzung mit dem Nationalsozialismus große Bedeutung hatte. So sieht beispielsweise der britische Historiker Richard J. Evans in ihm – wie auch im ersten Frankfurter Auschwitz-Prozeß (1963-65) nur kurze Zeit später – ein »Signal für eine entschlossene Auseinandersetzung mit der deutschen Vergangenheit« in Wissenschaft und Politik.[378] Ähnlich wie Evans äußerte sich auch der holländische Publizist Ian Buruma in seiner vergleichenden Betrachtung zur Auseinandersetzung mit der Vergangenheit in Deutschland und Japan. Für ihn war der Eichmann-Prozeß ein »lehrreiches Beispiel«, das die »Deutschen aus ihrer Selbstzufriedenheit« »aufrüttelte«, die sie in den fünfziger Jahren gepflegt hatten.[379] Auch nach der Einschätzung Kurt Sontheimers war der Eichmann-Prozeß – wie bei Evans auf gleicher Stufe mit dem Auschwitz-Prozeß – ein »Auslöser« für einen »Stimmungsumschwung« in der Bundesrepublik, der der in den fünfziger Jahren praktizierten »Halbherzigkeit und Zurückhaltung der deutschen Justiz bei der Verfolgung von Naziverbrechen« ein Ende setzte und wenige Jahre später in der Verjährungsdebatte eine wichtige Rolle spielte.[380] Peter Steinbach weist daraufhin, daß die Nachricht von der Festnahme Eichmanns genau in die erste bundesdeutsche Verjährungsdebattte im Mai 1960 um Totschlag fiel[381] und daß der Fall Eichmann bereits in dieser Debatte von 1960 eine Rolle spielte – fand doch die zweite Beratung des von der SPD-Fraktion eingebrachten Gesetzentwurfs zur Verjährungsfrist einen Tag nach Bekanntgabe der Verhaftung des ehemaligen SS-Obersturmbannführers statt.[382]

---

378 Vgl. Richard J. Evans, Im Schatten Hitlers? Historikerstreit und Vergangenheitsbewältigung in der Bundesrepublik. Frankfurt am Main 1991, S. 26. An dieser Stelle sei erwähnt, daß Norbert Frei in einem Aufsatz die Bedeutung des Eichmann-Prozesses und des Auschwitz-Prozesses für die deutsche Auseinandersetzung mit dem NS geringfügig anders bewertet. Während Evans beiden Prozessen etwa die gleiche Bedeutung als eine Art Startsignal zuschreibt, sieht Frei im Auschwitz-Prozeß und dessen Verlauf bereits ein Produkt des auch durch den Fall Eichmann ausgelösten »Wandel[s] hinsichtlich der Bereitschaft zur Auseinandersetzung mit der NS-Vergangenheit«: »Der Frankfurter Auschwitz-Prozeß [...] markiert nicht eigentlich erst den Wendepunkt, sondern ist im Grunde schon erste Frucht einer Veränderung des vergangenheitspolitischen Klimas.« Vgl. Norbert Frei, Der Frankfurter Auschwitz-Prozeß und die deutsche Zeitgeschichtsforschung, in: Fritz Bauer Institut (Hg.) Auschwitz: Geschichte, Rezeption und Wirkung. Jahrbuch 1996 zur Geschichte und Wirkung des Holocaust. Frankfurt am Main 1996, S. 123-138; hier S. 126.

379 Vgl. Ian Buruma, Erbschaft der Schuld. Vergangenheitsbewältigung in Deutschland und Japan. München u.a. 1994, S. 190.

380 Vgl. Sontheimer, Die Adenauer-Ära, S.180.

381 Vgl. Steinbach, Nationalsozialistische Gewaltverbrechen, S. 54.

382 Wie ein Blick in die Protokolle des Bundestages zeigt. Siehe zur Debatte um die Verjährung von NS-Verbrechen die mehrbändige Dokumentation des Deutschen Bundestages (Hg.), Zur Verjährung nationalsozialistischer Verbrechen. Dokumentation der parlamentarischen Bewältigung des Problems 1960-1979 (Schriftenreihe Zur Sache – Themen Parlamentarischer Beratung Band 3, 4 u.

So herrscht mithin weitestgehende Einigkeit über die Bedeutung des Eichmann-Prozesses als eines Stimulus für die »Vergangenheitsbewältigung« in der Bundesrepublik. Selbst Autoren, die den Umgang mit der Last der Vergangenheit während der Adenauer-Ära etwas weniger kritisch beurteilen, betonen die Bedeutung des Prozesses für die gesellschaftliche Auseinandersetzung mit dem Nationalsozialismus.[383]

Wie stark und anhaltend die öffentliche Wirkung des Prozesses war und noch immer ist, zeigen nicht nur die zahlreichen Stimmen, die sich im Verlauf der Verhandlung zum Geschehen in Jerusalem äußerten. Bis in die Gegenwart wird der Fall Eichmann in vielfältiger Weise immer wieder aufgegriffen und thematisiert: Zum fünfzigsten Jahrestag des Zusammenbruchs des NS-Regimes riefen die Medien den Eichmann-Prozeß erneut in Erinnerung[384] und sendeten nach mehr als 30 Jahren im deutschen Fernsehen entsprechende Dokumentationen.[385] In der Hamburger Wochenzeitung *Die Zeit* wurde zudem über den jüngsten Sohn Eichmanns, Ricardo, und dessen berufliche Karriere berichtet.[386] Und auch die wiederholt erfolgte Neuauflage der grundlegenden Bücher von Harry Mulisch[387] und Hannah Arendt[388], oder auch die Wiederaufführung

---

5/80). Bonn 1980, vgl. hier besonders Teil I, S. 9-47. Siehe auch Abschnitt II. 5.2. Stimmen aus der bundesdeutschen Politik.

Ob die israelische Seite die Bekanntgabe der Festnahme bewußt auf den Zeitpunkt der Debatte legte, um etwa Einfluß auf deren Verlauf zu nehmen, ist nicht auszuschließen.

383 Vgl. zum Beispiel Schwarz, Die Ära Adenauer, S. 204-216, besonders S. 208ff. Und selbst Manfred Kittel betont in seinem Buch *Die Legende von der »Zweiten Schuld«* die Bedeutung des Jerusalemer Prozesses für die Auseinandersetzung mit der NS-Vergangenheit in der Bundesrepublik. Vgl. ebd., S. 304f.

384 So zum Beispiel der ganzseitige Artikel von Ulrich Panzer, Das gewöhnliche Monster, in: Das Sonntagsblatt Nr. 18 vom 5.5.1995, Beilage »Die Freiheit hat Geburtstag 8. Mai 45/95«, S. 26.

385 So die bereits erwähnte Reportage »Der Mann, der Adolf Eichmanns Asche ins Meer streute« von Georg M. Hafner und Esther Schapira über den israelischen Polizeioffizier Michael Gilead, gesendet am 29. Februar 1996 in der ARD. Oder das von Rudolf Radke geführte Interview mit dem an der Entführung Eichmanns beteiligten, ehemaligen Mossad-Mitarbeiter Peter Z. Malkin, das am 9. November 1993 im Rahmen der Sendereihe »Zeugen des Jahrhunderts« im ZDF ausgestrahlt wurde.

386 In ihrem Artikel »Name: Eichmann«, in: Die Zeit Nr. 28 vom 7.7.1995, berichtete Vera Gaserow über die Schwierigkeiten Ricardo Eichmanns, sich mit der Tatsache, Sohn eines Nazi-Mörders zu sein, auseinanderzusetzen. Anlaß dieses Berichts war die Berufung Ricardo Eichmanns zum Professor für Archäologie an die Universität Tübingen, die er genutzt hatte, um sich erstmals öffentlich über sich und seinen Vater zu äußern.

387 Harry Mulischs »Strafsache 40/61« erschien als Neuauflage Mitte 1995 im Berliner Aufbau-Taschenbuch-Verlag.

388 Hannah Arendts Prozeß-Bericht »Eichmann in Jerusalem« erschien im April 1995 als Taschenbuch in der 9. Auflage im Piper Verlag, München, Zürich.

des Kipphardt-Stückes *Bruder Eichmann*[389] können als deutliche Zeichen für das fortdauernde Interesse und die bis heute anhaltende Wirkung der Ereignisse in Jerusalem gelten. Daß aber vor allem die spektakuläre Festnahme Eichmanns in Argentinien in der breiteren Öffentlichkeit auf ungebrochenes Interesse stößt, belegen die in den letzten Jahren veröffentlichten Berichte der an der Entführung beteiligten Mitarbeiter des israelischen Geheimdienstes Peter Z. Malkin[390] und Zvi Aharoni[391] von 1990 bzw. 1996.

Das jüngste Beispiel ist die Diskussion um die Veröffentlichung der sogenannten Eichmann-Memoiren, d.h. jener Aufzeichnungen, die Eichmann während seiner Haft in Israel angefertigt hatte. Über Monate hinweg widmete man sich 1999 in Teilen der deutschen Presse der Frage, ob diese Aufzeichnungen veröffentlicht werden sollten oder nicht. Ein vorläufiges Ende fand diese Diskussion im Januar 2000, als die israelischen Behörden die Aufzeichnungen veröffentlichten.[392]

5.2. Stimmen aus der bundesdeutschen Politik

Die weltweite Aufmerksamkeit, die die spektakuläre Festnahme des ehemaligen SS-Obersturmbannführers zur Folge hatte, sowie die Bedeutung Eichmanns als Leiter des für »Judenangelegenheiten« zuständigen Referats im RSHA, und vor allem die Tatsache, daß ein maßgeblicher NS-Täter ausgerechnet in Israel vor Gericht gestellt werden sollte, forderte auch von der bundesdeutschen Politik eine Stellungnahme. In den ersten Tagen und Wochen nach Bekanntwerden der Gefangennahme Eichmanns richtete sich das Interesse dabei vor allem auf eher rechtliche und verfahrenstechnische Fragen: Wie war man seiner habhaft geworden und wie hatte man ihn nach Israel gebracht? Hatten die Israelis durch die Entführung das Völkerrecht gebrochen und die Souveränität Argentiniens verletzt? Hatten die Israelis überhaupt das Recht, den ehemaligen Obersturmbannführer vor ein israelisches Gericht zu stellen oder sollte die Bundesrepublik nicht die Auslieferung Eichmanns erwirken? Was hatte die bundesdeutsche Justiz vor Eichmanns Festnahme über dessen Aufenthaltsort gewußt? Waren von (west)deutscher Seite genügend Anstrengungen unternommen worden, um ihrerseits Eichmann habhaft zu werden? Diese und ähnliche Fragen bestimmten in der ersten Zeit die Diskussionen in der Bundesrepublik.

---

389 Zur Wiederaufführung im Stadttheater Heidelberg im Februar 1999 vgl. Klaus Ungerer, Beruhigendes Monster, in: FAZ vom 23.2.1999.

390 Malkin, Ich jagte Eichmann.

391 Aharoni, Dietl, Der Jäger.

392 Siehe hierzu Wojak, Eichmanns Memoiren.

In den Äußerungen aus den Reihen der Parteien, des Parlaments und der Regierung lassen sich dabei vier Hauptaspekte unterscheiden: Da war zum einen die Sorge um das Ansehen der Bundesrepublik in der Welt, das durch die neuerliche und unerwartete Konfrontation mit dem dunkelsten Kapitel der deutschen Geschichte Schaden nehmen könnte. Damit eng verbunden war die Furcht vor einer Instrumentalisierung des Falles Eichmann durch die antiwestliche Propaganda der Sowjetunion, der DDR und anderer Ostblock-Staaten. Deutlich ist auch das Bemühen erkennbar, die schwierigen und sensiblen Beziehungen zwischen der Bundesrepublik und Israel nicht durch unbedachte Schritte, etwa ein allzu hartnäckiges Drängen auf Auslieferung, zu belasten. Und schließlich stellte sich die Frage nach der Verantwortung aller Deutschen für die nationalsozialistischen Gewaltverbrechen.

Die nicht zu übersehende politische Relevanz des Falles wurde bereits unmittelbar nach Bekanntwerden seiner Gefangennahme deutlich. So nutzte am 24. Mai 1960 – also bereits einen Tag nach der Nachricht, Adolf Eichmann befinde sich in israelischem Gewahrsam – der damalige Bundesjustizminister Fritz Schäffer (CSU) die zweite Beratung über den von der SPD-Fraktion eingebrachten Gesetzentwurf zur Berechnung der Verjährungsfrist von Totschlag, um sich vor dem Bundestag auch zum Fall Eichmann zu äußern. Dabei betonte Schäffer – der im übrigen eine Neuregelung der Verjährungsfristen ablehnte – das prinzipielle Interesse der Bundesregierung daran, NS-Verbrecher vor deutschen Gerichten abzuurteilen. Mit deutlich erkennbarer Zurückhaltung gegenüber Israel erklärte er, daß die Bundesregierung, »wenn sie die Möglichkeit hat und wenn sie das Echo und das Gehör bei der Regierung des Staates Israel findet, sich sehr gerne bemühen wird, den Fall Eichmann unter deutsche Gerichtsbarkeit zu bringen und Eichmann der deutschen Justiz zu unterstellen«.[393]

Schäffer war darauf bedacht, das Interesse der Bundesrepublik an einer Aburteilung Eichmanns vor einem deutschen Gericht zu betonen, ohne aber die israelische Seite mit einer zu eindringlichen Forderung nach Auslieferung unnötig unter Druck zu setzen.[394] Eine direkte Verbindung zwischen der auf der Tagesordnung stehenden Debatte um die Verjährung von während der Zeit des NS-Regimes begangenen Totschlagsdelikten und dem Fall Eichmann sah er indes nicht, da es sich aus seiner Sicht bei den Eichmann und seinen »Gehilfen« zur Last gelegten Verbrechen nicht um Totschlag,

393 Fritz Schäffer, Bundesminister der Justiz, am 24.5.1960 vor dem Bundestag, dokumentiert in: Deutscher Bundestag (Hg.), Zur Verjährung, S. 24-29, hier S. 24.

394 Auch der damalige Bundesinnenminister Gerhard Schröder (CDU) erklärte etwa eine Woche später auf einer Pressekonferenz vor Auslandskorrespondenten, daß es wünschenswert wäre, Eichmann vor ein (bundes)deutsches Gericht zu stellen. Vgl. Argentinien verlangt von Israel Auskunft, in: FAZ vom 3.6.1960. Letztlich entschied sich die Bundesregierung dafür, keinen Auslieferungsantrag zu stellen. Siehe hierzu Abschnitt II. 3.1. Die letzten Vorbereitungen,

sondern um Mord bzw. Beihilfe zum Mord gehandelt habe. Diese Verbrechen würden auch nach den bestehenden gesetzlichen Regelungen noch nicht verjähren.[395]

Den Ausführungen des Bundesjustizministers ging die Rede des SPD-Bundestagsabgerordneten Walter Menzel voraus. Für ihn war die Festnahme Eichmanns ein aktueller Ansatzpunkt, um auf die aus seiner Sicht (und der der SPD-Fraktion) drohende Gefahr hinzuweisen, daß die zu diesem Zeitpunkt bestehende Verjährungsregelung in naher Zukunft zwar nicht die Strafverfolgung von Verbrechern vom Schlage Eichmanns, aber doch die seiner »Gehilfen« unmöglich machen würde. Im Verlauf seiner Rede verwies er auch auf mögliche negative Folgen für das Ansehen der Bundesrepublik in der Weltöffentlichkeit, wenn aufgrund der unveränderten Beibehaltung der bestehenden Verjährungsregelung zwar nicht Täter wie Eichmann, aber viele ihrer Handlanger »ungeschoren« davonkommen würden:

> »Sicherlich, das, was Eichmann getan hat, verjährt jetzt nicht, weil es nackter, brutaler Mord war. Aber alle jene, die ihm als Gehilfen oder als Werkzeug, als Massentotschläger geholfen haben, würden ab morgen frei sein. Der Prozeß, wo immer durchgeführt, ob in Israel oder vielleicht auf Grund eines Auslieferungsbegehrens der Bundesrepublik hier, wird zweifellos in viele der düsteren Vorgänge der Nazizeit Licht bringen, und das wäre gut, weil dies auch zur Bereinigung unserer deutschen Vergangenheit beitragen würde. Aber in welche Situation bringen wir die Bundesrepublik vor aller Welt, wenn wir zwar Eichmann aburteilen können, aber diejenigen, die sich als sein Handwerkszeug verdingten, ungeschoren lassen müssen?!«[396]

Menzel trat für die konsequente Verfolgung von NS-Tätern ein und begrüßte den zu erwartenden Prozeß gegen Eichmann – unabhängig davon, ob er in Israel oder in der Bundesrepublik stattfinden würde. Seine Sorge um das Ansehen der Bundesrepublik speiste sich nicht aus der Furcht vor einer erneuten Konfrontation mit den dunklen Seiten der deutschen Geschichte, ganz im Gegenteil: Menzel war der Ansicht, daß dem Ansehen der Bundesrepublik vor allem dadurch schwerer Schaden zugefügt würde, wenn diese Konfrontation unterbleiben und man sich nicht konsequent bemühen würde, die Verantwortlichen zur Rechenschaft zu ziehen:

> »Meine Sorge, daß das Ergebnis einer Ablehnung unseres Gesetzentwurfs die deutsche Bundesrepublik in eine schreckliche Lage bringen wird, wird jetzt durch die Festnahme Eichmanns und den bevorstehenden Prozeß gegen ihn unendlich erhöht. […] [W]as an Untaten geschah, kann erst bewältigt werden, auch von uns als Nation geschichtlich bewältigt werden, wenn man wenigstens versucht, das, was an Unrecht geschehen ist, in Ordnung zu bringen. Wir werden es nie schaffen; aber es kann nie-

395 Vgl. Fritz Schäffer, Bundesminister der Justiz, am 24.5.1960 vor dem Deutschen Bundestag, dokumentiert in: Deutscher Bundestag (Hg.), Zur Verjährung, S. 24f.

396 Walter Menzel, am 24.5.1960 vor dem Deutschen Bundestag, dokumentiert in: Deutscher Bundestag (Hg.), Zur Verjährung, S. 17-24, hier S. 19.

mals dadurch geschehen, daß man die Augen vor dem verschließt, was geschah, und glaubt, es wäre damit überwunden«.[397]

Aber auch der Hinweis auf den aktuellen Fall und die verjährungsbedingte mögliche Straffreiheit der Helfershelfer des ehemaligen SS-Obersturmbannführers überzeugte die Mehrheit der Bundestagsabgeordneten nicht davon, für die von der SPD-Fraktion beantragte Neuberechnung der Verjährungsfristen für Totschlag zu votieren. Bei wenigen Enthaltungen wurde der Gesetzentwurf vom Bundestag mehrheitlich abgelehnt.[398]

Hatte man auf Seiten der SPD bereits die Festnahme Eichmanns mit durchaus erkennbarer Genugtuung begrüßt und sich ohne Einschränkung für einen Prozeß ausgesprochen,[399] so nutzten die Sozialdemokraten – die sich in Bonn in der Opposition befanden – die Zeit unmittelbar nach der Festnahme, um die Bundesregierung möglichst wirkungsvoll an ihre Verpflichtungen zur strafrechtlichen Aufarbeitung der NS-Gewaltverbrechen zu erinnern. Etwa vier Wochen nach der Entscheidung des Bundestages für die Beibehaltung der bisherigen Verjährungsfrist von Totschlagsdelikten nahm der SPD-Abgeordnete Mommer die Fragestunde des Bundestages am 22. Juni 1960 zum Anlaß, um die Bundesregierung nach den Informationen zu fragen, die diese vor der Festnahme Eichmanns durch die Israelis über dessen Aufenthaltsort hatte.[400]

Bundesjustizminister Schäffer erklärte in seiner Antwort, daß der Bundesregierung in den »vergangenen Jahren gerüchteweise zur Kenntnis gekommen [sei], daß sich Eichmann im Vorderen Orient aufhalten solle«, und man diesen Gerüchten auch nachgegangen sei. Bis zur Festnahme habe aber weder die Bundesregierung noch eine andere bundesdeutsche Dienststelle Kenntnis davon gehabt, daß der nach dem Krieg untergetauchte ehemalige SS-Obersturmbannführer sich in Argentinien aufhalte.[401] Auf die Nachfrage Mommers, ob die Bundesregierung »irgend etwas Systematisches« unternehme, »um geflüchteten Verbrechern im Ausland auf die Spur zu kommen«, versicherte Schäffer, daß die Bundesregierung »alles ihr Mögliche« unternehme, um in der Bundesrepublik bereits verfolgten Verbrechern »auf die Spur zu kommen« und diese letztlich auch »der deutschen Gerichtsbarkeit zuzuführen«.[402]

Wenige Tage später folgte die Antwort auf eine Kleine Anfrage der SPD-Fraktion nach einem möglichen Auslieferungsantrag an Argentinien seitens der Bundesregierung, nicht nur im Falle Eichmann, sondern auch in Bezug auf andere in Argentinien

397 Ebd., S. 22f.

398 Vgl. Deutscher Bundestag (Hg.), Zur Verjährung, S. 47.

399 Vgl. Pressemitteilung der SPD, in: FAZ vom 25.5.1960.

400 Vgl. Deutscher Bundestag, Protokolle, 3. Wahlperiode, 118. Sitzung, Bonn, Mittwoch, den 22. Juni 1960, S. 6796.

401 Vgl. ebd.

402 Vgl. ebd.

untergetauchte NS-Täter. Wiederum antwortete Bundesjustizminister Schäffer für die Bundesregierung: Man würde Argentinien sofort um die Auslieferung ersuchen, sollte Israel Eichmann an Argentinien »zurückgeben«. In den angesprochenen anderen Fällen hätten die Beschuldigten entweder Argentinien rechtzeitig verlassen oder seien nicht auffindbar gewesen.[403]

In diesem Zusammenhang ist erwähnenswert, daß in der Folge der Entführung Eichmanns in der Presse wiederholt über die Suche nach anderen untergetauchten NS-Tätern und deren vermeintliche oder tatsächliche Aufenthaltsorte spekuliert wurde. Im Mittelpunkt der Aufmerksamkeit standen dabei der ehemalige Leiter der Parteikanzlei der NSDAP, Martin Bormann, und der berüchtigte KZ-Arzt Josef Mengele, von denen wiederholt angenommen wurde, daß sie – genau wie Eichmann – nach dem Krieg in Argentinien untergetaucht seien.[404]

Nachdem im Laufe der nächsten Wochen die Unstimmigkeiten um die Auslieferung bzw. den Gerichtsort ausgeräumt worden waren und feststand, daß die israelische Regierung weder zu einer Überstellung Eichmanns zurück an Argentinien, noch an die Bundesrepublik oder gar an einen internationalen Gerichtshof bereit war, und die Bundesregierung ihrerseits unmißverständlich erklärt hatte, keinen Auslieferungsantrag an Israel zu stellen und auch die Probleme um die Finanzierung eines Rechtsbeistandes für Eichmann gelöst waren,[405] widmete man sich auch von Seiten der bundesdeutschen Politik intensiver den weiterreichenden Aspekten des Falles Eichmann. Vor allem die Fragen nach der Schuld und Verantwortung der Deutschen für die nationalsozialistischen Verbrechen und das Für und Wider hinsichtlich der Pflicht zur Wiedergutmachung durch die Bundesrepublik standen im Mittelpunkt der verschiedenen Äußerungen der zum Teil prominenten Vertreter aus den Reihen der Parteien, des Parlaments und der Regierung.

Das Hauptinteresse auf Seiten der Bundesregierung lag dabei in einer möglichst reibungslosen Abwicklung des Falles Eichmann. In erster Linie war man bemüht, die möglichen negativen Auswirkungen des Eichmann-Prozesses für das Deutschland-Bild im Ausland zu begrenzen und deutlich zu machen, daß sich der neue deutsche Staat, die Bundesrepublik Deutschland, von der nationalsozialistischen Irrlehre endgültig getrennt und mit dem Hitler-Regime nichts mehr gemein habe. Dies betonte man umso mehr, als nicht nur die im Winter 1959/60 epidemisch aufgetretenen Hakenkreuzschmierereien

403 Vgl. Um Eichmanns Auslieferung, in: TSP vom 28.6.1960.

404 Siehe hierzu z.B. die Meldung von der Festnahme eines Deutschen in Argentinien, der irrtümlich für Bormann gehalten wurde: Bormann in Argentinien verhaftet?, in: FAZ vom 30.9.1960; Wahrscheinlich keine Identität mit Bormann, in: FAZ vom 1.10.1960. Siehe auch Abschnitt III. 4. »Eichmanns gab es viele«: Die Entdeckung der Täter, Mittäter und Helfershelfer.

405 Siehe hierzu den Abschnitt II. 3.1. Die letzten Vorbereitungen.

und der spektakuläre Fall der »Enttarnung« des SS-Arztes Heyde/Sawade einen »braunen Schatten« auf die Bundesrepublik geworfen hatten. Die andauernden Debatten um die Vergangenheit des Bundesministers Theodor Oberländer und des Staatssekretärs im Kanzleramt Hans Maria Globke hatten immer wieder Anlaß geboten, den Umgang mit der NS-Vergangenheit in der Bundesrepublik kritisch zu thematisieren.[406]

Aus innenpolitischer Sicht kam hinzu, daß im September 1961 die Wahlen zum Vierten Deutschen Bundestag stattfanden. Der Prozeß gegen Eichmann fiel somit genau in die heiße Phase des Wahlkampfes. Dies bedeutete, daß jede Äußerung zum Fall Eichmann möglicherweise auch in den aktuellen Wahlkampf hineingezogen werden konnte. Vor diesem Hintergrund war es für die Bundesregierung zweifelsohne wichtig, sowohl ihre Bereitschaft zu betonen, nach Kräften zur bedingungslosen Aufklärung der individuellen Verbrechen Eichmanns beizutragen, als auch die grundsätzliche demokratische Läuterung der Deutschen zu unterstreichen. Außenpolitisch zielte man dabei auf die Festigung der Vertrauenswürdigkeit der Bundesrepublik vor allem in der westlichen Welt. Inwieweit es unter innenpolitischen Gesichtspunkten galt, eine kontroverse Debatte über die auch strafrechtliche Auseinandersetzung mit der Vergangenheit zu vermeiden, die womöglich den Wahlkampf belastet hätte, darüber kann hier nur spekuliert werden. Daß dies jedoch der Fall war, erscheint durchaus plausibel.

Das prominenteste und wichtigste Beispiel für die Position der Bundesregierung war die Erklärung des Bundeskanzlers am Vortag des Prozesses. Einen Tag vor seiner Abreise zu einem Staatsbesuch in die USA widmete sich Adenauer am 10. April 1961 in einer kurzen, im deutschen Fernsehen ausgestrahlten Ansprache dem heiklen Thema. In dieser Rede, die in der deutschen Presse sehr starke Beachtung fand,[407] unterstrich der Bundeskanzler das Interesse der Bundesregierung an Wahrheit und Gerechtigkeit. Gleichzeitig betonte er, daß es im deutschen Volk »heute keinen Nationalsozialismus« mehr gebe und man sich – soweit dies eben möglich sei – um eine zumindest materielle Wiedergutmachung für das den Juden zugefügte Leid bemühe:

»Wir wünschen, daß in diesem Prozeß die volle Wahrheit ans Licht kommt und daß Gerechtigkeit geübt wird.

Nach dem Zusammenbruch Deutschlands waren alle, die an die Arbeit gingen, Deutschland wiederaufzubauen, erfüllt von Scham und Sorge. Wir waren erfüllt von Scham, weil nunmehr zum ersten Male uns, dem deutschen Volk, der furchtbare Abgrund des Nationalsozialismus zum Bewußtsein kam. Wir waren erfüllt von Sorge, weil wir uns fragten, wie es möglich sein würde, dieses Gift aus dem seelischen Empfinden, aus dem seelischen Leben weiter Kreise des deutschen Volkes wieder zu entfernen.

---

406 Siehe hierzu Abschnitt II. 4. Kalter Krieg und »kalte Amnestie« – Der zeitgeschichtliche Hintergrund des Eichmann-Prozesses.

407 In verschiedenen Tageszeitungen fand sich die Meldung über Adenauers Ansprache, die zum Teil im Wortlaut vollständig abgedruckt wurde, auf der ersten Seite. So im *Tagesspiegel*, in der *Frankfurter Allgemeinen Zeitung* und der *Frankfurter Rundschau* vom 11.4.1961.

Wir haben damals sofort Verhandlungen begonnen, um das geschehene Unrecht, soweit das materiell überhaupt möglich ist, wiedergutzumachen. Wir haben dem neuen Staate Israel im Jahre 1952 unsere Hilfe beim Aufbau angeboten. Israel hat den Beitrag zu seinem Aufbau angenommen; dafür waren und sind wir dankbar.

Unsere Sorge war nicht so begründet, wie wir es befürchtet hatten. Im deutschen Volkskörper, im moralischen Leben des deutschen Volkes, gibt es heute keinen Nationalsozialismus mehr, kein nationalsozialistisches Empfinden. Wir sind ein Rechtsstaat geworden.«[408]

Abschließend dankte der Bundeskanzler dem israelischen Ministerpräsidenten David Ben-Gurion dafür, daß dieser auch angesichts des anstehenden Prozesses das Interesse seines Landes an »einem freundschaftlichem Verhältnis zu dem neuen Deutschland« betone und festgestellt habe, »daß die jungen Deutschen nicht für die Untaten vieler Angehöriger der älteren Generation Deutschlands verantwortlich gemacht werden können«.[409]

Wenige Tage später, noch auf Staatsbesuch in den USA, äußerte sich Adenauer im Verlauf eines Fernsehinterviews in ähnlicher Weise.[410] Auch an dieser Stelle betonte er auf entsprechende Fragen, daß man »ruhig und offen diese ganzen Scheußlichkeiten vor der Weltöffentlichkeit, insbesondere auch vor dem deutschen Volk ausbreiten« solle. Und auch bei der Erziehung der Jugend, die ja erst geboren worden sei, nachdem die »Hitler-Geschichte vorbei war«, solle man, so der Bundeskanzler, »nichts verschweigen und nichts beschönigen«.[411] Bemerkenswert ist auch Adenauers abwehrende Antwort auf die Frage, ob die Bundesregierung »irgendwelche Verpflichtungen Eichmann gegenüber als einem deutschen Staatsbürger« habe – womit allem Anschein nach eine eventuelle Übernahme der Verteidigungskosten gemeint waren. Der Bundeskanzler stellte daraufhin mit einem Satz fest, daß Eichmann »kein deutscher Bürger« sei, weshalb die Bundesregierung ihm gegenüber auch »gar keine Verpflichtungen« habe.[412] Hier folgte er der Strategie des Auswärtigen Amtes, möglichst auf Distanz zu Eichmann zu gehen, um sich so nicht dem Vorwurf der Unterstützung des ehemaligen SS-Obersturmbannführers auszusetzen.[413]

---

408 Vor Beginn des Eichmann-Prozesses. Eine Erklärung des Bundeskanzlers im Fernsehen vom 11.4.1961. Hier zitiert nach: Bulletin des Presse- und Informationsamtes der Bundesregierung, Nr. 67 vom 11.4.1961, S. 641.

409 Vgl. ebd.

410 Das Interview gab Bundeskanzler Adenauer am 16. April 1961 in der wöchentlichen Sendereihe der NBC »Meet the Press«. Eine Übersetzung des Interviews sendete das deutsche Fernsehen am 17. April 1961. Die deutsche Übersetzung ist dokumentiert in: Bulletin des Presse- und Informationsamtes der Bundesregierung, Nr. 73 vom 19.4.1961, S. 694-696.

411 Ebd., S. 695.

412 Ebd.

413 Siehe hierzu den Abschnitt II. 3.1. Die letzten Vorbereitungen.

Daß die Sorge um das Ansehen der Bundesrepublik in der politischen Führung der Bundesrepublik weit verbreitet war, zeigt auch ein Interview, das Bundestagspräsident Eugen Gerstenmaier dem amerikanischen Fernsehen im Vorfeld des Prozesses gab. In diesem Interview ging Gerstenmaier auch auf die Frage nach der Bedeutung des Eichmann-Prozesses für das »Ansehen Deutschlands im Ausland« ein. In seiner Antwort betonte er, daß er damit »rechne«, daß der Prozeß »eine schwere Belastung für das Ansehen Deutschlands im Ausland« sein werde. Gleichzeitig unterstrich er aber auch, daß das Verfahren gegen Eichmann auch in Deutschland Beunruhigung auslösen werde, da er »die alte Frage brennend in das Bewußtsein von jedermann bringen wird: Wie konnte das geschehen?«[414]

Neben Bundeskanzler Adenauer und Bundestagspräsident Gerstenmaier meldeten sich unter anderem auch Bundespräsident Heinrich Lübke und der Regierende Bürgermeister von Berlin und damalige SPD-Kanzlerkandidat Willy Brandt zu Wort.[415] Lübke ging am 13. April 1961 im Rahmen einer Ansprache vor der europäischen Kultusministerkonferenz in Hamburg auf den Eichmann-Prozeß ein.[416] In seiner Rede stellte er zunächst angesichts des zwei Tage zuvor begonnenen Prozesses fest, daß dieser zu einem »Symbol und Schandmal« für die »entsetzlichen Verbrechen, die Hitler und seine Gefolgsleute im deutschen Namen verübten«, geworden sei. Sodann betonte er, daß die Deutschen erfüllt seien »von tiefer Scham, daß Mitglieder unseres Volkes sich an solchen Verbrechen beteiligten«. Gleichzeitig verwies er darauf, daß es »um der gleichen Gerechtigkeit willen, deretwegen Eichmann heute vor Gericht steht«, an den Deutschen sei, darauf hinzuweisen, »daß es grundfalsch ist, Nationalsozialisten und Deutsche gleichzusetzen«.[417]

Lübkes Ausführungen legten die Deutung nahe, daß es ihm auch oder besonders vor dem Hintergrund des Eichmann-Prozesses darauf ankam, zwischen Tätern wie Eichmann oder gar Hitler und »den Deutschen« zu unterscheiden. Durch seine Formulierungen und seine ausdrückliche Forderung nach Gerechtigkeit auch für die Deutschen, bot er den Deutschen die Möglichkeit, sich von der Verantwortung für die Ver-

---

414 Fernseh-Interview des Präsidenten des Deutschen Bundestages, Dr. Eugen Gerstenmaier, mit ABC, dokumentiert in: Bulletin des Presse- und Informationsamtes der Bundesregierung, Nr. 66 vom 8.4.1961, S. 635.

415 Genannt seien hier auch die Äußerungen von Altbundespräsident Theodor Heuss und von den Bundestagsvizepräsidenten Carlo Schmid und Thomas Dehler. In Auszügen dokumentiert in: Lamm, Der Eichmann-Prozeß, S. II, V, VI.

416 In Auszügen dokumentiert in: Lamm, Der Eichmann-Prozeß, S. I. Siehe auch: Lübke: Über eine Million Deutsche waren in KZ-Lagern, in: FR vom 15./16.4.1961; Eichmann – Symbol und Schandmal, in: SZ vom 15./16.4.1961; Lübke: Erfüllt von tiefer Scham, in: DW vom 14.4.1961; Lübke: Eichmann nicht typisch für Deutschland, in: TSP vom 15.4.1961.

417 Heinrich Lübke, zit. nach: Lamm, Der Eichmann-Prozeß, S. I.

gangenheit zumindest ein Stück weit zu absentieren. Er sprach zwar von »Scham« angesichts der Tatsache, daß Deutsche (»Mitglieder unseres Volkes«) an den Verbrechen »beteiligt« gewesen seien, aber nicht von einer zumindest politischen oder moralischen Mitverantwortung aller Deutschen für diese Verbrechen. Die letztlich Verantwortlichen für die Verbrechen waren aus seiner Sicht nicht alle Deutschen, sondern eben nur »Hitler und seine Gefolgsleute«. Somit wäre letztlich schon der Hinweis, man sei weder an den Verbrechen beteiligt, noch ein Gefolgsmann Hitlers gewesen, ausreichend, um nicht in der Verantwortung zu stehen.

Während sich Lübke nicht gesondert zum Fall Eichmann zu Wort meldete, sondern seine Ansichten zu diesem Thema im Rahmen einer davon unabhängigen Veranstaltung äußerte, meldete sich Brandt verschiedentlich ausdrücklich zum Prozeß zu Wort – so beispielsweise in einem Interview vom 10. April 1961 für die norwegische Zeitung *Aftenposten*[418] und in einer vom Berliner Radiosender RIAS ausgestrahlten Rundfunkansprache vom 16. April 1961.[419] In seinem Interview am Vortag des Prozeßbeginns warnte Brandt davor, dem Eichmann-Prozeß mit allzu großer Ängstlichkeit zu begegnen und betonte dessen »positive Seiten für Deutschland«, die er in einer erneuten Auseinandersetzung mit der Vergangenheit erblickte:

> »Er [der Eichmann-Prozeß, P.K.] wird uns zwingen, das Ganze nocheinmal zu durchdenken. Was geschehen ist, muß der jungen Generation ganz klargemacht werden. Aber man kann der jungen Generation nicht eine Verantwortung aufbürden, die sie nicht hat. Der Prozeß wird zugleich den verantwortlichen Persönlichkeiten im heutigen Deutschland die Möglichkeit geben, so deutlich wie möglich klarzustellen, daß die Bundesrepublik das Gegenteil des früheren Hitler-Deutschlands ist.«[420]

Auch in seiner Radioansprache betonte Brandt, daß der Eichmann-Prozeß genutzt werden sollte, um sich offen und ehrlich mit der Vergangenheit auseinanderzusetzen. Er erinnerte daran, daß das Ansehen der Deutschen nicht nur von ihren gegenwärtigen Taten, sondern auch von ihrem Umgang mit der Vergangenheit abhänge:

> »So unbequem auch dieser Prozeß vielfach empfunden werden mag, wir sollten das Urteil der Welt nicht fürchten. Wir sollten uns auch an den aufgeworfenen Fragen nicht vorbeidrücken, sondern uns offen und ehrlich mit ihnen auseinandersetzen. [...] Uns Heutige beurteilt die Welt nach unseren heutigen Taten und nach unserer Haltung in der Gegenwart, natürlich auch nach unserer Haltung gegenüber der Vergangenheit.«[421]

Willy Brandt sah im Eichmann-Prozeß eine Gelegenheit, sich der Vergangenheit zu stellen und vor allem die Jugend über die Vergangenheit aufzuklären, sowie die Bundes-

---

418 Vgl. Brandt: Eichmann-Prozeß hat auch positive Seiten, in: DW vom 11.4.1961; Adenauer dankt Ben Gurion am Beginn des Eichmann-Prozesses, in: FAZ vom 11.4.1961.

419 In Auszügen dokumentiert in: Lamm, Der Eichmann-Prozeß, S. VII.

420 Zit. nach: Adenauer dankt Ben Gurion am Beginn des Eichmann-Prozesses, in: FAZ vom 11.4.1961.

421 Zit. nach: Lamm, Der Eichmann-Prozeß, S. I.

republik – und dies durchaus selbstbewußt – als das vom Nationalsozialismus geläuterte Deutschland darzustellen. Dabei sah er die Deutschen in einer gemeinsamen Verantwortung für die Vergangenheit, was sich nicht zuletzt auch in einer gemeinsamen Scham – unter Rückgriff auf Theodor Heuss verwendet auch er den Begriff »Kollektivscham« – jedes »verantwortungsbewußte[n] Deutsche[n]« ausdrücken sollte. Die Sorge, daß der Prozeß dem Ansehen der Bundesrepublik Schaden zufügen könnte, teilte er nicht, vielmehr versuchte er, den Deutschen ihre möglichen Ängste vor dem Prozeß zu nehmen.

Bemerkenswert ist hier nun, daß weder die Ausführungen Lübkes, noch das Zeitungsinterview und die Radioansprache Brandts in der hier untersuchten Presse auch nur annähernd ein derart starkes Echo fanden wie die Fernsehansprache des Bundeskanzlers. Dies ist ein deutliches Indiz dafür, daß den Worten Adenauers das größte Gewicht beigemessen wurde, auch wenn es sich bei den anderen Politikern um den Bundespräsidenten und den Kanzlerkandidaten der größten Oppositionspartei handelte.

Abgesehen von den verschiedenen Äußerungen zu Beginn des Eichmann-Prozesses fanden sich *während* des Prozesses kaum Äußerungen von Seiten der bundesdeutschen Politik zum Prozeßverlauf, die in der Öffentlichkeit größere Aufmerksamkeit erfuhren. Eine gewisse Ausnahme zu dieser relativen Zurückhaltung bei der Kommentierung des Prozeßverlaufs seitens der bundesdeutschen Politik bildeten die Stellungnahmen der Bundesregierung bzw. aus dem Kanzleramt und seitens der SPD zur wiederholten namentlichen Erwähnung Globkes im Laufe des Verfahrens. Während man auf Seiten der Bundesregierung bemüht war, die Bedeutung der entsprechenden Aussagen und Dokumente zu relativieren, um Globke zu entlasten, nutzte die SPD die Gelegenheit dazu, seinen Rücktritt zu fordern.[422]

Im Gegensatz dazu gab es wiederum auch zur Urteilsverkündung und zur Hinrichtung Eichmanns nur wenige kurze, um sachliche Distanziertheit bemühte Kommentare. Dies mag vor allem daran gelegen haben, daß weder die Verurteilung, noch das Strafmaß und die Urteilsvollstreckung überraschend kamen und auch nur von wenigen ernsthaft kritisiert wurden. Von den wichtigsten politischen Gruppen und Institutionen der Bundesrepublik wurden sowohl das Urteil als auch die Urteilsvollstreckung im Kern als angemessen, gerechtfertigt und juristisch einwandfrei angesehen, wobei allenfalls die Ansicht vertreten wurde, daß auch die Todesstrafe keine ausreichende Sühne für die begangenen Verbrechen sei.[423]

---

422 Siehe hierzu die Abschnitte: III. 4. »Eichmanns gab es viele«: Die Entdeckung der Täter, Mittäter und Helfershelfer; und Abschnitt II. 4. Kalter Krieg und »kalte Amnestie« – Der zeitgeschichtliche Hintergrund des Eichmann-Prozesses.

423 Siehe hierzu: Eichmann zum Tode verurteilt, in: SZ vom 16./17.12.1961; Eichmann zum Tode verurteilt, in: FR vom 16./17.12.1961; Bundesregierung: Urteil hat nicht überrascht, in: DW vom 16./17.12.1961; »Sühne eines Verbrechens«, in: DW vom 2.6.1962.

5.3. Die Reaktionen der christlichen Kirchen in Deutschland

5.3.1. Die Katholische Kirche

Nicht nur Politiker äußerten sich zum Fall Eichmann auch die Kirchen in Deutschland meldeten sich zu Wort. So nutzten die katholischen Bischöfe ihre unter dem Vorsitz des Kölner Erzbischofs Joseph Kardinal Frings abgehaltene Bühler Frühjahrskonferenz im Mai 1961, um als gemeinsames Hirtenwort eine »Erklärung der deutschen Bischöfe zum Eichmann-Prozeß« zu verabschieden.[424]

Darin stellten sie zunächst fest, daß die deutschen Katholiken angesichts des Prozesses »tief betroffen« darüber seien, »daß so furchtbares Unrecht durch Menschen aus unserem [dem deutschen, P.K.] Volk geschehen konnte«. Die durch den Prozeß erneut aufgeworfene Frage, wie es zum Holocaust, »zu dieser entsetzlichen Schändung der Menschenwürde und zur Vernichtung ungezählter Menschenleben kommen konnte«, beantworteten die Bischöfe mit dem Verweis auf die Verantwortung der »politische[n] Führung«. »Solches ist geschehen,« so die Bischöfe, »weil die politische Führung unseres Volkes sich angemaßt hat, ewige Gesetze Gottes außer Kraft zu setzen.«[425] Über eine etwaige Mitverantwortung oder gar Mitschuld der Deutschen, der *normalen* Bürger und des einfachen Soldaten, äußerten sich die Bischöfe hingegen nicht. Die Verantwortlichen für das Morden kamen zwar aus »unserem Volk«, enthoben sich aber aus ihm, in dem sie zur »Führung« wurden. Nicht die Vielen, nicht das Volk, sondern die Wenigen, die Führung, waren die Verantwortlichen, waren die Täter.

Dieser Schuldzuweisung an die Führung und der darin gleichzeitig enthaltenen Entlastung für die deutsche Bevölkerung – für den »kleinen Mann« – folgte ein Aufruf zur materiellen Wiedergutmachung und – an die deutschen Katholiken gerichtet – zum Gebet mit der Bitte um Verzeihung. In diesem Aufruf wird aber nicht nur jene verantwortliche »Führung«, die sich »angemaßt hat, ewige Gesetze Gottes außer Kraft zu setzen«, sondern die gesamte deutsche Bevölkerung in die Pflicht genommen. »Unser Volk muß,« so das Hirtenwort, »das Menschenmögliche tun, das am jüdischen Volk und an anderen Völkern verübte Unrecht wiedergutzumachen. Materielle Wiedergutmachung ist notwendig, aber sie allein genügt nicht. Deshalb rufen die Bischöfe die deutschen Katholiken auf, im Geiste der Sühne Gott um Verzeihung anzuflehen für die Sünden, die durch Angehörige unseres Volkes geschehen sind, und um die Gesinnung des Friedens und der Versöhnung zu bitten.«[426]

---

424 Dokumentiert in: Freiburger Rundbrief, XIII. Folge (1960/61), Nr. 50/52, S. 3.
425 Ebd.
426 Ebd.

Hier zeichnete sich eine Unstimmigkeit, ja sogar eine gewisser Widerspruch innerhalb der Erklärung ab. Zum einen wird nur der kleine Kreis der »Führung« als an den Verbrechen schuldig benannt, zum anderen aber wird gleichzeitig die gesamte Bevölkerung für diese Verbrechen in Haftung genommen und zur Wiedergutmachung aufgefordert. Dieses widersprüchlich anmutende Verlangen seitens der Bischöfe läßt sich wohl nur mit ihrem Bemühen erklären, Schuldige zwar zu benennen, ohne aber auch gleichzeitig die gesamte deutsche Bevölkerung als schuldig oder zumindest mitschuldig zu bezeichnen, aber diese dennoch nicht aus der Verantwortung zu entlassen. Offensichtlich wollte die Kirchenführung den Eindruck vermeiden, sie wolle mit ihrer Erklärung der These von der deutschen Kolletivschuld das Worten reden, dennoch aber die Menschen an ihr vergangenes Tun und Unterlassen erinnern.

Am Ende des gemeinsamen Hirtenwortes folgt eine eindringliche Mahnung an die Adresse der Politik und der Medien. Die »Männer und Frauen«, die »in unserem Volk Verantwortung tragen« – also die heutige Führung, und nicht die einfachen Menschen – werden von den Bischöfen aufgefordert, »jeden Versuch zu wehren, erneut Gottes Gebote außer Kraft zu setzen«, um für die Zukunft die Menschenrechte zu sichern.[427] Und diejenigen, »die die öffentliche Meinung mitgestalten«, ermahnten sie, nicht nur die negativen Seiten der jüngsten deutschen Geschichte zu thematisieren, sondern – vor allem als Beispiel für die Jugend – die »Erinnerung an jene selbstlosen Frauen und Männer lebendig zu erhalten, die in diesen dunklen Stunden unserer Geschichte den Verfolgten unter Einsatz ihres Lebens geholfen und oft bis in den Tod mit ihnen gelitten haben«.[428] So endet die Erklärung nicht mit einer Verurteilung der Täter und der Aufforderung, sich der Verantwortung zu stellen und die Vergangenheit schonungslos zu erhellen, sondern mit der Forderung, sich besonders derjenigen unter den Deutschen zu widmen, die sich den Mördern in den Weg gestellt hatten. Zu den Gerüchten, daß Eichmann nicht zuletzt mit Hilfe katholischer Geistlicher über Italien nach Argentinien hatte fliehen können, äußerte sich die Bischofskonferenz hingegen nicht.

Welch große Bedeutung die Bischöfe dem Eichmann-Prozeß zuschrieben, zeigt auch der Umstand, daß sie über die Erklärung hinaus auf ihrer Bühler Konferenz ein »Gebet für die ermordeten Juden und ihre Verfolger« verfaßten, welches am 11. Juni 1961 in allen katholischen Kirchen gebetet wurde.[429] Das Gebet schließt für die, die »mitschuldig geworden sind«, sowohl die Bitte um »Einsicht« und »Umkehr«, als auch um Vergebung für die »unermeßliche Schuld, die menschliche Sühne nicht tilgen kann«, mit ein. Für die Opfer wurde um Trost und um Heilung für die »Wunden, die den Seelen geschlagen wurden«, gebetet.[430]

427 Vgl. ebd.

428 Vgl. ebd.

429 Dokumentiert in: Freiburger Rundbrief, XIII. Folge, 1960/61, Nr. 50/52, S. 3.

430 Vgl. ebd.

Aber die Aktivitäten von Seiten der Katholischen Kirche gingen über Erklärungen und Gebete hinaus. Man zeigte sich sehr darum bemüht, sich mit dem Problem der Verantwortung und Schuld im Nationalsozialismus auch tiefergehend auseinanderzusetzen. So veranstaltete die Katholische Akademie Bayern am 18. und 19. November 1961 in München – also nach den Schlußplädoyers der Anklage und der Verteidigung, aber noch vor der erstinstanzlichen Verurteilung Eichmanns – eine Tagung zum Thema »Möglichkeiten und Grenzen für die Bewältigung historischer und politischer Schuld in Strafprozessen«.[431] Am Beispiel der Nürnberger Prozesse und des aktuellen Eichmann-Prozesses untersuchten die Teilnehmer verschiedene Aspekte dieser Problematik. Unter den Referenten und Diskussionsteilnehmern befanden sich sowohl Juristen und Historiker als auch Theologen, unter anderem der ehemalige Marinerichter und Verteidiger von Admiral Dönitz in Nürnberg, Otto Kranzbühler, der Theologe Johannes Hirschmann, sowie der damalige Leiter der Zentralen Stelle in Ludwigsburg, Erwin Schüle. Die Bandbreite der verschiedenen Referate war aufgrund dieses unterschiedlichen fachlichen und persönlichen Hintergrunds der Tagungsteilnehmer relativ groß. Sie reichte von der Erörterung rein juristischer Probleme[432] und der über den Nationalsozialismus hinausreichenden Analyse totaler Herrschaft[433] bis hin zu exemplarischen Betrachtungen von Otto Kranzbühler über die Nürnberger Prozesse[434] und von Erwin Schüle über den Eichmann-Prozeß.[435]

Dafür, daß die Tagung der Katholischen Akademie in der Öffentlichkeit auch beachtet wurde, spricht das Echo, das die Münchner Veranstaltung in der Presse fand.[436] Die Tagung habe, so stellte beispielsweise Paul Wilhelm Wenger in der Wochenzeitung

---

431 Die Referate der Tagung sind dokumentiert in: Karl Forster (Hg.), Möglichkeiten und Grenzen für die Bewältigung historischer und politischer Schuld in Strafprozessen. Studien und Berichte der Katholischen Akademie in Bayern, Heft 19. Würzburg 1962.

432 Siehe die Vorträge von Albert Mösl, Das Problem der prozessualen Behandlung politischer Morde, und Karl S. Bader, Politische und historische Schuld und die staatliche Rechtssprechung. Beide in: ebd., S. 37-62 , bzw. S. 107-129.

433 Siehe den Vortrag von Hans Buchheim, Die Lebensbedingungen unter totalitärer Herrschaft, in: ebd., S. 87-106.

434 Otto Kranzbühler, Wert und Unwert historischer Strafprozesse erörtert am Nürnberger Beispiel, in: ebd., S. 13-36.

435 Erwin Schüle, Die strafrechtliche Aufarbeitung des Verhaltens in totalitären Systemen – Der Eichmann-Prozeß aus deutscher Sicht, in: ebd., S. 63-86.

436 Neben den nachfolgend zitierten Artikeln sei hier vor allem auf den Bericht von Günther Gillessen, Schuld und Sühne in politischen Prozessen, in: FAZ vom 23.11.1961 und Albert Wucher, Historische Schuld vor den Schranken des Gewissens, in: SZ vom 23.11.1961 verwiesen. Der während der Tagung gehaltene Vortrag von Hans Buchheim, Wo man sich nicht normal verhalten kann. Lebensbedingungen unter totalitärer Herrschaft, ist dokumentiert in: FAZ vom 13.12.1961.

Rheinischer Merkur befriedigt fest, zur Konfrontation des »Dekalogs« mit den »gigantischen Untaten des Dritten Reiches geführt«. Insofern sah Wenger die Veranstaltung durchaus als gelungen an. Kritisch hingegen bewertete er die verschiedenen, vor allem von Kranzbühler stammenden Attacken gegen die Nürnberger Prozesse.[437]

Besondere Aufmerksamkeit erregte der Auftritt des Eichmann-Verteidigers Robert Servatius. Dieser hatte in der im Anschluß an das Referat über den Eichmann-Prozeß von Erwin Schüle folgenden Diskussion behauptet, daß das »Problem Eichmann nicht justiziabel« sei und »irdische Gerechtigkeit« in diesem Falle nicht entscheiden könne, da es sich um »höhere Schuld« handele und doch letztlich »um den Ausgleich politischer Gegensätze« ginge. Entsprechend seiner Verteidigungsstrategie rückte er Eichmann auf die Stufe eines einfachen, nur mit geringen Kompetenzen ausgestatteten Untergebenen, der nur durch besondere Umstände derart weitreichend in die Durchführung der »Endlösung« verstrickt worden sei. Seine Schlußfolgerung: »Im Fall Eichmann,« so Servatius, »ergaben sich Situationen, in die wir alle morgen hineinkommen können.«[438] Das Auditorium reagierte auf diese Ausführungen mit Unruhe und Pfiffen.[439]

5.3.2. Die Evangelische Kirche

Wie die Bischöfe der katholischen Kirche, so meldeten sich auch Würdenträger der evanglischen Christen zu Wort. Ähnlich wie die katholischen Bischöfe, nutzten die Vertreter der Evangelischen Kirche in Deutschland ihre im Februar 1961 in Berlin tagende Synode, um im Vorfeld des Eichmann-Prozesses eine gemeinsame öffentliche Erklärung zu verabschieden.[440] Im Vergleich zum katholischen Hirtenwort ist an dieser am 17. Februar beschlossenen Entschließung die deutliche Betonung der historischen Zusammenhänge von Verfolgung und Ermordung der europäischen Juden, deutscher Niederlage und deutscher Teilung auffällig. Der Prozeß in Israel, so die Entschließung der EKD-Synode, konfrontiere »unser geteiltes Volk« – sprich: die Deutschen in West wie in Ost – mit den »geschichtlichen Ursachen« der »Katastrophe von 1945«.[441]

---

437 Vgl. Paul Wilhelm Wenger, »Moses und Eichmann« – Zum Problem der historischen und politischen Schuld in Strafprozessen, in: RhM Nr. 49 vom 1.12.1961, S. 4-5.

438 Robert Servatius zitiert nach: Servatius: Was ist politischer Mord, in: DW vom 20.11.1961.

439 Vgl. ebd. Siehe zum Auftritt von Servatius und den Reaktionen des Publikums auch Deutschkron, Israel und die Deutschen, S. 138.

440 Die Entschließung der Berliner Synode der EKD ist dokumentiert in: Freiburger Rundbrief, XIII. Folge (1960/61), Nr. 50/52, S. 63, und in: Lamm, Der Eichmann-Prozeß, S. 61-62. Zum Presseecho siehe beispielsweise FAZ vom 18.2.1961. Alle folgenden Zitat stammen aus: Freiburger Rundbrief.

441 Vgl. ebd.

Wie schmerzhaft die Tatsache der Teilung durch den Prozeß hervortrete, werde darin deutliche, daß eben diese Teilung das entscheidende Hindernis für eine durchaus wünschenswerte Aburteilung Adolf Eichmanns in Deutschland sei. »Wären wir imstande,« so ist zu lesen, »uns als ganzes Volk unserer Vergangenheit zu stellen, müßte ein Urteil über Eichmann vor einem gesamtdeutschen Gericht im Namen des ganzen deutschen Volkes ergehen. Daß wir das nicht vermögen, offenbart unsere wahre Lage.«[442]

Inwieweit mit dieser »wahren Lage« nur die Teilung und deren politische Folgen gemeint waren, oder unabhängig davon auch die grundsätzliche Bereitschaft der Deutschen, sich der nationalsozialistischen Vergangenheit zu stellen, bleibt dabei unklar.

Aber auch wenn die Niederlage des nationalsozialistischen Deutschlands als die »Katastrophe von 1945« bezeichnet und die als schmerzlich empfundene Teilung am Anfang der Entschließung in den Blick gerückt wurde, widmeten sich die Synodalen vor allem der Frage nach der Verantwortung der Deutschen für die in Jerusalem erneut ins Gedächtnis gerufene Ermordung der europäischen Juden. So wird in der Entschließung unmißverständlich die Verantwortung aller Deutschen für dieses Verbrechen betont und die Entschuldigung mit den angeblichen Zwängen des Befehlsnotstands in Frage gestellt:

»Wir dürfen angesichts des Frevels, für den wir als Volk die Verantwortung tragen, Augen und Ohren nicht verschließen. Alle überlebenden Deutschen, die in urteilsfähigem Alter die Greuel der Judenvernichtung miterlebt haben, auch die, welche jüdischen Mitbürgern in ihrer Bedrängnis beigestanden haben, müssen vor Gott bekennen, durch Mangel an wachsamer und opferbereiter Liebe mitschuldig geworden zu sein.

In unserer Mitte leben solche, die vorsätzlich und aktiv, wenn auch nur als ›kleine Befehlsempfänger‹, an der Ermordung der sechs Millionen Juden mitgewirkt haben.«[443]

Aus dieser Überzeugung heraus und im Glauben, daß »keine Schuld [...] so groß [sei], daß sie ausgenommen wäre von der Vergebung Gottes«, ermutigten die Synodalen jeden, sich dem eigenen Versagen und der eigenen Schuld zu stellen und auch gegebenenfalls die »irdische Sühne« auf sich zu nehmen.[444] Hier unterscheidet sich die Entschließung der EKD-Synode deutlich von der Bühler Erklärung der deutschen Bischöfe. Während auf der einen Seite ausdrücklich allen »überlebenden Deutschen«, die zur Zeit des »Dritten Reiches« in »urteilsfähigem Alter« waren – und sogar auch denen, die den Verfolgten beigestanden hatten –, eine Mitschuld angelastet wird, so wird von katholischer Seite nur der ehemaligen Führung die Schuld an den Verbrechen zugeschrieben, wenn auch alle Deutschen letztlich Wiedergutmachung zu leisten hätten.

---

442 Ebd.
443 Ebd.
444 Vgl. ebd.

Eine weitere wichtige Stellungnahme der evanglischen Christen war die Erklärung »Juden und Christen« des 10. Deutschen Kirchentages in Berlin (vom 19. bis 23. Juli 1961).[445] Diese Erklärung beschränkte sich nicht allein auf die Verdammung des Antisemitismus und auf das Eingeständnis einer Mitverantwortung und Mitschuld der »evangelischen Christen in Deutschland« an den Verbechen gegen die Juden, sondern enthielt vielmehr einen an die »deutsche Öffentlichkeit« gerichteten, vier Punkte umfassenden Forderungskatalog für den Umgang mit der nationalsozialistischen Vergangenheit. Im »Zeichen des Umdenkens und der Umkehr« wird darin erstens gefordert, die Jugend über die Zeit des Nationalsozialismus nicht im Unklaren zu lassen, sondern offen und ehrlich über die Wahrheit des Nationalsozialismus aufzuklären. »Eltern und Erzieher sollten gegenüber der jungen Generation das Schweigen brechen, eigenes Versagen eingestehen und die Ursprünge der Verbrechen ans Licht bringen, damit wir gemeinsam lernen, unsere Gegenwart zu bestehen.«[446]

Zweitens warnte die Erklärung vor der »Unmenschlichkeit zwangsläufiger Befehlssysteme« als einer »Möglichkeit moderner Gesellschafts- und Staatsorganisationen«, wobei dem »sogenannten Befehlsnotstand« die persönliche Verantwortung entgegengesetzt wird:

> »Wir müssen bereit sein, eigene politische Verantwortung auch unter Risiko wahrzunehmen. Personen, die an der Vorbereitung und Durchführung von Verfolgungen beteiligt waren, sollten aus führenden Ämtern ausscheiden.«[447]

Drittens erinnerte die Erklärung an die Verpflichtung der Deutschen, jüdisches Leben in Deutschland »nach bestem Vermögen zu förden« und gegenüber den »ehemals ›Rasseverfolgten‹« »materielle Entschädigung« zu leisten. Darüberhinaus, seien die Deutschen verpflichtet, »den Aufbau und den Frieden des Staates Israel und seiner arabischen Nachbarn« zu unterstützen.[448]

Und schließlich wurde am Ende der Erklärung betont, daß auch gegen den in der christlichen Kirche tradierten Antisemitismus angegangen werden müsse, damit sich ein neues Verhältnis zum Judentum entwickeln könne. »Eine neue Begegnung mit dem von Gott erwählten Volk«, so heißt es, »wird die Einsicht bestätigen oder neu erwekken, daß Juden und Christen gemeinsam aus der Treue Gottes leben, daß sie ihn preisen und ihm im Lichte der biblischen Hoffnung überall unter den Menschen dienen.«[449]

---

445 »Juden und Christen«, Erklärung der christlichen Teilnehmer der Leitung der Arbeitsgruppe 6 des 10. Deutschen Evangelischen Kirchentages vom 19. bis 23. Juli 1961 in Berlin, dokumentiert in: Freiburger Rundbrief, XIII. Folge (1960/61), Nr. 50/52, S. 63-64.

446 Ebd., S. 63.

447 Ebd.

448 Vgl. ebd., S. 63f.

449 Ebd., S. 64.

In seinem detaillierten Kommentar zu dieser Erklärung unterstrich der Berliner Historiker Karl Kupisch, der während des Kirchentages zu den Referenten der für die Ausarbeitung der Erklärung verantwortlichen Arbeitsgruppe gehörte, den praktischen politischen Gehalt der darin enthaltenen vier Forderungen. Vor allem die Forderung nach Aufklärung der Jugend und die Betonung der persönlichen Verantwortung jedes einzelnen im Gegensatz zur gängigen Entschuldigung mit dem – tatsächlichen oder angeblichen – Befehlsnotstand wurde von ihm hervorgehoben und präzisiert. In Bezug auf die Erziehung der Jugend sah er in einem »Beschweigen« der Vergangenheit eine große Gefahr für die Zukunft. Einzig die ehrliche Erinnerung und offene Anerkennung der Schuld sei der richtige Weg des Umgangs mit der Vergangenheit. »Wer sich hinter einer Mauer des Schweigens verbirgt,« so Kupisch, »bereitet neuem Unheil den Weg und hat seine hohe Erziehungsaufgabe gröblich verletzt. Wir sind jedoch der Jugend eine rückhaltlose Aufklärung schuldig, auch wenn hierbei das Bekenntnis eigenen Versagens und falschen Denkens laut werden muß. Gerade das wird der junge Mensch als eine Befreiung empfinden, wenn die ältere Generation sich mit unter die Schuld stellt, die unser Volk mit den Judenverfolgungen auf sich geladen hat.«[450]

Ein Anzeichen für die negativen Folgen des Schweigens sah Kupisch in dem weitverbreiteten – und in seinen Augen – unreflektierten Antikommunismus des Kalten Krieges, für ihn spezieller Ausdruck einer »Pseudopolitik« und des Nihilismus, der seiner Überzeugung nach seine Wurzeln im überkommenen Antisemitismus habe:

> »Es gibt intellektuelle Sünden, die deshalb so nachhaltige Folgen haben, weil sie aus dem ›Stummsein‹ kommen. Ihr Kennzeichen ist die unheilvolle ›Anti-Stimmung‹. Was gestern als Antisemitismus auftrat, stößt heute in die Fanfare des Antikommunismus. Das gilt es zweifelsfrei zu erkennen, um zu verstehen, welche tödlichen Gefahren uns drohen, wenn diese Pseudopolitik des ›Anti‹, d.h. des nihilistischen Nein, unser Dasein bestimmt.«[451]

Die Kritik an der aktuellen Politik in den Zeiten des Kalten Krieges führte er in seinen Erläuterungen mit einer klaren Absage an die These vom angeblich zwingenden Befehlsnotstand weiter aus. Dabei fand Kupisch harte Worte für die Rechtfertigung mit dem Zwang von Befehl und Gehorsam. »Es gilt deutlich zu erkennen,« so der Historiker, »daß hinter diesen ›Entschuldigungen‹ nicht nur eine grenzenlose Feigheit und seelische Rohheit steckt, sondern auch das stillschweigende, wenn auch freilich offen nicht zugegebene Eingeständnis, daß man, als es noch Zeit war, auch nichts getan hat, um derartige Zwangsverhältnisse zu verhindern. Leider hat der größte Teil unseres Vol-

450 Karl Kupisch, Rudolf Weckerling, Der Berliner Kirchentag zur Judenfrage, in: Blätter für deutsche und internationale Politik, 6. Jg. (1961), H. 8, S. 762-765, hier: S. 763.

451 Ebd., S. 763f.

kes, angeblich um geordnete Zustände zu erwirken, diese staatlichen Befehlssysteme mit ihrer den einzelnen Menschen verachtenden Maschinerie, herbeigerufen.«[452]

Diesem menschenverachtenden »staatlichen Befehlssystem« stellte Kupisch die Demokratie entgegen, in der sich jeder Bürger am politischen Geschehen beteiligt und nicht alles der Obrigkeit überläßt. Als ganz konkreten Schritt in diese Richtung und demonstrative Absage an die alte Denkungsart forderte er einen personellen Austausch in den hohen Positionen der Gesellschaft, das heißt die Entfernung ehemaliger Nazis aus wichtigen gesellschaftlichen und politischen Positionen:

»Wir sollten es nicht dulden, daß heute in führenden Ämtern der verschiedensten Art, schon wieder oder noch Männer (auch Frauen) sitzen, die einst einen aktiven Antisemitismus praktizierten. Sie sollten, wenn es ihnen um Deutschlands Gesundung Ernst ist, von sich aus ihre Plätze verlassen.«[453]

Diese Forderung, die Kupisch in voller Übereinstimmung mit der Erklärung des Kirchentages formulierte, war ein Indiz für die Unzufriedenheit mit der stillschweigenden Entlastung ehemaliger Funktionsträger des »Dritten Reiches« und ihre annähernd reibungslose Übernahme in die Führungsebenen der Bundesrepublik in Teilen der Bevölkerung. Politische Relevanz erhielt diese allgemein gehaltene Aufforderung an jene ehemaligen Funktionsträger, ihre »Plätze zu verlassen«, durch den Bezug auf die durch den Eichmann-Prozeß neu geschürte Debatte um die Rolle von Globke bei der Formulierung der Kommentare zu den Nürnberger Gesetzen.

Von nicht unerheblicher Bedeutung für die Gewichtung der Äußerungen aus den Reihen der Evangelischen Kirche war, daß der einzige deutsche Zeuge, den der israelische Generalstaatsanwalt Hausner für die Anklage in den Zeugenstand in Jerusalem gerufen hatte, der Berliner evangelische Geistliche Propst Heinrich Grüber war. Als Mitglied der Bekennenden Kirche und Gründer einer Hilfsorganisation für die von den Nazis Verfolgten hatte Grüber durch sein mutiges Verhalten in der Zeit des Nationalsozialismus vielen Juden das Leben gerettet.[454] Damit war es der Evangelischen Kirche möglich, im unmittelbaren Zusammenhang mit dem Prozeß auf ein Beispiel von Standhaftigkeit und Widerstand in den eigenen Reihen zu verweisen.

So fand auch der Bischof von Berlin-Brandenburg, Otto Dibelius, in seiner im Berliner *Tagesspiegel* veröffentlichten Würdigung Probst Grübers zu dessen 70. Geburtstag ausschließlich lobende Worte für den prominenten Zeugen.[455] Seine Aussage in

---

452 Ebd., S. 764.

453 Ebd.

454 Siehe hierzu Abschnitt: II. 3.2. Die Anklage.

455 Bischof Dr. Otto Dibelius, Propst Grüber zum 70. Geburtstag, in: TSP vom 24.6.1961. Desweiteren sei verwiesen auf die zehnseitige, von »Studentenpfarrer« Rudolf Weckerling verfaßte Würdigung Grübers, Propst Dr. Heinrich Grüber. Aus Anlaß seines 70. Geburtstages, in: Blätter für deutsche und internationale Politik, 6. Jg. (1961), H. 6, S. 545-554.

Jerusalem habe, so der Bischof, auch die andere Seite der Deutschen gezeigt, denn mit ihm sei jemand in den Zeugenstand getreten, »der von selbstloser deutscher Hilfsbereitschaft für die jüdischen Mitbürger erzählen konnte«, was »in aller Welt tiefen Eindruck gemacht« habe. Dibelius sah darin einen »Dienst«, für »ganz Deutschland, vor allem aber für die Kirche«, den man Grüber nicht vergessen werde.[456]

Heinrich Grüber selbst meldete sich auch außerhalb des Jerusalemer Gerichtssaal zum Umgang mit der Vergangenheit und dem Fall Eichmann zu Wort. Daß er von seiner für manchen Zeitgenossen unbequemen streitbaren Standhaftigkeit nichts eingebüßt hatte, zeigten seine direkten Worte an die Adresse all jener, die sich der Auseinandersetzung mit der eigenen Verantwortung und Schuld verweigerten. Vor allem jene, die sich zur Zeit des Nationalsozialismus aus der »Gefahrenzone« begeben hatten und nun der »eigenen Schuldfrage« auswichen, erregten seinen Unmut.[457] Grüber warf ihnen in einem im Mai 1961, einen Monat nach Prozeßbeginn, veröffentlichten Aufsatz vor, sie hätten an der Durchführung der Pläne Eichmanns nicht geringen Anteil gehabt:

»Diejenigen, die einst ihre Türe vor den Verfolgten verschlossen, sollten besser still schweigen und nicht so tun, als ob mit ihnen eine neue Zeit anbreche und als ob gerade sie die Garanten eines anderen und besseren Deutschland seien. Daß Eichmann seine grausigen Pläne tatsächlich fast bis zur ›Endlösung‹ durchführen konnte, ist ja nur dadurch möglich gewesen, daß die einen ›Heil‹ heulten und die anderen ebenso tapfer schwiegen.«[458]

Auch die Kirche entließ Grüber nicht aus der Pflicht, sich mit den eigenen Versäumnissen ehrlich auseinanderzusetzen. Denn auch die Kirchen hätten durch ihr langes Schweigen und ihre Tatenlosigkeit ihren Anteil daran, daß »menschliche Unbarmherzigkeit und Grausamkeit ihre Orgien [feierte]«.[459] Sowohl das Versagen im Eintreten für die »Barmherzigkeit Gottes« als auch die Tatsache, daß einzelne Vertreter der Kirchen oder gar ganze Gemeinden »weithin in den Sog des Nationalsozialismus geraten waren«, waren für Grüber ein Teil der Schuld der Kirchen.[460]

Dabei ging er nicht nur mit den Deutschen und den Kirchen hart ins Gericht. Er forderte auch das Ausland auf, sich der eigenen Schuld, die aus der Verweigerung tätiger Hilfe für die Verfolgten entstanden sei, zu stellen. »Wenn in den verschiedenen Ländern«, so Heinrich Grüber, »nur ein Bruchteil des Verantwortungsbewußtseins lebendig gewesen wäre, wie man es heute gegenüber Unterdrückten, Flüchtlingen und Verfolgten an den Tag legt, dann hätten sicher Hunderttausende, vielleicht Millionen

456 Bischof D. Dr. Otto Dibelius, Propst Grüber zum 70. Geburtstag, in: TSP vom 24.6.1961.

457 Heinrich Grüber, Zum Fall Eichmann, in: Blätter für deutsche und internationale Politik, 6. Jg. (1961), H. 5, S. 450-452.

458 Ebd., S. 450.

459 Vgl. ebd.

460 Vgl. ebd.

gerettet werden können, die später ein Opfer der sogenannten Eichmannschen ›Endlösung‹ wurden«.[461]

Für Grüber war vor allem eine differenzierte Betrachtung der Vergangenheit von entscheidender Bedeutung. So wie es Versagen und Schuld im Ausland gegeben habe, so habe es in Deutschland auch Menschen gegeben, die »widerstanden und widersprochen haben«. Aus diesem Grund stand er jedem »Kollektivurteil über die Deutschen« mehr als skeptisch gegenüber.[462] Unabdingbar war für ihn aber zu allererst die offene und ehrliche Auseinandersetzung mit der Vergangenheit und das klare Erkennen des eigenen Versagens, der eigenen Verantwortung und Schuld. Und auch wenn er die im Ausland lautgewordenen Kollektivurteile gegen die Deutschen ablehnte, stand es für ihn außer Frage, daß kein Deutscher frei von »Versagen und Versäumen« oder gar Schuld war. Besonders denjenigen, die in der Zeit des Nationalsozialismus »in der Verantwortung gestanden« hatten, stünde es gut an, »in dem Urteil, das über Eichmann gesprochen wird, ein ›mitschuldig‹ [zu] hören«.[463]

Aus dieser Überzeugung heraus plädierte er für einen ehrlichen Umgang mit der Geschichte gegenüber der Jugend, so wie er auch die nachgeborenen Generationen in die Pflicht nahm, sich der aus der Geschichte erwachsenden Verantwortung zu stellen:

»Ich meine, wir Alten und Älteren, die wir dieses ›mitschuldig‹ irgendwie nicht nur erkennen, sondern auch bekennen, haben vor allen Dingen eine Verpflichtung der kommenden Generation gegenüber. Die Jugend von heute kann das Erbe der Väter nicht einfach vom Tisch wischen und sagen, wir haben damit nichts zu tun. Nur dann wird die Gegenwart klar sein, nur dann werden wir die Zukunft sicher gestalten, wenn wir mit der Vergangenheit fertig geworden sind, ganz gleich, ob wir sie selbst verantwortlich mitgestaltet haben oder nicht«.[464]

Die Forderungen und Ermahnungen, die sich in Grübers Aufsatz finden, sind nahezu deckungsgleich mit denjenigen, die in der zwei Monate später auf dem Kirchentag verabschiedeten Erklärung »Juden und Christen« formuliert sind. Die Aufforderung an die ältere Generation, sich der eigenen Verantwortung zu stellen und der Jugend gegenüber die eigenen Verstrickungen offen auszusprechen, ist in beiden Texten ein zentraler Gegenstand. Und gerade die Verabschiedung der Kirchentags-Erklärung scheint ein Indiz dafür zu sein, daß diese Frage in der Evangelischen Kirche engagiert diskutiert wurde – und wohl nicht zuletzt ausgelöst oder zumindest unterstützt durch den Eichmann-Prozeß. Diese Einschätzung fand sich auch in einem Kommentar der *Frankfurter Rundschau* zur Erklärung des Kirchentages:

---

461 Ebd.

462 Ebd., S.451.

463 Ebd., S.452.

464 Ebd.

»Sicher war es eine der – erwünschten – Auswirkungen des großen Prozesses in Jerusalem, daß die Arbeitsgruppe ›Juden und Christen‹ eine der meistbesuchten war und vor allem die ›junge Generation‹ bereit schien, sich mit diesem Thema auseinanderzusetzen.«[465]

5.4. Intellektuelle zum Eichmann-Prozeß

Neben Vertretern aus Politik und Kirchen meldeten sich im Vorfeld, während und nach dem Jerusalemer Prozeß auch zahlreiche Wissenschaftler, Intellektuelle und Literaten zu Wort, um sich zu den vielfältigen historischen, juristischen und politischen Aspekten des Eichmann-Prozesses oder zum Umgang mit der nationalsozialistischen zu äußern. Darüberhinaus wurde der Prozeß um einen der wichtigsten Schreibtischtäter des NS-Staates zum Anlaß genommen, das Wesen und die Struktur des NS-Vernichtungsapparates und die Motive der zahlreichen Bürokraten der »Endlösung« zu ergründen oder zumindest näher zu erhellen. Eine der Auffälligkeiten dieser Auseinandersetzung ist, daß wiederholt vermeintliche oder tatsächliche Ähnlichkeiten zwischen dem nationalsozialistischen Judenmord und dem Abwurf der Atombombe auf Hiroshima und Nagasaki bzw. einem möglichen globalen Atomkrieg herausgestellt wurden, wie auch der Vergleich zwischen dem NS-Schreibtischtäter Eichmann und denjenigen gezogen wurde, die an der Planung oder Durchführung eines solchen atomaren Krieges beteiligt seien.

Neben Martin Buber, Karl Jaspers und Hannah Arendt, dem bekannten niederländischen Schriftsteller Harry Mulisch[466] und dem deutschen Dramatiker Heinar Kipphardt[467]

---

465 A.N., Der Kantianer, in: FR vom 26.7.1961.

466 Mulisch war als Berichterstatter für die holländische Zeitschrift *Elseviers Weekblad* zum Prozeß nach Jerusalem gereist. Seine Reportagen und Tagebuchaufzeichnungen wurden wenig später auch als Buch veröffentlicht. Vgl. Mulisch, Strafsache 40/61. In seinem Bericht beschrieb er Eichmann nicht als Verbrecher und überzeugten Antisemiten, der aus innerem Antrieb handelte, sondern als ein willfähriges Werkzeug in den Händen anderer: »Er ist weniger ein Verbrecher als jemand, der zu allem imstande ist«, ebd., S. 116. Mulisch verglich Eichmann mit einer Maschine, die vollkommen amoralisch funktioniert, wenn sie erst einmal in Gang gesetzt werde, und bezeichnet ihn schließlich als »neuzeitlichen Maschinenmenschen«, ebd., S.121, und als »Maschine, die zu allem taugt«, ebd., S.123. Letztlich erblickte er in Eichmann eine Art Idealtypus der überall auf der Welt und nicht nur Deutschland zu finden war. Vgl. ebd., S. 122f.

467 In zwei Theaterstücken widmete sich Heinar Kipphardt Eichmann und dem Prozeß. In dem im November 1964 unter dem Titel *Die Geschichte von Joel Brand* zuerst als Fernsehspiel produzierten und im Oktober 1965 uraufgeführten Theaterstück *Joel Brand* widmete sich Kipphardt dem berüchtigten Geschäft »Blut gegen Ware«, dem gescheiterten Freikauf der ungarischen Juden. Kipphardt beschrieb Eichmann in diesem Stück als Musterexemplar des unmenschlichen, technokratischen und gnadenlosen SS-Mannes, der jeden Versuch zur Rettung der Juden vereitelte. Das zentrale Thema war gleichwohl nicht Eichmann, sondern Joel Brand und dessen verzwei-

sind als weitere Beispiele auch der Soziologe Norbert Elias[468] und der Mitbegründer der Frankfurter Schule Max Horkheimer, der Philosoph Günther Anders[469] und der Publizist und Literat Hans Magnus Enzensberger zu nennen.

An dieser Stelle nun sollen in kurzer Form vier der wichtigsten bzw. interessantesten Veröffentlichungen aus dem publizistisch-literarischen Bereich näher betrachtet werden, die im Vorfeld bzw. in der Folge des Eichmann-Prozesses erschienen sind und über den Tag hinaus die Sicht auf die Person Eichmann nachhaltig beeinflußt haben: das Interview von Karl Jaspers in der Zeitschrift *Der Monat*, Max Horkheimers *Zur Ergreifung Eichmanns*, Hans Magnus Enzensbergers *Reflexionen vor einem Glaskasten* und Hannah Arendts *Eichmann in Jerusalem*.

---

feltes und letztlich aussichtsloses Ringen um das Leben der ungarischen Juden. Vgl. Heinar Kipphardt, Joel Brand und andere Theaterstücke. Gesammelte Werke in Einzelausgaben. Reinbek 1988. In dem weit bekannteren, ursprünglich ebenso als Fernsehspiel geplanten Schauspiel *Bruder Eichmann*, das weitestgehend auf den Protokollen der Verhöre durch den israelischen Polizeioffizier Avner Less beruhte, versuchte Kipphardt sich mit der Persönlichkeit, dem Charakter und den Motiven Eichmanns auseinanderzusetzen. Er hob besonders die Einbindung Eichmanns in den Vernichtungsapparat des NS-Staates hervor. Vor allem in diesem Apparat, in der Organisationsstruktur dieser staatlichen Vernichtungsmaschinerie, sah er die Ursache für das reibungslose und kühle Funktionieren Eichmanns. Darüberhinaus versuchte Kipphardt Ähnlichkeiten zwischen dem Verhalten Eichmanns und anderen, vermeintlich oder tatsächlich gleichermaßen rein funktionalen Verhaltensweisen aufzuzeigen. Als Beispiel fanden sich im Stück einzelne Szenen, in denen eine prinzipielle Wesensgleichheit zwischen den Taten Eichmanns, der nationalsozialistischen Judenvernichtung an sich, dem Abwurf der Atombomben auf Hiroshima und Nagasaki, der Kriegsführung des amerikanischen Militärs in Vietnam und den Taten eine Folterknechtes behauptet wurde. Vgl. Kipphardt, Bruder Eichmann.

468 Siehe: Norbert Elias, Der Zusammenbruch der Zivilisation, in: ders. Studien über die Deutschen. Machtkämpfe und Habitusentwicklung im 19. und 20. Jahrhundert. 2. Aufl., Frankfurt am Main 1994, S. 391-516. In diesem 1961/62 geschriebenen Aufsatz nahm Elias den Eichmann-Prozeß und die durch ihn zurückgekehrte »Erinnerung daran, wie ein moderner Staat eine verhaßte Minderheit auszurotten versucht hatte,« zum Ausgangspunkt, um über mögliche gesellschaftliche Ursachen der Entstehung des nationalsozialistischen Regimes und der Judenverfolgung in Deutschland – den »Zusammenbruch der Zivilisation« – zu reflektieren, ebd., S. 393.

469 Günther Anders schrieb zwei offene Briefe an den ältesten Sohn Eichmanns, Klaus; den ersten knapp ein Jahr nach der Hinrichtung Adolf Eichmanns, den zweiten im April 1988. Vgl. Günther Anders, Wir Eichmannsöhne. Offener Brief an Klaus Eichmann, zweite, durch einen weiteren Brief ergänzte Auflage. München 1988 (zuerst, ohne den zweiten Brief, 1964). In seinem ersten, 1963 verfaßten Brief versuchte Anders die Ursache und Gründe für das, von außen betrachtet, reibungslose Funktionieren Eichmanns im Vernichtungsapparat zu ergründen. Der wichtigste Punkt hierbei war ihm die zunehmende Arbeitsteilung, die dazu führe, daß niemand mehr die Gesamtheit eines Vorganges überschauen könne und die es den Menschen letztlich ermögliche, vollkommen amoralisch zu handeln, da man nicht mehr in der Lage sei, die Folgen des eigenen Handelns zu erkennen. Dieses Prinzip sei nicht nur die Grundlage für Auschwitz gewesen, sondern liege

5.4.1. *Für ein Tribunal der Menschheit – Karl Jaspers zum Eichmann-Prozeß*

Zu den wichtigen Persönlichkeiten des intellektuellen Lebens der Bundesrepublik, die sich zum Prozeß gegen Adolf Eichmann zu Wort meldeten, gehörte der bekannte Philosoph Karl Jaspers, der die deutsche Politik ausdauernd und stetig mit kritischer Stimme begleitet hatte[470] und sich bereits kurz nach Kriegsende mit der Schrift *Die Schuldfrage*[471] der Auseinandersetzung mit den nationalsozialistischen Verbrechen gestellt hatte. In einem in der Zeitschrift *Der Monat* im Mai 1961 veröffentlichten Gespräch mit Francois Bondy versuchte sich Jaspers der Antwort auf die Frage nach der Art und dem Wesen der Eichmann vorgeworfenen Verbrechen zu nähern.[472] Aus seiner Sicht handel-

---

auch der atomaren Aufrüstung zugrunde: Für Anders waren Auschwitz und der Atomkrieg letztlich Produkte ein und derselben Entwicklung der Welt hin zu einer einzigen großen Maschine. Auf der Grundlage dieser Überlegungen rief Anders Klaus Eichmann schließlich dazu auf, seinem Vater »untreu« zu werden, indem er sich gegen das den Taten seines Vaters zugrundeliegende Prinzip wendete und durch ein Engagement gegen die Atomrüstung ein unübersehbares Zeichen setzte: »Stellen Sie sich einmal vor, Klaus Eichmann, was es bedeuten würde, wenn Sie sich dieser Bewegung gegen die Menschenvernichtung anschließen würden«, ebd., S. 64f. In seinem zweiten Brief an Klaus Eichmann zeigte sich Anders sehr enttäuscht, daß sich der Sohn des NS-Täter nicht gegen seinen Vater stellt. Vor dem Hintergrund des Historikerstreits, auf den er sich ausdrücklich bezog, führte Anders aus, daß damit eine wichtige Gelegenheit vertan worden sei, einen angemessenen Umgang mit den Verbrechen der Väter zu finden, vgl. ebd., S. 76-97.

470 Zur Zeit des Eichmann-Prozesses erregte ein Fernsehinterview, das Karl Jaspers dem Journalisten Thilo Koch im März 1960 gegeben hatte, und das am 10. August gesendet wurde, großes Aufsehen. In diesem Interview äußerte sich Jaspers u.a. zur Rolle des Philosophen in der Gesellschaft und zum Umgang mit der Vergangenheit. Das Kernstück seiner Ausführungen bildete die These, daß die Forderung nach der Wiedervereinigung »irreal« sei, da die Chance für ein vereintes Deutschland durch das »Hitler-Reich«, den Krieg und die »Schuld des deutschen Staates« verspielt worden sei. Es käme nun vielmehr darauf an, nicht für die Einheit, sondern für die Freiheit einzutreten. Vgl. Freiheit und Wiedervereinigung, in: Karl Jaspers, Provokationen, Gespräche und Interviews, herausgegeben von Hans Saner. München 1969, S. 169-176. Auch abgedruckt unter dem Titel »Nur die Freiheit – allein darauf kommt es an«, in: FAZ vom 17.8.1960. Die wohl bekannteste Publikation Karl Jaspers zu politischen Fragen in der Bundesrepublik dürfte sein Buch *Wohin treibt die Bundesrepublik.* (10. Auflage, München u.a. 1988; Erstveröffentlichung 1966) sein. Auch in diesem Buch bildet die Auseinandersetzung mit der NS-Vergangenheit den zentralen Bezugspunkt seiner Ausführungen zur geistig-moralischen Situation der Bundesrepublik Mitte der sechziger Jahre. Anlaß für diese streitbare Schrift war die Verjährungsdebatte um Mord 1965. In seinen Betrachtungen zur Bestrafung von NS-Tätern griff Jaspers auch auf seine Ausführungen zum Eichmann-Prozeß zurück und präzisiert diese, vgl. ebd., S. 58ff.

471 Jaspers, Die Schuldfrage.

472 Karl Jaspers zum Eichmann-Prozeß. Ein Gespräch mit Francois Bondy, in: Der Monat, Jg. 13. (1961), H. 152, S. 15-19. Auch abgedruckt in: Jaspers, Provokationen, S. 101-106. Hier im weiteren zitiert nach *Der Monat*.

te es sich dabei um Verbrechen, die in »keinem Strafgesetzbuch klar definiert« zu finden seien, Verbrechen, die im »Rahmen eines Staates« begangen wurden und vom »politischen Willen dieses Staates« bestimmt waren, wodurch sie von der »Persönlichkeit des einzelnen Täters« losgelöst wurden. Darüberhinaus sah er im Massenmord an den Juden einen »neuen Typus von Verbrechen«.[473] Es sei weder »Mord im üblichen Sinne« – da die Tat »ohne besonderen Eigennutz einzelner Individuen« noch aus »persönlicher Rachsucht« begangen wurde. Es handele sich dabei auch nicht um Kriegsverbrechen, da die Morde »zwar während eines Krieges, jedoch ohne jede Auswirkung auf den Gang des Krieges vollzogen wurden, ja vielleicht sogar für den mordenden Staat selber eher schädlich waren«.[474] Im Rückgriff auf Hannah Arendt erkannte er im Holocaust ein »Verbrechen gegen die Menschheit«, worunter er ein Verbrechen verstand, daß in seiner Art nicht nur für einzelne Menschen oder eine Gruppe von Menschen eine Bedrohung darstellte, sondern in letzter Konsequenz und seinem Wesen nach die Existenz der gesamten Menschheit bedrohe. Und aufgrund der technischen Entwicklung, so Jaspers, sei diese Bedrohung nicht mehr nur eine theoretische Möglichkeit, sondern eine konkrete Gefahr:

»Denn was mit dem Massenmord an den Juden geschehen ist, das könnte das Modell kommender Verbrechen, das in den Ausmaßen noch ganz geringfügige Beispiel eines künftigen Rassenmordes sein, der Hunderte von Millionen mit den modernen technischen Mitteln treffen würde.«[475]

Auf diese Überlegungen gestützt warf Jaspers die Frage auf, ob nicht letztlich eine von der UNO zu schaffende Instanz – etwa ein internationaler Gerichtshof oder eine Art Tribunal der Menschheit – das endgültige Urteil über Eichmann fällen und vollstrecken solle. In seiner »Phantasie«, die – wie er sofort einräumte – nahezu »irreal anmutet«, zeichnete er ein »Bild« von einem Prozeß, in dem ein israelisches Gericht die Feststellung des Tatbestandes durchführte, am Ende aber das Urteil in die Hände einer Instanz legte, »die die Menschheit vertritt«. Dies solle eben aus der Erkenntnis heraus geschehen, daß die »Taten, die dieser Mann begangen« hatte, »nicht nur die Juden«, »sondern [...] alle [anging], weil in den Juden die Menschheit selber getroffen worden« war.[476]

Dabei ging es dem Philosophen nicht um formelle juristische Fragen oder gar darum, Israel das Recht abzusprechen, Eichmann vor Gericht zu stellen. Gleich zu Beginn des Gesprächs bezog er eindeutig Stellung gegen eine Instrumentalisierung der juristischen Schwierigkeiten mit dem Ziel der Verwischung der zur Beurteilung anstehenden Verbrechen. Ebenso wandte er sich gegen Befürchtungen, durch den Prozeß und die

473 Vgl. ebd., S. 15f.
474 Vgl. ebd., S. 17.
475 Ebd., S. 17.
476 Vgl. ebd., S. 16.

damit verbundene neuerliche Konfrontation mit den unsagbaren Verbrechen könne »in der Weltöffentlichkeit ein Schatten auf Deutschland fallen«:

»Diese Sorge zu haben, empfinde ich als unwürdig für uns Deutsche. Denn wir dürfen weder selbst vergessen wollen, noch verlangen, daß die Menschheit vergißt, was Hitler-Deutschland einst getan hat.«[477]

Jede grundsätzliche Kritik an einem Prozeß oder einer Bestrafung Eichmanns lag Jaspers fern, wenn er anregte, Eichmann nicht vor ein israelisches Gericht, sondern vor ein internationales Tribunal zu stellen.[478] Sein Anliegen war es vielmehr, auf eine besondere Dimension des Falles Eichmann hinzuweisen, der er eine Bedeutung für die gesamte Menschheit zusprach. Die Vernichtung der europäischen Juden sollte nach seiner Vorstellung als schreckliches und aufrüttelndes Beispiel für die neu in die Welt getretene Gefahr des die gesamte Menschheit bedrohenden »Rassenmord« dienen. Jaspers sah in einem von einem internationalen Gerichtshof durchgeführten Prozeß gegen Eichmann die Möglichkeit, an einem exemplarischen Fall eine allgemeingültige und die gesamte Staatengemeinschaft bindende Moral zu etablieren, die zukünftig verhindern sollte, daß ähnliche oder gar weit größere Verbrechen geschehen. Dabei war er sich durchaus bewußt, daß seine »Phantasie« nahezu keine Chance auf Verwirklichung hatte, denn auch Jaspers erwartete nicht, daß Israel auf die Aburteilung Eichmanns verzichten und ihn einem bis dato nicht existenten internationalen Gericht übergeben würde. Aber er hegte doch die Hoffnung, daß eine derartige Entscheidung seitens Israels eine »heilsame Unruhe« in der Welt stiften könnte – eine Unruhe, die die Staatengemeinschaft dauerhaft an die Tatsache des Holocaust erinnern und letztlich moralische Konsequenzen einfordern würde. »Denn es bliebe«, so Jaspers zum Ende des Interviews, »dauernd der Anspruch und die Frage: Was macht ihr, was macht die Menschheit mit diesem Grundtatbestand, den wir [die Israelis, P.K.] an einem einzelnen Menschen, der bei uns in Haft sitzt, der Weltöffentlichkeit dargelegt haben? Ich würde glauben, daß der Verzicht Israels auf jeden Triumph seiner nationalen Souveränität und seiner Macht durch Verurteilung dieses schrecklichen Feindes, der ja eben nicht nur gegen die Juden, sondern

477 Ebd., S. 15.

478 Auch wenn sich Jaspers im Gespräch mit Bondy nicht direkt zu einem angemessenen Strafmaß für Eichmann äußerte, bestand kein Zweifel daran, daß er Verbrechen gegen die Menschheit sowohl prinzipiell als Strafwürdigkeit ansah, als auch dem Menschen das Recht zusprach, eine entsprechende Strafe – mitunter sogar auch die Todesstrafe – zu verhängen. In seinem 1965 veröffentlichten Buch »Wohin treibt die Bundesrepublik« schrieb er unter Bezugnahme auf sein Gespräch mit Bondy: »Wer Handlungen begeht, um einen Beschluß der Ausrottung durchzuführen, ist ein Feind des Menschengeschlechts und darf selber als solcher nicht leben. Wenn, was auf Grund prinzipieller Erwägungen und auf Grund von Erfahrungen sinnvoll ist, die Todesstrafe abgeschafft wird, so hat doch die Todesstrafe für Massenmörder aus dem Vernichtungswillen gegenüber bestimmten Menschengruppen ihren bleibenden Sinn«, Jaspers, Wohin treibt, S. 60.

gegen die Menschheit gehandelt hat, daß dieser Verzicht eine sittlich-politische Größe offenbaren würde, die sich weiter politisch und juristisch auswirken müßte.«[479]

Jaspers »Phantasie« war eine Mahnung, das Verbrechen der Vernichtung der europäischen Juden als ein Verbrechen gegen die Menschheit zu begreifen und daraus die notwendigen moralischen Lehren zu ziehen, die für die gesamte Menschheit verbindlich sein sollten. Der Philosoph dachte über den aktuellen Fall Eichmann hinaus und spekulierte nicht über das vermeintliche Wesen des Täters Eichmann, sondern versuchte die Betrachtung des Verbrechens der Ermordung der europäischen Juden in Richtung auf eine übergeordnete und zukunftsgerichtete moralische Perspektive zu lenken.

5.4.2. Max Horkheimer – »...von dem Prozeß wird nichts Gutes kommen«

Neben Karl Jaspers meldete sich auch der Soziologe und Philosoph Max Horkheimer, einer der Begründer und bedeutendsten Repräsentanten der Frankfurter Schule, zum Fall Eichmann zu Wort. Wie Jaspers erhob auch Horkheimer, der sich in seinen Schriften an zentraler Stelle mit Nationalsozialismus und Antisemitismus und deren Ursachen beschäftigt hatte,[480] Einwände gegen einen Prozeß gegen den aus Argentinien »entwendet[en]« (Horkheimer) ehemaligen Obersturmbannführer in Israel. Während jedoch Jaspers' Einwände eher einer stillen und zurückhaltenden Mahnung oder einer vorsichtigen Anregung in Hinblick auf eine angemessene Gerichtsinstanz glichen, wirkten die Worte Horkheimers dagegen schroff und unterkühlt.[481] Für den Frankfurter Sozialwissenschaftler, der 1933 emigrieren mußte und erst 1949 aus den USA nach Deutschland zurückgekehrt war,[482] galt ein israelisches Gericht letztlich als »inkompetent«, um über Eichmann zu urteilen. Alle angeführten »formellen Gründe« für ein solches Verfahren in Israel waren aus seiner Sicht einfach »unhaltbar«. Die Tatsache, daß die Verbrechen nicht in Israel, sondern in Deutschland und in den von Deutschland besetzten Gebieten begangen wurden, und der Umstand, daß die Israelis Eichmann in Argentinien – seinem »Asyl« (wie Horkheimer es nannte) – gefangennahmen, sprachen nach

479 Karl Jaspers zum Eichmann-Prozeß, S. 19.

480 Siehe hierzu u.a. Dan Diner, Aporie der Vernunft: Horkheimers Überlegungen zu Antisemitismus und Massenvernichtung, in: Dan Diner (Hg.), Zivilisationsbruch. Denken nach Auschwitz. Frankfurt am Main 1988, S. 30-53.

481 Vgl. Max Horkheimer, Zur Ergreifung Eichmanns, in: ders., Zur Kritik der instrumentellen Vernunft. Aus den Vorträgen und Aufzeichnungen seit Kriegsende, hg. v. Alfred Schmidt. Frankfurt am Main 1967, S. 317-320. Auch abgedruckt in: Max Horkheimer, Gesammelte Schriften, hg. v. Alfred Schmidt und Gunzelin Schmid Noerr, Band 8: Vorträge und Aufzeichnungen 1949-1973. Frankfurt am Main 1985, S. 156-159.

482 Zu den biografischen Angaben vgl. Helmut Gumnior, Rudolf Ringguth, Max Horkheimer. Reinbek bei Hamburg 1988.

Horkheimers Ansicht gegen einen Prozeß in Israel. »Anzunehmen, das Strafe in Israel die möglichen Nachfolger Eichmanns abzuschrecken vermag«, war aus seiner Sicht schlicht »Wahnsinn«.[483] Bei aller Schärfe in der Kritik an einem Prozeß in Jerusalem sah er die Israelis letztlich in einer äußerst schwierigen Position: »Was immer Eichmann in Israel geschehen wird, beweist die Ohnmacht, nicht die Macht ihres Rechts bewußten Juden, die Anmaßung, nicht die Bekundung staatlicher Autorität.«[484]

Neben den »formellen Gründen« vermochten Horkheimer auch die »inhaltlichen Gründe« für den »Justizakt« in Israel nicht zu überzeugen. Die Absicht, mit Hilfe eines Prozesses gegen Eichmann – »eines Strafprozesses aus Berechnung« – die israelische Jugend und die Weltöffentlichkeit über das »Dritte Reich« aufzuklären, hielt er für verfehlt. Wenn das »Bewußtsein« der »heutigen und künftigen Generationen« nicht durch die Beschäftigung mit den vorliegenden wissenschaftlichen oder populären Darstellungen über das »Dritte Reich« zu erreichen sei, sondern nur mit Mitteln sensationeller Prozeßberichte, dann sei es ohnehin »schlecht um sie bestellt«.[485] »Das Bewußtsein, auf das der Tod der Juden unter Hitler nur durch neue headlines Eindruck macht,« so Horkheimer, »hat wenig Tiefe und wird die Erinnerung schlecht bewahren«.[486] Aus seiner Sicht war es nicht auszuschließen – und vielleicht sogar eher wahrscheinlich –, daß die sich beim Betrachter eines solchen Prozesses möglicherweise einstellende »Ahnung«, »daß die Erschlagenen zum politischen oder auch pädagogischen Mittel, zu Taktik und Propaganda werden«, sich eher »hemmend« auf die Auseinandersetzung mit dem Geschehen auswirken werde:[487]

»Der Widerstand der guten gegen die destruktiven Kräfte in der Welt wird gelähmt, wenn er sich geistiger Waffen bedienen soll, die beim Gegner sich von selbst verstehen. Strafprozesse aus Berechnung gehören zum Arsenal des Antisemitismus, nicht des Judentums. Von jenen Taten aber, die geschehen konnten, ohne daß die Erde sich auftat, werden viele dunkle Existenzen in den Völkern nicht bloß abgestoßen.«[488]

Für Horkheimer überwogen die zu erwartenden negativen Auswirkungen bei weitem dem möglichen aufklärerischen Nutzen eines Prozesses in Israel. Nicht nur, daß er sich darum sorgte, daß ein Prozeß dort den Antisemiten in aller Welt in die Hände spielen könnte. Noch weit größer erschien seine Angst zu sein, daß das »Judentum« am Ende durch die Übernahme von Methoden der »Gegner« und des »Antisemitismus« – und dies wäre in seinen Augen ein Prozeß gegen Eichmann in Israel gewesen – moralisch

483 Vgl. Max Horkheimer, Zur Ergreifung Eichmanns, in: ders., Zur Kritik, S. 317.

484 Ebd.

485 Vgl. ebd., S. 317f.

486 Ebd., S. 318.

487 Vgl. ebd.

488 Ebd.

korrumpiert werden könnte, was am Ende wiederum nur den »destruktiven Kräften« in die Hände spielen würde.

Welcher Art der moralische Anspruch Horkheimers – der ja selbst aus einer jüdischen Familie stammte – an das Judentum und den Staat Israel war, zeigte sich auch in seiner Äußerung, daß es »zu arm für Israel« sei, Eichmann »wegen seiner Schandtaten etwas anzutun«.[489] Für ihn war es ein Zeichen mangelnder ernster Besinnung auf die Grundlagen der jüdischen Geschichte und Religion, wenn einem Juden »angesichts des gefangenen Eichmann der Gedanke kommt, ihn leiden zu sehen.«[490] Mit diesen durchaus ehrenwerten und hehren Ansprüchen stellte Horkheimer sowohl für den Staat Israel als auch für den »einfachen Menschen« einen Maßstab auf, der leicht in Überforderung umschlagen konnte und im Nachhinein einen etwas bitteren Beigeschmack erhielt. Wem kam nicht der Gedanke, es dem Mörder und Peiniger Eichmann, dem man nun endlich in die Hände bekommen hatte, mit gleicher Münze zu vergelten? Aber entglitten angesichts der Monströsität des Verbrechens nicht auch alle Maßstäbe für eine »gerechte« und »angemessene« Strafe?

Aus diesen Fragen entstand eine nur schwer erträgliche Spannung zwischen dem Rachebedürfnis einerseits und dem Fehlen einer angemessenen Strafe andererseits, eine Spannung, die Horkheimer klar erkannte. Denn auch wenn Horkheimer ein Gerichtsverfahren in Israel entschieden ablehnte, so äußerte er doch Verständnis für einen hypothetischen Anschlag auf Eichmanns Leben durch eines seiner Opfer. »Hätte einer,« so Horkheimer, »der durch Hitlers Herrschaft Vater und Mutter verlor, dem Schurken in Argentinien aufgelauert und ihn auf offener Straße umgebracht, er wäre kein Taktiker oder Pädagoge gewesen, sondern einer, dem jeder es nachfühlen könnte.« Ein Prozeß in Israel hingegen widerspreche dem »richtigen Impuls«, »wie raffiniert man ihn auch vorbereitet, ja, weil man ihn so umsichtig inszeniert«.[491]

Aber nicht nur ein Prozeß in Israel war für Horkheimer der falsche Weg, den Fall Eichmann zu bewältigen. Seiner Ansicht nach war die Justiz an sich unfähig, ein wirklich angemessenes Urteil über Eichmann zu fällen – gleich, ob in Israel oder in einem anderen Land. Die »Vorstellung«, »daß Eichmann seine Taten ›sühnen‹ könne nach menschlichem Urteil und Richterspruch«, war für ihn ein »grauenvoll grotesker Hohn« »auf die Opfer«.[492]

Horkheimer scheint gleichsam vor dem Fall Eichmann und der ungeheueren Dimension des Verbrechens zu kapitulieren. Am Ende bleibt für den Philosophen als einzige Möglichkeit nur die Rückgabe Eichmanns an Argentinien – an ein Land, das nach

---

489 Ebd., S. 319.

490 Ebd., S. 319f.

491 Ebd., S. 319.

492 Vgl. ebd.

dem Zusammenbruch des »Dritten Reiches« nicht wenigen Nazi-Verbrechern so bereitwillig Unterschlupf gewährt hatte:

»Der Philosoph ist kein Praktiker, er plädiert auf Unzuständigkeit des Gerichts und Rückgabe Eichmanns an das Land, aus dem man ihn entwendet hat. Er meint, von dem Prozeß wird nichts Gutes kommen, weder für die Sicherheit und Stellung der Juden in der Welt noch gar für ihr Selbstbewußtsein. Der Prozeß ist eine Wiederholung: Eichmann wird zum zweiten Mal Unheil stiften.«[493]

5.4.3. Hans Magnus Enzensberger – Auschwitz und Hiroshima

Ein Beispiel für den Versuch, die Verbrechen Eichmanns und den gesamten Holocaust mit dem Abwurf der amerikanischen Atombomben auf Hiroshima und Nagasaki und einem drohenden atomaren Weltkrieg zu vergleichen oder gar gleichzusetzen, war der 1964 veröffentlichte Essay *Reflexionen vor einem Glaskasten* von Hans Magnus Enzensberger.[494] Auch wenn es erst 1964 – also zwei Jahre nach der Hinrichtung Eichmanns – veröffentlicht wurde und so damit keinen Einfluß auf die Diskussionen und Berichterstattung während des Prozesses in Jerusalem haben konnte, so war dieser Text doch ein wichtiges Beispiel für *eine* Sichtweise auf den Fall Eichmann und den Umgang mit dem Holocaust Anfang der sechziger Jahre in der Bundesrepublik. Dieser Text macht anschaulich, wie sehr die Erfahrung des atomaren Schreckens von Hiroshima und Nagasaki und die weit verbreitete Angst vor einem möglichen atomaren (Welt)Krieg wichtige Bezugspunkte für die Beurteilung der jüngsten deutschen Vergangenheit und der nationalsozialistischen Verbrechen bildeten.

In seinen eher etwas fragmentarisch anmutenden *Reflexionen* versuchte Enzensberger zunächst, das Wesen des Verbrechens, des Täters und der Strafe in einer grundsätzlichen Weise zu ergründen, wobei Mord – »das eigentliche und älteste, das kapitale Verbrechen«[495] – im Zentrum seiner Überlegungen stand. Unter Bezugnahme auf Sigmund Freud und Elias Canetti stellte Enzensberger zunächst einleitend fest, daß zwischen Verbrechen – insbesondere Mord – und Politik ein »alter, enger und dunkler Zusammenhang« bestehe,[496] was er im weiteren vor allem an dem jedem souveränen Staat zugestandenen Recht zu strafen – auch unter Verwendung der Todesstrafe – und Krieg zu führen, zu exemplifizieren versuchte.[497] Auf der Grundlage dieser etwas weitausholenden Überlegungen sprach Enzensberger in der Folge verschiedene Aspekte des Falles Eichmann an. So problematisierte er unter Rückgriff auf die Ergebnisse des Milgram-

493 Ebd., S. 320.

494 Vgl. Hans Magnus Enzensberger, Reflexionen vor einem Glaskasten, in: ders., Politik und Verbrechen. Neun Beiträge. Frankfurt am Main 1964, S. 7-39.

495 Ebd., S. 11.

496 Ebd., S. 13.

497 Vgl. ebd., S. 9ff.

Experiments den Zusammenhang von Befehl und Gehorsam[498] und stellte kurze Überlegungen zur Rolle Eichmanns als »Sündenbock« und »Stellvertreter« an.[499] Im Zentrum seiner Überlegungen stand jedoch der Vergleich von Auschwitz und Hiroshima, von nationalsozialistischem Juden- und Völkermord und Atomkrieg. Um die vermeintlichen Ähnlichkeiten zwischen dem Holocaust und einem Atomkrieg zu verdeutlichen, bediente sich Enzensberger dabei des Vergleichs zwischen Adolf Eichmann und einem US-amerikanischen Mathematiker, Physiker und Militärtheoretiker, der eine Studie über die wahrscheinlichen Opfer und eventuellen Überlebenschancen nach einem atomaren Krieg erarbeitet hatte.[500] In seinen Ausführungen formulierte Enzensberger implizit den Gedanken, Gaskammer und Atombombe seien letztlich wesensverwandt, der Atomkrieg quasi nur eine aktuelle Neuauflage des Holocaust mit anderen, d.h. modernen technischen Mitteln. Darum sei es aus seiner Sicht auch unmöglich, die atomare Aufrüstung zu betreiben und gleichzeitig den Völkermord an den Juden zu verurteilen. So schrieb er in Anspielung auf jene (bundes)deutschen Politiker und Militärs, die nach einer Ausrüstung der Bundeswehr mit Nuklearwaffen strebten:

»Dieses Gerät [die Atombombe, P.K.] aber ist die Gegenwart und die Zukunft von Auschwitz. Wie will den Genozid von gestern verurteilen oder gar bewältigen, wer den Genozid von morgen plant und ihn sorgfältig, mit allen wissenschaftlichen und industriellen Mitteln, die uns zu Gebote stehen, vorbereitet?«[501]

Für Enzensberger bedeutete die nukleare Aufrüstung das Ende aller »politischen Freiheiten« und »menschlichen Rechte«, die allein durch die bloße Existenz der Atombombe und der damit verbundenen Vernichtungsdrohung »suspendiert« würden. Die Atombombe (»das Gerät«) war für ihn ebensowenig eine Waffe wie die Gaskammern in den nationalsozialistischen Vernichtungslagern, »das Prinzip des Rüstungswettlaufs« »nicht weniger paranoid als die Wahnidee von einer ›jüdischen Weltverschwörung‹«.[502] Eine

---

498 Vgl. ebd., S. 26-28.

499 Zum einen legte Enzensberger nahe, daß Eichmann nun – von Seiten der Deutschen – die Rolle des Sündenbocks zugewiesen bekam, durch dessen Bestrafung die Unschuld all derjenigen bestätigt werde, die nun nicht bestraft würden: »Für den Einzelnen ist jede Verurteilung eines anderen, und der Verbrecher wird stets als der schlechthin Andere betrachtet, ein Freispruch. Wer schuldig ist, der wird bestraft, also ist, wer nicht bestraft werden kann, unschuldig«, ebd., S. 30. Zum anderen wies Enzensberger auf die – quasi doppelte – »Stellvertreter«-Rolle Eichmanns hin: »Als Stellvertreter aller empfängt der Verbrecher aber nicht nur seine Strafe, er handelt vorher in ihrem Namen, wenn auch ohne ihren Auftrag.« Ebd., S. 30f. Daß wiederum der Henker, der das Todesurteil an Eichmann vollstreckte, ebenso als Stellvertreter fungierte, der »uns« abnahm, »was wir zu tun und zugleich zu unterlassen wünschen«, blieb dabei nicht unerwähnt, vgl. ebd., S. 31.

500 Vgl. ebd., S. 23ff. und passim.

501 Ebd., S. 20.

502 Vgl. ebd., S. 20f.

Unterscheidung von nationalsozialistischem Juden- und Völkermord und Atomkrieg – »des unvorstellbar Bösen« – unter moralischen Gesichtspunkten erscheine geradezu unmöglich.[503] Und den Versuch der »Nachwelt«, die »Verantwortlichen für Hitlers ›Endlösung‹ und ihre Handlanger zu richten«, und gleichzeitig mit der Vorbereitung der eigenen »Endlösung« (sprich: des Atomkriegs) beschäftigt zu sein, bewertete Enzensberger als inkonsequent.[504]

Die wenigen – er nennt fünf – Unterschiede zwischen dem Holocaust und einem Atomkrieg, zwischen der »›Endlösung‹ von gestern« und der »Endlösung von morgen«, die Enzensberger zum Abschluß seiner *Reflexionen* ausmachte, würden sich nicht auf etwaige inhaltliche Aspekte beziehen, sondern seien reduzierbar auf rein formal anmutende Allgemeinplätze:

»1. Die ›Endlösung‹ von gestern ist vollbracht worden. Die Endlösung von morgen wird erst vorbereitet. [...] 2. Die ›Endlösung‹ von gestern ist nicht verhindert worden. Die Endlösung von morgen kann verhindert werden. [...] 3. Die ›Endlösung‹ von gestern war das Werk einer einzigen Nation, der deutschen. Das Gerät für die Endlösung von morgen ist im Besitz von vier Nationen. [...] 4. Die Planung und Verwirklichung der ›Endlösung‹ von gestern geschah insgeheim. Die Planung der Endlösung von morgen geschieht öffentlich. [...] 5. Die Täter von gestern waren kenntlich. Sie trugen eine Uniform, ihre Opfer trugen einen Stern. Die Täter von morgen sind von ihren Opfern nicht mehr zu unterscheiden.«[505]

Indem er die Ermordung der europäischen Juden zu einer Art Vorläufer einer noch schlimmeren, in der Zukunft drohenden atomaren »Endlösung von morgen« erklärte – einer Endlösung, die er im übrigen nicht mehr in Anführungszeichen schrieb –, neigte Enzensberger in seinen Betrachtungen letztlich zu einer Relativierung des Holocaust. In der Konsequenz dieses Gedankens würde der an der Ermordung der europäischen Juden maßgeblich beteiligte SS-Obersturmbannführer Eichmann zu einer Art »Kollege« der Atomkriegsplaner der Gegenwart. Beide erscheinen als wesensverwandte Technokraten der Vernichtung. Implizit bemängelte Enzensberger, daß zwar Eichmann hingerichtet wurde, aber der US-amerikanische Militärtheoretiker weiterhin als geachteter Wissenschaftler und Gutachter für hohe amerikanische Regierungsstellen tätig sein konnte.[506] Dabei unterschied er in diesem Essay nicht zwischen den jeweiligen Motiven und den historisch-politischen Zusammenhängen und Hintergründen. Weder thematisierte er hinreichend den nationalsozialistischen Antisemitismus, noch die Tatsache, daß es sich bei den ermordeten Juden um keine militärische oder gar kriegsführende Macht handelte, während die atomare Rüstung durchaus aus einem konkreten politisch-ideologisch motivierten Konflikt zwischen militärisch hochgerüsteten Staaten

503 Vgl. ebd., S. 37.
504 Vgl. ebd., S. 37.
505 Ebd., S. 38.
506 Vgl. ebd., S. 25f.

resultierte. Enzensbergers *Reflexionen vor einem Glaskasten* geraten so im wesentlichen eher zu einer Anklage gegen das atomare Wettrüsten und weniger zu einer kritischen Auseinandersetzung mit Eichmann und dem nationalsozialistischen Völkermord.

5.4.4. Hannah Arendt – Von der »Banalität des Bösen«

Als die wohl bekannteste und einflußreichste Veröffentlichung zum Eichmann-Prozeß gilt Hannah Arendts Abhandlung *Eichmann in Jerusalem*. Hannah Arendt schrieb diesen *Bericht von der Banalität des Bösen* – so der Untertitel des Buches – ursprünglich als fünfteilige Essayreihe für die bekannte US-amerikanische Wochenzeitschrift *The New Yorker*. Nach dem Abdruck der Artikelserie veröffentlichte Hannah Arendt eine erweiterte Fassung des Berichts in Buchform 1963 in den USA und ein Jahr später auf deutsch in der Bundesrepublik. Arendt betonte in der Vorrede, daß es sich bei diesem Buch »nur« um einen »Bericht« über den Prozeß gegen Adolf Eichmann handele und nicht um eine erschöpfende historisch-wissenschaftliche Studie zum Nationalsozialismus, auch nicht über die Vernichtung der europäischen Juden oder gar über »das Böse« an sich.[507]

Unmittelbar nach dem Erscheinen des Berichts entspann sich um die zum Teil recht provozierenden Ausführungen und Thesen der Philosophin eine mehrere Jahre andauernde und bis heute schwelende und zum Teil äußerst kontrovers geführte Debatte, die auch von persönlichen Angriffen nicht frei blieb.[508] Es sind vor allem drei Aspekte des Berichts, die nicht nur auf ein breites Interesse, sondern zum Teil auch auf harsche Ablehnung stießen. Zum einen übte Hannah Arendt harte Kritik an der Art und Weise, wie der Prozeß gegen Eichmann durchgeführt wurde. Sie zeigte sich davon überzeugt, daß der Jerusalemer Prozeß im Gegensatz zu seiner eigentlichen Aufgabe weniger der

---

507 Vgl. Arendt, Eichmann in Jerusalem, Vorrede S. 9-25, besonders S. 9f. und 14.

508 Vgl. hierzu besonders: F. A. Krummacher (Red.), Die Kontroverse. Hannah Arendt, Eichmann und die Juden. München 1964, darin u.a. Beiträge von Manés Sperber (S. 9-32), Robert M. W. Kempner (S. 82-89), Golo Mann (S. 190-198) und Martin Buber (S. 233f.); Paul Arnsberg, War Eichmann ein Dämon? in: APuZg, B 45 vom 4.11.1964, S. 3-18; Wolfgang Scheffler, Hannah Arendt und der Mensch im totalitären Staat, in: APuZg, B 45 vom 4.11.1964, S. 19-38; Jacob Robinson, And the Crooked Shall Be Made Straight. The Eichmann Trial, the Jewish Catastrophee, and Hannah Arendt's Narrative. New York u.a. 1965, Hans E. Holthusen, Hannah Arendt, Eichmann und die Kritiker, in: VfZg 13 (1965), S. 178-190; Nomi Bubis, Die Totale Herrschaft des Bösen. Hannah Arendt und der Eichmann-Prozeß in Jerusalem, in: Tribüne, 31. Jg. (1992), H. 122, S. 165-172; Klaus Naumann, Sympathy for the Devil? Die Kontroverse um Hannah Arendts Prozeßbericht »Eichmann in Jerusalem«, in: Mittelweg 36, 3. Jg. (1994), H. 1, S. 65-79; Garry Smith (Hg.), Hannah Arendt Revisited. »Eichmann in Jerusalem« und die Folgen. Frankfurt am Main 2000.

Wahrheitsfindung und der Beurteilung der konkreten persönlichen Schuld des Angeklagten diente – die ohnehin bereits vor dem Beginn des Prozesses ohne Zweifel festgestanden hätte[509] –, sondern »daß der Staat Israel mit ihm [dem Prozeß, P.K] eine ganze Reihe politischer Nebenabsichten zu verfolgen gedachte«, die aber den Gerichtshof letztlich überforderten.[510] Damit zielte sie auf die erklärte Absicht des israelischen Ministerpräsidenten Ben-Gurion, daß der Prozeß gegen Eichmann auch dazu dienen sollte, sowohl an die Ermordung von Millionen Juden zu erinnern, als auch vor den Gefahren des Antisemitismus zu warnen und die Bedeutung des Staates Israels für die Sicherheit der Juden zu unterstreichen.[511] Aus diesem Grund hatte der Prozeß in Jerusalem für Arendt durchaus »Schauspielcharakter«.[512]

Im Zentrum der Kritik Arendts an der Durchführung des Prozesses stand neben dem israelischen Ministerpräsidenten – dem »unsichtbaren Regisseur« in diesem Verfahren, der einen »Schauprozeß« »im Sinn hatte«[513] – vor allem der Vertreter der Anklage, Generalstaatsanwalt Gideon Hausner, dessen historisch weitausgreifende Vorgehensweise sie von Grund auf ablehnte. Sie äußerte die Überzeugung, daß »Herr Hausner« – wie sie den Staatsanwalt des öfteren nennt – nicht viel mehr sei als eine Art Sprachrohr und Erfüllungsgehilfe des Ministerpräsidenten, der alles tue, »um seinem Herrn zu gehorchen«.[514] Die Staatsanwaltschaft habe sich daran gemacht, die »ohnehin vorhandene Übertreibung von Eichmanns Rolle ins Maßlose zu steigern«,[515] wobei für die Anklage »die Geschichte selbst im Mittelpunkt des Prozesses«[516] gestanden habe und nicht, wie Arendt forderte, der Angeklagte und dessen konkrete persönliche Schuld[517]. »Denn der Anklage ging es«, so merkte Arendt kritisch an, »in diesem Verfahren primär um die Leiden der Juden und nur sekundär um die Taten Eichmanns«.[518]

In diesem Sinne diffamierte sie das Auftreten der zahlreichen, von der Anklage aufgerufenen Zeugen, die die Hintergründe, Dimensionen und Schrecken des zur Beurteilung anstehenden Verbrechens verdeutlichen sollten, abwertend als »Zeugenaufmarsch«[519] und »endlose Prozession«:[520] die Aussagen der weitaus meisten Zeugen

---

509 Vgl. Arendt, Eichmann in Jerusalem, S. 253.
510 Ebd., S. 301.
511 Vgl. ebd., S. 33ff.
512 Ebd., S. 32.
513 Vgl. ebd., S. 28.
514 Ebd., S. 28.
515 Ebd., S. 254.
516 Ebd., S. 45.
517 Vgl. ebd., S. 29.
518 Ebd., S. 30.
519 Vgl. ebd. S. 268ff.
520 Vgl. ebd., S. 250.

mochten »zwar grausig und wahr« seien, hätten »jedoch mit den Taten des Angeklagten so gut wie nichts zu tun«.[521] Die Zeugen erinnerten sie eher an »Versammlungsredner auf einen Meeting unter dem Vorsitz des Generalstaatsanwalts«, und die »Atmosphäre« im Gerichtssaal an eine »Massenversammlung, auf der ein Redner nach dem anderen das Publikum in Erregung zu setzen suchte«.[522]

Aber nicht nur das inhaltliche Vorgehen der Anklage wurde von Arendt äußerst kritisch beurteilt; darüberhinaus war ihr auch die Person und das Auftreten des Anklägers ein Dorn im Auge. So vertrat sie die Meinung, daß Hausner sich sowohl im Gerichtssaal als auch in den Medien in Szene zu setzen versuchte und »Posen« an den Tag legte, »die auf eine außergewöhnliche Eitelkeit schließen lassen«.[523] Zieht man die Stoßrichtung von Arendts Kritik in Betracht, kann es nicht überraschen, daß Hausner seinerseits Arendts Bericht grundsätzlich ablehnte und sie in seinem – in der deutschen Übersetzung – mehr als 700 Seiten umfassenden, detaillierten Prozeßbericht von 1967 nur kurz erwähnte, und zwar in einer Fußnote unter Hinweis auf das Buch von Jacob Robinson *And the Crooked Shall Be Made Straight*, wobei er betonte, daß sie mit ihrer Beurteilung Eichmanns vollkommen unrecht habe.[524]

Die Kritik an der Prozeßführung, an Ben-Gurion und Hausner waren allerdings nicht die entscheidenden Punkte in Hannah Arendts Bericht. Die wichtigsten inhaltlichen Aspekte, an denen sich im wesentlichen auch der Streit entzündete, waren zum einen ihre Ausführungen zur Person Eichmanns, seinem Charakter und dem Wesen seiner Verbrechen, und zum anderen ihre Bewertung der Rolle der Judenräte bei der Durchführung der Deportationen. Zu diesen beiden während des Prozesses verhandelten Fragen formulierte Arendt, die als Jüdin Deutschland im August 1933 hatte verlassen müssen,[525] Gedanken und Thesen, die vor allem von jüdischer Seite derart heftig kritisiert wurden, daß sogar von einer »Kampagne«[526] und einem »fast beispiellosen Massenprotest gegen dieses Buch«[527] die Rede war.

So äußerte sie in ihrem Bericht die im vollkommenen Gegensatz zur Position der Anklage stehende Überzeugung, daß Eichmann weder ein gemeiner und blutrünstiger Mörder sei, noch ein überzeugter Nationalsozialist und fanatischer Antisemit, der durch einen unbändigen Hass auf die Juden zu seinen Taten getrieben worden sei. Aus ihrer

---

521 Ebd., S. 44.

522 Ebd., S. 157.

523 Ebd., S. 29.

524 Vgl. Hausner, Gerechtigkeit, Anmerkung 1 in Abschnitt Anhang *I.*, S. 746.

525 Vgl. zu den biografischen Angaben Wolfgang Heuer, Hannah Arendt. Reinbek bei Hamburg 1991.

526 Naumann, Sympathy, S. 67. Auch Hannah Arendt schreibt von einer »organisierten Kampagne« gegen ihr Buch, die bereits vor seinem Erscheinen »in die Wege geleitet worden« sei. Vgl. Arendt, Eichmann in Jerusalem, S. 12.

527 Holthusen, Hannah Arendt , S. 188.

Sicht war der ehemalige SS-Obersturmbannführer – wenngleich sie dessen maßgebliche Beteiligung an der »Endlösung« nie in Zweifel zog – viel eher ein durchschnittlicher Charakter, der versucht hatte, möglichst schnell auf der Karriereleiter der Partei und des Staates aufzusteigen, um seine gesellschaftliche Stellung zu verbessern. Dabei habe er allenfalls »Gedankenlosigkeit« an den Tag gelegt. Zudem sei er ein vom »Laster« der »Wichtigtuerei« befallener Angeber, der seine Rolle und Funktion im Apparat des NS-Regimes selbst immer wieder übertrieben habe. In Arendts Augen war Eichmann gerade *nicht* der allmächtige Organisator der »Endlösung« gewesen, als den ihn die Anklage und einige Zeugen beschrieben hatten.[528] Ungeachtet der Bemühungen des Staatsanwalts war für sie offensichtlich, daß Eichmann kein »Ungeheuer« sei; vielmehr erinnerte sie die »unbestreitbare Lächerlichkeit des Mannes« eher an einen »Hanswurst«.[529] Vor allem in seinem Auftreten vor Gericht und in den Polizeiverhören, und besonders in seiner für den Zuhörer nahezu unverständlichen Sprache – die sie an »Amtssprache« erinnerte[530] – glaubte sie die Beweise für diese Thesen zu finden. »Je länger man ihm zuhörte,« schrieb sie, »desto klarer wurde einem, daß diese Unfähigkeit, sich auszudrücken, aufs engste mit einer Unfähigkeit zu denken verknüpft war. Das heißt hier, er war nicht imstande, vom Gesichtspunkt eines anderen Menschen aus sich irgendetwas vorzustellen. Verständigung mit Eichmann war unmöglich, nicht weil er log, sondern weil ihn der denkbar zuverlässigste Schutzwall gegen die Worte und gegen die Gegenwart anderer, und daher auch gegen die Wirklichkeit selbst umgab: absoluter Mangel an Vorstellungskraft.«[531]

Aber auch wenn Eichmann nach ihrer Einschätzung kein überzeugter Nationalsozialist gewesen und im eigentlichen Wortsinne nicht wirklich »böse« sei, waren seine Taten, so betonte Arendt in der Vorrede zur 1964 erschienenen deutschen Übersetzung ihres Buches, darum nicht weniger schrecklich. Im Gegenteil, eben in dieser sich aus »Mangel an Vorstellungskraft«, »Realitätsferne« und »Gedankenlosigkeit« zusammensetzenden »Banalität des Bösen« sah sie das Potential für möglicherweise weit größeres Unheil als im offensichtlich und eindeutig Bösen:

»Außer einer ganz gewöhnlichen Beflissenheit, alles zu tun, was seinem Fortkommen dienlich sein konnte, hatte er überhaupt keine Motive; und auch diese Beflissenheit war an sich keineswegs kriminell, er hätte bestimmt niemals seinen Vorgesetzten umgebracht, um an dessen Stelle zu rücken. Er hat sich nur, um in der Alltagssprache zu bleiben, niemals vorgestellt, was er eigentlich anstellte. [...] Es war gewissermaßen Gedankenlosigkeit, [...], die dafür prädisponierte, zu einem der größten Verbrecher jener Zeit zu werden. Und wenn dies ›banal‹ ist und sogar komisch, wenn man ihm nämlich beim besten Willen keine teuflisch-dämonische Tiefe abgewinnen kann, so ist es darum doch noch lange

528 Vgl. Arendt, Eichmann in Jerusalem, vor allem S. 75f.
529 Vgl. ebd., S. 83.
530 Vgl. ebd., S. 77.
531 Ebd., S. 78.

nicht alltäglich. [...] Daß eine solche Realitätsferne und Gedankenlosigkeit in einem mehr Unheil anrichten können als alle die dem Menschen vielleicht innewohnenden bösen Triebe zusammengenommen, das war in der Tat die Lektion, die man in Jerusalem lernen konnte.«[532]

Einen weiteren entscheidenden Punkt für die Beurteilung Eichmanns und seiner Verbrechen sah Hannah Arendt in der ihn umgebenden Gesellschaft, die ihm und seinen Taten nicht nur nicht genügend Widerstand entgegengesetzt hätte, sondern durch Unterstützung und Gunstbeweise in ihm die Überzeugung und das Bewußtsein hatte wachsen lassen, als »gesetzestreuer Bürger« seine »Pflicht« zu tun. Die Gesellschaft um Eichmann herum hatte kein anderes Gewissen als er selbst, darum habe sich ihm auch kaum ein Anlaß geboten, an seinen Taten und deren moralischer Qualität und Rechtmäßigkeit zu zweifeln.[533]

Gegen Ende des Berichts versuchte Arendt diesen Umstand erneut zu verdeutlichen und verwies auf die sich daraus ergebenden juristischen Schwierigkeiten bei der Aburteilung Eichmanns sowie auch anderer NS-Täter:

»Eichmann gehört nicht einer Verbrecherbande an, die sich außerhalb der bestehenden rechtsstaatlichen Ordnung gestellt hatte, sondern handelte im Auftrag eines Staates, dessen Ordnung verbrecherisch war, und er hatte sich nicht außerhalb der Gesetze gestellt, sondern im Gegenteil die geltenden Gesetze des Landes buchstäblich erfüllt. Das juristische Problem aller dieser Prozesse besteht ja gerade darin, daß die in ihnen verhandelten Delikte unter Bedingungen begangen wurden, in denen das Verbrechen legal und jede menschliche Handlung illegal waren.«[534]

Auch wenn sich Arendt für eine Bestrafung Eichmanns und sogar seine Hinrichtung aussprach – wenn auch mit einer anderen Begründung als der Staatsanwalt und die Richter[535] –, war und ist es für viele bis heute schwierig, ihren Gedankengängen hinsichtlich seiner Person und seiner Verbrechen zu folgen. Es fällt schwer, in dem ehemaligen SS-Obersturmbannführer, der derart engagiert an der Vernichtung der europäischen Juden mitgewirkt hatte, nur einen »normalen«, pflichtbewußten Durchschnittsbürger zu sehen, der lediglich aufgrund mangelnder Vorstellungskraft und widriger gesellschaftlicher Umstände zum »Verwaltungsmassenmörder« (Arendt) wurde, ohne dies gleichzeitig als eine Verharmlosung seiner Verbrechen zu empfinden – auch wenn Arendt diese »Normalität« oder »Banalität« als weit erschreckender empfunden haben mag als den Gedanken, Eichmann sei aus blindem Hass zum Verbrecher geworden.

Auf noch weit größeres Unverständnis, ja starke Ablehnung stießen Hannah Arendts Thesen zur Rolle der sogenannten Judenräte bei der Umsetzung der judenfeindlichen Politik der Nationalsozialisten. Während sie in den Augen vieler Eichmann mit über-

532 Ebd., S. 15f.

533 Vgl. ebd., besonders S. 163ff., 173-190 und 326.

534 Ebd., S. 311.

535 Vgl. ebd., besonders S. 327ff.

mäßigem Einfühlungsvermögen beurteilte, ging sie sowohl mit den Mitgliedern der Judenräte wie auch mit den Funktionären jüdischer bzw. zionistischer Organisationen hart ins Gericht. Ihnen warf sie vor, durch eine allzu bereitwillige Fügsamkeit gegenüber Eichmanns Forderungen hinsichtlich einer Zusammenarbeit bei der Organisation der (Zwangs)Auswanderung und Deportationen »an der Zerstörung ihres eigenen Volkes«[536] mitgewirkt zu haben. »Ohne diese Hilfe bei Verwaltungs- und Polizeimaßnahmen [...],« so schrieb sie mit besonderem Blick auf die Ereignisse in Ungarn und Wien, »wäre entweder völliges Chaos ausgebrochen, oder man hätte mehr deutsche Arbeitskräfte heranziehen müssen, als man zu diesem Zweck einsetzen konnte.«[537]

Anstatt sich auf eine auf Drohungen und Versprechungen gründende Kooperation mit den Nazis einzulassen, wäre es aus ihrer Sicht richtiger gewesen, sich den Anordnungen Eichmanns und seiner Schergen zu widersetzen und die Juden zur Flucht oder zum Widerstand aufzurufen. Die Begründung, man habe mit Eichmann und den Nazis kooperiert, um möglichst viele Menschen zu retten und das Schlimmste zu verhindern oder zumindest möglichst lange hinauszuzögern, ließ sie nicht gelten.[538] Letztlich war sie nicht nur davon überzeugt, daß die Judenräte de facto eher den Mördern in die Hände gearbeitet, als daß sie den verfolgten Juden geholfen hätten, sondern sie unterstellte den »jüdischen Funktionären« sogar, daß sie die ihnen von den Nazis zugewiesene »Macht« nicht selten genossen und sich sogar – in einzelnen Fällen – durch ihre Zusammenarbeit mit den Mördern des eigenen Volkes das eigene persönliche Überleben hätten sichern wollen.[539]

Und in Bezug auf die zionistischen Organisationen merkte sie sogar an, daß deren Sprache und Ziele – zumindest in den ersten Jahren des NS-Regimes –, gewisse Ähnlichkeiten zu denen Eichmanns erkennen ließen. Dies führte sie auf den Umstand zurück, daß beide dasselbe gewollt hätten, nämlich, daß die Juden Deutschland verließen: Während Eichmann die Vertreibung der Juden auf der Grundlage der antisemitischen Politik und Gesetze der Nationalsozialisten betrieben hatte, wollten die Zionisten die Auswanderungen der Juden nach Palästina forcieren, um dort eine jüdische Heimstatt zu errichten.[540] Dies habe dazu geführt, daß zur Zeit der forcierten »Zwangsauswanderung« »nur Zionisten Aussichten hatten, mit deutschen Behörden erfolgreich zu verhandeln«.[541] In ihrer Kritik schreckte sie auch nicht davor zurück, Namen zu nennen und ehemalige »jüdische Funktionäre« persönlich anzugreifen. Neben Rudolf Kastner

536 Vgl. ebd., S. 153, 160.
537 Ebd., S. 153.
538 Vgl. ebd., S. 211-216.
539 Vgl. ebd., S. 153f.
540 Vgl. ebd., S. 89ff.
541 Ebd., S. 89.

und Leo Baeck, denen sie vorwarf, den Juden die drohende Gefahr zu lange verschwiegen zu haben,[542] griff sie unter anderen auch Josef Löwenherz, Mitglied der jüdischen Gemeinde in Wien, scharf an: Er habe die »ganze jüdische Gemeinde so organisiert, daß die Nazibehörden sich ihrer als Institution bedienen konnten«, wobei er als »Lohn« für seine »Dienste« nicht deportiert worden sei.[543]

Alles zusammengenommen zeichnete Hannah Arendt ein düsteres Bild der »jüdischen Funktionäre«, das den Eindruck vermittelt, die Vertreter der jüdischen Gemeinden und zionistischen Organisationen hätten nicht zum Wohle der verfolgten Juden gewirkt, sondern versagt und im schlimmsten Fall sogar eine mögliche Rettung eher verhindert als gefördert. Und diesem Tatbestand – davon war Arendt überzeugt – hatte man im Eichmann-Prozeß nicht genügend Beachtung geschenkt. Dies geschah ihrer Ansicht nach in der bewußten Absicht, die Strategie der Anklage nicht zu schwächen und die »scharfe Trennungslinie zwischen Verfolgern und Opfern« nicht zu verwischen, in der Absicht, die übergeordneten politischen Ziele des Prozesses nicht zu gefährden.[544]

542 Vgl. ebd., S. 154f.

543 Ebd., S. 93.

544 Vgl. ebd., besonders S. 155f.

III. Auswertung

1. Allgemeine Vorbemerkungen

Die Gefangennahme Eichmanns in Argentinien und der Prozeß gegen den ehemaligen SS-Obersturmbannführer in Jerusalem stieß in der Presse auf sehr starkes Interesse. Jede der hier untersuchten Zeitungen und Zeitschriften beschäftigte sich intensiv mit den verschiedensten Aspekten des Falles. Eine Ausnahme bildete dabei nur die Hamburger Illustrierte *Stern*, in der zwar unmittelbar nach der Nachricht von der Gefangennahme Eichmanns ausführlich über dessen Lebensweg und die von ihm begangenen Verbrechen berichtet wurde, der spätere Jerusalemer Prozeß jedoch keine nennenswerte Beachtung fand.

Zahlreiche Zeitungen und Zeitschriften entsandten eigens Korrespondenten nach Jerusalem, um über den Prozeß zu berichten. So beispielsweise Egon Vacek für die Wochenzeitung *Die Zeit*, Hermann Renner für das Nachrichtenmagazin *Der Spiegel*, Gerda Luft für den *Rheinischen Merkur* und *Die Welt*, Alice Kempe für den Berliner *Tagesspiegel*, Moshe Tavor und Joachim Schwelien für die *Frankfurter Allgemeine Zeitung*, Bernd Nellessen für *Die Welt*, M. Y. Ben-Gavriel und Albert Wucher für die *Süddeutsche Zeitung*, Abner Nechushtan und Conrad Ahlers für die *Frankfurter Rundschau* und Robert Pendorf, der vor dem Prozeß erst für den *Stern* schrieb, und dann während des Prozesses in erster Linie für *Die Zeit* aus Jerusalem berichtete. In zahlreichen Reportagen schilderten diese Korrespondenten die Ereignisse im Gerichtssaal und im Umfeld des Prozesses. Dabei widmeten sie sich nicht selten in recht persönlichen Worten den zahlreichen Zeugenaussagen und den dahinterstehenden menschlichen Schicksalen, sowie den grundlegenden Fragen nach dem angemessenen Umgang mit dem Fall Eichmann im Besonderen und der nationalsozialistischen Vergangenheit im Allgemeinen. In ihren zum Teil recht plastischen und anschaulichen Schilderungen beschrieben die Korrespondenten darüberhinaus die Reaktionen auf den Prozeß in der israelischen Bevölkerung.

Ein weiterer wichtiger Bestandteil der Berichterstattung waren die Agenturberichte verschiedener in- und ausländischer Nachrichtenagenturen, hauptsächlich von dpa, AP und UPI, die einen wesentlichen Teil der tagtäglichen aktuellen Sachinformationen lieferten und die Korrespondentenberichte ergänzten.

Darüberhinaus sind vor allem die Kommentare und redaktionellen Beiträge, die verschiedentlich von prominenten Mitgliedern der jeweiligen Redaktion verfaßt wurden, ein wesentlicher Baustein der Thematisierung des Eichmann-Prozesses in den hier ausgewerteten Zeitungen und Zeitschriften. Sie beleuchten nicht nur die historischen und juristischen Hintergründe und Zusammenhänge, sondern auch und vor allem die politisch-gesellschaftlichen und moralischen Implikationen des Prozesses. Ergänzt werden die Korrespondentenberichte, Kommentare und sonstigen redaktionellen Beiträge sowie Agenturmeldungen durch einzelne Beiträge von externen Autoren und durch Interviews mit als relevant erachteten Persönlichkeiten.[1]

Die Berichterstattung selbst läßt sich in vier grob voneinander abgrenzbare Phasen unterteilen.[2] Die erste Phase lag in den Wochen und Monaten nach der Nachricht von der Gefangennahme Eichmanns am 23. Mai 1960, die zweite begann wenige Tage vor dem Beginn des Prozesses am 11. April 1961 und endete kurze Zeit nach dem Abschluß der Beweisaufnahme und den Schlußplädoyers der Staatsanwaltschaft und der Verteidigung Mitte August 1961. Die dritte Phase begann eine gute Woche vor der Urteilsverkündung am 11. Dezember 1961 und endete mit dem Jahreswechsel 1961/62. Die vierte und letzte Phase erstreckte sich von den Tagen kurz vor Beginn der Berufungsverhandlung am 22. März 1962 bis wenige Tage nach der Hinrichtung Eichmanns in der Nacht vom 31. Mai auf den 1. Juni 1962.

Bezüglich der inhaltlichen Analyse der Berichterstattung über den Eichmann-Prozeß lassen sich für die hier ausgewertete bundesdeutsche Presse acht Hauptaspekte unterscheiden, die sich zum Teil sowohl in ihrem zeitlichen Auftreten, wie in ihrer inhaltlichen Ausrichtung überschneiden.[3]

---

1 Darüberhinaus veröffentlichten die Prozeßberichterstatter Albert Wucher (*Süddeutsche Zeitung*), Bernd Nellessen (*Die Welt*) und Robert Pendorf (*Stern/Die Zeit*) im Vorfeld bzw. nach dem Prozeß längere Reportagen bzw. Dokumentationen. Siehe: Wucher, Eichmanns gab es viele; Nellessen, Der Prozeß; Pendorf, Mörder.

2 Auf eine präzise Auszählung der Artikel hinsichtlich formaler Merkmale wie etwa Umfang und Anzahl wurde hier verzichtet, da sich die vorliegende Arbeit auf die Qualität und nicht die Quantität der Berichterstattung zum Eichmann-Prozeß konzentriert. Die nachfolgenden Angaben geben aber dennoch einen ungefähren Eindruck von den zeitlichen Schwerpunkten der Berichterstattung in den hier untersuchten Zeitungen und Zeitschriften. Zur Quantität der Berichterstattung sei hier auf die Studie von Jürgen Wilke u.a. (Hg.), *Holocaust und NS-Prozesse* verwiesen, die u.a. auch entsprechende Auswertungen hinsichtlich der zeitlichen Verteilung und Häufung der Berichte beinhaltet. Vgl. ebd., S. 74-81.

3 Darüberhinaus ist bemerkenswert, daß die Berichterstattung über den Eichmann-Prozeß in den hier ausgewerteten Zeitungen und Zeitschriften über den konkreten Anlaß und einer Thematisierung der nationalsozialistischen Vergangenheit hinausgreifend verschiedentlich zu einer intensiven Auseinandersetzung mit dem Land Israel, seiner Geschichte, seiner politisch-gesellschaftlichen Situation und den dort lebenden Menschen genutzt wird. Eine so einfache wie naheliegende Ursa-

Der erste wichtige Aspekt der Berichterstattung über den Fall Eichmann und den Eichmann-Prozeß ist die Auseinandersetzung mit der Frage, wo Eichmann vor Gericht gestellt werden solle. Besonders in den ersten Wochen und Monaten nach der Bekanntgabe der Gefangennahme Eichmanns wurde unter Verwendung sowohl juristischer, moralischer als auch politischer Argumente ausgiebig über diese Frage diskutiert. Dabei spielte nicht nur die Frage der grundsätzlichen Zuständigkeit eines israelischen Gerichts eine große Rolle, sondern auch die Befürchtung, ein Prozeß in Jerusalem würde seitens der israelischen Regierung zu propagandistischen und politischen Zwecken instrumentalisiert werden. Im Laufe der Debatte wurde nicht nur die Forderung erhoben, den ehemaligen SS-Obersturmbannführer an die Bundesrepublik auszuliefern und dort vor Gericht zu stellen, sondern auch die Einrichtung eines internationalen Tribunals angemahnt, das Eichmann aburteilen sollte. Andere Stimmen wiederum sprachen Israel uneingeschränkt das Recht zu, den »Mörder des jüdischen Volkes« selbst vor Gericht zu stellen. Nachdem jedoch absehbar wurde, daß Adolf Eichmann in Israel vor Gericht gestellt werden würde, erlahmte das Interesse an dieser wochenlang kontrovers und engagiert diskutierten Frage sehr rasch und lebte nur zu Prozeßbeginn im April 1961 wieder kurz auf.

Der zweite zentrale Aspekt war die Auseinandersetzung mit der Person Adolf Eichmann und seiner Stellung im NS-Vernichtungsapparat. Im Zentrum dieser Kontroverse stand die Frage, ob der ehemalige SS-Obersturmbannführer ein Überzeugungstäter war, der aus eigenem Antrieb gehandelt hatte, oder ob er »nur« als »pflichtversessener Bürokrat« einzig auf Befehl an der Verfolgung und Vernichtung der Juden mitgewirkt hatte. Eine zentrale Rolle in dieser Diskussion um das »Wesen« und den »Charakter« Eichmanns nahmen dabei nicht nur sein Auftreten im Jerusalemer Gerichtssaal und seine Aussagen im Rahmen der Polizeiverhöre im Vorfeld des Prozesses ein. Auch Eichmanns persönliche Aufzeichnungen stießen auf großes Interesse, denn man hoffte, in diesen Aufzeichnungen die Antwort auf die Frage nach den Motiven seines Handelns zu finden. Nicht unwesentlich bei der Suche nach dem »Wesen« Eichmanns war

---

che dafür ist der schlichte Umstand, daß die zum Prozeß nach Jerusalem gereisten Journalisten die Gelegenheit nutzten, das Land zu bereisen und über ihre Erlebnisse und Eindrücke berichteten. So bewirkte der Eichmann-Prozeß nicht nur, daß die Deutschen mit ihrer Vergangenheit konfrontiert wurden, sondern führte indirekt auch dazu, daß sie die israelische Gegenwart näher kennenlernen konnten. Vgl. beispielsweise den mehrseitigen Bericht von Stefan Moses und Robert Pendorf, Wir sind das gelobte Land, in: Stern Nr. 20 vom 14.5.1961; der Artikel Die Waisenkinder Israels. Ben-Shemen – ein Dorf von internationalem Ruf, in: FR vom 13./14.8.1961, über einen Kibbuz, in dem Waisenkinder aufwachsen und betreut werden; und die Artikel von Alice Kempe, »Wie kann es schlecht sein in Israel«, in: TSP vom 4.3.1961 und Israels »kleines Wirtschaftswuder«, in: TSP vom 7.4.1961 über die Ansiedlung jemenitischer Juden in Israel bzw. über die wirtschaftliche Entwicklung des Landes.

mithin die damit implizit zusammenhängende Frage nach den Unterschieden bzw. Gemeinsamkeiten zwischen den »normalen Deutschen« und Eichmann. So wurde die Auseinandersetzung mit der Person Eichmann und dessen Wirken im »Dritten Reich« auch zu einer Auseinandersetzung mit dem »eigenen« Handeln in der nationalsozialistischen Diktatur und mit der Frage nach den Grenzen von Befehl und Gehorsam.

Ein weiterer wichtiger Bestandteil war die Entdeckung der Täter und ihrer Helfershelfer. Der Fall Eichmann weckte das Interesse an den zahlreichen »Schreibtischtätern«, die nicht eigenhändig gemordet, sondern fernab von den Vernichtungslagern und Erschießungskommandos, in den Amtsstuben der Ministerien und Behörden das Morden organisiert hatten. Auf diese Weise wurde durch den Prozeß die gesamte komplizierte Maschinerie des »Verwaltungsmassenmordes« in das Blickfeld einer breiteren Öffentlichkeit gerückt. Darüberhinaus wurde der Fall Eichmann auch zum Anlaß genommen, die bis dahin erfolgte – vor allem strafrechtliche – Auseinandersetzung mit der personellen Hinterlassenschaft des »Dritten Reiches« kritisch zu betrachten. In Verbindung mit anderen, aufsehenerregenden Fällen von bis dahin unerkannt bzw. unbehelligt in Deutschland lebenden NS-Tätern wurde dabei die Frage aufgeworfen, ob die Justiz ausreichend darum bemüht war, diesen Tätern habhaft zu werden.

Einen unerwartet geringen Raum nahm in der Presse der Bundesrepublik die Auseinandersetzung mit der aus Anlaß des Eichmann-Prozesses forcierten, antiwestlichen Propaganda von Seiten der DDR ein. Vor dem Hintergrund der massiven Angriffe gegen die »revanchistische BRD«, die als ein sicherer Hort für ehemalige Nazis verunglimpft wurde, und der Spannungen des Kalten Krieges muten die vorgefundenen Abwehrversuche und »Gegenangriffe« seitens der bundesdeutschen Presse sehr zurückhaltend und nahezu unscheinbar an. Aber trotz dieser Zurückhaltung spiegelt sich in diesen Abwehrversuchen ein wesentliches Element der Thematisierung des Eichmann-Prozesses wider: Die Betonung, daß die Auseinandersetzung mit dem Fall Eichmann nicht allein als eine Angelegenheit der Bundesrepublik anzusehen, sondern vielmehr allen Deutschen – gleichgültig ob aus dem »Osten« oder aus dem »Westen« – aufgetragen sei.

Die Frage, ob der Prozeß gegen den ehemaligen SS-Obersturmbannführer eher als eine (neuerliche) Demütigung für die Deutschen, oder nicht vielmehr als eine Chance zu begreifen sei, sich der notwendigen und vielleicht sogar bis dahin vernachlässigten Auseinandersetzung mit der Vergangenheit zu stellen, war ein weiterer zentraler Aspekt in der Berichterstattung. Diese grundsätzliche Frage beeinflußte direkt oder indirekt einen Großteil, wenn nicht gar die gesamte Berichterstattung über das Geschehen in Jerusalem, wurde aber darüberhinaus in verschiedenen Kommentaren und Berichten auch separat und ausdrücklich angesprochen.

Der sechste wichtige Aspekt war die Frage nach der Bedeutung des Eichmann-Prozesses für die Erziehung der Jugend. Während die Reaktionen der bundesdeutschen

Presse auf die Instrumentalisierung des Prozesses seitens der östlichen Propaganda eher als überraschend zurückhaltend zu bewerten sind, war hingegen die Auseinandersetzung mit der pädagogischen Relevanz des Eichmann-Prozesses unerwartet umfangreich und engagiert. In zahlreichen Beiträgen wurde diskutiert, inwieweit eine intensive öffentliche Auseinandersetzung mit dem Fall Eichmann im Besonderen und den nationalsozialistischen Gewaltverbrechen im Allgemeinen auch für die jungen Deutschen von Bedeutung sei. Dabei wurden sowohl Bedenken gegen eine »allzu weitreichende« Einbeziehung der Jugend in die aus der Vergangenheit resultierende Schuld und Verantwortung geäußert, wie auch die grundsätzliche Notwendigkeit betont, den nachfolgenden Generationen die vollständige Wahrheit über die NS-Verbrechen zu vermitteln.

Ein weiterer bemerkenswerter Bestandteil der Berichterstattung war die kritische Auseinandersetzung mit einem eher formalen Aspekt des Prozesses: dem Ablauf des Verfahrens. Während im Vorfeld des Prozesses über die politischen und vor allem die völkerrechtlichen Probleme eines Strafverfahrens gegen Adolf Eichmann in Israel diskutiert wurde, stand während des Verfahrens besonders das Vorgehen der Prozeßbeteiligten wiederholt in der Kritik der deutschen Medien, wobei die Kritik am Ablauf des Prozesses in ihrer Gesamtheit eher zurückhaltend war. Im Kern beschränkte sich die Kritik auf das Vorgehen des israelischen Staatsanwalts und – ähnlich wie bereits im Vorfeld des Verfahrens – auf eine angebliche oder tatsächliche politische Instrumentalisierung des Prozesses seitens der israelischen Regierung.

Als letzter wichtiger Aspekt der Presseberichterstattung zum Eichmann-Prozeß sei hier die Auseinandersetzung mit der Frage nach einer »angemessenen« Bestrafung Eichmanns genannt. In diesem Punkt, der vor allem im Vorfeld und gegen Ende des Verfahrens stärker angesprochen wurde, spiegelte sich die Verwirrung und Hilflosigkeit wider, angesichts der Dimensionen des Verbrechens der »Endlösung« zu einem juristisch-strafrechtlichen Maßstab zur Bewertung der Taten Eichmanns und anderer »Schreibtischtäter« zu gelangen. Ein Aspekt, der gerade auch im Hinblick auf die Problematik der Sühne und Wiedergutmachung ein interessantes Licht auf die Diskussion in den frühen sechziger Jahren wirft.

2. Wer soll Eichmann vor Gericht stellen?

In den ersten Wochen nach der Bekanntgabe der Gefangennahme dominierte in der Presse die Frage nach dem »richtigen«, dem angemessenen Gerichtsort für den anstehenden Prozeß. Ein großer Teil der Berichterstattung in dieser Zeit drehte sich um die Frage, ob es unter rechtlichen sowie politischen Gesichtspunkten richtig sei, Eichmann in Israel vor Gericht zu stellen, oder ob es nicht besser wäre, ihn an die Bundesrepublik

Deutchland auszuliefern und ihm dort den Prozeß zu machen. Des weiteren wurde diskutiert, ob nicht aufgrund der Dimensionen der Verbrechen ein internationaler Gerichtshof – eine Art Neuauflage des Nürnberger Tribunals – die angemessene Instanz sei, um über Eichmann, der als Leiter der für Judenangelegenheiten zuständigen Abteilung IV B 4 im RSHA in allen besetzten Gebieten Europas maßgeblich an der Deportation und Ermordung der Juden beteiligt gewesen war, ein Urteil zu sprechen.

2.1. »Eichmann nach Deutschland!«[4] – Pressestimmen gegen einen Prozeß in Israel

Die wichtigsten Argumente gegen einen Prozeß in Israel und für eine Auslieferung Eichmanns an die Bundesrepublik bezogen sich zum einen auf formaljuristische Aspekte, zum anderen auf seine politischen Dimensionen. Hinsichtlich der juristischen Problematik wurde besonders darauf verwiesen, daß die Gefangennahme und die Überführung nach Israel nur unter Bruch des Völkerrechts zustande gekommen wäre. Außerdem seien die israelischen Gesetze, nach denen Eichmann abgeurteilt werden sollte, erst Jahre nach den ihm zur Last gelegten Verbrechen entstanden. Hervorgehoben wurde auch, daß die Verbrechen nicht in Israel begangen worden seien. Dies würde dazu führen, daß ein strengen rechtsstaatlichen Prinzipien genügender Prozeß in Israel, im Gegensatz zur Bundesrepublik, nicht möglich sei.

Im Hinblick auf die politische Dimensionen des Prozesses wurde zum einen argumentiert, daß die israelische Regierung letztlich beabsichtige einen Schauprozeß zu inszenieren, um ihn für politische Zwecke, zum Beispiel zur Erlangung weiterer Wiedergutmachungsleistungen von der Bundesrepublik, zu mißbrauchen. Zum anderen wurde darauf verwiesen, daß es den Deutschen zum Beweis ihrer Abkehr vom Nationalsozialismus und ihrer Bereitschaft, NS-Täter strafrechtlich zu verfolgen, gut anstünde, selbst über den ehemaligen Obersturmbannführer zu Gericht zu sitzen.

Vor allem auf das letztgenannte Argument berief sich Karl Gerold in der *Frankfurter Rundschau* vom 11./12. Juni 1960.[5] In seinem Artikel *Der geraubte Mörder* unterstrich er die historische Verantwortung der Deutschen für die nationalsozialistischen Verbrechen und die aus dieser Verantwortung resultierende Verpflichtung, die Schuldigen selbst zur Rechenschaft zu ziehen. Aus diesem Grund müsse sich die Bundesregierung um die Auslieferung Eichmanns bemühen: »Dieser Mann hat seine Verbrechen im Namen des deutschen Volkes begangen und uns alle damit belastet. Die Bundesrepu-

---

4 William S. Schlamm, Eichmann nach Deutschland! in: Stern Nr. 24 vom 11.6.1960, S. 82.

5 Karl Gerold, Der geraubte Mörder, in: FR vom 11./12.6.1960.

blik ist also verpflichtet, alles zu tun, um Eichmann mitsamt seiner Komplicen vor deutsche Gerichte zu stellen.« Die Bundesrepublik könne so »beweisen, daß sie entschlossen ist, unserem Recht auf Sühne Genugtuung zu geben.«[6]

Bemerkenswert ist hierbei, daß Gerold sichtlich um Verständnis für die israelische Position bemüht war. So hielt er die »Festnahme und Ueberführung von Land zu Land unter Ausschaltung der zuständigen Organe« zwar »völkerrechtlich« für »Menschenraub«, unter sittlichen und moralischen Gesichtspunkten beurteilte er jedoch die Gefangennahme Eichmanns durch die Israelis als durchaus gerechtfertigt.[7] Seine Forderung nach der Auslieferung Eichmanns speiste sich denn auch weniger aus der Kritik am Vorgehen der israelischen Regierung, sondern vielmehr aus der Überzeugung, daß die Deutschen selbst über die Mörder aus den Reihen ihres Volkes zu Gericht sitzen sollten.[8]

Zu den vehementesten Verfechtern der Forderung, Eichmann einem deutschem Gericht zu überantworten, gehörten William S. Schlamm und Henri Nannen von der Illustrierten *Stern*. So plädierte der *Stern*-Kolumnist Schlamm bereits in seinem ersten Beitrag zum Thema Eichmann vom 11. Juni 1960 für die Überstellung des in Israel Inhaftierten an die Bundesrepublik.[9] Schlamm hielt zwar die Gefangennahme und Entführung des nach dem Krieg untergetauchten SS-Mannes durch die Israelis für gerechtfertigt, aber Adolf Eichmann, »das Untier«, in Israel vor Gericht zu stellen, war aus seiner Sicht falsch. Seiner Überzeugung nach sollte er »vor ein *deutsches* Gericht gestellt werden«.[10]

Vor allem aufgrund der völkerrechtswidrigen Gefangennahme und der strittigen Zuständigkeit der israelischen Justiz, so Schlamms Argumentation, würde ein Prozeß in Israel nicht den allgemeinhin anerkannten juristischen Normen entsprechen. Darüberhinaus formulierte er seine Sorge, daß ein Verfahren in Israel, das mit derartigen juristischen Problemen belastet sei, in der Weltöffentlichkeit mehr Schaden als Nutzen für den jüdischen Staat nach sich ziehen würde. Schlamm äußert zwar großes Verständnis dafür, wenn Eichmann von einem Juden bzw. einem »Überlebenden von Auschwitz«

---

6 Ebd.

7 Vgl. ebd.

8 Daß sich Gerold nicht aus grundsätzlichem Mißtrauen gegenüber der israelischen Regierung für eine Auslieferung Eichmanns an die Bundesrepublik aussprach, zeigte sich auch in seinem Artikel vom 15./16.4.1961. In diesem Beitrag, der nur wenige Tage nach der Prozeßeröffnung erschienen ist, gestand er Israel grundsätzlich das Recht zu, Eichmann vor Gericht zu stellen. Und dies umso mehr, als die Bundesrepublik »sich nicht der Mühe unterzogen« habe, den flüchtigen SS-Obersturmbannführer selbst zu ergreifen, um ihn vor ein deutsches Gericht zu stellen. Vgl. Karl Gerold, Die deutsche Belastung, in: FR vom 15./16.4.1961.

9 William S. Schlamm, Eichmann nach Deutschland! in: Stern Nr. 24 vom 11.6.1960, S. 82.

10 Ebd., Hervorhebungen im Original.

ermordet worden wäre, aber in Israel ein Gerichtsverfahren gegen ihn durchzuführen, dies sei aus seiner Sicht nicht richtig und stehe im Widerspruch zum Gedanken des Rechts:

»Wäre Eichmann in diesem Augenblick [der Gefangennahme, P.K.] von jüdischen Händen erwürgt worden, dann hätten sich alle anständigen Menschen auf dieser Welt um den Freispruch für den Attentäter bemüht; denn ganz gewiß wäre kein Racheakt der Geschichte verzeihlicher und sinnvoller gewesen als die Ermordung Eichmanns durch einen Überlebenden von Auschwitz. Aber Adolf Eichmann wurde von seinen disziplinierten Entführern wohlbehalten nach Israel geschafft. Der schicksalhafte Akt der Rache wurde vermieden. Nun ist das Recht angerufen. Aber kann Eichmann nach israelischem Recht abgeurteilt werden?«[11]

Diese letztlich rhetorische Frage beantwortet Schlamm mit einem klaren »nein« und verwies dabei auf den Unterschied zwischen Recht und Rache. Bemerkenswert an seinen weiteren Ausführungen war dabei, daß er nicht nur die juristische Legitimation eines Prozesses gegen Eichmann in Israel, sondern im gleichen Atemzug auch indirekt die juristische Legitimation der in der unmittelbaren Nachkriegszeit abgehaltenen »Kriegsschuldprozesse«, womit die Kriegsverbrecherprozesse von Nürnberg gemeint waren, in Frage stellte:

»Denn ein leidenschaftlicher Ausbruch beleidigten Zornes ist eine Sache – und *ein* Gerichtsverfahren eine ganz *andere*. [...] Sogar jene ›Kriegsschuldprozesse‹ in Deutschland, deren juristische Fragwürdigkeit den besten Juristen Amerikas heute sehr ernste Sorgen bereitet, sind irgendwie vertretbar als ungestüme Zornhandlung der allerersten Nachkriegsjahre. Aber fünfzehn Jahre nach dem Vollzug der Verbrechen hat keine gesittete Gesellschaft der Erde auch nur ein ethisches Alibi für eine Verletzung elementarer prozessualer Vorschriften. Recht ist *nicht*, was einem Naziverbrecher schadet.«[12]

Für Schlamm bestand am »richtigen« Gerichtsort kein Zweifel: Wenn »Adolf Eichmann nach den bindenden Bestimmungen des internationalen Rechts in Israel nicht der Prozeß gemacht werden kann, dann hat er eben jenem Land überstellt zu werden, das zur Durchführung des Prozesses ohne Zweifel legitimiert und verpflichtet ist – der Deutschen Bundesrepublik«.[13] Ein dafür notwendiger Auslieferungsvertrag sollte darum »schleunigst abgeschlossen werden«.[14] Denn es dürfe, so Schlamm, »auch nicht der leiseste Zweifel an der Legitimation des Gerichts laut werden«, wie auch die »Millionen gemarterter Seelen die ganze Wucht und die ganze Würde eines gerechten Gerichts« verdienten.[15] Am Ende schlug er quasi als eine Art Kompromiß vor, daß der

11 Ebd.

12 Ebd., Hervorhebungen im Original.

13 Ebd.

14 Ebd.

15 Ebd.

»Tatbestand des Massenmordes zunächst einmal in Israel bis ins Detail voruntersucht wird«, Eichmann dann aber an die Bundesrepublik ausgeliefert und dort vor Gericht gestellt und verurteilt werden solle:

»Und deutsche Richter werden im Schatten von Millionen gefolterter Juden menschliches Recht sprechen.«[16]

Schlamms Plädoyer ist erstaunlich widersprüchlich. Auf der einen Seite äußerte er Verständnis für einen jüdischen Attentäter, während er auf der anderen Seite dem gleichen Juden aber das Verständnis versagte, wenn dieser Eichmann in Israel vor ein Gericht stellen will, um ihm nach den dort gültigen Gesetzen öffentlich den Prozeß zu machen. Kann man seine juristischen Bedenken hinsichtlich der Entführung noch nachvollziehen, so ist die Vehemenz, mit der die Forderung nach Auslieferung Eichmanns an die Bundesrepublik vorgebracht wurde, irritierend. In Schlamms Artikel fand sich keine Begründung dafür, warum die bundesdeutsche eher als die israelische Justiz in der Lage sein sollte, ein gerechtes Urteil zu fällen und »menschliches Recht« zu sprechen. Warum sollte ein deutsches Gericht – auch und vor allem mit Blick auf die Opfer der »Endlösung« – eine größere Würde beanspruchen können, als ein israelisches? Besonders wenn man bedenkt, daß in der damaligen Bundesrepublik noch zahlreiche Richter Recht sprachen, die bereits im »Dritten Reich« das Richteramt inne gehabt hatten, erscheint diese Argumentation zumindest recht fragwürdig. Neben dem Ausblenden der Kontinuitätsproblematik im Justizapparat wird aus Schlamms Argumentation darüber hinaus nicht ersichtlich, warum nicht ein drittes Land als Ort des Prozesses in Frage kam. Wenn Schlamm derart große Bedenken gegen einen Prozeß in Israel hatte, warum plädierte er dann nicht für einen Prozeß in Polen oder – wenn er eine propagandistische Instrumentalisierung des Prozesses durch die dortige kommunistische Regierung fürchtete – für einen Prozeß in einem westeuropäischen Land, in dem Eichmann während des Krieges sein Unwesen getrieben hatte? Warum kein internationales Tribunal? Mochten die juristischen Bedenken hinsichtlich eines Prozesses in Israel nicht so einfach von der Hand zu weisen sein, so wenig überzeugend waren Schlamms Argumente für einen Prozeß in der Bundesrepublik. Alles in allem wirkte die Begründung seiner Forderung, Eichmann vor ein deutsches Gericht zu stellen, sehr angestrengt und konstruiert, was letztlich dazu führte, daß seine Beweggründe, sich gegen einen Prozeß in Israel auszusprechen, nicht klar erkennbar wurden.

Etwas anders war dies bei Henri Nannen,[17] der seine Position deutlich formulierte

---

16 Ebd.

17 Henri Nannen wurde 1913 in Emden geboren. Nach dem Gymnasium studierte er ab 1934 Kunstgeschichte und arbeitete ab 1938 u.a. für die Zeitschrift *Die Kunst*. Während des Krieges war er Mitglied einer Propagandakompanie der Luftwaffe. Die in dieser Zeit von ihm verfaßten Beiträge für verschiedene NS-Publikationen wurde ihm später wiederholt vorgeworfen. Nach dem Krieg

und klar begründete. Genau wie der Kolumnist Schlamm sprach sich Ende Juni 1960 auch der Chefredakteur des *Stern* gegen einen Prozeß in Israel aus.[18] Während Schlamm jedoch vor allem mit formaljuristischen Überlegungen argumentierte, behauptete Nannen – der wie Schlamm großes Verständnis für einen jüdischen Mordanschlag auf Eichmann erkennen ließ und den Israelis das »moralische Recht« zugestand, Eichmann gefangenzunehmen –, daß ein Prozeß in Israel letztlich nicht der Wahrheit dienen, sondern von den Israelis nur zu politischen Zwecken mißbraucht werden würde. Aus diesem Grund hielt er es für eine bessere Lösung, Eichmann in der Bundesrepublik vor Gericht zu stellen.

Nannen leitet seinen Beitrag mit dem scharfen Vorwurf ein, daß »der Staat Israel« mit der Entführung Eichmanns »in die Gefahr« gerate, »das Erbe der Nazis anzutreten«. Denn Menschenraub sei eine Methode, die bereits von den Nazis angewandt worden sei.[19] Auch wenn Nannen anschließend versuchte, diesen Vorwurf etwas zu relativieren, so hinterließ diese Gleichsetzung einen mehr als nur schalen Nachgeschmack. Wurde doch auf diese Art Israel in die Nähe des NS-Staates und seiner Verbrechen gerückt, was wiederum letztlich die Gefahr in sich barg, die nationalsozialistischen Verbrechen zu relativieren und die Verantwortlichen und Schuldigen zu entlasten.

Der zentrale Punkt in Nannens Artikel aber war der Vorwurf, die israelische Regierung wolle den Eichmann-Prozeß für Verhandlungen mit der Bundesrepublik über weitere Wiedergutmachungsleistungen politisch instrumentalisieren, weshalb es besser wäre, Eichmann in der Bundesrepublik vor Gericht zu stellen. Entscheidend war für den Chefredakteur des *Stern* dabei die zu erwartenden Aussagen Eichmanns vor einem israelischen Gericht. Denn in seinen Aussagen würde der ehemalige SS-Obersturmbannführer die »deutsche Schuld« am Holocaust wieder aufrollen, woran, so Nannen, »Israel geradezu zum gegenwärtigen Zeitpunkt interessiert sein« könnte, »weil eine solche Demonstration die Bundesrepublik moralisch verpflichten müßte, die demnächst auslaufenden Wiedergutmachungsleistungen an Israel fortzusetzen«.[20]

Und Nannen ging noch einen Schritt weiter, indem er die suggestive Frage stellte, ob man »Eichmann etwa aus derartigen Erwägungen erst jetzt gefaßt« habe, »obwohl

---

stieg Nannen schnell zu einem der wichtigsten Journalisten und Medienunternehmer der Bundesrepublik auf. Die von ihm im August 1948 gegründtete Illustrierte *Stern*, deren Chefredakteur er bis 1980 war, wurde eines der auflagenstärksten Magazine Europas. Die größte Krise erlebte die Illustrierte 1983/84 nach der Veröffentlichung der gefälschten Hitler-Tagebücher. Nannen starb im Oktober 1996. Vgl. Munzinger Archiv. Internationales biographisches Archiv. Ravensburg o.J.; Köhler, Unheimliche Publizisten, S. 13ff.; Norbert Frei, Karrieren im Zwielicht. Hitlers Eliten nach 1945. Frankfurt am Main u.a. 2001, S. 283ff.

18 Vgl. Henri Nannen, Liebe Sternleser, in: Stern Nr. 26 vom 25.6.1960, S. 5f.

19 Ebd., S. 5.

20 Ebd., S. 6.

man ihn längst hätte finden können, wenn man gewollt hätte?«[21] Er unterstellte der israelischen Seite also nicht nur, sie wolle den Fall Eichmann nutzen, um der Bundesrepublik weitere Wiedergutmachungsleistungen abzunötigen, sondern legte dem Leser auch nahe, daß die Israelis Eichmann nur deshalb genau zu diesem Zeitpunkt gefangengenommen hatten. Der Grund für die spektakuläre Festnahme Eichmanns sei also nicht in erster Linie in dem Wunsch nach Aufklärung und Gerechtigkeit, sondern eher in politischen und ökonomischen Interessen des israelischen Staates zu suchen.

Aber Nannen ließ es nicht dabei bewenden. Aus seiner Sicht wollte Israel nicht nur die Bundesrepublik, sondern auch die West-Alliierten der damaligen Anti-Hitler-Koalition unter Druck setzen. Denn, darin war sich Nannen sicher, in seinen Aussagen zur jüdischen (Zwangs)Auswanderung und zum gescheiterten Freikauf der ungarischen Juden würde Eichmann auch die Amerikaner und Engländer belasten.[22] Nannen zufolge würden die Israelis eine solche Aussage zum Anlaß nehmen, »die Westmächte« zu ihren »moralischen Schuldern« zu machen und auf diese Weise politisches Kapital aus dem Prozeß schlagen.[23]

Hingegen bei Eichmanns zu erwartenden Aussagen zu seinen »jüdischen Mithelfern« – gemeint waren sowohl die sogenannten »Judenräte« als auch zionistische »Vorkämpfer des Judenstaates«, die sich um die Auswanderung von Juden nach Palästina bemühten – werde die israelische Regierung »als Untersuchungsführer, Ankläger und Richter in eigener Sache«, eher versuchen, den Mantel des Schweigens auszubreiten, um Unannehmlichkeiten zu vermeiden.[24] Die einzige Möglichkeit, eine derartige Instrumentalisierung des Falles Eichmann zu verhindern, sah der *Stern*-Chef darin, den ehemaligen SS-Obersturmbannführer vor ein (bundes)deutsches Gericht zu stellen. Denn erstens ließe »[a]llein ein deutsches Gericht [...] bei der schuldbewußten Befangenheit der

21 Ebd., S. 7.

22 Nannen war offensichtlich davon überzeugt, daß nahezu alle Staaten – allen voran die USA und England – aufgrund ihrer Weigerung, eine größere Zahl jüdischer Flüchtlinge einreisen zu lassen, eine erhebliche Mitschuld an der Ermordung der Juden trugen. Auch wenn Nannen betont, daß die Juden in deutschen Lagern »gestorben« seien, wirken seine Ausführungen so, als wolle er die »deutsche Schuld« ein Stück weit auf andere abwälzen: »Wenn Eichmann frei sprechen kann, wird er aber auch erzählen, daß die sogenannte ›Endlösung der Judenfrage‹ zunächst eine Auswanderung der Juden aus Deutschland vorsah. Diese Auswanderung scheiterte, weil sämtliche europäischen und außereuropäischen Länder ihre Grenzen gegenüber den Juden sperrten. Man verlangte von den Einwanderern ›Vorzeigegelder‹, um sicher zu gehen, daß sie ihren Gastländern nicht zu Last fielen. Und als ein Teil des den Juden geraubten Vermögens vom SD bereitgestellt wurde, um diese ›Vorzeigegelder‹ aufzubringen, da waren weder die Amerikaner, noch die palästinensische Schutzmacht England bereit, ihre Einwanderungsquoten zu erhöhen. Und das, obwohl Hitler längst angekündigt hatte, er werde ›die Judenfrage so oder so lösen‹.« Ebd., S. 6.

23 Vgl. ebd., S. 6.

24 Vgl. ebd.

Deutschen erwarten, daß sich das Verfahren auf die unmittelbare Verantwortung Eichmanns und seiner Auftraggeber beschränkte.«[25] Und zweitens wäre, so Nannen, nur ein deutsches Gericht in der Lage, dafür Sorge zu tragen, daß die »ganze Wahrheit zutage« komme. Im Gegensatz dazu würde ein Prozeß in Israel letzten Endes Gefahr laufen, zu einem politischen Schauprozeß zu entarten, und so dazu beitragen, eine »Eichmann-Legende« zu schaffen und letztlich auch dem Ansehen des Staates Israel schaden.[26] An dieser Stelle griff Henri Nannen erneut auf einen Vergleich mit dem NS-Regime zurück, indem er den zu erwartenden Eichmann-Prozeß in Israel in die Nähe des Prozesses gegen den »Reichstagsbrandstifter« Marinus van der Lubbe rückte:

»Nichts Ärgeres könnte dem israelischen Staat geschehen, als daß er nach der gewaltsamen Entführung Eichmanns noch in einem zweiten Punkt das Erbe der Nazis antrete: Der Prozeß gegen Adolf Eichmann darf keine Parallele zum Prozeß gegen den Reichstagsbrandstifter van der Lubbe werden. Eichmann kann selbst im fairsten Prozeß nur mit der Todesstrafe rechnen. Aber sein Urteil sollte von einem unabhängigen Gericht gefällt werden.«[27]

Auf der einen Seite also unterstellte der Chefredakteur des *Stern* der israelischen Regierung, sie würde die zu erwartenden Aussagen Eichmanns gezielt und selektiv instrumentalisieren und so den anstehenden Prozeß für zwielichtige politische Zwecke mißbrauchen – wobei er offensichtlich stillschweigend davon ausging, daß die israelischen Gerichte reine Erfüllungsgehilfen ihrer Regierung waren. Auf der anderen Seite warb er für einen Prozeß in Deutschland gerade mit dem Argument, daß ein deutsches Gericht darauf achten würde, »daß sich das Verfahren auf die unmittelbare Verantwortung Eichmanns und seiner Auftraggeber« beschränken würde und darüber hinausgehende, vermeintlich unangenehme Aspekte des Falles Eichmann ausgespart bleiben würden. Nannen zog es offenbar vor, wenn der Fall Eichmann möglichst kleingehalten würde. Denn nur so konnte vermieden werden, daß die nationalsozialistische Vergangenheit und die Ermordung der europäischen Juden in ihrer gesamten Komplexität untersucht und so die »deutsche Schuld« erneut öffentlich thematisiert würde. Gleichzeitig versuchte er konsequent eben diese »deutsche Schuld« zu verringern, indem er wiederholt auf eine Mitverantwortung oder gar Mitschuld anderer europäischer Staaten, der USA und auch der Juden selbst verwies. Diese hätten sich seiner Ansicht nach nicht hinreichend bemüht, alles in ihrer Macht stehende zu tun, um die verfolgten Juden zu retten. Besonders auffallend waren dabei seine Vergleiche zwischen dem Staat Israel und dem NS-Regime, sei es, indem er die Entführung Eichmanns mit »Nazi-Methoden« gleichgesetzte, oder indem er der israelischen Regierung unterstellte, sie wäre willens, den Prozeß gegen Eichmann als Schauprozeß zu inszenieren – einem

25 Ebd.

26 Vgl. ebd.

27 Ebd.

Schauprozeß, der Ähnlichkeiten mit dem Reichtstagsbrand-Prozeß von 1933 aufweise, einem Prozeß, der letztlich mit dazu gedient hatte, die Grundrechte in Deutschland außer Kraft zu setzen und das nationalsozialistische Terror-Regime zu installieren. Auch diese Vergleiche ermöglichten es letzten Endes, die »deutsche Schuld« zu relativieren, indem darauf verwiesen wurde, daß auch andere – und auch »die Juden« – sich zum Teil angeblich ähnlicher Methoden bedienten wie die Nationalsozialisten.

Alles in allem spricht vieles dafür, daß Nannen nicht aus Sorge um einen juristisch korrekten Ablauf des anstehenden Prozesses für eine Auslieferung des ehemaligen SS-Obersturmbannführers plädierte, sondern aus Angst, ein Verfahren in Israel würde die »deutsche Schuld« über das aus seiner Sicht unbedingt notwendige Maß hinaus vor einer großen Öffentlichkeit ausbreiten. So drängte sich geradezu der Eindruck auf, daß Nannens Einsatz gegen einen Prozeß in Israel zu einem nicht geringen Maß aus einem Bedürfnis der Schuldabwehr resultierte. Ein Bedürfnis, das der Chefredaktuer des *Stern* und frühere Kriegsberichterstatter einer Propagandakompanie anscheinend mit vielen seiner Altersgenossen und Landsleuten teilte.

Als letztes Beispiel für ein Plädoyer gegen einen Prozeß in Israel sei hier auf einen im Juni 1960 unter dem Pseudonym Moritz Pfeil im *Spiegel* veröffentlichten Artikel von Rudolf Augstein[28] verwiesen.[29] Wie Nannen und Schlamm formulierte auch Augstein starke Bedenken gegen den »krassen Unrechtsakt« der Entführung Eichmanns aus Argentinien.[30] Und ebenso äußerte er den Verdacht, ein Prozeß in Israel würde als »Schauprozeß« »inszeniert« werden. Seiner Meinung nach hätte Eichmann nach seiner Gefangennahme entweder an Polen oder Ungarn – »wo er die meisten Untaten vollbracht hat und wo er mit der Todesstrafe rechnen könnte« – oder an die Bundesrepublik ausgeliefert werden müssen, die nach seiner Einschätzung »in erster Linie für die Aburteilung

---

28 Rudolf Augstein wurde 1923 in Hannover geboren. Nach einem Volontariat beim *Hannoverschen Anzeiger* wurde er 1942 Soldat und geriet 1945 in amerikanische Gefangenschaft. Nach dem Ende des Krieges wurde Augstein zunächst Mitarbeiter, später Herausgeber und Cefredakteur des Nachrichtenmagazins *Die Woche*, das seit 1947 unter dem Namen *Der Spiegel* erschien. Unter den Pseudonymen Jens Daniel und Moritz Pfeil schrieb Augstein in den fünfziger und sechziger Jahren zum Teil sehr scharfe Angriffe gegen die Regierung Adenauer. In der Folge der sogenannten »Spiegel-Affäre« um die Veröffentlichung angeblich brisanter militärischer Geheimnisse 1962/63 war Augstein zeitweise in Haft. Vgl. Hardenberg Personenlexikon. Aktualisierte und erweiteret Neuausgabe, Dortmund 2000; S. 30; Hans-Jürgen Jakobs, Uwe Müller, Augstein, Spinger & Co. Deutsche Mediendynastien. Zürich u.a. 1990, S. 18.

29 Moritz Pfeil, Recht auch noch für den Henker, in: Der Spiegel Nr. 25 vom 15.6.1960, S. 24.

30 Im Gegensatz zu Nannen im *Stern* griff Augstein nicht auf einen Vergleich mit NS-Methoden zurück, um die Entführung zu verurteilen, sondern fand seinen Vergleichsmaßstab in den Methoden der sowjetischen Geheimdienste, indem er in Bezug auf Eichmanns angeblich freiwillige Einwilligung, nach Israel gebracht zu werden, von einem »Moskauer Muster« schrieb. Vgl. ebd.

zuständig« sei.[31] Vor allem die »schuldbeladenen Deutschen« hätten ein »Mitspracherecht«, ja eine »Mitsprachepflicht« und seien dazu verpflichtet, um die Auslieferung Eichmanns »nachzusuchen«: »Wo ein deutscher Staatsangehöriger abgeurteilt wird, das ist keine Frage der Opportunität.«[32]

Bemerkenswert an den Ausführungen Augsteins alias Moritz Pfeil waren jedoch weniger seine gegen die israelische Regierung gerichteten Vorwürfe, noch sein Plädoyer für eine Auslieferung an die Bundesrepublik, sondern seine ausdrücklich formulierte Sorge um die moralische Integrität der »Judenheit«, die er durch einen israelischen »Schauprozeß« gefährdet sah:

> »Der Schauprozeß in Tel Aviv aber, aus einem Unrechtsakt hervorgegangen, von einem Staat inszeniert, den es zur Zeit der Eichmannschen Verbrechen noch nicht gab und auf dessen Boden Eichmann sie nicht begangen hat, ist unklug von den praktischen Interessen der Judenheit her und unweise vom Standpunkt der allgemeinen Politik.«[33]

Wie um zu beweisen, daß er mit seiner Sorge nicht alleine stand, berief sich Augstein auf von ihm nicht näher genannte »angelsächsische Zeitungen«, die sich ebenso dafür einsetzen würden, Eichmann in der Bundesrepublik vor Gericht zu stellen. Denn auch in diesen Ländern habe »man sich [...] ein Gefühl dafür bewahrt, daß ein unrechtmäßiges Ende des Mannes, der die Judenmorde organisierte, ein tiefgreifender fortwirkender Schaden wäre«.[34] Augstein betonte dabei ausdrücklich, daß es nicht sein Anliegen sei, Eichmann durch eine Überstellung in die Bundesrepublik vor der sicheren Todesstrafe zu retten, sondern daß es ihm einzig und allein um die »moralische Integrität der mittels des Staates Israel zu nationaler Einheit erwachsenden Juden« ginge. In diesem Sinne äußerte er den – wie er selbst schreibt – »weltfremden Wunsch«, das israelische Gericht möge am Ende auf die Todesstrafe verzichten und Eichmann »nur mit der in der Bundesrepublik zulässigen Höchststrafe belegen«. Dadurch werde der »Anschein« vermieden, »die Juden« hätten sich an ihrem »Henker und Mörder gerächt«.[35]

Im Gegensatz zu Nannen bereitete Augstein der Gedanke an eine erneute öffentliche Thematisierung der »deutschen Schuld« (Nannen) keine hier erkennbaren Sorgen. Und ebensowenig äußerte er die Befürchtung, der Prozeß würde dazu dienen, die Bundesrepublik im Hinblick auf weitere Wiedergutmachungsleistungen unter Druck zu setzen. Es fanden sich jedoch auch im *Spiegel* Artikel, in denen dies der israelischen Seite unterstellt wurde. Dies läßt sich exemplarisch an einem in derselben Ausgabe (!) wie Augsteins Artikel erschienenen Beitrag mit dem Titel *Eichmann – Der Endlöser* zei-

---

31 Vgl. ebd.

32 Ebd.

33 Ebd.

34 Ebd.

35 Ebd.

gen. Darin wurden die »bundesrepublikanischen Steuerzahler« als die »eigentlich Leidtragenden« des Prozesses bezeichnet.[36] Mit Blick auf die von Augstein formulierte Sorge um das Wohlergehen der Juden drängt sich zumindest die Frage auf, ob es auf Seiten der Israelis nicht als taktlos oder gar anmaßend empfunden werden konnte, wenn ein deutscher Journalist schrieb, »die Juden« würden moralischen Schaden nehmen und gegen ihre Interessen handeln, wenn sie Eichmann vor einem israelischen Gericht nach israelischem Recht aburteilten, gleichzeitig aber für die Deutschen ein »Mitspracherecht« in der Frage der strafrechtlichen Ahndung der Verbrechen forderte. Und hier stellt sich die Frage, warum ausgerechnet die Deutschen – also »die Täter« – ein besonderes Mitspracherecht haben sollten, aber die in Israel lebenden Opfer und deren Angehörige – von denen ja im übrigen nicht wenige ursprünglich Deutsche waren – nicht ebenso oder sogar noch viel eher ein solches Recht zustand.

Wie schwer verständlich die Forderung nach Auslieferung Eichmanns an die Bundesrepublik vor diesem Hintergrund erscheinen konnte, verdeutlicht ein Artikel von Conrad Ahlers,[37] der nur wenige Tage nach Prozeßbeginn in der *Frankfurter Rundschau* erschien.[38] Nachdem Ahlers zunächst betont hatte, daß die »Prinzipien, die je-

---

36 Unter anderem wurde behauptet, die israelische Regierung werde Eichmanns Aussagen wie den gesamten Prozeß nach ihrem Belieben lenken und steuern und dazu nutzen, die Bundesrepublik im Hinblick auf weitere Zahlungen an Israel moralisch unter Druck zu setzen. Ebenso werde sie den Prozeß für Propagandazwecke gegen die arabischen Länder ausschlachten. So wurden denn auch in diesem Artikel die »bundesrepublikanischen Steuerzahler« und die Araber als die »eigentlichen Leidtragenden« des anstehenden »Wiedergutmachungsauftritts« von Adolf Eichmann angesehen. Unter anderem war zu lesen: »Doch soll der Eichmann-Prozeß nicht nur einer über deutsche Sünden entsetzten internationalen Leser- und Hörerschaft die moralische Verpflichtung der Bundesrepublik zu weiteren Israel-Zahlungen plausibel machen. Der Prozeß wird auch Israels noch immer gefährliche Stellung gegenüber seinen feindlichen Nachbarn propagandistisch stärken [...]. Tatsächlich besteht kein Zweifel daran, daß der großnasige Gamal Abd el-Nasser [damaliges ägyptisches Staatsoberhaupt, P.K.] im unfernen Kairo neben den bundesrepublikanischen Steuerzahlern zu den eigentlich Leidtragenden des Eichmann-Prozesses gehören wird.« Vgl. Eichmann – Der Endlöser, in: Der Spiegel Nr. 25 vom 15.6.1960, S.20-23, Zitat S. 23.

37 Conrad Ahlers wurde wurde 1908 in Hamburg geboren. Nach dem Abitur meldete er sich 1941 freiwillig zur Fallschirmtruppe. Nach Kriegsende studierte Ahlers Volkswirtschaft und arbeitete als Journalist für verschiedene Zeitungen (u.a. *Die Welt*, *Der Spiegel*) und den deutschen Dienst der BBC. Von 1959 bis 1962 war er innenpolitischer Redakteur der *Frankfurter Rundschau*. Danach schrieb er erneut für den *Spiegel*. Wie Augstein wurde auch Ahlers in Zusammenhang mit der »Spiegel-Affäre« zeitweise inhaftiert. Neben seiner journalistischen Tätigkeit war Ahlers in den sechziger und siebziger Jahren für die SPD Abgeordneter des Deutschen Bundestages und Leiter des Presse- und Informationsamtes der Bundesregierung. Ahlers starb im Dezember 1980. Vgl. Munzinger-Archiv.

38 Conrad Ahlers, Tränen wie in den alten Klageliedern, in: FR vom 17.4.1961.

dem Recht zugrunde liegen, nämlich daß Mord Mord ist, das Verbrechen Verbrechen ist«, in Deutschland und in Israel die gleichen seien, fuhr er fort:

»Im übrigen: Die Ironie der Geschichte will es, daß Eichmann sogar vor ›deutschen‹ Richtern steht. Der Vorsitzende ist in Danzig, die Beisitzer in Aurich und in Weißenfels geboren. Sie haben in Deutschland studiert und bis zu ihrer Vertreibung gelebt. Es ist, wenn man so will ein Prozeß unter Deutschen, und es ist einfach bewegend, wenn Gerichtspräsident Landau von Zeit zu Zeit unwillkürlich die deutsche Sprache benutzt, um sich dem Verteidiger verständlich zu machen; und sich dann mit einem resignierenden Lächeln englisch korrigiert.«[39]

Zusammenfassend läßt sich sagen, daß die Argumente, mit denen man sich gegen einen Prozeß in Israel aussprach, in den Begründungen und Moiven recht unterschiedlich waren. Neben den formaljuristischen Bedenken war der zentrale Aspekt der Ablehnung eines Prozesses in Israel die Befürchtung, ein solcher Prozeß würde zu einem Schauprozeß geraten, den die israelische Regierung für politische Ziele – vor allem für erneute Wiedergutmachungsforderungen – mißbrauchen würde. Für die die hier interessierende Frage nach dem Umgang mit der Vergangenheit ist besonders die von Henri Nannen formulierte Sorge um die Ausweitung des Prozesses und die damit verbundene Angst vor einer erneuten Thematisierung der »deutschen Schuld« (Nannen) vor einer großen Öffentlichkeit bemerkenswert. Denn während der Verweis auf die juristischen Probleme im Fall Eichmann und die Bedenken gegen einen »Schauprozeß« in Israel aufgrund der Konstellation dieses Falles durchaus begründet waren und nicht ohne weiteres als ein Indiz für eine mögliche Scheu, sich der Vergangenheit zu stellen, gedeutet werden können, ist dies bei der von Nannen formulierten Sorge anders. In ihr zeigte sich beispielhaft, daß der Eichmann-Prozeß und die damit einhergehende Thematisierung der nationalsozialistischen Vergangenheit verschiedentlich als unangenehm empfunden wurden. Und dies nicht nur, weil man damit die Forderung nach weiteren Wiedergutmachungsleistungen verbunden sah, sondern auch aufgrund einer unterschwelligen oder auch offenen Angst oder Weigerung, sich mit der von Nannen so benannten »deutschen Schuld« auseinanderzusetzen. So ist denn auch zumindest diese Argumentationslinie gegen einen Prozeß in Israel und für eine Auslieferung Eichmanns an die Bundesrepublik mit einer offenen Auseinandersetzung mit der Vergangenheit nicht vereinbar, weil sie sich eben dieser Auseinandersetzung verweigerte.

39 Ebd. Ahlers ist nicht der einzige, der auf den bemerkenswerten Umstand, daß die Richter und weitere Prozeßbeteiligte wie z.B. Eichmanns Verteidiger Servatius aus Deutschland stammten, hingewiesen hat. Siehe z.B, R.S., Eine noble Geste, in: Die Zeit Nr. 16 vom 14.4.1961; Paul Wilhelm Wenger, Eichmann und Servatius, in: RhM Nr. 16 vom 14.4.1961.

2.2. Stimmen gegen eine Auslieferung Eichmanns an die Bundesrepublik

Während sich vor allem Schlamm und Nannen vehement für die Auslieferung an die Bundesrepublik und gegen einen Prozeß in Jerusalem aussprachen, plädierten andere wiederum für den Verbleib Eichmanns in Israel. Die Befürworter eines Prozesses in Israel brachten dabei in erster Linie zwei Argumente vor: Zum einen vertraten sie die Meinung, daß der jüdische Staat das moralische Recht habe, den ehemaligen SS-Obersturmbannführer abzuurteilen. Etwaige formaljuristische oder völkerrechtliche Bedenken würden angesichts des kaum faßbaren Verbrechens der Ermordung der europäischen Juden so gut wie nicht ins Gewicht fallen. Und die Diskussion über diese Bedenken könnte unter Umständen sogar die eigentlich wichtigen Aspekte des Falles Eichmann in den Hintergrund drängen. Das zweite Argument speiste sich aus der Gegnerschaft zur Forderung einer Auslieferung Eichmanns an die Bundesrepublik. Denn eine solche Auslieferung würde dazu führen, daß die zu erwartende Höchststrafe geringer ausfalle als bei einem Prozeß in Israel, da in der Bundesrepublik – im Gegensatz zu Israel – die Todesstrafe abgeschafft war. Bei dieser Argumentation spielte sowohl die Frage nach einem »angemessenen« und »gerechten« Strafmaß eine wichtige Rolle, wie auch die Sorge um das Ansehen der Bundesrepublik in der Weltöffentlichkeit: Ein Auslieferungsersuchen seitens der Bundesregierung könne – so die Befürchtung – leicht als ein Versuch interpretiert werden, Eichmann das Leben zu retten.

Besonders engagiert votierten Ernst Müller-Meiningen jr. und Albert Wucher von der *Süddeutschen Zeitung*, Benno Reifenberg und Jürgen Tern von der *Frankfurter Allgemeinen Zeitung* sowie Bernd Nellessen (*Die Welt*) und Gerhard Ziegler (*Frankfurter Rundschau*) für einen Verbleib Eichmanns in Israel bzw. gegen ein Auslieferungsbegehren von deutscher Seite.

So sprach sich Müller-Meiningen jr.[40] in der *Süddeutschen Zeitung* vom 25./26. Mai 1960 – also nur wenige Tage nach der Bekanntgabe der Gefangennahme Eichmanns – explizit gegen eine Auslieferung an die Bundesrepublik aus, mit der Begründung, dies würde ein schlechtes Licht auf Deutschland werfen.[41] Müller-Meiningen jr., der »mit Gewißheit« davon ausging, daß Eichmann in Israel die »Todesstrafe zu erwarten« habe, begrüßte daher die Auffassung des Auswärtigen Amtes, voraussichtlich nicht um die Auslieferung nachzusuchen. Dabei war er aber durchaus der Ansicht, daß es der

---

40 Ernst Müller-Meiningen jr. wurde 1908 in München geboren. 1926-30 studierte er Rechtswisssenschaft. Trotz erfolgreicher Promotion wurde er während des »Dritten Reiches« aus politischen Gründen weder als Richter noch als Anwalt zugelassen und arbeitete in dieser Zeit als Jurist in der Wirtschaft. Nach 1945 arbeitete er als Journalist und war von 1946 bis zu seinem Ausscheiden 1980 Mitglied der Redaktion der *Süddeutschen Zeitung*. Vgl. Munzinger Archiv.

41 Vgl. Ernst Müller-Meiningen jr., Wird Eichmann ausgeliefert?, in: SZ vom 25./26.5.1960.

»deutschen Justiz« grundsätzlich gut anstünde, einen NS-Verbrecher wie Eichmann abzuurteilen. Nur in diesem besonderen Fall sollte, um Schaden für das Ansehen der Bundesrepublik zu vermeiden, darauf verzichtet werden, den »Schurken« vor ein deutsches Gericht zu bekommen:

»Gewiß stünde es der deutschen Justiz an, über einen Schurken von Landsmann zu Gericht zu sitzen; doch spricht gleichermaßen kriminalpolitische wie allgemein-psychologische Betrachtung dagegen: Würde Eichmann ausgeliefert, so hätte das für ihn in der Bundesrepublik, bei abgeschaffter Todesstrafe, ›nur‹ lebenslänglich Zuchthaus zu bedeuten. Die Wirkung im ohnehin mißtrauischen Ausland könnte sein: Ein Deutscher ermordet Juden, und soll dieserhalb von Israel nach der Bundesrepublik ausgeliefert werden mit dem Effekt, daß er der sicheren Todesstrafe entrinnt.«[42]

Auch wenn die hier im Vordergrund stehende Sorge um das Ansehen der Bundesrepublik durchaus problematisch erscheint, so wird die Argumentation vor dem Hintergrund der besonderen Situation aber durchaus verständlich. Weil zwischen der Bundesrepublik und Israel zu diesem Zeitpunkt kein Auslieferungsabkommen existierte und eine Auslieferung Eichmann vor der sicheren Todesstrafe bewahrt hätte, könnte ein allzu eindringliches und hartnäckiges Bemühen um Auslieferung von Seiten der Bundesregierung durchaus als ein nicht angebrachter Einsatz zu seiner Rettung mißverstanden werden – und dies nicht nur im Ausland. Auch wenn der deutschen Seite eine Rettung Eichmanns völlig fern lag, hätte jedes auch von noch so ehrenwerten Zielen gespeiste Bemühen um eine Auslieferung unter diesem Verdacht gestanden. Dies macht deutlich, daß die hier von Müller-Meiningen jr. formulierte Befürchtung durchaus angebracht war und nicht ohne weiteres als eine oberflächliche, die historische Wahrheit fürchtende Angst um das Image der Bundesrepublik verstanden werden sollte. Für diese Interpretation spricht auch, daß er zwar in einer Auslieferung die Ursache für einen möglichen Schaden für das Ansehen der Bundesrepublik sah, nicht aber in der mit dem Prozeß zwangsläufig einhergehenden Thematisierung der nationalsozialistischen Vergangenheit der Deutschen.

Im Unterschied zu Müller-Meiningen jr., der sich vor allem aus Sorge um das Ansehen der Bundesrepublik gegen ein Auslieferungsersuchen aussprach, argumentierte Albert Wucher auf der Basis moralischer Erwägungen. In einem sehr engagierten, auf der ersten Seite der *Süddeutschen Zeitung* vom 23. Juni 1960 abgedruckten Kommentar zeigte sich Wucher geradezu erbost über den in den Wochen nach der Bekanntgabe der Ergreifung Eichmanns entbrannten »Fachzank« um »Menschenraub«, Zuständigkeiten und die Rechtmäßigkeit eines Verfahrens vor einem israelischen Gericht. Aus seiner Sicht drohte die Debatte um die formaljuristischen Probleme den eigentlichen Fall Eichmann immer mehr zu verdecken.[43] Wucher stellte sich dabei vollkommen auf

---

42 Ebd.

43 Vgl. Albert Wucher, Eichmann und die Gerechtigkeit, in: SZ vom 23.6.1960.

die Seite der israelischen Regierung und verwies darauf, daß die gängige Auslieferungspraxis, die dem »Rechtsempfinden nicht genüge«, die Israelis letztlich dazu gezwungen habe, Eichmann auf diese Weise zu ergreifen – zumal sie ihn nicht »lynchen«, sondern vor ein ordentliches Gericht stellen wollten. Deutlich erkennbar ist in seinen Ausführungen die große Skepsis gegenüber dem grundsätzlichen Willen der Deutschen, NS-Täter zur Rechenschaft zu ziehen. Manifest wird diese skeptische Sicht in der rhetorischen Frage, was schwerer wiege: »staatsrechtliche Formalien« oder »der Wille, der Gerechtigkeit voranzuhelfen«.[44] Vor allem die Deutschen, so betonte Wucher, sollten sich angesichts ihrer Geschichte in dieser Frage besser zurückhalten:

»Wir Deutschen, scheint uns, haben keine Ursache, uns in diesem seltsamen Streit zu Wort zu melden. Der Fall Eichmann reißt alte Wunden wieder auf; mit dem SS-Schergen steht die unseligste Epoche deutscher Geschichte vor den Schranken des Gerichts. Der Angeklagte mag sich verteidigen. Uns, des Unseligen unglückselige Zeit- und Volksgenossen, verurteilt der Fall zu betroffenem Schweigen.«[45]

Wenn Albert Wucher hier die »Zeit- und Volksgenossen«, also jene Deutschen, die das »Dritte Reich« miterlebt hatten, zum Schweigen aufforderte, so meinte er damit nicht, daß sie über die Vergangenheit schweigen, sondern daß sie sich nicht zum Richter über die israelische Regierung und Justiz aufschwingen sollten. Nur in diesem Punkt riet er den Deutschen, sich zurück zu halten. Bezüglich der Auseinandersetzung mit der nationalsozialistischen Vergangenheit hingegen forderte Wucher sie dazu auf, das Schweigen zu brechen. Aus seinen Ausführungen ging dabei deutlich hervor, daß er sich durchaus bewußt war, daß diese Auseinandersetzung der Vergangenheit mitunter ein schmerzhafter Prozeß sein konnte.

Daß der »Fachzank« die eigentliche Bedeutung des Falles Eichmann zu verdecken drohte und darum besser unterbleiben sollte, fand sich als häufigstes Argument gegen eine allzu ausufernde Debatte um die Auslieferung und die sich im Zusammenhang mit der Entführung und den Prozeß ergebenden formaljuristischen und völkerrechtlichen

---

44 Ebd. Ähnlich wie Wucher äußerte sich auch drei Wochen zuvor Herbert Freeden in der *FR*. Auch er formulierte Zweifel hinsichtlich des Engagements der deutschen Behörden bei der Suche nach Eichmann: »Man kann sich hier nicht des Eindrucks erwehren, daß die Suche nach Eichmann viel zu lasch durchgeführt worden ist, daß ein Mangel an echtem Interesse wirksame Maßnahmen vereitelt hat und daß die einzigen, die an der Festnahme und Aburteilung eines solchen Verbrechers interessiert waren, seine Opfer sind, besser die Ueberlebenden seiner Opfer. Es ist deshalb ein Stück irdischer Gerechtigkeit, daß der Staat Israel durch seinen Sicherheitsdienst den ›Großinquisitor des europäischen Judentums‹ […] vor die Schranken der Justiz zitiert. Die Weltmeinung steht in dieser Sache im allgemeinen auf der Seite Israels.« Vgl. Herbert Freeden, Großinquisitor des europäischen Judentums, in: FR vom 1.6.1960.

45 Albert Wucher, Eichmann und die Gerechtigkeit, in: SZ von 23.6.1960.

Probleme. Auch Benno Reifenberg[46] warnte in der *Frankfurter Allgemeinen Zeitung* vom 22. Juni 1960 davor, daß hinter den internationalen Querelen um die Entführung der eigentliche Fall Eichmann, »zu einer Völkerrechtsfrage verpuppt«, »kaum noch sichtbar« sei.[47] Die Israelis hätten doch kaum eine andere Wahl gehabt, als sich, auch unter Bruch des Völkerrechts, Eichmann (»eines Todfeindes«) zu bemächtigen.[48] Er erwartete zwar von den Israelis, daß sie die Entführung eingestehen, ohne sich aus der Verantwortung zu stehlen, billigte ihnen aber implizit auch einen großen und öffentlichkeitswirksamen Prozeß zu, um auf diesem Weg die Vergangenheit zu erhellen. Darüberhinaus warb er um Verständnis für die Israelis und deren Wunsch, Eichmann selbst vor Gericht zu stellen. Denn vor allem für sie sei dieser Prozeß von großer Bedeutung:

»Die Israelis wollen nicht zurückgeben, was sie sich geholt haben. Sie dürfen den Raub nicht leugnen [...], aber sie dürfen sagen: nur mit diesem Mann sei ihnen der Prozeß in aller Oeffentlichkeit möglich gemacht, der ihnen eben durch seine Oeffentlichkeit, ja durch seinen Charakter als Schauprozeß auf das erfahrene, ungeheuerliche und in Millionen für immer begrabene Schicksal die immer noch ausstehende, die späte Antwort bringt. Was jetzt debattiert wird, bleibt dem israelischen Volk ein formales Denken angesichts des Verlangens, durch den Prozeß das Geschehen, was ja ein Stummachen war, noch einmal laut werden zu lassen«[49]

Aus Reifenbergs Sicht waren die Entführung und der anstehende Prozeß eine Folge – eine Art »Restbestand« – des Nationalsozialismus. Und auch aus diesem Grund sollten sich die Deutschen seiner Ansicht nach mit Kritik an der israelischen Regierung zurückhalten:

---

46 Benno Reifenberg wurde 1892 in Oberkassel geboren. Nach dem Studium der Kunstgeschichte war er Soldat im Ersten Weltkrieg. Von 1919 an Journalist bei der *Frankfurter Zeitung*, die 1943 von Nationalsozialisten geschlossen wurde. Nach 1945 schrieb Reifenberg zunächst für die Halbmonatsschrift *Gegenwart* und später für die *Frankfurter Allgemeine Zeitung*, deren Mitherausgeber er von 1958 bis 1966 war. Er starb im Febraur 1970. Vgl. Munzinger Archiv.

47 Benno Reifenberg, Unmenschen-Raub, in: FAZ vom 22.6.1960.

48 Reifenberg betonte unter Anspielung auf ähnliche Aktionen östlicher Geheimdienste in Berlin, daß es sich bei der Entführung Eichmanns um eine völkerrechtswidrige Aktion gehandelt habe und sah in diesem »Meisterwerk« »keine kleine Sache«. Aber er verwies auch unter Bezugnahme auf argentinische Zeitungen darauf, daß Argentinien ehemaligen Nazis lange Zeit Unterschlupf gewährt habe. »Für uns«, so Reifenberg, »ist ›Menschenraub‹ kein leeres Wort, zu oft und bitter ist dieser Begriff schon in Berlin erfahren worden. Aber ist damit alles gesagt, was zum Raub des Eichmann vorzubringen ist? [...] Es gibt auch Anzeichen dafür, daß Argentinien in Rücksicht auf seine jüngste Vergangenheit zögert, als summum jus die Rückgabe des Geraubten zu verlangen ohne die summs inituria zu bedenken, nämlich einem Volk, das sich eines Todfeindes bemächtigt, in den Arm zu fallen, da man doch in manchen Jahren [...] dem Todfeind das Leben unter seinesgleichen ermöglicht hatte.« Ebd.

49 Ebd.

»Israel nimmt den Unmenschenraub auf sich. Das Völkerrecht, so sagt man, müsse unter allen Umständen geachtet bleiben, damit Unmenschlichkeit ein Damm gesetzt sei. Das wünscht jedermann und die Israelis auch. Aber es ist ihnen bewußt, daß sie jetzt durch ein Unrecht gegangen sind, um die Gerechtigkeit zu finden, ohne die sie nicht mit sich selbst ins reine kämen. [...] Wir Deutschen sind die letzten, die es wagen könnten, sie von so schwerem Schritt zurückzuhalten.«[50]

In dieser Mahnung an die Deutschen, Rücksicht auf die Bedürfnisse der Israelis – sprich der Juden – zu nehmen, war sich Reifenberg nicht nur mit Wucher einig. Vielmehr war dies ein oft vorgebrachtes Argument gegen den auch von deutscher Seite verschiedentlich erhobenen Vorwurf, ein Prozeß gegen Eichmann in Israel sei unter juristischen Gesichtspunkten nicht zulässig. So vertrat Bernd Nellessen von der Tageszeitung die *Die Welt* die Ansicht, daß die Frage, nach der Rechtmäßigkeit eines Prozesses in Israel, für »uns« – die Deutschen – zweitrangig sei, da »über dem Werden dieses Staates [Israel] der Feuerschein Auschwitz' liegt«.[51]

Und Jürgen Tern von der *Frankfurter Allgemeinen* gab bereits in seinem nur wenige Tage nach Bekanntwerden der Festnahme veröffentlichten Artikel *Der Fall Eichmann* zu bedenken, daß »wir« – die Deutschen – »kein Anrecht darauf [haben], uns formaljuristischen Gesichtspunkten zuzuwenden«, da dies am Ende nur dazu diene, »die Unruhe unseres Gewissens zu betäuben«.[52] Tern machte bereits zu diesem frühen Zeitpunkt in aller Deutlichkeit darauf aufmerksam, daß eine allzu starke Hinwendung der Deutschen zu den juristischen Fragen die Gefahr mit sich bringen konnte, sich der Auseinandersetzung mit der eigenen Vergangenheit, Verantwortung und Schuld zu entziehen.

Bemerkenswert an diesen Beiträgen von Wucher, Reifenberg, Nellessen und Tern war aber nicht nur, daß sie die Deutschen darin auffordern, die eigene Vergangenheit nicht zu vergessen und mit Kritik gegenüber Israel zurückhaltend umzugehen, sondern darüberhinaus, daß sich die Autoren durch die Verwendung der Begriffe »wir« und »uns« nicht von den »anderen« Deutschen abzusetzen suchten. Durch die Art der Formulierung bezogen sie sich selbst und alle Deutschen in diese Mahnung mit ein. Die, die sich der Vergangenheit zu stellen hatten, waren nach ihrem Verständnis also nicht nur »die Anderen« oder nur einige »Alt-Nazis«, sondern »wir« alle.

Abschließend sei hier auf einen Artikel von Gerhard Ziegler aus der *Frankfurter Rundschau* vom 30. Mai 1960 verwiesen.[53] In sehr anschaulicher Sprache versuchte Ziegler, das seiner Ansicht nach aus dem Gleichgewicht geratene Verhältnis zwischen den juristischen Problemen des Falles Eichmann einerseits und seinen historischen Dimensionen andererseits zurechtzurücken. Dazu verwies Ziegler zu Beginn des Artikels

50 Ebd.

51 Bernd Nellessen, »Unsere Ehre heißt Treue ...«, in: DW vom 11./12.6.1960.

52 Jürgen Tern, Der Fall Eichmann, in: FAZ vom 27.5.1960.

53 Gerhard Ziegler, Der Fall Eichmann, in: FR vom 30.5.1960.

auf die Ungeheuerlichkeit der Verbrechen, an denen Eichmann beteiligt gewesen war, und gab seiner Hoffnung Ausdruck, daß der Fall Eichmann genutzt werde, um »diese dunkle Vergangenheit wieder ins Gedächtnis der Menschheit zurückzurufen und dem leichtfertigen Vergessen Einhalt zu gebieten«.[54] Anschließend schrieb er:

»In Anbetracht dieser Tatsache ist es wahrlich völlig unerheblich, welches Gericht über Eichmann den Urteilsspruch fällt. Es wäre gewiß gut gewesen, wenn dieser Mörder von der deutschen Polizei gefaßt worden wäre und in Deutschland abgeurteilt werden würde. Aber wir müssen eine historische Gerechtigkeit darin sehen, daß er nun in Israel vor Gericht gestellt wird. [...] Deshalb kann auch die Art und Weise, in der sich der israelische Geheimdienst Eichmann bemächtigte, keine rechtliche Rolle spielen, genauso wenig wie die Frage, ob die Gesetze des Staates Israel auf diesen Fall anwendbar sind. Jede Rechtsgrundlage ist uns annehmbar, die ein ordentliches Verfahren gewährleistet.«[55]

Im Mittelpunkt des Falles Eichmann stand seiner Ansicht nach die Auseinandersetzung mit der »dunklen Vergangenheit«. Was die juristische Seite des Falles anging, so sah er »keinerlei Anlaß, an der Rechsstaatlichkeit und Redlichkeit der israelischen Justizbehörden auch nur im mindesten zu zweifeln«. Da er ohnehin davon ausging, daß die israelische Regierung ein Auslieferungsersuchen »mit gutem Grund« zurückweisen würde, war es für ihn »vernünftig«, daß die Bundesregierung kein solches Ersuchen stellen wollte.[56]

Wie in den bereits aufgeführten Beispielen zeigte sich auch in diesem Beitrag von Gerhard Ziegler, daß diejenigen, die keine Bedenken gegen einen Prozeß in Israel äußerten oder sich gar explizit gegen eine Auslieferung Eichmanns an die Bundesrepublik aussprachen, den juristischen Problemen wesentlich geringeres Gewicht zumaßen als den historischen Dimensionen des Falles Eichmann. Darüber hinaus war bei den Vertretern dieser Position weder ein ausgeprägtes Mißtrauen gegen die israelische Prozeßführung, noch eine Abneigung gegen ein erneutes Aufrollen der »deutschen Schuld« (Nannen) zu erkennen – ganz im Gegenteil. Zum einen wurde der israelischen Justiz und Regierung großes Vertrauen entgegengebracht bzw. Israel ausdrücklich das Recht zugesprochen, Eichmann vor Gericht zu stellen. Zum anderen befürworteten sie ausdrücklich die mit dem Prozeß einhergehende Thematisierung der nationalsozialistischen Vergangenheit. Und nicht selten ermahnten sie die Deutschen, sich dieser Vergangenheit zu stellen und sich eben aufgrund der Geschichte gegenüber Israel in Sachen Eichmann mit Kritik zurückzuhalten. So läßt sich an dieser Stelle festhalten, daß besonders diejenigen, die sich gegen ein Drängen auf Auslieferung oder gar für einen Prozeß in Israel aussprachen, gleichzeitig für die Betonung der historischen Dimensionen des Falles Eichmann und für einen offenen und ehrlichen Umgang mit der Vergangenheit plädierten.

---

54 Ebd.

55 Ebd.

56 Ebd.

2.3. Ein Plädoyer für ein internationales Tribunal

Nur ein einziger Autor der hier ausgewerteten Zeitungen und Zeitschriften sprach sich für die Einrichtung eines internationalen Tribunals zur Aburteilung Eichmanns aus. Einzig Theo Sommer plädierte in der Wochenzeitung *Die Zeit* für die Übergabe des ehemaligen SS-Obersturmbannführers an eine internationale Instanz. In seinem Artikel *Das Recht, Eichmann zu richten* vom Juni 1960 berief er sich vor allem auf die verschiedenen juristischen und politischen Komplikationen des Falles Eichmann, die eine solche Entscheidung notwendig machen würden.[57] Auch wenn Sommer großes Verständnis für die Ergreifung und völkerrechtswidrige Entführung Eichmanns durch die Israelis äußerte, und ihnen aufgrund der möglicherweise nur zögerlichen Bearbeitung eines Auslieferungsersuchens durch die argentinische Regierung einen gewissen »Rechtsnotstand« zubilligte, überwogen jedoch seine Bedenken gegen einen Prozeß in Israel. Nach Abwägung der verschiedenen Aspekte des Falles kam Sommer zu dem Schluß, daß die Gefahr bestünde, daß Eichmann in Israel kein rechtsstaatliches Verfahren zu erwarten habe. Mit Blick auf die Entführung schrieb er:

»Rechtsbruch also, auf das Recht werde – man könnte sich in diesem exzeptionellen Fall vielleicht damit abfinden, sofern garantiert wäre, daß Eichmann nicht nur recht geschieht, sondern auch Recht wird. Das heißt: wenn auch ihm, dem Massenmörder, ein unanfechtbar objektives, nicht von Rachegelüsten, politischen Rücksichten oder Winkelzügen diktiertes Vefahren zugebilligt würde. Derlei Garantien sind, so scheint es, nicht eindeutig gegeben.«[58]

Sommer begründete seine Zweifel sowohl mit einer »Reihe von formalen Bedenken gegen die Rechtsbasis des Verfahrens« – zum Beispiel der Tatsache, daß Eichmann seine Verbrechen nicht in Israel begangen hatte –, als auch mit dem häufig vorgebrachten Hinweis, daß der Prozeß möglicherweise für politische Zwecke, wie etwa für die Erlangung von weiteren Wiedergutmachungsleistungen oder für eine Anklage gegen den arabischen Antisemitismus, propagandistisch instrumentalisiert werden könnte.[59] Dies vor allem hielt er für sehr bedenklich und verwies wie auch der bereits erwähnte Rudolf Augstein auf entsprechende, nicht näher erläuterte Stimmen in der amerikanischen Presse. Gleichzeitig betonte Sommer, daß die Deutschen sich nicht »scheuen« dürften, sich der Vergangenheit zu stellen. Sein zentrales Anliegen war es, dazu zu ermahnen, den Prozeß nicht für kurzlebige politische Ziele zu mißbrauchen, sondern die Suche nach der Wahrheit in den Mittelpunkt des Verfahrens zu stellen:

---

57 Theo Sommer, Das Recht, Eichmann zu richten – Der Massenmörder gehört vor ein internationales Tribunal, in: Die Zeit Nr. 25 vom 17.6.1960.

58 Ebd.

59 Vgl. ebd.

»Nicht daß wir Deutschen eine neuerliche Bloßstellung unserer unseligen braunen Vergangenheit scheuen dürfen, nicht daß wir Grund hätten, die unbekehrten Nazi-Emigranten im Mittleren Osten in Schutz zu nehmen – nein, das wahrhaftig nicht! Aber in diesem Prozeß, in dem ein einzelner, selbst wenn er an den Galgen muß, den Tod von Millionen doch nur symbolisch sühnen kann, darf es einzig und allein um die historische Wahrheit gehen, nicht um politische Augenblicksvorteile für einen einzelnen Staat. Auch andere Staaten – und nicht zuletzt wir Deutschen selber – haben ein Recht zur Sühne an diesem Unmenschen. Es darf denn nur mit rechten Dingen zugehen, es darf nichts hinzugefügt und nichts unterdrückt werden. Die volle Wahrheit muß ans Licht, wem sie auch immer peinlich sein mag.«[60]

Über diese Überlegungen hinaus wies Sommer darauf hin, daß bereits zu diesem Zeitpunkt, Mitte Juni 1960, ein gewisses Maß an Mißtrauen hinsichtlich der Befolgung rechtsstaatlicher Regeln seitens der israelischen Behörden und der Behandlung Eichmanns durch den israelischen Geheimdienst aufgekommen sei. Auch wenn er einräumte, daß die Tatsache, daß Eichmann noch keinen Rechtsbeistand habe, diese Gerüchte nicht eben entkräftet hätte, stellte er fest, daß, auch wenn sich die Israelis »noch so strikt an das rechtsstaatliche Reglement halten« würden, sie »dennoch immer hämisch-mißgünstigem Verdacht ausgesetzt« blieben. Und Sommer betonte, daß dies »gewiß nicht anders« wäre, wenn Eichmann in der Bundesrepublik vor Gericht gestellt werden würde.[61] Gerüchte dieser Art, auch wenn sie jeder Grundlage entbehrten, sah er als unvermeidlich an, unabhängig davon, ob Eichmann in Israel oder in der Bundesrepublik der Prozeß gemacht werde.

Aus all diesen Überlegungen heraus zog Sommer den Schluß, daß Eichmann vor ein internationales Gericht gestellt und von diesem abgeurteilt werden sollte. Dies hätte den »Vorteil« bzw. »Vorzug«, daß damit sowohl der leidige argentinisch-israelische Rechtsstreit um die Entführung aus der Welt geschafft wäre, wie auch die Frage, ob der ehemalige SS-Obersturmbannführer nicht »von Rechts wegen eigentlich vor ein deutsches oder österreichisches Gericht gehöre«, »gar nicht nicht erst aufgeworfen würde«. Außerdem würde so die Möglichkeit geschaffen, »daß alle Völker über den Judenverderber Eichmann zu Gericht säßen – nicht nur jener Teil des jüdischen Volkes, der heute in Israel lebt, sondern auch alle, die in ihren Heimatländern blieben oder anderswohin auswanderten, alle Völker zudem, die von der ›Endlösung‹ betroffen waren, auch die Deutschen, in deren Namen Eichmann sie organisierte.«[62]

Wenn man Sommers Artikel betrachtet, so fällt auf, daß er zwar durchaus kritisch zur Kenntnis nahm, daß die israelische Regierung den Eichmann-Prozeß möglicherweise für politische Zwecke instrumentalisieren könnte, daß ihn die mit dem Fall Eichmann zwangsläufig einhergehende Thematisierung – oder »Bloßstellung«, wie er schrieb – der nationalsozialistischen Vergangenheit jedoch nicht schreckte. Im Gegen-

60 Ebd.

61 Vgl. ebd.

62 Ebd.

satz zu Henri Nannen, der in der Illustrierten *Stern* die Auslieferung Eichmanns an die Bundesrepublik unter anderem deshalb forderte, weil ein Prozeß in Israel zu einer aus seiner Sicht allzu ausführlichen Erörterung der NS-Zeit ausgeweitet werden würde, deutete in den Ausführungen Sommers nichts daraufhin, daß er die Überstellung des ehemaligen SS-Obersturmbannführers an einen internationalen Gerichtshof nur deshalb forderte, damit das Verfahren möglichst eng begrenzt gehalten wird. Ihm ging es im Gegenteil gerade darum, daß in diesem Prozeß möglichst die »volle Wahrheit« »ans Licht« kommt und nicht nur einzelne Teilaspekte erörtert und andere, für die eine oder andere Nation vielleicht unangenehme Aspekte verschwiegen werden.

Neben der Sorge um den juristisch möglichst korrekten Ablauf des Verfahren war es eben der Wunsch nach Wahrheit, der aus seiner Sicht für einen internationalen Gerichtshof sprach. In diese Richtung kann auch sein Hinweis verstanden werden, daß ein solcher Gerichtshof allen Völkern die Möglichkeit bieten würde, über Eichmann zu Gericht zu sitzen, denn auch dies würde letztlich die Gewähr dafür bieten, daß kein Aspekt des Falles verschwiegen werden könnte, da alle von den Verbrechen der »Endlösung« betroffenen Völker ein Mitspracherecht in diesem Verfahren hätten. Daß Sommer auch ausdrücklich darauf hinwies, daß auch die Deutschen sich an diesem internationalen Gerichtshof zu beteiligen hätten, kann vor diesem Hintergrund vor allem als eine implizite Aufforderung an die Deutschen verstanden werden, sich der Mitverantwortung für die – wie Sommer betonte – in ihrem Namen von Eichmann begangenen Verbrechen zu stellen. So läßt sich sein Plädoyer für einen internationalen Gerichtshof vor allem als eine von der Sorge um Gerechtigkeit und Wahrheit getragene Aufforderung zu einem ehrlichen und (juristisch) korrekten Umgang mit dem Fall Eichmann verstehen.

3. Wer ist Adolf Eichmann – haßerfüllter Antisemit oder pedantischer Bürokrat des Massenmordes?

Ein weiterer zentraler Aspekt bei der Thematisierung des Falles Eichmann war die Auseinandersetzung mit den Fragen: Wer ist Adolf Eichmann und was hatte ihn zu seinen Verbrechen getrieben? War er ein von maßlosem Antisemitismus besessener blutrünstiger Mörder oder »nur« ein gehorsamer »Schreibtischtäter«, der ausschließlich auf Befehl gehandelt hatte?

In allen hier untersuchten Zeitungen und Zeitschriften wurde grundsätzlich und bereits mit den ersten Meldungen davon ausgegangen, daß Eichmann maßgeblich an der Ermordung der europäischen Juden beteiligt gewesen war. So findet sich beispielsweise in einer nur wenige Tage nach der Nachricht von seiner Gefangennahme erschienenen Ausgabe des *Tagesspiegel* der Hinweis, daß Eichmann eine »Schlüsselstellung« im Vernichtungsapparat inne gehabt habe. In der *Frankfurter Allgemeinen Zeitung* war zu lesen, daß mit Eichmann »der Mann gefaßt worden [sei], der unter den heute noch lebenden am stärksten und unmittelbarsten die Verantwortung für jenes unvorstellbare Verbrechen trägt, für das man erst später den Namen Genocidium geprägt hat«.[63] Auch wenn im Laufe des Prozesses von verschiedener Seite wiederholt und zunehmend Zweifel geäußert wurden, ob der ehemalige SS-Obersturmbannführer tatsächlich eine derart wichtige und mit solch weitreichenden Befugnissen ausgestattete Position inne gehabt hatte, wie es von der Anklage behauptet wurde, so änderte dies nichts an der grundsätzlichen Überzeugung, daß Eichmann ein Hauptschuldiger an der Verfolgung und Ermordung der europäischen Juden war.

In den ersten Tagen und Wochen der Berichterstattung kam man zunächst dem Informationsbedürfnis der Leser nach und widmete sich in erster Linie der Beschreibung und Erläuterung des Lebensweges Eichmanns, seiner »Karriere« in der SS und im Reichssicherheitshauptamt, seiner Funktion bei der Umsetzung der »Endlösung« und seinem Leben nach dem Krieg, das heißt seiner Flucht aus Deutschland und seinem Leben in Argentinien wie auch den Umständen seiner Gefangennahme. Dabei orientierten sich die Berichte inhaltlich in der Regel an bereits vorhandenen Publikationen, gaben sich aber vor allem in Bezug auf Eichmanns Flucht aus Deutschland, seinem Leben nach dem Krieg und seiner Gefangennahme auch verschiedenen Spekulationen hin.[64] Mit der Zeit rückte jedoch zusehens die Frage nach dem »Charakter« des ehemaligen SS-Obersturmbannführers und den Motiven seines Handelns ins Zentrum des Interesses.

---

63 Vgl. Ernst A. Stiller, Der SS-Großinquisitor Adolf Eichmann, in: TSP vom 31.5.1960; B.N., Gericht, in: FAZ vom 25.5.1961. Auch in Berichten anderer Zeitungen wird die Bedeutung Eichmanns mit derartigen Begriffen beschrieben. So bezeichnete Pendorf Eichmann als »Vernichtungsspezialisten« und »den einzigen Überlebenden aus der Spitze der Mordbürokratie des Dritten Reiches«, vgl. Robert Pendorf, Eichmanns letzte Jahre, in: Stern Nr. 26 vom 25.6.1960, S. 10-16, 63ff., hier S. 16.

64 Siehe z.B. Theo Sommer, Adolf Eichmann, Obstubaf. a.D., in: Die Zeit Nr. 23 vom 3.6.1960; Der Endlöser, in: Der Spiegel Nr. 23 vom 1.6.1960; Der Endlöser, in: ebd. Nr. 25 vom 15.6.1960; So wurde Eichmann entführt: Ein Volk jagt seinen Mörder, in: Stern Nr. 25 vom 18.6.1960, S. 7ff., 66f.; Robert Pendorf, Eichmanns letzte Jahre, in: ebd. Nr. 26 vom 25.6.1960, S. 10-16, 63ff.; Adolf Eichmann, in: ebd. Nr. 27 vom 2.7.1960, S. 14-18, 65-69, 72ff.; Robert Pendorf, Adolf Eichmann, in: ebd. Nr. 28 vom 9.7.1960, S. 16-17, 58f.; Manfred von Conta, Der Massenmörder Eichmann, in: SZ vom 25./26.5.1960; Karl Wilhelm Körner, So wurde Eichmann entführt, in: SZ vom 7.6.1960; Walter Görlitz, Eichmann, der Bürokrat der »Endlösung«, in: DW vom 25.5.1960; Ernst A. Stiller, Der SS-Großinquisitor Adolf Eichmann, in: TSP vom 31.5.1960; Gerhard Ziegler, Ein Manager des Massenmordes, in: FR vom 27.5.1960; Gerhard Ziegler, Der Fall Eichmann, in: FR vom 30.5.1960.

Ihre besondere Bedeutung bekam die Suche nach einer Antwort auf die Frage »Wer ist Adolf Eichmann?« nicht zuletzt durch den Umstand, daß sie implizit immer auch die Frage enthielt, was Eichmann von den »normalen Deutschen« unterschied bzw. ob Eichmann nicht eben ein »normaler Deutscher« sei. Die Beurteilung Eichmanns hatte auf diesem Umweg zumindest indirekt nicht unerhebliche Auswirkungen auf die Auseinandersetzung mit dem Bild, das sich »die Deutschen«, zumindest die Deutschen der entsprechenden Altersgruppe, von ihrer eigenen Verstrickung in das NS-System gemacht hatten. Darüberhinaus ergaben sich, je nachdem, wie die Frage beantwortet wurde, unterschiedliche Implikationen hinsichtlich der Interpretation des Wesens des NS-Regimes und bezüglich der Konsequenzen für die Zukunft. Kam man zu dem Schluß, Adolf Eichmann sei schlicht ein blutrünstiger Mörder, der seine Verbrechen aus schierem Hass auf die Juden begangen hatte, dann reichte es mitunter aus, die wenigen, die so waren wie er, rechtzeitig einzusperren, um derartige oder ähnliche Verbrechen in Zukunft zu verhindern.

Waren Eichmann und die anderen Tätern »nur« einfache Mörder und Verbrecher, dann war es mitunter leichter, das NS-System als ein von Verbrechern errichtetes und beherrschtes Regime abzutun. Wenn man jedoch zu der Überzeugung kam, daß Eichmann »nur« ein gehorsamer Beamter gewesen sei, der ausschließlich auf Befehl und gemäß der von staatlicher Seite erlassenen Gesetze und Verordnungen gehandelt habe, dann ergaben sich ganz andere Fragen: Wo waren seine Vorgesetzten und die zahlreichen Juristen und Staatsbediensteten, die diese Gesetze und Verordnungen ausgearbeitet und bei deren Umsetzung mitgewirkt hatten? Warum standen nicht auch sie vor Gericht? Wenn ein Mensch aus reinem Pflichtgefühl und Gehorsam zum Mörder werden konnte, konnte dann nicht jeder zum Mörder werden? Und wo endete die Pflicht zum Gehorsam?

Aus diesen Fragen läßt sich ersehen, daß die Auseinandersetzung mit Eichmanns Handeln, den zugrundeliegenden Motiven, aber auch mit seiner Person und seinem »Charakter« über die Einzelpersönlichkeit hinausweist: Indem man ihn als Musterexemplar des NS-Schreibtischtäters sah, wurde der Prozeß so zu einem wichtigen Kristallisationspunkt für die Auseinandersetzung mit der nationalsozialistischen Vergangenheit.

Hierbei lassen sich zwei zeitlich voneinander getrennte Phasen unterscheiden. Die erste fällt in die Zeit zwischen der Veröffentlichung der Nachricht von der Festnahme und dem Beginn des Prozesses. Diese Phase ist dadurch gekennzeichnet, daß so gut wie keine Möglichkeiten bestanden, Eichmanns »eigene Version der Geschichte« zu hören. Man war nahezu ausschließlich auf Aussagen Dritter sowie bereits vorhandene Akten und Dokumente zur Beurteilung Eichmanns, seiner Verantwortung und Schuld angewiesen. Die bereits im Vorfeld des Prozesses zugänglichen tatsächlichen oder vermeintlichen Äußerungen des ehemaligen SS-Obersturmbannführers wurden zwar von der Presse rezipiert und in Auszügen veröffentlicht, verloren aber nie ihren leicht anrüchigen Charakter. Sie blieben bezüglich ihres Wahrheitsgehaltes und ihrer Aussagekraft umstritten. Die bereits kurz vor dem ersten Verhandlungstag von der israelischen Staatsanwaltschaft in kurzen Auszügen und in der zweiten Prozeßwoche vollständig veröffentlichten umfangreichen Protokolle der Polizeiverhöre galten zwar als zweifelsfrei authentisch, entfalteten ihre volle Wirkung aber erst im Laufe des Prozesses, als Auszüge aus den Tonbandmitschnitten, die von der Anklage als Beweismittel vorgelegt wurden, im Gerichtssaal zu hören waren.

Mit den ersten Verhandlungstagen begann die zweite Phase, die erst mit der Hinrichtung Eichmanns endete. Besonders wichtig war hierbei Eichmanns Auftreten im Jerusalemer Gerichtssaal, das von den Beobachtern bereits mit großer Spannung erwartet worden war. Der breiten Öffentlichkeit bot sich hier die erste Gelegenheit, den ehemaligen SS-Obersturmbannführer leibhaftig in Augenschein zu nehmen. Jedes seiner Worte und jede seiner Gesten wurde mit großem Interesse verfolgt, da man sich von ihnen entscheidende Hinweise für die Antwort auf die Frage erhoffte, wer dieser Mann war und was ihn zu seinen Taten getrieben hatte. Vor allem Eichmanns Ausführungen während der Befragungen durch seinen Verteidiger, den Vertreter der Anklage und durch die Richter wurden mit großer Aufmerksamkeit verfolgt und sorgten für erhebliche Irritationen bei den Prozeßbeobachtern. Sein andauerndes Hantieren mit Akten und Dokumenten, in denen er unablässig zu lesen und zu kritzeln schien, während er in seinem Kasten aus kugelsicherem Glas wie hinter einem Fahrkartenschalter saß, wurde von den Journalisten ebenso registriert wie seine Angewohnheit, bei Fragen des Staatsanwalts und der Richter aufzustehen und statt ein einfaches »Ja« »Jawohl« zu sagen. Selbst sein Äußeres und die nervöse Mimik seines Gesichts entgingen den aus Jerusalem berichtenden Journalisten nicht.

Besonders aber Eichmanns Sprache, die Art und Weise wie er in endlos langen und veschachtelten Sätzen versuchte, den Richtern und dem Staatsanwalt die Dienstwege und Zuständigkeiten der NS-Bürokratie und die ihn zwingende Befehlshierachie des RSHA und der SS zu erklären, um so zu beweisen, daß er allein schon aus »dienstinternen« Gründen für die Ermordung der Juden nicht verantwortlich gewesen sein konnte, war den Zuhörern nahezu unverständlich. Eichmann war nicht das, was man erwartet hatte. Dort stand nicht der mächtige und furchteinflößende SS-Obersturmbannführer, sondern ein leicht kahlköpfiger Mann mittleren Alters im dunklen Anzug und mit dickrandiger Brille, der nervös in Akten kramte und in nur schwer verständlichem Amtsdeutsch versuchte, seine Verantwortung kleinzureden. Aus den Berichten der Beobachter läßt sich entnehmen, daß die äußerliche Erscheinung Eichmanns und sein Auftreten von vielen Beobachtern als im Widerspruch stehend zu seinen Verbrechen empfunden wurde. Auf der einen Seite stand die unglaubliche Dimension des Verbrechens und auf der anderen die nahezu lächerlich wirkende persönliche Erscheinung Eichmanns. Eine für viele unerwartete Konstellation, die zu einer, in zahlreichen Berichten deutlich erkennbaren, Verunsicherung führte und sich erheblich auf die Beurteilung des Angeklagten auswirkte.

3.1. Der Bürokrat der »Endlösung« und des Massenmordes

In der hier ausgewerteten Presse war die dominierende Antwort auf die Frage »Wer ist Adolf Eichmann?«, daß der ehemalige SS-Obersturmbannführer vor allem ein übereifriger Beamter gewesen sei, der in erster Linie nicht aus innerer Überzeugung, sondern aus überzogenem Pflichtgefühl und Gehorsam, sowie aus Karrierestreben die ihm gestellte »Aufgabe« der Organisation der »Endlösung« erfüllt habe. Die ihn prägende Eigenschaft sei nicht etwa ein haßerfüllter Antisemitismus, sondern seine Unfähigkeit, zu begreifen, daß man nicht allein dadurch von der Verantwortung für seine Taten befreit ist, wenn man nur auf Befehl seiner Vorgesetzten und gemäß der bestehenden Gesetze und Verordnungen handelt. Die These, daß Eichmann ein Massenmörder aus Gehorsam und Bürokrat der »Endlösung« sei, fand sich unterschiedlich akzentuiert und begründet sowohl im Hamburger Nachrichtenmagazin *Spiegel*, in der Wochenzeitung *Die Zeit*, in der *Frankfurter Allgemeinen Zeitung*, im *Rheinischen Merkur* als auch in der Illustrierten *Stern*.

Vor allem in der *Zeit* wurde von Beginn bis zum Abschluß der Berichterstattung die These vertreten, daß Eichmann kein Mörder aus blankem Hass und eigenem Antrieb, sondern eher ein Bürokrat sei. Bereits im ersten ausführlichen Artikel über den Fall Eichmann, der anfang Juni 1960 veröffentlicht wurde, bezeichnete Theo Sommer den ehemaligen Leiter des für Judenangelegenheiten zuständigen Referats im RSHA als den »Organisator des größten Massenschlachtens der Weltgeschichte« und einen »Verwalter, dessen Ressort das Morden war«.[65] Der »beamtete Unmensch« Eichmann sei nur aus »purem Zufall« und »nicht aus besonderer Neigung« zum »Massenmörder der Juden« geworden. »Hätte es ihn in die Organisation ›Kraft durch Freude‹ verschlagen,« so Sommer, »er wäre wahrscheinlich ein glänzender Planer und Durchführer von Massen-Erholungsreisen geworden.«[66] Aber auch wenn er nicht aus »Neigung« an der Ermordung der Juden mitgewirkt habe und nicht der »Urheber« der Deportationen oder gar der »Endlösung« gewesen sein mochte, so habe er doch – davon war Sommer überzeugt – »mit der ganzen Raffinesse seines teuflischen Bürokratengehirns« das »Todesprogramm« organisiert.[67] Wo nun aber die »Triebfeder dieses Unmenschen« saß, was ihn – »der so ›jüdisch‹ aussah und mit einer Tschechin verheiratet war« – dazu gebracht

65 Theo Sommer, Adolf Eichmann, Obstubaf. a.D., in: Die Zeit Nr. 23 vom 3.6.1960.

66 Ebd.

67 Ebd.

habe, so engagiert an der Umsetzung der »Endlösung« mitzuarbeiten, darauf hatte auch Sommer keine Antwort: »Wir wissen es nicht.«[68]

Um die Frage nach den Ursachen für Eichmanns Beteiligung an der Organisation der »Endlösung« zu beantworten, hob Joachim Schwelien (*FAZ*) besonders die Bedeutung des NS-Systems für seine »Karriere« hervor. In seinen Berichten aus Jerusalem kam er zu dem Urteil, daß an Eichmann nichts »Dämonisches« sei und er ohne das System, in das er eingebunden war, eigentlich ein Niemand gewesen wäre. Ähnlich wie andere Prozeßbeobachter zeigte sich auch Schwelien von der Diskrepanz zwischen der Ungeheuerlichkeit des Verbrechens und der unscheinbaren Persönlichkeit Eichmanns irritiert. Auch er sah den Angeklagten, als er ihn im Zeugenstand in Augenschein nehmen konnte, nicht in erster Linie als überzeugten und von Hass getriebenen Nationalsozialisten und furchteinflößenden SS-Obersturmbannführer. »[Ä]ußerlich« sei er »ein Nichts«[69] und ein »durchschnittlicher Typ« und im Vergleich zu seinen Taten ein »Hanswurst«[70]. »Das«, so Schwelien einige Tage nach Prozeßbeginn, »ist das Schreckliche an Eichmann, daß er so aussieht, so wirkt und so auftritt, wie jeder unter uns sich der Welt darstellen könnte.«[71]

Aber auch wenn Schwelien Eichmanns äußere Erscheinung als irritierend gewöhnlich beurteilte, so äußerte er doch keinen Zweifel daran, daß er – wie auch die anderen »großen und kleinen Eichmanns« – nicht nur genau gewußt habe, was er tat,[72] sondern auch einer der »hauptverantwortlichen Mitwirkenden« an der Ermordung der europäischen Juden gewesen sei – auch wenn seine Rolle nicht so bedeutend gewesen sei, wie es der Staatsanwalt darstellte.[73] Im Zusammenhang mit der Frage nach dem Maß der Verantwortung des Angeklagten war es für ihn ein besonders wichtiges Ergebnis des Prozesses, daß dieser die große Bedeutung des gesamten nationalsozialistischen Systems für die Durchführung der Eichmann vorgeworfenen Verbrechen herausgearbeitet habe. Im Laufe der Verhandlung sei besonders Dank der Bemühungen der Verteidigung deutlich geworden, daß es nicht ausreiche, Eichmann abzuurteilen, wenn man der »Gerechtigkeit« genüge tun wolle. Der Angeklagte sei zwar, wie Schwelien in einem Artikel vom 10. Juli 1961 betonte, »ausschlaggebend« an der Organisation der Deportationen beteiligt, aber nicht der »Oberteufel in der Hölle der Vernichtung«,[74] vielmehr Teil

---

68 Ebd.

69 Vgl. Joachim Schwelien, Die Stunde des Grauens, in: FAZ vom 19.4.1961.

70 Vgl. ders., Der Amtsgehilfe des Todes, in: ebd. vom 21.4.1961. Angemerkt sei hier, daß auch Hannah Arendt Eichmann als »Hanswurst« bezeichnete. Siehe Abschnitt II. 5.4.4. Hannah Arendt – Von der »Banalität des Bösen«

71 Joachim Schwelien, Der Amtsgehilfe des Todes, in: FAZ vom 21.4.1961.

72 Vgl. ders., Die Stunde des Grauens, in: ebd. vom 19.4.1961.

73 Vgl. ders., Eichmann gab weitschweifige Erläuterungen, in: ebd. vom 24.6.1961.

74 Vgl. ders., Das Betreff und der Bezug, in: ebd. vom 10.7.1961.

eines von der SS beherrschten, »mörderischen Systems« gewesen: »Ohne dieses System hätte auch Eichmann niemals tätig sein können. Er kann als typische Gestalt der SS-Verschwörung mit besonders großer Schuld angesehen werden; doch es ist nichts Dämonisches an ihm.«[75]

Daß Schwelien hier von einer »SS-Verschwörung« sprach, deutete darauf hin, daß er das nationalsozialistische Regime als das Produkt einer von der breiten Masse der Bevölkerung losgelösten, besonderen Gruppierung betrachtete. Insofern waren die für die Verfolgung und Ermordung der Juden letztlich Verantwortlichen keine »normalen Deutschen«, sondern eben Mitglieder der SS, derjenigen Organisation also, die wie keine andere das NS-Regime und dessen Verbrechen verkörperte. Für Schweliens Beurteilung Eichmanns ändert dies aber nichts, auch wenn er ihn in einem Nebensatz den »fanatischen Gefolgsleuten Hitlers« zuordnete.[76] Er bleibt ein nicht-dämonischer, »durchschnittlicher Typ«, auch wenn er ein Teil der »SS-Verschwörung« war und »große Schuld« auf sich geladen hat. Schwelien formulierte damit eine durchaus spannungsreiche Gedankenkette, in deren Rahmen auf der einen Seite versucht wird, Eichmann und dessen Persönlichkeit als höchst gewöhnlich darzustellen, um ihn andererseits – qua Zugehörigkeit zur SS – von den »normalen Deutschen« zu separieren.

Am Ende des Kreuzverhörs des Angeklagten äußerte Schwelien die Überzeugung, daß Eichmann über seine Rolle bei der Umsetzung der »Endlösung« und den vermeintlichen Befehlsnotstand nicht im eigentlichen Sinne gelogen habe, sondern wirklich glaubte, was er sagte. In seinem Prozeßbericht *Eichmanns Wahrheit* vom 29. Juli schrieb er über die Rechtfertigungsversuche des Angeklagten:

»Er folgte nicht nur der von der Verteidigung durchaus verständlich vorgezeichneten und einstudierten Linie des Leugnens, Abwälzens, Vertuschens oder des Berufens auf den Befehl vom höheren Ort, sondern er glaubte sich ganz und gar berufen, seiner, Eichmanns, Wahrheit die Gasse öffnen zu müssen. Der ehemalige SS-Obersturmbannführer und Judenreferent des Reichssicherheitshauptamtes, der Millionen Juden […] ›befehlsgemäß‹ in die Todeslager deportierte oder in den vorangegangenen Jahren mittellos aus Deutschland, Oesterreich und der Tschechoslowakai ins Ausland jagte, verfiel völlig überzeugt in die Rolle des Mannes, der die ›Wahrheit‹ von seinem jeweiligen Standort subjektiviert. Das war das Bedrükkende, daß man schließlich nicht mehr überzeugt sein konnte, er lüge einfach das Blaue vom Himmel und leugne das hundertfach und ganz vorurteilsfrei Bewiesene: Nein, Adolf Eichmann ist heute tatsächlich überzeugt, das ›Werkzeug stärkerer Kräfte‹ gewesen zu sein und im Grunde nichts Böses getan zu haben; an den Tötungen sei er unschuldig, an seinen Händen klebe kein Blut. Jedem Versuch, ihm hier zu einem Geständnis zu bewegen, hat er bis zum letzten Augenblick selbstüberzeugten Widerstand entgegengesetzt. […] Er ging seinen Weg zu Ende, den des bis zum letzten pflichteifrigen Amtsgehilfen des Todes, korrekt, rechthaberisch, verständnislos, ein Aktenschrank auf Leichenhügeln.«[77]

---

75 Ebd.

76 Vgl. ebd.

77 Ders., Eichmanns Wahrheit, in: ebd. vom 29.7.1961.

Der Umstand, daß Eichmann in seinen Aussagen vor Gericht derart »selbstüberzeugt« und konsequent darauf beharrte, er sei nur ein Befehlsempfänger (»Werkzeug stärkerer Kräfte«) gewesen, bewegte Schwelien, letzte vorhandene Zweifel beiseite zu lassen und der These zuzuneigen, daß der ehemalige SS-Obersturmbannführer vor allem ein Bürokrat (»ein Aktenschrank«) und ein – so gegen Ende des Berichts – »perfekter Untergebener« und weniger ein Überzeugungstäter gewesen sei.[78] Indem er am Ende die Frage aufwarf, »wie Eichmann und die Eichmänner in unserem Zeitalter tätig sein, wie sie Wirklichkeit werden konnten«,[79] unterstrich er erneut die Bedeutung der äußeren Umstände, die es erst ermöglicht hätten, das Eichmann und die anderen Täter ihre Verbrechen begehen konnten.

Ein weiterer Prozeßbeobachter, der sich besonders ausführlich der Suche nach dem Charakter und den Motiven Eichmanns widmete, war der Journalist und Publizist Robert Pendorf. Und auch er kam nicht nur zu der Einschätzung, der ehemalige SS-Obersturmbannführer sei ein »Mordbeamter« und »Befehlsausführer«, sondern verwies ähnlich wie Schwelien auf dessen Einbindung in das komplexe Geflecht des nationalsozialistischen Herrschafts- und Terrorsystems. In den Monaten vor dem Prozeß schrieb Pendorf zunächst für die Illustrierte *Stern* und später, während des Prozesses, berichtete er als Beobachter für die Wochenzeitung *Die Zeit* aus dem Jerusalemer Gerichtssaal. Darüberhinaus veröffentlichte er im Vorfeld des Prozesses eine längere Reportage über Eichmann, dessen »Karriere«, Flucht und Leben in Argentinien mit dem Titel *Mörder und Ermordete*, die als Taschenbuch erschien.[80] Eine wichtige Grundlage sowohl für dieses Buch wie auch für seine umfangreich bebilderten Artikel im *Stern* waren neben Fotoalben der Familie Eichmann, Gesprächsaufzeichnungen und Tonbänder vor allem handschriftliche Notizen Adolf Eichmanns, die dieser in seinen letzten Jahren in Argentinien angefertigt hatte, darunter auch diverse handschriftliche Randbemerkungen in von ihm gelesenen Büchern über das »Dritte Reich«.[81]

---

78 Ebd.

79 Ebd.

80 Pendorf, Mörder; veröffentlicht im Verlag Rütten Loening in der von Josef Müller-Marein und Theo Sommer herausgegebenen Reihe *Das aktuelle Thema*. Eine sehr kurze Zusammenfassung des Buches wurde unter dem Titel *»Ich war ein beseelter SS-Mann«* in der Wochenzeitung *Die Zeit* vom 21.4.1961 (Beilage) veröffentlicht.

81 Vgl. Adolf Eichmann, in: Stern Nr. 27 vom 2.7.1960, S. 14-18, 65-69, 72f.; Robert Pendorf, Adolf Eichmann, in: ebd. Nr. 28 vom 9.7.1960, S. 16f., 58f. Der Herkunft bzw. Quelle der Aufzeichnungen Eichmanns, aus denen hier zitiert wird, wird nicht genannt. Aber wahrscheinlich handelt es sich bei den dem *Stern* vorliegenden Materialien um Teile des sogenannten »Sassen-Interviews«, jenen Gesprächsmitschnitten und Notizen, die der holländische Journalisten und ehemalige SS-Mann William Sassen Ende der fünfziger Jahre in Verlauf von zahlreichen Gesprächen mit Eichmann in Argentinien angefertigt und Mitte 1959 entgegen der Absprache mit Eichmann der amerikanischen Illustrierten LIFE angeboten hatte. Sassen war 1948 Südamerikakorrespondent des *Stern*

Bereits in seinem ersten Artikel zum Fall Eichmann für den *Stern* vom 25. Juni 1960, in dem in erster Linie Eichmanns Leben in Nachkriegsdeutschland, seine Flucht nach Südamerika und sein Leben in Argentinien thematisiert wurde, umriss Pendorf ein erstes, holzschnittartiges Bild des ehemaligen SS-Obersturmbannführers. Er charakterisierte ihn als »Buchhalter des Todes«[82] und »tüchtigste[n] Zulieferant der Gaskammern in Auschwitz«,[83] der mit der »unbarmherzige[n] Akkuratesse eines Gerichtsvollziehers« und »[m]it einem Federstrich [...] täglich hunderte und tausende Menschen in die Lager« geschickt habe:[84] »Sein hervorstehender Charakterzug ist eine nachgerade überdrehte Pedanterie, ein durch nichts zu erschütternder Hang, jede noch so unbedeutende Handlung zu bedenken und zu planen.«[85] Und genau auf diese Art und Weise habe er »kühl« und »systematisch« »vermeintliche Führerbefehle ausgeführt und Hundertausende in die Gaskammern geliefert«.[86] Unterstrichen und illustriert wurde dieses Bild von Eichmann als überkorrektem »Buchhalter« und »Gerichtsvollzieher« durch verschiedene Fotos von ihm, seiner Familie und der häuslichen Einrichtung Eichmanns, in denen sich ein kleinbürgerliches Familienidyll andeutete.[87]

Bevor Pendorf seine Betrachtungen weiter ausführen konnte, veröffentlichte der *Stern* einen weiteren, namentlich nicht gekennzeichneten Artikel, in welchem an Hand der der Illustrierten vorliegenden Quellen weiter an dem Charakterbild Eichmanns gearbeitet wurde.[88] Die Autoren dieses Beitrages beschrieben darin unter anderem ihre

---

und hätte von daher über Kontakte zu der Hamburger Illustrierten vefügen können. Siehe hierzu vor allem Wojak, Eichmanns Memoiren, S. 22ff.

82 Robert Pendorf, Eichmanns letzte Jahre, in: Stern Nr. 26 vom 25.6.1960, S. 10-16, 63ff., hier S. 12.

83 Ebd., S. 10.

84 Vgl. ebd., S. 11.

85 Ebd., S. 64.

86 Ebd.

87 Der Vergleich Adolf Eichmanns mit einem Gerichtsvollzieher stieß durchaus auch auf Unverständnis – zumindest bei einem Leser. In einem im *Stern* vom 16. Juli 1960 veröffentlichten Leserbrief zu Pendorfs Artikel vom 25. Juni zeigte sich ein Vertreter des Deutschen Beamtenbundes »betrübt« über diesen Vergleich. Im Namen des Verbandes deutscher Gerichtsvollzieher betonte er, daß Gerichtsvollzieher »auch Menschen« seien, und es nicht anginge, deren Methoden mit denen Eichmanns »in einem Atemzug« zu nennen: »Während Gerichtsvollzieher oft schweren Herzens einen legal zustande gekommenen Gerichtsbeschluß ausführen, kann man irgendwelche Vergleiche aus dem Bereich des Rechtsstaates mit Herrn Eichmann kaum für berechtigt halten.« Leserbrief von Dr. Rathke, in: Stern Nr. 29 vom 16.7.1960.

88 Adolf Eichmann, in: ebd. Nr. 27 vom 2.7.1960, S. 14-18, 65-69, 72ff. Die Autoren dieses Artikels werden namentlich nicht genannt. Auf der dritten Seite des Beitrages wird lediglich von »Sternreportern« gesprochen. Es ist durchaus plausibel, daß auch Pendorf einer der Autoren sein könnte, hatte er doch bereits an vorhergehenden und auch späteren *Stern*-Artikeln zum Thema Eichmann mitgearbeitet.

Irritation bei der Schilderungen von Zeugen, in denen Eichmann als freundlicher und korrekter Mann beschrieben wird, und durch seine persönlichen Aufzeichnungen, denen zufolge er keinen persönlichen Haß gegenüber Juden empfunden habe und sich – nach eigenen Angaben – ausschließlich gemäß der ihm gegebenen Befehle und damit auch korrekt verhalten habe:

»Das ist die Schizophrenie in diesem Mann. Man glaubt ihm, wenn man seine Notizen liest und sich die Gespräche berichten läßt, daß er auch heute noch davon überzeugt ist, das seine Mission notwenig war und er sich korrekt verhalten hat. Er ist ein pflichtgetreuer, sorgfältiger Beamter; aber eben ein Mordbeamter. Denn Eichmann wußte genau, was mit den Menschen geschah, die er ›erfaßte‹.«[89]

Eine Woche nach Erscheinen dieses Artikels griff Pendorf den Begriff des »Mordbeamten« auf und setzte sich mit Eichmanns Versuchen auseinander, sich durch den Verweis auf Fahneneid, Pflichterfüllung und Gehorsam zu entlasten. Als Grundlage für diese Auseinandersetzung dienten ihm die bereits erwähnten Notizen und Randbemerkungen Eichmanns in Publikationen über das »Dritte Reich«. Im Zentrum stand ein ausgiebig zitierter – nach Pendorfs Angaben – von Eichmann selbst verfaßter längerer Text, in dem dieser sich zu seiner Verantwortung und Schuld äußerte und darauf beharrte, nur ein »Befehlsempfänger« gewesen zu sein, der nur die ihm »befohlene Pflicht« getan habe.[90] Pendorf sah in diesem Dokument einen Beleg für seine These, Eichmann habe das Prinzip der Pflichterfüllung vollkommen mißverstanden und pervertiert. Dies werde ihn allerdings am Ende nicht davor bewahren, die Verantwortung für seine Taten übernehmen zu müssen. Der »ursprünglich preußische Pflichtbegriff« bedeute nicht, daß mit dem Befehl jegliche persönliche Verantwortung des Befehlsempfängers suspendiert sei:

»Ein wahrhaft schreckliches Dokument, dieser Versuch, sich hinter Fahneneid, Pflichterfüllung und Gehorsam zu verschanzen, weit schlimmer als die Geständnisse der vertierten Mordgesellen in den Konzentrationslagern, die – abgestumpft und unfähig, zu erkennen, was sie taten – ein Menschenleben gleich nichts achteten.

Denn dieser Eichmann war weder vertiert noch abgestumpft, er war nach eigenem, glaubwürdigem Zeugnis sogar eher empfindsam. Dennoch unterschrieb dieser Mann, sehend und wissend, die Deportationsbefehle, die für viele Hunderttausende den Tod bedeuteten. Ein makaberes Musterbeispiel für das totale Mißverstehen, die totale Pervertierung des ursprünglich preußischen Pflichtbegriffes, der neben und über den Gehorsam stets die eigene Verantwortung des Befehlsempfängers stellte, und von dem unter dem Hakenkreuz nur die eine Hälfte, der ›Kadavergehorsam‹ übrigblieb.

Darauf, auf diese tödliche, mörderische Verfälschung, beruft sich Eichmann, wenn er sich mit ›Fahneneid‹ und ›Pflichterfüllung‹ zu rechtfertigen versucht. Es ist ein hoffnungsloser Versuch. Denn Eichmann war nicht so dumm und so primitiv, daß er nicht erkennen konnte, was er – mit und ohne

---

89 Ebd., S. 67.

90 Robert Pendorf, Adolf Eichmann, in: ebd. Nr. 28 vom 9.7.1960, S. 16f., 58f.

Befehl – tat. Er war ein Mordbeamter, und er wußte es, solange er es war, er hatte damals weder Hemmungen, noch den Drang, sich auf den Befehlsnotstand zu berufen. Und er wird die Verantwortung dafür auf sich nehmen müssen.«[91]

Mit dem Beginn des Prozesses und der Konfrontation mit dem Angeklagten sah sich Pendorf in seinem Urteil bestätigt. Bereits in seinem ersten Artikel über den Prozeßverlauf für die *Zeit* vom 28. April 1961 vertrat er die Auffassung, daß Eichmann entgegen der Behauptung der Staatsanwaltschaft, weder ein fanatischer Nationalsozialist noch der Erfinder der »Endlösung« gewesen sei, sondern lediglich ein ausführender Befehlsempfänger. Der Angeklagte, davon war Pendorf überzeugt, hatte nicht aus eigenem Antrieb gehandelt, sondern sei nur ein »Mensch, der Zeit seines Lebens tat, was man ihm sagte« und gehöre allenfalls zum »Typ des durch nichts gehemmten Befehlsausführers«.[92] Die wirklichen »Urheber des organisierten Massenmordes« seien andere gewesen. Insofern ziele die Anklage in ihrer Komplexität auf den »falschen Mann«:

»Es wäre besser Gideon Hausner nähme Eichmann als den Typ, der er ist: als den Prototyp des gehorchenden Mordbeamten. Hitler und Himmler und Heydrich, die Urheber des organisierten Massenmordes, die hier unsichtbar auf der Anklagebank sitzen, waren singulare Erscheinungen. ›Eichmanns‹ aber – um einen Kollegen zu zitieren – ›gab es viele...‹.«[93]

Auch wenn Pendorf hier verhaltene Kritik am Inhalt der Anklage äußerte, so war er doch keineswegs der Meinung, Eichmann stehe zu Unrecht vor Gericht, ganz im Gegenteil. Seine Bedenken richteten sich gegen eine Überhöhung des Angeklagten, die den Blick auf die Hauptschuldigen als auch auf die tatsächliche Bedeutung Eichmanns zu verdekken drohte. Und wenn er in Anspielung auf Wucher hier betonte, daß Eichmann nicht eine »singulare« Erscheinung wie Hitler, Himmler und Heydrich sei, sondern daß es viele »Eichmanns« gegeben habe, so wies er damit nicht nur darauf hin, daß dieser verglichen mit Hitler, Himmler und Heydrich eine weit weniger entscheidende Position im NS-Apparat inne gehabt habe, sondern vielmehr auch darauf, daß es nicht nur allein die wenigen »Großen« des Regimes waren, die für die Umsetzung der »Endlösung« verantwortlich zu machen seien. Insofern ist die Betonung der Rolle Hitlers, Himmlers und Heydrichs und der Verweis auf die vielen »Eichmanns« weniger im Sinne einer pauschalen Entlastung Adolf Eichmanns zu verstehen, sondern vielmehr als eine Erweiterung der Verantwortung auf die vielen »kleinen« und »mittleren« Täter und Mittäter.

In zwei weiteren Berichten führte Pendorf seine These vom dienstbereiten und ungehemmt »gehorchenden Mordbeamten« weiter aus und versuchte, die sich daraus für die Beurteilung Eichmanns und seiner Verbrechen ergebenden Konsequenzen auszu-

---

91 Ebd., S. 58f.

92 Ders., Ein falscher Angeklagter?, in: Die Zeit Nr. 18 vom 28.4.1961.

93 Ebd.

loten. Dazu betrachtete er – ähnlich wie Joachim Schwelien – die Äußerungen und das Verhalten des ehemaligen SS-Obersturmbannführers vor Gericht, vor allem dessen wiederholte Rechtfertigungsversuche, in denen Eichmann in langatmigen Ausführungen auf das ihn angeblich bindende System von Befehl und Gehorsam und auf die Zuständigkeitsverteilung in der NS-Bürokratie verwies. In der Art wie sich Eichmann hinter Befehlszwang, Zuständigkeiten und Verordnungen zu verstecken suchte, wie er »in dem sonderbar abstrakten, entmenschlichten braunen Amtsvokabular dachte und denkt und spricht«, sah Pendorf eine wesentliche Bestätigung für seine These vom reinen Befehlsausführer.[94] Charakteristisch für das Bild, das Pendorf von Eichmann zeichnete, war nicht nur sein Eindruck, daß dieser seine Gefühle verdrängte und sein Gewissen »durch stramme Haltung« ersetzt habe,[95] sondern auch die Feststellung, daß dieser über einen sehr begrenzten Intellekt verfüge:

»Es geht über seinen Verstand, daß blindes Gehorchen und Verzicht auf jedes Handeln ohne ›Weisung‹ nicht genügen können, ihn von jeder persönlichen Verantwortung freizuhalten.«[96]

So kam zum Verdikt »Befehlsausführer« die Annahme hinzu, Eichmann sei nur mit einem begrenzten Verstand ausgestattet, der ihm das Erkennen der eigenen Verantwortung nicht ermöglicht oder zumindest doch erschwert habe. In dieser Erkenntnis sah Pendorf aber weder eine Entlastung für den Angeklagten, noch eine Beruhigung für »uns«, für die Deutschen und die Menschheit im Allgemeinen. Denn auch wenn Eichmann persönlich ernsthaft davon überzeugt gewesen sei, nur auf Befehl gehandelt zu haben, müsse er dennoch für die Folgen seiner Taten einstehen. Und ein »Mensch mit Schreibmaschinenseele« sei »beinahe noch schrecklicher«, als ein »dämonisch-teuflischer Völkermörder«:

»Denn Menschen mit ›Schreibmaschinenseele‹ sind im Gegensatz zu absolut bösen oder auch nur verrückten Dschingis-Khan-Typen nicht bloß vereinzelt auftretende Abnormitäten; sie gab es – und gibt es – in Mengen.«[97]

Das einzig Beruhigende, das Pendorf in diesem Zusammenhang anführte, war seine – fragwürdige – Gewißheit, daß diese »latent gefährlichen Eichmänner« nur auf Befehl handelten und ansonsten »keinen Finger« »rühren« würden. Deshalb komme es darauf an, »mit penetranter Aufmerksamkeit dafür zu sorgen, daß nie wieder jemand die Gelegenheit bekommt, ihnen unmenschliche Befehle zu geben«.[98] Hätte Eichmann nicht einem menschenverachtenden System gedient, in dem »jemand« mörderische Befehle

---

94 Vgl. ders., Wieder wühlt er in den Akten, in: ebd. Nr. 27 vom 30.6.1961.

95 Vgl. ebd.

96 Ebd.

97 Ebd.

98 Ebd.

geben konnte, hätte er »keinen Finger« gerührt und wäre auch nicht zum Verbrecher geworden.

Am Ende des Kreuzverhörs war Pendorf davon überzeugt, daß Eichmann »genau das war, was er zu sein vorgibt: einer von vielen, ein Rad, wenn auch nicht das kleinste, in einer mächtigen Mordmaschinerie, ein Glied einer langen Kette, die nie hätte halten können, wenn es nicht auch andere Glieder gegeben hätte«.[99] Abschließend betonte er, daß dies viel beängstigender sei, als wenn es – wie es der Staatsanwalt darzustellen versucht habe – nur einiger »verrückter Fanatiker« bedurft hätte, die »Endlösung« zu organisieren, denn dies bedeute, daß eine Wiederholung derartiger Verbrechen durchaus möglich sei. Das Beispiel Eichmann habe deutlich gemacht, daß »erstaunlich viele Menschen dazu zu bringen sind, ihr Gewissen sozusagen abzuklemmen, ihr Wissen beiseite zu schieben und so zu handeln, wie es von ihnen erwartet wird und der Karriere zuträglich ist«.[100] Und mit der Erkenntnis, daß Eichmann seine Verantwortung und Schuld an seine Vorgesetzten abgegeben habe, zog Pendorf Bilanz:

»Das ist es, was viel fürchterlicher ist als hier ein Sadist und dort ein brutaler Schlächter: die unheimliche Fähigkeit von Menschen, sich selbst zu Robotern auch des Schrecklichsten zu degradieren, sich dessen zu entkleiden, was den Menschen zum Menschen macht, nämlich die Verantwortung für das eigene Tun. Dieses kann uns und anderen und überall alle Tage wieder passieren. Das ist das bittere Fazit des Prozesses.«[101]

Pendorf sah in Adolf Eichmann ein warnendes Beispiel dafür, wohin eine bedingungslose und uneingeschränkte Unterordnung unter das Prinzip von Befehl und Gehorsam und die Ablehnung jeglicher persönlichen Verantwortung für das eigene Handeln führen kann. Der Prozeß von Jerusalem könne deshalb als »Mahnung« dienen, »daß nichts, aber auch nichts das eigene Gewissen entlasten kann«.[102]

3.2. Judenmörder aus Überzeugung

Neben zahlreichen Autoren, die die These vertraten, daß Eichmann kein Mörder aus eigenem Antrieb, sondern in erster Linie ein gehorsamer Schreibtischtäter, oder – wie Pendorf schrieb – der »Prototyp des gehorchenden Mordbeamten«[103] gewesen sei, der nicht aus Überzeugung, sondern aus pervertiertem Diensteifer an der »Endlösung« mit-

99 Ders., »Weil ich Treue geschworen habe…« Das Fazit des Eichmann-Prozesses vor den Schlußplädoyers, in: ebd. Nr. 30 vom 21.7.1961.

100 Ebd.

101 Ebd.

102 Ebd.

103 Ders., Ein falscher Angeklagter, in: ebd. Nr. 18 vom 28.4.1961.

gearbeitet habe, finden sich in der hier ausgewerteten Presse eine deutlich kleinere Zahl anderer Stimmen. Sie betonen, daß Eichmann durchaus ein überzeugter Nationalsozialist gewesen sei, der mit Ehrgeiz und persönlichem Engagement die ihm gegebenen Befehle befolgt und das Morden vorangetrieben habe. Zu denen, die von Beginn bis zum Ende des Prozesses in Eichmann einen Überzeugungstäter sahen, zählten Paul Wilhelm Wenger vom *Rheinischen Merkur* und Conrad Ahlers von der *Frankfurter Rundschau.*

Besonders Wenger,[104] der über verschiedene Aspekte des Falles Eichmann und des Jerusalemer Prozesses schrieb, war in seinem Urteil über Eichmann kompromißlos. Weder die Rechtfertigungs- und Entlastungsversuche des ehemaligen SS-Obersturmbannführers, noch dessen auf zahlreiche Beobachter höchst irritierend wirkende Verhalten im Gerichtssaal konnten ihn davon überzeugen, daß Eichmann nicht aus eigenem Antrieb, sondern nur auf Befehl gehandelt habe. In den Bemühungen des Angeklagten und seines Verteidigers, auf die angeblich untergeordnete Rolle Eichmanns bei der Umsetzung der »Endlösung« hinzuweisen und zahlreiche andere Personen und Institutionen als letztlich für das Morden verantwortlich bzw. »zuständig« zu bezichtigen, sah Wenger nur den durchsichtigen Versuch, von der eigenen Schuld abzulenken. Im großen und ganzen stimmte Wenger – der den Prozeß von Deutschland aus verfolgte – der Anklage in allen, Eichmann betreffenden Punkten zu.

In einer am 12. Mai 1961 erschienenen »Zwischenbilanz« setzte er sich ausgiebig mit der Anklagerede Hausners und den bis dahin vorliegenden Beweisen und Zeugenaussagen auseinander.[105] Dabei folgte er weitgehend den Ausführungen des Staatsanwalts – die er ausgiebig zitierte – und zeigte sich tief erschüttert über die Greuel, die die Überlebenden in ihren Berichten und Zeugenaussagen schilderten:

»Zeugen des schrecklichen Geschehens, [...], haben inzwischen in der fürchterlichen Beweisaufnahme dieses Prozesses über den tiefsten Fall des Menschen im alten Europa bestätigt, was der Ankläger aus den Dokumenten zusammengetragen hat. Darunter waren Schilderungen, deren Eintreten in die Wirklichkeit man nur mit den Kategorien des Besessenseins und der bewußten Entfesselung der Dämonen nahe kommt.«[106]

Erkennbar schockiert von diesen Berichten der Überlebenden sah Wenger in Eichmann einen, wenn nicht gar *den* Hauptverantwortlichen für diese Greuel, die er mit Begriffen

104 Paul Wilhem Wenger wurde 1912 in Gundelsheim geboren. Er studierte katholische Theologie, Geschichte und Rechtswissenschaften. Während des Zweiten Weltkrieges war er Soldat bei den Pionieren und wurde 1942 schwer verwundet. Nach dem Krieg wurde Wenger zunächst Landgerichtsrat in Tübingen, verließ aber 1948 den Justizdienst und wurde Redakteur der Wochenzeitung *Rheinischer Merkur*, wo er bis zu seinem Tod tätig war. Er starb im Dezember 1983. Vgl. Munzinger Archiv.

105 Paul Wilhelm Wenger, Deutsch-jüdische Tragödie, in: RhM Nr. 20 vom 12.5.1961.

106 Ebd.

aus der christlich-religiösen Terminologie (»Besessensein«, »Dämonen«) umschrieb.[107] Die bisherige Beweisaufnahme, und vor allem die Zeugenaussagen, hätten die Vorwürfe der Anklage »voll bestätigt«. »Als Leiter des Judenreferates im Reichssicherheitshauptamt der SS war Eichmann, der sich jetzt als ›kleines Würstchen‹ bezeichnet, der Generalbevollmächtigte für alle Phasen des Exzesses.«[108] Daß Eichmann dabei »nicht allein am Werk« gewesen sei, könne nahezu als eine Selbstverständlichkeit gesehen werden und mache den »Kern dieses Prozesses« aus. Für Wenger aber war es »evident«, daß »prominente Komplicen und verbrecherischer Führerwunsch die Schuld des angeklagten Hauptakteurs der Judenvernichtung nicht verringern können«.[109]

Wie wenig Wenger durch die Strategie der Verteidigung davon zu überzeugen war, daß Eichmann nur auf Befehl gehandelt habe, zeigte sich in einem weiteren Artikel vom Juni 1961. Darin wies er geradezu empört die »Verteidigungslinie« des »Judenvertilgers Adolf Eichmann« und seines Verteidigers zurück, die auf einer »Doppelstrategie« aufgebaut sei: »Zum einen auf der Totalität des installierten NS-Regimes, das ihn zum ›Befehlsempfänger einer unteren Stufe‹ – mit dem üblichen Befehlsnotstand – gemacht habe, zum anderen auf der ›nationalen Lauterkeit‹ der Motive, die ihn zu seinem Eintritt in die NSDAP bewogen hätten.«[110] Vor allem Eichmanns Behauptung, wegen der Folgen des Versailler Vertrages und der hohen Arbeitslosigkeit und nicht wegen ihres »deklarierten Antisemitismus« in die Partei eingetreten zu sein, stieß bei Wenger auf tiefe Skepsis. »Adolf Eichmann taucht hierbei völlig im Strom des deutschen P.G.-Jedermann unter, denn was er sagte, hat man seit 1945 bis zum Erbrechen gehört.«[111] Wenger sah es als unglaubwürdig und nicht nachvollziehbar an, daß sich Eichmann letztlich in keiner Weise von den vielen kleinen P.G.'s unterschieden haben soll. Hatte er es nicht immerhin zum SS-Obersturmbannführer im Reichssicherheitshauptamt und zu einer Schlüsselstellung bei der Organisation der »Endlösung«

107 An späterer Stelle griff Wenger nochmals auf christliche Begriffe zurück, wenn er schreibt, daß die »Pestilenz der Unmoral« des Nationalsozialismus, die sich in der Gesellschaft verbreitet habe und in der schuldhaften Verstrickung in die Verbrechen seinen Ausdruck fände, an die biblische Apokalypse erinnere: »So verästelt sich der Strom der Verbrechen in einem Delta von schuldiger Mitverflechtung [...]. Hier aber wird die dämonische Kategorie des grausigen Geschehens sichtbar: Die Pestilenz der Unmoral dringt durch alle Mauern in die anfälligen Seelen; die Apokalypse enthüllt sich in Schüben, und man erinnert sich des Wortes aus der geheimen Offenbarung des Johannes, daß nach dem Fallen des Sternes Wermut ein Drittel des Gewässer vergiftet und nach dem Ausgießen der Schale durch den dritten Zornengel zu Blut werde ... (geh. Offenbarung 8,10 und 16,4)«. Ebd.

108 Ebd.

109 Ebd.

110 Ders., Eichmann Jedermann, in: ebd. Nr. 26 vom 23.6.1961.

111 Ebd.

»gebracht«? Und bedurfte es nicht mehr als nur eines alltäglichen Mitläufertums, um eine derartige »Karriere« innerhalb des NS-Regimes zu machen?

Als entlarvend bewertete Wenger Eichmanns Weigerung, bei der Vereidigung vor Gericht auf die Bibel zu schwören. Im Verweis des Angeklagten auf seine konfessionell ungebundene Gottgläubigkeit sah er einen Beleg für die übersteigerte nationalistische Gesinnung Eichmanns, denn »sein Gott war der ›deutsche Gott‹ der nationalen Selbstanbetung«. »Insofern«, stellte er bitter fest, »war Eichmanns Befehlsnotstand echt, denn diesem ›deutschen Gott‹ konnte man den Gehorsam nicht verweigern, wenn man an ihn glaubte.«[112] Der von Eichmann vielbeschworene »Befehlsnotstand« war letztlich also die Folge seiner eigenen Gesinnung und Überzeugung, und nicht das Resultat einer militärischen Hierarchie. Und so sei er auch aufgrund der eigenen Überzeugungen zum Mittäter an der »Endlösung« geworden.

Am Ende des Prozesses betonte Wenger ein weiteres Mal den Unterschied zwischen Eichmann und dem deutschen »Jedermann«. In seiner in der Weihnachtsausgabe 1961 des *Rheinischen Merkur* erschienenen Betrachtungen zum Urteil und zum Schlußwort der Verteidigung verwarf Wenger jeden Versuch Eichmanns, sich durch den Hinweis auf die größeren politisch-historischen Umstände und durch die Benennung anderer Täter zu entlasten. Vor allem die Unterstellung der Verteidigung, daß nahezu jeder in Eichmanns Situation genauso wie dieser gehandelt hätte, rief bei ihm heftige Ablehnung hervor:

»›Was dem Angeklagten geschah, kann jedem geschehen ... Was dem deutschen Volk geschah, kann jeder Nation geschehen.‹ Mit diesen Formeln hat Dr. Servatius die Schuld seines Klienten in eine Pauschal-Bezichtigung aller Deutschen und eine Pauschal-Verdächtigung aller Nationen zu verwandeln versucht, die energisch zurückgewiesen werden muß. Hierzu genügt der Hinweis darauf, daß man, um Exekutionsingenieur wie Eichmann zu werden, nicht nur in die SS und den SD eintreten, sondern auch bereit sein muß, das Judenreferat im Reichssicherheitshauptamt zu übernehmen. Man muß also zu einer besonderen Art der NS-Karriere bereit sein, die man nicht einmal der Masse unterstellen kann.«[113]

Eine allzu leichtfertige Einebnung der Unterschiede zwischen Tätern aus Überzeugung und Mitläufern war also aus seiner Sicht unzulässig und lief auf eine Relativierung der persönlichen Verantwortung und Schuld Eichmanns auf Kosten der vielen »P.G.-Jedermann« und der Deutschen im Allgemeinen hinaus. Wenger war eben nicht der Ansicht, daß jeder die gleiche Schuld zu tragen habe, sondern daß das individuelle Maß an Schuld von den jeweiligen, persönlich zu verantwortenden Entscheidungen und Handlungen abhängt.

Während Wenger großen Wert darauf legte, den Unterschied zwischen Eichmann und den vielen Mitläufern (»P.G.-Jedermann«) zu betonen, richtete Conrad Ahlers sei-

112 Ebd.

113 Ders., Eichmann und Genossen, in: ebd. Nr. 52 von Weihnachten 1961.

nen Blick dagegen ausschließlich auf den Angeklagten. Bereits im Vorfeld des Prozesses äußerte er die Ansicht, daß Eichmann ein »überzeugter Nationalsozialist« gewesen sei.[114] In einem längeren Hintergrundartikel in der *Frankfurter Rundschau* vom 8./9. April 1961 skizzierte Ahlers anhand der SS-Personalakten und unter Berufung auf Aussagen von Zeitzeugen ein Bild des ehemaligen Obersturmbannführers. Er äußerte die Überzeugung, daß Eichmann der »Vollstrecker« der von Hitler und Heydrich gegebenen Befehle zur Verfolgung und Ermordung der Juden gewesen sei. »Unter seiner Anleitung« habe die SS in ganz Europa die Juden zusammengetrieben und in die Vernichtungslager deportiert. Ein Blick in Eichmanns Personalakte bestätige, daß er mit Eifer die ihm übertragene Aufgabe ausführte, dieses »schreckliche Werk vollbrachte«.[115] Die Aussagen verschiedener Personen, die Eichmann persönlich gekannt hätten, würden das negative Bild noch unterstreichen: »Zynisch – alkoholsüchtig – eitel«.[116] Vor allem in den Beschreibungen der Zeugen glaubte Ahlers die »charakterliche Entwicklung vom Durchschnittsmenschen mit gescheiterten Hoffnungen zum Unmenschen [...], der mit seinen Verbrechen schließlich zum Verbrecher aus Mordlust wurde«, zu erkennen.[117]

Doch nach dem Beginn des Prozesses und im Laufe des Verfahrens wurde Ahlers in seinem Urteil zunächst unsicher und kam zu einer vollkommen anderen Beurteilung. Vor allem das Auftreten des Angeklagten im Gerichtssaal weckte vorrübergehende Zweifel. In seinem Bericht aus Jerusalem vom 19. April zeigte sich Ahlers erkennbar irritiert. Wie Eichmann so »gleichgültig« und in scheinbarer »Teilnahmslosigkeit« in seinem »Käfig im Gerichtsgebäude« saß, erschien ihm der Angeklagte nicht mehr als Mörder, sondern eher als Bürokrat:

»So gesehen, erscheint Eichmann wirklich als der friedliche Bürger, wie ihn sein Verteidiger Servatius genannt hat, nicht als Verbrecher, sondern allenfalls als ein Buchhalter des Todes, ein gefühlloser Bürokrat, ein gehorsamer Henker vielleicht, aber kein Mörder.«[118]

Die in den folgenden Tagen im Gerichtssaal abgespielten Tonbandmitschnitte aus den Polizeiverhören bestätigten seinen Eindruck. Als wesentliche Charakterzüge Eichmanns erkannte er nun, angesichts seiner auf Tonband festgehaltenen »Erklärungen«, den Gehorsam und die Fähigkeit, seine Gefühle zu unterdrücken.[119] Gleichzeitig wies Ahlers aber auch auf die »Taktik« Eichmanns hin, sich nur als ein »ausführendes Organ« darzustellen, das ausschließlich für den »Transport«, nicht aber für die Vernichtung der

---

114 Conrad Ahlers, Bei der Gestapo hieß er nur »der Meister«, in: FR vom 8./9.4.1961.

115 Ebd.

116 Ebd.

117 Ebd.

118 Ders., Niemand kann den Pontius Pilatus spielen, in: ebd. vom 19.4.1961.

119 Vgl. ders., »Ich kann nicht um Gnade bitten ...«, in: ebd. vom 20.4.1961; ders., Kainszeichen, in: ebd. vom 21.4.1961.

Juden zuständig gewesen sei.[120] Einerseits neigte Ahlers zu diesem Zeitpunkt und unter dem Eindruck der Verhörprotokolle demnach eher zu der Annahme, Eichmann sei in erster Linie ein gehorsamer Bürokrat gewesen. Andererseits hegte er ein gewisses Mißtrauen gegenüber der Ehrlichkeit und Aufrichtigkeit der Aussagen Eichmanns, hinter denen er ein gewisses Maß an Kalkül und Berechnung vermutete.

Im weiteren Verlauf des Prozesses fand Ahlers zu seiner ursprünglichen Beurteilung Eichmanns als Überzeugungstäter zurück. So betonte er Mitte Juni – kurz bevor der Angeklagte in eigener Sache vor Gericht in den Zeugenstand trat –, daß Eichmann für seine Taten moralisch und rechtlich auch darum voll verantwortlich sei, »weil er nicht nur auf Befehl, sondern aus Ueberzeugung und eigenem Antrieb handelte«.[121] Der Prozeß habe auch »klargemacht, daß Eichmann unbeschadet seines niedrigen Ranges, seiner unauffälligen Dienststellung und seiner durchschnittlichen Begabung eine sehr hohe und verantwortliche Position im Getriebe des nationalsozialistischen Staates inne hatte«.[122] Was genau zu dieser Rückkehr zur ursprünglichen Beurteilung Eichmanns geführt hatte, war anhand der vorliegenden Artikel von Ahlers nicht genau zu rekonstruieren. Es deutet aber vieles darauf hin, daß es vor allem Eichmanns Unfähigkeit zur Reue und seine Verbissenheit in der Betonung seiner angeblich untergeordneten Position im NS-Terrorapparat waren, die letztlich den Ausschlag gaben. So schrieb Ahlers anläßlich der Urteilsverkündung:

»Er hat um seinen Kopf gekämpft mit der unbeugsamen Verbissenheit des Fanatikers. Er hat keine Reue gezeigt, obwohl ihm der Wahnsinn der Judenverfolgung nicht verborgen geblieben ist.«[123]

Im Kern lassen sich sowohl Wengers als auch Ahlers Eintreten für die These von Eichmann als Überzeugungstäter auf ihre Zweifel zurückführen, daß einer, der nicht zumindest zu einem entscheidenden Maß überzeugt von seinen Handlungen war, niemals eine derartige Karriere im NS-Vernichtungsapparat hätte machen können. Auch Eichmanns Unfähigkeit bzw. Weigerung, Bedauern, Reue oder gar Scham zu zeigen, sondern stattdessen unablässig und bis zum Ende auf seine angeblich untergeordnete Stellung zu verweisen, verschärfte das Mißtrauen der beiden Journalisten hinsichtlich des angeblichen Befehlsnotstands. Der Mangel an Glaubwürdigkeit und das Fehlen einer klar erkennbaren innerlichen Distanz zu seinen Taten gaben den Ausschlag für seine Einstufung als Überzeugungstäter.

---

120 Vgl. ders., »Ich kann nicht um Gnade bitten ...«, in: ebd. vom 20.4.1961.

121 Ders., Zeuge Eichmann, in: ebd. vom 20.6.1961.

122 Ebd.

123 Ders., Das Urteil von Jerusalem, in: ebd. vom 16./17.12.1961.

3.3. Eichmann bleibt rätselhaft

Wie schwierig es für die Beobachter des Prozesses war, zu einem eindeutigen Urteil über das Wesen des ehemaligen SS-Obersturmbannführers zu gelangen, läßt sich exemplarisch an den Berichten von Alice Kempe (*Tagesspiegel*) und Albert Wucher (*Süddeutsche Zeitung*) verdeutlichen. Wucher sah durchaus die bürokratische Seite Eichmanns, war aber zunächst davon überzeugt, daß eine, wenn nicht gar *die* treibende Kraft hinter seinen Taten seine nationalsozialistische Gesinnung war. Alice Kempe hingegen stufte Eichmann zu Beginn des Prozesses wie andere auch in erster Linie als Bürokraten ein und entdeckte erst im Laufe des Verfahrens die Möglichkeit, daß Eichmann auch aus Überzeugung gehandelt haben könnte. Beide entwickelten im Laufe des Prozesses ernste Zweifel, ob ihre erste Einschätzung Eichmanns zutreffend sei. Und weder für Kempe noch für Wucher lösten sich die Zweifel vollständig auf, so daß ihre Verunsicherung bis zum Abschluß des Prozesses anhielt und sie zumindest in dieser Frage nicht in der Lage waren, ein eindeutiges Urteil zu fällen.

Für Alice Kempe war es für die Beantwortung der Frage »Wer ist Eichmann?« besonders wichtig, wie sich dieser in den Polizeiverhören geäußert hatte und sich vor Gericht verhielt. Darin suchte sie die Grundlage zur Beurteilung des Angeklagten und die Erklärung für seine Karriere im NS-Regime. Als sie ihn das erste Mal im Gerichtssaal in seinem Kasten aus kugelsicherem Glas sitzen sah, erinnerte er sie an ein »Gespenst«,[124] später an einen »Popanz« und eine »Wachspuppe«.[125] Dieser »Mann im Glaskasten« sollte maßgeblich an der Ermordung von Millionen Menschen beteiligt gewesen sein?[126]

Doch im Laufe des Verfahrens wurde es für sie immer deutlicher, daß dieser Mann, der seinen »Glaskasten« »mit Aktenbündeln und Notizblöcken fast wie ein ›kleines gemütliches Büro‹« eingerichtet habe,[127] in erster Linie ein Beamter und Bürokrat war, der angesichts von Akten aufzuleben schien und in dessen Adern nicht Blut, sondern »Tinte« fließe.[128] Sein Antisemitismus sei »von Haus aus eher ein ›herkömmlicher‹«. Als Triebfeder seines Handelns diagnostizierte sie vor allem »maßlose[n] Ehrgeiz, Karrieresucht, kalte Berechnung, ein pervertiertes ›Pflichtgefühl‹ und ein[en] krankhafte[n] Perfektionsdrang«.[129] Demzufolge waren seine Bemühungen, sich durch den Verweis auf den Zwang von Befehl und Gehorsam, auf Ressort- und Zuständigkeits-

124 Vgl. Alice Kempe, Das Gespenst im Glaskasten, in: TSP vom 15.4.1961.

125 Vgl. dies., Adolf Eichmann – der letzte Akt, in: ebd. vom 16.12.1961.

126 Vgl. dies., Das Gespenst im Glaskasten, in: ebd. vom 15.4.1961.

127 Vgl. dies., Routine und Grauen im Eichmann-Prozeß, in: ebd. vom 9.5.1961.

128 Vgl. dies., Eichmanns Triebfeder war maßloser Ehrgeiz, in: ebd. vom 10.6.1961.

129 Ebd.

fragen zu entlasten, nicht der leicht durchschaubare Versuch, sich aus der Verantwortung zu stehlen, sondern Ausdruck einer »krankhaften Geisteshaltung«.[130]

Aber in ihrer Beurteilung Eichmanns als einem zwar ehrgeizigen, aber letztlich kalten Beamten war sie sich nicht uneingeschränkt sicher. Vor allem aufgrund der Aussage eines Zeugen, der berichtete, Eichmann habe in Ungarn einen jüdischen Jungen totgeschlagen, nur weil dieser Kirschen gepflückt hatte, sah sie Eichmann nicht nur vom »Perfektionstrieb«, sondern auch »von einem Dämon des Hasses« »besessen«.[131] Und auch wenn sie letztlich eher den Ehrgeiz und nicht den Hass als seinen bestimmenden Trieb ausmachte, verschwanden ihre Unsicherheiten hinsichtlich des Wesens Eichmanns bis zum Ende des Prozesses nie vollständig. »Was«, so schrieb sie anläßlich der Urteilsverkündung, »in der Wachspuppe vorgeht und was in dieser verirrten Seele verborgen ist, das wird man vielleicht ebensowenig je ergründen, wie die letzten Ursachen der nationalsozialistischen Unnatur.«[132] Die Person Adolf Eichmann und der Nationalsozialismus bleiben für sie letztlich unverständlich.

Albert Wucher, der nicht nur als Prozeßbeobachter für die *Süddeutsche Zeitung* aus Jerusalem berichtete, sondern wie bereits erwähnt im Vorfeld des Prozesses einen *Dokumentarbericht über die Endlösung der Judenfrage* veröffentlicht hatte,[133] hatte sich bereits frühzeitig mit Eichmann und anderen, an der Verfolgung und Vernichtung der europäischen Juden beteiligten Personen und Institutionen beschäftigt. Und wie bereits erwähnt, war er bis zum Beginn des Prozesses der Ansicht, daß Eichmann nicht nur ein Bürokrat, sondern auch ein überzeugter Nationalsozialist war. Im ersten Teil seiner Artikelserie *Eichmanns gab es viele* beschrieb er Eichmann anhand seines Lebenslaufs als einen »Kleinbürger«, der »beileibe nicht das [sei], was man sich unter einem Massenmörder vorstellt«.[134] Er sei ein ehrgeiziger, fleißiger Mann »von fragmentarischer Bildung«. Aber man solle sich nicht täuschen, er sei zwar ein »[k]leiner Mann und Bürokrat«, aber auch ein »fanatischer Nazi«.[135] Und eben diese »Kombination« habe ihn für seine Karriere im NS-Regime geradezu prädestiniert:

---

130 Vgl. dies., Der Tag der Sühne ist gekommen, in: ebd. vom 9.4.1961.

131 Dies., Israel wartet auf das Urteil, in: ebd. vom 1.6.1961. Die Tötung des Jungen wurde vom Gericht als nicht bewiesen angesehen, so daß Eichmann dafür nicht verurteilt wurde.

132 Dies., Adolf Eichmann – der letzte Akt, in: ebd. vom 16.12.1961.

133 Albert Wucher, Eichmanns gab es viele. Ein Dokumentarbericht über die Endlösung der Judenfrage. München u.a. 1961. Die gleichnamige, siebenteilige Artikelserie erschien in der SZ vom 9.11. (Teil 1); 11.11. (Teil 2); 22.11. (Teil 3); 25.11. (Teil 4); 30.11.(Teil 5); 2.12. (Teil 6); 7.12.1960 (Teil 7).

134 Ders., Eichmanns gab es viele, Teil 1, in: SZ vom 9.11.1961.

135 Ebd.

»Perfekter Bürokrat und rabiater Nazi – diese Kombination ergab den bedingungslosen SS-Funktionär, den das Nazi-Regime brauchte und ohne den die Totalität des Unrechts nicht möglich gewesen wäre.«[136]

Eichmann war also aus der Sicht Wuchers wie geschaffen, ein SS-Mann zu werden. Ohne Menschen wie Eichmann hätte das NS-Regime nie funktionieren können. Der totalitäre Staat benötigte Menschen, die sowohl fanatisch glaubten, als auch bedingunglos gehorchten.

Die Ereignisse und Ergebnisse des Prozesses, vor allem das persönliche Erscheinungsbild und die Aussagen Eichmanns führten schließlich dazu, daß Wucher seine Position zum Teil überdachte. Zwar revidierte er sein Bild von Eichmann nicht vollständig, rückte jedoch dessen »bürokratische Seite« stärker in den Mittelpunkt seiner Argumentation, wobei er es bezeichnenderweise am Ende des Prozesses eher schwieriger fand, zu einer eindeutigen Einschätzung des Angeklagten zu gelangen als am Anfang. In den ersten Verhandlungstagen fühlte sich Wucher durch das Auftreten und das Erscheinungsbild des Angeklagten zunächst noch vollauf bestätigt. Eichmann mache zwar den Eindruck eines »Dutzendmenschen«, aber seine »eiskalten Augen« würden ihn als »zynischen Vollstrecker teuflischer Mordbefehle« entlarven.[137] Nach einer knappen Woche erscheint ihm Eichmann als »Unmensch«, der sich von nichts anrühren lasse und »der es versteht, jegliches menschliches Gefühl und jede Gewissensregung zu verdrängen«.[138] Und auch wenn Wucher in diesem Verhalten eine gewisse »Schizophrenie« eines ansonsten »total Normalen« zu erkennen glaubte, gelangte er nicht zu der Ansicht, Eichmann habe aus einer fast schon krankhaften emotionalen Unfähigkeit und Verwirrung oder wie Arendt es ausdrückte aus »Gedankenlosigkeit«[139] gemordet. Im Gegenteil, Wucher stimmte dem Generalstaatsanwalt, der in seiner Anklagerede Eichmann als einen erbarmungslosen Überzeugungstäter dargestellt hatte, nachdrücklich zu:

»Hausner hat vollkommen recht, wenn er sagt: ›Eichmann betrieb das Abschlachten nicht in Geistesverwirrung, sondern mit klaren Sinnen und in hellem Bewußtsein, in voller Überzeugung, daß es richtig sei und so getan werden sollte. Und darum hat er es getan, ohne von Zweifeln und Gewissensbissen geplagt zu sein.‹«[140]

Mit dem Fortschreiten des Prozesses kam Wucher zu einer mehr differenzierten Sicht. Vor allem maß er den Strukturen des NS-Systems eine weit größere Bedeutung bei. Die ausgewogene Einschätzung Eichmanns als »perfekter Bürokrat und rabiater Nazi« ver-

136 Ebd.

137 Ders., Die Augen der Welt schauen nach Jerusalem, in: ebd. vom 12.4.1961. Siehe auch: ders., Der Staatsanwalt ergreift das Wort, in: ebd. vom 14.4.1961.

138 Ders., Eichmann – der Mörder neuen Stils, in: ebd. vom 18.4.1961.

139 Siehe zu Hannah Arendt Abschnitt II. 5.4.4. Hannah Arendt – Von der »Banalität des Bösen«.

140 Albert Wucher, Eichmann – der Mörder neuen Stils, in: SZ vom 18.4.1961.

lagerte sich in Richtung »Bürokrat«. Besonders in seinen Berichten über die Aussage und das Kreuzverhör Eichmanns im Jerusalemer Gerichtssaal wird dies deutlich.

In seinem Prozeßbericht vom 21. Juni 1961 über die erste Woche, in der Eichmann vor Gericht aussagte, zeigte sich Wucher zunächst überrascht, wie »ungewöhnlich redselig«, ja »geschwätzig« der Angeklagte auf die ihm gestellten Fragen antwortete. Denn dies stehe ganz im Widerspruch zu seiner früheren »dienstlichen Knappheit und Verschlossenheit«.[141] Aber auch wenn die Antworten in Wuchers Ohren zum Teil »eingelernt oder abgelesen« klangen, so schlage der »Amtsjargon«, an den Eichmann wohl noch gewöhnt sei, immer wieder »unwillkürlich« durch. Im Weiteren schilderte Wucher den Angeklagten nicht als überzeugten und »rabiaten Nazi«, sondern als einen »subalternen Bürokraten«, der entweder über kein Gewissen oder allenfalls nur ein »bürokratisches Gewissen« bzw. eine »bürokratische Gewissenhaftigkeit« verfüge, die ihn letztlich nur dazu befähige, seine Akten penibel zu führen. Vor diesem Hintergrund erschien ihm Eichmanns frühere Aussage, er sei kein Antisemit gewesen, durchaus nicht unglaubwürdig.[142] Eichmann habe nicht aus Hass an der Vernichtung der Juden mitgewirkt, sondern es sei genau »umgekehrt« gewesen:

»Er haßte sie, weil man ihm befohlen hatte, die Vertreibung beziehungsweise die Endlösung zu organisieren. Er hätte genauso jede x-beliebige Kategorie von ›Reichsfeinden‹ erledigt. Er kannte nur die offizielle Phraseologie, die Parolen der Nazipropaganda. Stumpfsinniger und unmenschlicher ist niemals Gehorsam geleistet worden.«[143]

Wucher vertrat hier also die These, daß Eichmann nicht aus eigenem Antrieb und antisemitischer Grundhaltung an der Organisation der »Endlösung« mitgewirkt, sondern daß er letztlich nur das getan habe, was man ihm befohlen hatte. Eine eigene Substanz, eine eigene Überzeugung konnte Wucher hinter dem »stumpfsinnigen« Gehorsam Eichmanns nicht erkennen. Sein Hass auf die Juden sei nicht seine eigenständige Überzeugung, sondern letztlich Folge seiner ihm übertragenen Aufgabe – quasi eine »berufsbedingte« Deformation.

Am Ende des Artikels wagte Wucher unter dem Eindruck von Eichmanns »redseligem« Auftreten und seiner in »Amtsjargon« vorgetragenen Aussagen eine neuerliche Einschätzung. Nach einem ausführlichen Zitat einer sehr verwirrend anmutenden Aussage Eichmanns über die »Aus- und Einwanderungsbestimmungen« für Juden, »Fahrpläne« und Zuständigkeiten im RSHA, sowie seinem angeblich »zu geringen Dienstgrad«, der ihn nicht den vollständigen Überblick über diesen »Komplex« der antijüdischen Politik des »Dritten Reiches« ermöglicht habe, schrieb Wucher:

---

141 Ders., Eichmann hebt die Hand zum Schwur, in: ebd. vom 21.6.1961.

142 Vgl., ebd.

143 Ebd.

»Man muß solche Worte mehrfach durchdenken – sie sind die Kronzeugnisse für das totalitäre Regime des Nationalsozialismus. Die Erklärung auch, warum die subalternsten Kreaturen zur effektivsten und schauerlichsten Wirksamkeit gelangen konnten. Eichmann wird, unfreiwillig, noch viele Beispiele und Beweise dafür liefern. Er ist wahrlich nicht das Zentrum des Systems gewesen, aber er war und bleibt der Prototyp des Funktionärs in Hitlers Drittem Reich des Unrechts und der Unmenschlichkeit. Der Prototyp einer Unpersönlichkeit.«[144]

Eichmanns Haupteigenschaft ist demnach seine »Unpersönlichkeit« – eine Eigenschaft, die aufgrund des Mangels an eigenen inneren Überzeugungen einen Menschen geradezu dazu prädestiniere, jede ihm gestellte Aufgabe ohne persönliche Anteilnahme, das heißt weder mit Zustimmung noch mit Abscheu, auszuführen. Rechnete man den bereits diagnostizierten Gehorsam Eichmanns hinzu, so entstand hier ein Bild des Angeklagten, in dem als Hauptantrieb nicht eine rabiate Gesinnung, sondern gefühllose Dienstbereitschaft hervortrat.

Einige Tage nach diesem Artikel sah sich Wucher durch den weiteren Verlauf der Aussage Eichmanns in seiner Einschätzung des ehemaligen SS-Obersturmbannführers als eines letztlich subalternen Charakters bestätigt. Und wiederum sind es das Auftreten und vor allem die Sprache, das heißt die mit »ungewollt humoristische[n] Einlagen« versehenen »Spracheskapaden« des Angeklagten, die ihn überzeugten.[145] Die kaum enden wollenden Sätze, in denen Eichmann versuchte, die Befehlsstruktur des RSHA zu erläutern, waren für Wucher der Schlüssel zu dessen Charakter: »[D]er ganze Eichmann steckt darin«.[146] Zur Veranschaulichung seiner These zitierte Wucher in seinem Bericht vom 26. Juni einen dieser, in einem absurden Amtsdeutsch gehaltenen, »Bandwurm«-Sätze mit mehr als dreißig Zeilen Länge und schrieb am Ende des Berichts:

»Nein, der Mann, der so redet (und denkt), war nicht der Gangsterboß, als den ihn die Anklage schilderte. Eichmann war – das beweist jedes Wort, jede Geste – ein kleiner Subalterner, der eine bedeutende Rolle spielen durfte. Vielleicht gerade deshalb, weil er derart beschränkt war. Er tut so, als dürfte er stolz darauf sein, daß er die ›Befehlsgebung‹ anderen überließ und sich mit der strikten Ausführung begnügte.«[147]

Von Wuchers ursprünglicher These von Eichmann als »perfekte[m] Bürokrat[en] *und* rabiate[m] Nazi« war hier nur noch der »Bürokrat« zu finden.

Wenige Tage später ließ Wucher in seinem Bericht vom 28. Juni zunächst erneute Zweifel in Bezug auf Eichmanns Charakter erkennen und verwies am Ende schließlich auf die Strukturen des NS-Systems, die es Eichmann erst ermöglicht hätten, seine Verbrechen zu begehen. Anlaß war das penetrante Bemühen Eichmanns, seine persönliche

---

144 Ebd.

145 Ders., Bürokrat Eichmann fühlt sich in seinem Element, in: ebd. vom 26.6.1961.

146 Ebd.

147 Ebd.

Verantwortung im Gestrüpp der konkurrierenden Zuständigkeiten der NS-Mordbürokratie zu verstecken, und vor allem seine Aussage, er habe nicht gewußt, was mit den nach Osten deportieten Juden geschehe.[148] Da Wucher wie wohl die meisten Prozeßbeobachter der Ansicht war, daß Eichmann selbstverständlich gewußt habe, was mit den deportierten Juden geschah, sah er diese Behauptung als das, was sie war: eine glatte und auch vollkommen unnötige Lüge. Durch diese Aussage habe Eichmann nur erreicht, daß seine ohnehin fragile »Glaubwürdigkeit« »erschüttert scheint« und ihm im Zuschauerraum des Gerichtssaals niemand mehr glaube. Man sehe ihn nun nicht mehr als »subalternen Bürokraten«, sondern »wittert« hinter dieser »Maske« »den SS-Spießgesellen, der sein Handwerk deshalb mit solchem Geschick und solcher Lust betrieb, weil es um eine Sache ging, die ihm – Pardon – Spaß machte«.[149] Wucher teilte diese Ansicht nicht. Für ihn war Eichmanns unablässiges Insistieren auf die Strukturen des NS-Systems nicht – oder zumindest nicht ausschließlich – der Versuch, die eigene Verantwortung und Schuld kleinzureden und sich hinter der Maske eines Bürokraten zu verstecken, sondern bot durchaus richtige und tiefe Einblicke in die Wirklichkeit eben jener Strukturen, die die »Teufelei« des Massenmordes erst ermöglichten:

»In Wirklichkeit demonstriert Eichmann weithin zutreffend das System. Nicht zufällig ist es so schwer, ihn festzulegen und für eine ganze Maßnahme verantwortlich zu machen. Es waren mehrere Instanzen, die zusammenwirken mußten. Zusammen waren sie mächtig, waren sie tödlich. Nimmt man die Mitwirkenden einzeln für sich, so hält man nur einen Zipfel in den Händen. Keiner will der Teufel gewesen sein, die Teufelei entpuppt sich als anonyme Gemeinschaftsleitung. Bei Eichmann kommt hinzu, daß er kein Hehl aus seiner Subalternität macht.«[150]

Im Laufe des Verfahrens wurde es für Wucher immer deutlicher, daß es in diesem Prozeß nicht nur einzig und allein um die Person Eichmann ging, sondern vielmehr um die Aburteilung eines ganzen Systems beispielhaft an einem Täter. Und so erkannte er in Eichmann, wie er im August 1961 in seinem Bericht zum Ende der Beweisaufnahme schrieb, den »›Idealtyp‹, den das System brauchte und großzog: gewissenhaft und doch gewissenlos; Befehlsausführung, und das heißt Ausführung *jedes* Befehls, heißt seine Ehre, sein Ethos, sein Stolz«.[151] Darüberhinaus habe der Eichmann-Prozeß wie »kein Prozeß der Nachkriegszeit« »die Methodik des Hitlerismus offenkundig gemacht, die Delegierung der Macht an eine kalte Maschinerie, das heißt die Erfindung des unpersönlichen Gewaltapparates, der sich aus tausenderlei Funktionen zusammensetzte«.[152] Aber auch wenn es für ihn ein Ergebnis der Beweisaufnahme und des gesamten Prozes-

---

148 Ders., Eichmann lügt, leugnet und windet sich, in: ebd. vom 28.6.1961.

149 Ebd.

150 Ebd.

151 Ders., Das perfekte Mordwerkzeug, in: ebd. vom 17.8.1961, Hervorhebungen im Original.

152 Ebd.

ses war, daß die Strukturen des NS-Systems eine wesentliche Voraussetzung für Eichmanns Taten gewesen waren und Eichmann ein »Werkzeug, das immer funktioniert[e]«, gewesen sei,[153] blieb am Ende eine Frage weiterhin ungeklärt:

»*Mußten* Eichmann und Konsorten ihre Befehle ausführen – oder *durften* sie? Das ist die Frage. Waren sie gezwungen, also in Befehlsnotstand – oder waren sie gern zum Gehorchen bereit? Erfüllte nicht der gleiche Mordwille die unten wie die oben?«[154]

Hier schließt sich der Kreis und Albert Wucher wird zurückverwiesen auf die Frage, ob Eichmann nicht doch aus Überzeugung gehandelt hat, also nicht nur ein »perfekter Bürokrat«, sondern auch ein »rabiater Nazi« war, wie er es am Beginn des Prozesses geschrieben hatte.

4. »Eichmanns gab es viele«[155]: Die Entdeckung der Täter, Mittäter und Helfershelfer

Eine in ihrer Wirkung kaum zu überschätzende Folge der spektakulären Festnahme Eichmanns und des späteren Prozesses war die öffentliche Thematisierung der Frage nach dem Verbleib der zahlreichen anderen, für die Entrechtung, Verfolgung und Ermordung der europäischen Juden verantwortlichen Täter und Mittäter und deren Helfershelfer in den Amtsstuben der Ministerien und Behörden. Auch in der Presse wurde wiederholt diese Frage aufgeworfen. Wie stark die Verbindung zwischen dem Fall Eichmann und der Frage nach dem Verbleib der anderen NS-Täter dabei war, zeigte nicht zuletzt die schnell gebräuchlich gewordene Wortschöpfung »Eichmänner«[156] als eine Art Synonym für NS-Verbrecher.

Das Interesse am Verbleib der Täter wurde nicht zuletzt maßgeblich angeregt und unterstützt durch die bereits unmittelbar nach der Festnahme Eichmanns sowohl in Deutschland wie auch in Israel und anderenorts einsetzenden Spekulationen, der nunmehr inhaftierte Eichmann würde in den anstehenden Verhören »auspacken« und andere ehemalige Nazis – darunter auch Persönlichkeiten in höchsten Positionen der Bundesrepublik – in seinen Aussagen belasten oder zumindest Informationen liefern, die

153 Ebd.

154 Ebd., Hervorhebungen im Original.

155 So der Titel einer siebenteiligen Artikelserie von Albert Wucher in der *Süddeutschen Zeitung*.

156 Siehe z.B. Karlheinz Theiß, Technik des Massenmordes, RhM Nr. 31 vom 28.7.1961; Robert Pendorf, Eichmanns Name wurde ein düsteres Symbol, in: Die Zeit Nr. 51 vom 15.12.1961; Joachim Schwelien, Eichmanns Wahrheit, in: FAZ vom 29.7.1961.

wichtige Hinweise auf andere Täter geben könnten.[157] »Man nimmt an, und gerade in Kreisen, die einen Einblick in das Material hatten,« schrieb zum Beispiel Herbert Freeden im Juni 1960 im Hinblick auf die Ermittlungen der israelischen Behörden, »daß der Eichmann-Prozeß viel Staub aufwirbeln wird und die Position nicht weniger ehemaliger Nazis, die sich heute wieder in Amt und Würden befinden, erschüttern wird«.[158]

Diese Vermutungen gaben mit der Zeit Anlaß zu der Befürchtung, nun würde eine Absetzbewegung bislang unerkannt gebliebener, untergetauchter Nazis einsetzen,[159] oder aber »alte Nationalsozialisten« könnten »Eichmann durch ein Attentat daran zu hindern suchen, die volle Wahrheit auszusprechen«.[160] Hinzu kamen in den folgenden Wochen und Monaten zahlreiche Berichte über die Suche nach und die Festnahme von NS-Verbrechern, die in der Presse zum Teil als direkte Mitarbeiter Eichmanns bezeichnet wurden oder denen man eine mehr oder weniger direkte Verbindung zu Eichmann und dessen ehemaliger Dienststelle im RSHA nachsagte. So meldete beispielsweise die *Frankfurter Rundschau* Ende Mai 1960 die Festnahme des SS-Obersturmbannführers Hermann Krumey mit der Überschrift »Eichmanns Stellvertreter in Haft«. Die *Süddeutsche Zeitung* berichtete im Januar 1961 von der Verhaftung des »Eichmann-Helfers« Franz Novak in Wien.[161] Und auch die wiederholten Berichte über den Verbleib und die

157 In der ausgewerteten Presse fanden sich zahlreiche Artikel und Meldungen mit entsprechenden Nachrichten. Siehe z.B. Eichmanns Mitarbeiter in der VAR, in: TSP vom 25.5.1960; Frankfurt erhofft sich Beweise, in: FR vom 25./26.5.1960: Der Endlöser, in: Der Spiegel Nr. 23 vom 1.6.1960; Herbert Freeden, Großinquisitor des europäischen Judentums, in: FR vom 1.6.1960; Auch das Archiv Eichmanns in israelischer Hand, in: DW vom 16./17.6.1960; Israel übergibt Liste der Eichmann-Komplicen, in: FR vom 22.2.1961; Anklage erhielt Namensliste, in: ebd. vom 3.3.1961; Eichmann soll verhört werden, in: FAZ vom 29.7.1961.

158 Herbert Freeden, Großinquisitor des europäischen Judentums, in: FR vom 1.6.1960.

159 Siehe z.B.: G.Z., Alarm wegen Eichmann, in: Die Zeit Nr. 23 vom 3.6.1960. Unterstützt wurden solche Befürchtungen auch durch einzelne Meldungen über das Verschwinden vermeintlicher NS-Täter bzw. angeblicher oder tatsächlicher Mitarbeiter Eichmanns, siehe z.B. Eichmann-Mitarbeiter verschwunden, in: TSP vom 28.1.1961.

160 Angeklagter hinter Glas, in: DW vom 30.1.1961.

161 Eichmanns Stellvertreter in Haft, FR vom 27.5.1960; Raymund Hörhager, Eichmann-Helfer unter falschem Namen, in: SZ vom 23.1.1961. Die während des Untersuchungszeitraumes veröffentlichten Meldungen über die Suche nach oder Festnahme von NS-Tätern sind aufgrund ihrer großen Anzahl nur schwer zu überschauen. Immer wieder werden in ihnen Verbindungen zum Fall oder zur Person Eichmann hergestellt, beispielsweise: Fahndung nach Eichmann-Mitarbeiter, in: FAZ vom 28.1.1961, über die Bemühungen der hessischen Staatsanwaltschaft, NS-Täter, die in Griechenland tätig waren, zu finden; Mitarbeiter Eichmanns verhaftet, in: FAZ vom 10.6.1961, über die Verhaftung von Franz Slavik; Eichmann-Mitarbeiter Brunner in Syrien verhaftet, in: FR vom 4./5.11.1961, über die angebliche Festnahme des ehemaligen SS-Hauptsturmführers Alois Brunner in Syrien; Prozeß gegen Eichmann-Gehilfen, in: FR vom 3.5.1961, über den anstehenden Prozeß gegen Otto Hunsche in Frankfurt am Main.

Suche nach dem KZ-Arzt Josef Mengele und dem Leiter der Parteikanzlei der NSDAP und »Sekretär des Führers«, Martin Bormann, boten wiederholt einen deutlichen Bezug zum Fall Eichmann. Nicht nur, daß man beide in Südamerika vermutete – also dort, wo man auch Eichmann aufgespürt und gefangengenommen hatte –, vielmehr spekulierte man auch darüber, ob der in Israel einsitzende Eichmann in seinen Aussagen Hinweise auf den Verbleib der beiden Gesuchten gegeben hatte.[162] Wie stark und auf welch zum Teil merkwürdige Weise die Fälle Bormann und Mengele in der Presse mit dem Fall Eichmann verknüpft wurden, zeigt zum Beispiel eine Meldung der Tageszeitung *Die Welt* vom März 1961. In ihr wurde über letztlich unzutreffende Gerüchte berichtet, Mengele sei in Argentinien entdeckt worden. Er befände sich bereits in »israelischer Hand« und sei an Bord eines panamesischen Schiffs auf dem Weg nach Haifa – die Ähnlichkeiten mit dem Hergang der Gefangennahme Eichmanns sind offensichtlich.[163]

Generell entsteht bei der Lektüre der hier ausgewerteten Presse der Eindruck, daß vor allem in den ersten Wochen und Monaten nach der Festnahme Eichmanns in Argentinien mit weiteren Festnahmen von untergetauchten NS-Verbrechern gerechnet wurde, auch wenn sich im Laufe der Zeit die Stimmen mehrten, die darauf verwiesen, daß Eichmanns Aussagen weniger hilfreich bei der Einleitung von Ermittlungsverfahren gegen andere NS-Täter gewesen seien, als zunächst allgemein erwartet worden war.[164]

Gleichzeitig mit den Spekulationen über den Verbleib untergetauchter Nazis wie Bormann und Mengele und den Berichten von Festnahmen weiterer angeblicher oder tatsächlicher ehemaliger »Eichmann-Mitarbeiter«, wurde die Frage aufgeworfen, wie es denn überhaupt möglich gewesen war, daß sich Eichmann und zahlreiche andere, an der »Endlösung« beteiligte Täter und Mittäter nach dem Krieg erfolgreich der Bestrafung hatten entziehen können. Nicht wenige lebten weiterhin unbehelligt in der Bun-

---

162 Siehe zum Beispiel Ist Martin Bormann noch am Leben, in: DW vom 28./29.5.1960; Jede Bewegung Eichmanns wird überwacht, in: FAZ vom 28.5.1960; Auslieferungsantrag gegen Mengele, in: SZ vom 25./26.6.1960; 20.000 DM für die Ergreifung des KZ-Arztes Mengele, in: FR vom 20.2.1961; Fahndung nach Auschwitz-Arzt – Josef Mengele angeblich in Argentinien, in: SZ vom 20.2.1961; Mengele soll in Peru leben, in: FAZ vom 23.2.1961; Lebt Bormann in Brasilien, in: SZ vom 28./29.5.1960; Auschwitz-Chefarzt in Brasilien, in: ebd. vom 15./16./17.6.1960. Erwähnenswert sind hier auch Meldungen über Bestrebungen, dem KZ-Arzt Josef Mengele den Doktorgrad abzuerkennen, vgl. z.B. Frankfurter Universität entzieht KZ-Arzt-Mengele den Doktorgrad, in: ebd. vom 11.7.1961. Wenger sprach in diesem Zusammenhang davon, daß der Fall Eichmann das »Gewissen geschärft« habe, daß also durch den Eichmann-Prozeß die Deutschen sowohl dem Umgang mit der nationalsozialistischen Vergangenheit, als auch dem Problem des aktuellen Antisemitismus mehr Aufmerksamkeit widmeten. Er gab seiner Hoffnung Ausdruck, »daß solche öffentliche Degradierung nicht auf Dr. Mengele beschränkt bleiben möge«. Paul Wilhelm Wenger, Eichmann als Gewissensschärfer, in: RhM Nr. 23 vom 2.6.1961.

163 Vgl. KZ-Arzt Mengele in israelischer Hand?, in: DW vom 30./31.3.1961.

164 Siehe z.B. Joachim Schwelien, Kein Material, in: FAZ vom 8.5.1961.

desrepublik. Wesentlicher Anlaß für das aufkommende Interesse an dieser Frage war die durch die israelischen Ermittlungen und die Verhöre Eichmanns allgemein bekannt gewordene und von der Presse viel beachtete Tatsache, daß der ehemalige SS-Obersturmbannführer selbst bis 1950 unter falschem Namen in der Bundesrepublik gelebt hatte, bevor er sich schließlich über Italien nach Argentinien absetzen konnte.[165] Vor diesem Hintergrund wurde rasch der Vorwurf laut, daß die bundesdeutschen Behörden nicht ernsthaft genug nach Eichmann und den »Eichmännern« gesucht hätten. Es wäre diesen dadurch allzu leicht gemacht worden, nach dem Zusammenbruch des NS-Regimes unterzutauchen. Darüberhinaus wurde der Verdacht laut, Eichmann und auch andere ehemalige Nazis hätten bei ihrer Flucht tätige Unterstützung erhalten, und dies nicht nur von »alten Kameraden«, sondern vielmehr auch aus den Reihen der katholischen Kirche und der argentinischen Regierung.[166] Für kurzzeitige Aufregung sorgte schließlich auch die von Seiten der hessischen Staatsanwaltschaft öffentlich vehement dementierte Behauptung von Joel Brand, den bundesdeutschen Justizbehörden sei der Aufenthaltsort Eichmanns spätestens seit 1957 bekannt gewesen, ohne daß sie etwas zur Ergreifung des Gesuchten unternommen hätten.[167]

All dies führte zu kritischen Anmerkungen bezüglich der Ernsthaftigkeit des deutschen Engagements bei der Suche nach NS-Verbrechern. So behauptete zum Beispiel Pendorf im *Stern* – in offensichtlicher Anspielung auf die »Nazijäger« Simon Wiesenthal und Tuvia Friedmann –, daß bis auf einige Überlebende, »in bitterem Gedenken an in Auschwitz ermordete Verwandte«, niemand nach Eichmann gesucht habe. »[W]eder die israelischen noch die deutschen Behörden – die dazu Anlaß genug gehabt hätten – «, hätten »diese Mühe« auf sich genommen, obwohl die Spuren, die der »Vernichtungsspezialist« hinterlassen habe, eine solche Suche nicht allzu schwierig gemacht hätten.[168] Und mit erkennbarer Empörung verwies er auf die »Helfer« und »recht gut funktionierenden Hilfesorganisationen«, die Eichmann und anderen ehemaligen »NS-Funktionären« nach dem Krieg, aber auch Jahre später bis hinein in die Gegenwart, bei der Flucht behilflich gewesen seien:

---

165 Siehe z.B. Eichmann arbeitete bis 1950 als Holzfäller in Norddeutschland, in: FAZ vom 27.5.1960; Eichmann 1950 noch in Deutschland, in: DW vom 28./29.5.1960; Robert Pendorf, Eichmanns letzte Jahre, in: Stern Nr. 26 vom 25.6.1960, S. 10-16, 63ff.

166 Siehe z.B. ebd.; Hermann P. Gebhardt, Sie kamen in Schlauchbooten und mit falschen Pässen, in: FR vom 11./12.6.1960; Eichmann entkam möglicherweise mit Hilfe des Vatikan, in: FR vom 25./26.3.1961.

167 Vgl. War der Aufenthaltsort Eichmanns lange bekannt?, in: FR vom 19.10.1960; Kontroverse um den Fall Eichmann, in: TSP vom 19.10.1960; Joel Brand: Eichmanns Adresse war 1957 bekannt, in: DW vom 19.10.1960.

168 Robert Pendorf, Eichmanns letzte Jahre, in: Stern Nr. 26 vom 25.6.1960, S. 10-16, 63ff., hier S. 16.

»Nicht wenigen Leuten in Deutschland, die Schlimmes zu fürchten hatten, war es im Wirrwarr des Zusammenbruchs gelungen, in Deckung zu gehen. [...] Und es gab viele, die zwar weniger Dreck am Stecken hatten, sich aber den Bedrohten doch so verbunden fühlten, daß sie sich als Helfer, Ratgeber und Verbindungsleute bereit hielten.«[169]

Für Pendorf war es das ungute Zusammenspiel von mangelhaftem Engagement der Behörden und der tätigen Unterstützung alter Seilschaften, die es ermöglicht hatten, daß sich Eichmann, aber auch andere, für solch lange Zeit der Verantwortung entziehen konnten. Trotz der etwas reißerischen Sprache war sein Beitrag vor allem eine ausdrückliche Kritik an der nachlässig durchgeführten Suche nach Eichmann, und eine Aufforderung, die Fahndung nach untergetauchten »NS-Funktionären« mit mehr Engagement zu betreiben. Gleichzeitig warf dieser Artikel aber auch die Frage auf, wie weit die Verbindungen ehemaliger Nazis reichten und wie groß die Unterstützung war, die sie von Dritten erhalten hatten oder immer noch erhielten. In Verbindung mit den Berichten über die Enttarnung des Euthanasie-Arztes Heyde/Sawade und die Verhaftung des letzten Kommandanten von Auschwitz, Richard Baer,[170] aber auch im Zusammenhang mit Berichten über andere untergetauchte Nazis erhielt diese Frage besondere Bedeutung. Denn durch diese Fälle wurde für nicht wenige deutlich, daß es sich bei Eichmann nicht um einen Einzelfall handelte. So waren es beispielsweise für Gerhard Ziegler gerade die »Fälle Eichmann und Professor Heyde«, die dazu hätten angetan sein müssen, die vorhandene »Selbstzufriedenheit etwas zu dämpfen«.[171] Dabei bezog er sich nicht nur auf die »Selbstzufriedenheit« in Bezug auf den kaum angemessenen Umgang mit der nationalsozialistischen Vergangenheit in der bundesdeutschen Gesellschaft, dem »Wohlstands-Vergessen«, wie er es nannte, sondern zielte mit seiner Kritik konkret auf die Weigerung der Bundesregierung und der CDU/CSU, der von der SPD beantragten Verschiebung, das heißt Verlängerung der Verjährungsfrist für NS-Gewaltverbrechen, zuzustimmen. Diese war just zum Zeitpunkt der Meldung von Eichmanns Ergreifung im Bundestag debattiert worden. Für Ziegler war die von der Bundesregierung und den Unionsparteien vertretene Position, »daß man aus rechtlichen Erwägungen die wohl erwogenen Bestimmungen unseres Strafgesetzbuches nicht ändern solle und daß die deutsche Justiz alles nur Erdenkbare getan habe, um die Verbrechen des Dritten Reiches zu sühnen«,[172] gerade angesichts dieser aktuellen, aufsehenerregenden Fälle wenig überzeugend. Vielmehr forderte er implizit dazu auf, in den Bemühungen zur Strafverfolgung von NS-Verbrechern nicht nur nicht nachzulassen, sondern diese eher noch zu verstärken.

---

169 Ebd., S. 64.

170 Siehe hierzu Abschnitt II. 4. Kalter Krieg und »kalte Amnestie« – Der zeitgeschichtliche Hintergrund des Eichmann-Prozesses.

171 Gerhard Ziegler, Der Fall Eichmann, in: FR vom 30.5.1960.

172 Ebd.

Grundsätzlich läßt sich also feststellen, daß eine gewisse Skepsis gegenüber der Ernsthaftigkeit und dem Engagement der deutschen Justizbehörden bei der Strafverfolgung von NS-Verbrechern weit verbreitet war. Der Fall Eichmann wurde so wiederholt zum Anlaß genommen, um auf die Nachlässigkeiten bei der Verfolgung der Täter hinzuweisen. In seinem Kommentar vom 23. Juni 1960 zu den Streitigkeiten um die Rechtmäßigkeit der Ergreifung Eichmanns durch die Israelis erhob Wucher in der *Süddeutschen Zeitung* indirekt sogar den Vorwurf, daß es in der Bundesrepublik einen gewissen Unwillen gäbe, ehemalige NS-Täter vor Gericht zu stellen.[173] So kann es denn auch nicht überraschen, daß die im Vorfeld und während des Eichmann-Prozesses seitens der bundesdeutschen Justiz unternommenen Versuche, die Arbeit der Strafverfolgungsbehörden positiv, das heißt als engagiert und durchaus erfolgreich darzustellen, von der Presse nicht nur wohlwollend, sondern auch kritisch kommentiert wurden.

Großen Raum nahm dabei die Auseinandersetzung mit der Arbeit der zur Verfolgung von NS-Gewaltverbrechen eingerichteten Zentralen Stelle der Landesjustizverwaltungen in Ludwigsburg ein. Gerade deren Leiter, Erwin Schüle, war bemüht, der Öffentlichkeit die Erfolge und Leistungen seiner Behörde nahezubringen.[174] Vor allem die eigens für die »deutschen Sonderberichterstatter für den Eichmann-Prozeß« (*FAZ*) am 29. März 1961 einberufene Informationsveranstaltung der Zentralstelle fand in der Presse starke Beachtung. Sie bot Anlaß, die Leistungen der bundesdeutschen Strafverfolgungsbehörden sowohl zu loben, als auch auf die noch zu leistende Arbeit hinzuweisen.[175] So wurde beispielsweise in der *FAZ* betont, daß die Ludwigsburger Zentralstelle gute Arbeit leiste und es angesichts des Eichmann-Prozesses richtig sei, die Erfolge der bundesdeutschen Justiz bei der Strafverfolgung von NS-Tätern auch öffentlich darzustellen, um auf diese Weise gegen den verschiedentlich erhobenen Vorwurf der Tatenlosigkeit –

---

173 Vgl. Albert Wucher, Eichmann und die Gerechtigkeit, in: SZ vom 23.6.1960.

174 Siehe z.B. den kurzen Artikel: Mehrere tausend unter Verdacht, in: FAZ vom 26.1.1961, über die Mitteilungen des baden-württembergischen Justizministers Hausmann bezüglich der Arbeit der Zentralstelle und der dort anhängigen Ermittlungsverfahren gegen NS-Täter; Warum jetzt noch einen KZ-Prozeß? Die Ludwigsburger Zentralstelle arbeitet langsam, aber gründlich, in: Die Zeit Nr. 22 vom 26.5.1961; sowie das im März 1962 veröffentlichte Interview mit Erwin Schüle von Otto von Loewenstern, Fünfhundert Mörder wurden nicht gefaßt. Gespräch mit dem Leiter der Ludwigsburger Zentralstelle – Wie Himmlers »Wölfchen« entdeckt wurde, in: ebd. Nr. 13 vom 30.3.1962.

175 Vgl. Die Aufklärung der Nazi-Verbrechen, in: SZ vom 30./31.3.1961; Serie von KZ-Prozessen steht bevor, in: TSP vom 30.3.1961; Bernd Nellessen, Zum Eichmann-Prozeß: Ludwigsburg zieht Bilanz, in: DW vom 1./2.4.1961; 80.000 Beteiligte an Hitlers schwersten Verbrechen bekannt, in: FAZ vom 30.3.1961.

gemeint waren hier die entsprechenden Angriffe aus dem »Ostblock« – besser argumentieren zu können.[176]

Ähnlich äußerte sich auch Bernd Nellessen. Er vertrat die Meinung, daß die bisherige Arbeit der Zentralstelle durchaus als erfolgreich zu bewerten sei und daß, wenn die »verantwortlichen Stellen die Öffentlichkeit besser unterrichtet« hätten, so »mancher ungerechtfertigter Kritik im In- und Ausland der Boden entzogen worden wäre«.[177] Die Kritik an der bisherigen Vefolgung von NS-Tätern beruhte also nach Nellessens Meinung nicht auf einem wirklichen Versagen der deutschen Justiz- und Strafverfolgungsbehörden, sondern letztlich auf einem Vermittlungsproblem. Und auch der betont kritische Wucher zeigte sich in einem Artikel für die *Süddeutsche Zeitung* durchaus zufrieden mit dem Engagement der Zentralstelle:

»Die strafrechtliche Wiedergutmachung arbeitet – was angesichts der Vielzahl der Fälle verständlich ist – zwar langsam, dafür um so sicherer. Die Zentrale Stelle hat mit ihren Erforschungsmethoden, die jedem Historiker zur Ehre gereichen würden, trefflich vorgesorgt, daß kein Hauptschuldiger, sofern er zu fassen ist, der Gerechtigkeit entgeht.«[178]

Weniger wohlwollend beurteilte hingegen Wenger im *Rheinischen Merkur* die von Erwin Schüle bei der zuvor erwähnten Pressekonferenz vorgelegte Bilanz. Wenger sah durchaus Defizite bei der Strafverfolgung von NS-Tätern in der Bundesrepublik. Er betonte, daß die juristische Aufarbeitung der NS-Verbrechen noch lange nicht abgeschlossen sei. Zwar räumte er ein, daß verschiedentlich »KZ-Totschläger« vor Gericht gestellt würden, aber die »intellektuellen« Hintermänner und Helfershelfer seien hingegen bisher völlig ungeschoren davongekommen. »Man erlebte bisher«, so Wenger unter Hinweis auf zwei aktuelle Fälle, »fast nur Prozesse gegen KZ-Totschläger wie Schubert und Sorge, die unter normalen Verhältnissen brave Bürger geblieben wären, aber keine Auseinandersetzung mit den intellektuellen Anstiftern und Gehilfen des großen Massakers.«[179] Und wie um seine Mahnung noch zu unterstreichen, verwies er schließlich auf die noch oder wieder in Amt und Würden befindlichen ehemaligen National-

176 D. C. [Dettmar Cramer], Antworten aus Ludwigsburg, in: FAZ vom 1.4.1961; siehe auch Dettmar Cramer, Auf der Suche nach den Hauptschuldigen – Die Arbeit der Ludwigsburger Zentralstelle, in: ebd. vom 30.3.1961.

177 Bernd Nellessen, Zum Eichmann-Prozeß: Ludwigsburg zieht Bilanz, in: DW vom 1./2.4.1961.

178 Albert Wucher, Den letzten Nazi-Verbrechern auf der Spur, in: SZ vom 5.4.1961.

179 Paul Wilhelm Wenger, Kollektiver Blutorden, in: RhM Nr. 15 vom 7.4.1961. Wenger bezog sich hier auf die Prozesse gegen die SS-Wachen aus dem KZ Sachsenhausen, Gustav Sorge und Wilhelm Schubert, die nach ihrer Rückkehr aus sowjetischer Gefangenschaft verhaftet und im Februar 1959 wegen Mord und Mordversuch zu lebenslangen Freiheitsstrafen verurteilt worden waren, vgl. Brochhagen, Nach Nürnberg, S. 250.

sozialisten in der Bundesrepublik, unter denen eben jene »intellektuellen Anstifter und Gehilfen« zu finden seien.[180]

Besonders diese »intellektuellen Anstifter und Gehilfen« oder auch »Schreibtischtäter« gerieten durch den Eichmann-Prozeß in den Blick einer breiteren Öffentlichkeit. Denn im Verlauf des Prozesses wurde für einige Beobachter die Dimension der Zahl der an der »Endlösung« beteiligten Personen erneut deutlich. Dies führte zu einer Verlagerung der Aufmerksamkeit weg von den offensichtlichen Gewalttätern, den »KZ-Totschlägern«, die in den Lagern und bei den Einsatzgruppen eigenhändig gequält und getötet hatten, hin zu eben jenen »Schreibtischtätern«, die fernab von den Orten des blutigen Tötens in ihren Amtsstuben das Morden mit Hilfe von Verordnungen, Gesetzen, Aktenvermerken und Fahrplänen verwaltet und organisiert hatten. Vor allem die kaum überschaubare Menge der von der Anklage vorgelegten Dokumente, die erschütternden Zeugenaussagen der Überlebenden, aber auch die Aussagen Eichmanns und die Strategie seines Verteidigers zur Entschärfung der Anklage auch die zahlreichen anderen, in die Vorbereitung und Durchführung der »Endlösung« verstrickten Personen und Institutionen zu benennen, veranlaßte viele Journalisten dazu, über den Fall und die Person Eichmann hinaus das weit verzweigte Geflecht von Verantwortung und Verstrickung zu problematisieren. So wurde sehr schnell deutlich, daß Eichmann ohne die willfährige und engagierte Mithilfe zahlreicher »Helfershelfer« in den verschiedenen Ministerien und Behörden seine Verbrechen hätte niemals ausführen können.

Zu den Autoren, die sich dieser Problematik wiederholt und besonders intensiv annahmen, zählten Paul Wilhelm Wenger, Albert Wucher, Conrad Ahlers und Bernd Nellessen. So versuchte Wucher in seiner bereits erwähnten siebenteiligen Artikelserie *Eichmanns gab es viele* die vielfältigen Verstrickungen verschiedener Personen und Institutionen in die als »Endlösung« bezeichnete Verfolgung und Ermordung der europäischen Juden aufzuzeigen.[181] Dabei zögerte er in dieser bereits im November und Dezember 1960 – also Monate vor dem Prozeßbeginn – und 1961 auch als Buch veröffentlichten Serie nicht, auch bis zu diesem Zeitpunkt als weitestgehend »unbelastet« geltende Institutionen als mitverantwortlich für die nationalsozialistischen Gewaltverbrechen zu benennen. So schrieb er beispielsweise über die Zusammenarbeit zwischen Eichmanns Dienststelle im RSHA und dem Auswärtigen Amt bei der Verfolgung der Juden in den von der deutschen Wehrmacht besetzten Ländern:

---

180 Vgl. ebd.

181 Albert Wucher, Eichmanns gabe es viele. Ein Dokumentarbericht über die Endlösung der Judenfrage, in: SZ vom 9.11.1960 (Teil I); 11.11.1960 (Teil II); 22.11.1960 (Teil III) ; 25.11.1960 (Teil IV); 30.11.1960 (Teil V); 2.12.1960 (Teil VI); 7.12.1960 (Teil VII).

»Eichmann verstand es glänzend, das Auswärtige Amt in den Dienst seiner Bestrebungen zu stellen. Und die beteiligten Diplomaten wiederum verstanden es vortrefflich, die ausländischen Regierungen zu ›selbständiger‹ Lösung der Judenfrage anzuregen.«[182]

Wucher war davon überzeugt, daß es auch im Auswärtigen Amt »viele Eichmanns« gegeben hatte: »gewissenhafte Werkzeuge der Gewissenlosigkeit«, die nur allzu gewillt waren, bei der Umsetzung der »Endlösung« zu Diensten zu sein.[183] Damit widersprach er all denen, die Eichmann als allmächtigen Einzeltäter dämonisieren wollten und forderte so bereits im Vorfeld des Prozesses explizit zu einer Auseinandersetzung mit den zahlreichen anderen »Eichmanns« auf, die an anderer, vielleicht weniger exponierter Stelle, an der Vernichtung der europäischen Juden beteiligt gewesen waren.

Während sich Wucher vor allem auf bereits vor dem Prozeß vorhandene und bekannte Dokumente berief – auch aufgrund des frühen Zeitpunkts der Veröffentlichung berufen mußte –, orientierten sich die als Prozeßberichterstatter nach Jerusalem entsandten Korrespondenten Conrad Ahlers und Bernd Nellessen stärker an den konkreten Geschehnissen im Gerichtssaal. So betonte Ahlers beispielsweise in seinem Bericht aus Jerusalem vom 24. April 1961, daß die in Auszügen abgespielten Tonbänder der Polizeiverhöre Eichmanns gezeigt hätten, wie viele andere Personen an den dem Angeklagten zur Last gelegten Verbrechen beteiligt gewesen waren.[184] Auch wenn er in diesem Bericht die Art und Weise, wie die Tonbänder zusammengestellt und im Gerichtssaal abgespielt worden waren, kritisierte und als »auf die Schlagzeilen der Weltpresse berechnet« bezeichnete, sah er die Bedeutung der Aussage Eichmanns dadurch aber nicht geschmählert.[185] Ahlers zog zwei wesentliche Erkenntnisse aus den Aussagen Eichmanns: erstens seien die »Helfershelfer« Eichmanns in nahezu allen staatlichen Bereichen zu finden gewesen, und zweitens habe die bundesdeutsche Justiz versäumt, die zahlreichen Täter zu belangen. Unter der Zwischenüberschrift »Wo sind sie?« schrieb Ahlers:

»Nach allem was er [Eichmann, P.K.] bisher sagte, ist es klar, daß noch viele Mörder und Helfershelfer unter uns leben – friedlicher und ruhiger als Eichmann im argentinischen Untergrund. Wo sind die SS-Männer der Erschießungs- und Wachkommandos, wo die Verantwortlichen für die Reichsbahnzüge, mit denen die Juden Europas nach Auschwitz transportiert wurden, wo die Offiziere der zuständigen Wehrmachtsstäbe, wo die Diplomaten des Auswärtigen Amtes, die Eichmann behilflich waren, und die Polizisten, die die Juden aufspürten? Es hat sich inzwischen herausgestellt. [sic], daß die zentrale Stelle in Ludwigsburg keine Chance mehr hat, auch nur noch einen kleinen Teil dieser Leute zu finden. Der Prozeß in Jerusalem erinnert uns täglich an ungeheuerliche Versäumnisse.«[186]

---

182 Ebd., Teil V. vom 30.11.1960.

183 Vgl. ebd., Teil I vom 9.11.1960.

184 Conrad Ahlers, Noch viele Mörder leben unter uns, in: FR vom 24.4.1961.

185 Vgl. ebd.

186 Ebd.

Ähnlich wie Ahlers nahm auch Wenger die Thematisierung der anderen »Eichmänner« – oder Eichmanns »Genossen«, wie Wenger sich ausdrückte – zum Anlaß, um implizit auf die Versäumnisse der deutschen Strafverfolgungsbehörden bei der Suche und Aburteilung von nationalsozialistischen Gewaltverbrechern und ihren Helfershelfern hinzuweisen. In einer Art Nachwort zum erstinstanzlichen Urteil betonte Wenger, daß der Prozeß gegen Eichmann erst der »Anfang der Reinigung« sei, da es noch viele andere Täter gäbe, die sich bisher der Verantwortung hatten entziehen können.[187] Mit besonderem Blick auf das Vorhandensein ehemaliger SS-Männer und Gestapo-Beamter in den bundesdeutschen Polizeibehörden schrieb Wenger am Ende seines Beitrages:

»Fürwahr: Es geht nicht an, die Auseinandersetzung mit dem Dritten Reich auf Eichmann abzuschieben. Im Gegenteil: Die Legion der Schreibtisch-Mittäter, von der Eichmann mehr weiß als wir, hat verstanden, sich der Verantwortung zu entziehen. Insoweit ist der Eichmann-Prozeß nicht das Ende, sondern der *Anfang* der Reinigung.«[188]

Während Ahlers und Wenger unter Verweis auf die vielen anderen, die mehr oder weniger in die Eichmann zur Last gelegten Verbrechen verstrickt gewesen waren, den Prozeß zum Anlaß nahmen, vermeintliche oder tatsächliche Versäumnisse der bundesdeutschen Justiz- und Strafverfolgungsbehörden bei der Verfolgung von NS-Tätern nach dem Krieg anzuprangern, setzte Bernd Nellessen andere Schwerpunkte. Er erinnerte an die persönliche Verantwortung jedes einzelnen Deutschen für die nationalsozialistische Judenverfolgung. Eichmann sei bei aller Schuld, die er zweifellos auf sich geladen habe, einer von vielen gewesen. So unterstrich er beispielsweise in seinem Bericht vom 24. Mai 1961, anhand der über die Verfolgung der Juden in der Slowakei in Jerusalem vorgelegten Dokumente und Zeugenaussagen, die Mitverantwortung des Auswärtigen Amtes, der Wehrmacht und der Marine, die alle an der Umsetzung der »Endlösung« beteiligt gewesen waren.[189] Er verzichtet jedoch darauf, der deutschen Justiz Versäumnisse bei der Verfolgung von NS-Tätern vorzuwerfen. Und etwa einen Monat später – am 6. Juli – griff er auf die Ausführungen der Verteidigung zurück. Ihr schrieb er das Verdienst zu, das von der Staatsanwaltschaft gezeichnete Bild des Angeklagten als eines Mannes, »der ›schlimmer als Hitler und schlimmer als Himmler‹ wie ein Großinquisitor des Rassenhasses durch den Machtbereich des nationalsozialistischen Deutschland gestürmt sei«, zurecht gerückt zu haben, indem sie herausgearbeitet habe, daß Eichmann nur »einer von vielen« gewesen war:[190]

187 Paul Wilhelm Wenger, Eichmann und Genossen, in: RhM Nr. 52 von Weihnachten 1961.

188 Ebd. Hervorhebungen im Original.

189 Vgl. Bernd Nellessen, Auch andere Dienststellen wirkten mit… , in: DW vom 24.5.1961.

190 Ders., Der Mörder am Schreibtisch, in: ebd. vom 6.7.1961.

»Eichmann – die Staatsanwaltschaft hat es nur angedeutet, erst die Verteidigung hat es Stunde für Stunde gesagt und durch Interpretation vieler Dokumente belegt – war einer von vielen, ein Mörder unter vielen. Die Verteidigung hat den Beweis dafür geführt, daß er von Dutzenden Übergeordneten seine Befehle erhielt und mit Tausenden zu verhandeln hatte, wobei die Verteidigung freilich verschwieg, daß er wie ein Musterschüler stets auf die guten Noten bedacht war, die er dabei einsammeln konnte und seine Aufträge noch besser ausführte, als man von ihm erwartete.

Zum Fazit der Verteidigung gehört, [sic] die Erkenntnis, daß Eichmann nichts bedeutete ohne die vielen über, neben und unter ihm.«[191]

In einem weiteren wichtigen Artikel etwa sechs Wochen nach Beginn des Prozesses hatte Nellessen bereits nach der »befreienden Wirkung« des Prozesses gefragt und festgestellt, daß diese bis dahin ausgeblieben sei.[192] Der Prozeß habe aus seiner Sicht bisher nur eines erbracht, nämlich die Feststellung der individuellen Schuld Eichmanns. Dies erschien ihm angesichts der ungeheueren Dimension der Verbrechen als völlig unzureichend. Vielmehr müßte, um die erhoffte »befreiende Wirkung« zu erzielen, neben der Person Eichmann auch das gesamte »politische System« des Nationalsozialismus im Hinblick auf seine Bedeutung für die Taten Eichmanns untersucht werden, da der Angeklagte nur ein Teil eben jenes Systems gewesen sei:

»Die Staatsanwaltschaft hat ihm bereits Dutzende von Taten nachgewiesen, die an seiner persönlichen Schuld keinen Zweifel lassen. Sie widerlegen die These, er sei nur der kleine, gehorsame Befehlsempfänger eines Dschingis-Khan in brauner Uniform oder der Ressortchef einer ›Mord-A.G.‹ gewesen.

Er war beides, aber nicht nur. Deshalb ist eine Antwort, die der Prozeß bisher gegeben hat, unzureichend. Sie nagelt zwar die Schuld des Angeklagten fest. Daß sie aber eingebettet war in dem politischen System einer Gesellschaft, der der Angeklagte sich voll und ganz zugehörig fühlte, macht die Antwort vordergründig. Bliebe es bei ihr, dann wäre Aufwand und Umfang dieses Prozesses vergeblich gewesen und die erhoffte befreiende Wirkung Illusion.«[193]

Als Beleg für seine These, daß der Prozeß bis dahin seine »befreiende Wirkung« verfehlt habe und Eichmann und seine Rolle überwertet worden sei, führte Nellessen zum einen die Stimmung in Israel an: Das Land sei weiterhin »bedrückt [...] vom Übermaß des Grauens, das der Prozeß wieder hervorzerrt«.[194] Zum anderen verwies er darauf, daß die israelische Staatsanwaltschaft dem »Referenten Eichmann« eine zu große Bedeutung beimesse, wo es doch »viel höhere und viel entscheidendere Funktionäre« (wie zum Beispiel Kaltenbrunner, Müller, Streicher oder Goebbels) gegeben habe, aber auch viele andere, die den Nationalsozialismus bejaht hätten und indirekt oder direkt an den Taten Eichmanns beteiligt waren oder zumindest davon gewußt hatten. Gerade in die-

---

191 Ebd.

192 Ders., Der Prozeß ist noch nicht gemeistert, in: ebd. vom 20./21.5.1961.

193 Ebd.

194 Ebd.

ser Erkenntnis sah er ein wesentliches, aber in Israel zu wenig beachtetes Ergebnis des bisherigen Prozeßverlaufes:

»So sehr es einem widerstrebt, ein Wort für den Angeklagten einzulegen, so bleibt doch wahr, daß es diesen Mann in dieser Position nicht gegeben hätte, wenn nicht über, neben und unter ihm andere gestanden hätten.

An der oft anzutreffenden Auffassung über die Position und Bedeutung Eichmanns ist zu ersehen, daß selbst in Israel der Nationalsozialismus zum Werk einer kleinen Mörderclique werden kann. Sie drängt sich auch auf, weil es hier wie überall kaum vorstellbar erscheint, daß sein Terror und die blutige Spur, die er zog, von Hunderttausenden von Deutschen bejaht werden konnte.

Doch dann türmen sich Tag für Tag neue Fragen auf: Man hört von Briefen an das Reichsverkehrsministerium, in denen das Reichssicherheitshauptamt ›vertrauenwürdige Eisenbahner‹ für die Verladung von Vergasungswagen anfordert, von Legationsräten, Vizekonsuln, Journalisten, Chemikern, Verbindungsoffizieren der Wehrmacht, Ärzten, Pfarrern, Richtern, Beamten in allen Ministerien, die, wenn sie auch nicht direkt an Eichmanns und seiner Schergen Satanei beteiligt waren, doch etwas davon wußten.«[195]

Für Nellessen ergab sich daraus die Frage: Was hatten all diese Menschen bei ihrer alltäglichen Arbeit gedacht und was sagten oder taten sie gegen diese »Satanei«? Am Ende zog Nellessen ein düsteres Resümee, das durchaus den Charakter einer offenen Anklage hatte:

»Sie haben nichts gesagt, wir wissen es alle. Hätten sie es getan, dann brauchten wir uns nicht auch heute noch so verzweifelt anzustrengen, nach Menschen in Deutschland Ausschau zu halten, die Mut und Zivilcourage bewiesen, als sie vom Unheil hörten.«[196]

Auch die Bemühungen »Bonner Sprecher« auf einer Pressekonferenz in Israel,[197] die Zahl der für die »Endlösung« Verantwortlichen auf einige zehntausend Deutsche und »Handlanger aus osteuropäischen Ländern« einzugrenzen, versöhnte ihn nicht:

»Diese Zahlen sind von allen denkbaren Zahlen die unwichtigsten, denn verdeutlichen sie etwa mehr als nur die Spitze eines Eisbergs, der meilenweit unter den deutschen Wassern lag? Sich auf sie zu berufen bedeutet nichts anderes, als jenen Schluß zu stützen, der simpel und falsch und aus Unwissenheit oder moralischer Bequemlichkeit in Umlauf ist und der über dem Angeklagten Eichmann das Fräulein Schlöttke vergißt [gemeint ist eine Kanzleiangestellte, die während ihrer Arbeit als Sekretärin Briefe im Zusammenhang mit der »Endlösung« geschrieben hatte, P.K.].

Wenn dieser Prozeß eine befreiende Wirkung auslösen soll, dann wird es auch und zuerst an uns Deutschen liegen. Vertan wird die Chance, wenn wir uns mit der einen Antwort nach der Schuld des Angeklagten und der Entrüstung über ihn zufriedengeben. Statt einzureißen, türmen wir neue Mauern

---

195 Ebd.

196 Ebd.

197 Bernd Nellessen bezieht sich hier vermutlich auf eine Anfang Mai 1961 in Jerusalem abgehaltene Pressekonferenz der von der Bundesregierung nach Israel entsandten Prozeßbeobachter. Siehe hierzu u.a.: 26823 Verfahren wegen NS-Verbrechen, in: DW vom 6./7.5.1961; Joachim Schwelien, Jetzt auch eine westdeutsche Pressekonferenz in Jerusalem, in: FAZ vom 6.5.1961.

auf, wenn der Prozeß jetzt dazu herhalten sollte, die Feinheiten eines Widerstandes in großen und kleinen Positionen zu dokumentieren und dabei zu vergessen, daß hier niemand einen Widerstand darin sehen kann, im kleinen Kreis leise ›pfui‹ gesagt zu haben. Erwartet wird auch keine beflissene Bußfertigkeit, sie ist suspekt wie der Heilsarmee-Ton, in den man sich Juden gegenüber glaubt retten zu können. Was man von uns erwartet, seitdem seit sechs Wochen das Gericht mit Bergen von Dokumenten eingedeckt wird, ist nichts anderes, als daß wir uns angesichts dieser Dokumente, an den Kopf fassen. Nichts könnte befreiender wirken.«[198]

Die von Nellessen und anderen Journalisten angesprochene und durch den Eichmann-Prozeß angeregte Thematisierung der Schreibtischtäter fand ihre konkrete Ausformung und Personalisierung insbesondere in der Person des damaligen Staatssekretärs im Bonner Kanzleramt, Hans Globke. Durch die wiederholte direkte oder indirekte Erwähnung des Adenauer-Vertrauten im Zusammenhang mit dem Eichmann-Prozeß, sei es durch die antiwestliche Propaganda der DDR und anderer Ostblock-Staaten oder im Verlauf der Verhandlung direkt im Jerusalemer Gerichtssaal, wurde der Fall Eichmann auch zu einem Anstoß, um über die Vergangenheit des ehemaligen Ministerialrats im Reichsinnenministerium und Kommentators der Nürnberger Gesetze zu diskutieren. Im Mittelpunkt stand dabei die Frage, ob Globke im Laufe seiner Tätigkeit Kontakte zu Eichmann oder dessen Dienststelle im RSHA gehabt, beziehungsweise für dessen »Tätigkeit« etwaige juristische Vorgaben oder Richtlinien erarbeitet hatte. Besonders die Erwähnung Globkes im Gerichtssaal fand in der Presse starke Beachtung. Bei der Lektüre der zeitgenössischen Berichte entsteht der Eindruck, daß jeder auch noch so beiläufige Hinweis auf den Bonner Staatssekretär während oder im Vorfeld der Verhandlung – sei es in einem vorgelegten Dokument, im Verlauf einer Zeugenaussage, in einer Aussage des Angeklagten oder in den Anträgen der Verteidigung – seinen Niederschlag in entsprechenden Pressemeldungen fand.

So meldete beispielsweise *Die Welt* bereits Anfang Februar 1961, gut zwei Monate vor Prozeßbeginn, daß Globke Gegenstand einer richterlichen Befragung des bereits seit Monaten in Israel einsitzenden Adolf Eichmann gewesen sei.[199] Keine zwei Wochen später stellte sich der bereits seit geraumer Zeit in der Kritik stehende Globke in einem Interview für die Wochenzeitung *Die Zeit* Fragen hinsichtlich seiner Verstrickung in das NS-System und seiner angeblichen Kontakte zu Eichmann.[200] Dabei betonte er, daß er während seiner gesamten Tätigkeit im Reichsinnenministerium wie auch als Kommentator der Nürnberger Gesetze darum bemüht gewesen sei, die im Rahmen der damaligen Möglichkeiten für die Verfolgten günstigsten Lösungen und Entscheidungen durchzusetzen, also die nachteiligen Auswirkungen der Gesetze und Verordnungen soweit wie

198 Bernd Nellessen, Der Prozeß ist noch nicht gemeistert, in: DW 20./21.5.1961.

199 Vgl. Eichmann verweigert Aussage über Globke, in: ebd. vom 6.2.1961.

200 Vgl. Robert Strobel, Globke und die Judengesetze – Ein Zeit-Interview mit dem Staatssekretär im Bundeskanzleramt, in: Die Zeit Nr. 8 vom 17.2.1961.

möglich abzumildern. Ferner sprach er von seinen Kontakten zu »oppositionellen Kreisen« und zur Katholischen Kirche. Nur auf deren Bitten sei er im Amt geblieben, um ihnen wichtige interne Informationen aus den Ministerien zukommen zu lassen. Die Behauptung, er habe »mit Eichmann in Verbindung gestanden«, wies er hingegen als »völlig unzutreffend« zurück.[201] Drei Wochen nach diesem *Zeit*-Interview erhielt Globke in der gleichen Wochenzeitung Unterstützung von Theodor Eschenburg. In seinem Beitrag *Globke im Sturm der Zeiten* bescheinigte dieser dem »sehr strengen Katholiken« Globke, in seinem damaligen Amt immer bestrebt gewesen zu sein, »Schlimmeres zu verhüten«, und im »inneren Widerstand« gestanden zu haben.[202] Für den prominenten Politikwissenschaftler aus Tübingen war es offensichtlich, daß das Ziel der aus seiner Sicht ungerechtfertigten Angriffe auf den Staatssekretär nicht dieser selbst sei, sondern die Bundesregierung und vor allem Bundeskanzler Adenauer persönlich, wobei Eschenburg im Dunkeln ließ, wer der Initiator dieser Angriffe war:

> »Die Attacken gegen ihn [Globke; P.K.] richten sich im Grunde auch gegen Adenauer: Ihn will man treffen. Das ist das Unfaire, daß es heute im Grunde gar nicht mehr um die vermeintlichen Belastungen Globkes geht, sondern daß man sich der Verdächtigungen bedient, um gegen Adenauer zu kämpfen und die Wirkungskraft seines Regierens zu lähmen, indem man seinen engsten und wichtigsten Mitarbeiter aus dem Amt drängt.«[203]

Diese Beispiele zeigen, daß der Fall Eichmann bereits vor dem eigentlichen Beginn des Prozesses zu Fragen bezüglich der Person Globkes Anlaß gab. Seine volle Wirkung auf die bereits Jahre andauernde Debatte um Globke entfaltete der Fall Eichmann aber erst mit der namentlichen Erwähnung des Staatssekretärs im Jerusalemer Gerichtssaal. Während die Nachricht über die erste namentliche Erwähnung Globkes in Jerusalem Mitte Mai 1961 noch relativ »versteckt« als Randnotiz in der laufenden aktuellen Berichterstattung zum Prozeßverlauf zu finden war,[204] wurde seine erneute Erwähnung im Verlauf der Aussage Eichmanns im Juni bereits verschiedentlich unter einer eigenen Überschrift gemeldet.[205] In jedem Fall fanden die um Richtigstellung bzw. Schadens-

---

201 Ebd.

202 Theodor Eschenburg, Globke im Sturm der Zeiten, in: ebd. Nr. 11 vom 10.3.1961.

203 Ebd.

204 Vgl. Rotes Kreuz fand »Musterghetto«, in: FR vom 13./14.5.1961; In verschlossenen Möbelwagen begann die Deportation, in: SZ vom 13./14.5.1961; Eichmann »schlimmer als Hitler«, in: DW vom 13./14.5.1961.

205 Vgl. Albert Wucher, Eichmann erwähnte Globke erneut, in: SZ vom 23.6.1961; Adolf Eichmann erwähnt den Namen Globke, in: FR vom 22.6.1961; Zum zweiten Mal nennt Eichmann den Namen Globke, in: ebd. vom 23.6.1961. Darüber hinaus siehe auch: Bernd Nellessen, Servatius lenkt von Eichmann ab, in: DW 23.6.1961; Joachim Schwelien, Servatius legt die Kompetenzen dar, in: FAZ vom 22.6.1961; Joachim Schwelien, Eichmann verweist auf Reichsinnenministerium, in: ebd. vom 23.6.1961.

begrenzung bemühten Reaktionen und Verlautbarungen aus dem Bundeskanzleramt auf die namentliche Erwähnung des Staatssekretärs ein gewisses und mitunter durchaus kritisches Echo in den hier ausgewerteten Zeitungen und Zeitschriften,[206] wie auch über die von Seiten der SPD in diesem Zusammenhang erhobenen Rücktrittsforderungen an Globke berichtet wird.[207] Und ebenso wie die Globke belastenden und bereits teilweise vor Prozeßbeginn bekannt gewordenen Aussagen des Zeugen für die Verteidigung, Max Merten, vereinzelt für Aufmerksamkeit sorgten,[208] fanden auch die letztlich erfolglosen Versuche der Verteidigung, Globke im Frühjahr 1962 als eine Art Sachverständigen und »Experten« (*Frankfurter Rundschau*) für die nationalsozialistische Rassengesetzgebung im Berufungsverfahren vorzuladen, ihren Niederschlag in der deutschen Presse.[209]

Aber nicht erst mit der namentlichen Erwähnung Globkes im Gerichtssaal wurde der Eichmann-Prozeß zum Anlaß genommen, die Vergangenheit des Staatssekretärs zu diskutieren. Bereits Wochen zuvor wurde in der *Süddeutschen Zeitung* und in der *Frankfurter Rundschau* die von Globkes Biografie ausgehende »Belastung« (Karl Gerold) für die Bundesrepublik thematisiert. Albert Wucher berichtete beispielsweise, daß er in Gesprächen mit israelischen Jugendlichen nach Globke gefragt worden sei. In der Einleitung zu seinem Bericht vom 19. April 1961 über die Anklagerede des israelischen Staatsanwalts schilderte er eine Diskussion mit einem israelischen Studenten, der nicht nur gefragt hatte, »[w]arum in der neuen Bundeswehr Hitlergeneräle hohe Kommandos bekommen?«, sondern auch, »[w]arum ausgerechnet Herr Globke in Bonn habe Staatssekretär werden müssen?«[210] Wucher empfand diese Fragen nicht nur als »wohlgezielte moralische Ohrfeige«, sondern auch als ein deutliches Zeichen dafür, daß die Menschen in Israel nicht so einfach mit dem Fall Globke umgehen konnten wie die Men-

---

206 Siehe: Bundeskanzleramt deckt Globke: Er war nur Beobachter, in: FR vom 15.5.1961; »Globke war nur Zuhörer«, in: SZ vom 15.5.1961; »Globke war nur unbeteiligter Zuhörer«, in: DW vom 15.5.1961; Bundeskanzleramt: Eichmann irrt, in: SZ vom 23.6.1961; Bundeskanzleramt: Nur als Zuhörer, in: FR vom 23.6.1961; Bundeskanzleramt bestreitet Aussage Eichmanns, in: DW vom 22.6.1961; Bonn korrigiert Eichmann, in: ebd. vom 23.6.1961; Eichmann zieht nur Schlüsse, in: FAZ vom 23.6.1961.

207 Vgl. SPD-Zeitung »Vorwärts« fordert Globke-Rücktritt, in: FR vom 17.5.1961.

208 Siehe z.B. Robert Pendorf, Die Märchen des Kronzeugen. Merten hat seine Behauptungen über Globke erfunden, in: Die Zeit Nr. 23 vom 2.6.1961.

209 Siehe z.B. Eichmann vor dem Berufungsgericht, in: SZ vom 28.3.1962; Globke soll im Eichmann-Prozeß als Experte aussagen, in: FR vom 23.3.1962; Servatius verlangt Aussage Globkes im Eichmann-Prozeß, in: TSP vom 23.3.1962; Servatius beantragt Vernehmung Globkes, in: DW vom 23.3.1962; Globke lehnt Stellungnahme ab, in: DW vom 24.3.1962; Eichmann vor Berufungsgericht, in: FAZ vom 23.3.1962; Ankläger gegen Globkes Vorladung, in: FR vom 27.3.1962.

210 Albert Wucher, Jahre des Grauens stehen wieder auf, in: SZ vom 19.4.1961.

schen in Deutschland.[211] Vor allem aber zeigte er sich geradezu ermüdet von diesen erneuten Fragen nach Globke, da er sich nicht in der Lage sah, eine angemessene und befriedigende Antwort darauf zu geben. Und allem Anschein nach fühlte sich der Journalist in eine Rolle genötigt, die ihm nicht behagte: Er sollte eine Entscheidung der Bundesregierung rechtfertigen oder zumindest erklären und begründen, für die er nicht verantwortlich war und die er möglicherweise ebenso kritisch sah wie der israelische Fragesteller. In diesem Zusammenhang merkte Wucher an, daß die von Seiten der Bundesregierung und des Bundeskanzlers bisher abgegebenen Erklärungen und »Vertrauensbeweise« zu Gunsten Globkes vielleicht die israelische Regierung zufriedengestellt hätten, aber ob dies auch für das »jüdische Volk« zutreffe, erschien ihm besonders vor dem Hintergrund des Eichmann-Prozesses und den durch diesen wachgerufenen schmerzhaften Erinnerungen zumindest fraglich:

»Ich kann den Namen nicht mehr hören, man bekommt ihn satt, und die Erklärungen, die man darauf geben kann, verfangen nicht. Was soll man auch antworten auf die Kernfrage: ›Hat Globke die Kommentare zur Rassengesetzgebung verfaßt oder nicht?‹

Es wird erklärt, die freundlichen Beziehungen zwischen Israel und der Bundesrepublik würden dadurch nicht berührt. Ist die Sache damit in Ordnung? Auf der höchsten Ebene vielleicht, aber im jüdischen Volk, dessen vernarbte Wunden jetzt jeden Tag erneut aufgerissen werden?«[212]

Vor dem Hintergrund dieser Überlegungen forderte Wucher »Bonn« dazu auf, es nicht bei der Entsendung eines Beobachters zum Eichmann-Prozeß zu belassen, sondern endlich einen Botschafter nach Israel zu entsenden. Dieser könnte dann sowohl die »peinlichen Fragen« nach Globke – »die bei keinem privaten Gespräch mehr fehlen« – beantworten, als auch der Bundesregierung »bündig erklären«, »warum der Fall Globke – für das israelische Volk zumindest – nicht mit Vertrauensbeweisen des Bundeskanzleramtes abgetan, sondern eine Frage der Optik ist und bleibt«.[213] Letztlich legte Wucher vor dem Hintergrund des Eichmann-Prozesses Adenauer nahe, sich von Globke zu trennen: Wenn schon nicht aus tieferer Einsicht, so doch zumindest aus Gründen der »Optik« und aus Sorge um das äußere Erscheinungsbild der Bundesrepublik.

Wenige Tage vor Erscheinen dieses Beitrags von Wucher hatte sich bereits Karl Gerold in der *Frankfurter Rundschau* zum Thema Globke geäußert. Auch er war der Meinung, daß der Staatssekretär – aber auch andere – eine »Belastung« für die Bundesrepublik Deutschland darstellte. Während Wucher besonders die Außenwahrnehmung der Bundesrepublik in den Mittelpunkt seiner Betrachtungen zum Fall Globke rückte, zielte Gerold auf die innere Befindlichkeit Deutschlands. In seinem anläßlich des Prozeßbeginns veröffentlichten Kommentar vom 15./16. April 1961 ging er auch auf die

211 Ebd.
212 Ebd.
213 Ebd.

vor allem unter »führenden Politiker[n]« verbreiteten Sorgen oder gar Ängste ein, der Eichmann-Prozeß könne dem Ansehen Deutschlands im Ausland schaden.[214] Diese Sorgen und Ängste gaben Gerold Anlaß zur Verwunderung, ging er doch davon aus, daß »Eichmann das jetzige Deutschland nicht repräsentiert«. Nun mußte er feststellen, daß Eichmann zu einer »deutsche[n] Belastung« wurde und der Prozeß für nicht geringe Beunruhigung sorgte.[215]

Die Ursache für diese Ängste sah Gerold letztendlich vor allem in dem »schlechten Gewissen«, das die Bundesrepublik wegen ihrer allzu nachsichtigen Haltung gegenüber ehemaligen Nazis oder Personen, die zumindest aufgrund ihrer Vergangenheit nicht als gänzlich unbelastet gelten können, bis zu diesem Zeitpunkt an den Tag gelegt hatte. Als Beispiel und Symbol für diese Problematik nannte er dabei vor allem Hans Globke, aber auch Theodor Sonnemann, Staatssekretär im Bundesministerium für Ernährung, Landwirtschaft und Forsten:[216]

»Wir stellen fest: Eichmann ist eine deutsche Belastung. Wir stellen weiter fest: Das heutige Deutschland ist nicht mehr dasselbe, das Eichmänner zu ihren verbrecherischen Möglichkeiten emporgetragen hat. Warum aber sprechen unsere führenden Politiker immer wieder davon, der Eichmann-Prozeß könnte dem Ansehen der Bundesrepublik schaden? Warum? Heißt das, die Bundesrepublik habe nicht alles getan, um die Eichmänner und ihre Vor- und Helfershelfer aus unserem Staats- und Gesellschaftsleben an führender Stelle nicht wieder zuzulassen oder [...] wieder auszuschalten? Wir fürchten nicht nur, wir wissen, daß die Bundesrepublik ein sehr, sehr schlechtes Gewissen hat. Da sind die Globkes, die Sonnemanns und manch anderer Träger des größeren und kleineren Verdienstordens der Bundesrepublik, die gegen uns zeugen.«[217]

Auch wenn Gerold hier im weiteren davon schrieb, daß die jüngeren Deutschen nicht mehr in der Verantwortung oder gar Schuld für die nationalsozialistischen Verbrechen stünden, so sah er sie aber nicht davon befreit, sich der Auseinandersetzung mit der Vergangenheit zu stellen. Für ihn war diese Auseinandersetzung eine notwendige Voraussetzung dafür, sich von der Last der Vergangenheit befreien zu können. In dem hier angesprochenen Zusammenhang war jedoch Gerolds Verweis auf das schlechte Gewissen der Bundesrepublik der wesentliche Punkt, denn nach seiner Meinung seien die »Globkes« und »Sonnemanns« letztlich die entscheidende Ursache für dieses schlechte Gewissen, das dadurch verursachte Unbehagen und die angesichts des Eichmann-Prozesses ausgelösten Ängste. Hätte sich die Bundesrepublik weniger nachsichtig gegenüber aufgrund ihrer Verstrickung in das NS-Regime belasteten Personen gezeigt, dann

214 Karl Gerold, Die deutsche Belastung, in: FR vom 15./16.4.1961.

215 Vgl. ebd.

216 Theodor Sonnemann, Jahrgang 1900, war während des »Dritten Reiches« zunächst Funktionär im für die Agrarpolitik zuständigen NS-Reichsnährstand und ab 1936 Offizier bei der Kriegsmarine. Vgl. Wer ist Wer 1964. 2. Auflage, Berlin 1963, S. 1494.

217 Karl Gerold, Die deutsche Belastung, in: FR vom 15./16.4.1961.

hätte, so Gerold, die Bundesrepublik auch weniger Grund für ein schlechtes Gewissen und könnte den Prozeß gelassener betrachten.

Während sich Wucher und Gerold bei ihrer durch den Fall Eichmann angeregten Auseinandersetzung mit Globke zu Beginn des Prozesses noch nicht auf entsprechende Ereignisse aus dem Jerusalemer Gerichtssaal beziehen konnten, und es so bei eher allgemeinen und grundsätzlichen Überlegungen beließen, konnte in späteren Kommentaren und Artikeln auf die namentliche Erwähnung Globkes Bezug genommen werden. So forderte der Kommentator der *Frankfurter Rundschau* im März 1962 im Zusammenhang mit dem Versuch von Eichmanns Verteidiger, Globke als Sachverständigen für die NS-Gesetzgebung im Berufungsverfahren zur Entlastung des Angeklagten vorzuladen, den Staatssekretär kaum verklausuliert zum Rücktritt auf:

»Ein Staatssekretär der Bundesrepublik als Sachverständiger für die NS-Judengesetzgebung! Allein die Forderung des Dr. Servatius sollte für Dr. Globke eine Gelegenheit sein, einmal rot zu werden – vor Scham. Wie wir ihn kennen, wird er die Gelegenheit nicht nützen. So müssen wir uns also wieder einmal schämen. Wie oft eigentlich noch Herr Dr. Globke?«[218]

Aber nicht für alle Autoren der hier untersuchten Presse war die Tatsache, daß Eichmann in seinen Aussagen Globke namentlich erwähnte, dessen Verteidiger ihn als Sachverständigen vorladen wollte, oder die Kritik an Globke aus der israelischen Bevölkerung Grund genug, eine derart kritische Haltung gegenüber dem Bonner Staatssekretär an den Tag zu legen wie die *Frankfurter Rundschau.* So diente aus der Sicht von Bernd Nellessen (*Die Welt*) die Erwähnung Globkes durch Eichmann und dessen Verteidiger ausschließlich dazu, von der Verantwortung des Angeklagten abzulenken: Indem gezielt auf diejenigen verwiesen werde, die am »Zustandekommen« der für »die Methodik der Deportationen wichtigen Gesetze mitgearbeitet hätten«, solle nur der Beweis für die angeblich »untergeordnete« Stellung Eichmanns erbracht werden.[219]

Die Einbeziehung Globkes in diesen Prozeß war also aus dieser Sicht keine der Wahrheitssuche dienliche Notwendigkeit, sondern in erster Linie verteidigungsstrategisches Kalkül. Und Schwelien von der *FAZ* sprach angesichts der israelischen Berichterstattung davon, daß die dortige Presse »unermüdlich und zum Teil von Sachkenntnis völlig unbelastet« eine »Kampagne« gegen Globke führe, womit er letztlich nicht nur eine korrekte und faire Auseinandersetzung mit dessen Rolle in der Vergangenheit anmahnte, sondern suggerierte, die israelischen Medien würden – entweder aus Unkenntnis oder wider besseren Wissens – mit ihrer Art der Berichterstattung eigene Interessen und Ziele verfolgen.[220] Welcher Art die Ziele und Interessen dieser »Kampagne« aber konkret sein sollten, erläuterte Schwelien nicht.

---

218 Vgl. PM, Kollektivscham, in: FR vom 23.3.1962.

219 Bernd Nellessen, Servatius lenkt von Eichmann ab, in: DW vom 23.6.1961.

220 Joachim Schwelien, Servatius will das Reichsaußenministerium belasten, in: FAZ vom 4.7.1961.

Es wäre jedoch voreilig, die hier abschließend zitierten, weniger kritischen bzw. weniger anklagenden Stimmen bezüglich einer Verbindung zwischen Globke und Eichmann als ausreichenden Beleg für eine prinzipiell wohlwollende Haltung gegenüber dem Staatssekretär aus dem Bonner Kanzleramt zu werten. Nellessen und Schwelien zeigten sich nur nicht bereit, die »Verwicklung« Globkes in den Eichmann-Prozeß voreilig oder unhinterfragt gegen ihn zu verwenden. Dies bedeutete jedoch keineswegs, daß sie sich damit gegen eine kritische Auseinandersetzung mit der Vergangenheit Globkes aussprachen.

So bleibt festzuhalten, daß der Eichmann-Prozeß für die deutsche Presse ein wichtiger und spektakulärer Anlaß war, nach den zahlreichen anderen Tätern, Mittätern und Helfershelfern zu fragen, die für die Entrechtung, Verfolgung und Ermordung der europäischen Juden verantwortlich waren. In diesem Zusammenhang setzte man sich auch kritisch mit der Praxis der bundesdeutschen Justiz bei der Strafverfolgung von NS-Verbrechern auseinander und verwies sowohl auf Erfolge, aber auch auf Versäumnisse und Fehler. Ein wichtiger Kristallisationspunkt bei dieser Auseinandersetzung mit den »Eichmanns« war der »Fall« des Staatssekretärs Hans Globke, dessen Vergangenheit und aktuelle Position als Adenauer-Vertrauter und Repräsentant der Bundesrepublik in der hier ausgewerteten Presse überaus kritisch diskutiert wurde. Besonders diese Problematisierung der vergangenen und gegenwärtigen Rolle Globkes war ein Indiz dafür, daß die durch die spektakuläre Festnahme Eichmanns und den Prozeß in Jerusalem ausgelöste Frage nach den zahlreichen anderen Verantwortlichen für die nationalsozialistischen Gewaltverbrechen nicht in einem theoretisch-abstrakten oder akademischen Rahmen verblieb, sondern auf ein nicht unerhebliches öffentliches Interesse stieß und die aktuelle politisch-gesellschaftliche Tagesordnung spürbar beeinflußte.

5. Exkurs: Die DDR-Presse und der Eichmann-Prozeß

Im Folgenden soll anhand zweier ausgewählter, wichtiger Zeitungen aus der DDR die öffentliche Auseinandersetzung mit dem Eichmann-Prozeß in der DDR näher betrachtet werden. Dies ist aus zumindest zwei Gründen geboten. Erstens, weil die nationalsozialistische Vergangenheit keine allein bundesdeutsche, sondern eine gesamtdeutsche, eine gemeinsame Vergangenheit war. Eine Untersuchung der öffentlichen Auseinandersetzung mit dieser Vergangenheit in Deutschland würde einen wichtigen Aspekt unbeachtet lassen, wenn sie nicht zumindest einen Blick auch in die Presse der DDR werfen würde – auch wenn im Mittelpunkt dieser Arbeit die Auseinandersetzung in der Bundesrepublik steht.

Ein weiterer Grund für diesen Exkurs ist in dem Umstand zu sehen, daß die Führung der DDR versuchte, den Eichmann-Prozeß für ihre antiwestliche Propaganda zu instrumentalisieren, was wiederum in der bundesdeutschen Presse kritisch beobachtet und kommentiert wurde.[221] Die Analyse der DDR-Presse bietet die Möglichkeit, den Inhalt und das Ausmaß dieser Propaganda näher zu erörtern, was es wiederum erleichtert, die bundesdeutsche Reaktion auf diese Propaganda besser einzuordnen.

Zur Auswertung wurden das »Zentralorgan« der SED *Neues Deutschland* (*ND*), sowie die in Ost-Berlin erscheinende *Berliner Zeitung (BZ)*, das »Organ« der SED-Bezirksleitung Berlin, ausgewählt. Die Konzentration auf von der SED herausgegebene Zeitungen hat zum einen forschungsökonomische Gründe, denn eine tiefgehende und flächendeckende Auswertung der DDR-Presse kann hier nicht geleistet werden. Zum anderen wurde die Presse der DDR – zumal in den fünfziger und frühen sechziger Jahren – zentral kontrolliert und gesteuert, so daß es zwar durchaus einzelne, kleinere Unterschiede in der Stoßrichtung der Berichterstattung gegeben haben mag, aber der allgemeine Tenor der Berichterstattung der offiziellen Linie der Partei- und Staatsführung entsprach. Indem hier auf Zeitungen der SED zurückgegriffen wird, kann so diese offizielle Linie in ihrer ganzen Schärfe analysiert werden.

5.1. Der DDR-Antifaschismus und der Eichmann-Prozeß

»Die DDR [...] hat von ihrer ersten Stunde an immer mit einer Lüge gelebt. Sie erfand sich eine Geschichte, die nie stattgefunden hatte – ihre Ahnherren seien die deutschen Antifaschisten. Darüberhinaus existierte kein Früher. Natürlich wurde über die Verbrechen der Nazis geredet, außerordentlich viel sogar, aber das waren die Verbrechen der anderen. Faschismus hatte nichts mit uns, den DDR-Menschen, zu tun, auf wunderbare Weise hatten wir uns der Tatsachen entledigt. Filme über die Nazizeit waren immer Filme über den antifaschistischen Widerstand; der Schulunterricht über die Nazizeit war kein Unterricht über unsere jüngste Geschichte, er handelte stets von den Untaten dieser schrecklichen *aliens*, die wir, die Antifaschisten, mit etwas Unterstützung durch die Rote Armee, besiegt hatten. Von zehntausend Antifaschisten, die es in Nazideutschland gegeben haben mag, lebten allein acht Millionen in der DDR.«[222]

Die Auseinandersetzung mit dem Eichmann-Prozeß spiegelte genau die Praxis der Ausblendung oder besser Abspaltung des Nationalsozialismus aus dem Bewußtsein der DDR-Öffentlichkeit wider, die der Schriftsteller Jurek Becker hier in der Rückschau von 1994 beschreibt. Der Fall Eichmann und mithin der gesamte Nationalsozialismus war aus der Sicht der hier ausgewerteten DDR-Zeitungen nicht Teil der gemeinsamen,

221 Siehe hierzu Abschnitt III. 6. Der Fall Eichmann und der Kalte Krieg – Die Reaktionen auf die Propaganda aus dem »Osten«.

222 Jurek Becker, Mein Vater, die Deutschen und ich, in: Die Zeit Nr. 21 vom 20.5.1994.

allen Deutschen – also auch den »DDR-Menschen« (Becker) – eigenen, belastenden und verpflichtenden Geschichte, sondern ausschließlich eine Sache der Bundesrepublik. Die DDR sei, so der durchgängige Tenor in den hier ausgewerteten DDR-Zeitungen, mit dieser Geschichte nicht oder – wenn überhaupt – nur als Heimat des Teils der Deutschen verbunden, die aktiv gegen die »alten und neuen Faschisten« gekämpft hatten und immer noch kämpften: Als Opfer des und, durch die »brüderliche Verbundenheit« mit der Sowjetunion, letztlich auch als Sieger über den Faschismus – wobei Faschismus, bzw. »Hitlerfaschismus« und Nationalsozialismus gleichgesetzt wurden.

Darüber hinaus wurde der Eichmann-Prozeß in Verbindung mit den Fällen anderer ehemaliger NS-Funktionsträger, die in der Bundesrepublik wieder in Amt und Würden gelangt waren (Globke, Oberländer und andere), zu einem willkommenen Werkzeug im Kampf gegen die »militaristische« Bundesrepublik – im *Neuen Deutschland* auch schon mal als »KZ-Staat«[223] bezeichnet –, die als ein sicherer Hort für ehemalige Nazis und Kriegsverbrecher dargestellt und in der Berichterstattung geradezu zu einer Fortführung des NS-Staates mit anderen Mitteln diffamiert wird.

Daß hinter dieser Art der Berichterstattung die konkrete Absicht steckte, die Bundesrepublik gezielt zu diskreditieren, lassen die Untersuchungen von Angelika Timm, Michael Lemke, Ulrich Brochhagen und Michael Wolffsohn, die zum Teil auf erst nach dem Zusammenbruch der DDR zugänglich gewordenen Akten beruhen, mehr als nur vermuten.[224] Bei allen Unterschieden in den jeweiligen Fragestellungen zeigen die vier Untersuchungen sehr deutlich, mit welcher Vehemenz die SED-Führung versuchte, den Jerusalemer Prozeß zur Diskreditierung der Adenauer-Regierung und der Bundesrepublik zu instrumentalisieren. Eine besonders herausragende Rolle bei dieser propagandistischen Ausschlachtung spielte dabei der im Januar 1954 auf Beschluß des DDR-Ministerrates ins Leben gerufene »Ausschuß für deutsche Einheit«[225] und vor allem dessen ideologischer Kopf, der SED-Parteifunktionär Albert Norden.[226] Über die Jahre hinweg

223 Vgl. Gefängnisurteil in Bonner KZ-Staat, in: ND vom 2.9.1961.

224 Angelika Timm, DDR–Israel: Anatomie eines gestörten Verhältnisses, in: Aus Politik und Zeitgeschichte B 4 vom 20.1.1993, S. 46-54; Lemke, Kampagnen, S. 153-174; Brochhagen, Nach Nürnberg, siehe besonders S. 345ff.; Michael Wolffsohn, Die Deutschland-Akte. Juden und Deutsche in Ost und West. München 1995, siehe besonders S. 27-30, 143ff.

225 Der »Ausschuß« wurde am 7.1.1954 zur Unterstützung der Deutschlandpolitik der SED gegründet und trat vor allem mit Publikationen in die Öffentlichkeit. Die Tätigkeit des Ausschusses erlosch Ende 1965 nach der Bildung des Staatssekretariats für gesamtdeutsche Fragen. Vgl. DDR Handbuch, 2 Bde., hg. v. Bundesminister für innerdeutsche Beziehungen. 3., überarbeitete und erweiterte Auflage, o.O. 1985, Bd. 1, S. 103f.

226 Professor Albert Norden (4.12.1904-30.5.1982) war u.a. von 1955-81 Mitglied und Sekretär des ZK, 1958-81 Mitglied des Politbüros des ZK der SED sowie von 1976-81 Mitglied des Staatsrats. Vgl. Jochen Cerny (Hg.), Wer war wer – DDR: Ein biographisches Lexikon. 2. Auflage, Berlin 1992, S. 335.

versuchte dieser »Ausschuß« durch gezielte Propagandaarbeit, zum Beispiel dem sogenannten »Braunbuch«,[227] die Bundesrepublik als einen Staat darzustellen, der letztlich von ehemaligen Nazis kontrolliert werde. Vor allem Brochhagen zeigte in seiner umfangreichen Untersuchung deutlich, wie und zu welchen Gelegenheiten der »Ausschuß« in den Jahren der Adenauer-Ära aktiv wurde.[228] Es war gängige Praxis der SED-Führung, die nationalsozialistische Vergangenheit zu Propagandazwecken gegen die Bundesrepublik zu mißbrauchen. So kam denn auch Michael Lemke in seinem Aufsatz über die »West-Propaganda« der SED in den Jahren 1960 bis 1963 zu dem Schluß, daß der »Jerusalemer Eichmann-Prozeß [...] für die SED in dem Maße von Interesse [war], wie er sich eignete, die Bundesrepublik an den Pranger zu stellen.«[229]

Er wies anhand von zahlreichen, durch Akten belegten Beispielen nach, daß gerade der »Ausschuß für deutsche Einheit« versuchte, den Eichmann-Prozeß als Bühne für propagandistische Angriffe auf die Bundesregierung zu nutzen, indem immer wieder auf »Ex-Nazis« in Westdeutschland verwiesen wurde.

Man war bemüht, so Albert Norden am 28. Mai 1960 in einer internen Mitteilung an den Partei- und Staatschef Walter Ulbricht, »den Fall Eichmann maximal [...] gegen das Bonner Regime zuzuspitzen«.[230] Es galt herauszustellen, daß die eigentlich Schuldigen für den Mord an den europäischen Juden in der Bundesrepublik wieder zu Amt und Würden gelangt seien, und es sollte der »Nachweis erbracht werden, ›daß die Poli-

---

227 Das sogenannte Braunbuch – Kriegsverbrecher und Naziverbrecher in der Bundesrepublik und in Westberlin, Hg. Nationalrat der Nationalen Front des demokratischen Deutschland, Dokumentationszentrum der staatlichen Archivverwaltung der DDR –, erschien seit Juli 1963 in Berlin (DDR). In diesem Buch wurden diejenigen Personen namentlich und zum Teil mit umfangreichen Lebensläufen aufgeführt, die nach Ansicht der zuständigen DDR-Institutionen als »Nazis« oder »Faschisten« entlarvt waren, in der Bundesrepublik oder Westberlin lebten und in hohen Positionen von Politik, Militär, Wirtschaft, Verwaltung etc. tätig waren. Die mir vorliegende 3., überarbeitete und erweiterte Auflage von Mai 1968 hat 440 Seiten und listet einige hundert Personen auf.

228 Vgl. Brochhagen, Nach Nürnberg, vor allem Kap.15, 18, 19 und 21.

229 Lemke, Kampagnen gegen Bonn, S. 162. In ähnlicher Weise urteilt auch der Historiker Olaf Groehler: »Für viele Jahre blieb der Holocaust [...] ein weitgehend ignoriertes Thema in der DDR. Wirklich aufgegriffen wurde er erst im Zusammenhang mit dem Prozeß gegen Eichmann in Jerusalem, indes in einer instrumentalisierten politischen Form. Der politische Hauptstoß richtete sich gegen das politische System der Bundesrepublik, wo Täter der Judenverfolgung wie Hans Globke oder Theo Oberländer in Führungspositionen tätig sein konnten.« Olaf Groehler, Erblasten. Der Umgang mit dem Holocaust in der DDR, in: Hanno Loewy (Hg.): Holocaust: Die Grenzen des Verstehens. Eine Debatte über die Besetzung der Geschichte. Reinbek bei Hamburg 1992, S.110-127.

230 Albert Norden, zitiert nach: Lemke, Kampagnen gegen Bonn, S. 163. Siehe auch Timm, DDR-Israel: Anatomie, S. 50.

tik, der Eichmann gedient hatte, heute in Westdeutschland fortgesetzt wird‹, daß die dort ›herrschenden Kreise‹ die Aufdeckung der faschistischen Verbrechen hintertreiben.«[231]

Das Hauptangriffsziel war dabei wie erwähnt vor allem der damalige Adenauer-Staatssekretär Globke. Es sollte bewiesen werden, daß Eichmann und Globke während der NS-Zeit eng zusammengearbeitet hätten, quasi Komplicen bei der Umsetzung der »Endlösung« gewesen seien. »Aber auch in diesem Fall galt der Angriff viel weniger der Person Globke, als seiner Eigenschaft, der einflußreiche Kanzleramts-Staatssekretär Konrad Adenauers und mehr noch Symbolfigur für die anzuklagenden ›Nazis im Amt‹ zu sein.«[232] So wurden denn auch neben den verschiedenen Angriffen auf einzelne westdeutsche Persönlichkeiten die immer wieder in Westdeutschland stattfindenden Aufmärsche von SS-Veteranen und die wiederholt für Unruhe sorgenden Hakenkreuzschmierereien in bundesdeutschen Städten zu dieser Art von Angriffen auf die Bundesrepublik »genutzt«. Daß die die westdeutschen Persönlichkeiten belastenden Akten und Dokumente, die von der DDR zu diesen Propagandazwecken benutzt wurden, teilweise durch den ostdeutschen Geheimdienst manipuliert worden waren, gilt inzwischen als bewiesen.[233] Auch bei den Hakenkreuzschmierereien in westdeutschen Städten in den fünfziger und sechziger Jahren – über die in den DDR-Zeitungen wiederholt berichtet wurde – hatten verschiedentlich Mitarbeiter des ostdeutschen Geheimdienstes ihre »Finger mit im Spiel«.[234] Andererseits waren rechtsextreme Umtriebe und ehemalige Nazis in hohen Positionen der Bundesrepublik nicht nur Fantasien der DDR-Propaganda, sondern traurige Realität.

Die SED-Führung suchte den Jerusalemer Prozeß also gezielt als Möglichkeit zu nutzen, um die Bundesrepublik vor der Weltöffentlichkeit als ein »Regime« oder »System« zu diskreditieren, das dem des Nationalsozialismus in verschiedenen Punkten nahezu gleich oder zumindest ähnlich sei. Teil dieser Anstrengungen waren nicht nur die Aktivitäten des »Ausschusses für Deutsche Einheit«, sondern auch die gescheiterten Versuche des Ost-Berliner Anwalts Friedrich Karl Kaul, im Eichmann-Prozeß als Nebenkläger zugelassen zu werden und der israelischem Staatsanwaltschaft verschiedene, für bundesdeutsche Politiker, vor allem für Globke, angeblich belastende Dokumente zukommen zu lassen. Nach der Ablehnung seines Ansinnens nutzte Kaul die

231 Lemke, Kampagnen gegen Bonn, S. 164f.

232 Ebd., S. 162.

233 Diese Möglichkeit klingt zum Teil bei Lemke an. Es bleibt abzuwarten, ob weitere Arbeiten, die sich auf nun zugänglich gewordene Akten des MfS der DDR stützen, diese berechtigten Vermutungen bestätigen könnten. Vgl. ebd.

234 Vgl. hierzu: Michael Wolffsohn, Ulrich Brochhagen, Ein Massenmörder macht Politik. Vor 30 Jahren wurde Adolf Eichmann zum Tode verurteilt, in: SZ vom 14./15.12.1991; Brochhagen, Nach Nürnberg, S. 276-297; Wolffsohn, Die Deutschland-Akte, S. 17-46.

große Medienpräsenz in Jerusalem, um vor der internationalen Presse die angebliche Verstrickung bundesdeutscher Politiker in den Fall Eichmann darzulegen. Nach dem Prozeß veröffentlichte er eine Schrift, in der er seine Vorwürfe zusammenfaßte.[235] Unterstützt und begleitet wurden diese Aktivitäten Kauls nicht nur durch ähnliche Aktivitäten diverser Institutionen der SED und der DDR-Presse, sondern auch durch die Veröffentlichung zweier Publikationen von Heinz Kühnrich und dem »Ausschuß für Deutsche Einheit«, in denen in gleicher Weise versucht wurde, den Fall Eichmann als einen »Fall Bonn« darzustellen.[236]

Ziel der gesamten Propagandaaktivitäten war es zum einen, die Bundesrepublik auf der internationalen Bühne als den Nachfolger des faschistischen Deutschlands zu denunzieren, um die westlichen Verbündeten zu einer Distanzierung zu veranlassen, und gleichzeitig der DDR – als wahrer Vertreterin des neuen, des antifaschistischen Deutschlands – ein Plus an Reputation zuzuführen.[237] Auf der anderen Seite sollten diese Angriffe von innenpolitischen Schwierigkeiten ablenken und das quasi von »Ex-Nazis« beherrschte Westdeutschland gegenüber der »sozialistischen Deutschen Demokratischen Republik« in den Augen der DDR-Bürger herabgewürdigt werden und so an Attraktivität verlieren.[238]

Daß sich diese Art der Instrumentalisierung des Eichmann-Prozesses und damit der nationalsozialistischen Verbrechen am jüdischen Volk negativ auf die Beziehungen der DDR zu Israel auswirken könnte, war den Verantwortlichen der Partei- und Staatsführung wohl durchaus bewußt und wurde offensichtlich ohne große Beunruhigung in Kauf genommen, zumal die antizionistische Haltung der DDR ohnehin bereits ein gespanntes Verhältnis zu Israel zur Folge hatte.[239]

Diese hier skizzierte Absicht der Partei- und Staatsführung, den Prozeß gegen Eichmann als eine Propaganda-Waffe im Kalten Krieg gegen die Bundesrepublik einzusetzen, schlug sich auch in der alltäglichen Berichterstattung der DDR-Presse nieder. So berichtete der in der damaligen DDR lebende Historiker und Publizist Helmut Eschwege in seiner Autobiografie über verschiedene Zusammenkünfte, bei denen Mitarbeiter von Zeitungsredaktionen, die bei der Berichterstattung über den Eichmann-

235 Vgl. Brochhagen, Nach Nürnberg, S. 345ff.; Wolffsohn, Die Deutschland Akte, passim; Friedrich K. Kaul, Der Fall Eichmann. Berlin (Ost) 1963.

236 Heinz Kühnrich, Judenmörder Eichmann – Kein Fall der Vergangenheit. Berlin (Ost) 1961; Eichmann – Henker, Handlanger, Hintermänner. Eine Dokumentation, hg. v. Ausschuß für Deutsche Einheit. Berlin (Ost) 1961.

237 Über die Bedeutung des Umgangs mit der nationalsozialistischen Vergangenheit für die Reputation der Bundesrepublik bei den Westmächten und die versuchte Einflußnahme darauf durch die DDR vgl. vor allem Brochhagen, Nach Nürnberg.

238 Vgl. hierzu vor allem Lemke, Kampagnen gegen Bonn, passim.

239 Siehe hierzu Timm, DDR–Israel: Anatomie, S. 50.

Prozeß mitwirken sollten, von der Bezirksleitung der SED konkrete Anweisungen bekamen, wie über den Prozeß zu berichten sei. Beim ersten Treffen sei zunächst noch »gefordert« worden, »daß über die täglichen Verhandlungen möglichst ausführlich und objektiv berichtet werden sollte.«[240] Zu einem späteren Zeitpunkt habe er, während er mit seinen Kollegen an den »angemahnten Berichten« schrieb, gehört, »daß die Redaktion vom ZK eine Rüge erhalten hätte, der die Weisung folgte, in Zunkunft nur zu berichten, sofern in Westdeutschland lebende Nazis genannt werden könnten, und insbesondere sollten ausführlich alle Zusammenhänge erörtert werden, falls der Name Globke im Prozeß auftauche«.[241] Im Vordergrund stand für die SED also nicht die offene Auseinandersetzung mit den Verbrechen Eichmanns und der nationalsozialistischen Vergangenheit, sondern die Diskreditierung der Bundesrepublik.

Die Berichterstattung in den DDR-Zeitungen wurde so für die Führung der DDR nahezu zu einer reinen Propaganda-Angelegenheit. Ganz im Sinne des offiziellen SED-Antifaschismus galt es, die Bundesrepublik und mithin den gesamten Westen in der heißen Phase des Kalten Krieges zu Beginn der sechziger Jahre als ein präfaschistisches System darzustellen und für die eigene Bevölkerung ein wirkungvolles Feindbild zu stilisieren. In einer Zeit, wo Zehntausende in den Westen flüchteten,[242] sollte das so erzeugte Zerrbild der Bonner Republik abschrecken und gleichzeitig die DDR-Wirklichkeit in ein antifaschistisches und damit besseres Licht rücken.

Und doch war in der hier ausgewerteten Presse der DDR auf den ersten Blick ein Bemühen um ein – wenn auch recht eigentümliches – »Lernen« aus der Geschichte zu erkennen. Aber dieses »Lernen« wurde dem Leser geradezu mit euphorisch-agitatorischer Volkspädagogik anempfohlen und vermittelt: Die DDR habe die richtigen und notwendigen Lehren aus der Geschichte bereits gezogen. Das geforderte »Lernziel« sei von der DDR und seinen Bürgern quasi bereits erreicht worden.

Der angestrebte »Lerneffekt«, gründete auf der Art antifaschistischer Denktradition, wie sie nach dem Zusammenbruch der DDR Antonia Grunenberg in ihren Buch *Antifaschismus – ein deutscher Mythos*[243] für den kommunistischen Antifaschismus herausgearbeitet hat: Der Faschismus war demnach ein Produkt der bürgerlich-kapitalistischen Gesellschaft, wobei der Nationalsozialismus ebenfalls unter den Begriff Faschismus (»Hitlerfaschismus«) subsummiert wurde. Demgemäß müsse »nur« der Kapitalismus besiegt und beseitigt, sowie der Sieg des Sozialismus herbeigeführt werden, und schon

---

240 Helmut Eschwege, Fremd unter meinesgleichen. Erinnerungen eines Dresdner Juden. Berlin 1991, S. 95.

241 Ebd., S. 96.

242 So kehrten 1959 143.000; 1960 199.000 und allein im April 1961 30.000 Menschen der DDR den Rücken. Vgl. Weber, DDR, S. 77.

243 Antonia Grunenberg, Antifaschismus – ein deutscher Mythos. Reinbek bei Hamburg 1993.

wäre auch der Faschismus (= Nationalsozialismus) für alle Zeiten besiegt und beseitigt.[244] Dieser Sieg des Sozialismus – davon war man in den hier ausgewerteten DDR-Zeitungen anscheinend überzeugt – war in der DDR zu Beginn der sechziger Jahre Realität, was nur bedeuten konnte, daß in der DDR folglich auch der Faschismus beseitigt war. Dort jedoch, wo der Kommunismus bzw. Sozialismus nicht über den Kapitalismus gesiegt hatte – sprich in der Bundesrepublik und den anderen westlichen Staaten – sei der »Faschismus« immer noch lebendig, auch wenn er sich zur Zeit hinter einer Maske der bürgerlich-westlichen Demokratie zu verbergen trachtete und sich damit ein Gesicht der Wohlanständigkeit zu geben versuchte. Der Antifaschismus war somit auch eine gegen die westliche Demokratie gerichtete Ideologie, die quasi zwingend die Errichtung des Sozialismus forderte, um den Faschismus in Zukunft zu verhindern und den Frieden zu sichern.[245]

In Verbindung mit der Abwehr der gemeinsamen, gesamtdeutschen Verantwortung für die nationalsozialistische Vergangenheit diente diese Form des Antifaschismus über die Verneinung und Leugnung einer gemeinsamen Schuld und Verantwortung aller Deutschen und das Abladen der gesamten Schuld und Verantwortung auf die Bundesrepublik (hauptsächlich auf die Regierung und das »Kapital«) auch zur Formung eines DDR-Nationalbewußtseins. Während die Wirklichkeit und Politik der Bundesrepublik die Ehre der deutschen Nation beschmutze, führe der konsequente Antifaschismus und der sozialistische Neubeginn der DDR zu einer Erneuerung der nationalen Ehre der Deutschen – und zwar aller Deutschen. »Die DDR stellte sich, ausgehend von ihrem anti-faschistischen Staatsverständnis, als die bessere Hälfte Deutschlands dar.«[246] Diese Form des Antifaschismus war »Staatsdoktrin«. Aus ihr bezog der Staat DDR und seine Staats- und Parteiführung ein hohes Maß ihrer Legitimation gegenüber den Menschen und der Geschichte.[247]

Mit diesem ideologischen Hintergrund als Vorgabe war die Berichterstattung über den Eichmann-Prozeß für die DDR-Presse offenbar weitestgehend problemlos zu gestalten. Kompliziert und heikel jedoch wurde der Fall Eichmann durch die Tatsache,

---

244 Zur kommunistischen Faschismusinterpretation und zur Ausformulierung und Instrumentalisierung des Antifaschismus-Begriffs vgl. neben Grunenberg, Antifaschismus auch Ian Kershaw, Der NS-Staat. Geschichtsinterpretationen und Kontroversen im Überblick. Reinbek bei Hamburg 1993; sowie Sigrid Meuschel, Legitimation und Parteienherrschaft in der DDR. Zum Paradox von Stabilität und Revolution in der DDR 1945-1989. Frankfurt am Main 1992.

245 Vgl. Grunenberg, Antifaschismus, S. 116ff.

246 Ebd., S. 117.

247 Vgl. zur Instrumentalisierung des Antifaschismus zur Legitimation der SED-Herrschaft Meuschel, Legitimation und Parteiherrschaft, vor allem Kapitel I, sowie dies., Antifaschistischer Stalinismus, in: Brigitte Rauschenbach (Hg.), Erinnern – Wiederholen – Durcharbeiten. Zur Psycho-Analyse deutscher Wenden. Berlin 1992, S. 163-171.

daß der Prozeß in Israel – der neuen Heimat einer großen Zahl der jüdischen Überlebenden – durchgeführt wurde. Denn das Verhältnis zwischen der DDR und Israel war durch Spannungen und Komplikationen belastet. Neben einer im gesamten Ostblock zu dieser Zeit vorhandenen starken anti-israelischen Haltung, die sich aus einer Mischung aus zur Schau getragenem klassenkämpferischem, pro-arabischem Antizionismus und den machtstrategischen Überlegungen während des Kalten Krieges zusammensetzte, gründeten diese Spannungen nicht zuletzt in der abwehrenden Haltung der DDR hinsichtlich einer Wiedergutmachung der durch das nationalsozialistische Deutschland an den Juden begangenen Verbrechen.[248] So ging es in der Berichterstattung über den Prozeß nicht nur darum, die Bestrafung des »faschistischen Mörders« Eichmann und seiner angeblich oder tatsächlich noch in der Bundesrepublik lebenden Helfershelfer zu fordern und dieses Verfahren zu unterstützen. Sondern gleichzeitig sollten die Ansprüche der jüdischen Opfer – hier durch den Staat Israel repräsentiert – auf Wiedergutmachung auch an die DDR als einem neben der Bundesrepublik möglichen Rechtsnachfolger des »Dritten Reiches« verschwiegen oder abgewehrt werden.

Dabei schreckte man in der DDR auch nicht vor den absurdesten Israel-feindlichen Konstruktionen und Unterstellungen zurück, die fast einen antisemitischen Hintergrund vermuten lassen. So wurde zum Beispiel die Existenz einer Verschwörung zwischen dem »deutschen Militarismus« in der Bundesrepublik und der israelischen Regierung behauptet: Die Wiedergutmachung, die die Bundesrepublik an den Staat Israel zahle, diene hauptsächlich dazu, Waffen für die israelische Aufrüstung gegen die arabischen Staaten zu finanzieren.[249] Diese Behauptung wiederum unterstellte eine Gemeinsamkeit zwischen der Bundesrepublik und Israel bezüglich »Militarismus« und »Expansionismus« und suggerierte eine »Achse Bonn-Tel Aviv«.[250]

---

248 Zu den theoretischen und historischen Verbindungen zwischen Antisemitismus, pro-arabischem Antizionismus und Antikapitalismus in den Ostblockstaaten vgl. Bernard Lewis, »Treibt sie ins Meer!« – Die Geschichte des Antisemitismus. Frankfurt am Main 1989, besonders die Kap. Der Krieg gegen den Zionismus und ff. Zu den konkreten anti-israelischen Aspekten der Politik der DDR vgl. Timm, DDR–Israel: Anatomie; sowie den Aufsatz von Konrad Weiß, »Du hast den Frieden frech ans Kreuz geschlagen…« Israelfeindschaft und Antisemitismus in der DDR, in: Ralph Giordano (Hg.): Deutschland und Israel: Solidarität in der Bewährung. Bilanz und Perspektiven der deutsch-israelischen Beziehungen. 2. Aufl., Gerlingen 1993, S. 73-85; und im Hinblick auf die persönlichen Erfahrungen jüdischer Menschen in der DDR die Autobiografie von Eschwege, Fremd.

249 Vgl. zu diesen Vorwürfen Timm, DDR–Israel: Anatomie; Eschwege, Fremd, 121ff.; sowie Weiß, Du hast, S. 77ff. Siehe auch die Monografie von Walter Mohrmann, Antisemitismus. Ideologie und Geschichte im Kaiserreich und in der Weimarer Republik. Berlin (DDR), S. 185.

250 Weiß, Du hast, S. 80.

Der britische Historiker Richard J. Evans beschrieb diese Verbindung von offizieller NS-Interpretation und Verweigerung der Wiedergutmachung durch die DDR-Regierung wie folgt:

»Das SED-Regime in der DDR und seine Historiker versuchten unterdessen, sich der Aufarbeitung der nationalsozialistischen Vergangenheit zu entziehen, indem sie sich mit dem kommunistischen Widerstand gegen die Nationalsozialisten identifizierten, dessen Ausmaß und Bedeutung sie weit übertrieben. Sowohl die öffentlichen Gedenkfeiern und Museen als auch die verbreitete Literatur suchten in der DDR den Eindruck zu erwecken, die Naziverbrechen seien von denen begangen worden, die heute im Westen lebten. Für den Triumph Hitlers wurde der westliche Kapitalismus verantwortlich gemacht, und folglich sah in der DDR auch niemand ein, wieso man den jüdischen Opfern des ›Dritten Reiches‹ oder deren Nachkommen eine Wiedergutmachung leisten sollte.«[251]

Die Spannung, die aus dieser Verweigerungshaltung und der offiziellen NS-Interpretation folgte, war in den Artikeln zum Eichmann-Prozeß der ausgewerteten DDR-Presse unterschwellig zu erkennen. Hinzu kam, daß Israel kein sozialistischer Staat war: Wie konnte ein bürgerlich-kapitalistischer und zionistischer Staat wie Israel ein gerechtes und angemessenes Urteil gegen einen faschistischen Verbrecher fällen, wenn doch der Faschismus eine Folge des Kapitalismus war? Folgte man der inneren Logik dieses DDR-Antifaschismus, durfte man von einem Gericht eines kapitalistischen Staates weder ein gerechtes Urteil gegen einen Verantwortlichen an den NS-Verbrechen noch etwa ein Aufdecken der angeblich »wahren« Schuldigen, nämlich das Kapital und dessen Helfershelfer, erwarten. Zumal aus der Sicht des DDR-Antifaschismus der Antisemitismus dem Faschismus nur »der Ablenkung der Massen von der Ausbeuterpolitik der herrschenden Klasse« diente.[252] Den Kern des Nationalsozialismus bildete also nicht die antisemitische Rassenideologie, sondern der Kapitalismus. Wenn dem aber so war, dann durfte von Israel, einem »bürgerlich-kapitalistischen« Staat, auch kein konsequentes Vorgehen gegen die »faschistischen Mörder« und ihre Hintermänner erwartet werden. Im Gegenteil: Wären wirtschaftliche Interessen wichtiger als die Aburteilung der Verbrecher, würden doch die Schuldigen von einem »kapitalistischen« Rechtssystem geschont werden. Diese »Logik« fand ihren Widerhall in dem in verschiedenen Artikeln geäußerten Verdacht, die israelische Regierung und Staatsanwaltschaft hätten sich mit der Adenauer-Regierung auf einen Handel eingelassen: Die Namen von »Ex-Nazis« in der Bundesregierung (z.B. Globke) sollten während des Prozesses nicht genannt werden, dafür würde Israel wirtschaftliche und militärische Unterstützung in Form von weiteren Wiedergutmachungsleistungen durch die Bundesrepublik erhalten.

---

251 Evans, Im Schatten, S. 24f.

252 BI Handlexikon, Leipzig: Bibliographisches Institut, 1984, S. 54, zit. nach: Konrad Weiß, Du hast, S. 75.

All diese hier kurz beschriebenen Positionen und Äußerungen im Umgang mit der nationalsozialistischen Vergangenheit und im Zusammenhang mit der Übernahme bzw. Abwehr von Verantwortung sowie der Auseinandersetzung mit Schuld finden sich in den Beiträgen der ausgewerteten Zeitungen der DDR wieder. Dabei lassen sich vor allem vier Hauptlinien in der Berichterstattung und Kommentierung des Eichmann-Prozesses feststellen: Erstens der Vorwurf, die Bundesrepublik sei ein sicherer Hort für alte Nazis und stehe in der Tradition des Dritten Reiches. Zweitens die Behauptung, Eichmann sei ein Handlanger des Kapitals gewesen. Wie der gesamte Nationalsozialismus bzw. Hitlerfaschismus, so habe auch er letztlich allein den Interessen der Konzerne und Kapitalisten gedient. Drittens wurde propagiert, mit der Gründung der antifaschistischen DDR sei in diesem Teil Deutschlands der Faschismus bzw. Nationalsozialismus überwunden worden. Woraus folge, daß die DDR auch nicht für die Verbrechen des »Hitlerfaschismus« verantwortlich und haftbar zu machen sei. Und schließlich wurde unterstellt, es existierten »ominöse Absprachen« zwischen der Adenauer-Regierung und der israelischen Regierung, die verhindern sollten, daß während des Prozesses wichtige Personen innerhalb der Bundesregierung als »Nazi-Verbrecher« benannt würden.

5.2. Die Berichterstattung

5.2.1. »Mit Eichmann steht Bonn vor Gericht«[253]

Den weitaus größten Umfang in der im Zusammenhang mit dem Prozeß gegen Eichmann in Jerusalem stehenden Berichterstattung nahmen in der ausgewerteten DDR-Presse die Angriffe auf die Bundesrepublik ein. Der eigentliche Inhalt und Verlauf des Prozesses trat bei dieser Art der Berichterstattung weitestgehend in den Hintergrund, während vor allem der »Fall Globke« und andere Fälle angeblicher oder tatsächlicher ehemaliger NS-Funktionsträger ins Rampenlicht gerückt wurden. Für die *BZ* und das *ND* stand daher nicht allein Eichmann vor Gericht, sondern »Bonn«. Aus ihrer Sicht ging es nicht um die gemeinsame deutsche Vergangenheit, sondern um die *westdeutsche* »Gegenwart«, die aufgrund der damals diskutierten atomaren Bewaffnung der Bundeswehr als noch gefährlicher angesehen wurde als das »Hitler-Reich«. So schrieb beispielsweise Max Kahane wenige Tage vor Prozeßbeginn im *ND*:

»Wer steht hier vor Gericht? Das Hitler-Reich? Nein. [...] Vor dem Richter steht in Wahrheit eine Vergangenheit, die in Bonn Gegenwart ist: ein Faschist, dessen Helfer und Auftraggeber heute bundesdeutsche Demokraten sind, ein vertierter und geschlagener Welteroberer, dessen industriell organisierte

253 Max Kahane, Mit Eichmann steht Bonn vor Gericht, in: ND vom 14.4.1961.

Menschenvertilgung ein Kinderspiel war gegenüber den Atomplänen der Strauß und Foertsch, der Speidel und Heusinger.«[254]

In nahezu jedem Artikel über Eichmann und den Prozeß wurde versucht, Westdeutschland als ein von ehemaligen Nazis unterwandertes und beherrschtes Land zu entlarven, das im Prinzip die imperialistische Politik Hitlers fortführte. Rechnet man noch die Artikel und Berichte hinzu, die nicht oder nur am Rande den Fall Eichmann zum Thema hatten, so wird man in den weit über 1000 ausgewerteten Ausgaben des *ND* und der *BZ* nur wenige Ausgaben finden, in denen nicht mindestens ein Artikel oder Bericht zu finden ist, in dem dies nicht versucht wurde.

Neben den zahlreichen Artikeln über »faschistische« Umtriebe in der Bundesrepublik, zum Beispiel antisemitische Vorfälle,[255] Hakenkreuzschmierereien[256] oder Aufmärsche von SS-Veteranen,[257] bediente man sich dabei wie bereits erwähnt vor allem der Bezichtigung prominenter Repräsentanten des politischen Lebens der Bundesrepublik als »Komplicen« Eichmanns. Besonders häufig wurde Adenauers Staatssekretär Globke äußerst scharf attackiert, sowie sein Rücktritt und seine Aburteilung gefordert. Aber auch andere bekannte westdeutsche Persönlichkeiten wurden zur Zielscheibe für derartige Angriffe, die darauf gerichtet waren, eine Verbindung zwischen ihnen und Eichmann herzustellen, so zum Beispiel der bis zum Mai 1960 amtierende Bundesvertriebenenminister und damalige CDU-Bundestagsabgeordnete Theodor Oberländer[258]

---

254 Ders., Eichmann – der friedliche Bürger, in: ebd. vom 15.4.1961. Die genannten Personen hatten alle Positionen in der Politik oder der Bundeswehr inne und galten in der DDR geradezu als Verbrecher: Franz Josef Strauß war von 1956-62 Verteidigungsminister; Friedrich Foertsch, im Zweiten Weltkrieg zuletzt Chef des Generalstabs der Heeresgruppe Kurland, war seit 1956 aktiv in der Bundeswehr und 1961-63 deren Generalinspekteur; Hans Speidel war im Zweiten Weltkrieg Stabsoffizier und wurde als Vertrauter Ludwig Becks nach dem Attentat auf Adolf Hitler vom 20. Juli 1944 verhaftet, von 1957-63 Oberbefehlshaber der NATO-Landstreitkräfte; Adolf Heusinger war während des Zweiten Weltkriegs Offizier im Generalstab des Heeres und später General der Bundeswehr. Vor allem Strauß und Heusinger wurden in der ausgewerteten DDR-Presse scharf als »Nazis« attackiert.

255 Siehe zum Beispiel Mißhandelt, weil Jude, in: BZ vom 19.4.1961; sowie: Wieder Pogromlosung »Juden raus« in München, in: ND vom 28.6.1961.

256 Zum Beispiel KZ-Museum in Dachau geschändet, in: ebd. vom 15.8.1960; Faschisten schändeten KZ-Ehrenmal, in: ebd. vom 21.11.1961.

257 Zum Beispiel Heimat der SS, in: BZ vom 2.6.1960; Jetzt schon SS-Appelle in Uniform und Waffen, in: ND vom 21.6.1960; sowie: SS-Aktion für Eichmann, in: ebd. vom 25.4.1961.

258 Oberländer, der in der DDR 1960 in Abwesenheit wegen Kriegsverbrechen und Verbrechen gegen die Menschlichkeit zu lebenslangem Zuchthaus verurteilt wurde, wurde u.a. als »Massenmörder« bezeichnet, vgl. Oberländer steckbrieflich gesucht, in: ND vom 18.6.1960, oder »Kriegsverbrecher« tituliert, vgl. Oberländer und kein Ende, in: ebd. vom 30.10. 1960.

und der ehemalige Wehrmachts- und damalige Bundeswehrgeneral Adolf Heusinger.[259] Neben einzelnen Persönlichkeiten waren auch bestimmte staatliche Institutionen und Behörden, wie zum Beispiel die Justiz[260] und die Polizei,[261] Ziel derartiger Angriffe. Beim *ND* zweifelte man nicht daran, daß »jeder zweite Würdenträger« in der Bundesrepublik ein »Nazi« sei,[262] und bei der *BZ* war man davon überzeugt, daß in der Bundesrepublik »8250 Nazis auf hohen Posten« säßen.[263]

In diesem Zusammenhang finden sich in beiden Zeitungen auch zahlreiche Artikel, in denen den westdeutschen Justiz-Behörden eine verschleppende und zu zaghafte Fahndung nach Eichmann in den vergangenen Jahren vorgeworfen wurde, was nicht zuletzt auf den hohen Anteil ehemaliger Nazis in deren Reihen zurückgeführt wurde.[264] In der *BZ* wurde die Ansicht geäußert, daß Eichmann nur »pro forma« in den westdeutschen Fahndungsbüchern gestanden habe.[265] Über eventuelle Versuche entsprechender DDR-Behörden, Eichmann habhaft zu werden, wurde in den hier ausgewerteten DDR-Zeitungen im Untersuchungszeitraum dagegen nicht berichtet.

An erster Stelle aber standen Globke und seine behauptete Komplicenschaft mit Eichmann.[266] Globke, im *ND* und der *BZ* wiederholt als »Mörder«[267] bzw. »Judenmörder«[268] bezeichnet, wurde in zahlreichen Artikeln quasi als Vorgesetzter Adolf Eichmanns oder gar als eigentlich Verantwortlicher für die Ermordung jüdischer Men-

---

259 Heusinger wurde wiederholt von der Berliner Zeitung mit Eichmann gleichgesetzt und als »Massenmörder« bezeichnet. Vgl. Schuldig wie Eichmann, in: BZ vom 18.12.1961. Sowie: K.-H. Gerstner, Eichmann und Heusinger, in: ebd. vom 19.12.1961.

260 Vgl. zum Beispiel Brandt: Blutrichter bleiben im Amt, in: ebd. vom 4.7.1961; Hilde Benjamin, Minister der Justiz der DDR, Das Richtergesetz des Bonner Unrechtsstaates, in: ND vom 30.6.1961.

261 Vgl. zum Beispiel Faschisten befehligen West-Polizei, in: ebd. vom 14.1.1961; sowie: Julius Mader, Gestern Totenkopf – Heute Bundesadler, in: BZ vom 4.2.1961.

262 Jeder zweite Würdenträger in Westdeutschland ist Nazi, in: ND vom 10.6.1961.

263 8250 Nazis auf hohen Posten, in: BZ vom 5.5.1961.

264 Vor allem in der Zeit kurz nach Bekanntwerden der Festnahme Eichmanns erschienen Artikel mit derartigem Inhalt. Vgl. zum Beispiel Eichmann lebte unbehelligt in Schleswig-Holstein, in: ND vom 15.6.1960; Harri Czepuk, Wir wußten wo Eichmann war – Konkrete Verfolgungsmaßnahmen seit Jahren verschleppt, in: ebd. vom 23.6.1960; Bonn wußte wo Eichmann war, in: ebd. vom 15.8.1960.

265 Eichmann an Sterilisierung von Juden beteiligt. Im Bonner Fahndungsbuch nur pro forma, in: BZ vom 15.6.1960.

266 So wird bereits im ersten Artikel des ND über die Verhaftung Eichmanns eine Verbindung zwischen Globke und Eichmann hergestellt, indem der in Israel Inhaftierte als »Globke-Komplice« bezeichnet wird. Vgl. Globke-Komplice endlich hinter Gittern, in: ND vom 25.5.1960.

267 Die Bezeichnung »Mörder« für Globke war gängig, beispielhaft hierfür der ND-Artikel Mörder Globke darf nicht ungeschoren bleiben, in: ebd. vom 30.10.1960.

268 Zum Beispiel Richard Bingen, Die deutsche Bundesrepublik und Eichmann, in: BZ vom 22.6.1960.

schen dargestellt. Es wurde ständig versucht, ihn als vermeintlichen Antisemiten und Faschisten zu entlarven oder gar als den »intellektuellen Urheber der Judenverfolgung«[269] und als das eigentliche Zentrum des Eichmann-Prozesses herauszustellen. Dies mündete letztlich in der Forderung, Globke – den »Eichmann von Bonn«[270] – in Jerusalem neben Eichmann auf die Anklagebank zu setzen.[271]

In diesem Zusammenhang griff vor allem das *ND* neben den Artikeln der eigenen Korrespondenten und Journalisten wiederholt auf Berichte über Aktivitäten des »Ausschusses für Deutsche Einheit« zurück oder bot Albert Norden ein Forum, seine Vorwürfe nicht nur Globke betreffend in Interviews und Presseerklärungen direkt zu äußern.[272] Ebenso kam der aus der DDR ursprünglich als Nebenkläger nach Israel entsandte Rechtsanwalt Prof. Dr. Kaul im *ND* und der *BZ* in gleicher Weise zu Wort und konnte ausführlich gegen Globke und die Bundesregierung Stellung beziehen.[273]

So wurden beispielsweise am 29. Juli 1960 im *ND* auf fast zwei Seiten, einschließlich einer großen Schlagzeile auf Seite 1, die Angriffe Nordens ausführlich dokumentiert. Anlaß war eine Pressekonferenz des »Ausschusses für Deutsche Einheit« vom Vortag, auf der Norden bekanntgegeben hatte, die Personalakte Globkes sei gefunden worden und damit auch der »dokumentarische« Beweis: »Globke ist der Eichmann Bonns«. Denn die Akte »überführe Globke der Mitschuld an der Ermordung von 6 1/2 Millionen europäischer Juden«.[274] In der ganzseitigen Wiedergabe der Presseerklärung Nordens war in Bezug auf die Verbindungen zwischen den »Spießgesellen« Eichmann und Globke unter anderem zu lesen:

»Zwischen Globke und dem jetzt in Israel inhaftierten Millionenmörder Eichmann herrschte eine perfekte Zusammenarbeit. Globke war Judenreferent im Innenministerium; Eichmann besetzte die gleiche Stelle im Reichssicherheitshauptamt. Auf der gemeinsamen Basis ihres wütenden Antisemitismus entstand eine natürliche Zusammenarbeit. Der eine sorgte für die Ausdehnung der Nürnberger Gesetze auf Österreich und die Tschechoslowakei; der andere, Eichmann, bildete die Zentralstellen für die Liquidierung der Juden. [...] Man weiß, daß Eichmann und Globke allein 2 900 000 polnische Juden zum Opfer fielen. [...] Globke bereitete durch seine Gesetze, Verträge und Polizeiverordnungen das Terrain

---

269 Globke traf Eichmann bei der Gestapo, in: ND vom 29.4.1961.

270 Globke ist der Eichmann von Bonn, in: BZ vom 29.7.1960.

271 Vgl. zum Beispiel Globke gehört neben Eichmann, in: ebd. vom 6.5.1961.

272 Neben dem nachfolgend zitierten Artikel siehe auch: Fragen und Antworten auf der Pressekonferenz zum Fall Globke, in: ND vom 30.7.1960; sowie: Dokumente entlarven Eichmann, in: ebd. vom 7.4.1961.

273 Wie Norden nutzte auch Kaul Pressekonferenzen, auf denen er belastende Dokumente präsentierte und über die in ND und BZ ausführlich berichtet wurde. Vgl. zum Beispiel Ya'aqov Caspi, Nationales Interesse an der Ausrottung des Nazismus, in: ND vom 25.2.1961; sowie Neue Globke-Dokumente in Jerusalem, in: ebd. vom 4.5.1961.

274 Globke ist der Eichmann Bonns, in: ebd. vom 29.7.1960.

für Eichmann vor. Dieser setzte in die Tat um, was jener ersann. [...] Er [Globke, P.K.] brauchte später nicht umzulernen. Die Feinde, die er heute bekämpft, sind die gleichen, denen er unter Hitler und Himmler zu Leibe rückte: Sozialisten, Kommunisten, Juden, Pazifisten, freiheitliche Intellektuelle.«[275]

Hier finden sich nun alle Elemente, die für die Strategie der Diskreditierung Globkes und der Adenauer-Regierung mit Hilfe des Eichmann-Prozesses in der *BZ* und im *ND* typisch waren. So wurde behauptet, Globke und Eichmann hätten »perfekt« zusammengearbeitet, wobei Globke als der eigentlich Verantwortliche dargestellt wird, der durch »seine Gesetze« erst das »Terrain« für die Taten Eichmanns vorbereitet habe. Norden scheute auch nicht davor zurück, Globke und Eichmann zu den nahezu alleinigen Schuldigen hochzustilisieren, »denen allein [!] 2 900 000 polnische Juden zum Opfer« gefallen seien. Und schließlich wurde der Bogen zur Bundesrepublik geschlagen: Globkes »Feinde« »unter Hitler« seien die gleichen, wie die, die er nun in der Bundesrepublik unter Adenauer bekämpfe, nämlich »Sozialisten, Kommunisten, Juden, Pazifisten, freiheitliche Intellektuelle«.

Dieses Beispiel zeigt sehr deutlich, auf welche Art und Weise versucht wurde, eine Verbindung zwischen Eichmann und Globke herzustellen. Und eben dies, das Behaupten von angeblichen Verbindungen und Gemeinsamkeiten zwischen Eichmann und Globke oder anderen westdeutschen Politikern, war das augenfälligste Element in der Berichterstattung zum Eichmann-Prozeß in der ausgewerteten DDR-Presse. Daß Globke aber, obwohl er so stark angegriffen wurde, vor allem nur ein »Symbol für das kriegsträchtige und inhumane Wesen der naziverseuchten westdeutschen Staatsmaschine«[276] war, daran wurde im *ND* und der *BZ* kein Zweifel gelassen. Es ging in den Attacken gegen Globke, Oberländer und andere nicht um die einzelnen Personen, sondern darum, die Bundesrepublik als ein von »Nazis« »durchsetztes« Regime zu entlarven.

In dieser behaupteten »Durchsetzung« der Bundesrepublik mit ehemaligen »Nazis« sahen *ND* und *BZ* auch die Ursache für jene »Unruhe«, die die Verhaftung Eichmanns angeblich in Bonn ausgelöst habe, sowie den Grund für die angeblichen Bestrebungen der Adenauer-Regierung, Eichmann von Israel nach Westdeutschland ausgeliefert zu bekommen und vor ein westdeutsches Gericht zu stellen. Die Autoren der beiden Zeitungen waren sich darin einig, daß dieses in Westdeutschland angestrebte Verfahren nur zwei Ziele habe: Erstens solle verhindert werden, daß Eichmann in seinen Aussagen alte »Komplicen« in der Bundesrepublik enttarne und dadurch die Bundesrepublik vor der Weltöffentlichkeit bloßgestellt werde; und zweitens solle Eichmann durch eine Auslieferung vor einem sicheren Todesurteil bewahrt werden.

---

275 Der Eichmann von Bonn. Prof. Norden auf der internationalen Pressekonferenz des Ausschusses für Deutsche Einheit am 28. Juli in Berlin, in: ebd. vom 29.7.1960.

276 Max Kahane, Der zweite Mann, in: ebd. vom 20.5.1961.

Vor allem in den ersten, unmittelbar nach der Bekanntgabe der Verhaftung Eichmanns erschienenen Artikeln wird diese angeblich in Bonn herrschende Unruhe oder gar Angst betont. Als Beispiel sei hier der *ND*-Artikel von Harri Czepuck vom 30. Mai 1960 angeführt. Czepuck geht darin zunächst auf die durch die Verhaftung Eichmanns verursachte »Aufregung« in Bonn und die angeblichen Auslieferungsbemühungen des Bundesjustizministers Schäffer ein, um dann auf die »faschistische Durchsetzung der Bonner Justiz« und auf Eichmanns »Hintermänner« in Bonn zu verweisen. Vor allem das angebliche Bemühen der Bundesregierung um Auslieferung erregte sein Mißtrauen:

»In Bonn herrscht nach der Verhaftung des SS-Massenmörders Eichmann in Israel größte Aufregung. Justizminister Schäffer kündigte es schon am Dienstag im Bundestag an, und Pressechef von Eckhardt wiederholte es am Freitag: Die Bundesregierung werde sich um die Auslieferung Eichmanns bemühen und ihn vor ein westdeutsches Gericht stellen. Nun, das macht mißtrauisch, denn erstens könnte das der Bestie Eichmann – wie so vielen anderen – den Kopf retten, weil er in Westdeutschland nicht zum Tode verurteilt werden würde, und zweitens, wer garantiert bei der faschistischen Durchsetzung der Bonner Justiz, daß nicht plötzlich Komplicen des Eichmann über ihn ›richten‹?«[277]

Nach diesen einführenden Bemerkungen folgte die Attacke gegen die »Hintermänner« Eichmanns in Bonn – allen voran Hans Globke –, die nun vor den Aussagen Eichmanns Angst hätten und darum in rege »Geschäftigkeit« ausgebrochen seien. Sie würden nicht nur die Auslieferung Eichmanns betreiben, sondern hätten gar – quasi als Alibi – zwei ehemalige Untergebene Eichmanns, Hermann Krumey und Josef Beckerle,[278] in Westdeutschland verhaften lassen. Dies alles diene aber einzig und allein der Verschleierung der Verantwortung und dem Schutz der in Bonn lebenden »Hintermänner« Eichmanns:

»Warum nun die plötzliche Geschäftigkeit? Man befürchtet offenkundig, daß Eichmann vor einem fremden Gericht unangenehme Aussagen machen könnte, daß die Krumey und Beckerle ›singen‹ und auf ihre wahren Hintermänner verweisen könnten.

Diese Hintermänner sitzen nämlich in Bonn in Amt und Würden. Herr Globke, Rassengesetz-Kommentator und Grundsteinleger für die ›Endlösung der Judenfrage‹, die Eichmann bewerkstelligen sollte, ist als des Bundeskanzlers Staatssekretär die rechte Hand Adenauers. Herr Bräutigam, hoher Beamter des Auswärtigen Amtes, der – wie die Nürnberger Prozeßakten ergeben – Anweisungen für die Durchführung von Judenmorden an Eichmann gab. Herr Oberländer, Spezialist in Judenpogromen, vor kurzem noch Minister und jetzt CDU-Bundestagsabgeordneter und Pensionsempfänger in Bonn.

---

277 Harri Czepuck, Eichmanns Hintermänner zittern, in: ebd. vom 30.5.1960.

278 Hermann Krumey war in Ungarn Mitarbeiter von Eichmann. Er wurde 1960 festgenommen und 1965 zu fünf Jahren, und 1969 in zweiter Instanz zu lebenslanger Haft verurteilt. Beckerle war während der NS-Zeit Polizeipräsident von Frankfurt und deutscher Gesandter in Bulgarien. Er wurde 1960 verhaftet, aber wegen Krankheit nicht vor Gericht gestellt. Vgl. zu den Personenangaben Hilberg, Vernichtung, S. 1173 bzw. 1165, und Enzyklopädie des Holocaust. Die Verfolgung und Ermordung der europäischen Juden, Hg. Eberhard Jäckel, Peter Longerich, Julius Schoeps. Berlin 1993, 2 Bd., S. 831.

Sie und noch manche andere fürchten, jetzt vollends ans Licht der Öffentlichkeit gezerrt zu werden. Daher die Aufregung in Bonn.«[279]

Waren diese von Harri Czepuck erhobenen Vorwürfe nun nicht derart abwegig, daß ihnen nicht der eine oder andere Glauben schenken konnte – schließlich gab es in der Bundesrepublik durchaus zahlreiche, durch ihr Verhalten während der NS-Zeit belastete Politiker, Militärs und Juristen –, war die von Herbert Annas einige Tage zuvor in der gleichen Zeitung aufgestellte Behauptung geradezu haarsträubend und absurd. Annas vertrat die Ansicht, die Bonner Regierung wolle Eichmann vor allem darum ausgeliefert bekommen, um seine »Erfahrungen« für »eine Neuauflage des Nazikrieges auszunutzen«:

»Die ganze Welt ist befriedigt, daß Eichmann [...] endlich zur Verantwortung gezogen wird. Nur Bonn ist bestürzt. Die ehemaligen Kumpane des Massenmörders sinnen, wie sie ihn retten können. Die Bonner Regierung tut in diesem Falle wieder, was sie auch sonst zu tun pflegt, wenn es gilt, Nazis, Mörder, Kriegsverbrecher vor dem Zorne der Menschheit zu bewahren: Sie will Eichmann aus Israel nach Westdeutschland bekommen, nicht etwa, um ihn zu verurteilen, sondern die Erfahrungen dieses Kannibalen für die Neuauflage des Nazikrieges auszunutzen.«[280]

Daß Annas mit dieser ans Absurde grenzenden Diskreditierung der Bundesrepublik kein Einzelfall war, läßt sich exemplarisch anhand eines Artikels aus der *BZ* vom 28. Mai 1960 belegen, in welchem – wohl etwas ironisch – nach den Gründen für die angeblichen Auslieferungswünsche der Bundesregierung gefragt wurde: »Vielleicht hat Bonn für Eichmann einen Ministersessel parat?«[281] Auch hier suggerierte man, in Bonn seien Verbrecher wie Eichmann gefragte Persönlichkeiten, die allemal auf hochkarätige Posten in der Politik abonniert seien. Aus dieser Logik folgte für die ausgewertete DDR-Presse geradezu zwingend, daß die Bundesrepublik die Politik Hitlers fortführe, da ja einflußreiche Positionen in der Bonner Regierung mit ehemaligen Nazis besetzt seien.[282]

---

279 Harri Czepuck, Eichmanns Hintermänner zittern, in: ND vom 30.5.1960. Die Zahl der Artikel, in denen diese Art von Vorwürfen auch von anderen erhoben wurden, ist groß. Genannt seien hier nur einige wenige aus den ersten Wochen der Berichterstattung. Zum Beispiel Eichmann droht Bonn, in: BZ vom 29.5.1960; Eichmann bleibt in Israel, in: BZ vom 12.6.1960; sowie: Eichmann Komplicen in hohen Ämtern, in: ND vom 5.6.1960.

280 Herbert Annas, Bonn will das Scheusal Eichmann für sich haben, in: ND vom 26.5.1960.

281 Pol., Bonns Reaktion, in: BZ vom 28.5.1960.

282 In anderen Artikeln wird in ähnlicher Weise versucht, die Bundesrepublik als eine Art posthume Fortführung der Ideen Hitlers darzustellen. So zum Beispiel, wenn über den damaligen Bundesverteidigungsminister (»Kriegsminister«) Strauß geschrieben wird, er sei der »Testamentsvollstrecker Hitlers« und »möchte den zweiten Weltkrieg nach Hitlers Rezept [...] zu Ende führen«, Otto Winzer, Strauß als Testamentsvollstrecker Hitlers, in: ND vom 29.7.1961; oder wenn gar der damalige stellvertretende SPD-Vorsitzende Herbert Wehner zumindest programmatisch in die Nähe Adolf Hitlers gerückt wird. Vgl. zum Beispiel Hitler-Losung ist Wehners Losung, in: ebd. vom 29.1.1961.

Welche niederen Motive der Bundesregierung in der Berichterstattung des *ND* und der *BZ* im Bezug auf den Eichmann-Prozeß im einzelnen auch immer unterstellt wurden, letztlich spitzte sich alles auf die Behauptung zu, die Adenauer-Regierung habe Angst, daß der Prozeß in Jerusalem die angeblichen personellen und politischen Kontinuitäten zwischen »Nazi-Deutschland« und der Bundesrepublik aufdecken könnte. Und um dies zu verhindern, würde man seitens der Bundesrepublik die Auslieferung Eichmanns fordern.

Um nun diese von »westdeutschen faschistischen Kreisen«[283] geforderte Auslieferung zu erreichen, habe die westdeutsche Regierung versucht, Druck auf Israel auszuüben. Dies sei vor allem mit Hilfe wirtschaftlicher und finanzieller Versprechungen geschehen, wobei zu allererst die westdeutschen Wiedergutmachungszahlungen als Hebel angesetzt worden seien. Aber nicht allein mit Hilfe wirtschaftlichen oder politischen Drucks, sondern auch mit Gewalt sei von Seiten der Bonner Regierung vorgegangen worden, um die drohenden Enthüllungen Eichmanns in einem öffentlichen Prozeß in Jerusalem zu verhindern. So wird vereinzelt gar berichtet, der westdeutsche Bundesnachrichtendienst (BND) habe das Gerichtsgebäude, in dem der Prozeß ursprünglich hätte stattfinden sollen, in Brand gesteckt, würde Zeugen unter Druck setzen,[284] Beweismaterial stehlen[285] oder gar versuchen, Eichmann zu ermorden.[286] Dabei stand außer Frage, daß im »Gehlen-Apparat«, wie der BND in *ND* und *BZ* nach seinem Präsidenten Reinhard Gehlen auch genannt wurde, ehemalige führende Mitarbeiter aus SS, SD und Gestapo Schlüsselfunktionen inne hatten.[287]

---

283 Eichmann bleibt in Israel, in: BZ vom 12.6.1960.

284 Siehe zum Beispiel den Artikel Zeuge gegen Globke von Bonn unter Druck gesetzt, in: ebd. vom 25.7.1961.

285 Globke-Dokumente gestohlen, in: ebd. vom 22.6.1961.

286 In dem Artikel Eichmann – ein Mittelsmann Bonner Konzerne in Kuwait, in: ebd. vom 29.5.1960 wird nicht nur behauptet, Eichmann habe in Kuwait für Bonner Konzerne gearbeitet, sondern darüber hinaus, daß BND-Chef Gehlen angeordnet habe, Eichmann im Gefängnis zu ermorden, damit er nicht die »ganze Bonner Elite bloßstellt«.

287 Vgl. Julius Mader, Gehlen macht Zeugen mundtot, in: ebd. vom 10.6.1960 sowie auch Richard Bingen, Die deutsche Bundesrepublik und Eichmann, in: ebd. vom 22.6.1960.
In der Tat war zumindest der Vorwurf, daß im BND ehemalige »Nazis« arbeiteten, richtig. So war der Präsident des BND, Reinhard Gehlen, während des »Dritten Reiches« Leiter der Nachrichtendienstabteilung »Fremde Heere Ost« im Generalstab des Heeres. Darüber und wie er in der Nachkriegszeit in Zusammenarbeit mit amerikanischen Behörden den bundesdeutschen Auslandsnachrichtendienst aufbaute, gibt Gehlen in seiner 1971 erschienenen Autobiografie Auskunft. Siehe Reinhard Gehlen, Der Dienst. Erinnerungen 1942-1971. Stuttgart u.a. 1971. Vgl. kritisch hierzu: Heinz Höhne, Hermann Zolling, Pullach intern. General Gehlen und die Geschichte des Bundesnachrichtendienstes, Hamburg 1971.

Da aber weder die direkte »Bestechung« mittels Wiedergutmachung, noch der Einsatz von Gewalt den erwünschten Erfolg erbracht habe und Eichmann weder ausgeliefert, noch der Prozeß habe verhindert werden können, habe die Adenauer-Regierung – allen voran Staatssekretär Globke – ihre Taktik geändert. Sie habe versucht, sowohl mit der israelischen Regierung zu einer geheimen Absprache über den Inhalt und Verlauf des Prozesses zu gelangen[288] als auch über den Eichmann-Anwalt Servatius Einfluß auf den Inhalt der Aussagen Eichmanns zu nehmen. Servatius, von dem fälschlich behauptet wurde, er werde ebenso aus dem bereits erwähnten »Geheimfond« bezahlt[289] und somit von Bonn gesteuert, sollte, so der Vorwurf, Eichmann mittels Drohungen und Versprechungen dazu bewegen, in seinen Aussagen niemand aus der westdeutschen Prominenz – allen voran Globke – zu belasten.[290] War man der Meinung, daß diese angeblich von Servatius – dem »Advokaten des Satans« und »Fürsprecher der Internationale der Neofaschisten und ihrer Bonner Filiale«[291] – unternommenen Anstrengungen nicht den gewünschten Erfolg zeigten und der Name Globke im Verlauf des Prozesses genannt wurde, dann stimmten die *BZ* und das *ND* jedesmal geradezu hämisch klingende Freudengesänge an.[292] Und wie der gesamte Prozeß war schließlich auch das Todesurteil und seine Vollstreckung nicht nur Anlaß zur Schau getragener tiefer Genugtuung, sondern ein willkommenes Ereignis, um vorerst ein letztes Mal Eichmann mit Globke auf eine Stufe zu stellen und so die Bundesrepublik als ein von »Nazis verseuchtes« Regime darzustellen:

»Das Todesurteil gegen Judenmörder Eichmann ist vollstreckt. Die Nazibestie lebt nicht mehr. Der Mörder von Millionen hat seine gerechte Strafe erhalten.

---

288 Vgl. hierzu Abschnitt III. 5.2.4. Das Geheimabkommen – Oder: Die »Achse Bonn-Tel Aviv«.

289 In einem im *ND* veröffentlichten Artikel behauptet Harri Czepuck, Servatius sei »zur Verteidigung Eichmanns abkommandiert« worden und beziehe sein »Honorar von 100 000 D-Mark« aus dem von Globke verwalteten Geheimfond. Vgl. Harri Czepuck, Wer bezahlt Eichmanns Verteidiger, in: ND vom 12.10.1960. Siehe auch: Globke bezahlt Eichmanns Verteidiger, in: ebd. vom 19.10.1960.

290 Neben den nachfolgend zitierten Artikeln siehe zum Beispiel auch Eichmann-Verteidiger provoziert das Gericht, in: BZ vom 12.4.1961; Der Verteidiger, in: ebd. vom 14.4.1961; Servatius beleidigt Opfer, in: ebd. vom 15.8.1961; oder auch Servatius verteidigt Eichmanns Bonner Komplicen, in: ND vom 12.4.1961.

291 Julius Mader, Advokat des Satans, in: BZ vom 9.4.1961. Mader verweist auch darauf, daß Servatius bereits in den Nürnberger Prozessen als Verteidiger tätig war und bezeichnet ihn daher als »Advokat der Goldfasane«.

292 Es wurde mitgezählt, wann und wie oft Globke im Verlauf der Verhandlung erwähnt wurde, z.B. Zum sechsten Mal: Globke, in: ebd. vom 15.7.1961. Jede Nennung Globkes wurde als Beweis und Bestätigung der gegen Globke und die Bundesrepublik erhobenen Vorwürfe dargestellt, zum Beispiel Eichmann und Globke sind Kumpane, in: ebd. vom 14.5.1961.

Wie aber sieht es mit dem intellektuellen Urheber der abscheulichsten Verbrechen in der Weltgeschichte aus? Er sitzt noch immer in Amt und Würden, ist rechte Hand des Bonner Staatschefs – Dr. Hans Globke. Sein Name wurde zu einem schmutzigen Symbol. Es genügt diesen Namen zu nennen, und sofort taucht das Bild des Bonner Regimes auf, das mit braunen ›Übermenschen‹ verseucht ist. [...]

Wann kommt Globke auf die Anklagebank? Wann wird die Welt von diesem Ungeheuer befreit? Der Strick ist noch warm!«[293]

In diesen Sätzen zeigten sich die wichtigsten und häufigsten Elemente in der Auseinandersetzung mit Eichmann und dem Eichmann-Prozeß in der hier untersuchten DDR-Presse: Eichmann *war* der Komplice Globkes; Globke *war* (mit)verantwortlich für die Ermordung von Millionen von Juden; Globke *ist* die rechte Hand Adenauers und somit stand das »Bonner Regime« in der Tradition des »Hitlerfaschismus«. Der Prozeß wurde mit Hilfe dieser Logik bis zum Ende konsequent für diskreditierende Angriffe auf die Bundesrepublik mißbraucht. Eine derartige Instrumentalisierung der historischen Ereignisse und Verbrechen ließ von vornherein keinen Raum für eine offene und vor allem auch selbstkritische Auseinandersetzung mit dem Nationalsozialismus. Ansätze oder Sichtweisen, die dieser starren Konstruktion widersprechen, kamen nicht zu Wort. So war denn auch die Möglichkeit für Reflexionen über eine eigene Schuld und Verantwortung der »DDR-Menschen« (Jurek Becker) an den und für die von Deutschen begangenen Verbrechen in der untersuchten DDR-Presse nicht gegeben. Die durchgängige Linie war eindeutig und duldete keinen Widerspruch: Die Schuldigen lebten ausschließlich in Westdeutschland, im »Bonner KZ-Staat«.

Eine absurde Konstruktion. Aber sie erfüllte mindestens zwei Funktionen: Zum einen ermöglichte sie der SED-Partei- und Staatsführung, sich und die DDR als im Vergleich zur Bundesrepublik konsequent antifaschistischen Staat darzustellen und so im außen- wie im innenpolitischen Bereich ein Mehr an Legitimation zu erhalten. Zum zweiten bot diese Art der implizierten Beinahe-Gleichsetzung von Bundesrepublik und Nationalsozialismus im Einklang mit der Abwehr und Leugnung einer Verbindung zur nationalsozialistischen Vergangenheit und ihren Verbrechen den Menschen in der DDR die Möglichkeit einer »antifaschistischen Absolution«: Allein durch die Tatsache, daß man in der »sozialistischen DDR« und nicht im »naziverseuchten« Westdeutschland lebte, war man der Vergangenheit enthoben. Und diese »antifaschistische Absolution« erforderte keine prüfende und selbstkritische Auseinandersetzung mit der eigenen Schuld und Verantwortung, sondern erfolgte geradezu pauschal und als Zugabe zum Glaubens- und Treuebekenntnis zur »sozialistischen DDR«.

---

293 S. J., Der Strick ist noch warm, in: ebd. vom 2.6.1962. Siehe auch den Artikel Eichmann gerichtet in der gleichen Ausgabe auf der Titelseite.

5.2.2. Adolf Eichmann – Handlanger des Kapitals

Hand in Hand mit der Behauptung, Globke und Eichmann seien »Komplicen« gewesen und die Bundesrepublik sei vor allem im personellen Bereich eine Fortführung des Nationalsozialismus, wurde in der ausgewerteten DDR-Presse die These propagiert, bei Eichmann handele es sich um einen Handlanger und Erfüllungsgehilfen des Großkapitals. Von den ersten Berichten an wurde immer wieder unterstrichen, daß er seine Verbrechen letztlich im Auftrag und vor allem zum Nutzen der großen Konzerne und Banken begangen habe – allen voran namentlich für die I.G. Farben und die Deutsche Bank. Und auch nach dem Krieg habe Eichmann für seine früheren »Herren« weitergearbeitet, die nun in Westdeutschland wieder das wirtschaftliche und auch politische Leben maßgeblich kontrollierten. So wurde vor allem in den ersten Wochen der Berichterstattung wiederholt die Meldung verbreitet, Eichmann habe im Ölgeschäft als »Mittelsmann«[294] bzw. »Verbindungsmann großer westdeutscher Konzerne zu den Behörden des Scheichtums Kuwait« gearbeitet.[295] In diesem Zusammenhang wurde auf angebliche, bereits aus früheren Zeiten stammende Verbindungen zwischen der Deutschen Bank, dessen Vorstandsvorsitzenden, dem »Adenauer-Bankier« Herrmann Abs, und Eichmann verwiesen.[296] Plausibilität und Beweiskraft sollten diese letztlich unrichtigen Meldungen durch den Verweis auf Eichmanns Tätigkeit für die Vacuum Oil im Jahre 1934 bekommen.

Diese angeblichen Verbindungen Eichmanns zu verschiedenen westdeutschen Konzernen in der Zeit nach dem Zweiten Weltkrieg wurden in der *BZ*, aber vor allem im *ND* immer wieder zum Thema gemacht. Damit bot sich die Möglichkeit, sowohl die kapitalistische Bundesrepulik zu attackieren, als auch jene ideologische und historische Verwandtschaft von Kapitalismus und Faschismus hervorzuheben, wie sie von den Ideologen der Partei postuliert wurde. Der Artikel *Mörder Eichmann – Konzernagent des Herrn Abs*, der Ende Mai 1960 im *ND* erschien, ist hierfür ein gutes Beispiel. Dort wurde nicht nur behauptet, Eichmann habe nach dem Krieg in Kuwait für verschiedene westdeutsche Konzerne gearbeitet, sondern er wurde auch zu einem wirtschaftlichen »Repräsentanten Bonns« hochstilisiert, ein in den Häusern der Mächtigen häufiger und gern gesehender Gast:

> »Der Allgemeine Deutsche Nachrichtendienst bestätigte mit detaillierten Angaben die Enthüllungen, die ›Neues Deutschland‹ bereits am Mittwoch über die Hintermänner Eichmanns veröffentlichte. ADN weist nach, daß der Judenmörder von westdeutschen Großkonzernen und Regierungsstellen zum hochbezahlten Mittelsmann und Repräsentanten beim Herrscher von Kuwait, […], gemacht wurde. Der Judenvernichter ging in der Scheichresidenz als Repräsentant Bonns ein und aus. […]

294 Eichmann – ein Mittelsmann Bonner Konzerne in Kuwait, in: ebd. vom 29.5.1960.

295 Eichmann – der Mann Bonns, in: ND vom 28.5.1960.

296 Vgl. z.B. Globke-Komplice endlich hinter Gittern, in: ebd. vom 25.5.1960.

In Kuwait weilte Eichmann mehrfach und für längere Zeit als Vertreter der Gelsenberg Benzin AG, die im hundertprozentigen Besitz der Gelsenkirchner Bergwerks AG ist. In diesem Riesenunternehmen mit einer halbe Milliarde D-Mark Kapital spielt Adenauers Großbankier, der ehemalige Hitlerfinancier Abs, zusammen mit den Vertretern der Ruhr-Montan-Konzerne die entscheidende Rolle.«[297]

Auf diese Art und Weise wurde erneut der Bogen von Eichmann zur Bundesrepublik geschlagen: Nicht genug damit, daß in der Bundesrepublik angeblich zahlreiche alte »Nazis« und »Eichmann-Komplicen« in hohen politischen und gesellschaftlichen Positionen zu finden seien, auch die kapitalistischen Strukturen hätten sich im Westen Deutschlands nicht geändert. Im Gegenteil, man gab sich überzeugt, daß die gleichen Personen und Institutionen, die Hitler finanziert hätten, nun auch das Adenauer-Regime stützten.

Obwohl sich die Meldungen und Gerüchte, Eichmann habe in Kuwait für die westdeutsche Industrie gearbeitet, als nicht zutreffend erwiesen, ließen sich sowohl die *BZ* als auch das *ND* weder von dieser grundsätzlichen Linie abbringen noch veröffentlichten sie eine wie auch immer geartete, richtigstellende Meldung. Eichmann war und bleibt für sie ein Handlanger des Großkapitals. Mehr noch: Im Rahmen der Berichterstattung wurde er zu einer erbärmlichen, sadistischen und verbrecherischen Kreatur dämonisiert, gleichzeitig ein Produkt als auch ein nützliches Werkzeug des Kapitalismus. Man bezeichnete, ihn als einen »Mörder«, »Massenmörder«, eine »Bestie« oder als »Judenschlächter«, der auf Befehl sogar seinen eigenen Vater getötet hätte und dessen »Lebensziel« die »Judenausrottung« gewesen sei.[298] Max Kahane, der Israel-Korrespondent und Prozeßberichterstatter des *Neuen Deutschland,* sah in ihm schließlich nicht nur einen »eifrige[n] Nazi«, sondern gar einen »leidenschaftliche[n] Töter«,[299] der zur »Verwirklichung der Weltherrschaftspläne des westdeutschen [!] Monopolkapitals« Millionen Juden »liquidieren ließ«.[300] Zudem bezeichnete er Eichmann als einen »erbärmlichen« Feigling, der, nun wo es ihm an den Kragen ginge, die Schuld und die Verantwortung auf andere abzuwälzen versuche.[301] Daß im Zuge dieser Charakterisierung Eichmanns das »westdeutsche« und nicht das deutsche Monopolkapital zum Urheber der Verfolgung und Ermordung von Millionen Juden wird, ist nicht etwa eine unüberlegte sprachliche Entgleisung Kahanes, sondern entsprach der auch von ihm

297 Mörder Eichmann – Konzernagent des Herrn Abs. Bonner Verkehrsminister Seebohm brachte den Kriegsverbrecher ins »Ölgeschäft«! in: ebd. vom 29.5.1960.

298 Diese Bezeichnungen waren derart gängig, daß hier als Beispiele nur auf folgende Artikel verwiesen werden soll: Mörder Eichmann leitete persönlich die Massenvergasungen ein, in: BZ vom 1.6.1960; »Auschwitz war die Hölle«, in: ebd. vom 5.1.1961; »Ich hätte auch meinen Vater getötet«, in: ND vom 23.4.1961.

299 Max Kahane, Der zweite Mann, in: ebd. vom 20.5.1961.

300 Ders., Der erste Tag des Eichmann-Prozesse, in: ebd. vom 12.4.1961.

301 Ders., Warum Globkes Name nicht fällt, in: ebd. vom 26.4.1961.

vehement vertretenen Theorie von der Fortführung kapitalistisch-imperialistischer und faschistischer Strukturen und Ziele in der Bundesrepublik. Für ihn und die anderen Autoren des *ND* und der *BZ* waren die westdeutschen Konzerne identisch mit jenen, die Hitler finanziell unterstützt hatten, um mit seiner Hilfe ihre »imperialistischen Ziele« zu verwirklichen. So wurde eine eindeutige und bruchlose Kontinuität zwischen dem nationalsozialistischen Regime und der Bundesrepublik konstruiert. Die, die früher Hitler unterstützt und, wie K. H. Arnold im *ND* schrieb, an den »Judenmorden des Adolf Eichmann und seiner Mittäter«[302] verdient hätten, unterstützten nun Adenauer und verdienten an der Aufrüstung der Bundesrepublik für den drohenden Atomkrieg gegen die sozialistischen Länder:

»Es ist überflüssig festzustellen, daß die Wahlhelfer Hitlers von 1932 bis 1945 heute die Wahlhelfer Adenauers sind. [...] Und es ist fast überflüssig festzustellen, daß die IG-Farben heute Uran aufbereiten, schweres Wasser produzieren, Raketentreibstoffe, Sprengstoffe und andere ›Rüstungsartikel‹ herstellen.«[303]

Kein Zweifel: Die alten Auftraggeber Eichmanns und die Profiteure des von ihm organisierten, industriellen Massenmordens waren dieselben Monopole und Kapitalisten, für die er nach dem Kriege weitergearbeitet hatte und die nun die Bundesrepublik kontrollierten. Daß in diesen oder ähnlichen Vorwürfen verschiedentlich historische Tatsachen schlichtweg ignoriert – wie zum Beispiel die bereits 1945 erfolgte Auflösung der I.G. Farben durch die Alliierten – oder umgedeutet wurden – so wurde Eichmann in einem Artikel zu einem »Manager des deutschen Monopolkapitals« –,[304] tat dem Elan der Autoren keinen Abbruch.

Aus dieser Identifizierung Eichmanns als einem über den Krieg hinaus wirkenden Handlanger des Kapitals, und der Behauptung einer Kontinuität zwischen dem »Dritten Reich« Adolf Hitlers und der Bundesrepublik Konrad Adenauers in den kapitalistischen Strukturen war es folgerichtig, die westdeutsche Republik als eine Fortführung des »Hitlerfaschismus« anzugreifen. Symptomatisch für diese in erster Linie antikapitalistischen Attacken, die sich in zahlreichen Artikeln wiederfanden, ist die Behauptung, daß nur der Kapitalismus ein solches, zu derartigen Verbrechen fähiges Geschöpf wie Eichmann hervorbringen könne. Im Sozialismus wäre eine solche Kreatur unmöglich.

Mit der Formulierung solcher Thesen bot sich erneut die Möglichkeit, sich der Verantwortung für die nationalsozialistische Vergangenheit und die in dieser Zeit begangenen Verbrechen zu entziehen. Denn hatte man in der »sozialistischen DDR« nicht den Kapitalismus und somit die notwendige Voraussetzung für einen neuen Faschismus

302 K. H. Arnold, Wer verdiente an Eichmanns Verbrechen ? in: ebd. vom 19.5.1961.

303 Ebd.

304 Eichmann – ein Manager des IG-Farben-Konzern, in: BZ vom 20.6.1961.

beseitigt? Und waren somit Kreaturen wie Eichmann, die zu solchen Verbrechen fähig waren, in der DDR nicht unmöglich? Nur in der Bundesrepublik sah man diese Gefahr nicht gebannt. Ihr gegenüber galt es, wachsam zu sein, damit nicht die gleichen »westdeutschen Monopole« (Max Kahane im *ND*) die gleichen Verbrechen begehen konnten wie zur Zeit des »Hitlerfaschismus«.

5.2.3. »Ein Glück, daß es die DDR gibt«[305] – Die DDR, das »bessere« Deutschland und eine »andere« Geschichte

Die Weigerung, den Fall Eichmann als Teil der eigenen, der gemeinsamen deutschen Geschichte anzunehmen, zeigte sich auch in der gebetsmühlenartig vorgetragenen Wiederholung der Phrase von der DDR als dem »besseren Deutschland«, das sich vom Faschismus befreit habe. In der gesamten hier ausgewerteten DDR-Presse fand sich nicht der Hauch eines Zweifels daran, daß »die DDR« – und damit war offensichtlich nicht nur der Staat DDR, sondern auch die Menschen in der DDR gemeint – mit der Hinwendung zum Sozialismus die richtigen Lehren aus der nationalsozialistischen Vergangenheit gezogen hatte. Man zeigte sich überzeugt, daß alle nationalsozialistischen bzw. »faschistischen« Elemente einschließlich ihrer Wurzeln in der DDR beseitigt worden waren, von der Entfernung der Nazis aus wichtigen gesellschaftlichen Positionen bis hin zur Beseitigung des »imperialistischen Monopolkapitalismus«. Aus diesem Grund wurde Eichmann – und alles, wofür er stand – nicht als Teil der eigenen Vergangenheit und Geschichte wahrgenommen, sondern ausschließlich als ein Teil der Vergangenheit, Geschichte und auch der Gegenwart der »revanchistischen« Bundesrepublik.

Der Eichmann-Prozeß wurde als ein willkommener Anlaß genutzt, um diesen vermeintlichen tiefen Gegensatz im Umgang mit dem »Hitlerfaschismus« plakativ hervorzuheben. Dabei wurde konsequent versucht, die »Vergangenheitsbewältigung« in der Bundesrepublik als zu zögerlich zu diskreditieren, ja allenfalls als eine Art Alibi zu entlarven, während der Umgang mit der deutschen Vergangenheit von 1933-1945 in der DDR als eine gründliche und erfolgreiche Abrechnung mit dem »Hitlerfaschismus« dargestellt wurde. Um dieser Behauptung ein größeres Gewicht zu verleihen, wurde wiederholt auf Artikel und Berichte ausländischer Zeitungen und Zeitschriften, in der Regel aus dem Ostblock, oder auf Äußerungen ausländischer Persönlichkeiten zurückgegriffen, die der DDR im Vergleich zur Bundesrepublik eine bessere Note in Bezug auf den Umgang mit der Vergangenheit erteilten.[306]

---

305 K.-H. Gerstner, Und das 1961, in: ebd. vom 12.3.1961.

306 So zum Beispiel Joachim Freese, Eichmann – Mörder von 180 000 Tschechen und Slowaken, in: ebd. vom 4.11.1960; DDR – Gewissen der Nation, in: ND vom 9.8.1960; sowie Israel erkennt die Gefahr des »Globkismus«, in: ebd. vom 14.7.1961.

Besonders prägnant versuchten Walter Oehme und Karl-Heinz Gerstner in der *BZ* diesen angeblichen Unterschied in Sachen »Vergangenheitsbewältigung« herauszustellen. So behauptete zum Beispiel Oehme in seinem fast ganzseitigen Artikel vom 3. März 1961, daß es in der Bundesrepublik ein »gesteuertes Vergessen« gäbe. Dieses diene dazu, die alten Machteliten aus dem »Dritten Reich« erneut in Schlüsselpositionen der Bundesrepublik zu hieven.[307] Prozesse und Verfahren, die es in der Bundesrepublik bis dahin gegeben hatte oder die eben begannen, waren für Oehme allenfalls ein Alibi und in erster Linie ein Mittel, um die »Erregung« über die Zustände in Westdeutschland zu besänftigen und vor allem von den Hauptverantwortlichen für die nationalsozialistischen Verbrechen abzulenken, die nun – wie Globke – »Adenauers Aggressionspolitik« unterstützten.[308] Besonders scharf griff Oehme in diesem Zusammenhang die westdeutsche Justiz an. Diese habe es nicht nur versäumt, ehemalige »Nazirichter« oder »Blutrichter« zu verurteilen, sondern sie sogar nahezu nahtlos in den neuen Justizapparat übernommen.[309] Dieser »westdeutschen Art« der »Vergangenheitsbewältigung« setzte er gleich am Anfang des Artikels das positive Beispiel der DDR entgegen. Auf die rhetorische Frage, ob man »seine Vergangenheit bewältigen« könne, antwortete er:

»Man kann! Die Menschen der Deutschen Demokratischen Republik haben die Ehre des deutschen Volkes vor der Welt hergestellt, seit sie Militarismus und Faschismus samt deren Erzeuger, dem Imperialismus, ausgerottet haben und Friedenswillen, Demokratie und Sozialismus an ihre Stelle setzen.«[310]

Oehme sah also durchaus die prinzipielle Möglichkeit, die Vergangenheit zu »bewältigen«. Und auch für Westdeutschland stehe, so Oehme, dieser Weg der Vergangenheitsbewältigung noch offen: Am Ende seiner in Bezug auf die Bundesrepublik eher pessimistischen Ausführungen äußerte er die Hoffnung, daß die »westdeutschen Werktätigen« gegen allen Widerstand gemeinsam mit den »Werktätigen der DDR auch diese Vergangenheit, also die Bonner Gegenwart, bewältigen.«[311] Oehmes Verständnis zufolge war die DDR – waren »die Menschen der Deutschen Demokratischen Republik« – nicht nur in Sachen »Vergangenheitsbewältigung« erfolgreicher als die Bundesrepublik; vielmehr seien die »Werktätigen der DDR« auch in der Lage, den »westdeutschen Werktätigen« bei der Umgestaltung der Bundesrepublik in Richtung Sozialismus zur Seite zu stehen.

In gleicher Weise wie Oehme äußerte sich auch Karl-Heinz Gerstner in zwei längeren, in der gleichen Zeitungen abgedruckten Artikeln.[312] In seinem Kommentar auf der

---

307 Vgl. Walter Oehme, Wie sie bewältigen, in: BZ vom 3.3.1961.

308 Vgl. ebd.

309 Vgl. ebd.

310 Ebd.

311 Ebd.

312 K.-H. Gerstner, Und das 1961, in: ebd. vom 12.3.1961; ders., Fall Eichmann – Fall Bonn, in: ebd. vom 9.4.1961.

ersten Seite der *BZ* vom 12. März 1961 griff Gerstner sowohl die Bundesrepublik als auch Adenauer persönlich scharf an, um anschließend die DDR und deren Umgang mit der nationalsozialistischen Vergangenheit umso positiver darzustellen. Gerstner bezog sich dabei auf Äußerungen Adenauers zum Eichmann-Prozeß und zum Fall Globke, die der Bundeskanzler im Verlauf mindestens zwei verschiedener Pressekonferenzen gemacht hatte.[313] Der Eichmann-Prozeß war mithin hier nur aktuelles Beiwerk in dieser aggressiven Attacke gegen Adenauer und die Bundesrepublik.

Vor allem die Äußerungen Adenauers in Bezug auf Emigranten und Widerstandskämpfer erregten den Unmut Gerstners.[314] Er warf Adenauer vor, daß die »Verfolgten des Naziregimes« in der Bundesrepublik »wieder verfolgt« würden und er, Adenauer, sich zum »Richter über die Verfolgten des Naziregimes« aufschwinge. Die Äußerungen Adenauers sah Gerstner in der gleichen Reihe wie den Vorwurf, die Emigranten und Widerstandskämpfer seien »Vaterlandsverräter« – einen Vorwurf, den er in der Bundesrepublik als geradezu virulent wahrnahm. Für Adenauer sei der »Kampf«, den die Widerstandskämpfer und »Verfolgten des Naziregimes« geführt hätten, »national anrüchig«. Diese Haltung stelle Adenauer nicht nur auf die »Position Hitlers«, sondern damit »erklärt er sich als sein [Hitlers] Fortsetzer.«[315] Für Gerstner wurde die Vergangenheit in der Bundesrepublik nicht bewältigt, sondern vielmehr sei der Faschismus nach wie vor gegenwärtig. Als wichtigsten Beleg für diese Behauptungen nannte Gerstner die üblichen Namen: Globke, Oberländer, Heusinger und andere ehemalige Funktionsträger des »Dritten Reiches«, die nun auch wieder in der Bundesrepublik hohe Positionen inne hatten.[316]

Gegenüber diesen Schilderungen der Bundesrepublik in den düstersten Farben beschrieb Gerstner die DDR als einen geradezu mustergültigen Hort des Antifaschismus. Hier sei die Vergangenheit bewältigt und das »Gewissen der Nation« habe eine Heimat gefunden. Auch Gerstner betonte, daß die DDR den »fortschrittlichen Kräften« im Westen Deutschlands bei der Bewältigung der Vergangenheit – nun gegenwärtig im »Militarismus« – helfen könne:

»Ein Glück, daß es die DDR gibt. Das Gewissen der Nation ist nicht mehr heimatlos. Bei uns ist die Vergangenheit bewältigt. Wir haben sie ausgerottet und den neuen Weg beschritten. Der tiefe Sinn dessen, daß unsere DDR der einzig rechtmäßige deutsche Staat ist, wird angesichts der Restauration in

---

313 Siehe auch den Artikel Der Kanzler deckt den Mörder, in: ebd. vom 11.3.1961.

314 Gerstner zitierte hier zum Thema Emigranten einen einzigen, nicht näher belegten Satz Adenauers: »Keiner, der aus persönlichen oder politischen Gründen in die Emigration ging, keinem, der im Innern, an seinem Platz verbleibend Widerstand leistete, kann aus dieser Tatsache allein ein Vorwurf gemacht werden.« K.-H. Gerstner, Und das 1961, in: ebd. vom 12.3.1961.

315 Ebd.

316 Vgl. ebd.

Westdeutschland jedem verständlich. Die Gefahr wächst, aber auch unsere Kraft, den Militarismus zusammen mit den fortschrittlichen Kräften in Westdeutschland zu bändigen.«[317]

Fungierte der Fall Eichmann in diesem Artikel vom 12. März noch hauptsächlich als Anlaß und Beiwerk für das Bestreben, die Bundesrepublik als beinahe faschistischen Nachfolger des »Dritten Reiches« zu diskreditieren und gleichzeitig die DDR als Produkt und Ausdruck des Antifaschismus darzustellen, so rückte Gerstner den Fall Eichmann knapp einen Monat später ins Zentrum seiner Gegenüberstellung Bundesrepublik versus DDR. In seinem auf der ersten Seite der *BZ* vom 9. April abgedruckten Leitartikel *Fall Eichmann – Fall Bonn* bezeichnete er den Prozeß in Jerusalem als »Prüfstein für die politische Entwicklung des deutschen Volkes in der Nachkriegszeit.«[318] Er war sich sicher, daß die Verhaftung und Anklage Eichmanns die Menschen »bei uns in der DDR« mit tiefer »Befriedigung« erfülle, denn in der DDR gäbe es »keine Militaristen und Faschisten mehr, die einen Eichmann in Schutz nehmen, sie sind aus dem öffentlichen Leben ausgeschaltet.«[319] In Bonn dagegen würden die »Machthaber« vor dem Prozeß und den Aussagen Eichmanns »zittern«, da »offenbar werden könnte, wie weit die Faschisierung Westdeutschlands schon wieder gediehen ist.« Die Welt werde durch diesen Prozeß erkennen, »daß nur in der DDR die faschistische Vergangenheit überwunden wurde, daß nur sie die Nation vertreten kann.«[320] Als Quintessenz stellte Gerstner am Ende seines Artikels fest:

»Die unbewältigte Vergangenheit steht auf. Der Fall Eichmann ist kein Fall der Vergangenheit. Er ist Gegenwart. Der Fall Eichmann ist der Fall Bonn.«[321]

Mit dieser Formulierung negierte Gerstner eine Verantwortung der DDR für die nationalsozialistischen Verbrechen und schob diese vollständig auf das »faschisierte« Westdeutschland ab. Für die DDR erübrigte sich aus seiner Sicht jegliche Diskussion um Verantwortung oder gar Schuld. Durch die Hinwendung zum Sozialismus sei den Menschen in der DDR alle Schuld vergeben und sie sind darum nicht mehr verantwortlich zu machen für die deutschen Verbrechen. Ihnen wurde damit jene »sozialistische Absolution« erteilt, die sich bereits durch die Zuweisung der alleinigen Schuld an Westdeutschland angekündigt hat.[322] Es war allerdings eine Absolution ohne vorhergehende Anerkennung eigener Schuld und Verantwortung oder gar eines Zeichens der Reue.

Neben der aufgezeigten Gegenüberstellung von »unbewältigter Vergangenheit« in der Bundesrepublik und »bewältigter Vergangenheit« in der DDR, wird die Bericht-

317 Ebd.

318 Ders., Fall Eichmann – Fall Bonn, in: ebd. vom 9.4.1961.

319 Ebd.

320 Ebd.

321 Ebd.

322 Vgl. Abschnitt III 5.2.1. »Mit Eichmann steht Bonn vor Gericht«.

erstattung über den Eichmann-Prozeß auch dazu genutzt, die »nationale Frage« zu thematisieren. Dies zeigt sich beispielsweise in einem Artikel von Oehme, in welchem er von der »Ehre des deutschen Volkes«[323] schrieb, die die DDR durch ihre »gründliche Abrechnung mit dem Faschismus« wiederhergestellt habe. Besonders im *Neuen Deutschland* fand sich im Zusammenhang mit der Berichterstattung über den Prozeß eine kontinuierliche und intensive Formulierung des nationalen Anspruchs der DDR. Vor allem ausführliche Berichte über Pressekonferenzen und verschiedene andere Aktivitäten des »Ausschusses für Deutsche Einheit« und anderer offizieller oder halboffizieller Vertreter der Partei- und Staatsführung wurden vom Zentralorgan der SED zu diesem Zweck genutzt. So erhielt das prominente Mitglied des »Ausschusses für Deutsche Einheit« und Mitglied des Politbüros des ZK der SED, Albert Norden, reichlich Raum, um seine Ansichten – und wohl auch die der Parteiführung – über den »legitimen Staat des deutschen Volkes«[324] zu erläutern. In der bereits zitierten Wiedergabe einer Presseerklärung Nordens zum Thema Globke, in der ausführlich auf angebliche Verbindungen zwischen Globke und Eichmann (»Spießgesellen«) eingegangen wurde, fand sich im *ND* vom 29. Juli 1960 folgendes Zitat:

»Globke, gestern Judenmörder und Himmlers Ratgeber und Emissär, steht heute an der Spitze des Adenauerschen kalten Krieges gegen die DDR und das ganze sozialistische Lager. Diese Tatsache allein zeigt, wo in Deutschland das Recht und wo das Unrecht, wo das Regime des Verbrechens und wo der legitime Staat des deutschen Volkes ist. Hie Bonn und Globke – hie DDR und Menschlichkeit!«[325]

Norden nutzte das Verfahren gegen Eichmann und die dadurch hergestellte Öffentlichkeit, um die Bundesrepublik als ein »Regime des Verbrechens« darzustellen und im Vergleich dazu die DDR als einzigen »legitimen Staat des deutschen Volkes« auf ein Podest zu heben. Auf diese Weise wurde im *ND* und in der *BZ* wiederholt versucht, die DDR als einzigen rechtmäßigen Vertreter aller Deutschen, der deutschen Nation darzustellen. Eine selbstkritische Prüfung der eigenen Verantwortung für die deutsche Geschichte vor 1945 stand dieser Selbstdarstellung aus der Sicht der für den Inhalt der Zeitungen Verantwortlichen entgegen und fand in der hier ausgewerteten Presse nicht statt – im Gegenteil. Um die wiederholt geäußerte Behauptung, die »sozialistische« DDR sei der wahre Repräsentant der deutschen Nation, sei das bessere Deutschland, noch auf eine weitere Art zu untermauern, wurden auch historische Ereignisse mit dem Eichmann-Prozeß in Bezug gesetzt, die auf den ersten Blick nur wenig oder keine Verbindung zu dem Geschehen in Jerusalem hatten. Das auffälligste und wohl auch spektakulärste Ereignis dieser Zeit, das dazu genutzt wurde, war der Weltraumflug des sowje-

323 Walter Oehme, Wie sie bewältigen, in: BZ vom 3.3.1961.

324 Der Eichmann von Bonn, Prof. Norden auf der internationalen Pressekonferenz des Ausschusses für Deutsche Einheit am 20. Juli in Berlin, in: ND vom 29.7.1960.

325 Ebd.

tischen Kosmonauten Juri Gagarin im April 1961.[326] Wenige Tage nach jenem erfolgreichen Flug schrieb Schulze-Walden in der *BZ* eine beinahe schon religiös anmutende Huldigung auf den Sozialismus und den sozialistischen Menschen.[327] Er nutzte die Aufregung um den Flug Gagarins zu einer Gegenüberstellung des Sozialismus in der DDR und des Kapitalismus in Westdeutschland. Nach einem Loblied auf den Sozialismus und den sozialistischen Menschen, rückte er die DDR als Teilhaber an diesem Erfolg in ein positives Licht und versuchte, eine Verbindung zwischen Eichmann, dem Kapitalismus, Westdeutschland und dem Faschismus herzustellen. Im Anschluß daran stellte er Gagarin, das Beispiel des sozialistischen Menschen, Eichmann, dem Produkt des Kapitalismus, gegenüber. In einer schon beinahe lyrisch anmutenden Sprache schrieb Schulze-Walden:

»Das Erhabenste, Größte und das Erbärmlichste, Niedrigste liegen manchmal in der geschichtlichen Entwicklung dicht beieinander. [...] Wirklich: Mensch sein – das ist etwas Großes! Nichts Gewaltigeres gibt es auf der Erde als den Menschen. [...] Nichts Gewaltigeres gibt es als die Menschen, die in der sozialistischen Weltordnung aufwachsen, durch sie gebildet wurden und in ihr alle schöpferischen Kräfte entfalten können – das lehrt die Erkenntnis unserer Tage.

Wir erleben aber auch gleichzeitig im Eichmann-Prozeß schaudernd noch einmal, bis zu welchen Tiefen Menschen herabsinken können, welche Entwürdigung des Menschen vor wenigen Jahren noch in Deutschland anerkannter Grundsatz der Staatsräson war. Wir erleben, welch dunkle, verbrecherischen Elemente aus den finsteren Höhlen einer sterbenden Weltordnung aufsteigen, wenn ihnen von den Kräften an der Spitze dieser Ordnung der Weg frei gemacht wird. Das war möglich und das ist auch heute noch möglich, solange der Prozeß des Absterbens der kapitalistischen Ordnung noch im Gange ist. ›Der Schoß ist fruchtbar noch, aus dem das kroch ...‹«[328]

Schulze-Walden war in seiner Sprache eindeutig: Das »Erhabenste«, der sozialistische Mensch – repräsentiert durch Gagarin – steht dem »Erbärmlichsten, Niedrigsten« – repräsentiert durch Eichmann – gegenüber. Sozialismus auf der einen, Kapitalismus auf der anderen Seite. Ein »verbrecherisches Element« wie Eichmann sei nur im Kapitalismus möglich, während sich so etwas »Gewaltiges« wie Gagarin nur im Sozialismus entfalten könne. Diese Logik lädt förmlich dazu ein, Eichmann als für die sozialistische DDR irrelevant zu betrachten, da so jemand wie er doch aus dieser Sicht dem Sozialismus absolut wesensfremd war und wesensgemäß nur zum Kapitalismus gehören konnte. Dieser Kapitalismus aber sei, so Schulze-Walden, eine sterbende Weltordnung, die

326 Am 12. April 1961 umkreiste der Kosmonaut Juri Gagarin in einer sowjetischen Raumkapsel als erster Mensch die Erde. Ähnlich wie der Flug des sowjetischen Satelliten »Sputnik« im Oktober 1957 wurde dieser technologische Erfolg für propagandistische Zwecke genutzt und als ein Sieg des Sozialismus gefeiert.

327 Th. Schulze-Walden, Das Erhabene und das Erbärmliche, in: BZ vom 14.4.1961.

328 Ebd.

untergehen und dem Sozialismus Platz machen werde.[329] Wenn nun aber der Kapitalismus eine »überwundene finstere Episode der Geschichte« war, so war auch Eichmann als ein Produkt des Kapitalismus »überwunden« und allenfalls noch von historischer Bedeutung, jedoch unter moralischen Gesichtspunkten für eine sozialistische Gesellschaft bedeutungslos.

Neben der Möglichkeit der Verantwortungs- und Schuldabwehr bot der wiederholte Rückgriff auf die These von der DDR als dem »besseren Deutschland« auch die Möglichkeit, sich positiv mit Deutschland als Nation zu identifizieren: Die sozialistische und antifaschistische DDR habe sich vom Faschismus gereinigt und so die Ehre der deutschen Nation gerettet und wiederhergestellt. Ein drohender Verzicht auf eine überkommene »deutsche Identität« konnte auf diese Weise durch die Hinwendung zu einer sozialistisch-antifaschistischen, aber dennoch auch »deutschen Identität« abgewendet werden. Die DDR wird auf diese Art geradezu offensiv als der wahre – da »reine« – Vertreter der deutschen Nation dargeboten, was wiederum dazu diente, die Politik der Staats- und Parteiführung rechtfertigen zu helfen.

In diese Logik ordnete sich auch die Kommentierung des Baus der Berliner Mauer am 13. August 1961 ein, die im *ND* und der *BZ* auch unter Rückgriff auf den Eichmann-Prozeß als »antifaschistischer Schutzwall« verteidigt wurde. Wurde der Prozeß bereits vorher dazu benutzt, um auf die »Eichmann-Komplicen« in wichtigen Positionen der Bundesrepublik hinzuweisen, so bot es sich nach dem 13. August geradezu an, auch mit seiner Hilfe den Bau der Mauer als eine richtige, gute und letztlich dem Frieden und »der Nation« dienende Tat zu rechtfertigen. So zog Max Kahane in einem Artikel vom 16. August 1961 einen Vergleich zwischen dem Bau der Mauer und dem Prozeß in Jerusalem, in dem Servatius eben sein Plädoyer gehalten hatte.[330] Im Mauerbau sah Kahane die einzig richtige Anwort auf die Bedrohung durch die »Globkes in Westdeutschland«. Diese wollten ein »atomares Massaker« auslösen, dessen Opfer zuerst die Bürger der DDR sein würden. Im Kampf gegen diese faschistische Bedrohung durch die Bundesrepublik sei der Prozeß gegen Eichmann zwar ein wichtiges Mittel, der Bau der Mauer in Berlin aber das weitaus wirkungsvollere:

»Der Jerusalemer Prozeß war eine Unannehmlichkeit für Bonn. Die Entscheidung von Berlin [der Mauerbau, P.K.] jedoch ließ die westdeutschen Militaristen vor Wut erbeben – und vor Angst. Und dies war das Vermächtnis der Toten – aller Toten des Krieges an uns, die Lebenden.«[331]

Der Bau der Mauer – des »antifaschistischen Schutzwalls« – war für Kahane auch und gerade vor dem Hintergrund des Eichmann-Prozesses die richtige Lehre aus der Geschichte und zur Verwirklichung des »Vermächtnisses« der Opfer. Auf diese Weise wurde

329 Vgl. ebd.

330 Max Kahane, Jerusalem und Berlin, in: ND vom 16.8.1961.

331 Ebd.

die Mauer nicht nur zu einem »antifaschistischen Schutzwall« gegen den kapitalistischen Westen, sondern auch zu einem »Schutzwall« gegen die gemeinsame deutsche Vergangenheit und Verantwortung. Der selbst postulierte Anspruch von der antifaschistischen DDR als dem besseren Teil der Nation wurde weder durch den Jerusalemer Prozeß, noch durch die Mauer gestört, beides mittels der Partei- und Staatsideologie scheinbar bruchlos in das offizielle Geschichts- und Weltbild eingefügt. »Wir«, so schrieb Gerstner am Ende des Jahres 1961 in der *BZ* im Rückblick auf den Eichmann-Prozeß und den Mauerbau, »können vor der Welt hintreten und sagen: Wir haben die Vergangenheit bewältigt und stellen die Zukunft der Nation dar.«[332]

5.2.4. Das Geheimabkommen – Oder: Die »Achse Bonn – Tel Aviv«

Ein weiteres wichtiges Element in der Berichterstattung war die Behauptung, zwischen der Bonner Regierung und der »bürgerlichen« Regierung David Ben-Gurions würde eine Art »Geheimabkommen«[333] über Verlauf und Inhalt des Eichmann-Prozesses existieren. Ziel dieses ominösen Abkommens sei es, zu verhindern, daß die Namen von in der Bundesrepublik lebenden »Komplicen« Eichmanns im Verlauf des Verfahrens genannt würden. Auch in diesem Zusammenhang fiel vor allem der Name von Adenauers Staatssekretär Globke. Es wurde aber auch anhand anderer Personen auf die angeblich zahlenmäßig hohe »Durchsetzung« der bundesdeutschen Institutionen mit ehemaligen Nazis verwiesen, die nun alle fürchteten, von Eichmann im Verlauf des Prozesses enttarnt zu werden. Die Bundesregierung – so die innere Logik der Vorwürfe – wolle durch dieses »Geheimabkommen« sowohl verhindern, daß es den Komplicen Eichmanns an den »Kragen« gehe, als auch die »Durchsetzung« der Bundesrepublik mit ehemaligen Nazis verschleiern, um auf diese Weise das Ansehen der Bundesrepublik in der Welt zu wahren.

Auf der israelischen Seite wurde die »bürgerliche Regierung« Ben Gurions, so der Vorwurf, vor allem durch wirtschaftliche Überlegungen zu diesem Abkommen bewegt, habe sie doch starkes Interesse an den westdeutschen Wiedergutmachungszahlungen und vorteilhaften Handelsbeziehungen zur Bundesrepublik. Aber auch politisch-militärische bzw. »imperialistische« Ziele der israelischen Regierung spielten angeblich bei dieser geheimen Absprache eine wesentliche Rolle. Mit solchen Behauptungen wurde

---

332 K.-H. Gerstner, Eichmann und Heusinger, in BZ vom 19.12.1961.

333 Das Wort »Geheimabkommen« wurde zuerst von Max Kahane in dem ND-Artikel »Schwer belastendes Material in Bonn« vom 3.5.1961 verwendet. Zuvor war immer eher vage von »Verhandlungen«, »Gesprächen« oder »Absprachen« o.ä. zwischen der bundesdeutschen und der israelischen Regierung die Rede.

besagte »Achse Bonn-Tel Aviv« (Konrad Weiß)[334] konstruiert, die im Nahen Osten gemeinsame expansionistische Interessen verfolge.[335]

Um diese Vorwürfe zu belegen, wurde vor allem im *ND* wiederholt auf ausländische Quellen zurückgegriffen. Dabei ist auffällig, daß neben Zeitungen aus dem Ostblock (z.B. der sowjetischen Parteizeitung »Prawda«) wiederholt Artikel israelischer Zeitungen und Äußerungen von Funktionären der israelischen KP als Beleg für die Existenz dieses Geheimabkommens zitiert wurden.[336] Ebenso bemerkenswert ist die ausführliche Berichterstattung über Veranstaltungen und Demonstrationen in Israel, in deren Rahmen kritische bzw. mißtrauische Äußerungen zum Prozeßverlauf oder zu den Beziehungen zwischen der Bundesrepublik und Israel laut wurden.[337] Es liegt nahe, einen Grund für den Rückgriff auf ausländische, insbesondere israelische Quellen, vor allem in dem Versuch zu sehen, damit dem Vorwurf der antisemitischen Propaganda vorzubeugen, der angesichts derartig schwerwiegender Angriffe von deutscher Seite auf eine israelische Regierung durchaus zu erwarten gewesen wäre.

Der Vorwurf »Geheimabkommen« tauchte in den hier untersuchten DDR-Zeitungen erstmals in aller Deutlichkeit am 21. Februar 1961 im *ND*[338] auf, nachdem er im Vorfeld durch verschiedene Meldungen und Artikel über Versuche der Adenauer-Regierung, auf das Verfahren gegen Eichmann Einfluß zu nehmen, quasi inhaltlich vorbereitet worden war.[339] Obwohl in diesem Artikel von Ya'aqov Caspi noch nicht der Begriff »Geheimabkommen« fiel, sondern der Autor sich mit wenig verklausulierten Umschreibungen begnügte,[340] wurde deutlich, daß hier der Vorwurf der Absprache zwischen der westdeutschen und der israelischen Regierung erhoben wird.

---

334 Siehe auch Abschnitt III. 5.1. Der DDR-Antifaschismus und der Eichmann-Prozeß.

335 Damit in Einklang steht, daß im Untersuchungszeitraum – entsprechend der antizionistischen und antiisraelischen Linie der Ostblock-Staaten – in verschiedenen Artikeln für die arabische Seite im Nahost-Konflikt Partei ergriffen wird. Vgl. zum Beispiel den Artikel Arabische Staaten klagen Adenauers Politik an, in: ND vom 11.4.1961, in dem zustimmend über Angriffe arabischer Politiker auf die die israelischen »expansionistischen Bestrebungen« unterstützende Politik Adenauers berichtet wird.

336 So z.B. das Interview des ND-Mitarbeiters Max Kahane mit dem Ersten Sekretär des ZK der KP Israels, Samuel Mikunis; vgl. Eichmann-Prozeß – Schlag gegen Neonazismus, in: ebd. vom 4.6.1961.

337 Vgl. z.B. Israel fordert: Globke neben Eichmann, in: ebd. vom 10.4.1961; sowie KP Israels: Nennt die Namen!, in: ebd. vom 4.5.1961; Auf der Anklagebank mit Globke, in: BZ vom 10.4.1961.

338 Ya'aqov Caspi, Mit Eichmann steht Bonn vor Gericht, in: ND vom 21.2.1961.

339 So zum Beispiel Globke-Skandal im israelischen Parlament in: ebd. vom 6.1.1961; sowie: Nazis fürchten Belastungsmaterial, in: ebd. vom 29.1.1961.

340 So schreibt er u.a. von »verräterischen Intrigen«. Vgl. Ya'aqov Caspi, Mit Eichmann steht Bonn vor Gericht, in: ebd. vom 21.2.1961.

Bereits in diesem ersten Artikel tauchten alle Aspekte dieses Vorwurfs auf, die dann im weiteren Verlauf der Berichterstattung des *ND* und der *BZ* bis zum Ende des Prozesses immer wieder aufgegriffen und durch verschiedene »Belege« und »Beweise« untermauert und inhaltlich variiert wurden. So stellte Caspi die Behauptung auf, die Adenauer-Regierung versuche, mit Hilfe von Servatius und über ihre direkten Kontakte zu Ben-Gurion Einfluß auf den Verlauf des Verfahrens und die Aussagen Eichmanns zu nehmen, mit dem Ziel, Globke und andere, in der Bundesrepublik lebende »Nazis« sowie Adenauer selbst vor den sie belastenden Aussagen Eichmanns zu schützen. Ben-Gurion, dem unterstellt wurde, dieser behaupteten Einflußnahme zumindest keinen Widerstand entgegenzusetzen, wurde von Caspi als Befürworter oder gar Unterstützer des Imperialismus und quasi als Handlanger Adenauers dargestellt, der mit dem Versuch, den Prozeß zu »verfälschen«, gegen die Interessen des israelischen Volkes und der Opfer des Faschismus handeln würde.[341]

Als wichtigste innerisraelische Kraft, die sich gegen diese »Verfälschung des Eichmann-Prozesses« wehrte, sah Caspi hauptsächlich die israelischen Kommunisten, die sich konsequent vor allem für die Einbeziehung Globkes in den Eichmann-Prozeß einsetzten. Caspi verwies auf die Äußerungen des kommunistischen Parlamentsabgeordneten Moshe Sneh, der in der Knesset auf die »Verbindung Globke-Servatius-Eichmann« hingewiesen habe, und zitierte ausführlich die Parteizeitung der KP Israels, *Kol Haam*, in der Ben-Gurion aufgefordert wurde, die Einmischungsversuche »Bonner Kreise« zurückzuweisen.[342]

In dieser von Caspi in seinem Artikel vollzogenen Gegenüberstellung Ben-Gurions mit den israelischen Kommunisten wird die Unterscheidung sehr deutlich, die im *ND* – und auch in der *BZ* – in Hinblick auf die Israelis und Juden im Allgemeinen gemacht wurde: Auf der einen Seite die »bürgerlichen« Juden und Israelis, die »israelischen, herrschenden Oberschichten«[343] – exemplarisch dafür Ministerpräsident Ben-Gurion –, die mit »Imperialisten« und »ehemaligen Nazis« auf Kosten der Opfer und des eigenen Volkes Geschäfte machten. Und auf der anderen Seite die Kommunisten Israels, die konsequent die Bestrafung der faschistischen Mörder – von Eichmann bis Globke – forderten und im eigentlichen Interesse des israelischen Volkes bedingungslos gegen Kapitalismus und Imperialismus kämpften – selbst wenn der Gegner die eigene, die israelische Regierung war.

In einem weiteren, gut zwei Monate später am 8. April 1961 im *Neuen Deutschland* veröffentlichten Artikel von Caspi über »entrüstete« Reaktionen der israelischen Pres-

---

341 Vgl. ebd.

342 Ebd.

343 So das ND im Rückgriff auf einen Artikel der sowjetischen Prawda; Prozeß nicht zur Farce machen, in: ebd. vom 29.4.1961.

se auf angebliche »Bonner Einmischungsversuche in den Eichmann-Prozeß« wird diese Position noch deutlicher.[344] Nachdem eine Zahl sehr kritischer Artikel verschiedener israelischer Zeitungen zu Äußerungen Adenauers zum Eichmann-Prozeß zitiert wurden, erfuhren die Äußerungen des kommunistischen Abgeordneten Sneh und ein Artikel der KP-Zeitung *Kol Haam*, in denen sowohl die Bundesregierung als auch die Regierung Ben-Gurions scharf angriffen wurden, ausführliche und zustimmende Würdigung. Dem Bundeskanzler wurde darin unterstellt, er sei an einer Verfälschung des Eichmann-Prozesses interessiert, um die Aufdeckung der Verbrechen und die Verstrickung Bonner Politiker zu verschleiern, denn – so *Kol Haam* – in diesem Prozeß werde nicht nur Eichmann, sondern auch »die Politik der Wiedereinsetzung der Nazis in ihre alten Schlüsselpositionen vor Gericht stehen«.[345] Der Abgeordnete Sneh sah gar eine direkte Verbindung von Eichmann zu Globke zu Adenauer zu Ben-Gurion. Unter Hinweis auf den »nationalen Verrat« Ben-Gurions zitierte Caspi aus einer Rede des Abgeordneten vor dem israelischen Parlament, der Knesset:

»Hier haben wir drei Kettenglieder vor uns, die, miteinander verbunden, sich zu einer geschlossenen Kette vereinigen: Eichmann ist mit Globke verknüpft – Globke ist die rechte Hand Adenauers – und Adenauer baut auf die Freundschaft Ben Gurions.«[346]

All diesen Vorwürfen von Seiten der israelischen Kommunisten stimmte Caspi uneingeschränkt zu. Die Angriffe auf Adenauer und Ben-Gurion, der Vorwurf einer Absprache zwischen Bonn und Tel Aviv zur Verfälschung des Eichmann-Prozesses entsprachen genau der Position Caspis und des *ND*. Wesentlich an diesem Artikel war aber vor allem die Schlußfolgerung, die Caspi aus den israelischen Pressestimmen hinsichtlich der israelischen Innenpolitik zog. Für ihn war entscheidend, daß nun auch nicht-kommunistische Zeitungen diese Vorwürfe aufzugreifen begannen und sich nun ebenfalls gegen die behaupteten Versuche der Einflußnahme der Bonner Regierung wehrten. Mit erkennbarer Genugtuung schrieb Caspi:

»Diese Entgegnungen aller israelischen Zeitungen sind wichtig, da sie darauf hindeuten, daß die israelische Bevölkerung die frechen Erpressungsmanöver der Bonner Machthaber nicht ohne weiteres hinzunehmen gewillt ist.«[347]

Die israelischen Kommunisten waren in den Augen Caspis die israelischen Vorkämpfer für die Aufklärung der Verbrechen Eichmanns und die Aufdeckung seiner Bonner Hintermänner. Sie hätten als erste in Israel die richtigen Lehren aus dem Faschismus gezogen und würden nun mit ihren Überzeugungen immer mehr Einfluß in der israelischen

---

344 Ya'aqov Caspi, Adenauer mischt mit, in: ebd. vom 8.4.1961.

345 Ebd.

346 Ebd.

347 Ebd.

Öffentlichkeit gewinnen. Das führe dazu, daß sich nun »die israelische Bevölkerung« gegen die Vertuschungsversuche, Absprachen und »Erpressungsmanöver der Bonner Machthaber« zu wehren beginne.[348]

Mit Fortschreiten des Prozesses wurden auch die Angriffe und Vorwürfe im Zusammenhang mit der angeblichen Absprache zwischen Bonn und Tel Aviv heftiger. Besonders im Zeitraum von Ende April bis Anfang Juni 1961 wurde die intensive Berichterstattung genutzt, um die wiederholt erhobenen Vorwürfe zu unterstreichen. Auffällig scharf formulierte der Israel-Korrespondent des *ND*, Max Kahane, seine Angriffe. So behauptete Kahane in seinem Artikel vom 30. April 1961, daß es im Eichmann-Prozeß nicht um Eichmann gehe: vielmehr stehe fest, daß »[s]ein [gemeint ist der Prozeß, P.K.] Gravitationszentrum« »Globke« sei.[349] Und eben dies werde im Verfahren nicht genügend oder gar nicht berücksichtigt. »Globkes Name«, so Kahanes Vorwurf, »wird bewußt aus dem Prozeß verdrängt«, da sich die israelische Regierung »Bonn verpflichtet fühlt«.[350] Diese Verpflichtung sah Kahane vor allem im wirtschaftlichen und militärischen Bereich. Und auch die bundesdeutschen Wiedergutmachungszahlungen, eine ähnlich materielle Entschädigung hatte die DDR bis weit über diesen Zeitpunkt hinaus immer abgelehnt, wurden von ihm kritisch erwähnt und indirekt nahezu als eine Form der Bestechung diffamiert:

»Ohne Blick auf die Beziehungen zwischen Bonn und Jerusalem wird der ganze Prozeß auch nicht verständlich. An sich müßte die Position eines jüdischen Staates gegenüber Bonn, gegenüber den Globke, Speidel und Konsorten klar sein. Hingegen ruft der Premier Ben Gurion immer wieder dazu auf, endlich die Vergangenheit zu vergessen und sich auf die Realitäten der angeblichen Bonner Stärke zu orientieren. Gegen den Willen einer starken Opposition im Lande hat er von der westdeutschen Regierung ›Entschädigung‹ angenommen und ist später mit ihr in ein noch laufendes Waffengeschäft eingetreten. Er erklärte sein Bedauern, nicht zu einem der aggressiven Paktsysteme zu gehören, ließ sich von Adenauer Atomhilfe versprechen und sprang als Gegenleistung hierfür immer als Garant für Adenauers ›Demokratentum‹ ein, wenn der Bonner Staat durch sein militaristisches und antisemitisches Gebaren besonders kompromittiert vor der Welt dastand.«[351]

Wenige Tage später, am 3. Mai 1961, wandelte sich Kahanes scharfer Ton in eine Sprache, die beinahe schon gelassene Abgeklärtheit oder gar Zynismus vermuten läßt. Nach Kahanes Ansicht war das angebliche »Geheimabkommen« allgemein bekannt, so daß sich niemand über dessen Auswirkungen auf den Prozeßverlauf Illusionen mache:

---

348 Ebd.

349 Max Kahane, Warum nennt die Anklage nur tote Mörder? Aber Globke ist aus dem Eichmann-Prozeß nicht zu verbannen, in: ebd. vom 30.4.1961.

350 Ebd.

351 Ebd.

»Das Gefühl ist allgemein, daß hier etwas geschehen müßte. Gleichzeitig aber macht man sich auch keine Illusionen über die möglichen Hindernisse, die schon der Nennung, geschweige denn einem Auftreten Globkes im Zusammenhang mit dem Prozeß von ›interessierter politischer Seite‹, d.h. durch das Geheimabkommen zwischen beiden Regierungen, in den Weg gelegt werden würde.«[352]

Daß Adenauers Staatssekretär für den Eichmann-Prozeß vielleicht nicht die Bedeutung haben könnte, wie Kahane und andere behaupteten, und darum im Verlauf des Prozesses bis dahin noch nicht erwähnt worden war, wurde an keiner Stelle als weitere mögliche Option thematisiert. Und die Aussagen Eichmanns, in denen er schließlich kurze Zeit später den Namen Globke oder eines anderen in der Bundesrepublik lebenden vermeintlichen oder tatsächlichen »Ex-Nazis« nannte, wurden als ein Zeichen für das Scheitern des besagten Geheimabkommens gewertet und die Meldung darüber mit unverhohlenem Triumph auf der ersten Seite ausgebreitet.[353] So schrieb Kahane Mitte Mai 1961 über die erste Erwähnung Globkes im Verlauf des Prozesses:

»Die Barriere um den Namen Globke ist gefallen. Zum erstenmal seit Beginn des dramatischen Prozesses gegen den nazistischen Massenmörder Eichmann wurde der Name eines seiner Hauptkomplicen, des gegenwärtigen Staatssekretärs beim westdeutschen Bundeskanzler, Dr. Hans Globke, genannt. Damit sind die krampfhaften Versuche der Adenauer-Regierung, die sie im Verein mit israelischen Kreisen unternahm, jede Ausweitung des Prozeßstoffes auf das Gebiet der neonazistischen westdeutschen Gegenwart zu unterdrücken, grundsätzlich gescheitert.«[354]

Daß nun trotz der behaupteten Vereinbarung zwischen Adenauer und Ben Gurion doch der Name Globkes im Prozeß fiel, führte aber nicht dazu, daß im *ND* oder der *BZ* selbstkritisch die Behauptung eines Geheimabkommens in Frage gestellt wurde. Im Gegenteil: In verschiedenen, folgenden Artikeln wurde diese Behauptung wiederholt und bekräftigt.[355] Und dabei griffen die jeweiligen Autoren wiederum besonders auch auf Äußerungen von und Interviews mit Funktionären der KP Israels zurück.[356]

Das Besondere und Wichtige an dieser Version einer Verschwörungstheorie war weniger in dem Vorwurf einer »Geheimabsprache« zu sehen, als vielmehr in den für die angebliche Absprache zwischen der israelischen und der bundesdeutschen Regierung unterstellten Beweggründen: Die »bürgerliche« Regierung Ben-Gurions habe sich auf die Absprache eingelassen, weil sie als Vertreter der »herrschenden Oberschicht« eine

352 Ders., Schwer belastendes Material in Bonn, in: ebd. vom 3.5.1961.

353 Das *ND* ließ es sich nicht nehmen, die Nennung Globkes auf der ersten Seite in einer kurzen Notiz zu melden. Vgl. Globkes Name fiel, in: ebd. vom 13.5.1961.

354 Max Kahane, Globkes Name fällt im Massenmordprozeß, in: ebd. vom 13.5.1961.

355 Vgl. zum Beispiel Arne Rehahn, Wie Speidel Eichmann zuarbeitete, in: ebd. vom 31.5.1961; Adenauer hinter den Kulissen, in: BZ vom 18.8.1961.

356 So zum Beispiel Eichmann-Prozeß – Schlag gegen Neonazismus, Interview von Max Kahane mit Samuel Mikunis, in: ND vom 4.6.1961; sowie: Adenauer hinter den Kulissen, in: BZ vom 18.8.1961.

»proimperialistische« und »volksfeindliche« Politik betreibe – man könnte anfügen: im Einklang mit der Bundesregierung. Das Bemerkenswerte an dieser Argumentation ist, daß es auf diese Weise möglich war, die weitaus größte Opfergruppe des nationalsozialistischen Mordens, die Juden, aufzuspalten: Auf der einen Seite die kommunistischen Juden, die aufgrund ihrer politischen Überzeugung Gegner und Opfer des Faschismus bzw. Nationalsozialismus seien und darum auch zur Zeit des Eichmann-Prozesses für die bedingungslose Aburteilung der NS-Täter eintreten würden. Und auf der anderen Seite diejenigen, die letztlich – ob Jude oder nicht – die gleichen imperialistischen Ziele verfolgten wie die nun in der Bundesrepublik herrschenden »Eichmann-Komplicen«.

Hier spiegelt sich die bereits angesprochene Fixierung auf die kommunistischen Opfer des Nationalsozialismus wider: Denn die »wahren« Opfer seien zuerst und vor allem die Kommunisten gewesen. Die Verfolgung und Ermordung der Juden war nach offizieller Lesart nur eine Art »Ablenkungsmanöver«. Die Juden waren nach dieser Überzeugung eben nicht per se Opfer und Gegner des »Hitlerfaschismus«. Dies erklärte auch, warum nun der Ministerpräsident des ersten jüdischen Staates, Ben-Gurion, eine »proimperialistische« Politik betreiben und die »faschistischen Mörder« in der Bundesrepublik decken könne.

Für die Auseinandersetzung mit der deutschen, der eigenen Vergangenheit hatte dies durchaus Folgen. Durch die eindeutige und ausschließliche Orientierung auf den Gegensatz von »Faschismus« und Kommunismus wurde auch in der Berichterstattung über den Eichmann-Prozeß die herausragende Komponente des Nationalsozialismus, der Antisemitismus, ausgeblendet, was zum einen zu einer Reduzierung der Verantwortung der DDR-Regierung für eine – wie auch immer geartete – Wiedergutmachungsleistung für die jüdischen Opfer des Nationalsozialismus führte. Und zum anderen bot diese Art der Ignoranz gegenüber dem nationalsozialistischen Antisemitismus die Möglichkeit, die Problematisierung antisemitischer Tendenzen in der DDR zu vermeiden.

6. Der Fall Eichmann und der Kalte Krieg – Die Reaktionen auf die Propaganda aus dem »Osten«

Bereits im zweiten Teil der Studie wurde bei der Betrachtung des zeitgeschichtlichen Hintergrundes des Jerusalemer Prozesses auf die Bedeutung des Ost-West-Konflikts und insbesonders der innerdeutschen Spannungen für das politische Klima in der Bundesrepublik hingewiesen. Eingedenk dieser Bedeutung kann es nicht überraschen, daß die Analyse der Presseberichterstattung zeigt, daß auch hier der Kalte Krieg und seine »Propaganda-Schlachten« Spuren hinterlassen haben. Während die DDR-Presse die Berichterstattung über den Fall Eichmann und den Prozeß in Jerusalem nahezu ausschließlich in den Dienst einer aggressiven antiwestlichen Propaganda stellte, begnügte sich die westdeutsche Presse – soweit sie hier untersucht wurde – mit einer als zurückhaltend zu bezeichnenden Abwehr derartiger Angriffe von jenseits des Eisernen Vorhangs. So forderte Joachim Schwelien zwar in der *Frankfurter Allgemeinen Zeitung* – mit eindeutigem Blick Richtung »Osten« – die Bundesregierung auf, sich gegen eine mögliche Instrumentalisierung des Eichmann-Prozesses zur Wehr zu setzen, aber nur sehr vereinzelt wurde versucht, unter Hinweis auf – angebliche oder tatsächliche – ehemalige Nationalsozialisten in DDR-Führungspositionen mit »gleicher Münze zurückzuzahlen«.[357]

Eine der wenigen Ausnahmen war der Artikel *Pankows »unbewältigte Vergangenheit«* von Rainer Hildebrandt im Berliner *Tagesspiegel* vom Ende April 1961.[358] Hierin brachte Hildebrandt den Eichmann-Prozeß mit der Einweihung eines Mahnmals im ehemaligen Konzentrationslager Sachsenhausen durch die Partei- und Staatsführung der DDR in Verbindung. Beide Ereignisse nahm er zum Anlaß, sich mit der DDR und ihrer Art der »Vergangenheitsbewältigung« auseinanderzusetzen. So unterstrich er zunächst, daß das ehemalige KZ Sachsenhausen nach 1945 als NKWD-Lager weitergenutzt wurde, was von der DDR-Führung beflissentlich verschwiegen werde. Ebenso werde verschwiegen, daß – so Hildebrandt unter der Zwischenüberschrift »KZ-Wächter in Ulbrichts Diensten« – zahlreiche »mehr oder weniger aktive NSDAP-Mitglieder [zur] Prominenz der ›DDR‹« zählten.[359] Stattdessen würde »Herr Ulbricht« die Opfer des Lagers Sachsenhausen wie auch den Eichmann-Prozeß nur für seine antiwestliche Propaganda mißbrauchen. Über Ulbrichts Ansprache bei besagter Einweihungsfeier schrieb er:

»Nahezu hunderttausend Menschen waren von 1936 bis 1945 in dem Lager umgekommen. Mancher, der es überlebte, sieht in dem späten Zustandekommen des Eichmann-Prozesses die Antwort auf allzu schnelle Vergeßlichkeit. Für Herrn Ulbricht hatte dieses Massenopfer den Nützlichkeitswert, sich zum Wahrer der Menschenrechte aufspielen und den anwesenden Ausländern versichern zu können, daß ihre Peiniger von einst die heutigen Drahtzieher in der Bonner Regierung seien.«[360]

In seinen Angriffen ging Hildebrandt aber noch einen Schritt weiter. Indem er die Auffassung vertrat, daß der »vom Ulbrichtsystem aufgebaute Spitzel- und Denunzianten-Apparat [...], in der Art wie jeder Wohnblock und jede Betriebsabteilung überwacht ist, dem nationalsozialistischen« gleiche, setzte er die DDR mit dem NS-Regime zumindest in diesem Punkt gleich.[361]

---

357 Siehe zum Beispiel Altnazis im Staatsrat der DDR, in: SZ vom 14.9.1960; SED-Pädagoge an Kriegsverbrechen beteiligt, in: DW vom 3./4.6.1961.

358 Rainer Hildebrandt, Pankows »unbewältigte Vergangenheit«, in: TSP vom 28.4.1961.

359 Ebd.

360 Ebd.

361 Ebd.

Massive Angriffe solcher Art gegen die DDR waren aber jedoch in den hier ausgewerteten Zeitungen und im Zusammenhang mit dem Fall Eichmann eher die Ausnahme. Aber dennoch zeigt dieses Beispiel sehr anschaulich, wie stark die damaligen Spannungen des Kalten Krieges die Auseinandersetzung mit der nationalsozialistischen Vergangenheit beeinflußten.

Ebenso selten wie derart aggressive Reaktionen auf die DDR-Propaganda waren Versuche, sich wirklich ernsthaft mit den von östlicher Seite erhobenen Vorwürfen auseinanderzusetzen. Allenfalls wurde als Gegenbeweis – und nicht ohne Stolz – auf die verschiedenen bundesdeutschen Bemühungen um (strafrechtliche) Aufklärung der Vergangenheit verwiesen. So schrieb zum Beispiel Botho Kirsch in der *Frankfurter Rundschau* am ersten Tag des Eichmann-Prozesses:

»Die lange vor der Festnahme Eichmanns in Westdeutschland in Gang gekommene Selbstreinigung von den verbrecherischen Spuren der braunen Vergangenheit, die in den Prozessen gegen Sorge, Schubert und Sommer einen grausigen Höhepunkt erfuhr und eine tiefgreifende moralische Erschütterung der bundesdeutschen Oeffentlichkeit auslöste, wurde in Moskau entweder ignoriert oder als Ablenkungsmanöver abgetan, weil sie nicht in das propagandistische Konzept einer von Nazirevanchisten und Militaristen beherrschten Bundesrepublik hineinpaßt.«[362]

Und einen knappen Monat später betonte Joachim Schwelien unter Hinweis auf die Arbeit der Ludwigsburger Zentralstelle, daß die »vielen umfangreichen Prozesse gegen KZ-Aufseher und andere Quälgeister des Dritten Reiches in der Bundesrepublik« die »Moskauer Propaganda Lügen [strafen], in Westdeutschland könnten Uebeltäter, von der Regierung gedeckt, frech ihr Haupt erheben«.[363] Gleichzeitig unterstrich Schwelien aber auch, daß der Bundesrepublik noch viel zu tun bleibe und es bei der Strafverfolgung von NS-Tätern durchaus Mängel gäbe.[364]

Hier wird ein Grundmotiv in der Auseinandersetzung mit der östlichen Propaganda deutlich: Auch wenn man selbst Kritik an der teilweisen »Renazifizierung« der bundesrepublikanischen Führungsebenen und der Effizienz der Strafverfolgung von NS-Tätern in der Bundesrepublik übte, billigte man dies der DDR nicht zu, da man ihr – nicht zu Unrecht – unterstellte, mit ihren Verweisen auf angebliche oder tatsächliche ehemalige Nazis in der Bundesrepublik vor allem propagandistische Ziele zu verfolgen. Und daß, durchaus unabhängig von den Ereignissen um den Fall Eichmann, die Angst vor der Instrumentalisierung der nationalsozialistischen Vergangenheit durch die östliche Propaganda in Teilen der westdeutschen Presse durchaus virulent war, zeigte ein Beitrag von William S. Schlamm im *Stern*. Darin wurde unter Hinweis auf die Hakenkreuz-

---

362 Botho Kirsch, Für Moskau ein Wink des Schicksals, in: FR vom 11.4.1961.

363 Joachim Schwelien, Kein Material, in: FAZ vom 8.5.1961.

364 Vgl. ebd.

schmierereien und den Fall Eichmann vor den Praktiken der »kommunistischen Propagandamaschine« gewarnt, die derartige Ereignisse nur allzu gern zur Diffamierung der Bundesrepublik mißbrauchen oder gar – wie Schlamm im Bezug auf die Hakenkreuzschmierereien andeutete – selbst inszenieren würde.[365] Vor allem angesichts der sich in jenen Wochen und Monaten zuspitzenden Krise um das geteilte Berlin hielt Schlamm seine Warnung für dringend angebracht. »Der Eichmann-Prozeß«, so schrieb er in diesem Artikel vom Januar 1961, »fällt in die Zeit der planvoll angeheizten ›Berlin-Krise‹; und in der strategischen Absicht Moskaus ist nichts wichtiger, als die Bundesrepublik während dieser Krise moralisch zu isolieren. An jedes Hakenkreuz, das während der nächsten Wochen auf eine mickrige deutsche Vorstadtmauer gepinselt wird, kann die sehr potente kommunistische Propagandamaschine die Bundesrepublik in der ganzen Welt annageln.«[366]

Auch wenn Schlamms Warnung von einem gewissen Maß an unkritischem und überengagiertem Antikommunismus gespeist gewesen sein mag, so war sie dennoch nicht unbegründet. Denn schon recht bald nach der Bekanntgabe der Ergreifung Eichmanns sah sich die Bundesrepublik mit entsprechenden Angriffen seitens der kommunistischen Regierungen Osteuropas konfrontiert, auf die es zu reagieren galt. Die bundesdeutsche Presse beschränkte sich in ihren Reaktionen dabei zunächst auf die Berichterstattung und kritische Kommentierung der Ende Juni 1960 im UNO-Sicherheitsrat abgehaltenen Debatte zum Fall Eichmann, in deren Verlauf die Vertreter Polens und der Sowjetunion der Bundesrepublik wiederholt vorgeworfen hatten, ehemalige Nazis zu schützen und in hohen gesellschaftlichen Positionen zu belassen. Bereits in diesem frühen Stadium wurde die Empörung darüber deutlich, daß der Ostblock – allen voran die Sowjetunion und die DDR – die nationalsozialistische Vergangenheit im Allgemeinen und den Fall Eichmann im Besonderen für ihre leicht durchschaubare antiwestliche Agitation mißbrauchte. So warf etwa Joachim Besser dem sowjetischen UNO-Delegierten Sobolew, der die Bundesrepublik als »Heimatland der Nazis« bezeichnet hatte, vor, »[e]r benutzte eine der großen Tragödien der Weltgeschichte für seine Propaganda.«[367]

Das Unverständnis oder gar die Empörung über diese Art der politischen Instrumentalisierung der Schrecken der deutschen Vergangenheit nahm mit Fortschreiten des Prozesses zu. Dabei stießen sich die Journalisten und Kommentatoren weniger an der bereits gewohnten und geradezu gebetsmühlenartigen Wiederholung des Vorwurfs, die Bundesrepublik sei ein sicherer Hort für ehemalige NS-Funktionäre, sondern vielmehr an der Tatsache, daß die östliche Seite, insbesondere die DDR, keine Gelegenheit – war sie auch mit noch so schrecklichen Erinnerungen belastet – ausließ, die altbekannten

365 Vgl. William S. Schlamm, Eine Warnung, in: Stern Nr. 3 vom 15.1.1961.

366 Ebd.

367 Joachim Besser, Diese Sicherheitsratsdebatte war überflüssig, in: DW vom 24.6.1960.

Vorwürfe zu wiederholen, ohne auch nur einen Moment bereit zu sein, sich selbst einer wirklich ernsthaften Auseinandersetzung mit der Vergangenheit zu stellen. So schrieb beispielsweise Joachim Schwelien im Juli 1961 über den Umgang mit dem Eichmann-Prozeß seitens der osteuropäischen Staaten und unter Hinweis auf die zum Teil willige Unterstützung der von den Deutschen während des Krieges okkupierten Länder bei der Umsetzung der NS-Vernichtungspolitik:

»In vielen dieser jetzt kommunistisch regierten ost- und südosteuropäischen Länder wäre im Verlauf des Eichmann-Prozesses auch ein Wort der Selbstbesinnung angebracht gewesen. Aber die kommunistischen Regierungen, auch die der Sowjetunion, zeigten an den Greueln der Vergangenheit kein besonderes humanes Interesse. Mit sichtlicher Ausnahme Polens [...] sehen die kommunistischen Regierungen – das Ulbricht-Regime wieder allen voran – den Prozeß gegen Adolf Eichmann und die in ihm gleichermaßen erhobenen Vorwürfe gegen Rassenwahn und Völkermord nur insoweit als bedeutsam an, als er sich im Sinne des weltrevolutionären Klassenkampfes gegen die Bundesrepublik und ihr inneres Gefüge ausnutzen ließ. [...] Wie so häufig heiligt für die Kommunisten der Zweck, die Bundesrepublik herabzusetzen, auch in diesem Falll das Mittel, das durch Deutsche in der Vergangenheit heraufbeschworene Leid zu nutzen.«[368]

Ebenso bezeichnend für die von Seiten der bundesdeutschen Presse erhobene Kritik an der Instrumentalisierung des Falles Eichmann durch die antiwestliche Propaganda der DDR war das erkennbare Bemühen, zwischen Partei- und Staatsführung auf der einen und der »einfachen« Bevölkerung auf der anderen Seite zu unterscheiden. In einem äußerst kämpferischen Artikel von Walter Günzel in der Tageszeitung *Die Welt* wurde dies besonders deutlich. Während er der Bevölkerung »hinter dem Eisernen Vorhang« durchaus ein gewisses Interesse am Eichmann-Prozeß attestierte, sei für die »östlichen Regierungen«, so Günzel, der Fall Eichmann »nur dann [...] von aktueller Bedeutung, wenn das Verfahren zur moralischen Disqualifikation führender Persönlichkeiten der Bundesrepublik führte und wenn es geeignet ist, Westdeutschland von seinen Verbündeten und neuen Freunden zu isolieren«.[369]

Als besonders perfide aber wurden die verschiedenen verdeckten und offenen Angriffe auf Israel bewertet. Die wiederholt in den östlichen Massenmedien erhobenen Vorwürfe, die israelische Regierung und das Gericht in Jerusalem würden in Absprache mit der Bundesregierung dafür Sorge tragen, daß im Verlauf des Prozesses keine in der

368 Joachim Schwelien, Verstimmte und Verschonte, in: FAZ vom 22.7.1961. Schwelien betonte aber auch ausdrücklich, daß sich die Deutschen nicht mit dem Hinweis darauf, daß andere an den Verbrechen mitgewirkt hätten, entlasten könnten: »Wo immer, wie im Jerusalemer Prozeß, auf sie aufmerksam gemacht wird, bieten sie uns Deutschen allerdings nicht den geringsten Anlaß zu rechtfertigenden Vergleichen. Der Rassenhaß in der verbrecherischen Form, der in der Geschichte seinesgleichen sucht, entstand im nationalsozialistischen Deutschland und wurde von ihm weitergetragen.« Siehe hierzu ähnlich auch Joachim Schwelien, Hinter der Glaswand, in: FAZ 11.4.1961.

369 Walter Günzel, Im Ostblock sieht man nur den Propagandawert, in: DW vom 28.4.1961.

Bundesrepublik lebenden ehemaligen NS-Funktionäre Erwähnung finden würden, galten als besonders schändliche Form eines kommunistischen Antizionismus.[370] Das Bemerkenswerte an dieser Situation war dabei, daß diese, wenn auch nicht unbedingt antisemitischen, so doch nicht selten antizionistischen Attacken seitens der Sowjetunion und der DDR gegen Israel der bundesdeutschen Seite die Möglichkeit gaben, sich als »Beschützer« des jüdischen Staates zu profilieren.

Im Laufe der Zeit wurde die Auseinandersetzung mit der östlichen Propaganda intensiver. Neben der punktuellen Kritik an der Art der Thematisierung des Falles Eichmann in der Presse bzw. durch offizielle Stellen der kommunistischen Staaten Osteuropas,[371] stand dabei der Ost-Berliner Rechtsanwalt Kaul und dessen Auftreten in Jerusalem im Zentrum der Auseinandersetzung. Kauls beharrliche Versuche, sich dem Gericht in Jerusalem als Nebenkläger anzudienen und der israelischen Staatsanwaltschaft Dokumente aufzudrängen, die angebliche Verbindungen zwischen Eichmann und dem Adenauer-Vertrauten Globke beweisen sollten, sowie sein Auftreten vor der internationalen Presse in Jerusalem, provozierten in der bundesdeutschen Presse zum Teil heftige Reaktionen. So zeigte man sich in der hier ausgewerteten Presse davon überzeugt, daß Kaul – der als »Zonenanwalt«, »Beobachter der Sowjetzone« und »SED-Anwalt« bezeichnet wurde[372] – nicht etwa aus Interesse an der historischen Wahrheit oder aus Sorge um die juristische Aufarbeitung der nationalsozialistischen Verbrechen handelte, sondern daß, wie beispielsweise Gerda Luft im *Rheinischen Merkur* schrieb, seine »wahren Motive« darin bestehen, den Eichmann-Prozeß in ein »Propaganda-Tribunal« gegen die Bundesrepublik umzufunktionieren.[373] Und so kann es auch kaum überraschen, daß die Weigerung der israelischen Justiz, Kaul als Nebenkläger zuzulassen, wie auch das nach Einschätzung der bundesdeutschen Presse eher negative Echo auf die von ihm in Jerusalem abgehaltene Pressekonferenz mit erkennbarer Genugtuung aufgenommen und mit einer gewissen Häme quittiert wurde, daß der Ost-Berliner Anwalt in Israel »abgeblitzt« sei.[374] Wichtig war dabei auch, daß etwa zur selben Zeit Kauls Antrag, in

---

370 Vgl. zum Beispiel Pzg., Moskau schlachtet den Fall Eichmann aus, in: FAZ 1./2.5.1961; sowie auch »Prawda« greift Israel an, in: DW vom 24./25.6.1961.

371 Siehe z.B. Ostblock-Kampagne gegen Bonn, in: TSP vom 11.4.1961; Neue Angriffe aus Ost-Berlin, in: FR vom 17.5.1961; Botho Kirsch, Für Moskau ein Wink des Schicksals, in: ebd. vom 11.4.1961.

372 Vgl. Kaul als Beobachter zugelassen, in: DW vom 27.4.1961; Walter Schallies, SED-Anwalt Kaul setzt auf den Rechtsstaat, in: SZ vom 3.2.1961.

373 Gerda Luft, Eichmann-Prozeß beginnt im April, in: RhM Nr. 10 vom 3.3.1961. Siehe ähnlich auch Me., Abfuhr für Kaul, in: FAZ vom 14.3.1961.

374 Vgl. Kaul zweimal abgelehnt, in: TSP vom 14.3.1961; Die Zwischenrufe wurden lauter ..., in: DW vom 4.5.1961; Ost-Berliner Anwalt Kaul in Israel abgeblitzt, in: FR vom 5.4.1961; Kaul abgeblitzt, in: TSP vom 4.5.1961; Deutsche Zeugen für Eichmann, in: SZ vom 4.5.1961.

der Bundesrepublik bei sogenannten »Staatsschutzverfahren« – Verfahren gegen westdeutsche Kommunisten – als Rechtsbeistand zugelassen zu werden, vom Bundesgerichtshof abgewiesen wurde.[375] So wurde die Ablehnung Kauls in Israel von nicht wenigen Beobachtern als eine Bestätigung dafür gewertet, den Anwalt aus der »Sowjetzone« auch in der Bundesrepublik nicht als Verteidiger im Gerichtssaal zuzulassen. »Ein Mann von Kauls politisch-weltanschaulicher Couleur«, schreibt der Kommentator der *Frankfurter Allgemeinen Zeitung*, »wird jedes rechtsstaatliche Gericht nur noch kompromittieren können.« Und darum »bedeutet« die »doppelte Abfuhr für Kaul« – in Israel und vor dem Bundesgerichtshof – »in jedem Fall einen Gewinn für das Recht und die Rechtsfindung«.[376]

Die grundsätzliche Kritik an der Instrumentalisierung des Falles Eichmann durch die östliche Propaganda, die hauptsächlich in der Kritik an der Person und dem Verhalten Kauls ihren Ausdruck fand, war ein wesentliches Element der Abwehr der Angriffe aus der DDR. Zum anderen empörte man sich darüber, daß die offizielle DDR für sich in Anspruch nahm, durch ihren angeblichen »Sieg über den Faschismus« sowohl mit dem aktuellen Fall Eichmann, als auch mit der nationalsozialistischen Vergangenheit nichts mehr zu tun zu haben, und über die Behauptung, daß dieser Teil der deutschen Geschichte einzig eine Sache der Bundesrepublik sei.

So hielt zum Beispiel Schwelien in der *Frankfurter Allgemeinen Zeitung* den »gerissenen Agitatoren in der kommunistischen Führung der Sowjetzone« entgegen, daß »Deutschland mit dem Namen Eichmann als ein Ganzes verbunden ist und daß derjenige die Opfer dieser Vergangenheit nur noch einmal beschmutzte, der versuchte, den Prozeß gegen einen Teil des gegenwärtigen Deutschlands auszubeuten«.[377] Und für den Kommentator der *Süddeutschen Zeitung* drückte sich in dieser Haltung der offiziellen DDR nichts anderes als »pharisäische Selbstgerechtigkeit« oder gar »freche Lüge« aus, was ihn wiederum dazu veranlaßte, an die deutsche »Schicksalsgemeinschaft« zu erinnern, womit er explizit die Mahnung formulierte, daß Geschichte nicht teilbar sei.[378]

Besonders erregt zeigte man sich schließlich auch darüber, wie die Führung der DDR eben auch mit der Begründung, den »Faschismus« besiegt zu haben, die Forderung nach materiellen Wiedergutmachungsleistungen an Israel strikt zurückwies. So verwies Gerda Luft in ihrem Artikel über das Auftreten Kauls in Jerusalem darauf, daß die DDR sich bisher geweigert habe, entsprechende »Leistungen« zu erbringen, während sich die

---

375 Vgl. Walter Schallies, SED-Anwalt setzt auf den Rechtsstaat, in: ebd. vom 3.2.1961; Walter Schallies, Kaul als Verteidiger ausgeschlossen, in: ebd. vom 14.3.1961; h.s., Kaul von Staatsschutzverfahren ausgeschlossen, in: FAZ vom 14.3.1961.

376 Me., Abfuhr für Kaul, in: ebd. vom 14.3.1961.

377 Joachim Schwelien, Der Prozeß gegen Eichmann, in: ebd. vom 28.2.1961.

378 Streiflicht, in: SZ vom 12.4.1961.

Bundesrepublik im Gegensatz dazu bemühe, Wiedergutmachung zu leisten. Und sie war sich sicher, daß die Israelis durchaus in der Lage waren, diesen Unterschied zu erkennen und entsprechend zu bewerten, auch wenn die DDR immer wieder auf angebliche »Nazis« in Bonn verweise: »In Israel weiß allerdings auch der einfache Mann zwischen Bundesrepublik und der ›DDR‹ zu unterscheiden: jene hat sich zur Wiedergutmachung des unter dem Hitler-Regime an den Juden begangenen Unrechts entschlossen, diese lehnt auch die aller bescheidensten Leistungen bis auf den heutigen Tag ab.«[379]

Während es Gerda Luft in ihrer Kritik an der Haltung der DDR zu Wiedergutmachungsleistungen bei einer Gegenüberstellung mit der bundesdeutschen Position beließ und darauf vertraute, daß allein daraus schon zu erkennen sei, wer sich wirklich um eine ehrliche Auseinandersetzung mit der Vergangenheit bemühe, bediente sich die *Frankfurter Allgemeine Zeitung* einer wesentlich schärferen Sprache. In seinem Kommentar vom Mai 1961 zu »Kauls Auftritt in Jerusalem« setzte sich Moshe Tavor vor allem mit den Ausflüchten des Ost-Berliner Anwalts bezüglich der Verweigerung von Wiedergutmachungsleistungen der Regierung in »Pankow« an Israel auseinander, die bei den israelischen Journalisten »einige Verwunderung« ausgelöst hätten.[380] Tavor war überzeugt, daß sich Kaul letztlich jedoch um diese Frage herumgedrückt habe und beurteilte die offizielle Haltung der DDR schlicht als »verlogen«. Denn seiner Ansicht nach werde die Wiedergutmachung nicht aus hehren moralischen Gründen verweigert, sondern aus rein politischem und ökonomischem Kalkül. Den wahren Grund für die abweisende Haltung der DDR sah man bei der *Frankfurter Allgemeinen Zeitung* in den Bemühungen »Pankows«, bessere Kontakte zur arabischen Welt aufzubauen, die durch eine etwaige materielle Unterstützung für Israel gefährdet würden. Bezugnehmend auf die ausweichenden Antworten Kauls war zu lesen:

> »Auch ihm [Kaul, P.K.] ist es kein Geheimnis, daß Pankow in den arabischen Staaten sich hauptsächlich darauf beruft, daß es, im Gegensatz zu Bonn, keine Zahlungen an Israel leistet. Mit diesem Argument hofft Pankow leichter ins arabische Geschäft einsteigen zu können. Darüber hinaus wird die Bundesrepublik ausdrücklich beschuldigt, sie beteiligt sich durch ihre Leistungen an der Aufrüstung Israels, die gegen die arabischen Staaten gerichtet sei. Die offizielle ostdeutsche Lesart ist genauso verlogen wie Kauls Bemerkungen zu Israel.«[381]

Während man also auf Seiten der Bundesrepublik die Bereitschaft erkannte, sich der aus der Vergangenheit erwachsenden Verantwortung gegenüber Israel und den Juden zu stellen, weil man sich dort zumindest um eine materielle Wiedergutmachung bemühte, beurteilte man in der hier ausgewerteten bundesdeutschen Presse die DDR bzw.

379 Gerda Luft, Eichmann-Prozeß beginnt im April, in: RhM Nr. 10 vom 3.3.1961.
380 Moshe Tavor, Kauls Auftritt in Jerusalem, in: FAZ vom 8.5.1961.
381 Ebd.

»Pankow« als ein geschichtsvergessenes und verantwortungsloses Regime. Ein Regime, das nur auf seinen materiellen und politischen Vorteil bedacht sei und sich nicht einmal zu einer symbolischen Geste der Wiedergutmachung bereit fände. Die von östlicher Seite gegenüber der Bundesrepublik erhobenen Vorwürfe, ein sicherer Hort für ehemalige »Nazis« zu sein, wurde ebenso als durchschaubare antiwestliche Propaganda beurteilt, wie das Auftreten von Kaul in Jerusalem. Offensichtlich glaubte keiner der Autoren der hier untersuchten Zeitungen und Zeitschriften daran, daß Moskau und »Pankow« aus wirklicher und ehrlicher Sorge um die Aufarbeitung der Vergangenheit angebliche oder tatsächliche ehemalige »Nazis« in der Bundesrepublik öffentlich an den Pranger stellten. Vielmehr zeigt man sich nahezu erbost darüber, daß besonders die Regierung der DDR den Eichmann-Prozeß und die im Laufe des Verfahrens ans Licht gekommenen Schrecken dazu nutzte, um ihre angebliche moralische Überlegenheit gegenüber der Bundesrepublik zu postulieren, ohne aber selbst bereit zu sein, sich der gemeinsamen deutschen Vergangenheit zu stellen und ihren Teil der historischen Verantwortung zu übernehmen. Dieses negative Urteil über die Art der »Vergangenheitsbewältigung« seitens der DDR war jedoch nicht begleitet von einer unkritischen Sicht auf die Situation in der Bundesrepublik. Auch im Bezug auf das eigene Land wurden, wie an anderer Stelle bereits gezeigt, verschiedentlich Defizite und Versäumnisse besonders hinsichtlich der Strafverfolgung von NS-Tätern benannt und eine engagiertere Auseinandersetzung mit der nationalsozialistischen Vergangenheit eingefordert.

So läßt sich festhalten, daß die in der hier ausgewerteten bundesdeutschen Presse durchgängig zu beobachtende, geschlossene Abwehr der Instrumentalisierung des Falles Eichmann durch die antiwestliche Propaganda der DDR und anderer Ostblockstaaten vor allem von der Überzeugung geprägt war, daß die deutsche Geschichte nicht teilbar sei und sich die DDR nicht durch die Behauptung, den »Faschismus« besiegt zu haben, aus der deutschen »Schicksalsgemeinschaft« (*Süddeutsche Zeitung*) verabschieden könne. Der Fall Eichmann wurde somit auch zu einem Kristallisationspunkt für die geschichtspolitische Auseinandersetzung zwischen der Bundesrepublik und der DDR.

7. Demütigung oder Chance – Zur unterschiedlichen Bewertung der Bedeutung des Eichmann-Prozesses

Bereits unmittelbar nach der Bekanntgabe der Gefangennahme Eichmanns bestand in der Öffentlichkeit kein Zweifel, daß der ehemalige SS-Obersturmbannführer vor Gericht gestellt werden würde – unabhängig davon, ob dies in Israel oder in der Bundesrepublik geschehen sollte. Und es war ebenso offensichtlich für die Beobachter, daß ein solcher Prozeß gegen einen der wichtigsten NS-Täter weit über die Person des Angeklagten hinausreichen und zu einer umfassenden öffentlichen Thematisierung der deutschen Vergangenheit und der nationalsozialistischen Verbrechen führen würde. So wurde denn auch bereits am 25. Mai 1960 – also nur zwei Tage nach Bekanntwerden der Gefangennahme Eichmanns – in der *Frankfurter Allgemeinen Zeitung* betont, daß die Nachricht von der Festnahme Eichmanns auf der ganzen Welt die Erinnerung an den Holocaust (»jener noch so nahen Vergangenheit«) »schmerzlich wieder aufleben ließ. [...] Ganz gewiß auch beim deutschen Volk, aus dem Eichmann stammt und in dessen Namen er das vollziehen konnte, was damals nationalsozialistische Bürokratie als ›Endlösung der Judenfrage‹ bezeichnete.«[382]

Der spätere Verlauf des Jerusalemer Prozesses zeigt, daß diese Einschätzung durchaus zutreffend waren. Vor allem aufgrund des Engagements und der Art der Prozeßführung des israelischen Generalstaatsanwalts Gideon Hausner wurde der Prozeß zu einer ausführlichen Lektion über die nationalsozialistische Vergangenheit und das Verbrechen der Vernichtung der europäischen Juden. Mit Hilfe einer kaum überschaubaren Fülle an Dokumenten, von über hundert Zeugen und nicht zuletzt auch durch die Aussage und das Kreuzverhör Eichmanns wurden nahezu sämtliche Aspekte der »Endlösung« in deutlicher Weise dargestellt. Insbesondere die Zeugenaussagen der Überlebenden aus den Lagern und Ghettos, der Deportationen und Todesmärsche bewirkten, daß diejenigen, die den Prozeß mitverfolgten, sich der Konfrontation mit den Schrecken der Vergangenheit kaum entziehen konnten. Aber es waren wohl nicht nur die Aussagen der Überlebenden, sondern auch und vor allem die Aussage Eichmanns, die erneut eine Antwort auf die Frage nach der Verantwortung und Schuld für das millionenfache Leiden und Sterben anmahnten.

Die Gefangennahme und der sich anschließende Prozeß wurden zu einem Kristallisationspunkt und Prüfstein für den Umgang mit der nationalsozialistischen Vergangenheit. So war denn auch die Frage nach der grundsätzlichen Bedeutung des Eichmann-Prozesses für die Deutschen und ihre »Vergangenheitsbewältigung« ein wichtiger Aspekt in der Auseinandersetzung mit dem Fall Eichmann in der zeitgenössischen Presse. Wie sollte man sich zu diesem Prozeß, der die schreckliche Vergangenheit wieder aufrollen würde, verhalten? Sollte man sich der Auseinandersetzung stellen? Oder besser schweigen und hoffen, daß schnell wieder »Ruhe« einkehrte?

In der hier ausgewerteten Presse wurde wiederholt und zum Teil sehr eindringlich betont, daß man sich der durch die Festnahme Eichmanns und den Jerusalemer Prozeß unerwartet ausgelösten Konfrontation mit der Vergangenheit nicht nur nicht entziehen könne, sondern auch nicht entziehen sollte. Die Deutschen – oder »wir«, wie oft zu lesen war – sollten vielmehr den Fall Eichmann zum Anlaß nehmen, sich der notwendi-

---

382 N.B., Gericht, in: ebd. vom 25.5.1960.

gen, bisher mitunter unzureichenden Auseinandersetzung mit der Geschichte zu stellen. Besonders eindringlich wurde im Untersuchungszeitraum in der *Frankfurter Rundschau* und in der *Welt* zu einer offenen und ehrlichen Auseinandersetzung mit der »dunklen Vergangenheit« (Gerhard Ziegler) aufgefordert. Im Gegensatz dazu war man beim *Tagesspiegel*, beim *Spiegel* und besonders bei der Illustrierten *Stern* eher zurückhaltend mit derartigen Aufforderungen. Henri Nannen plädierte im *Stern* gar dafür, den Prozeß gegen Eichmann nicht allzu umfangreich anzulegen, um die junge Generation – sowohl in Deutschland wie auch in Israel – nicht mit der Schuld und Scham der Vergangenheit zu belasten.[383] Die dominierende Position in der ausgewerteten Presse war jedoch die grundsätzliche Bejahung einer mehr oder weniger offenen und ehrlichen Auseinandersetzung mit dem Fall Eichmann und der deutschen Vergangenheit sowie der daraus resultierenden Verantwortung und Schuld. Dem Gedanken eines »Schlußstriches« stand man mithin eher skeptisch und ablehnend gegenüber. Auch die Sorge um einen etwaigen, durch den Prozeß verursachten Schaden für das Ansehen der Deutschen im Ausland wurde zwar angesprochen, aber letztlich doch eher gering eingeschätzt und als zweitrangig angesehen. Gleichwohl war aber auch ein gewisses Unbehagen und eine gewisse Scham angesichts der unerwarteten und unfreiwilligen Konfrontation mit der Vergangenheit und den nationalsozialistischen Verbrechen deutlich erkennbar.

Frühe Beispiele für diese Position waren die Kommentare von Gerhard Ziegler und Karl Gerold in der *Frankfurter Rundschau* vom 30. Mai bzw. 11./12. Juni 1960. Ziegler gab in seinem Beitrag seiner Hoffnung Ausdruck, daß der Fall Eichmann zum »Anlaß« genommen werde, die »dunkle Vergangenheit wieder ins Gedächtnis der Menschheit zurückzurufen und dem leichtfertigen Vergessen Einhalt zu gebieten«.[384] Daß Ziegler der Meinung war, daß sich die Deutschen – wobei er sich nicht davon ausnahm – bisher eher zu zögerlich mit ihrer Vergangenheit auseinandergesetzt hatten, dafür sprach seine Formulierung, die Nachricht von der Festnahme Eichmanns sei »unvermittelt« in »unser ›Wohlstands-Vergessen‹« eingeschlagen.[385] Und auch Gerold sprach sich in seinem

---

383 Siehe hierzu Abschnitt III. 2.1. »Eichmann nach Deutschland!« – Pressestimmen gegen einen Prozeß in Israel.

384 Gerhard Ziegler, Der Fall Eichmann, in: FR vom 30.5.1960.

385 Ebd. Ähnlich wie Ziegler äußerte sich auch Ernst Müller-Meiningen jr. in der *Süddeutschen Zeitung*. Auch er war der Meinung, daß die Auseinandersetzung mit der Vergangenheit bisher eher unzureichend gewesen sei, verweist aber nicht auf das »Wohlstands-Vergessen«, sondern auf den Kalten Krieg, der mit seinem Antikommunismus die notwendige »Besinnung« verdrängt habe. Müller Meiningen jr. schreibt u.a.: »Wir müßten eigentlich über den Eichmann-Prozeß wieder dessen inne geworden sein, daß wir die Phase notwendiger Besinnung zwischen Entnazifizierung und Wirtschaftswunder gleichsam übersprungen hatten, als nämlich die Hitlerzeit und ihre Mitverantwortlichen für die westlichen Alliierten angesichts des beginnenden und sich steigernden Kalten Krieges im gleichen Maße uninteressant wurden, wie wir selber als Waffenträger gegen

Mitte Juni veröffentlichten Kommentar für eine Auseinandersetzung mit der Vergangenheit und gegen einen »Schlußstrich« aus:

»Die begangenen Verbrechen sind so riesengroß, daß es keinen Schluß geben darf und der berühmte ›Strich unter die Vergangenheit‹ nicht gezogen werden kann, bevor nicht das Unfaßbare durch die noch vorhandenen wirklich Schuldigen faßbar gemacht worden ist.«[386]

Während Gerold auf die ungeheuere Dimension der Verbrechen und auf die immer noch nicht in ausreichendem Maß erfolgte Aufklärung hinwies, um der Forderung nach einem Schlußstrich entgegenzutreten, wandte sich Bernd Nellessen in seinem in der *Welt* vom gleichen Tag veröffentlichten Kommentar aus eher grundsätzlichen Erwägungen heraus gegen ein Ende der Thematisierung der Vergangenheit. Nellessen sah es als schlicht unmöglich an, die Vergangenheit endgültig abzuschließen, und jeder derartige Versuch war für ihn ein zwielichtiges und unehrliches Unterfangen. Und einzig in dem Bemühen, sich zu erinnern und zu verstehen, sah er eine Möglichkeit, das Leiden an der Vergangenheit zu mindern:

»Im Buch der Geschichte gibt es keinen Schlußstrich wie in der Bilanz eines Kaufmanns. Nun zu sagen, es wäre doch endlich Zeit, Vergangenes ruhen zu lassen und unbefangen eine neue Seite aufzuschlagen, gliche dem Tun eines Mannes, der mit gefälschten Wechseln ein ehrliches Geschäft machen will.

Befangenheit ist unser Los. Von ihr werden wir nicht dadurch befreit, daß wir verdrängen oder verschweigen, sondern daß wir uns bemühen, das Vergangene zu verstehen. Wer Auschwitz durch Vergeßlichkeit zu erledigen trachtet, wird durch den Großinquisitor der Juden daran gehindert, dem jetzt der Prozeß gemacht wird.«[387]

Um die Bedeutung der Auseinandersetzung mit der Vergangenheit für die Deutschen zu unterstreichen, verwies er in seinem Kommentar wiederholt auf deren Verstrickung in das NS-System. Dabei betonte er nicht nur, daß die NS-Täter nicht wie Mörder aussehen würden und sich die Mitglieder der SS vor allem aus der idealistischen und von der Gesellschaft der Weimarer Republik enttäuschten »Nachkriegsjugend« rekrutiert hätten, also nicht etwa geborene Verbrecher seien. Nellessen sprach auch von »Hitlers Verführungskünsten«, gegen die »Wissen und Herkunft allein« keinen ausreichenden Schutz, keinen »Asbestmantel« geboten hätten, zumal »Hitlers Rasselehre« »abgeschwächt und partikular in allen Schichten« des deutschen Volkes zu finden gewesen sei.[388] So hob er

---

den Kommunismus zunehmend interessant geworden sind. Die Kreuzzüglerei hat die weitgehend ausgebliebene Wandlung ersetzt.« Ernst Müller-Meiningen jr., Eichmann und die Todesstrafe, in: SZ vom 16./17.12.1961.

386 Karl Gerold, Der geraubte Mörder, in: FR vom 11./12.6.1960.

387 Bernd Nellessen, »Unsere Ehre heißt Treue...«, in: DW vom 11./12.6.1960.

388 Vgl. ebd.

auf der einen Seite zwar hervor, daß die Täter aus dem Zentrum der deutschen Gesellschaft kamen und nicht etwa »nur« Mitglieder einer »Verbrecherclique« gewesen seien – womit er letztlich auch die Verantwortung aller Deutschen für die begangenen Verbrechen unterstrich. Auf der anderen Seite aber bot er den Deutschen gleichzeitig die Möglichkeit, sich auch als Opfer zu sehen, die den nahezu suggestiven Fähigkeiten Hitlers erlegen seien. Folgt man diesem Deutungsversuch, so lautete der Vorwurf, den man den Deutschen machen konnte, also nicht, daß diese überzeugte Nationalsozialisten gewesen waren, sondern vielmehr, daß sie Hitler nicht durchschaut und ihm aus »Unwissenheit« oder auch aus »Angst« zugejubelt hatten:

»Nicht weil es Hitler gab, sondern weil er unter Jubel sagen konnte, er habe ein Volk hinter sich, stehen wir als Gezeichnete da. Gezeichnete vielleicht aus Unwissenheit, Angst und Harmlosigkeit. Gezeichnet als Verführte, aber eben auch als diejenigen, die insgesamt zuwenig Gespür hatten, die Verführung zu erkennen.«[389]

Nellessen sah das Versagen der Deutschen hauptsächlich in ihrer Unwissenheit und ihrem, sie für die Verführungskünste Hitlers anfällig machenden Mangel an »Gespür«. Daraus folgte für ihn jedoch nicht, daß die Deutschen von einer ehrlichen Auseinandersetzung mit der nationalsozialistischen Vergangenheit entbunden seien. Auch in seinen späteren, im Vorfeld des Eichmann-Prozesses erschienenen Beiträgen und in seinen Berichten aus dem Jerusalemer Gerichtssaal betonte er wiederholt die Pflicht der Deutschen, sich dieser Vergangenheit, das heißt auch der eigenen, »kleinen«, ganz persönlichen Vergangenheit, zu stellen. So beispielsweise in seinem Kommentar vom 7. Februar 1961, in welchem er den Deutschen nahelegte, sich aus Anlaß des Prozesses die eigenen, persönlichen Erlebnisse und Erfahrungen jener Zeit in Erinnerung zu rufen, um auf diese Weise die Geschehnisse und das Grauen der Vergangenheit besser verstehen zu können. Nach seiner Überzeugung war für »uns«, die Deutschen, das wirklich wichtige an diesem Prozeß nicht in erster Linie die Verurteilung Eichmanns, sondern die ganz persönliche »Aufarbeitung« der Vergangenheit:

»Für uns liegt der Wert dieses Prozesses nicht nur darin, daß den ›mit der Endlösung der Judenfrage Beauftragten‹ die Gerechtigkeit noch einholt. Der Prozeß fordert auch uns heraus, die alten Tagebücher durchzublättern. Es wird das Vergangene (und längst Beweisbare) wieder dokumentieren. Von dem Geschehenen können wir uns nicht dadurch befreien, daß wir es verdrängen oder dazu schweigen. Nur in dem Bemühen, sich klarzuwerden über das Ungeheuerliche, es verstehen zu wollen, kann überhaupt Geschichte ›aufgearbeitet‹ werden.

Wir glauben, daß auch dieser Prozeß ein Beitrag zur Katharsis sein kann.«[390]

---

389 Ebd.

390 Ders., Vor dem Prozeß, in: ebd. vom 7.2.1961.

In der Bereitschaft, sich der Vergangenheit zu stellen und vor allem die Leiden der Opfer zur Kenntnis zu nehmen, sah Nellessen eine wichtige Voraussetzung dafür, um sich von den Belastungen der Vergangenheit befreien zu können. Als besonders wichtig erschien ihm hierbei – auch in Erinnerung an die Zeugenaussagen in anderen NS-Prozessen – weniger das »Reden«, sondern vor allem das »Hinhören«, das »uns zwingt, den Weg durchs eigene Herz zu gehen«.[391] Wenn »wir« – die Deutschen – zu diesem Schritt bereit sind, »statt wie Lots Weib, rückwärts gewandt, zu erstarren, dann sind wir auf dem Weg aus der Vergangenheit heraus: denn wir beweisen unsere moralisch-politische Offenheit.«[392]

Während Nellessen den Deutschen nahelegte, sich aus freien Stücken und aus Einsicht in die auch moralische Notwendigkeit der Auseinandersetzung mit der Vergangenheit zu stellen, und das Versagen der Deutschen im »Dritten Reich« in ihrer Verführbarkeit begründet sah, vermutete Conrad Ahlers, daß im »deutschen Wesen etwas Zerstörerisches« liege.[393] Für ihn stand dabei – ähnlich wie für Nellessen – außer Frage, daß der Fall Eichmann wie mithin die gesamte nationalsozialistische Vergangenheit alle Deutschen betrifft. Er hielt es für grundsätzlich »unmöglich, der kollektiven Verantwortung des deutschen Volkes für die Verbrechen des Nationalsozialismus auszuweichen«.[394] Aus seiner Sicht stand Eichmann in Jerusalem quasi als Stellvertreter für das gesamte deutsche Volk vor Gericht:

»Eichmann steht in Jerusalem nicht als Privatperson vor Gericht, […], sondern als der ›Vollstrecker der Endlösung‹, wie sie von der Führung des Dritten Reiches für die Judenfrage durchgeführt wurde. Ob wir wollen oder nicht, in Jerusalem wird noch einmal dem deutschen Volk der Prozeß gemacht, das sich Hitler zum Führer wählte und bis 1945 ertrug.«[395]

Vor diesem Hintergrund bedauerte er ausdrücklich auch die Entscheidung des Landesverwaltungsgerichts in Köln, daß die Bundesrepublik nicht für die Verteidigungskosten Eichmanns aufkommen müsse. Für ihn war es eine »im höchsten Maße bedauerliche und unbefriedigende Situation«, daß »die Angehörigen der Opfer dieses Mannes« nun dessen Rechtsanwalt bezahlen sollten. Ahlers schlug deshalb vor, die Bundesrepublik solle Israel nun freiwillig die durch den Prozeß entstehenden Kosten ersetzen.[396] Nicht nur hieran zeigte sich, daß Ahlers großen Wert darauf legte, daß sich die Deutschen mit dem Fall Eichmann auseinandersetzten und nicht versuchten, ihn auf die Seite zu schieben.

---

391 Ebd.

392 Ebd.

393 Vgl. Conrad Ahlers, Mitverantwortlich fühlen, in: FR vom 1./2.5.1961.

394 Vgl. ders., Wer zahlt für Eichmann, in: ebd. vom 5.4.1961.

395 Ebd.

396 Vgl. ebd.

Zu Beginn des Prozesses betonte er erneut, daß »wir«, die Deutschen, »akzeptieren« müßten, daß »auch Adolf Eichmann ein Deutscher« ist und es für »uns« nicht möglich sei, sich »von ihm zu distanzieren« wie von »irgendeinem Kriminellen, denn er hat seine Verbrechen im Zusammenhang mit einer politischen Staatsideologie begangen, die ein Teil des deutschen historischen Wesens geworden ist«.[397] Dem Prozeß gestand er das Potential zu, eine »heilsame Wirkung« für die Deutschen zu haben, sofern diese bereit seien, sich ihm zuzuwenden. Ahlers war überzeugt, daß in diesem Prozeß die Ursachen für den Nationalsozialismus – das hieß für ihn »übersteigerte[r] Nationalismus«, »ein übermäßiger Herrschaftsdrang«, die »Abkehr von sämtlichen Werten des demokratischen Humanismus« und der »Verfall der sittlichen Grundlagen der nationalen Existenz Deutschlands« – ausgebreitet würden.[398] Er betonte schließlich, daß die Deutschen diese »Schäden« noch nicht »beseitigt« hätten und damit auch implizit die Gefahr eines Rückfalls noch nicht gebannt sei:

»Es wäre eine Selbsttäuschung, wenn wir glauben würden, daß diese Schäden so leicht zu beseitigen wären, wie die Trümmer des Bombenkrieges und daß der Wohlstand auch die Seele heilen könnte.

Es kommt also darauf an, zu erkennen, daß im deutschen Volk nach wie vor unkontrollierte Leidenschaften schlummern und daß nur aufrichtige Selbsterkenntnis und der Wille dagegen anzukämpfen eine Wiederholung verhindern können.

Dies ist eine Aufgabe, die zwar alle Deutschen, in erster Linie aber – nicht zuletzt die Führung angeht. So verstanden kann der Eichmann-Prozeß eine wohltätige Wirkung haben. Und erst dann fallen seine nachteiligen Folgen für das deutsche Ansehen in der Welt nicht ins Gewicht. So gesehen ist es nicht so wichtig, wie das Ausland über uns denkt – wenn wir nur selber den rechten Weg finden.«[399]

Ahlers forderte die Deutschen und insbesondere die politische und gesellschaftliche Elite des Landes (»die Führung«) dazu auf, den Eichmann-Prozeß als Chance zu nutzen, durch eine ehrliche Auseinandersetzung mit der Vergangenheit die für die Entstehung des Nationalsozialismus mitverantwortlichen antidemokratischen und antihumanistischen Vorstellungen in der Bevölkerung »zu beseitigen«. Diese Aufgabe erschien ihm derart wichtig, daß ihm im Vergleich dazu die Gefahr, daß das deutsche Ansehen durch den Eichmann-Prozeß Schaden nehmen könnte, zweitrangig war. Besonders auffällig war dabei, daß Ahlers dem »deutschen Volk« ein wenig gutes Zeugnis ausstellte. Während Nellessen von »Verführung« sprach, sah Ahlers einen allumfassenden Verfall der demokratischen, humanistischen und sittlichen Werte in Deutschland, der den Nationalsozialismus erst ermöglicht habe. Die Deutschen waren demnach also nicht nur passiv gewesen, das heißt verführt worden, sondern die nationalsozialistische Ideologie sei mithin auf einen entsprechend fruchtbaren Boden gefallen. Aus dieser

397 Vgl. ders., Vor der Abrechnung, in: ebd. vom 11.4.1961.

398 Vgl. ebd.

399 Ebd.

Position leitete er letztlich auch seine Aufforderung an die Deutschen ab, sich der Vergangenheit zu stellen und die noch vorhandenen Restbestände dieser Ideologie – oder wie er schrieb die »unkontrollierten Leidenschaften« – zu beseitigen.

Besonders deutlich wird dies in einem weiteren, Anfang Mai 1961 veröffentlichten Kommentar zum Prozeßverlauf. Hier griff er auf den strittigen Begriff der »Kollektivschuld« zurück, um den Deutschen ihre Verantwortung und Verpflichtung deutlich zu machen.[400] Nachdem er zunächst wiederum auf den gesellschaftlichen und politischen Verfall Deutschlands »seit der Jahrhundertwende« als einer entscheidenden Ursache für den Nationalsozialismus hingewiesen hatte, betonte er, daß man die These von der »Kollektivschuld« aus seiner Sicht nicht ohne weiteres von der Hand weisen könne. Zwar sei es »sicher falsch«, wenn man damit eine »strafrechtliche Verantwortung aller Deutschen für die Untaten der Nazis begründen wolle«, »[a]ber im Sinne einer moralischen Verantwortung«, die alle Deutschen in die Pflicht nehme, »trifft er [der Begriff der Kollektivschuld, P.K.]«, so Ahlers, »den richtigen Kern«.[401]

Ahlers sah in dieser »Verantwortung« aber nicht nur eine Last, für die man sich schämen muß, sondern, wenn man sich ihrer bewußt sei und sich ihr stelle, geradezu eine patriotische Tugend. »Schließlich«, so schrieb er, »läßt sich kein schöneres Bekenntnis zum eigenen Volk denken, als daß man sich für alles, was im deutschen Namen angerichtet wurde, mitverantwortlich fühlt und die Bereitschaft zeigt, alles zu tun, um eine Wiederholung derartiger Verbrechen zu vermeiden.«[402] Der Eichmann-Prozeß wurde also in dieser Deutung für die Deutschen zu einer Art Prüfstein für ihre Verbundenheit mit dem eigenen Volk: Nur wer sich der Vergangenheit und der daraus entstehenden Verantwortung stelle, bekenne sich zu Deutschland – nicht derjenige, der über die Verbrechen schweige und sich der Verantwortung entziehe. Mit dieser Argumentation forderte Ahlers nicht nur zu einer Auseinandersetzung mit der Vergangenheit auf, sondern kritisierte implizit auch all jene, die mit dem Verweis auf eine mögliche Beschädigung des deutschen Ansehens für ein Ende der »Vergangenheitsbewältigung« eintraten.

Andere Journalisten bewerteten den Eichmann-Prozeß weniger wohlwollend. Sie sahen die Deutschen durch den Prozeß zu einer Auseinandersetzung mit der Vergangenheit geradezu gezwungen und forderten in erster Linie dazu auf, angesichts des Geschehens in Jerusalem »Stärke« zu beweisen und die neuerliche Schmach der Offenlegung der »in deutschem Namen« begangenen Verbrechen zu ertragen. Während Nellessen in der von ihm angemahnten Selbstprüfung einen Beitrag zur »Katharsis« – also zur Befreiung von der Last der Vergangenheit – sah und Ahlers die Annahme der Verantwortung als ein Bekenntnis zum eigenen Volk bewertete, implizierte die Auffor-

---

400 Ders., Mitverantwortlich fühlen, in: ebd. vom 1./2.5.1961.

401 Ebd.

402 Ebd.

derung zur Stärke weder eine Selbstprüfung und Linderung, noch ein Bekennntis zur historischen Verantwortung. Aus dieser Sicht wurde der Eichmann-Prozeß zu einer durch die Umstände und von außen aufgezwungenen Prüfung, die durchgestanden werden mußte. Die durch den Prozeß ausgelöste Auseinandersetzung mit der Vergangenheit war nicht etwas, das aus Einsicht und eigenem Antrieb erfolgt, sondern blieb so nahezu zwangsläufig eine auf den äußeren Eindruck gerichtete Pflichtübung – ohne echten inneren Gewinn und ohne befreiende Wirkung.

Ein anschauliches Beispiel für eine derartige Sicht auf den Eichmann-Prozeß als eine mit Tapferkeit und Stärke zu bestehende Prüfung ist der Beitrag von Walter Gong in der Wochenzeitung *Die Zeit* vom 17. März 1961.[403] In diesem im Vorfeld des Prozesses veröffentlichten Artikel thematisierte Gong die Bedeutung des Falles Eichmann für die deutsche Auseinandersetzung mit der nationalsozialistischen Vergangenheit und eventuelle negative Auswirkungen auf das Deutschland-Bild im Ausland, vor allem auf das deutsch-amerikanische Verhältnis.

Nachdem er zunächst beschrieben hatte, wie sich der Fall Eichmann bereits negativ auf das amerikanische Deutschland-Bild auszuwirken beginne,[404] betonte er, daß alle Deutschen, egal ob Mitläufer, Widerstandskämpfer oder Emigranten, zur Auseinandersetzung mit dem Fall Eichmann aufgefordert seien, obwohl »wir« – die Deutschen – dies nicht wollten und als Demütigung empfinden mochten:

403 Walter Gong, Eichmann, das große Weltgericht und wir, in: Die Zeit Nr. 12 vom 17.3.1961.

404 Unter anderem schrieb er: »Schon beim Auftauchen der ersten Publikationen über den Eichmann-Fall in dem uns verbündeten und ehrlich befreundeten Amerika spürte man, daß alles, was so nach und nach – unter freundlicher Mithilfe unserer amerikanischen und jüdischen Freunde – in Vergessenheit geraten war, wieder hochgespült werden würde.«
Angemerkt sei hier, daß just zum Zeitpunkt des Prozeßbeginns Adenauer zu einem Staatsbesuch in den USA weilte, und also die amerikanische Öffentlichkeit wie mithin die gesamte westliche Welt auch aus diesem Grund mit besonderem Interesse auf die Bundesrepublik schaute.
Erwähnt sei an dieser Stelle auch der *Zeit*-Artikel von Thilo Koch Schatten über der Kanzler-Reise vom 14.4.1961. In dem Beitrag über die USA-Reise von Bundeskanzler Adenauer ging Koch aus gegebenem Anlaß auf die Bedeutung des Eichmann-Prozesses für die deutsch-amerikanischen Beziehungen ein. Er wies darauf hin, daß der Prozeß und die gesamte NS-Vergangenheit ein starkes Echo in den amerikanischen Medien fänden und auch die neue Regierung unter Präsident John F. Kennedy sehr sensibel auf dieses Thema reagieren würde. Und er stellte fest, daß die starke Thematisierung der NS-Vergangenheit in den Medien – denen Koch »skrupellose Sensationsmache« vorwarf – wiederum zu einer »Identifizierung von Nazis und Deutscher« führen würde. Sein Fazit war, daß das nach dem Krieg so mühsam aufgebaute positive amerikanische Deutschland-Bild gefährdet sei: »Da ist sie uns erneut auf die Schultern gewälzt, die erdrückende Last der Vergangenheit. Wie hell und rein strahlte doch das neue, das demokratische Deutschland Adenauers in den Jahren des Wirtschaftswunders über den Atlantik! Der Mensch ist gewöhnlich ein Kind und vergißt schnell. [...] Aber nun steigen diese alten Schatten plötzlich wieder auf aus ihrem allzu eilig geschaufelten Grabe und beginnen die Köpfe zu verwirren.«

»Wir alle – ob wir wollen oder nicht – werden uns mit dem Fall Eichmann auseinandersetzen müssen. Und natürlich wollen wir eigentlich nicht. Natürlich wollten wir eigentlich, daß die schändliche, die schmähliche Vergangenheit endlich begraben sei, ein für allemal, und es schüttelt uns im voraus, wenn wir daran denken, was uns dieses Jahr des Eichmann-Prozesses – das sechzehnte Jahr nach dem Zusammenbruch des Hitler- und Eichmann-Regimes – an Demütigungen bringen wird – und ich wiederhole: an Demütigungen für uns alle, sofern wir Deutsche sind. Da kann sich niemand drücken – und sei er zehnmal ›dagegen‹ gewesen, aktiv oder passiv.«[405]

Neben dieser »Demütigung« sah Gong als weitere negative Folge des Falles Eichmann für die Deutschen das Problem, wie sie sich nun angesichts des Prozesses verhalten sollten: Sollten sie – oder »wir«, wie Gong schrieb – schweigen oder reden? Beides, so Gong, könnte »falsch« sein, das heißt zum Nachteil für die Deutschen ausgelegt werden. Denn Schweigen würde nicht als »Zerknirschung«, sondern als »verstockte Unbelehrbarkeit« interpretiert werden, und Reden nur als der Versuch, sich »mit scheinheiligen Argumenten und in hurtiger Weise von der Vergangenheit zu distanzieren«.[406] Vor dem Hintergrund dieser Einschätzung gab Walter Gong den martialisch klingenden Rat, sich dem Prozeß »mannhaft« zu stellen und – wie es sich für Deutsche gehöre – nicht »feige« zu sein:

»Darum meine ich: wir sollten dem Verfahren in äußerster Gewissenhaftigkeit folgen, es im Interesse unserer eigenen Geschichtsschreibung genauso eiskalt analysieren, wie die Richter in Jerusalem, und die großen Bitternisse mannhaft schlucken – wie es sich für Deutsche gehört, die keine Feiglinge sind. Alles kann man über uns sagen, aber feige sind die Deutschen eigentlich nie gewesen. An der Eichmann-Affäre ist nicht zu rütteln und nichts zu deuten. Sie steht für unsere Vergangenheit. Wir müssen sie hinnehmen. Mit möglichst viel Anstand, Würde und Einsicht.«[407]

Gong zweifelte nicht daran, daß der Prozeß die »demütigende« Vergangenheit in aller Ausführlichkeit thematisieren würde. Auch die Richter in Jerusalem würden bemüht sein, die deutschen Verbrechen anhand der vorliegenden Beweise und Zeugenaussagen in aller Deutlichkeit offenzulegen: »Der Schnitt wird tief gehen und blutig sein. Mit Sprüchen: ›Wir sind's ja nicht gewesen‹, ist dagegen nicht anzugehen.«[408] Für Gong

---

405 Walter Gong, Eichmann, das große Weltgericht und wir, in: ebd. Nr. 12 vom 17.3.1961.

406 Vgl. ebd.

407 Ebd. Ähnlich wie Gong hier die Deutschen dazu aufforderte, angesichts des Eichmann-Prozesses nicht feige zu sein und die Vergangenheit mit »Anstand« hinzunehmen, verlangte auch Jürgen Tern in der *FAZ* von der »Nation« »Tapferkeit«, und forderte sie auf, die Vergangenheit nicht zu verdrängen. Tern schrieb u.a.: »Die Nation muß sich davor bewahren, das grauenhafte Ende [gemeint ist die Ermordung der Juden, P.K.] zu vergessen und zu verdrängen. Sie soll sich vor Wehleidigkeit und Flagellantentum hüten; sie muß aber die Tapferkeit aufbringen, im Bewußtsein des in ihrem Namen angerichteten Unheils zu leben.« Jürgen Tern, Der Fall Eichmann, in: FAZ vom 27.5.1960.

408 Walter Gong, Eichmann, das große Weltgericht und wir, in: Die Zeit Nr. 12 vom 17.3.1961.

stand nicht nur außer Frage, daß sich die Deutschen »mannhaft« dem Prozeß zu stellen haben, sondern auch, daß nahezu alle Deutschen – zumindest diejenigen, die während des »Dritten Reiches« bereits erwachsen waren – mit auf der Anklagebank in Jerusalem saßen. Denn Eichmanns Verteidigung werde darauf aufgebaut sein, sich als »Vollstrekker« und »Organ« eines »politischen Willens« darzustellen, der dem »NS-Regime Deutschlands eigen« gewesen sei und – »man nehme es, wie man wolle – immerhin vom deutschen Volk sanktioniert war«.[409] Und genau dies sei eine Verteidigungsstrategie – ein »Kurs« –, der »uns alle in Bedrängnis« bringe:

> »Wer irgendwann einmal für Hitler gestimmt, wer irgendwann einmal dem ›Führer‹ zugejubelt hat, wer irgendwann einmal geglaubt hat, daß er die deutsche Erlösung bringe – er wird mitangeklagt sein, wenn Eichmann verteidigt wird.«[410]

Auffällig ist, daß Gong dem Eichmann-Prozeß keine für Deutschland und die Deutschen positiven Seiten abgewinnen konnte. Er sah die Deutschen neben Eichmann auf die kollektive Anklagebank gesetzt und durch das neuerliche Rühren an der »schmählichen Vergangenheit« gedemütigt. Daß der Prozeß aber auch eine Befreiung und möglicherweise auch sogar eine Genugtuung für die Deutschen sein könnte – denn schließlich wurde mit Eichmann einer der wichtigsten NS-Verbrecher abgeurteilt und darüberhinaus bot der Prozeß, wie Nellessen und Ahlers nahe legten, die Gelegenheit, durch eine ehrliche Auseinandersetzung mit der Vergangenheit die Last dieser Vergangenheit zu lindern –, fiel offenbar nicht ins Gewicht. Und auch wenn er an einer Stelle von »Einsicht« sprach, so wirkt dies in dem Zusammenhang, in welchem dies geschah, nicht als die Aufforderung zur ehrlichen Selbstprüfung, sondern nur als eine Aufforderung, »Einsicht« *zu zeigen*, also der Welt das äußere Erscheinungsbild eines Einsichtigen zu bieten. So orientierte sich Walter Gong letztlich nicht an der Notwendigkeit oder auch der durch den Eichmann-Prozeß aktuell gegebenen Möglichkeit und Chance einer ehrlichen, auf die innere Verfassung eines jeden Einzelnen gerichteten Auseinandersetzung mit der Vergangenheit, sondern am äußeren Erscheinungsbild »der Deutschen«, die – wie er schrieb – mit dem Eichmann-Prozeß eine »Demütigung« zu erdulden hätten und die Vergangenheit tapfer hinnehmen müßten.

Zusammenfassend läßt sich dennoch feststellen, daß die dominierende Position in der hier ausgewerteten Presse durch die Bejahung einer Auseinandersetzung mit der Vergangenheit gekennzeichnet ist. Der Eichmann-Prozeß wurde als ein aktueller Anlaß oder gar als Chance gesehen, diese Auseinandersetzung anzugehen. Dem Wunsch nach einem »Schlußstrich« begegnete man im großen und ganzen eher kritisch bis ablehnend, wohingegen die Verantwortung der Deutschen für die Vergangenheit wiederholt betont wurde.

---

409 Vgl. ebd.

410 Ebd.

Aber ebenso ist auch ein gewisses Unbehagen angesichts des Prozesses nicht zu übersehen. Ein Unbehagen, das sich sowohl in der Sorge um das Ansehen der Deutschen in der Welt, welches möglicherweise durch die Erinnerung an die »in deutschem Namen« begangenen Verbrechen beschädigt werden könnte, ausdrückte, als auch in der unterschwellig spürbaren Angst vor dem Ausmaß der sowohl persönlich-privaten als auch politisch-gesellschaftlichen Belastungen der durch den Eichmann-Prozeß aufgewühlten »dunklen Vergangenheit«.

8. Der Fall Eichmann und die Jugend

Ein weiterer zentraler Aspekt in der öffentlichen Auseinandersetzung mit dem Fall Eichmann und dem Eichmann-Prozeß war die Frage nach seiner Bedeutung für die Jugend. Zum einen wurde in einer Reihe von Artikeln diskutiert, ob und, wenn ja, inwieweit der Eichmann-Prozeß dazu beitragen könnte, die Jugend in Deutschland, aber auch in Israel und in anderen Ländern, über die Vergangenheit und die nationalsozialistischen Verbrechen aufzuklären. Zum anderen wurde die Frage aufgeworfen, ob der Prozeß gegen den ehemaligen SS-Obersturmbannführer nicht dazu genutzt werden sollte, um den Dialog zwischen den Generationen aufzunehmen oder zu vertiefen, um so den Nachgeborenen die Möglichkeit zu geben, die Zeit von 1933 bis 1945 und das Verhalten ihrer Eltern und Großeltern in jenen Jahren besser zu verstehen. Daß dabei nicht nur die Frage nach der deutschen Jugend gestellt wurde, sondern auch die schwierige Situation der Jugend in Israel, also der Kinder und Enkel der Opfer nicht außer acht gelassen wurde, zeigt sich in zahlreichen Artikeln, in denen von den Journalisten und Berichterstattern vor allem auf persönliche Erlebnisse und Gespräche in Israel zurückgegriffen wurde. Nicht wenige der Autoren bemühten sich dabei in ihren Beiträgen sichtlich um Verständnis und Anteilnahme und versuchten, dem deutschen Leser das von Trauer und Scham und nicht selten – ähnlich wie in Deutschland – vom Schweigen über die Vergangenheit bestimmte Verhältnis zwischen den Generationen in Israel nahezubringen.[411]

---

411 Neben dem nachfolgend ausführlich zitierten Artikel von Robert Pendorf sei hier auf folgende Artikel verwiesen: Joachim Schwelien, Ein Mahnmal für die Jugend, in: FAZ vom 12.5.1961; ders., Israel kann nicht vergessen, in: ebd. vom 16.5.1961; Conrad Ahlers, Immer bleibt der Einzelne persönlich verantwortlich, in: FR vom 26.4.1961; Alice Kempe, Eichmanns Triebfeder war maßloser Ehrgeiz, in: TSP vom 10.6.1961; Egon Vacek, »Jetzt blasen die Juden auch Trompete«, in: Die Zeit Nr. 27 vom 1.7.1960.

So schrieb beispielsweise Robert Pendorf im Juni 1961 in der Wochenzeitung *Die Zeit* davon, daß die junge Generation in Israel nicht zuletzt aufgrund des Schweigens ihrer Eltern und Großeltern nur sehr wenig über die NS-Zeit wisse. Dies führe wiederum dazu, daß die Jugend zum Teil mit Unverständnis auf die Wehrlosigkeit ihrer Eltern in der Zeit des Nationalsozialismus reagierte. Pendorf hob die Parallelen zur Situation in Deutschland hervor, wo die ältere Generation über ihre Erlebnisse und Verstrickungen während der Nazi-Zeit ebensowenig spreche:

»Sie [die Jugendlichen in Israel, P.K.] wußten nicht viel, weil die Älteren, die es miterlebt hatten, nicht oder nur ungern darüber redeten. Die Reaktion ist auf der handelnden und der duldenden Seite nahezu identisch: so wenig ehemalige deutsche NSDAP-Mitglieder und ›Heil‹-Rufer gern von jenen Tagen erzählen, da sie durch Tun oder Nichttun an jenem Barbarismus teilhatten, so wenig gern sprechen die Opfer dieser Barbarei von den Stunden, Tagen und Jahren ihrer schlimmsten Qual und ihrer bitteren Erniedrigung. Ganz abgesehen davon, daß sie die Schatten jenes Schreckens nicht in die Seelen ihrer Kinder senken wollen.«[412]

Pendorf war davon überzeugt, daß der Prozeß in Jerusalem »mit seinen aufwühlenden Zeugenaussagen« eine Möglichkeit biete, diese Lücke im Wissen und Verstehen zu schließen.[413]

Weiterhin ist bemerkenswert, daß über den aktuellen Fall hinaus der Problembereich nationalsozialistische Vergangenheit und Jugend auch in anderen Zusammenhängen in den hier untersuchten Zeitungen und Zeitschriften in unterschiedlicher Weise aufgegriffen wurde. So wurde beispielsweise wiederholt über Reisen deutscher Jugendgruppen nach Israel, bzw. israelischer Jugendgruppen in die Bundesrepublik und deren Bedeutung für die deutsch-jüdische Versöhnung berichtet.[414] Ebenso wurde ganz allgemein die Frage nach dem Verhältnis der deutschen Jugend zur deutschen Vergangenheit, insbesondere zur NS-Zeit, sowie nach der Notwendigkeit einer generationenübergreifenden »Vergangenheitsbewältigung« aufgeworfen.[415] Ob und inwieweit diese

---

412 Robert Pendorf, Auch in Israel herrschte zuviel Schweigen – Die Wirkungen des Eichmann-Prozesses, in: ebd. Nr. 25 vom 16.6.1961, Hervorhebungen im Original.

413 Ebd.

414 Siehe hierzu exemplarisch: Der Bericht über einen Besuch einer israelischen Jugendgruppe in der Bundesrepublik Israelis loben die deutsche Jugend, in: SZ vom 12.1.1961; sowie die Berichte über den Besuch einer Jugendgruppe des DGB in Israel Zwanzig Tage Israel, in: SZ vom 20.1.1961; und den Artikel von Rolf Seelmann-Eggebrecht über die Israelreise der »ersten offiziellen Jugendgruppe« aus Deutschland, die zeitgleich mit dem Israelbesuch des Altbundespräsidenten Heuss stattfand, Deutsche Schüler besuchen Israel, in: FAZ vom 7.6.1960.

415 Vor allem in der *Süddeutschen Zeitung* ging man wiederholt dieser Frage nach. So z.B. Ht., Schuldkomplex, in: SZ vom 20.1.1961; Umfrage unter Jugendlichen zur unbewältigten Vergangenheit, in: ebd. vom 24.7.1961; Albert Wucher, Die eigene Chance, in: ebd. vom 24.7.1961.

wiederholte Thematisierung des Verhältnisses der Jugend zur jüngsten deutschen Vergangenheit auch mit dem Eichmann-Prozeß oder auch mit den Hakenkreuzschmierereien vom Winter 1959/60 zusammenhing, ist aus den ausgewerteten Artikeln nicht zu ersehen. Es erscheint aber durchaus plausibel, daß die durch den Fall Eichmann angestoßene, verstärkte öffentliche Debatte über die NS-Zeit mit dazu beigetragen hat, auch diese Frage stärker in das Blickfeld der Öffentlichkeit und der Presse zu rücken.

Eine verstärkte Auseinandersetzung der Jugend mit der nationalsozialistischen Vergangenheit wurde in der Presse aber nicht nur begrüßt. Vielmehr wurde auch die Sorge geäußert, daß die Jugend in Deutschland aufgrund einer fortwährenden und intensiven Belastung durch die Vergangenheit bereits unter einem ungerechtfertigten »Schuldkomplex«[416] leide oder durch eine weitere, allzu ausführliche Beschäftigung mit den von den Deutschen begangenen Verbrechen darunter zu leiden beginnen könnte. Gerade angesichts des aufsehenerregenden Eichmann-Prozesses sei es ratsam, sehr behutsam mit diesem Thema umzugehen. In diesem Sinn sei es mitunter angebracht, so die Argumentation, die öffentliche Thematisierung des Falles Eichmann auf das unbedingt notwendige Maß zu begrenzen. In der Presse findet sich denn auch sowohl die Forderung, den Prozeß als eine Gelegenheit für die Belehrung und Erziehung der Jugend zu nutzen, als auch die gegenteilige Forderung, das heißt die strikte Ablehnung eines derartigen Anliegens.

8.1. »Sie müssen es wissen«[417] – Die Forderung nach historischer Aufklärung der Jugend

Während der Chefredakteur der Illustrierten *Stern*, Henri Nannen,[418] zu den entschiedenen Gegnern einer pädagogischen Inanspruchnahme des Eichmann-Prozesses zu zählen war, befürwortete die überwiegende Mehrzahl derjenigen Autoren, die in der hier ausgewerteten Presse zu diesem Problem Stellung bezogen, sowohl eine Auseinandersetzung der Jugend mit dem Fall Eichmann und dem Nationalsozialismus, als auch eine generationenübergreifende Thematisierung der nationalsozialistischen Vergangenheit und der sich daraus ergebenden Fragen nach Verantwortung und Schuld.

So unterstrichen beispielsweise Jürgen Tern (*FAZ*) und Gerhard Ziegler (*FR*) bereits kurze Zeit nach der Bekanntgabe der Ergreifung Eichmanns die Bedeutung eines Prozesses gegen den ehemaligen SS-Obersturmbannführer für die historische Aufklärung

416 Vgl. zum Begriff: Ht., Schuldkomplexe, in: ebd. vom 20.1.1961.

417 Jürgen Tern, Der Fall Eichmann, in: FAZ vom 27.5.1960.

418 Siehe Abschnitt III. 8.2. Die Jugend sollte nicht mit der Vergangenheit belastet werden – Henri Nannen zum pädagogischen Umgang mit dem Fall Eichmann.

und Erziehung der Jugend.[419] Bezeichnend dabei war, daß die Bedeutsamkeit und Notwendigkeit dieser Aufklärung und Erziehung nicht zuletzt mit den politischen Problemen der deutschen Gegenwart begründet wurde. So forderte Tern ausdrücklich, daß der jungen Generation die Ereignisse und Verbrechen der nationalsozialistischen Vergangenheit – das »Unheil« – »nicht verschwiegen werden« dürften, und er begründete diese Notwendigkeit damit, daß die Jugend ansonsten nicht in der Lage sei, die aktuelle Situation Deutschlands – das heißt die Deutsche Teilung – zu »verstehen«:[420]

»Sie müssen es wissen. Sonst verstehen sie die äußere Situation und innere Verfassung der Nation nicht: nicht die Verstümmelung des Staates und nicht die Spaltung des Volkes. Die Nöte unseres Daseins haben nicht erst 1945, sondern 1933 begonnen.«[421]

Obwohl Tern deutlich seinen Abscheu vor den von Eichmann in deutschem Namen begangenen Verbrechen erklärte und die Deutschen auffordert, nicht »zu vergessen und zu verdrängen«, sondern sich der Vergangenheit zu stellen, erscheint diese starke Konzentration auf die Teilung Deutschlands problematisch. Und auch wenn er die historischen Ursachen und Verantwortlichkeiten für die Teilung klar benannte – die deutsche Politik seit 1933 – und nicht etwa die Deutschen als an dieser Entwicklung unschuldig darstellte, kann die Begründung, daß die Jugend über die NS-Zeit deshalb aufgeklärt werden solle, weil sie ansonsten weder die »Verstümmelung des Staates« noch die »Spaltung des Volkes« verstehen könne, als eine allzu starke Verengung der Bedeutung der Auseinandersetzung mit der nationalsozialistischen Vergangenheit auf einen nationalen beziehungsweise einen deutschlandpolitischen Gesichtspunkt bezeichnet werden. Denn ohne in Abrede stellen zu wollen, daß das Wissen um die historischen Ursachen der Deutschen Teilung durchaus wichtig war und ist, so ist doch zu fragen, ob dies der wichtigste Grund für die Jugend sein sollte, sich mit der nationalsozialistischen Vergangenheit zu beschäftigen. Sollten nicht viel eher Fragen im Vordergrund stehen wie etwa die nach den Gründen für das Scheitern der Weimarer Republik? Oder danach, wie es möglich war, daß Millionen Menschen allein wegen ihrer Religions- oder »Rassen«-Zugehörigkeit ermordet wurden und was getan werden müsse, um ähnliche Verbrechen in der Zukunft zu verhindern? Terns richtige und wichtige Forderung »Sie müssen es wissen« griff daher viel zu kurz, da sie nicht explizit auch solche Fragen miteinbezog.

Im Gegensatz dazu setzte Gerhard Ziegler in einem drei Tage nach Terns Beitrag erschienenen Artikel bei der Betrachtung der Auswirkungen des Falles Eichmann auf die Erziehung der Jugend in Deutschland einen anderen Schwerpunkt. Er betonte zwar

419 Vgl. Jürgen Tern, Der Fall Eichmann, in: FAZ vom 27.5.1960; Gerhard Ziegler, Der Fall Eichmann, in: FR 30.5.1960.

420 Vgl. Jürgen Tern, Der Fall Eichmann, in: FAZ vom 27.5.1960.

421 Ebd.

auch die Bedeutung der durch die Festnahme des ehemaligen SS-Obersturmbannführers angeregten Auseinandersetzung mit der Vergangenheit für aktuelle politische Probleme, bezog sich dabei aber nicht auf die Teilung Deutschlands, sondern auf die Notwendigkeit, die deutsche Jugend über die auch aktuell noch vorhandenen Gefahren der nationalsozialistischen Ideologie aufzuklären. Ziegler pflichtete den Äußerungen eines nicht näher genannten Vertreters des Jüdischen Weltkongresses bei der UNO darin bei, den Prozeß gegen Eichmann als »eine Gelegenheit« wahrzunehmen, »die Nachkriegs-Generationen, die kaum noch etwas von den furchtbaren Verfolgungen des jüdischen Volkes wissen, vor einer neuen Beeinflussung durch nationalsozialistische Gedankengänge zu warnen«.[422]

Ziegler war es wichtig, daß die Jugend durch das Wissen um die Verbrechen und mittels einer Auseinandersetzung mit der Vergangenheit vor etwaigen neo-nazistischen Gedanken bewahrt werde. Aber wichtiger noch war es ihm zu betonen, daß nicht nur »Heranwachsende«, sondern auch die Älteren, also diejenigen, »die jene Zeit bewußt miterlebt hatten«, sich um eine Auseinandersetzung mit der Vergangenheit bemühen sollten.[423] Legt man einen weiten Interpretationsrahmen an seine Ausführungen an, so läßt sich festhalten, daß Ziegler von der Kriegs-Generation erwartete, in dieser Auseinandersetzung eine Vorbildfunktion zu übernehmen, sich den Fragen ihrer Kinder und Enkel zu stellen und sich zu einem Gespräch zwischen den Generationen bereitzufinden.

Noch wesentlich stärker und eindeutiger als Ziegler rückte Ernst Müller-Meiningen jr. den Aspekt einer Vorbildfunktion der älteren Generation in das Blickfeld der Aufmerksamkeit. In seinem am Tag der Prozeßeröffnung in der *Süddeutschen Zeitung* veröffentlichten Kommentar *Eichmann und wir* forderte er – selbst Jahrgang 1908[424] – die Kriegsgeneration auf, sich ihrer eigenen Geschichte und Verantwortung zu stellen und so den jungen Menschen in Deutschland ein moralisches Beispiel zu bieten.[425] Dabei betonte er, daß es die Kriegsgeneration gewesen sei, die sowohl »damals versagt« habe, als auch nach dem Krieg das öffentliche Leben der Bundesrepublik maßgeblich beeinflusse. Und gerade darin sah er die Verpflichtung der älteren Generation begründet, sich ihrer Vergangenheit und Verantwortung zu stellen. Denn aufgrund ihrer wichtigen Stellung in der Bundesrepublik seien sie die potentiellen Vorbilder für die Jugend und müßten sich auch um Glaubwürdigkeit bei der Aufarbeitung der Vergangenheit bemühen:

»Die Generation der heute das öffentliche Leben Beherrschenden ist weithin dieselbe, die damals versagt hat. Viele Mitträger des großen Unrechts sind auch in Person wieder in Amt und Würden. Sie beherrschen – so muß es vielfach nach außen scheinen – das Bild der geistigen Landschaft, und es trifft

422 Gerhard Ziegler, Der Fall Eichmann, in: FR vom 30.5.1960.

423 Ebd.

424 Zu den persönlichen Daten siehe Munzinger Archiv.

425 Ernst Müller-Meiningen jr., Eichmann und wir, in: SZ vom 11.4.1961.

sie alles andere als gesellschaftliche Ächtung. Sie sind die Väter einer Jugend, die doch nach Vorbildern Ausschau hält. Jene Generation wird in ein paar Jahrzehnten ausgestorben sein. Trotzdem liegt ungeheuer viel daran, daß die moralisch Ansprechbaren aus ihrem Kreise – gerade unter dem Anblick eines Eichmann-Prozesses – der Verantwortung inne werden, die ihnen und uns allen das Geschehene auferlegt. Dann nur kann die alte der nachwachsenden Generation glaubwürdig werden. Dann erst kann diese eine Zukunft bauen, frei von den Sünden der Väter.«[426]

Für Müller-Meiningen jr. war es also nicht damit getan, der Jugend nur eine Art Schul- oder Buchwissen über die NS-Zeit zu vermitteln, sondern er war davon überzeugt, daß sich jeder – oder zumindest die »moralisch Ansprechbaren« – der Kriegsgeneration der Verantwortung zu stellen habe, um so ein positives Beispiel für die junge Generation zu bieten. Der kritische Hinweis auf die »Mitträger des großen Unrechts«, »die wieder in Amt und Würden« seien, läßt vermuten, daß er nicht auf ein rein verbales oder symbolisches Eingeständnis der Verantwortung anspielte, sondern durchaus auch an einen Verzicht auf die Berufung belasteter Personen auf wichtige gesellschaftliche und vor allem politische Positionen in der Bundesrepublik dachte. Dies wäre für die Jugend – und nicht nur für die Jugend – ein erkennbares Signal und Beispiel für eine ernsthafte Auseinandersetzung mit der persönlichen Verantwortung.

Auch wenn nicht viele Journalisten mit dieser Eindeutigkeit auf die Bedeutung eines offenen Bekenntnisses zur Verantwortung seitens der Kriegsgeneration für die generationsübergreifende Thematisierung der nationalsozialistischen Vergangenheit hingewiesen haben wie Müller-Meiningen jr., so ist doch festzustellen, daß in der hier untersuchten Presse von verschiedener Seite wiederholt betont wurde, daß der Eichmann-Prozeß eine gute und wichtige Gelegenheit sei, die Jugend über die Vergangenheit aufzuklären und einen Austausch zwischen den Generationen zu beginnen oder zu vertiefen. Ebenso wurde aber auch wiederholt an verschiedener Stelle unterstrichen, daß der jungen Generation nicht die Schuld für die Unterlassungen, Verfehlungen oder gar Verbrechen ihrer Eltern oder Großeltern aufgebürdet werden solle oder dürfe. Was aber von den nachgeborenen Generationen verlangt werden könne, das sei, daß sie die richtigen Lehren aus der Vergangenheit ziehen und Verantwortung für die Gegenwart und Zukunft übernehmen. Das heißt, zum einen dafür Sorge zu tragen, daß sich ähnliches nicht noch einmal wiederhole, und zum anderen die Verständigung oder gar Versöhnung mit den Opfern – den Juden in Israel – der von Deutschen und in deutschem Namen begangenen Verbrechen zu suchen. So betonte beispielsweise Paul Wilhelm Wenger – zustimmend bezugnehmend auf entsprechende Äußerungen des israelischen Ministerpräsidenten – eine knappe Woche vor der Prozeßeröffnung im *Rheinischen Merkur*, daß es richtig sei, die Jugend in Deutschland – aber auch in Israel – »über die Greueltaten der Nationalsozialisten aufzuklären, ohne die unbelastete junge Genera-

426 Ebd.

tion in Deutschland mitverantwortlich zu machen«.[427] Ähnliche Äußerungen fanden sich kurze Zeit später auch im *Tagesspiegel*, wobei in dieser Zeitung darüber hinaus die Verantwortung der Jugend für die Zukunft betont wurde.[428] So äußerte der Kommentator der Berliner Tageszeitung zwar die Ansicht, daß die Jugend nicht für die Verbrechen Eichmanns und anderer »Henker« verantwortlich gemacht werden könne, aber die jüngere Generation sei letztlich ein Teil des deutschen Volkes und müsse darum auch ihren Teil der aus der Geschichte erwachsenden Verantwortung übernehmen :

»Jeder einzelne aus dieser Generation [der jüngeren, P.K.] kann mit vollem Recht sagen, daß er mit den Eichmanns nichts zu tun hatte, daß sie ihn in diesem Sinne auch nichts angehen. Aber die Verantwortung, es in Zukunft nicht wieder dahin kommen zu lassen, daß sie ihr schreckliches Werk tun, liegt bei allen Generationen unseres Volkes in gleicher Weise.«[429]

Im *Tagesspiegel* wurde also die jüngere Generation aus der Verantwortung für die während der NS-Zeit begangenen Verbrechen ausgenommen, aber umso mehr ihre Verantwortung für die Zukunft betont. In der Herausbildung eines derartigen Verantwortungsgefühls sah man beim *Tagesspiegel* eine wesentliche Funktion des Eichmann-Prozesses für die Erziehung der Jugend. Bemerkenswert an diesem Kommentar ist hier nun, daß darin mit keinem Wort erwähnt wird, welche Aufgabe der älteren Generation bei der Erziehung der Jugend zukommt. Es wird zwar viel von der Verantwortung, die das Volk trage, geschrieben, aber inwieweit die ältere Generation durch ihren konkreten Umgang mit der Vergangenheit die Jugend beeinflussen oder gar ein Vorbild sein könnte oder sein sollte, wird hier nicht thematisiert.

Anders in einem Artikel von Albert Wucher vom 24. Juli 1961.[430] Im Gegensatz zu dem oben zitierten Kommentar im *Tagesspiegel* beließ es Wucher hier nicht nur bei der Feststellung, daß die Jugend nicht für die Verbrechen der Nationalsozialisten verantwortlich zu machen sei, und bei der Mahnung, daß die Jugend für die Zukunft des Volkes (mit-)verantwortlich sei, sondern unterstrich vor allem die Bedeutung einer ehrlichen Auseinandersetzung der »Vätergeneration« mit der Vergangenheit für die historische Aufklärung und Erziehung der Jugend. Wucher stellte zu Beginn seines Artikels zunächst fest, daß »Bewältigen« der Vergangenheit nur »heißen« könne: »nicht ver-

427 Paul Wilhelm Wenger, Kollektiver »Blutorden«? in: RhM Nr. 15 vom 7.4.1961.

428 J. B., Unsere Meinung: Der Prozeß, in: TSP vom 11.4.1961.

429 Ebd.

430 Albert Wucher, Die eigene Chance, in: SZ vom 24.7.1961. In diesem gut drei Monate nach dem Beginn des Prozesses veröffentlichten Beitrag widmete sich Wucher zwar nicht unmittelbar den Ereignissen in Jerusalem, sondern setzte sich mit den aktuellen Ergebnissen einer unter Jugendlichen durchgeführten Umfrage zur Rezeption von Fernsehsendungen über das »Dritte Reich« und den Nationalsozialismus auseinander. Siehe hierzu auch den Artikel: Umfrage unter Jugendlichen zur unbewältigten Vergangenheit, in: SZ vom 24.7.1961.

drängen, sich nicht leichtfertig davon distanzieren; kann nur heißen: fortan Konsequenzen ziehen«.[431] Mit dieser Aufforderung zielte er in erster Linie auf die – wie er es ausdrückt – »damals erwachsene Generation der Zeitgenossen« und betonte implizit, daß letztlich jeder Einzelne dieser Generation gefordert sei, sich mit seiner eigenen, persönlichen Geschichte auseinanderzusetzen und sie eben nicht zu verdrängen. Eine pauschale oder gar generationenübergreifende Kollektivhaftung lehnte er hingegen ab. Dies bedeutete für ihn jedoch nicht, daß die Nachkriegsgeneration keine Beziehung zur Vergangenheit habe. Nach seiner Ansicht wolle die Jugend durchaus die Wahrheit über die Vergangenheit erfahren, aber ebenso wolle sie nicht für die Verfehlungen oder gar Verbrechen der älteren Generation verantwortlich gemacht werden. Und es sei auch, so Wucher, »nur zu verständlich, wenn sich die Jugend der Nachkriegszeit dagegen verwahre, daß man auch ihr die sogenannte ›Bewältigung der Vergangenheit‹ auflastet«, und deshalb einer allzu moralisierenden, zeitgeschichtlichen Pädagogik eher ablehnend gegenüber stand.[432] Entscheidend war für ihn vor allem, daß die Jugend die »unverfälschte Wahrheit« über die Zeit des Nationalsozialismus erfahren wolle und solle. Daß dies bis dahin nicht geschehen sei, lastete er nicht zuletzt den Eltern – der »Vätergeneration« – an, die der Jugend eben diese Wahrheit vorenthalten habe:

»Die Jugend von heute will durchaus Aufklärung bekommen, will die nüchternen Tatsachen kennenlernen und sich einen Vers drauf machen. Ja, ebenso heftig, wie sie sich gegen jedwede, auch gut gemeinte Tendenz in dieser Sache sträubt, ebenso begierig ist sie […], die unverfälschte Wahrheit zu erfahren. Jene Wahrheit, die ihr von einer mitschuldig gewordenen Vätergeneration nur zu oft vorenthalten oder ›unbewältigt‹ (nämlich verharmlost) übermittelt wurde. Die Jugend von heute will sich nur nicht mit dieser Vergangenheit *identifizieren* lassen. Sie pocht auf ihr Recht zu unbelastetem Neubeginn, auf ihre unverbrüchliche Chance, freilich auch Pflicht: es besser zu machen.«[433]

Für Wucher war es also von entscheidender Bedeutung, daß die Jugend die Wahrheit über die NS-Zeit erfährt, denn nur dann sei sie auch in der Lage, ihrer »Pflicht, es besser zu machen«, gerecht zu werden. Und daß er gerade auch im Eichmann-Prozeß eine gute Gelegenheit sah, sowohl die von der Jugend eingeforderte »unverfälschte Wahrheit« ans Tageslicht zu bringen, als auch die ältere Generation daran zu gemahnen, sich der eigenen Vergangenheit und Verantwortung zu stellen, zeigen seine zahlreichen engagierten Berichte und Kommentare, die er über den Prozeß schrieb.

Daß der Prozeß am Ende die Erwartungen im Hinblick auf die historische Aufklärung und Erziehung der Jugend auch tatsächlich erfüllt habe und einer generationenübergreifenden Auseinandersetzung mit der nationalsozialistischen Vergangenheit auch gerecht geworden sei, davon zeigte man sich besonders bei der *Frankfurter Rundschau*

431 Ebd.

432 Ebd.

433 Ebd., Hervorhebung im Original.

überzeugt. So vertrat Conrad Ahlers die Meinung, daß der Prozeß von Jerusalem seine Wirkung auf die Jugend in Deutschland wie auch in Israel nicht verfehlt habe. In beiden Ländern hätten die Jugendlichen – aber nicht nur diese – durch den Prozeß nicht nur mehr über die Vergangenheit erfahren, sondern darüber hinaus seien ihre »Gewissen geschärft« worden.[434] In seinem Mitte Dezember 1961 veröffentlichten Kommentar *Das Urteil von Jerusalem* schrieb Ahlers:

»Er [der Prozeß, P.K.] hat, 15 Jahre nach der Beendigung der Schreckensherrschaft des Nationalsozialismus, eine neue, eine unberührte Generation deutscher Menschen eingeführt in die düsterste Epoche ihres Volkes. So umstritten die Abschreckungstheorie des Strafrechts auch hinsichtlich ihrer Wirkung und ihrer sittlichen Begründung sein mag, hier wurde sie in monumentalem Ausmaß durchgeführt, mit der durchaus erfreulichen Folge, daß vielen, insbesondere jungen Leuten, die Augen geöffnet und die Gewissen geschärft wurden.«[435]

Und im Jahresrückblick der *Frankfurter Rundschau* mit dem Titel *Das war 1961*[436] ist über den Eichmann-Prozeß – teilweise wortgleich, aber ohne Autorenangabe – zu lesen:

»Trotz mancher Fragen, die offen blieben, offenbleiben mußten, weil sie nicht zu beantworten sind, hat das Verfahren von Jerusalem seine Wirkung nicht verfehlt. Die junge Generation wurde in die düsterste Epoche der deutschen Geschichte eingeführt, ihr wurden Augen geöffnet und das Gewissen geschärft. Eine erzieherische Wirkung sollte von diesem Prozeß ausgehen, und das ist ohne Zweifel erreicht worden. Wir mußten uns aber auch von der jungen Generation fragen lassen: Wie konnte so etwas geschehen? Auch diese Diskussion zwischen den Generationen gehört zu den Erfolgen dieses Prozesses.«[437]

8.2. Die Jugend sollte nicht mit der Vergangenheit belastet werden – Henri Nannen zum pädagogischen Umgang mit dem Fall Eichmann

Eine der von Tern, Wucher, und den anderen Befürwortern einer auch jugendorientierten Thematisierung des Eichmann-Prozesses und der nationalsozialistischen Vergangenheit diametral entgegengesetzte Position bezog der Chefredakteur der Illustrierten *Stern*, Henri Nannen, der sich im Juli 1960 in seiner wöchentlichen Kolumne *Liebe Sternleser* dieser Problematik annahm.[438] Darin machte er deutlich, daß die ausführliche Auseinandersetzung mit den NS-Verbrechen für die Erziehung der jungen Generation seiner Meinung nach eher von Nachteil sei. Er vertrat die Ansicht, daß die Jugend – in Deutsch-

434 Vgl. Conrad Ahlers, Das Urteil von Jerusalem, in: FR vom 16./17.12.1961.

435 Ebd.

436 Das war 1961 – Frankfurter Rundschau zur Jahreswende, in: ebd. vom 30./31.12.1961, S. 49-53.

437 Ebd., S. 50.

438 Henri Nannen, Liebe Sternleser, in: Stern Nr. 28 vom 9.7.1960, S. 5-6.

land wie auch in Israel – nicht mit der schrecklichen Vergangenheit belästigt und belastet werden sollte, um die Annäherung und Versöhnung zwischen Juden und Nicht-Juden, zwischen Deutschen und Israelis nicht zu gefährden, aber auch, um die Jugend nicht unnötigerweise mit der Schuld und Scham der älteren Generation zu belasten.

Als Aufhänger für seine Kolumne zum Thema der Fall Eichmann und die Jugend wählte Nannen ein mehr als ganzseitiges Foto vom jüngsten Sohn Adolf Eichmanns, Ricardo, auf dem zu sehen ist, wie dieser mit einem kleinen Hund vor dem Haus der Familie Eichmann sitzt. Der Bildbeschreibung zufolge wurde das Foto nach der Gefangennahme Eichmanns aufgenommen und zeige, wie Ricardo sehnsüchtig auf seinen Vater wartet, der sich zu diesem Zeitpunkt aber bereits in israelischer Gewalt befand. Irritierend an der Präsentation dieser Aufnahme war, daß auf der selben Seite eine Fotografie zweier augenscheinlich durch die Nationalsozialisten ermordeter jüdischer Kinder und die Bildunterschrift »Diese beiden Bilder gehören zusammen« abgedruckt war.[439] Die Wahl der Fotos und vor allem die Bildunterschrift legten nahe, daß auf diese Weise eine historische und emotionale Verbindung zwischen dem Sohn Eichmanns und den in etwa gleichaltrigen Opfern der NS-Verbechen – also auch den Opfern seines Vaters – hergestellt wurde. Die optische Gewichtung der abgedruckten Fotos war dabei mehr als unausgewogen, da das Bild des Eichmann-Sohnes etwa zehnmal größer war als das der ermordeten jüdischen Kinder.

Zu Beginn seines Artikels spekulierte Nannen anhand des besagten Fotos von Ricardo Eichmann zunächst sehr einfühlsam und ausführlich, wie sich Eichmanns Sohn wohl gefühlt haben mochte, während er vergeblich auf die Heimkehr seines Vaters gewartet habe. Anschließend berichtete er mit Hinweis auf eine Pressemeldung von einem siebenjährigen israelischen Jungen – Mordechai Kaplan –, der beim Spielen fast ums Leben gekommen sei: Seine Spielkameraden hätten ihn beim »Nachspielen« des Eichmann-Prozesses an einem Ast eines Baumes aufgehängt. Sodann folgte ein Zitat des israelischen Ministerpräsidenten Ben-Gurion, in dem dieser die Bedeutung des Verfahrens für die israelische Jugend herausstellte, die auf diesem Weg über die Geschichte der Judenverfolgung aufgeklärt werden könne.

Diese drei Ereignisse nahm Nannen zum Anlaß, um über den angemessenen intergenerationellen Umgang mit dem Eichmann-Prozeß und mit der nationalsozialistischen Vergangenheit und den NS-Verbrechen im Allgemeinen zu reflektieren. In seinen Ausführungen ging Nannen davon aus – wobei er *en passant* noch seinen eigenen, vierzehnjährigen Sohn erwähnte –, daß Kinder doch nichts von den schrecklichen Ereignissen der Vergangenheit wüßten. Dort, wo die älteren unter ihnen bereits eine gewisse Vor-

439 Die beiden Fotos sind Teil eines anderen Artikels in derselben Ausgabe. Siehe Robert Pendorf, Adolf Eichmann, S. 16f., 58f., in: ebd. Nr. 28 vom 9.7.1960, Fotos auf S. 16f.

stellung davon hätten – wie beispielsweise sein eigener Sohn Christian –, würde es ihnen an der nötigen »Vorstellungskraft« fehlen, »es zu begreifen«.[440] Nannen bewertete den Mangel an Wissen und »Vorstellungskraft« der jungen Generation gleichwohl nicht als einen Nachteil, ganz im Gegenteil:

»Müssen wir diesen Zustand beklagen? Soll die Last unserer Generation auf unsere Kinder fallen? Die Schuld der Henker und das Leid der Opfer sind *unsere* Sache. *Wir* haben die Ohren verschlossen, als der Schrei ›Juda verrecke!‹ durch Deutschland hallte. *Wir* haben die Augen zugemacht, als unsere jüdischen Mitbürger, mit dem gelben Stern gezeichnet, durch die Straßen schlichen und dann eines Tages verschwanden.

Sollten unsere Kinder – und die Kindeskinder der Opfer dieses Wahnsinns – nun in spaltenlangen Prozeßberichten erfahren, daß man Menschen nackt auf Leichenberge trieb, um sie zu erschießen, daß man sie in Gaskammern ›liquidierte‹, mit Leichenaufzügen vor die Verbrennungsöfen transportierte, daß man den geschändeten Toten die Goldzähne herausbrach und ihnen die Haare abschnitt, um das Gold zu verkaufen und aus den Haaren Matratzen zu machen – sollen unsere Kinder das in allen Einzelheiten erfahren?

Werden Ricardo Klement und Mordechai sich nie mehr begegnen können, ohne daß Schuldgefühle und Haß zwischen ihnen stehen? Werden ihre Kinder und mein Junge ihr ganzes Leben lang das Wort ›Jude‹ nicht aussprechen können, ohne die Scham des Verbrechens zu empfinden – oder aus dem trotzigen Aufbegehren gegen dieses Schuldgefühl einem neuen antisemitischen Komplex zu verfallen?«[441]

Liest man Nannens Ausführungen, so drängt sich die Frage auf, welche Motive der von Nannen geäußerten Besorgnis um die möglichen Belastungen der jungen Generation zugrundeliegen könnten. Ging es ihm hier wirklich um die deutsch-jüdische Versöhnung, die durch ein Zuviel an Wissen um die Vergangenheit gestört oder gar verhindert werden könnte? Und ging es ihm wirklich um die junge Generation in Deutschland und in Israel, die durch das Wissen um die grausamen Verbrechen mit Schuldgefühlen und Scham belastet werden könnte? Oder ging es ihm nicht viel eher darum, daß die junge Generation – und mithin sein eigener Sohn Christian, den er in seinem Artikel mehrfach erwähnte – nichts von den Greueltaten der älteren Generation – und möglicherweise ja sogar der eigenen Eltern oder Großeltern – erfahren sollte, damit sich diese wiederum nicht vor den eigenen Kinden und Enkeln zu verantworten und zu schämen hatte? Denn die ältere Generation hatte ja nicht nur die »Ohren verschlossen« und die »Augen zugemacht« – wie Nannen so scheinbar offen und freimütig über sich und seine Altersgenossen schrieb –, sondern nicht wenige dieser Generation hatten aktiv an der Diskriminierung, Verfolgung und schließlich Vernichtung der europäischen Juden und anderer, als »minderwertig« oder »schädlich« bezeichneter Menschen mitgewirkt.

Wie konnte oder sollte aber, wie Nannen behauptete, durch einen offenen und ehrlichen Umgang mit der Vergangenheit die Last der Schuld bzw. der Schuld– und Scham-

440 Henri Nannen, Liebe Sternleser, in: ebd. Nr. 28 vom 9.7.1960, S. 5f., hier 6.

441 Ebd., Hervorhebungen im Original.

gefühle der Eltern auf die Kinder übergehen? Da die Tat der Eltern niemals die Tat der Kinder ist, wie auch die Schuld der Eltern nicht die Schuld der Kinder sein kann, können die die jüngere Generation potentiell belastenden »Schuldgefühle« also nicht als Ergebnis einer selbst zu verantwortenden Tat, sondern nur aufgrund eines psychologisch erklärbaren Vorgangs, etwa einer Übertragung, entstehen. Wie zahlreiche, vor allem in den letzten Jahren publizierte Studien und autobiografische Texte nahelegen, sind diese Übertragungen allerdings gerade dann zu erwarten, wenn Vergangenheit – vor allem wenn sie mit Schuld und Versagen belastet ist – nicht offen mitgeteilt und diskutiert, sondern verschwiegen wird.[442] Durch das Schweigen oder das selektive – quasi zensierte – Sprechen über die Ereignisse und Verbrechen der Vergangenheit, über Verantwortung und Schuld entstehe eine ständige Spannung zwischen dem Bekannten und Verdeckten, zwischen dem Vermuteten und dem Verleugneten, eine Spannung, die auf längere Sicht das Vertrauen zwischen den Generationen, zwischen den Kindern und den Eltern empfindlich stören und nicht zuletzt auch die ethisch-moralische Orientierung erschweren kann.[443] Vor diesem Hintergrund betrachtet, war die von Nannen aufgebaute Argumentationskette, derzufolge die Jugend durch eine ausführliche Offenlegung der NS-Verbrechen mit schädlichen Schuldgefühlen belasten werde könnte und deshalb die Geschehnisse nicht »in allen Einzelheiten« dargestellt werden sollten, nicht überzeugend – im Gegenteil. Nannen schien mit seiner Strategie genau das zu produzieren, was er angeblich verhindern wollte: Unverständnis und Konflikte zwischen den Generationen.

Auch der von ihm implizit formulierte Gedanke, durch ein bewußtes Verschweigen der Grausamkeit der NS-Verbrechen, ein (Wieder-)Aufleben des Antisemitismus zu vermeiden und die Versöhnung zwischen den Kindern der Täter und den Kindern der Opfer nicht zu behindern, kann nicht überzeugen, folgte er doch mit seiner Argumentation einer Logik, die zur Konsequenz hätte, daß man über vergangene Untaten und Verbrechen schweigen müßte, wenn man ähnliches zukünftig verhindern wolle, wie es auch nicht der Wahrheit bedürfe, um Versöhnung und Freundschaft zu erreichen. Eine durchaus befremdliche Vorstellung.

Nicht weniger befremdlich wirkte zumindest auf den zweiten Blick Nannens stillschweigende Behauptung, daß alle Deutschen seiner Generation – oder wie er schrieb »wir« – wenn nicht als aktive Täter, so doch als schweigende und gleichgültige Zu-

---

442 Siehe hierzu zum Beispiel Dörte von Westernhagen, Die Kinder der Täter. Das Dritte Reich und die Generation danach. München 1991; Dan Bar-On, Legacy of Silence. Encounters with Children of the Third Reich. Cambridge u.a. 1991; Anita Eckstaedt, Nationalsozialismus in der »zweiten Generation«. Psychoanalyse von Hörigkeitsverhältnissen. Frankfurt am Main 1992; Jürgen Müller-Hohagen, Geschichte in uns. Psychogramme aus dem Alltag. München 1994; Niklas Frank, Der Vater. Eine Abrechnung. München 1993.

443 Siehe hierzu vor allem Schwan, Politik und Schuld.

schauer ihren Teil der Schuld an den Verbrechen auf sich geladen hätten. Dabei ließ er jedoch unerwähnt, daß es – wenn auch nur vereinzelt – durchaus Opposition, Verweigerung und Widerstand gegenüber dem NS-Regime und Hilfe für die Verfolgten gegeben hatte – wie ja auch durch die Aussage des Berliner Probstes Heinrich Grüber in Jerusalem eindringlich belegt worden war.

Vielleicht rührte Nannens Abneigung gegen einen breit angelegten Prozeß auch zu einem Teil daher, daß er den durch einen solch umfassenden und öffentlichkeitswirksamen Prozeß erneut aufgeworfenen Fragen nach dem individuellen Verhalten des Einzelnen in der Zeit des »Dritten Reiches« ausweichen wollte. »Die damals stummen Beobachter«, so schrieb Helge Grabitz mit Blick auf diejenigen, die damals wegsahen und später am liebsten schweigen mochten, »sind heute peinlich berührt und wollen es deswegen auch nicht zugeben oder auch nur, durch die Prozesse immer wieder neu veranlaßt, erörtert wissen, daß aktiver Widerstand nicht nur möglich gewesen ist, sondern stattgefunden hat. Ihr gesamtes Selbstrechtfertigungsbild geriete sonst ins wanken«.[444] Womöglich war genau dies auch für den Chefredakteur des *Stern* ein Motiv für seine Forderung nach einem möglichst raschen und unspektakulären Prozeß.

Und schließlich ist zu fragen, mit welchem Recht Nannen für sich in Anspruch nahm, darüber entscheiden zu können, was die Jugend über die Zeit des »Dritten Reiches« wissen durfte und was nicht. Hatte die Jugend nicht vielmehr sowohl ein Recht darauf – wie Albert Wucher in der *Süddeutschen Zeitung* gut zwei Wochen nach Nannens *Stern*-Kolumne schrieb – die »unverfälschte Wahrheit zu erfahren«,[445] als auch ein Recht oder gar die Pflicht auf eine ehrliche Auseinandersetzung mit der Vergangenheit? Alles in allem war dies eine Argumentation, der man unter den hier zugrundegelegten Vorstellungen eines angemessenen Umgangs mit der Vergangenheit nicht folgen kann. Denn war es nicht vielmehr erforderlich, die Vergangenheit offen und ehrlich zu betrachten und sich der Verantwortung und Schuld zu stellen, um sowohl ungerechtfertigte Schuldgefühle bei den nachgeborenen Generationen, als auch neuen (oder auch alten) Antisemitismus zu verhindern? Und war es für eine Versöhnung zwischen Juden und Nicht-Juden, bzw. zwischen Israelis und Deutschen nicht auch erforderlich, daß die Wahrheit nicht verschwiegen oder gar versteckt, sondern offen ausgesprochen wurde? Ganz abgesehen davon, daß es nicht nur nahezu unmöglich ist, auf längere Sicht die Wahrheit über die Vergangenheit zu verschweigen. Ein solches Vorgehen stand auch im Widerspruch zu einer offenen und pluralistischen Gesellschaft, die ja nicht zuletzt eben aus einer offenen und öffentlichen Auseinandersetzung über relevante gesellschaftliche Themen ihre Lebensenergie bezieht.

---

444 Helge Grabitz, NS-Prozesse – Psychogramm der Beteiligten. 2. durchgesehene Aufl., Heidelberg 1986, S. 51.

445 Vgl. Albert Wucher, Die eigene Chance, in: SZ vom 24.7.1961.

Nannen sah dies offensichtlich anders. Gegen Ende seiner Kolumne sprach er sich nochmals eindringlich dafür aus, den Prozeß gegen Eichmann auf ein Mindestmaß zu beschränken und ihn *nicht* als »Anschauungsunterricht« über die Vergangenheit zu nutzen. Dabei unterstrich er nicht nur – scheinbar offen und reumütig – die Verantwortung seiner Generation, sondern griff – wie bereits in einem Beitrag vom 25. Juni 1960[446] – auf einen Vergleich der israelischen Prozeß-Politik mit dem Nationalsozialismus zurück. Er unterstellte implizit, die israelische Regierung würde mit ihrer geplanten Prozeßführung die deutsche Jugend in eine dem »nationalsozialistischen Vererbungsmythos« ähnliche Art von Sippenhaft nehmen. Auch ließ er es sich nicht nehmen anzudeuten, daß sich andere – »auch Juden« – unter den Bedingungen des »Dritten Reiches« wohl nicht anders als die Deutschen verhalten hätten:

»Es steht uns gewiß nicht zu, mit Israel darüber zu rechten, wie es den Prozeß gegen Adolf Eichmann führen will. Das Deutschland von heute ist nicht mehr das Deutschland Hitlers, aber wir, die erwachsenen Deutschen des Jahres 1960, sind die gleichen, die von 1933 bis 1945 geschwiegen haben. Wir dürfen es keinem Israeli verargen, wenn er nicht danach fragt, wie sich Engländer, Amerikaner, Franzosen oder auch Juden unter ähnlichen Umständen verhalten hätten. Unserer Generation bleibt das Kainsmal eingebrannt.

Aber ich möchte den israelischen Ministerpräsidenten beschwören, daß er seine Vorstellung vom Eichmannprozeß als einem Anschauungsunterricht für die Jugend revidiert. Unsere Kinder – auch Ricardo Klement – sind ohne Schuld. Etwas anderes anzunehmen, hieße den nationalsozialistischen Vererbungsmythos auf eine makabre Art mit dem alttestamentarischen Grundsatz vereinen, wonach die Sünden der Väter heimgesucht werden an den Kindern bis ins dritte und vierte Glied.

Adolf Eichmann wird hängen. Ein einziger Fall genügt, um den Buchhalter des millionenfachen Mordes seinem Scharfrichter zu überantworten. Je leidenschaftsloser und je rascher dieser Prozeß geführt wird, desto besser für unsere Jugend. Denn die Welt wird nicht gesunden, ehe sich Ricardo Klement und Mordechai Kaplan die Hand reichen ohne Haß und ohne Scham.«[447]

Letztlich plädierte Nannen also dafür, den anstehenden Prozeß möglichst schnell, »leidenschaftslos« und ohne viel öffentliches Aufsehen über die Bühne zu bringen und Eichmann abzuurteilen, damit die durch den Prozeß wachgerufenen Erinnerungen an die von Deutschen begangenen Verbrechen die Kinder sowohl der Opfer als auch der Täter nicht mit Scham und Haß belasteten. Und Nannen selbst hielt sich an seine Forderung: Zwar wurde in umfangreichen, mit zahlreichen Fotografien bebilderten und in Teilen durchaus auch reißerischen Reportagen über Eichmann, seine Verbrechen und vor allem auch seine Flucht nach Argentinien und sein dortiges Leben berichtet. Aber über den Verlauf des Prozesses und die umfangreichen Zeugenaussagen der Überlebenden fand sich im *Stern* kein einziger Bericht. Und so ist denn auch zumindest in Bezug auf den *Stern* Thomas Herz und Heiko Boumann zuzustimmen, wenn sie bezüglich der Bericht-

---

446 Vgl. Henri Nannen, Liebe Sternleser, in: Stern Nr. 26 vom 25.6.1960.

447 Ders., Liebe Sternleser, in: ebd. Nr. 28 vom 9.7.1960, S. 5f., hier S. 6.

erstattung der bundesdeutschen Presse zum Fall Eichmann wie auch über die NS-Vergangenheit von »Tendenzen« eines »sensationalistischen Enthüllungsjournalismus von Boulevardpresse und Illustrierten« schreiben.[448]

9. Kritische Stimmen zur Prozeßgestaltung

Die Kritik, die in der hier untersuchten deutschen Presse an der israelischen Prozeßgestaltung erhoben wurde, war in ihrer Summe äußerst gering und in ihrer Form eher zurückhaltend. Im Großen und Ganzen wurde allen Prozeßbeteiligten, mit Ausnahme des Angeklagten – von dem dies wohl auch nicht erwartet worden war –, bescheinigt, sich gemäß der Bedeutung des Gerichtsverfahrens angemessen und im Hinblick auf die Verfahrensregeln korrekt verhalten zu haben. Besonders den drei Richtern des Jerusalemer Gerichts wurde für ihre bemerkenswert souveräne und sachgerechte, an Recht und Gerechtigkeit orientierten Prozeßführung wiederholt Respekt gezollt.

So äußerte zum Beispiel Nellessen die Ansicht, daß die Richter »über jeden Zweifel erhaben« seien und das Gericht »in seinem Urteil die gerechte Mitte« finden werde.[449] Ahlers betonte am Ende des Verfahrens, daß der Vorsitzende, Richter Moshe Landau, »mit unbestechlicher Objektivität amtiere«.[450] Und Pendorf unterstrich in seinem Artikel von Anfang Juni 1961 *Die Richter von Jerusalem*, mit welch »ruhiger Autorität und kühler Sachlichkeit« die Richter versuchen würden, »die Emotionen einzudämmen«.[451] Alle drei seien bemüht und fähig, einen fairen Prozeß zu leiten und durchzuführen. Eichmann »könne Vertrauen zu diesen Richtern haben«, lautete sein Fazit: »Er kann es haben, er darf sicher sein, daß dieses Gericht ihm nicht ein Tüpfelchen mehr zur Last legt, als ihm zukommt.«[452]

Als Beleg für die Unabhängigkeit und kühle Sachlichkeit der Richter wurden vor allem ihre wiederholten Bemühungen angesehen, den Prozeß nicht durch eine allzu weitschweifige Beweisführung der Anklage ausufern zu lassen. Nellessen betrachtete es als einen »Beweis für die Souveränität der Richter«, daß sie Generalstaatsanwalt Hausner wiederholt in seinen Ausführungen unterbrachen und – wie in dem von ihm angeführten Beispiel – seine Beweisführung hinsichtlich der Motive Eichmanns zu-

---

448 Vgl. Thomas Herz, Heiko Boumann, Der »Fall Globke«: Entstehung und Wandlung eines NS-Konflikts, in: Herz, Schwab-Trapp (Hg.), Umkämpfte Vergangenheit, S. 57-107, hier S. 86.

449 Bernd Nellessen, Der Mörder am Schreibtisch, in: DW vom 6.7.1961.

450 Conrad Ahlers, Das Urteil von Jerusalem, in: FR vom 16./17.12.1961.

451 Robert Pendorf, Die Richter von Jerusalem, in: Die Zeit Nr. 23 vom 2.6.1961.

452 Ebd.

rückwiesen.[453] Betont wurde aber auch die Unabhängigkeit der Richter gegenüber der öffentlichen Meinung in Israel. So beispielsweise in der *Frankfurter Allgemeinen Zeitung*, die anerkennend feststellte, daß sich die Richter nicht von den bisweilen in Israel erhobenen Vorwürfen irritieren ließen, sie würden Eichmann »zu höflich« behandeln: »Aber es ist völlig klar, daß sich das israelische Gericht von diesem aus der Öffentlichkeit spürbaren Druck nicht beeinflussen läßt.«[454]

So wie den Richtern in nahezu allen hier untersuchten Zeitungen und Zeitschriften ein gutes Zeugnis ausgestellt wurde, so wurde auch wiederholt im Laufe des Verfahrens betont, daß der gesamte Prozeß unter den gegebenen Bedingungen angemessen durchgeführt werde und zuvor geäußerte Bedenken damit gegenstandslos geworden seien. Bernd Nellessen zum Beispiel schrieb Anfang Juli 1961, daß die im Vorfeld vorhandenen »Meinungsverschiedenheiten über die formale Seite des Prozesses« mit der Zeit »zu einem Problem am Rande« geworden waren.[455] Und Joachim Schwelien betonte knapp zehn Wochen nach Prozeßbeginn, daß der Prozeß in Israel die bestehenden »Lücken in einer allseits anwendbaren internationalen Rechtsordnung sichtbar« gemacht hätte, legte aber implizit nahe, daß dieser trotz einzelner juristischer Schwächen als eine Art Vorbild und Maßstab für die Entwicklung einer neuen Rechtsordnung dienen könnte.[456]

Aber auch wenn die Kritik an der Durchführung des Eichmann-Prozesses eher gering und sehr zurückhaltend war, soll kurz auf die wichtigsten der in der hier untersuchten Presse geäußerten Kritikpunkte eingegangen werden. Im Zentrum der Kritik stand zum einen das Verhalten des israelischen Ministerpräsidenten, aber vor allem die Prozeßstrategie und das Auftreten des Vertreters der Anklage, Generalstaatsanwalt Gideon Hausner. Ben Gurion wurde vorgeworfen, den Ablauf des Prozesses zum Teil zu steuern und die Berichterstattung in den Medien zu beeinflussen, um auf diese Weise eine möglichst breite öffentliche Wirkung zu erzielen, aber auch um für die Israelis mitunter unangenehme Themen, wie etwa die Rolle der Judenräte, aus dem Prozeß herauszuhalten. Diese oder ähnliche Vorwürfe wurden bereits im Vorfeld des Prozesses erhoben und als Argument gegen ein Verfahren in Israel vorgebracht.[457]

Dem Generalstaatsanwalt wurde vor allem vorgehalten, die Bedeutung Eichmanns für die Umsetzung der »Endlösung« zu überhöhen und durch eine übermäßig große Zahl an Dokumenten und Zeugen das Verfahren weit über die Person des Angeklagten hinaus auszudehnen, um auf diesem Weg den Prozeß für geschichtspolitische Zwecke und zur

---

453 Bernd Nellessen, Der Richter unterbrach den Ankläger, in: DW vom 30.5.1961. Ähnlich, aber aus einem anderen Anlaß, auch Joachim Schwelien, Sowjetunion stellt keine Eichmann-Dokumente zur Verfügung, in: FAZ vom 5.5.1961.

454 Ders., Zunehmende Verärgerung in Israel über den Prozeßverlauf, in: ebd. vom 1.7.1961.

455 Bernd Nellessen, Der Mörder am Schreibtisch, in: DW vom 6.7.1961.

456 Joachim Schwelien, Das Recht im Prozeß gegen Eichmann, in: FAZ vom 23.6.1961.

457 Siehe hierzu Abschnitt III. 2. Wer soll Eichmann vor Gericht stellen?

politischen Legitimation des Staates Israel instrumentalisieren zu können. In der untersuchten Presse fand sich insbesondere in der Berichterstattung des *Spiegels* eine besonders kritische Haltung gegenüber der Art und Weise der Prozeßführung. Bereits in dem zum Prozeßbeginn am 12. April 1961 – also nur einen Tag nach dem ersten Verhandlungstag – veröffentlichten Artikel *Der Prozeß* wurde erkennbar kritisch angemerkt, daß das Verfahren sich nicht nur gegen den Angeklagten Adolf Eichmann, sondern auch gegen den Nationalsozialismus und den Antisemitismus an sich richte. »In Wahrheit«, so der *Spiegel*, »fungiert die Anklage, die sich gegen ein System und eine Gesinnung richtet, als Forum der Zeitgeschichte.«[458] In diesem Zusammenhang wurde vor dem als »problematisch« angesehenen »Unterfangen« gewarnt, »den zeitgeschichtlichen Vorgang der Judenvernichtung allein auf seine [Eichmanns, P.K.] Person hin zu rekapitulieren«.[459]

Darin erblickte man beim *Spiegel* die mögliche Gefahr einer Überschätzung der Rolle und Bedeutung Eichmanns, die letztlich zu einem unzutreffenden Bild von der nationalsozialistischen Vergangenheit und dem NS-System führe. Unter mehrfacher Berufung auf entsprechende Äußerungen des israelischen Ministerpräsidenten wurde in dem namentlich nicht gekennzeichneten Beitrag ferner die Ansicht geäußert, daß der Prozeß auch, wenn nicht gar in erster Linie, zur Identitätsbildung Israels beitragen solle. Als mediengerechtes Podium solle er dazu dienen, vor allem die israelische Jugend über die Verfolgung und Vernichtungen der Juden aufzuklären und die Erinnerung an die Schrecken im Gedächtnis der Israelis – aber auch in dem anderer Nationen – wachzuhalten. »In diesem Sinne« sei denn auch die Person Eichmann »für den Prozeß verhältnismäßig unwichtig«.[460] In diesem Zusammenhang wurde die Befürchtung geäußert, daß während des Prozesses das Thema Kollaboration – das hier in diesem *Spiegel*-Artikel über mehrere Seiten hinweg ausführlich behandelt wurde – weitestgehend ausgeklammert werden solle. Auch wurde spekuliert, daß im Laufe des Verfahrens weder auf die sogenannten »Judenräte« noch auf das französische Vichy-Regime oder die baltischen Mittäter eingegangen werden würde[461] – angesichts des Prozeßverlaufs eine unzutreffende Prognose.

Dennoch sah man sich knapp zwei Monate nach Prozeßeröffnung beim *Spiegel* allem Anschein nach in den zuvor geäußerten Befürchtungen und kritischen Anmerkungen bestätigt. In seinem Artikel *Das heilige Land und die Mörder* erhob *Spiegel*-Redakteur Hermann Renner schwere Vorwürfe gegen Ben-Gurion und Hausner. Auch die Richter blieben von seiner Kritik nicht verschont.[462] Sein Augenmerk lag dabei

---

458 Der Prozeß, in: Der Spiegel Nr. 16 vom 12.4.1961, S. 20-32.

459 Ebd., S. 25.

460 Ebd., S. 22.

461 Vgl. ebd., S. 24-29.

462 Hermann Renner, Das heilige Land und der Mörder, in: Der Spiegel Nr. 24 vom 7.6.1961, S.45-49.

nicht nur auf dem Geschehen im Gerichtssaal, sondern auch auf einer sehr kritischen Betrachtung Israels und der Politik Ben-Gurions, der Israel zu einem »auf Gegenwart und Amerikanismus getrimmten Stromlinien-Staat«[463] machen wolle. Renner erweckte in seinem Artikel den Eindruck, daß der Prozeß vor allem eine von Ben-Gurion inszenierte Propaganda-Veranstaltung für die Weltöffentlichkeit sei. Er sprach von »israelischer Prozeß-Regie«[464] und davon, daß »Photographen an der Leine« von »Informations-Beamten« geführt würden.[465] Ferner unterstellte er dem Gericht, es habe den Prozeß »solange auf Sparflamme zurück[gedreht], solange der Putsch in Algier Top news« gewesen sei, um wirksamere Schlagzeilen zu erzielen.[466] Desweiteren warf er der israelischen Regierung, insbesondere dem Ministerpräsidenten, vor, das Aufsehen um den Prozeß gezielt zu nutzen, um einen aktuellen israelischen Spionage-Skandal aus den Schlagzeilen der internationalen Presse zu drängen:

»Mit Hilfe des Prozesses gelingt es dem israelischen Presseamt, Ben-Gurions peinlichen Spionage-Skandal Beer zu bagattelisieren: Hausners mehrtägige Anklagerede, die im Originaltext verteilt wird, die Farbe und Stoff hat, geht über die internationalen Kabel; für Beer ist kein Platz mehr da.«[467]

Ein Vorwurf, der höchst seltsam anmutete, da hier kaum verschleiert unterstellt bzw. zumindest dem Leser nahegelegt wurde, die Anklagerede sei nur an die Journalisten verteilt worden, um die im Vergleich zu den heutigen Möglichkeiten auch technisch begrenzten internationalen Kommunikationseinrichtungen für andere, für Ben Gurion und die israelische Regierung möglicherweise politisch peinliche Nachrichten zu blokkieren. Daß diese angebliche Blockade – so sie denn beabsichtigt gewesen sein sollte – nicht effizient gewesen war und die Weltpresse durchaus über den Spionage-Skandal berichten konnte, dafür war nicht zuletzt auch Renners Beitrag ein Beleg, denn auch hier wurde auf den Fall Beer hingewiesen.[468]

---

463 Ebd., S. 49.

464 Ebd., S. 46.

465 Ebd., S. 47.

466 Ebd., S. 46. Renner bezog sich hier auf den z.Zt. des Eichmann-Prozesses eskalierenden Algerien-Krieg.

467 Ebd., S. 46f. Bei dem Spionage-Skandal handelte es sich um den Fall von Israel Beer, Oberstleutnant der Reserve der israelischen Armee, Verteidigungsberater und enger persönlicher Vertrauter und Parteifreund von David Ben-Gurion. Er wurde Anfang April 1961 vom israelischen Inlands-Geheimdienst verhaftet, als er geheime Unterlagen, darunter auch Auszüge aus Ben Gurions persönlichem Tagebuch, an einen sowjetischen Diplomaten übergab. Im Laufe des der Verhaftung folgenden Prozesses stellte sich heraus, daß Beer bereits seit etlichen Jahren für die Sowjetunion spioniert hatte. Er wurde zu 15 Jahren Gefängnis verurteilt und verstarb – noch in Haft – 1966. Vgl. Payne, Mossad, S. 73f.; Raviv, Melman, Die Geschichte des Mossad, S. 118ff.

468 Auch an anderer Stelle wurde im *Spiegel* über den Fall Beer berichtet. Bereits sechs Wochen bevor Renner den Vorwurf erhob, das Aufsehen um den Eichmann-Prozeß würde auch dazu die-

Aber nicht nur die israelische Regierung und ihr Ministerpräsident waren das Ziel von Renners Kritik. Auch der Generalstaatsanwalt wurde von dem *Spiegel*-Redakteur persönlich scharf angegangen: Hausner sei »asthenisch« und »flatterig«. »Neugierige am Drahtzaun« um den Gerichtssaal hätten ihn auch schon mal für Eichmann gehalten. Renner stellte polemisch fest, daß Hausner im Gerichtssaal in »Passagen« seiner Anklagerede zu »Shakespeareschem Format« aufgelaufen sei und eine »Show« geliefert habe.[469] Und schließlich erweckte Renner den Eindruck, daß die Richter und die Verteidigung ein abgekartetes Spiel spielen würden:

»Der Verteidiger trägt gerade so viele Einwände vor, daß das Gericht korrekte Prozeßführung demonstrieren kann. Er verzichtet auf alles, was provozieren könnte: ›Nein, keine Fragen an diesen Zeugen.‹ Man hat das Gefühl, Landau [Vorsitzender Richter, P.K.] und Servatius blinzelten einander hochachtungsvoll zu.«[470]

So blieb am Ende des Artikels der Eindruck zurück, daß der Eichmann-Prozeß letztlich nichts anderes war als ein vom Staatsanwalt, dem Verteidiger und den Richtern dargebotener Schauprozeß, der von der israelischen Regierung gesteuert und für politische Zwecke mißbraucht wurde. Daß sich der Prozeß gegen den ehemaligen SS-Obersturmbannführer Adolf Eichmann aus einem tiefen Bedürfnis nach Aufklärung, Gerechtigkeit und mitunter auch Rache speisen könnte, wurde von Renner als eine weitere und durchaus denkbare Möglichkeit nicht angesprochen. Für ihn war der Prozeß letztlich nur eine der internationalen Presse präsentierte Inszenierung Ben-Gurions, die einzig zu dem Zweck veranstaltet wurde, um nicht näher präzisierte politische Ziele zu erreichen.

Die im *Spiegel* vorgebrachte Kritik war gleichwohl nicht die gängige und vorherrschende Meinung in der hier untersuchten Presse. Es lassen sich zwar verschiedene Stimmen finden, die das Vorgehen Ben-Gurions, vor allem aber das Auftreten Hausners monierten. In der Regel waren aber auch die kritischen Äußerungen um ein gerechtes und ausgewogenes Urteil bemüht und vermieden allzu scharfe und polemische Töne.

So vertrat Pendorf – durchaus im Gegensatz zu Hermann Renner vom *Spiegel* – in den für die Wochenzeitung *Die Zeit* geschriebenen Prozeßberichten die bemerkenswerte Ansicht, daß Hausner eher »langweilig« auftrete, was aber aus seiner Sicht wesentlich besser sei, als wenn er eine »Show« machen würde.[471] Die Strategie der Anklage, den

---

nen, den Skandal um Beer zu verdecken, wurde in einem zweiseitigen Artikel über die Hintergründe der Spionageaffäre berichtet. Darin wurde allerdings im Gegensatz zu Renners These darauf hingewiesen, daß die große Zahl an ausländischen Journalisten »jeglichen Versuch«, die Affäre Beer zu vertuschen, vereiteln würden. Vgl. Piefkes Abenteuer, in: Der Spiegel Nr. 18 vom 26.4.1961, S. 76f.

469 Vgl. ebd., S. 46.

470 Ebd., S. 46.

471 Vgl. Robert Pendorf, Israels Staatsanwalt klagt an, in: Die Zeit Nr. 17 vom 21.4.1961.

Prozeß zum Anlaß zu nehmen, um die Gesamtheit der nationalsozialistischen Verbrechen in Erinnerung zu rufen und zu verurteilen, und nicht »nur« die Person Eichmann zu richten, sah Pendorf auf eine differenzierte Weise. Auf der einen Seite hielt er die zahlreichen Aussagen der Überlebenden, die als Zeugen in diesem Prozeß auftraten, für wichtig, da sie die Dimensionen und das Grauen der Verbrechen verdeutlichen halfen, auch wenn sie diese nie vollständig verstehbar machen könnten.[472] Auf der anderen Seite merkte er wiederholt kritisch an, daß die Anklage die Bedeutung Eichmanns für die Umsetzung der »Endlösung« überbewertete, und sah letztlich die Bemühungen, »Eichmann als den Erfinder, Planer und Ausführer des scheußlichen Völkermordes darzustellen«, als gescheitert an.[473] Pendorfs Kritik zielte nicht auf eine etwaige politische Instrumentalisierung des Prozesses seitens der israelischen Regierung, sondern einzig auf einzelne, seiner Ansicht nach ungeeignete Elemente der Prozeßstrategie der Staatsanwaltschaft.

Von anderen Prozeßbeobachtern wurden ähnliche Punkte moniert. Nellessen wies in seinen Berichten aus Jerusalem wiederholt darauf hin, daß die Staatsanwaltschaft Gefahr laufe, den Prozeß durch die große Fülle an Beweisen und die zahlreichen Zeugenaussagen zu überdehnen. Bemerkenswert daran war, daß er zunächst am Beginn des Prozesses davor warnte, das Verfahren durch das Weglassen wichtiger Aspekte künstlich zu verkürzen, um so die »Anteilnahme der Weltöffentlichkeit wachzuhalten«.[474] Darin sah er die Gefahr, daß das Gerichtsverfahren, wie er am 27. April 1961 schrieb, in »die gefährliche Nähe eines ›Schauprozesses‹« rücken könnte.[475] Aber schon wenige Tage später, am 29. April, war in seiner Reportage aus dem Gerichtssaal die Befürchtung zu erkennen, daß die Absicht der Anklage, durch eine ausführliche Beweisaufnahme »ein großes Zeitgemälde zu entwerfen«, den Prozeß überfordern könnte.[476] »Der

---

472 Vgl. ders., »Mutter, darf ich wieder weinen?«, in: ebd. Nr. 21 vom 19.5.1961. Pendorf schrieb dazu u.a.: »Es ist der Einzelfall, in dem beide – Mörder und Opfer – Gestalt gewinnen, an dem offenbar wird, wie weit in jenen Tagen, unter Hakenkreuz, SS-Runen und Totenkopf, ›normale‹ Menschen in eine barbarische, atavistische Mordlust zurückgefallen waren, die sich rückschauend jeder Möglichkeit des Begreifens, Erklärens, Verstehens entzieht.«
Einer der Autoren, der die große Zahl an Dokumenten und Zeugen als geradezu notwendig ansah, war Abner Nechuschtan, der verschiedentlich für die *Frankfurter Rundschau* aus Jerusalem berichtete. Er äußerte die Ansicht, daß nur so die historische Bedeutung und der geschichtliche Hintergrund des Prozesses aufgezeigt werden könne. Und auch wenn die Richter und die Öffentlichkeit gelegentlich ungeduldig würden, dürfe auf die ausführliche Beweisaufnahme nicht verzichtet werden. Vgl. Abner Nechuschtan, Punkt für Punkt wird Eichmanns Schuld bewiesen, in: FR vom 13./14.5.1961; ders., Das Bild des Grauens hat kaum noch Lücken, in: ebd. vom 24.5.1961.

473 Vgl. Robert Pendorf, »Weil ich Treue geschworen habe…«, in: Die Zeit Nr. 30 vom 21.7.1961; siehe auch: ders., Ein falscher Angeklagter? in: ebd. Nr. 18 vom 28.4.1961.

474 Bernd Nellessen, Ein »Schauprozeß« ist es nicht…, in: DW vom 27.4.1961.

475 Ebd.

476 Ders., Kein freies Geleit für Entlastungszeugen, in: ebd. vom 29./30.4.1961.

historische Anspruch, den der Prozeß erhebt,« so Nellessen, »und die nur auf Eichmann bezogene Anklage fügen sich nicht immer zusammen.«[477]

In einem weiteren Bericht vom Mai 1961 sah Nellessen diese Befürchtungen bewahrheitet. Unter Bezugnahme auf die Vorlage von immer neuen Dokumenten und die Ausweitung der Zeugenaussagen zur Judenverfolgung in Europa stellt er fest, daß dies zwar für die Erhellung des historischen Hintergrundes von Bedeutung sei, aber nicht für den konkreten Fall des Angeklagten Eichmann. Vor allem die Zeugenaussagen würden kaum einen Ansatzpunkt für die Verteidigung bieten, in das Prozeßgeschehen einzugreifen, da in ihnen wenig bis gar nichts über Eichmann berichtet würde:

»Fast alle bisher vernommenen Zeugen haben aus ihrer Sicht nur den Hintergrund geschildert. Kaum einer von ihnen hatte Eichmann gekannt oder etwas von ihm gewußt. Die Untaten des nationalsozialistischen Deutschlands kann die Verteidigung nicht in Abrede stellen oder auch nur versuchen zu verkleinern. Sie kann höchstens den Zuständigkeitsbereich und die Befehlsgewalt anzweifeln, die die Staatsanwaltschaft dem Angeklagten zumißt. Dazu aber haben die bisher vernommenen Zeugen nichts zu sagen.«[478]

Nellessen blieb in seiner Kritik aber immer darum bemüht, Verständnis für die Position der Staatsanwaltschaft zu zeigen und seine kritischen Anmerkungen nicht allzu scharf zu formulieren. Besonders gegenüber den Überlebenden, die als Zeugen aussagen und ihre schrecklichen Erlebnisse schildern, war er um Verständnis bemüht, auch wenn er anmerkte, daß sie in der Regel wenig oder nichts über den Angeklagten aussagen konnten. Sehr anschaulich wurde dies in seinem Bericht über die Aussage des Zeugen Di-Noor, der nach behutsamem Drängen des Staatsanwalts, in seiner Aussage weniger abzuschweifen, sondern mehr zur Sache zu sprechen, im Zeugenstand zusammengebrochen war. Nellessen zeigte sowohl Verständnis für die starke psychische Belastung, der dieser Zeuge – wie auch alle anderen – ausgesetzt war, wies aber unter Rückgriff auch auf andere Aussagen auf eine wesentliche Problematik der meisten Zeugenaussagen hin: »Es zeigt sich wieder, daß das Erinnerungsvermögen mancher Zeugen nicht mehr ausreicht, die Person des Angeklagten in ihre Erlebnisse richtig einzuordnen.«[479] Darüber hinaus stellte er am Ende des Berichts fest, daß es der Staatsanwaltschaft bis dahin nicht ausreichend gelungen sei, die »Kompetenz und Befehlsgewalt Eichmanns« herauszuarbeiten, wie auch bei manch einem Zeugen die »Gefahr« bestehe, daß er »Eichmann in der Erinnerung mit anderen Referenten in der SS-Hierarchie« verwechsele.[480]

---

477 Ebd.

478 Ders., Dokumente kommen wieder zu Wort, in: ebd. vom 9.5.1961.

479 Ders., Zeuge im Eichmann-Prozeß brach zusammen, in: ebd. vom 8.6.1961.

480 Ebd.

Auch Joachim Schwelien von der *Frankfurter Allgemeinen Zeitung* bemängelte die Zeugenaussagen als eine Schwachstelle der Anklage. Aus seiner Sicht war es jedoch weniger der einzelne Zeuge, der für die oft unpräzise Weitschweifigkeit seiner Aussage verantwortlich zu machen war, sondern der verhörende Generalstaatsanwalt. Hausner versuche, die Ausführungen der Zeugen in eine bestimmte Richtung zu lenken, um so sein Konzept des Prozesses als einer großen historischen Abrechnung mit dem Nationalsozialismus zu verwirklichen. Deutlich wurde dieser Vorwurf vor allem in einem Bericht von Anfang Mai 1961. Unter Bezugnahme auf die Zeugenaussage des ehemaligen jüdischen Widerstandskämpfers Abba Kovner schilderte Schwelien, wie der Vorsitzende Richter, Moshe Landau, den Generalstaatsanwalt dazu aufforderte, seine Zeugen besser zu führen, um so ein unnötiges Abschweifen zu vermeiden.[481] Hausner jedoch, so Schwelien, habe sich auch durch diese Ermahnung nicht von seiner Vorgehensweise abbringen lassen:

»Die Bekundungen Kovners, der als einer der hervorragendsten Widerstandskämpfer gilt, litten unter ihrer Breite und dem persönlichen Pathos des Zeugen, der mehr für die Öffentlichkeit als für das Gericht sprach. Wieder und wieder mußte der Vorsitzende Landau, [...], Staatsanwalt Hausner rügen und ermahnen, seine Zeugen besser zu führen und ihre Aussagen auf die tatsächliche Verantwortung Eichmanns zu lenken. Hausner versucht jedoch in seinem Bestreben, ein historisches Kolossalgemälde zu entwerfen, immer wieder, sich diesen Ermahnungen zu entziehen.«[482]

Im weiteren Verlauf des Prozesses fand Schwelien noch des öfteren Gelegenheit, das Vorgehen Hausners zu bemängeln. Indem er zum Beispiel den Verteidiger ausdrücklich dafür lobte, in seiner Befragung des Angeklagten dessen »Kompetenzen« dargelegt zu haben und so »das von der Anklage entworfene, Eichmann ›dämonisierende‹ Bild« zurechtgerückt zu haben, warf er der Anklage indirekt vor, Eichmanns Bedeutung über die Maßen zu vergrößern.[483] Er hob hervor, daß Hausner während des Kreuzverhörs von den Richtern mehrfach ermahnt werden mußte, den Angeklagten ausreden zu lassen, und seine Befragung Eichmanns »nicht an allen Stellen mit übermäßigem Geschick« führe.[484] Und am Ende des Kreuzverhörs kam Schwelien gar zu dem Urteil, Hausners Fragen hätten »mitunter zuviel Pathos und zuwenig Substanz« gehabt.[485] All dies zeigte sehr deutlich den Ansatzpunkt seiner Kritik. Wie Pendorf und Nellessen vertrat Schwelien die Ansicht, daß das Vorgehen der Anklage bzw. des Generalstaatsanwalts eher ungeschickt war. Seine Bemühungen, Eichmann zu einer, wenn nicht gar

---

481 Joachim Schwelien, Sowjetunion stellt keine Eichmann-Dokumente zur Verfügung, in: FAZ vom 5.5.1961.

482 Ebd.

483 Ders., Servatius legt die Kompetenzen dar, in: ebd. vom 22.6.1961.

484 Ders., Richter Landau ermahnt den Generalstaatsanwalt, in: ebd. vom 12.7.1961.

485 Ders., Kreuzverhör beendet, in: ebd. vom 21.7.1961.

der Schlüsselfigur bei der Durchführung der »Endlösung« aufzubauen und mit Hilfe von hunderten von Dokumenten und einer großen Zahl an Zeugen ein – wie Schwelien schrieb – »Kolossalgemälde« zu entwerfen, stieß bei allen drei Journalisten zwar auf Verständnis, letztlich aber doch auf eine gewisse Ablehnung. In ihrer Kritik des Prozesses gingen sie jedoch an keiner Stelle derart weit wie Hermann Renner mit seinem im *Spiegel* geäußerten Vorwurf, der Prozeß werde mediengerecht inszeniert, von der israelischen Regierung beeinflußt und für politische Zwecke instrumentalisiert.

Zusammenfassend läßt sich sagen, daß der überwiegende Teil der in der ausgewerteten Presse vorgebrachten Kritikpunkte sich vor allem gegen Einzelaspekte des Vorgehens der Staatsanwaltschaft bzw. des Generalstaatsanwaltes richtete. Das Verfahren und der Prozeß als ganzes, insbesondere die Vorgehensweise der Richter, wurden dagegen grundsätzlich eher positiv beurteilt. Es ist dabei nicht auszuschließen, daß mitunter gewisse Schuld- und Schamgefühle der deutschen Journalisten mit dazu beitrugen, daß die Kritik gegenüber dem Verlauf des Prozesses eher zurückhaltend ausfiel. Auf der anderen Seiten jedoch war der Umfang und der Inhalt der Kritik auch abhängig von der jeweiligen Vorstellung von der Aufgabe und Funktion des Eichmann-Prozesses. Diejenigen, die den Prozeß nicht nur als einen Strafprozeß unter vielen ansahen, der einzig dazu dienen sollte, einen einzelnen NS-Täter abzuurteilen, sondern ihn auch als eine Möglichkeit begriffen, über die Vergangenheit aufzuklären, sahen es eher als legitim an, den Prozeß möglichst breit und öffentlichkeitswirksam anzulegen. Andere jedoch, die die Meinung vertraten, der Prozeß sollte ausschließlich dazu dienen, den ehemaligen SS-Obersturmbannführer Adolf Eichmann möglichst rasch abzuurteilen, mußten zwangsläufig jede weitergefaßte Funktion ablehnen und eine politische oder pädagogische Instrumentalisierung kritisch betrachten.

10. Hinrichtung oder Begnadigung: Welche Strafe für Eichmann?

Die Frage nach einer angemessenen Strafe für Adolf Eichmann zählte zu den zentralen und ausführlich diskutierten Aspekten in der Auseinandersetzung mit dem Jerusalemer Prozeß.

Bereits unmittelbar nach der Bekanntgabe seiner Ergreifung bestand nahezu kein ernstzunehmender Zweifel an der Tatsache, daß Eichmann aktiv und an führender Stelle an den NS-Gewaltverbrechen beteiligt gewesen war und nun dafür zur Rechenschaft gezogen, das heißt vor Gericht gestellt und verurteilt werden würde. Und da bereits zu einem recht frühen Zeitpunkt absehbar war, daß die israelischen Behörden Eichmann weder an Argentinien, noch an die Bundesrepublik oder gar an einen internationalen Gerichtshof überstellen, sondern den ehemaligen SS-Obersturmbannführer nach eigenem Recht in Israel vor Gericht stellen würden, wo er die mögliche Höchststrafe zu erwarten hatte, stand die mögliche Todesstrafe für Eichmann von Beginn der Berichterstattung an im Raum.[486] Ebenso früh wurde auch die Frage nach dem angemessenen Verhältnis von Verbrechen und Strafe diskutiert. Einigen Journalisten erschien angesichts der zu sühnenden schrecklichen Verbrechen sogar die Todesstrafe als zu gering. »Wird Israel ihn [Eichmann. P.K.] jetzt aburteilen«, so schrieb Müller-Meiningen jr. nur zwei Tage nach Bekanntwerden der Festnahme, »so hat er mit Gewißheit die Todesstrafe zu erwarten, solchermaßen mit seinem einzigen Leben das von Millionen grausig Ermordeter sparsam genug bezahlt«.[487]

Aber es wurde nicht nur über die als sicher geltende Verurteilung Eichmanns und die über ihn aller Voraussicht nach zu verhängende Todesstrafe spekuliert, sondern bereits zu diesem frühen Zeitpunkt – Ende Mai 1960 – darauf hingewiesen, daß man in Israel möglicherweise dazu bereit sein könnte, auf eine Vollstreckung des sicheren Todesurteils zu verzichten. In seinem Bericht für die *Frankfurter Allgemeine Zeitung* vom 31. Mai 1960, der die juristischen Grundlagen eines Prozesses in Israel und die Reaktionen der israelischen Öffentlichkeit auf die Festnahme Eichmanns zum Inhalt hatte, betonte beispielsweise Moshe Tavor abschließend, daß es nach dem unausweichlichen Schuldspruch mit Sicherheit im Land Diskussionen darüber geben werde, ob das Todesurteil vollstreckt werden solle.[488]

Nach einer ersten Klärung und Erläuterung der israelischen Gesetze und der daraus resultierenden möglichen Todesstrafe für die Eichmann zur Last gelegten Verbrechen, erlahmte das Interesse an dieser Frage zunächst recht bald. Erst mit dem Näherrücken des ersten Verhandlungstages lebte es wieder auf und wuchs im Laufe des Prozesses und der erwarteten Urteilsverkündung weiter an. Dabei rückte vor allem unmittelbar vor und nach der Verlesung des Urteilsspruchs der ersten Instanz, wie auch drei Monate später im Zuge der Entscheidung der Berufungsinstanz die Frage in den Mittelpunkt des Interesses, ob das Urteil vollstreckt oder Eichmann begnadigt werden sollte. Unter Begnadigung war hier aber nicht etwa ein vollkommener Straferlaß zu verstehen, sondern nur die Umwandlung der Todesstrafe in eine lebenslange Freiheitsstrafe.

Besonders bemerkenswert bei der Thematisierung der Frage nach einer angemessenen und gerechten Strafe für Eichmann war die Ernsthaftigkeit, die die meisten der zu diesem Thema in der hier ausgewerteten Presse veröffentlichten Beiträge kennzeichnete. Auffällig war auch, daß verschiedene Leser ihren Wunsch nach einer möglichst har-

---

486 Siehe zum Beispiel Egon Vacek, Israel wird Eichmann hängen, in: Stern Nr. 29 vom 16.7.1960; Gerda Luft, Israel macht Eichmann den Prozeß, in: RhM Nr. 23 von Pfingsten 1960; Ernst Müller-Meiningen jr., Wird Eichmann ausgeliefert? in: SZ vom 25./26.5.1960.

487 Ebd.

488 Moshe Tavor, Das Aktenstück »Fall Eichmann«, in: FAZ vom 31.5.1960.

ten Strafe, das heißt der Todesstrafe, in Briefen an die verschiedenen Zeitungen zum Ausdruck brachten, wobei auch hier wieder die Frage nach der Auslieferung Eichmanns an die Bundesrepublik zunächst eine wichtige Rolle spielte. So forderte eine Leserin der Illustrierten *Stern* – nach eigenen Angaben eine Ordensschwester – Anfang Juli 1960 ausdrücklich die Todesstrafe, und sprach sich gerade wegen der sicheren Verurteilung und Hinrichtung Eichmanns (»dieser Bestie«) für einen Prozeß in Israel und gegen eine Auslieferung an die Bundesrepublik aus.[489] Eine Woche später erhielt sie in der gleichen Illustrierten Unterstützung von einem weiteren Leserbriefschreiber, der nur dann eine Auslieferung gut heißen könnte, wenn auch in der Bundesrepublik die Todesstrafe für Eichmann möglich sei. Ansonsten sollten, »die Israelis diesen Mann hängen«.[490] Und ein nach eigenen Angaben jüngerer Leser (Jahrgang 1933) des *Spiegel* stellte aus Anlaß der Debatte um den Fall Eichmann grundsätzlich fest, daß man die Verbrecher zwar bestrafen, aber keine weitere Wiedergutmachung zahlen solle: »Bitte holt die Verbrecher, aber nicht mein – unser Geld!«[491]

Für ihn war es offensichtlich wichtig, eine scharfe Trennungslinie zwischen den »Verbrechern« und den anderen, vor allem den jüngeren, »nicht schuldigen« Deutschen zu ziehen. Die einen, die »Verbrecher«, sollten zur Rechenschaft gezogen und für ihre Taten bestraft werden. Aber die Deutschen in ihrer Gesamtheit und insbesondere die Nachgeborenen, sollten nicht weiter in eine materielle Haftung genommen werden.

Inwieweit es dem Schreiber hier tatsächlich »nur« darum ging, von der Verpflichtung zur materiellen Wiedergutmachung entbunden zu werden, oder ob er, der sich selbst als Sohn eines während des Krieges gefallenen SA-Mannes vorstellte, auch auf eine persönliche und moralische Entlastung von der Verantwortung für die Verbrechen der Vergangenheit, respektive der möglichen Verbrechen seines Vaters, abzielte, bleibt unklar. Die Vehemenz jedoch, mit der er zur Begründung seiner Ablehnung einer materiellen Wiedergutmachung auf seine eigene Unschuld und die Unschuld seiner Generation verwies und gleichzeitig zur Bestrafung der Täter aufforderte, läßt allerdings aufhorchen und könnte zumindest als Indiz für eine solche Annahme interpretiert werden.

Während sich also zumindest einzelne Leser rigoros für eine Hinrichtung Eichmanns aussprachen und sich generell von einer möglichst harten Bestrafung für die Täter eine gewisse Genugtuung oder gar Entlastung erhofften, bemühten sich die Kommentatoren der hier analysierten Presse in der Regel um eine eher abwägende Position. Sie betrachteten die Frage nach dem angemessenen Strafmaß für Eichmann von unterschiedlichen Gesichtspunkten. Nicht alle zeigten sich so sicher wie Moritz Pfeil alias Rudolf Augstein, der bereits im Juni 1960 »keinen Zweifel« daran hatte, daß die Todesstrafe für den

---

489 Vgl. Leserbrief von Schwester Renate Kaemmerer, in: Stern Nr. 27 vom 2.7.1960.

490 Vgl. Leserbrief von Artur Lob, in: ebd. Nr. 28 vom 9.7.1960.

491 Vgl. Leserbrief von Horst J. Überall, in: Der Spiegel Nr. 25 vom 29.6.1960.

»Henker« Eichmann »eine mehr als verdiente Sühne wäre«.[492] Zahlreiche Prozeßbeobachter sahen es als ein Problem grundsätzlicher Art: War eine Sühne für die Beteiligung an der Vernichtung von Millionen Menschen überhaupt möglich? Mußte nicht jede auch noch so harte Strafe – einschließlich der Todesstrafe – angesichts der kaum faßbaren Dimension des Verbrechens nicht geradezu lächerlich anmuten? Im Berliner *Tagesspiegel* beispielsweise war anläßlich der Urteilsverkündung zu lesen, daß es »keine menschliche Sühne für Verbrechen« gäbe, »die jedes menschliche Maß übersteigen«.[493] Und bei der Wochenzeitung *Die Zeit* wurde die Hinrichtung Eichmanns nur als eine »höchst symbolische Vergeltung für seine und seiner Auftraggeber Untaten« angesehen.[494]

Die verschiedentlich geäußerten Zweifel reichten letztlich sogar soweit, daß an der Anwendbarkeit bzw. Tauglichkeit des althergebrachten Strafrechts in derartigen Fällen gezweifelt wurde. So war es für Joachim Schwelien von der *FAZ* bereits Monate vor Prozeßbeginn offensichtlich, daß »in diesem besonderen Fall« das Recht mit einer »ungeheuerlichen Materie« konfrontiert werde, »in der die Quantität der zu beurteilenden Taten, das Hinschlachten von Millionen unschuldiger und wehrloser Kinder, Frauen und Männer, in eine neue, nicht meßbare Qualität des Verbrechens umgeschlagen sei«.[495] Und Robert Pendorf kam Monate später am Ende des Prozesses zu einem ähnlichen Urteil, als er davon sprach, daß die »normal-menschliche Jurisprudenz nicht ausreicht, die Tiefen auszuloten, die sich in diesem Prozeß auftaten«.[496]

Paul Wilhelm Wenger vom *Rheinischen Merkur* wiederum versuchte sich diesem Problem der Möglichkeiten oder Unzulänglichkeiten des bestehenden Rechts und der Frage nach der angemessenen Strafe vom Standpunkt eines Christen aus zu nähern. In seinem kritischen Bericht über die von der Katholischen Akademie Bayern veranstaltete Tagung *Möglichkeiten und Grenzen für die Bewältigung historischer und politischer Schuld in Strafprozessen* versuchte er Anfang Dezember 1961 angesichts der bevorstehenden Urteilsverkündung im Eichmann-Prozeß aus der auf der Tagung erfolgten Konfrontation der »gigantischen Verbrechen des Dritten Reiches« mit dem »Dekalog« [den Zehn Geboten] zu einem Maßstab für die Bestrafung der Täter zu gelangen.[497] Aber bis auf die Forderung, daß die Täter nicht alle gleich, sondern nach ihrem jeweiligen Anteil an den Verbrechen bestraft werden sollten, blieb er in seinen Schlußfolgerungen hin-

---

492 Moritz Pfeil, Recht auch für den Henker, in: ebd. Nr. 25 vom 15.6.1960.

493 B.N., Das Todesurteil, in: TSP vom 2.6.1962.

494 Tel Aviv, in: Die Zeit Nr. 23 vom 8.6.1962.

495 Joachim Schwelien, Der Prozeß gegen Eichmann, in: FAZ vom 28.2.1961.

496 Robert Pendorf, Schuldspruch in Jerusalem. Eichmanns Name wurde ein düsteres Symbol, in: Die Zeit Nr. 51 vom 15.12.1961.

497 Paul Wilhelm Wenger, »Moses und Eichmann« – Zum Problem der historischen und politischen Schuld in Strafprozessen, in: RhM Nr. 49 vom 1.12.1961.

sichtlich der konkreten Höhe und Art der Strafe höchst unpräzise. »Zieht man ein aktuelles Fazit aus den vielfältigen Aspekten der harten Münchner Diskussion,« so Wenger am Ende seines Artikels, »so kann es nur die Empfehlung sein, künftig schärfer als bisher zwischen Recht und Gnade zu unterscheiden. Die Tat als solche verdient um der Majestät des Rechts willen die volle strafrechtliche Sanktion, aber der Täter muß entsprechend seinem Rang in der Befehlshierarchie und seiner Intelligenz beurteilt werden.«[498]

Wie Wengers Artikel zeigt, fanden sich auch in der Orientierung an religiösen und philosophischen Grundlagen keine letztlich wirklich befriedigenden Maßstäbe, oder gar konkrete Hilfen für die »richtige« Strafzumessung für die von Eichmann und anderen NS-Tätern begangenen Verbrechen. Vor dem Hintergrund dieses Mangels wurde von verschiedenen Beobachtern der Schluß gezogen, daß die Strafe für die Person Eichmann nicht von ausschlaggebender Relevanz für die Qualität und Bedeutung des Prozesses sei. Als viel bedeutsamer als das persönliche Schicksal Eichmanns, das heißt bedeutsamer als die Frage, ob die Todesstrafe die angemessene Strafe für Eichmann sei und ob er hingerichtet werden solle oder nicht, sahen einige Kommentatoren vielmehr den Umstand an, daß der Prozeß das ungeheuere Verbrechen der nationalsozialistischen Judenvernichtung bis ins Detail vor der Weltöffentlichkeit darlege und so verhindere, daß sowohl das Verbrechen an sich, die Täter als auch die Opfer in Vergessenheit gerieten. Auf diese Weise würde der Prozeß mit dazu beitragen, daß sich derartige Verbrechen nicht wiederholten. Denn in seinem Verlauf wurde aufgezeigt, wohin unmenschliche Ideologien wie der Nationalsozialismus führten. Und auch die Täter wüßten nun, daß sie für ihre Taten zur Verantwortung gezogen und ihrer Strafe nicht entgehen würden können. Der konkrete Fall Eichmann wurde gemäß dieser Deutung zu einem eher nachrangigen Einzelschicksal, das von dem größeren Ziel der historischen Aufklärung und der Abschreckung möglicher Täter zukünftiger Menschheitsverbrechen ein Stück weit in den Hintergrund gedrängt wird. Dies war umso mehr der Fall, als an der persönlichen Schuld des ehemaligen SS-Obersturmbannführers Adolf Eichmann nie ein ernsthafter Zweifel bestanden hatte.

So schrieb beispielsweise Conrad Ahlers in einem kurzen Kommentar in der *Frankfurter Rundschau* anläßlich des Abspielens der Tonbandprotokolle der Polizeiverhöre im Gerichtssaal:

> »Wo keine Unklarheiten der Tat mehr aufzuklären sind, keine Verteidigung mehr möglich ist, wo jedes Strafmaß versagt, da hat der Richter seine Aufgabe verloren. Was bleibt, ist kein Prozeß mehr, sondern ein welthistorisches Untersuchungsverfahren. Niemand kann die Notwendigkeit bezweifeln, der Menschheit noch einmal zu zeigen, wessen der Mensch fähig ist, zu zeigen, wohin Rassenhaß und Fanatismus führen können. In diesem Unterfangen ist Eichmann ein Zeuge mit dem Kainszeichen auf der Stirn.«[499]

498 Ebd.

499 Conrad Ahlers, Kainszeichen, in: FR vom 21.4.1961.

Eichmann wurde also in den Augen von Ahlers von einem Angeklagten in einem NS-Prozeß zu einem lebendigen Zeugnis für die Verbrechen der Vergangenheit, und darüber hinaus zu einem warnenden Zeichen, mit welchem sich an die schrecklichen Potentiale des Menschen und die Folgen fanatischer Ideologien gemahnen ließ. Die Strafe, die der Angeklagte zu erwarten hatte, wurde angesichts dessen fast zweitrangig.

Auch für Robert Pendorf war dies am Ende des Prozesses deutlich geworden. In seinem Kommentar zur Urteilsverkündung stellte er in der *Zeit* die Frage: »Ist Eichmann nun, auch nach diesem Schuldspruch, der Schuldige an allen Grauen, das in Tausenden von Dokumenten und Hunderten von Zeugenaussagen im Lauf des Prozesses vor der Weltöffentlichkeit ausgebreitet wurde?«[500] Und seine Antwort war:

»Es wäre schön, wenn es so wäre, aber so ist es nicht: Eichmann ist nur ein Schuldiger. [...] Sein Name ist zu einem düsteren Symbol geworden, hinter dem der Mensch fast bedeutungslos, uninteressant ist. Eichmann ist austauschbar.«[501]

Für Pendorf war entscheidend, daß der Prozeß gegen Eichmann, vor allem die umfangreiche Beweisaufnahme, eine »gnadenlose Anklage und eine vernichtende Verurteilung der Mordmaschinerie« gewesen sei. Demgegenüber sei das, was nun mit dem »Mordbeamten Eichmann« geschehe, »kaum von Belang«.[502]

Ahlers wies in dieser Situation, da am Ende des Prozesses von verschiedener Seite ein Bestrafung als »kaum von Belang« bewertet wurde, darauf hin, daß schon allein aus prinzipiellen Erwägungen nicht auf eine Verurteilung Eichmanns verzichtet werden dürfe, auch wenn er zum Prozeßbeginn noch davon gesprochen hatte, daß angesichts der Verbrechen »jedes Strafmaß« versagen würde.[503]

In seinem Leitartikel *Das Urteil von Jerusalem* für die *Frankfurter Rundschau* vom 16./17. Dezember 1961 – einen Tag nach der Veröffentlichung des Kommentars von Pendorf – mahnte er:

»Ueber die Gerechtigkeit des Urteils läßt sich nicht streiten. Adolf Eichmann hat an der Vernichtung von Millionen unschuldiger Menschen mitgewirkt, und bei Verbrechen solchen Ausmaßes muß jeder Rechtfertigungsversuch versagen. [...] Und wenn auch sein Tod nicht das Sterben seiner Opfer aufwie-

---

500 Robert Pendorf, Schuldspruch in Jerusalem. Eichmanns Name wurde ein düsteres Symbol, in: Die Zeit Nr. 51 vom 15.12.1961.

501 Ebd. Hervorhebungen im Original.

502 Ebd. Eine bis in den Wortlaut ähnliche Position findet sich bereits im August 1961 in einem Kommentar von Albert Wucher in der *Süddeutschen Zeitung*. In Das perfekte Mordwerkzeug vom 17.8.1961 schrieb er, daß es angesichts der Dimensionen des Verbrechens »belanglos« erscheint, welche Strafe Eichmann zu erwarten habe, denn es »gibt keine Sühne für millionenfachen Mord«. Aus seiner Sicht stand eigentlich nicht Eichmann vor Gericht, sondern »das Endlösungssystem als Ganzes«.

503 Conrad Ahlers, Kainszeichen, in: FR vom 21.4.1961.

gen und sühnen könnte: die Anklage wäre sinnlos geblieben, hätte der Prozeß nicht mit dem Todesurteil geendet. Man kann nicht einen Mann wegen derartiger Untaten vor Gericht stellen und dann über ihn ein anderes Urteil als das Todesurteil fällen.«[504]

Ahlers sah nur zwei Gründe, die für einen Verzicht auf die Vollstreckung des Todesurteils sprachen. Zum einen den Umstand, daß bereits bei der Ergreifung Eichmanns durch den israelischen Geheimdienst seine Verurteilung unausweichlich festgestanden habe, seiner Meinung nach eine »Zwangsläufigkeit«, die die »moralischen Bedenken gegen eine Vollstreckung des Urteils verstärken« würden. Zum anderen sah er in einer »prinzipiellen Ablehnung der Todesstrafe«, wie er sie etwa bei religiösen Juden beobachtet habe, einen möglichen Grund für den Verzicht auf die Hinrichtung Eichmanns, denn auch in seinem Fall würde das religiöse Verbot »keine Ausnahme« dulden. »Es geht hier nicht um Gnade, weil es für einen Eichmann keine Gnade geben kann,« so schrieb er zu diesem Aspekt, »sondern es geht darum, ob Menschen berechtigt sind, unter Berufung auf die Gerechtigkeit das Leben anderer Menschen zu verwirken.«[505]

Welcher Position Ahlers aber nun letztlich zuneigte, ob er für oder gegen die Vollstreckung des Todesurteils war, ließ er in diesem Artikel im Unklaren, auch wenn er zunächst für die Verurteilung Eichmanns eintrat. Bei all seinen Überlegungen stand dabei nicht die Person Eichmann im Mittelpunkt, sondern vielmehr formale Erwägungen juristischer und moralischer Natur. Auch er gab keine konkrete Empfehlung zum weiteren Schicksal des ehemaligen SS-Obersturmbannführers.

Es zeigte sich am Ende des Prozesses, daß mit Fortschreiten des Verfahrens zwar die Überzeugung gewachsen war, daß Eichmann und sein persönliches Schicksal eher zweitrangig seien, aber die den Prozeß begleitenden Journalisten dennoch nie das Interesse an der bis zum Ende nicht zufriedenstellend beantworteten Frage, ob und wie Eichmann für seine Verbrechen sühnen könne, verloren hatten. Und auch mit dem Urteilsspruch des Jerusalemer Bezirksgerichts im Dezember 1961 endet die Unsicherheit bezüglich einer »gerechten Strafe« für Eichmann nicht. Vielmehr wurde nun, da das von nahezu allen erwartete Todesurteil gesprochen worden war, die Frage erörtert, ob das Urteil vollstreckt werden würde bzw. sollte; wobei allem Anschein nach niemand damit rechnete, daß die Berufungsinstanz das Urteil des Bezirksgerichts aufhob. Die Überlegungen und Spekulationen richteten sich hauptsächlich darauf, ob die israelische Regierung den von verschiedener Seite vorgebrachten Bitten nachkommen und Eichmann begnadigen, das heißt die Todesstrafe in eine lebenslange Haftstrafe abmildern würde.[506]

504 Ders., Das Urteil von Jerusalem, in: ebd. vom 16./17.12.1961.

505 Ebd.

506 Zur Thematisierung der Frage der Begnadigung und der Entscheidung der Berufungsinstanz vgl. auch: Stunde der Schwäche, in: Der Spiegel Nr. 53 vom 27.12.1961; Alice Kempe, Eichmann – »Schuld und Schicksal«, in: TSP vom 31.12.1961; Moshe Tavor, Vor der Berufungsverhandlung, in: FAZ vom 19.3.1962; B.R., Schattenbeschwörung, in: ebd. vom 23.3.1962.

Bei der Erörterung der Frage »Was wird aus Eichmann?«[507] gingen die Journalisten und Berichterstatter höchst behutsam vor. In auffälliger Weise wurde vermieden, den Eindruck zu erwecken, man wolle den Israelis bzw. der israelischen Regierung Ratschläge oder gar Vorschriften erteilen. Allenfalls ließ sich vereinzelt eine gewisse Ermüdung in Sachen Eichmann feststellen, die sich etwa im *Spiegel* darin äußerte, daß man die Debatte um die Begnadigung etwas spöttisch als »Eichmann-Quiz« bezeichnete.[508] Dies spricht dafür, daß man zumindest beim *Spiegel* in dieser Debatte nur eine müßige Gedankenspielerei sah, wohl deshalb, weil man der Meinung war, daß die Entscheidung bereits gefallen sei, oder weil man nicht an die Möglichkeit glaubte, die Entscheidung beeinflussen zu können. Im großen und ganzen aber widmete man sich der Frage nach der Begnadigung Eichmanns mit großem Ernst und Interesse. Besonders bemerkenswert ist in diesem Zusammenhang, wie auffallend positiv die innerisraelische Diskussion zu dieser Frage beurteilt wurde. Die Journalisten zeigten sich überrascht über den Umstand, daß im Land der Opfer ernsthaft in Erwägung gezogen wurde, einen an der Vernichtung der europäischen Juden maßgeblich beteiligten Täter zu begnadigen. Bereits im Juni 1961, Monate vor dem Urteilsspruch, zeigte sich Schwelien in einem Bericht aus Jerusalem sehr beeindruckt davon, daß man dort die Möglichkeit in Betracht ziehe, im Falle eines Todesurteils auf eine Urteilsvollstreckung zu verzichten: »Israel«, so schrieb er in der *Frankfurter Allgemeinen Zeitung*, »wäre jedenfalls eines so außerordentlichen Aktes versöhnender Menschlichkeit fähig; allein das an Ort und Stelle zu erfahren, berührt in diesem Fall wie ein Wunder der Humanität.«[509]

Und auch Ahlers zeigte sich Monate später nach der Verlesung des Urteil tief davon berührt, daß sich »sehr viele Israelis« wohl aus religiösen Motiven heraus gegen eine Hinrichtung aussprachen.[510] Aber auch wenn die vorhandenen israelischen Stimmen, die sich wohlwollend zu einer Begnadigung Eichmanns äußerten, mit Interesse und Respekt wahrgenommen wurden, so hielt man die Wahrscheinlichkeit, daß der Verurteilte tatsächlich nicht hingerichtet wurde, für äußerst gering. Es war gängige Meinung, daß nur in einem als höchst unwahrscheinlich angesehenen Fall eines »Akt[es] äußerster Gnade« – wie Nellessen es nannte – Eichmann mit dem Leben davon kommen könnte.[511]

---

507 So auch der Titel eines Kommentars von Bernd Nellessen zur Urteilsverkündung in: DW vom 14.12.1961.

508 Vgl. Stunde der Schwäche, in: Der Spiegel Nr. 53 vom 27.12.1961.

509 Joachim Schwelien, Eichmanns Orakel, in: FAZ vom 24.6.1961.

510 Conrad Ahlers, Das Urteil von Jerusalem, in: FR vom 16./17.12.1961.

511 Vgl. Bernd Nellessen, Der Prozeß gegen Eichmann tritt in seine letzte Phase, in: DW vom 11.12.1961; ders., Urteil gegen Eichmann ist rechtskräftig, in: ebd. vom 30.5.1962.

Während den Israelis tiefer Respekt für die unter ihnen vorhandene Bereitschaft zur Begnadigung Eichmanns bezeugt wurde, empfahl man den Deutschen Zurückhaltung in dieser Frage. So vertrat etwa Ernst Müller-Meiningen jr. in der *Süddeutschen Zeitung* die Auffassung, daß die Entscheidung über die Urteilsvollstreckung einzig und allein eine Sache der Israelis sei: »Wir [die Deutschen, P.K.] haben dazu nichts zu sagen«, lautete sein eindeutiger Standpunkt.[512]

Auch läßt sich grundsätzlich feststellen, daß die Unterstützung für den von verschiedener Seite geäußerten Wunsch nach Begnadigung in der bundesdeutschen Presse äußerst gering war. Dort, wo ein Verzicht auf die Vollstreckung des Todesurteils ins Gespräch gebracht oder zumindest angedacht wurde, schöpfte man in erster Linie aus einer prinzipiell ablehnenden Haltung gegenüber der Todesstrafe oder aus einem Unbehagen bezüglich der, unter völkerrechtlichen Gesichtspunkten betrachtet, umstrittenen Ergreifung Eichmanns. Die Ursache für diese mangelnde Unterstützung für den Gedanken einer Begnadigung war besonders in der von den Beobachtern des Prozesses diagnostizierten Unfähigkeit oder Weigerung des ehemaligen SS-Obersturmbannführers zu sehen, auch noch angesichts der erdrückenden Beweislast und der Schuld belegenden erschütternden Zeugenaussagen ein erkennbares Schuldbewußtsein oder gar Bedauern zu zeigen. »Der Zweck einer Begnadigung – Gelegenheit zu Einsicht und Reue«, so schrieb beispielsweise Alice Kempe, »scheint unerfüllbar.«

Es liegt allerdings nahe, in der vermeintlichen oder tatsächlichen Gefühlskälte und Uneinsichtigkeit Eichmanns nicht den einzigen Grund zu sehen, der die deutschen Journalisten vor der Forderung nach Begnadigung des Verurteilten zurückschrecken ließ. Ein weiteres Motiv war die Befürchtung, daß ein Eintreten für einen Verzicht auf die Hinrichtung als eine besonders für Deutsche unangebrachte Unterstützung und Sympathiebekundung für den ehemaligen SS-Obersturmbannführer interpretiert werden könnte. So fand man sich am Ende des Prozesses in einer ähnlichen Situation wie in dessen Vorphase, als die Diskussion um das Pro und Kontra einer Auslieferung an die Bundesrepublik auch mit dem Argument geführt wurde, daß eine solche Auslieferung deshalb eine unangebrachte Hilfe für Eichmann sei, da sie ihn vor dem wahrscheinlichen Todesurteil retten würde.

Ihr Ende, zumindest was den hier untersuchten Zeitraum betrifft, fand die Debatte um eine gerechte und angemessene Strafe für Eichmann mit der unmittelbar nach der Bestätigung des Todesurteils durch die Berufungsinstanz vollzogenen Hinrichtung. Zurück blieb eine gewisse Ratlosigkeit, die durch die spürbare Erleichterung über das Ende des Eichmann-Prozesses kaum gemildert wurde. Denn auch mit der Hinrichtung war weder die Frage nach einer gerechten Strafe für Eichmann, das heißt die Frage nach

512 Ernst Müller-Meiningen jr., Eichmann und die Todesstrafe, in: SZ vom 16./17.12.1961. Ähnlich auch: Nach dem Gesetz, in: FAZ vom 16.12.1961.

einer angemessenen Sühne für das monströse Verbrechen der Vernichtung der europäischen Juden befriedigend beantwortet, noch die Auseinandersetzung mit der Vergangenheit abgeschlossen. So wurde beispielsweise im Kommentar der *Frankfurter Rundschau* zur Hinrichtung betont, daß mit dem Ende des Prozesses und der Hinrichtung Eichmanns »für uns [die Deutschen, P.K.] […] der ›Fall Eichmann‹ nicht erledigt« sei und auch »nie erledigt sein [darf]«.[513]

Mit dieser Mahnung wurde ein weiteres Mal unterstrichen, daß es in diesem Prozeß nicht allein um Adolf Eichmann gegangen sei, sondern um eine Auseinandersetzung mit der nationalsozialistischen Vergangenheit und ihrer Verbrechen in ihrer Gesamtheit. Der eigentliche »Sinn des historischen Prozesses von Jerusalem, bei dem die Begriffe ›Schuld‹ und ›Sühne‹ nicht mehr ausreichten, um das Geschehene zu erfassen«, sei nicht in der Aburteilung des Täters Eichmann zu suchen, sondern in der Errichtung eines »Mahnmals«, das uns gemahnt, »den Anfängen« zu wehren, damit sich so etwas nicht wiederhole.[514]

513 drz., Nicht erledigt, in: FR vom 2./3.6.1962.
514 Ebd.

IV. Fazit

Die öffentliche Auseinandersetzung mit dem Eichmann-Prozeß in der im Rahmen der vorliegenden Studie untersuchten Presse der Bundesrepublik ist über alle thematische Differenzierung hinweg im wesentlichen durch drei, sich zum Teil widersprechende Komponenten gekennzeichnet: Zum einen durch eine erkennbare Verunsicherung und Hilflosigkeit, mitunter auch Ängstlichkeit hinsichtlich der Frage, wie man sich dieser Konfrontation »angemessen« stellen könne, ohne dabei jedoch das »deutsche Ansehen in der Welt« zu beschädigen. Zweitens zeigte sich vor allem im Vorfeld des Prozesses in einzelnen Stimmen, namentlich besonders in der Illustrierten *Stern*, ein deutlicher Unwille zur öffentlichen Auseinandersetzung mit der »deutschen Schuld« (Henri Nannen). Drittens aber nahm mit dem Fortschreiten des Prozesses die Bereitschaft, sich der »dunklen deutschen Vergangenheit« zu stellen, deutlich erkennbar zu und führte zu einer, vor dem zeitgeschichtlichen Hintergrund betrachtet, unerwartet weitreichenden Thematisierung der Frage nach der Verantwortung und Schuld für die nationalsozialistischen Verbrechen.

Die durch die Gefangennahme Eichmanns und den Jerusalemer Prozeß ausgelöste Angst und Verunsicherung zeigte sich vor allem in der Diskussion um die Rechtmäßigkeit der Festnahme durch den israelischen Geheimdienst und die Frage nach einer möglichen Auslieferung Eichmanns an die Bundesrepublik, sowie im weiteren Verlauf des Verfahrens in der Kritik an der israelischen Regierung und der Prozeßführung der israelischen Staatsanwaltschaft. Hier fand sich auf der einen Seite die Sorge, die israelische Regierung würde einen Prozeß in Jerusalem für politische Zwecke instrumentalisieren. Zweitens äußerte man die Befürchtung, der Fall Eichmann könnte das vergessen oder verdrängt geglaubte Bild des »schrecklichen Deutschen« wieder in Erinnerung rufen. Das in Teilen der bundesdeutschen Presse deutlich erkennbare Mißtrauen gegenüber der Redlichkeit der israelischen Regierung hinsichtlich einer korrekten juristischen Abwicklung des Falles Eichmann speiste sich aus dem Verdacht oder gar der Unterstellung, die Israelis würden den Prozeß gegen Eichmann dazu nutzen, die Bundesregierung in Hinblick auf weitere Wiedergutmachungsleistungen unter Druck zu setzen. Bei der Formulierung dieses Mißtrauens gegenüber der israelischen Regierung und namentlich dem israelischen Ministerpräsidenten David Ben Gurion spielte darüber hinaus die

Angst vor einem möglichen Imageverlust, den die Bundesrepublik durch einen spektakulären Prozeß gegen Eichmann vor einem israelischen Gericht angeblich insbesondere in der westlichen Welt zu befürchten habe, eine wesentliche Rolle. Einige Kommentatoren verbanden denn auch mit der Forderung nach Auslieferung des ehemaligen SS-Obersturmbannführers an die Bundesrepublik die Hoffnung, dadurch die vermuteten negativen Auswirkungen eines Prozesses für die Deutschen bzw. für die Bundesrepublik zu minimieren. Die Gegner eines Prozesses in Israel zeigten sich wiederum überzeugt, daß ein bundesdeutsches Gericht den Fall Eichmann angemessen, das heißt weniger öffentlich und spektakulär abwickeln würde als ein Gericht in Israel. Andere wiederum äußerten die Ansicht, Eichmann solle in der Bundesrepublik vor Gericht gestellt werden, da es die Pflicht der Deutschen sei, die strafrechtliche Aufarbeitung der nationalsozialistischen Vergangenheit aus eigener Kraft zu leisten.

Der verschiedentlich formulierten Forderung nach der Auslieferung Eichmanns an die Bundesrepublik und der Ablehnung eines Prozesses in Israel hielt man auf der anderen Seite die Aufforderung und Mahnung entgegen, sich der Vergangenheit zu stellen und sich nicht durch juristische und politische Spiegelfechtereien der Verantwortung für die begangenen Verbrechen zu entziehen. Wo der ehemalige SS-Obersturmbannführer letztlich abgeurteilt werde, war aus dieser Sicht zweitrangig. Und auch wenn es allgemein als wünschenswert angesehen wurde, wenn Eichmann von bundesdeutschen Strafverfolgungsbehörden festgenommen und von einem bundesdeutschen Gericht abgeurteilt worden wäre, so waren sich doch zahlreiche Kommentatoren und Prozeßbeobachter darin einig, daß die israelische Regierung einen fairen und rechtsstaatlichen Prozeß gewährleisten werde.

Die Aufgeregtheiten bezüglich der juristischen und politischen Probleme eines Prozesses in Israel waren aus dieser Sicht vor allem eine unnötige Ablenkung von der als notwendig angesehenen Auseinandersetzung mit der nationalsozialistischen Vergangenheit. Und der Angst vor einer Beschädigung des deutschen Ansehens in der Welt durch den Eichmann-Prozeß versuchte man vor allem mit dem Argument entgegenzutreten, daß ein Verzicht auf eine strafrechtliche, das hieß auch und vor allem umfassende, öffentliche Auseinandersetzung mit Eichmann und den von ihm mitzuverantwortenden Verbrechen nicht nur moralisch unzulässig sei, sondern weit größere Schäden für das deutsche Ansehen zur Folge hätte wie ein Prozeß in Israel.

Eine ähnliche Ängstlichkeit und Verunsicherung wie in der Diskussion um den Verbleib Eichmanns in Israel beziehungsweise um dessen Auslieferung an die Bundesrepublik zeigte sich in der Debatte um die Bedeutung des Falles Eichmann für die deutsche Jugend. Der Befürchtung und Sorge, die ausführliche und öffentliche Thematisierung der nationalsozialistischen Greuel könnte die deutsche Jugend in hohem Maße mit Schuld- und Schamgefühlen belasten und so nicht zuletzt auch für die wünschenswerte Aussöhnung mit Israel beziehungsweise den Juden hinderlich sein, stand die Auffassung entgegen, die nachfolgenden Generationen hätten nicht nur das Recht, sondern auch geradezu die Pflicht, die Vergangenheit zu kennen. Das Wissen um die nationalsozialistischen Verbrechen war nach der Überzeugung der Befürworter einer historischen Aufklärung der Jugend die unabdingbare Voraussetzung dafür, daß die richtigen Lehren aus der Vergangenheit gezogen und so die demokratische Entwicklung der Bundesrepublik gefördert würde. Wiederholt wurde auf die besondere Verantwortung der Jugend für die Zukunft Deutschlands hingewiesen. Charakteristisch für die Berichterstattung zum Eichmann-Prozeß war dabei, daß die Stimmen, die einer solchen Aufklärung der Jugend positiv gegenüberstanden, in der hier untersuchten Presse wesentlich stärker vertreten sind als jene, die sich für eine möglichst zurückhaltende Konfrontation der Jugend mit der »dunklen deutschen Vergangenheit« aussprachen. Daß diese Problematik einen derart starken Niederschlag in der Prozeß-Berichterstattung fand, mag entscheidend daran gelegen haben, daß nur wenige Monate vor der Festnahme Eichmanns Hakenkreuzschmierereien in verschiedenen deutschen Städten für Aufsehen und Empörung in der Bundesrepublik gesorgt hatten. Der Umstand, daß die vereinzelt aufgegriffenen und verurteilten Schmierer Jugendliche beziehungsweise junge Erwachsene waren, schärfte allem Anschein nach das Bewußtsein für die Relevanz der Auseinandersetzung mit der nationalsozialistischen Vergangenheit für die Erziehung der Jugend. Für weite Teile der bundesdeutschen Presse war der Eichmann-Prozeß denn auch ein Anlaß, auf die historische Aufklärung der jungen Generationen zu dringen, um diese so gegen die nationalsozialistische Ideologie und den Antisemitismus zu immunisieren. Aber auch um ihr Verständnis für die historischen Ursachen der gegenwärtigen politischen Situation Deutschlands, das heißt vor allem für die Deutsche Teilung, zu wecken.

Grundsätzlich läßt sich festhalten, daß der Eichmann-Prozeß in der hier ausgewerteten Presse weithin als ein für die Deutschen, aber auch für die Israelis beziehungsweise die Juden, unbequemes und schmerzhaftes Ereignis betrachtet, aber gleichzeitig auch als eine Chance begriffen wurde, sich mit der nationalsozialistischen Vergangenheit auseinanderzusetzen. Besonders deutlich wird dies in der Debatte um das Wesen und den Charakter Eichmanns und in der aus Anlaß des Prozesses immer intensiver diskutierten Frage nach dem Verbleib der anderen für die Verfolgung und Vernichtung der europäischen Juden verantwortlichen Personen. Über beide Fragen wurde ausführlich und engagiert berichtet und debattiert. In diesem Zusammenhang wurden sowohl die komplexen Strukturen des nationalsozialistischen Vernichtungsapparates thematisiert, als auch die Verstrickung einzelner Personen wie zum Beispiel Hans Globke und bisher als weitestgehend unbelastet angesehener Institutionen (beispielsweise das Auswärtige Amt) in die Umsetzung der »Endlösung« angesprochen. Dabei herrschte in der hier ausgewerteten bundesdeutschen Presse weitestgehend Einigkeit darüber, daß es aus Gründen der Gerechtigkeit und Moral geboten sei, die Verantwortlichen für die Massenmorde nicht nur klar zu benennen, sondern auch strafrechtlich zur Rechenschaft zu ziehen. Wiederholt wurde in diesem Zusammenhang erkennbar kritisch auf den Umstand verwiesen, daß es zwischen dem NS-Regime und der Bundesrepublik personelle Kontinuitäten gebe, die zumindest als erklärungsbedürftig angesehen wurden. Dies führte wiederum verschiedentlich zu sehr kritischen Äußerungen bezüglich der bisherigen »Vergangenheitspolitik« (Norbert Frei) in der Bundesrepublik und mündete in der impliziten Aufforderung an die Bundesregierung und die zuständigen Strafverfolgungsbehörden, die Suche nach den NS-Tätern zu intensivieren und stark belastete Personen aus den Führungspositionen der Bundesrepublik zu entfernen. Dieses durch den Fall Eichmann geweckte Interesse am Verbleib der Täter und ihrer Helfershelfer wurde zusätzlich durch den Umstand verstärkt, daß im zeitlichen Umfeld des Eichmann-Prozesses weitere NS-Verbrecher »enttarnt« und verhaftet werden konnten, zum Beispiel der ehemalige Kommandant von Auschwitz, Richard Baer, und der Euthanasie-Arzt Prof. Dr. Werner Heyde. Diese Enttarnungen und Verhaftungen wiederum wurden von der Presse aufmerksam registriert und nicht selten in einen direkten Bezug zum Geschehen in Jerusalem gesetzt. So entstand ein sich zum Teil gegenseitig verstärkender Effekt: Der Eichmann-Prozeß weckte oder verstärkte das Interesse am Verbleib anderer NS-Täter, und deren Festnahme rückte wiederum den Prozeß in Israel noch stärker in die Öffentlichkeit.

Einen ähnlicher Mechanismus läßt sich insbesondere im Zusammenhang mit dem »Fall Globke« feststellen. Durch die weitausgreifende Prozeßführung der Staatsanwaltschaft, aber vor allem durch die von Eichmanns Verteidiger unternommenen Versuche, den Bonner Staatssekretär und früheren Kommentator der Nürnberger Gesetze als »Experten« für die antisemitische Gesetzgebung des »Dritten Reiches« vorzuladen, und darüber hinaus durch entsprechende Propagandaaktivitäten seitens der DDR, entstand in der Presse ein verstärktes Interesse an der vermeintlichen oder tatsächlichen Verstrickung des Adenauer-Vertrauten in das NS-Regime. Dieses Interesse spiegelte sich direkt in entsprechenden Berichten und Kommentaren wider.

Auf der anderen Seite stärkte die Erwartung, von der Aussage Eichmanns weitere Aufklärung über die Funktion und Rolle Globkes und anderer Personen bei der Umsetzung der antisemitischen Politik des NS-Regimes zu erhalten, wiederum das Interesse am Jerusalemer Prozeß. In der Konsequenz führte dies dazu, daß in der bundesdeutschen Presse aus Anlaß des Eichmann-Pozesses sowohl der Rücktritt Globkes gefordert, als auch auf dessen engen Verbindungen zur Katholischen Kirche und zu Widerstandsgruppen hingewiesen wurde.

Auch am Beispiel der Debatte um den »Fall Globke« zeigte sich, daß der Fall Eichmann nicht nur allgemeine und unspezifische Auswirkungen auf die bundesdeutsche Politik und Gesellschaft hatte, sondern durchaus konkrete und klar eingrenzbare Folgen des Jerusalemer Prozesses für die Bundesrepublik zu erkennen sind. Dazu zählt das verstärkte Interesse an der »Erblast« der personellen Kontinuitäten zwischen dem »Dritten Reich« und der Bundesrepublik.

Aber auch wenn das Interesse an der Strafverfolgung von NS-Tätern und der Problematik der personellen Kontinuitäten durch den Prozeß deutlich erkennbar gestärkt wurde, so wurde in der hier ausgewerteten Presse die wichtige Frage, wer alles zu den Verantwortlichen zu zählen sei, dennoch uneinheitlich und oft nur unpräzise beantwortet. Die damalige Auseinandersetzung mit dieser Frage ist zudem nicht selten als überaus zögerlich zu bezeichnen. Allem Anschein nach manifestierte sich in diesem Zögern eine gewisse Unsicherheit bezüglich der Frage, ob und inwieweit auch untere Dienstränge und der »P.G.-Jedermann« (Wenger) als letztendlich mitverantwortlich für die durch Eichmann personifizierten nationalsozialistischen Verbrechen zu betrachten waren. Die Auseinandersetzung mit Adolf Eichmann diente insofern auch der deutschen Selbstprüfung, das heißt dazu, zu ergründen, inwieweit die Deutschen in ihrer Gesamtheit an der Entrechtung, Verfolgung und Ermordung der europäischen Juden beteiligt gewesen waren.

Das Bemühen, die Unterschiede und Gemeinsamkeiten zwischen Eichmann und den »normalen Deutschen« heraus zu arbeiten, endete in der hier ausgewerteten Presse weitestgehend mit der Betonung der Unterschiede. Durch diese Betonung der Unterschiede wurde es dem Leser ermöglicht, sich ein Stück weit von Eichmann und seinen Verbrechen zu distanzieren. Nichtsdestoweniger wurde in einzelnen Kommentaren und Berichten wiederholt die Verantwortung aller Deutschen für die nationalsozialistischen Verbrechen betont. Dabei wurde die Verantwortung weniger aus einer aktiven Teilnahme an den Verbrechen abgeleitet, sondern vielmehr aus dem Wegschauen angesichts der Greuel und dem ängstlichen Gehorsam gegenüber dem NS-Regime. Ebensowenig wurde der Vorwurf erhoben, die Deutschen seien in ihrer Mehrheit überzeugte Nationalsozialisten und Antisemiten gewesen, sondern es wurde vielmehr verschiedentlich auf eine die »Machtergreifung« der Nationalsozialisten erst ermöglichende, mangelnde Widerstandskraft gegenüber Hitler und der NS-Ideologie verwiesen.

Aber auch wenn wiederholt auf eine eher zurückhaltende Art auf die Verantwortung und die Rolle des »normalen Deutschen« im »Dritten Reich« verwiesen wird, stand Eichmann in der ausgewerteten Presse eindeutig im Zentrum der Betrachtungen. Im Laufe der Berichterstattung wurde der ehemalige SS-Obersturmbannführer dabei zum Prototypen des NS-Schreibtischtäters stilisiert. Bezeichnend für die Tendenz der Diskussion über seine Person war dabei jedoch, daß keine Einigkeit und kein klares Urteil über die grundlegenden Motive und Beweggründe Eichmanns herrschte: Die Frage, ob er ein haßerfüllter Antisemit oder »nur« ein kalter Bürokrat gewesen sei, der nicht aus innerer Überzeugung, sondern aus pervertierter Pflichtversessenheit seine Verbrechen begangen hatte, wurde nicht einhellig beantwortet. Wie schwierig es offensichtlich für die Berichterstatter und Kommentatoren war, eine eindeutige Antwort zu finden, zeigte sich darin, daß einzelne Beobachter im Laufe des Prozesses wiederholt ihre Meinung änderten und sich bis zu seinem Ende nicht in der Lage sahen, zu einer abschließenden Antwort zu gelangen.

Bei der Suche nach einer Erklärung für das Verhalten Eichmanns nahm die Auseinandersetzung mit den Problemen von »Zwang« und »Gehorsam« eine zentrale Rolle ein, die weit über den individuellen Fall hinausgriff. Eichmann selbst hatte durch seine wiederholten Versuche, sich mit dem Hinweis auf die ihn angeblich zu bedingungslosem Gehorsam zwingenden Befehle und den ihn bindenden Fahneneid zu verteidigen, auf diese wichtige Frage hingewiesen. In der gesamten untersuchten bundesdeutschen Presse galt es als unumstritten, daß ein erteilter Befehl niemanden davon entband, die Verantwortung für die eigenen Taten tragen zu müssen. Ein die persönliche Verantwortung vollständig verneinender »Kadavergehorsam«, wie man ihn bei Eichmann zu erkennen glaubte, galt nicht nur als unmoralisch, sondern wurde auch grundsätzlich nicht als schuldmindernd akzeptiert.

Ungeachtet der Tatsache, daß es unstrittig war, daß Eichmann für die von ihm begangenen Verbrechen zur Verantwortung gezogen werden mußte, und niemand daran zweifelte, daß Eichmann verurteilt werden würde, offenbarte die Diskussion um eine angemessene Strafe wiederum die bereits beschriebene Hilflosigkeit und Unsicherheit, mit den ungeheuren Dimensionen des Verbrechens umzugehen. Im Zentrum stand dabei die Frage, ob es überhaupt möglich sei, für ein »Verbrechen gegen die Menschheit« (Karl Jaspers), ein Strafmaß zu finden, das der Schwere des Verbrechens entsprach, ohne dabei selbst unmenschlich zu sein.

Die bereits vor dem eigentlichen Prozessbeginn als sicher geltende Todesstrafe erschien dabei verschiedenen Autoren der ausgewerteten Presse im Angesicht der Millionen Opfer auf der einen Seite als zu »gering«. Auf der anderen Seite wiederum galt es ihnen aber als ethisch-moralisch geboten, nicht zu ähnlich grausamen Mitteln zu greifen, wie dies das NS-Regime getan hatte. Die in diesem Spannungsfeld im Laufe der öffentlichen Auseinandersetzung mit dem Prozeß vorgebrachte Anregung, den Angeklagten zu begnadigen und so auch ein Zeichen der moralischen Reife zu geben, lief nicht zuletzt wegen Eichmanns Uneinsichtigkeit und emotionaler Kälte ins Leere. Die in dem Gedanken der Begnadigung angelegte Fähigkeit des Verurteilten, Reue und Einsicht zu empfinden und zu zeigen, vermochte bei Eichmann niemand zu erkennen. Die Hinrichtung des ehemaligen SS-Obersturmbannführers schließlich wurde als eine durchaus angemessene Strafe angesehen und mit Zustimmung registriert.

Kennzeichnend für die Tiefe der Auseinandersetzung mit dem Eichmann-Prozeß ist, daß an verschiedener Stelle wiederholt und eindringlich betont wurde, daß der *Fall Eichmann*, das heißt die Auseinandersetzung mit der nationalsozialistischen Vergangenheit, mit dem Ende des Prozesses und der Hinrichtung Eichmanns für die Deutschen nicht abgeschlossen, »nicht erledigt« (*FR*) sei. Der Jerusalemer Prozeß wurde insofern nicht nur als ein »gewöhnlicher« Strafprozeß gegen einen NS-Täter verstanden, sondern als ein »Mahnmal«, das insbesondere die Deutschen an ihre »dunkle Vergangenheit« und die daraus erwachsende Verantwortung erinnern und dazu auffordern sollte, aus der Geschichte zu lernen und in Zukunft das Wiederaufleben antisemitischen und nationalsozialitischen Gedankengutes zu verhindern.

Die in weiten Teilen der untersuchten bundesdeutschen Presse vorhandene grundsätzliche Bereitschaft, den Prozeß zum Anlaß für eine weiterreichende und über die Hinrichtung Eichmanns hinaus andauernde kritische Reflexion über die nationalsozialistische Vergangenheit zu nehmen, und dabei die Frage nach der persönlichen Verstrikkung, Verantwortung und Schuld jedes einzelnen Deutschen anzusprechen, wird besonders deutlich im direkten Vergleich mit der Berichterstattung in der DDR-Presse. Denn in den Zeitungen der DDR wurde im krassen Gegensatz zur bundesdeutschen Presse die Festnahme Eichmanns und der Jerusalemer Prozeß zu keinem Zeitpunkt zu einer derartigen Auseinandersetzung genutzt. Während man sich in der bundesdeutschen Presse mehrheitlich zumindest bemühte, war in der Presse der DDR nicht nur keinerlei Bereitschaft zu erkennen, die nationalsozialistische Vergangenheit als Teil der eigenen Geschichte anzunehmen, sondern der Fall Eichmann und der Jerusalemer Prozeß wurden ausschließlich zum Anlaß genommen, die Bundesrepublik als einen angeblich sicheren Hort für ehemalige Nazis zu denunzieren und den eigenen Staat als den ersten und einzigen antifaschistischen Staat auf deutschem Boden zu feiern.

Eine Diskussion über die Verantwortung und Schuld der Deutschen, aller Deutschen – ob in Ost oder West – an der Verfolgung und Ermordung der europäischen Juden fand nicht statt. Antisemitismus und Nationalsozialismus beziehungsweise »Hitlerfaschismus« wurden ausschließlich als Produkte des Kapitalismus und Imperialismus dargestellt. Mit dem Aufbau des Sozialismus habe die DDR – im Gegensatz zur Bundesrepublik – die richtigen Lehren aus der Vergangenheit gezogen, indem sie sowohl dem Antisemitismus als auch dem Faschismus die politisch-gesellschaftlichen Grundlagen entzogen habe. Damit – so die implizite Aussage – habe die DDR auch ihren Teil der Wiedergutmachung geleistet.

Das Problem einer personellen Kontinuität zwischen dem NS-Regime und der DDR, wie man es bezogen auf den Westen Deutschlands in der Bundesrepublik aus Anlaß des Eichmann-Prozesses diskutierte, sah man in der Presse der DDR nicht nur als nicht existent an, sondern man erteilte den Bürgern der DDR eine pauschale »Absolution«, indem man keinen Zweifel daran zuließ, daß die DDR ein antifaschistischer Staat war, in dem es keine »Nazis« mehr gab.

Das Problem der großen Zahl der an der Durchführung der »Endlösung« beteiligten »normalen Deutschen« wurde im Gegensatz zur bundesdeutschen Presse von Seiten der DDR-Presse in keiner Weise thematisiert. Der Eichmann-Prozeß und mithin die gesamte nationalsozialistische Vergangenheit und die damit verbundene Last der Verantwortung und Schuld war aus ihrer Sicht ausschließlich eine Sache der »BRD«.

Daß man im Gegensatz dazu zumindest in weiten Teilen der bundesdeutschen Presselandschaft um eine Auseinandersetzung mit dem Eichmann-Prozeß und der nationalsozialistischen Vergangenheit bemüht war, zeigen die Ergebnisse der vorliegenden Studie. Auch wenn es einzelne, durchaus nicht unbedeutende Stimmen gab, die angesichts des Jerusalemer Prozesses implizit oder ausdrücklich einem »Schlußstrich« das Wort redeten, so war doch zu erkennen, daß sich, angeregt durch den Fall Eichmann, maßgebliche und weite Teile der bundesdeutschen Öffentlichkeit zunehmend bereit fanden, sich der Vergangenheit und der daraus resultierenden Verantwortung und Schuld zu stellen. Die überaus starke Präsenz des Prozesses in der bundesdeutschen Presse zwang nicht nur geradezu zu dieser Auseinandersetzung, sondern war zumindest in Teilen gleichzeitig ein Ausdruck der bereits zuvor verschiedentlich vorhandenen Bereitschaft, einer Konfrontation mit der »dunklen deutschen Vergangenheit« nicht auszuweichen. Die Reaktionen auf die Gefangennahme Eichmanns und auf das Verfahren gegen den ehemaligen SS-Obersturmbannführer bildeten einen wichtigen »Baustein« für die deutsche »Vergangenheitsbewältigung«, die in den folgenden Jahren und Jahrzehnten an politischer Bedeutung gewinnen sollte. Dabei waren es besonders zwei Aspekte, die über den Tag hinaus eine zentrale Rolle spielten: Die Frage nach dem Verbleib der zahlreichen, für die Umsetzung der »Endlösung« verantwortlichen Täter und ihrer Helfershelfer, und die Diskussion um die Bedeutung der Auseinandersetzung mit der Vergangenheit für die Erziehung der Jugend.

Die Ergebnisse der vorliegenden Arbeit belegen darüber hinaus, daß sich die Art und Weise der »Vergangenheitsbewältigung« am Ende der fünfziger Anfang der sechziger Jahre zu verändern begann: Weg von einer »weitgehenden Erinnerungsverweigerung«[1] (Hartmut Berghoff) und einer auf Integration und aktueller politisch-gesellschaftlicher Stabilität bedachten »Vergangenheitspolitik« (Norbert Frei), hin zu einer stärker an Aufklärung orientierten Auseinandersetzung mit der »dunklen Vergangenheit« und der aus den nationalsozialistischen Verbrechen resultierenden Verantwortung und Schuld.[2] Und auch wenn der Eichmann-Prozeß nicht der alleinige Auslöser für diese Veränderungen gewesen ist, so war er doch ein überaus wichtiger und maßgeblicher Stimulus zu mehr Offenheit in der Auseinandersetzung mit der nationalsozialistischen Vergangenheit. Und ebenso war die öffentliche Auseinandersetzung mit dem Prozeß gegen den ehemaligen SS-Obersturmbannführer Adolf Eichmann, wie sie sich in der hier untersuchten Presse widerspiegelt, einerseits ein erstes Resultat dieser Veränderungen, andererseits aber auch ein von zahlreichen Personen getragenes und geformtes, wirkmächtiges Ereignis, das seinerseits den mühsamen Prozeß der »Vergangenheitsbewältigung« wesentlich mit beeinflußt hat.

---

1 Berghoff, Zwischen Verdrängung und Aufarbeitung, S. 114.

2 Vgl. u.a. Wöll, Vergangenheitsbewältigung, besonders S. 39; König, Das Erbe der Diktatur, besonders S. 171ff., Berghoff, Zwischen Verdrängung und Aufarbeitung, besonders S. 112ff.; und etwas zurückhaltender auch Frei, Vergangenheitspolitik, S. 406.

Anhang

Abkürzungen

ABC	American Broadcasting Company
AP	Associated Press
APuZg	Aus Politik und Zeitgeschichte
ARD	Arbeitsgemeinschaft der öffentlich-rechtlichen Rundfunkanstalten der Bundesrepublik Deutschland
BBC	British Broadcasting Corporation
BDM	Bund Deutscher Mädel
BND	Bundesnachrichtendienst
BRD	Bundesrepublik Deutschland
BZ	Berliner Zeitung
CDU	Christlich Demokratische Union
DDR	Deutsche Demokratische Republik
DGB	Deutscher Gewerkschaftsbund
dpa	Deutsche Presse-Agentur
DW	Die Welt
EKD	Evangelische Kirche in Deutschland
El Al	Israel Airlines
FAZ	Frankfurter Allgemeine Zeitung
FR	Frankfurter Rundschau
Gestapo	Geheime Staatspolizei
GWU	Geschichte in Wissenschaft und Unterricht
HJ	Hitlerjugend
KPD	Kommunistische Partei Deutschlands
KZ	Konzentrationslager
ND	Neues Deutschland
NKWD	Narodny Komisariat Wnutrennich Del (ehem. Sicherheistdienst der UdSSR)
NS	Nationalsozialismus, nationalsozialistisch
P.G.	Parteigenosse
RIAS	Rundfunk im amerikanischen Sektor
RhM	Rheinischer Merkur
RSHA	Reichssicherheitshauptamt
SA	Sturmabteilung

SED	Sozialistische Einheitspartei Deutschlands
SBZ	Sowjetische Besatzungszone
SD	Sicherheitsdienst
SDS	Sozialistischer Deutscher Studentenbund
SPD	Sozialdemokratische Partei Deutschlands
SS	Schutz-Staffel
Stabi	Staatsbibliothek zu Berlin
SZ	Süddeutsche Zeitung
taz	die tageszeitung
TSP	Der Tagesspiegel
UNO	United Nations Organization
UPI	United Press International
VfZg	Vierteljahrshefte für Zeitgeschichte
ZDF	Zweites Deutsches Fernsehen
ZK	Zentralkomitee

Ungedruckte Quellen

Bezirksgericht Jerusalem. Strafsache 40/61. Der Generalstaatsanwalt des Staates Israel gegen Adolf, Sohn des Adolf Karl Eichmann. Protokoll der Sitzung 1-121. Nicht redigierte und nicht korrigierte Transkription der Simultanübersetzung (Stabi 4" 88426)

Das Oberste Gericht, Israel. Strafberufung Nr. 336/61. Adolf, Sohn des Adolf Karl Eichmann gegen den Staatsanwalt des Staates Israel. Protokoll der Sitzung 1-6. Nicht redigierte und nicht korrigierte Transkription der Simultanübersetzung (Stabi 4" 100012)

Gedruckte Quellen und Literatur

Konrad Adenauer, Vor Beginn des Eichmann-Prozesses. Eine Erklärung des Bundeskanzlers im Fernsehen, in: Bulletin des Presse- und Informationsamtes der Bundesregierung, Nr. 67 vom 11.4.1961, S. 641.

Theodor W. Adorno, Was bedeutet: Aufarbeitung der Vergangenheit? in: ders., Eingriffe. Neun kritische Modelle. Frankfurt am Main 1996 (zuerst Wiesbaden 1959), S. 125-146.

Zvi Aharoni, Wilhelm Dietl, Der Jäger – Operation Eichmann. Was wirklich geschah, Stuttgart 1996.

Fritz René Allemann, Bücher über Eichmann. Der Prozeß warf seinen Schatten voraus, in: Der Monat, Jg. 13 (1961), Heft 152, S. 54ff.

Martina Althoff, Kiesinger, die APO und der Nationalsozialismus. Zur Dynamik eines NS-Konflikts, in: Wolfgang Benz (Hg.), Jahrbuch für Antisemitismusforschung 5. Frankfurt am Main, New York 1996, S. 211-232.

Götz Aly, Susanne Heim, Vordenker der Vernichtung. Auschwitz und die deutschen Pläne für eine neue europäische Ordnung. Frankfurt am Main 1993.

Götz Aly, Die späte Rache des Adolf Eichmann, in: BZ (6.3.2000).

Günther Anders, Wir Eichmannsöhne. Offener Brief an Klaus Eichmann. 2., durch einen weiteren Brief ergänzte Aufl., München 1988 (zuerst ohne den zweiten Brief, 1964).

Franz Ansprenger, Auflösung der Kolonialreiche. 2., durchgesehene Aufl., München 1973.

Hannah Arendt, Eichmann in Jerusalem. Ein Bericht von der Banalität des Bösen. Mit einem Essay von Hans Mommsen. Neuausgabe 8. Aufl., München 1992 (zuerst 1964).

Paul Arnsberg, War Eichmann ein Dämon? in: APuZg B 45 vom 4.11.1964, S. 3-18.

Rudolf Aschenaue (Hg.), Ich, Adolf Eichmann. Ein historischer Zeugenbericht. Leoni am Starnberger See 1980.

Uwe Backes, Eckhard Jesse, Rainer Zitelmann (Hg.), Die Schatten der Vergangenheit. Impulse zur Historisierung des Nationalsozialismus. Frankfurt am Main, Berlin 1990.

Karl S. Bader, Politische und historische Schuld und die staatliche Rechtssprechung, in: Karl Forster (Hg.), Möglichkeiten und Grenzen für die Bewältigung historischer und politischer Schuld in Strafprozessen. Studien und Berichte der Katholischen Akademie in Bayern, Heft 19, Würzburg 1962, S. 107-129.

Dan Bar-On, Legacy of Silence. Encounters with Children of the Third Reich. Cambridge u.a. 1991.

Yehuda Bauer, Freikauf von Juden? Verhandlungen zwischen dem nationalsozialistischen Deutschland und jüdischen Repräsentanten von 1933 bis 1945. Frankfurt am Main 1996.

Jürgen Baumann, Gedanken zum Eichmann-Urteil, in: Juristenzeitung, Jg. 18 (1963), Nr. 4, S. 110-121.

Jurek Becker, Mein Vater, die Deutschen und ich, in: Die Zeit (Nr. 21 vom 20.5.1994).

Sophinette Becker, Bewußte und unbewußte Identifikation der 68er Generation, in: Brigitte Rauschenbach (Hg.), Erinnern, Wiederholen, Durcharbeiten. Zur Psycho-Analyse deutscher Wenden. Berlin 1992, S. 269-275.

Lars-Olav Beier, Anatomie eines Mörders, in: FAZ (17.2.1999).

Saul Bellow, Mr. Sammlers Planet. Berlin (DDR) 1989 (englisch 1970).

Peter Bender, Neue Ostpolitik. Vom Mauerbau zum Moskauer Vertrag. München 1986.

Ders., Episode oder Epoche? Zur Geschichte des geteilten Deutschland. München 1996.

Wolfgang Benz (Hg.), Die Geschichte der Bundesrepublik Deutschland, 4 Bde., Frankfurt am Main 1989.

Wolfgang Benz, Hermann Graml (Hg.), Europa nach dem Zweiten Weltkrieg 1945-1982. Das Zwanzigste Jahrhundert II (Fischer Weltgeschichte Band 35). Frankfurt am Main 1983.

Hartmut Berghoff, Zwischen Verdrängung und Aufarbeitung. Die bundesdeutsche Gesellschaft und ihre nationalsozialistische Vergangenheit in den fünfziger Jahren, in: GWU, Jg. 49 (1998), H. 2, S. 96-114.

Jürgen Bergmann, Klaus Megerle, Peter Steinbach (Hg.), Geschichte als politische Wissenschaft. Sozialökonomische Ansätze, Analyse politikhistorischer Phänomene, politologische Fragestellungen in der Geschichte. Stuttgart 1979.

Werner Bergmann, Antisemitismus in öffentlichen Konflikten. Kollektives Lernen in der politischen Kultur der Bundesrepublik 1949-1989 (Schriftenreihe des Zentrums für Antisemitismusforschung Berlin, Band 4). Frankfurt am Main, New York 1997.

Werner Bergmann, Rainer Erb, Antisemitismus in Deutschland 1945-1996, in: Wolfgang Benz, Werner Bergmann (Hg.), Vorurteil und Völkermord. Entwicklungslinien des Antisemitismus. Bonn 1997, S. 397-434.

Michael R. Beschloss, Powergame – Kennedy und Chruschtschow. Die Krisenjahre 1960-1963. Düsseldorf u.a. 1991.

Adolf M. Birke, Nation ohne Haus. Deutschland 1945-1961. Für die Sammlung Siedler durchgesehene und auf den neuen Stand gebrachte Ausgabe, Berlin 1994.

Wilhelm Bleek, Verwaltung und öffentlicher Dienst, in: Wolfgang Benz (Hg.), Geschichte der Bundesrepublik, 4 Bde., Frankfurt am Main 1989, Bd. 1: Politik, S. 155-180.

Ian Black, Benny Morris, Israel's Secret Wars. The Untold Story of Israeli Intelligence. London 1991.

Francois Bondy, »Ja, mein lieber guter Storfer ...« – Eichmann wörtlich, in: Der Monat, Jg. 13 (1961), H. Nr. 153, S. 58-61.

Monika Borgmann, Transporttechnische Angelegenheiten, in: Die Zeit (Nr. 7 vom 11.2.1999).

Joel Brand, Adolf Eichmann. Fakten gegen Fabeln. München u.a. 1961.

Willy Brandt, Deutschland, Israel und die Juden. Rede des Regierenden Bürgermeisters von Berlin vor dem Herzl-Institut in New York am 19. März 1961. Berlin 1961.

Braunbuch – Kriegsverbrecher und Naziverbrecher in der Bundesrepublik und in Westberlin, Hg. Nationalrat der Nationalen Front des demokratischen Deutschland – Dokumentationszentrum der staatlichen Archivverwaltung der DDR. 3., überarbeitete und erweiterte Aufl., Berlin 1968.

Magnus Brechtken, Zum Beispiel Madagaskar, in: FAZ (2.3.2000).

Ulrich Brochhagen, Nach Nürnberg – Vergangenheitsbewältigung und Westintegration in der Ära Adenauer. Hamburg 1994.

Werner Brockdorff, Flucht vor Nürnberg. Pläne und Organisation der Fluchtwege der NS-Prominenz im »Römischen Weg«. München, Wels 1969.

Martin Broszat (Hg.), Kommandant von Auschwitz. Autobiografische Aufzeichnungen des Rudolf Höss. 13. Aufl., München 1992.

Nomi Bubis, Die Totale Herrschaft des Bösen. Hannah Arendt und der Eichmann-Prozeß in Jerusalem, in: Tribüne, Jg. 31 (1992), H. 122, S. 165-172.

Hans Buchheim, Die Lebensbedingungen unter totalitärer Herrschaft, in: Karl Forster (Hg.), Möglichkeiten und Grenzen für die Bewältigung historischer und politischer Schuld in Strafprozessen. Studien und Berichte der Katholischen Akademie in Bayern, H. 19, Würzburg 1962, S. 87-106.

Heinz Bude, Bilanz der Nachfolge. Die Bundesrepublik und der Nationalsozialismus, Frankfurt am Main 1992.

Ders., Das Altern einer Generation. Die Jahrgänge 1938-1948. Frankfurt am Main 1997.

Ian Buruma, Erbschaft der Schuld. Vergangenheitsbewältigung in Deutschland und Japan. München, Wien 1994.

Jochen Cerny (Hg.), Wer war wer – DDR. Ein biographisches Lexikon. 2. Aufl., Berlin 1992.

Michael S. Cullen (Hg.), Das Holocaust-Mahnmal. Dokumentation einer Debatte, Zürich 1999.

»Das geht mir schon an die Nieren« – Interview mit Staatsanwalt Willi Dreßen über die noch verbleibenden Aufgaben der Ludwigsburger Zentralstelle zur Aufarbeitung von NS-Verbrechen, in: Der Spiegel (26.5.1997), S. 72-75.

DDR-Handbuch, 2 Bde., hg. v. Bundesminister für innerdeutsche Beziehungen. 3., überarbeitete und erweiterte Aufl., o.O. 1985.

Deutscher Bundestag, Protokolle, 3. Wahlperiode, 118. Sitzung, Bonn, Mittwoch den 22. Juni 1960.
Deutscher Bundestag (Hg.), Zur Verjährung nationalsozialistischer Verbrechen. Dokumentation der parlamentarischen Bewältigung des Problems 1960-1979 (Schriftenreihe Zur Sache – Themen Parlamentarischer Beratung Bd. 3, 4 und 5/80). Bonn 1987.
Inge Deutschkron, ... denn ihrer war die Hölle. Kinder in Gettos und Lagern. Köln 1965.
Dies., Israel und die Deutschen. Das schwierige Verhältnis. Erweiterte Neuauflage. Köln 1991.
Dan Diner, Aporie der Vernunft: Horkheimers Überlegungen zu Antisemitismus und Massenvernichtung, in: ders. (Hg.), Zivilisationsbruch – Denken nach Auschwitz. Frankfurt am Main 1988, S. 30-53.
Dan Diner (Hg.), Zivilisationsbruch – Denken nach Auschwitz, Frankfurt am Main 1988.
Eichmann – Henker, Handlanger, Hintermänner. Eine Dokumentation, hg. v. Ausschuß für Deutsche Einheit. Berlin (Ost) 1961.
Eichmann tells his own damning Story, Part I: »I transported them ... to the Butcher«, in: LIFE international, Vol. 30, No. 1, January 9, 1961, S. 9-19.
Eichmann tells his own damning Story, Part II: »To sum it all up, I regret nothing«, in: LIFE international, Vol. 30, No. 3, February 13, 1961, S. 76-82.
Anita Eckstaedt, Nationalsozialismus in der ›zweiten Generation‹. Psychoanalyse von Hörigkeitsverhältnissen. Frankfurt am Main 1992.
Norbert Elias, Der Zusammenbruch der Zivilisation, in: ders., Studien über die Deutschen. Machtkämpfe und Habitusentwicklung im 19. und 20. Jahrhundert. 2. Aufl., Frankfurt am Main 1994, S. 391-516.
Entschließung der Berliner Synode der EKD zum Eichmann-Prozeß, dokumentiert in: Freiburger Rundbrief, XIII. Folge, 1960/61, Nr. 50/52, S. 63.
Hans Magnus Enzensberger, Reflexionen vor einem Glaskasten, in: ders., Politik und Verbrechen. Neun Beiträge. Frankfurt am Main 1964, S. 7-39.
Enzyklopädie des Holocaust. Die Verfolgung und Ermordung der europäischen Juden, 4 Bde., Hg. der deutschen Ausgabe: Eberhard Jäckel, Peter Longerich, Julius Schoeps. München, Zürich o. J.
Enzyklopädie des Nationalsozialismus, hg. von Wolfgang Benz, Hermann Graml, Hermann Weiß, München 1997.
Helmut Eschwege, Fremd unter meinesgleichen. Erinnerungen eines Dresdner Juden. Berlin 1991.
Richard J. Evans, Im Schatten Hitlers? Historikerstreit und Vergangenheitsbewältigung in der Bundesrepublik. Frankfurt am Main 1991.
Tilman Fichter, Siegward Lönnendonker, Kleine Geschichte des SDS. Der Sozialistische Deutsche Studentenbund von 1946 bis zur Selbstauflösung. 2. Aufl., Berlin 1979.
Uwe Flick, Qualitative Forschung. Theorie, Methode, Anwendung in Psychologie und Sozialwissenschaft. 2. Aufl., Reinbek bei Hamburg 1996.
Uwe Flick u.a. (Hg.), Handbuch der Qualitativen Sozialforschung. München 1991.
Karl Forster (Hg.), Möglichkeiten und Grenzen für die Bewältigung historischer und politischer Schuld in Strafprozessen. Studien und Berichte der Katholischen Akademie in Bayern, H. 19, Würzburg 1962.
Ernst Fraenkel, Der Doppelstaat. Frankfurt am Main, Köln 1974.
Niklas Frank, Der Vater – Eine Abrechnung, München 1993.
Norbert Frei, Die Presse, in: Wolfgang Benz (Hg.), Die Geschichte der Bundesrepublik Deutschland. Frankfurt am Main 1989, Bd. 4: Kultur, S. 370-416.

Ders., Der Führerstaat. Nationalsozialistische Herrschaft 1933 bis 1945. 2. Aufl., München 1989.

Ders., Vergangenheitspolitik. Die Anfänge der Bundesrepublik und die NS-Vergangenheit. München 1996.

Ders., Das Problem der NS-Vergangenheit in der Ära Adenauer, in: Heinrich Oberreuter (Hg.), Freundliche Feinde? Die Alliierten und die Demokratiegründung in Deutschland. München u.a. 1996, S. 181-193.

Ders., Der Frankfurter Auschwitz-Prozeß und die deutsche Zeitgeschichtsforschung, in: Fritz Bauer Institut (Hg.), Auschwitz. Geschichte, Rezeption und Wirkung. Jahrbuch 1996 zur Geschichte und Wirkung des Holocaust. Frankfurt am Main, New York 1996, S. 123-138.

Ders., Karrieren im Zwielicht. Hitlers Eliten nach 1945. Frankfurt am Main u.a. 2001.

Tuvia Friedman, Nazi Hunting. Haifa 1961.

Ders., The blind man who discovered Adolf Eichmann in Argentinia. Haifa 1987.

Ders. (Hg.), Vor 50 Jahren 1944-1994. Das SS-Sonderkommando Eichmann in Budapest und die Vernichtung der Juden Ungarns/Rumänien. Documentarische Sammlung. Haifa 1994.

Jörg Friedrich, Freispruch für die Nazi-Justiz. Die Urteile gegen NS-Richter seit 1948. Eine Dokumentation. Reinbek bei Hamburg 1983.

Ders., Die kalte Amnestie. NS-Täter in der Bundesrepublik. Erweiterte und überarbeitete Neuausgabe, München 1994.

Vera Gaserow, Name: Eichmann, in: Die Zeit (7.7.1995).

Reinhard Gehlen, Der Dienst. Erinnerungen 1942-1971. Stuttgart u.a. 1971.

Eckhart Gillen, Wolf Vostell: »Deutscher Ausblick«, in: deutschlandbilder: Kunst aus einem geteilten Land. Katalog zur Zentralen Ausstellung der 47. Berliner Festwochen im Martin-Gropius-Bau, hg. von Eckhart Gillen für die Berliner Festspiele GmbH und den Museumspädagogischen Dienst Berlin. Köln 1997, S. 240-245.

Ralph Giordano, Die zweite Schuld oder Von der Last ein Deutscher zu sein. Hamburg, Zürich 1987.

Ders. (Hg.), Deutschland und Israel: Solidarität in der Bewährung. Bilanz und Perspektive der deutsch-israelischen Beziehungen. 2. Aufl., Gerlingen 1993.

Hermann Glaser, Kleine Kulturgeschichte der Bundesrepublik Deutschland 1945-1989 (Lizenzausgabe für die Bundeszentrale für politische Bildung). 2., durchgesehene Aufl., Bonn 1991.

Klaus-Dieter Godau-Schüttke, Ich habe dem Recht gedient. Die »Renazifizierung« der Schleswig-Holsteinischen Justiz nach 1945. Baden-Baden 1993.

Ders., Die Heyde/Sawade-Affäre. Wie Juristen und Mediziner den NS-Euthanasieprofessor Heyde nach 1945 deckten und straflos blieben. Baden-Baden 1998.

Albrecht Götz, Bilanz der Verfolgung von NS-Straftaten. Köln 1986.

Daniel J. Goldhagen, Hitlers willige Vollstrecker. Ganz gewöhnliche Deutsche und der Holocaust. Berlin 1997.

Seev Goshen, Eichmann und die Nisko-Aktion im Oktober 1939. Eine Fallstudie zur NS-Judenpolitik in der letzten Etappe vor der »Endlösung«, in: VfZg Nr. 28 (1981), S. 74-96.

Helge Grabitz, NS-Prozesse – Psychogramme der Beteiligten. Heidelberg 1986.

Olaf Groehler, Erblasten: Der Umgang mit dem Holocaust in der DDR, in: Hanno Loewy (Hg.), Holocaust: Die Grenzen des Verstehens. Eine Debatte über die Besetzung der Geschichte. Reinbek bei Hamburg 1992, S. 110-127.

Chistina Große, Der Eichmann-Prozeß zwischen Recht und Politik. Frankfurt am Main u.a. 1995.

Alfred Grosser, Das Bündnis. Die westeuropäischen Länder und die USA seit dem Krieg. München 1978.

Heinrich Grüber, Zum Fall Eichmann, in: Blätter für deutsche und internationale Politik, Jg. 6 (1961), H. 5, S. 450-452.

Ders., Erinnerungen an sieben Jahrzehnte. Köln, Berlin 1968.

Antonia Grunenberg, Antifaschismus – ein deutscher Mythos. Reinbek bei Hamburg 1993.

Dies., Die totalitären Feinde des Faschismus. Warum der Antifaschismus kein Beitrag zur Freiheit ist, in: Die Wochenpost (1.12.1994).

Helmut Gumnior, Rudolf Ringguth, Max Horkheimer. Reinbek bei Hamburg 1988.

Handbuch der Weltpresse, Bd. 1: Die Pressesysteme der Welt, herausgegeben vom Institut für Publizistik der Universität Münster unter Leitung von Heinz Prakke, Winfried B. Lerg und Michael Schmolke. Köln, Opladen 1970 .

Heinrich Hannover, Die Republik vor Gericht 1954-1974 – Erinnerungen eines unbequemen Rechtsanwalts. Berlin 1998.

Harry Mulisch, in: Die Zeit (Nr. 42 vom 13.10.1995).

Lutz Hachmeister, Der Gegnerforscher. Die Karriere des SS-Führers Franz Alfred Six. München 1996.

Hardenberg Personenlexikon. Aktualisierte und erweiterte Neuausgabe 2000, Dortmund 1999.

Isser Harel, Das Haus in der Garibaldistraße. Frankfurt am Main u.a. 1976.

Gideon Hausner, Gerechtigkeit in Jerusalem. München 1967.

Heinrich Grüber – Zeuge pro Israel, herausgegeben und bearbeitet durch einen Freundeskreis Heinrich Grübers. Berlin 1963.

Gunnar Heinsohn, Warum Auschwitz? Hitlers Plan und die Ratlosigkeit der Nachwelt. Reinbek bei Hamburg 1995.

Johannes Heil, Rainer Erb (Hg.), Geschichtswissenschaft und Öffentlichkeit. Der Streit um Daniel J. Goldhagen. Frankfurt am Main 1998.

Hartmut v. Hentig, »... der werfe den ersten Stein«, Schuld und Vergebung in unserer Welt. München u.a. 1992.

Ludolf Herbst, Das nationalsozialistische Deutschland 1933-1945. Die Entfesselung der Gewalt. Rassismus und Krieg (Moderne Deutsche Geschichte Band 10), Frankfurt am Main 1996.

Thomas Herz, Heiko Boumann, Der »Fall Globke«: Entstehung und Wandlung eines NS-Konflikts, in: Thomas Herz, Michael Schwab-Trapp (Hg.), Umkämpfte Vergangenheit. Diskurse über den Nationalsozialismus seit 1945. Opladen 1997, S. 57-107.

Thomas Herz, Michael Schwab-Trapp (Hg.), Umkämpfte Vergangenheit. Diskurse über den Nationalsozialismus seit 1945. Opladen 1997.

Wolfgang Heuer, Hannah Arendt. Reinbek bei Hamburg 1991.

Theodor Heuss, An und über Juden. Aus Schriften und Reden (1906-1963). Zusammengestellt und hg. von Hans Lamm, Vorwort von Karl Marx. Düsseldorf, Wien 1964.

»Historikerstreit« – Die Dokumentation einer Kontroverse um die Einzigartigkeit der nationalsozialistischen Judenvernichtung. München, Zürich 1987.

Raul Hilberg, Die Vernichtung der europäischen Juden. 3 Bde., Frankfurt am Main 1993.

Andreas Hillgruber, Europa in der Weltpolitik der Nachkriegszeit 1945-1963. Oldenbourg Grundriß der Geschichte Band 18. München 1988.

Heinz Höhne, Der Orden unter dem Totenkopf. Die Geschichte der SS. Augsburg 1995.

Hans E. Holthusen, Hannah Arendt, Eichmann und die Kritiker, in: VfZg Nr. 13 (1965), S. 178-190.

Hilmar Hoffmann (Hg.), Gegen den Versuch, Vergangenheit zu verbiegen. Eine Diskussion um die politische Kultur in der Bundesrepublik aus Anlaß der Frankfurter Römerberggespräche 1986. Frankfurt am Main 1987.

Max Horkheimer, Zur Ergreifung Eichmanns, in: ders, Zur Kritik der instrumentellen Vernunft. Aus den Vorträgen und Aufzeichnungen seit Kriegsende, hg. v. Alfred Schmidt. Frankfurt am Main 1967, S. 317-320.

Ders., Gesammelte Schriften, hg. v. Alfred Schmidt und Gunzelin Schmid-Noerr, Band 8: Vorträge und Aufzeichnungen 1949-1973. Frankfurt am Main 1985.

William L. Hull, Kampf um eine Seele. Gespräche mit Eichmann in der Todeszelle. Wuppertal 1964.

Israel gibt Eichmann-Memoiren frei, in: BZ (1.3.2000).

Israel kündigt Veröffentlichung der Eichmann-Memoiren an, in: ebd. (11.8.1999).

Herbert Jäger, Betrachtungen zum Eichmann-Prozeß, in: Monatsschrift für Kriminologie und Strafrechtsreform, Jg. 45 (1962), H. 2/4, S. 73-83.

Ders., Verbrechen unter totalitärer Herrschaft. Studien zur nationalsozialistischen Gewaltkriminalität. Frankfurt am Main 1982.

Jahrbuch der öffentlichen Meinung 1958-1964, hg. von Elisabeth Noelle und Erich Peter Neumann, Institut für Demoskopie Allensbach. Allensbach, Bonn 1965.

Hans-Jürgen Jakobs, Uwe Müller, Augstein, Springer & Co. Deutsche Mediendynastien. Zürich u.a. 1990.

Hans Jansen, Der Madagaskar-Plan. Die beabsichtigte Deportation der europäischen Juden nach Madagaskar, München 1997.

Otfried Jarren, Medien und Kommunikation in den 50er Jahren, in: Axel Schildt, Arnold Sywottek (Hg.), Modernisierung im Wiederaufbau. Die westdeutsche Gesellschaft der 50er Jahre. Ungekürzte, durchges. und aktualisierte Studienausgabe, Bonn 1998, S. 433-438.

Karl Jaspers, Die Schuldfrage. Von der politischen Haftung Deutschlands. München 1987 (zuerst 1946).

Ders., Provokationen, Gespräche und Interviews, herausgegeben von Hans Saner. München 1969.

Ders., Wohin treibt die Bundesrepublik? Tatsachen – Gefahren – Chancen. 10. Aufl., München, Zürich 1988 (zuerst 1966).

»Juden und Christen«, Erklärung der christlichen Teilnehmer der Leitung der Arbeitsgruppe 6 des 10. Deutschen Evangelischen Kirchentages vom 19. bis 23. Juli 1961 in Berlin, dokumentiert in: Freiburger Rundbrief, XIII. Folge, 1960/61, Nr. 50/52, S. 63f.

Hilde Kammer, Elisabet Bartsch, Nationalsozialismus – Begriffe aus der Zeit der Gewaltherrschaft 1933-1945. Reinbek bei Hamburg 1992.

Karl Jaspers zum Eichmann-Prozeß. Ein Gespräch mit Francois Bondy, in: Der Monat, Jg. 13. (1961), H. 152, S. 15-19.

Rudolf Kastner, Der Kastner-Bericht über Eichmanns Menschenhandel in Ungarn. München 1961.

Friedrich K. Kaul, Der Fall Eichmann. Berlin (DDR) 1963.

Keine Zulassung für Kaul, in: Bulletin des Presse- und Informationsamtes der Bundesregierung Nr. 52 vom 16.3.1961, S. 499.

Robert M. W. Kempner, Eichmann und Komplicen. Zürich u.a. 1961.

Ian Kershaw, Der NS-Staat. Geschichtsinterpretationen und Kontroversen im Überblick. Reinbek bei Hamburg 1993.

Heiner Kipphardt, Bruder Eichmann. Schauspiel und Materialien, Gesammelte Werke in Einzelausgaben, hg. von Uwe Naumann unter Mitarbeit von Pia Kipphardt. 19.-22. Tausend, Reinbek bei Hamburg 1991.

Ders., Joel Brand und andere Theaterstücke, Gesammelte Werke in Einzelausgaben, hg. von Uwe Naumann unter Mitarbeit von Pia Kipphardt. Reinbek bei Hamburg 1988.

Manfred Kittel, Die Legende von der »Zweiten Schuld«. Vergangenheitsbewältigung in der Ära Adenauer. Berlin, Frankfurt am Main 1993.

Ernst Klee, Was sie taten – Was sie wurden. Ärzte, Juristen und andere Beteiligte am Kranken- und Judenmord. Frankfurt am Main 1986.

Ders., Persilscheine und falsche Pässe. Wie die Kirchen den Nazis halfen. 11.-16. Tausend, Frankfurt am Main 1992.

Ders., Auschwitz, die NS-Medizin und ihre Opfer. 2. Aufl., Frankfurt am Main 1997.

Christoph Kleßmann, Zwei Staaten, eine Nation. Deutsche Geschichte 1955-1970 (Schriftenreihe der Bundeszentrale für politische Bildung Band 265). Bonn 1988.

Otto Köhler, Unheimliche Publizisten. Die verdrängte Vergangenheit der Medienmacher. München 1995.

Helmut König, Das Erbe der Diktatur. Der Nationalsozialismus im politischen Bewußtsein der Bundesrepublik, in: Leviathan, Jg. 24 (1996), H. 2, S. 163-180.

Peter Köpf, Schreiben nach jeder Richtung. Goebbels-Propagandisten in der westdeutschen Nachkriegspresse. Berlin 1995.

Daniel Koerfer, Kampf ums Kanzleramt. Erhard und Adenauer. Stuttgart 1987.

Eugen Kogon, Der SS-Staat. Das System der deutschen Konzentrationslager. 35. Aufl., München 1998.

Michael Kohlstruck, Zur Gegenwartsbedeutung des Nationalsozialismus, in: Leviathan, Jg. 24 (1996), H. 2, S. 155-162.

Ders., Das zweite Ende der Nachkriegszeit. Zur Veränderung der politischen Kultur um 1960, in: Gary S. Schaal, Andreas Wöll (Hg.), Vergangenheitsbewältigung. Modelle der politischen und sozialen Integration in der bundesdeutschen Nachkriegsgeschichte. Baden-Baden 1997, S. 113-127.

Kurt Koszyck, Presse- und Pressekonzentration in den 50er Jahren, in: Axel Schildt, Arnold Sywottek (Hg.), Modernisierung im Wiederaufbau. Die westdeutsche Gesellschaft der 50er Jahre. Ungekürzte, durchges. und aktualisierte Studienausgabe, Bonn 1998, S. 439-457.

Otto Kranzbühler, Wert und Unwert historischer Strafprozesse – Erörtert am Nürnberger Beispiel, in: Karl Forster (Hg.), Möglichkeiten und Grenzen für die Bewältigung historischer und politischer Schuld in Strafprozessen. Studien und Berichte der Katholischen Akademie in Bayern, H. 19. Würzburg 1962, S. 13-36.

Wolfgang Kraushaar, Aus der Protest-Chronik, in: Mittelweg 36, Jg. 4 (1995), H. 1, S. 93-95.

Ulrich Kröger, Die Ahndung von NS-Verbrechen vor westdeutschen Gerichten und ihre Rezeption in der deutschen Öffentlichkeit 1958 bis 1965 unter besonderer Berücksichtigung von »Spiegel«, »Stern«, »Zeit«, »SZ«, »FAZ«, »Welt«, »Bild«, »Hamburger Abendblatt«, »NZ« und »Neuem Deutschland«, Diss., Hamburg 1973.

F. A. Krummacher (Red.), Die Kontroverse. Hannah Arendt, Eichmann und die Juden. München 1964.

Reinhard Kühnl, Das Dritte Reich in der Presse der Bundesrepublik. Kritik eines Geschichtsbildes. Frankfurt am Main 1966.

Heinz Kühnrich, Judenmörder Eichmann – Kein Fall der Vergangenheit. Berlin (Ost) 1961.

Karl Kupisch, Rudolf Weckerling, Der Berliner Kirchentag zur Judenfrage, in: Blätter für deutsche und internationale Politik, Jg. 6 (1961), H. 8, S. 762-765.

Hans Lamm, Der Eichmann-Prozeß in der deutschen öffentlichen Meinung. Eine Dokumentensammlung. Frankfurt am Main 1961.

Siegfried Lamnek, Qualitative Sozialforschung, Bd. 2, Methoden und Technik. München 1989.
Jochen von Lang (Hg.), Das Eichmann-Protokoll. Tonbandaufzeichnungen der israelischen Verhöre. Wien 1991.
Ders., Die Gestapo. Instrument des Terrors. München 1993.
Hermann Langbein (Hg.), Der Auschwitz-Prozeß. Eine Dokumentation, 2 Bde. Frankfurt am Main 1995.
Hans Georg Lehmann, Chronik der Bundesrepublik Deutschland, 1945/49 bis 1983. Zweite, aktualisierte Aufl., München 1983.
Jeshajahu Leibowitz, Michael Shashar, Gespräche über Gott und die Welt. Frankfurt am Main, Leipzig 1994.
Michael Lemke, Kampagnen gegen Bonn. Die Systemkrise der DDR und die West-Propaganda der SED 1960-1963, in: VfZg, Jg. 41 (1993), H. 2, S. 153-174.
Rainer M. Lepsius, Das Erbe des Nationalsozialismus und die politische Kultur der Nachfolgestaaten des »Großdeutschen Reiches«, in: Kultur und Gesellschaft. Verhandlungen des 24. Deutschen Soziologentags und des 8. Kongresses der Schweizerischen Gesellschaft für Soziologie in Zürich 1988. Hg. von Max Haller, Hans Jörgen Hoffmann-Nowottny, Wolfgang Zapf. Frankfurt am Main, New York 1989, S. 247-264.
Avner Less (Hg.), Schuldig: Das Urteil gegen Adolf Eichmann. Mit einem Nachwort von Jochen von Lang. Frankfurt am Main 1987.
Herbert S. Levine, Politik, Persönlichkeit und Verbrechertum im Dritten Reich. Der Fall Adolf Eichmann, in: Jürgen Bergmann, Klaus Megerle, Peter Steinbach (Hg.), Geschichte als politische Wissenschaft. Sozialökonomische Ansätze, Analyse politikhistorischer Phänomene, politologische Fragestellungen in der Geschichte. Stuttgart 1979, S. 175-193.
Bernard Lewis, »Treibt sie ins Meer!« – Die Geschichte des Antisemitismus. Frankfurt am Main, Berlin 1989.
Hanno Loewy (Hg.), Holocaust. Die Grenzen des Verstehens. Eine Debatte über die Besetzung der Geschichte. Reinbek bei Hamburg 1992.
Hanno Loewy, Bettina Winter (Hg.), NS-«Euthanasie« vor Gericht. Fritz Bauer und die Grenzen juristischer Bewältigung. Frankfurt am Main, New York 1996.
Hermann Lübbe, Der Nationalsozialismus im deutschen Nachkriegsbewußtsein, in: Historische Zeitschrift, Bd. 236 (1983), S. 577-599.
Peter Märthesheimer, Ivo Frenzel (Hg.), Im Kreuzfeuer. Der Fernsehfilm »Holocaust«. Eine Nation ist betroffen. Frankfurt am Main 1979.
Peter Z. Malkin, Ich jagte Eichmann. Der Bericht des israelischen Geheimagenten, der den Organisator der »Endlösung« gefangennahm. München u.a. 1991.
Melitta Maschmann, Fazit. Mein Weg in der Hitler-Jugend. 2. Aufl., München 1979 (zuerst 1963 unter dem Titel: Fazit. Kein Rechtfertigungsversuch).
Philipp Mayring, Qualitative Inhaltsanalyse, in: Uwe Flick u.a. (Hg.), Handbuch der Qualitativen Sozialforschung. München 1991, S. 209-213.
Holger M. Meding, Flucht vor Nürnberg. Deutsche und österreichische Einwanderung in Argentinien 1945-1955. Köln u.a. 1992.
Sigrid Meuschel, Legitimation und Parteienherrschaft in der DDR. Zum Paradox von Stabilität und Revolution in der DDR 1945-1989. Frankfurt am Main 1992.
Ders., Antifaschistischer Stalinismus, in: Brigitte Rauschenbach (Hg.), Erinnern – Wiederholen – Durcharbeiten: Zur Psycho-Analyse deutscher Wenden. Berlin 1992, S. 163-171.

Judith Miller, One, by One, by One. The Landmark of the Holocaust and the Uses of Memory. New York 1990.
Alexander Mitscherlisch, Margarete Mitscherlich, Die Unfähigkeit zu trauern. Grundlagen kollektiven Verhaltens. München 1968.
Albert Mösl, Das Problem der prozessualen Behandlung politischer Morde, in: Karl Forster (Hg.), Möglichkeiten und Grenzen für die Bewältigung historischer und politischer Schuld in Strafprozessen. Studien und Berichte der Katholischen Akademie in Bayern, H. 19. Würzburg 1962, S. 37-62.
Walter Mohrmann, Antisemitismus. Ideologie und Geschichte im Kaiserreich und in der Weimarer Republik. Berlin (DDR) 1972.
Hans Mommsen, Hannah Arendt und der Prozeß gegen Adolf Eichmann, in: Hannah Arendt, Eichmann in Jerusalem. Ein Bericht von der Banalität des Bösen. Mit einem Essay von Hans Mommsen. Neuausgabe 8. Aufl., München 1992 (zuerst 1964), S. I – XXXVII.
Rudolf Morsey, Die Bundesrepublik Deutschland. Entstehung und Entwicklung bis 1969. Oldenbourg Grundriß der Geschichte Band 19. München 1990.
Ingo Müller, Furchtbare Juristen. Die unbewältigte Vergangenheit unserer Justiz. München 1989.
Jürgen Müller-Hohagen, Geschichte in uns. Psychogramme aus dem Alltag. München 1994.
Harry Mulisch, Strafsache 40/61. Eine Reportage über den Eichmann-Prozeß. Berlin 1987 (zuerst Köln 1963).
Munzinger Archiv. Internationales biographisches Archiv. Ravensburg o.J.
Klaus Naumann, Sympathy for the Devil? Die Kontroverse um Hannah Arendts Prozeßbericht »Eichmann in Jerusalem«, in: Mittelweg 36, Jg. 3 (1994), H. 1, S. 65-79.
Bernd Nellessen, Der Prozeß von Jerusalem. Ein Dokument. Düsseldorf, Wien 1964.
Elisabeth Noelle, Erich Peter Neumann (Hg.), The Germans. Public Opinion Polls 1947-1966. Westport 1981 (zuerst 1967).
Heinrich Oberreuter (Hg.), Freundliche Feinde? Die Alliierten und die Demokratiegründung in Deutschland. München u.a. 1996.
Ulrich-Dieter Oppitz, Strafverfahren und Strafvollstreckung bei NS-Gewaltverbrechen. Darstellung an Hand von 542 rechtskräftigen Urteilen deutscher Gerichte aus der Zeit von 1946-1975. 2., erweiterte Aufl., Ulm 1979.
Robin Ostow (Hg.), Jüdisches Leben in der DDR, Frankfurt am Main 1988.
Ulrich Panzer, Das gewöhnliche Monster, in: Das Sontagsblatt Nr. 18 vom 5.5.1995, Beilage »Die Freiheit hat Geburtstag 8. Mai 45/95«, S. 26.
Moshe Pearlman, Die Festnahme des Adolf Eichmann. Frankfurt am Main 1961.
Walter Pehle (Hg.), Der historische Ort des Nationalsozialismus. Annäherungen. Frankfurt am Main 1990.
Christiane Peitz, Auschwitz im Zoo-Palast, in: Die Zeit (Nr. 8 vom 18.2.1999).
Robert Pendorf, Mörder und Ermordete. Eichmann und die Judenpolitik des Dritten Reiches. Hamburg 1961.
Kurt Pätzold, Erika Schwarz, Tagesordnung Judenmord. Die Wannsee-Konferenz am 20. Januar 1942. Eine Dokumentation zur Organisation der »Endlösung«. 3. Aufl., Berlin 1992.
Ronald Payne, Mossad. Israels geheimster Dienst. München, Zürich 1993.
Léon Poliakov, Joseph Wulf, Das Dritte Reich und die Juden, Frankfurt am Main 1983.
Harry Pross (Hg.), Deutsche Presse seit 1945. Bern u.a. 1965.

Brigitte Rauschenbach (Hg.), Erinnern – Wiederholen – Durcharbeiten. Zur Psycho-Analyse deutscher Wenden, Berlin 1992.

Dan Raviv, Yossi Melmann, Die Geschichte des Mossad – Aufstieg und Fall des israelischen Geheimdienstes. München 1994.

Gerald Reitlinger, Die Endlösung. Hitlers Versuch der Ausrottung der Juden Europas 1939-1945. 5. Aufl., Berlin 1979.

Heinz Theo Risse, Der Eichmann-Prozeß und die Jugend in der Bundesrepublik, in: Freiburger Rundbrief, XIII. Folge (1960/61), Nr. 50/52, S. 37-41.

Jacob Robinson, And the Crooked Shall Be Made Straight. The Eichmann Trial, the Jewish Catastrophee, and Hannah Arendt's Narrative. New York, London 1965.

Roter Hitler, in: Bulletin des Presse- und Informationsamtes der Bundesregierung, Nr. 36 vom 22.2. 1961, S. 323.

Adalbert Rückerl (Hg.), NS-Vernichtungslager im Spiegel deutscher Strafprozesse. 3. Aufl., München 1979.

Ders., NS-Verbrechen vor Gericht. Versuch einer Vergangenheitsbewältigung. 2., überarbeitete Aufl., Heidelberg 1984.

Klaus-Jörg Ruhl (Hg.), »Mein Gott, was soll aus Deutschland werden?« – Die Adenauer-Ära 1949-1963. München 1985.

Hans Karl Rupp, Politische Geschichte der Bundesrepublik Deutschland. Entstehung und Entwicklung. Eine Einführung. 2., erweiterte und verbesserte Aufl., Stuttgart u.a. 1982.

Hans Safrian, Die Eichmann-Männer. Wien 1993.

Ulrich Sarcinelli (Hg.), Politikvermittlung und Demokratie in der Mediengesellschaft (Schriftenreihe der Bundeszentrale für politische Bildung Band 352). Bonn 1998.

Bernhard Schäfers, Wolfgang Zapf (Hg.), Handwörterbuch zur Gesellschaft Deutschlands. Opladen 1998.

Gary S. Schall, Andreas Wöll (Hg.), Vergangenheitsbewältigung – Modelle der politischen und sozialen Integration in der bundesdeutschen Nachkriegsgeschichte. Baden-Baden 1997.

Wolfgang Scheffler, Hannah Arendt und der Mensch im totalitären Staat, in: APuZg, B 45 vom 4.11.1964, S. 19-38.

Axel Schildt, Arnold Sywottek (Hg.), Modernisierung im Wiederaufbau. Die westdeutsche Gesellschaft der 50er Jahre. Ungekürzte, durchges. und aktualisierte Studienausgabe, Bonn 1998.

Regina Schmidt, Egon Becker, Reaktionen auf politische Vorgänge. Drei Meinungsstudien aus der Bundesrepublik (Frankfurter Beiträge zur Soziologie, Band 19). Frankfurt am Main 1967.

Dov B. Schmorak (Hg.), Sieben sagen aus. Zeugen im Eichmann-Prozeß. Mit einer Einleitung von Peter Schier-Gribowsky. Berlin 1962.

Ders. (Hg.), Der Eichmann-Prozeß. Dargestellt an Hand der in Nürnberg und in Jerusalem vorgelegten Dokumente sowie der Gerichtsprotokolle. Wien u.a. 1964.

Julius Schoeps, »Nicht ich, Adolf Hitler ist es gewesen«, in: Tagesspiegel (15.8.1999).

Peter Schönbach, Reaktionen auf die antisemitische Welle im Winter 1959/60. Frankfurt am Main 1961.

Michael Schornstheimer, Bombenstimmung und Katzenjammer. Vergangenheitsbewältigung. Quick und Stern in den 50er Jahren. Köln 1989.

Ders., Die leuchtenden Augen der Frontsoldaten. Nationalsozialismus und Krieg in den Illustriertenromanen der fünfziger Jahre. Berlin 1995.

Elke Schubert, Günther Anders. Reinbek bei Hamburg 1992.
Erwin Schüle, Die strafrechtliche Aufarbeitung des Verhaltens in totalitären Systemen – Der Eichmann-Prozeß aus deutscher Sicht, in: Karl Forster (Hg.), Möglichkeiten und Grenzen für die Bewältigung historischer und politischer Schuld in Strafprozessen. Studien und Berichte der Katholischen Akademie in Bayern, H. 19. Würzburg 1962, S. 63-86.
Gesine Schwan, Die demokratischen Impulse der 68er. Die Folgen von 1968 für die deutsche politische Kultur, in: Weltspiegel, Sonntagsbeilage des Tagesspiegel (25.4.1993), S. 1.
Dies., Politik und Schuld. Die zerstörerische Macht des Schweigens. Frankfurt am Main 1997.
Hans-Peter Schwarz, Die Ära Adenauer. Epochenwechsel 1957-1963, Geschichte der Bundesrepublik Deutschland Bd. 3. Stuttgart, Wiesbaden 1983.
SED und Judentum, in: Bulletin des Presse- und Informationsamtes der Bundesregierung Nr. 36 vom 22.2.1961, S. 323f.
Tom Segev, Die siebte Million. Der Holocaust und Israels Politik der Erinnerung. Reinbek bei Hamburg 1995.
Robert Servatius, Verteidigung Adolf Eichmann, Plädoyer. Bad Kreuznach 1961.
Anette Simon, Kluge Kinder sterben früh. Die Achtundsechziger in der DDR, in: Die Zeit (Nr. 24 vom 6.6.1997).
Kurt Sontheimer, Die Adenauer-Ära. Grundlegung der Bundesrepublik. München 1991.
Willy Stamm (Hg.), Leitfaden für die Presse und Werbung 1961. Essen 1961.
Dietrich Staritz, Geschichte der DDR 1949-1990 (Moderne Deutsche Geschichte Band 11). Erweiterte Neuausgabe, Frankfurt am Main 1996.
Peter Steinbach, Nationalsozialistische Gewaltverbrechen. Die Diskussion in der Öffentlichkeit nach 1945. Berlin 1981.
Hans-Günther Thiele (Hg.), Die Wehrmachtsausstellung. Dokumentation einer Kontroverse. Bremen 1997.
Dietrich Thränhardt, Geschichte der Bundesrepublik Deutschland 1949-1990 (Moderne Deutsche Geschichte Band 12). Erweiterte Neuausgabe, Frankfurt am Main 1996.
Michael Wolf Thomas (Hg.), Porträts der deutschen Presse. Berlin 1980.
Angelika Timm, DDR-Israel: Anatomie eines gestörten Verhältnisses, in: APuZg, B 4 vom 20.1.1993, S. 46-54.
Klaus Ungerer, Beruhigendes Monster, in: Frankfurter Allgemeine Zeitung (23.2.1999).
Heinz P. Wassermann, »Lang lebe Deutschland, lang lebe Argentinien, lang lebe Österreich ...« – Der Prozeß gegen Adolf Eichmann: Eine Analyse historischer Bewußtseinsbildung durch die Tagespresse, in: Zeitgeschichte, Nr. 20/1993, S. 249-259.
Hermann Weber, DDR – Grundriß der Geschichte 1945-1981. 3., überarbeitete und ergänzte Aufl., Hannover 1982.
Jürgen Weber, Peter Steinbach (Hg.), Vergangenheitsbewältigung durch Strafverfahren? NS-Prozesse in der Bundesrepublik Deutschland. München 1984.
Rudolf Weckerling, Propst D. Dr. Heinrich Grüber. Aus Anlaß seines 70. Geburtstages, in: Blätter für deutsche und internationale Politik, Jg. 6 (1961), H. 6, S. 545-554.
Konrad Weiß, »Du hast den Frieden frech ans Kreuz geschlagen ...« Israelfeindschaft und Antisemitismus in der DDR, in: Ralph Giordano (Hg.), Deutschland und Israel. Solidarität in der Bewährung. Bilanz und Perspektiven der deutsch-israelischen Beziehungen. 2. Aufl., Gerlingen 1993, S. 73-85 .

Wer ist Wer 1964. 2. Aufl., Berlin 1963.

Gerhard Werle, Thomas Wandres, Auschwitz vor Gericht. Völkermord und bundesdeutsche Strafjustiz. Mit einer Dokumentation des Auschwitz-Urteils. München 1995.

Dörte v. Westernhagen, Die Kinder der Täter. Das Dritte Reich und die Generation danach. München 1991.

Udo Wetzlaugk, Berlin und die deutsche Frage. Köln 1985.

Carlos Widmann, Zerstörer des Volkes, in: Der Spiegel (Nr. 7 vom 11.2.1999).

Simon Wiesenthal, Ich jagte Eichmann. Tatsachenbericht. Gütersloh 1961.

Michael Wildt, Eichmanns Götzen, in: Die Zeit (Nr. 13 vom 23.3.2000).

J. Wilke, B. Schenk, A. A. Cohen, T. Zemach, Holocaust und NS-Prozesse. Die Presseberichterstattung in Israel und Deutschland zwischen Aneignung und Abwehr (Medien in Geschichte und Gegenwart Band 3). Köln u.a. 1995.

Wolfgang Wippermann, Wessen Schuld? Vom Historikerstreit zur Goldhagen-Kontroverse. Berlin 1997.

Irmtrud Wojak, Eichmanns Memoiren. Ein kritischer Essay. Frankfurt am Main u.a. 2001.

Andreas Wöll, Vergangenheitsbewältigung in der Gesellschaftsgeschichte der Bundesrepublik. Zur Konfliktlogik eines Streitthemas, in: Gary S. Schall, Andreas Wöll (Hg.), Vergangenheitsbewältigung – Modelle der politischen und sozialen Integration in der bundesdeutschen Nachkriegsgeschichte. Baden-Baden 1997, S. 29–42.

Michael Wolffsohn, Ewige Schuld? 40 Jahre deutsch-israelische Beziehungen. München 1988.

Ders., Die Deutschland-Akte. Juden und Deutsche in Ost und West. Tatsachen und Legenden. München 1995.

Ders., Ulrich Brochhagen, Ein Massenmörder macht Politik. Vor 30 Jahren wurde Adolf Eichmann zum Tode verurteilt, in: Süddeutsche Zeitung (14./15.12.1991).

Albert Wucher, Eichmanns gab es viele. Ein Dokumentarbericht über die Endlösung der Judenfrage. München, Zürich 1961.

Christian Zentner, Anmerkungen zu »Holocaust«. Die Geschichte der Juden im Dritten Reich. München, Zürich 1979.

Moshe Zimmermann, Aufzeichnungen eines Mörders, in: Allgemeine Jüdische Wochenzeitung (16.3.2000).

Zum Eichmann-Prozeß. Ein Interview mit dem Präsidenten des Deutschen Bundestages, in: Bulletin des Presse- und Informationsamtes der Bundesregierung, Nr. 66 vom 3.4.1961, S. 635.

Zeitungs- und Zeitschriftenbeiträge

Die Auflistung sämtlicher ausgewerteter Artikel wäre zu umfangreich, so daß hier nur die in der Arbeit zitierten Artikel und ausgewählte, für die Auswertung besonders wichtige Beiträge aufgeführt werden. Die Beiträge werden nach Zeitungen bzw. Zeitschriften sortiert und nach Autoren bzw. – wenn eine Entschlüsselung nicht möglich war – nach Autorenkürzel geordnet aufgeführt. Wird kein Autor genannt, wird nach Titel geordnet. Beiträge aus den hier ausgewerteten Zeitungen und Zeitschriften, die vor oder nach dem Untersuchungszeitraum (Mai 1960 bis Juni 1962) veröffentlicht wurden, werden unter *Gedruckte Quellen und Literatur* aufgeführt.

Berliner Zeitung

8250 Nazis auf hohen Posten (5.5.1961).
Adenauer hinter den Kulissen (8.8.1961).
Jigal Arzi, Das X im Prozeß (5.4.1961).
Auf der Anklagebank mit Globke (10.4.1961).
»Auschwitz war die Hölle« (5.1.1961).
Richard Bingen, Die deutsche Bundesrepublik und Eichmann (22.6.1960).
Brandt: Blutrichter bleiben im Amt (4.7.1961).
Der Kanzler deckt den Mörder (11.3.1961).
Der Verteidiger (14.4.1961).
Eichmann an Sterilisierungen von Juden beteiligt (15.6.1960).
Eichmann bleibt in Israel (12.6.1960).
Eichmann droht Bonn (29.5.1960).
Eichmann – ein Manager des IG-Farben-Konzern (20.6.1961).
Eichmann – ein Mittelsmann Bonner Konzerne in Kuwait (29.5.1960).
Eichmann gerichtet (2.6.1962).
Eichmann und Globke sind Kumpane (14.5.1961).
Eichmann-Verteidiger provoziert das Gericht (12.4.1961).
Erznazi über die Grenze gejagt (10.8.1961).
F. H., Die Nackten und die Toten (8.2.1961).
Joachim Freese, Eichmann – Mörder von 180 000 Tschechen und Slowaken (4.11.1961).
K.-H. Gerstner, Und das 1961 (12.3.1961).
Ders., Fall Eichmann – Fall Bonn (9.4.1961).
Ders., Eichmann und Heusinger (19.12.1961).
Globke-Dokumente gestohlen (22.6.1961).
Globke gehört neben Eichmann (6.5.1961).
Globke ist der Eichmann von Bonn (29.7.1960).
Heimat der SS (2.6.1960).
Kreuzverhör war begrenzt (22.7.1961).
Julius Mader, Gestern Totenkopf – Heute Bundesadler (4.2.1961).
Ders., Advokat des Satans (9.4.1961).
Ders., Gehlen macht Zeugen mundtot (10.6.1960).
Mißhandelt, weil Jude (19.4.1961).
Mörder Eichmann leitete persönlich die Massenvergasungen ein (1.6.1960).
Walter Oehme, Wie sie bewältigen (3.3.1961).
Pol., Bonns Reaktion (28.5.1960).
Arne Rehahn, Das Regime der Judenreferenten (20.5.1961).
Schuldig wie Eichmann (18.12.1961).
Th. Schulze-Walden, Das Erhabene und das Erbärmliche (14.4.1961).
Servatius beleidigt Opfer (15.8.1961).
S. J., Der Strick ist noch warm (2.6.1962).
Sie hatten die Freiheit betteln zu gehen (11.6.1960).
Zeuge gegen Globke von Bonn unter Druck gesetzt (25.7.1961).
Zum sechsten Mal: Globke (15.7.1961).

Frankfurter Allgemeine Zeitung

80.000 Beteiligte an Hitlers schwersten Verbrechen bekannt (30.3.1961).
Adenauer dankt Ben Gurion am Beginn des Eichmann-Prozesses (11.4.1961).
Adolf Eichmann durch den Strang hingerichtet (2./3.6.1962).
Argentiniens Forderung bleibt (20.6.1960).
Argentinien verlangt von Israel Auskunft (3.6.1960).
Auch im Ostblock Ermittlungen über Eichmann (19.8.1960).
B. N., Gericht (25.5.1961).
Bormann in Argentinien verhaftet (30.9.1960).
B. R., Schattenbeschwörung (23.3.1962).
Hans Buchheim, Wo man sich nicht normal verhalten kann. Lebensbedingungen unter totalitärer Herrschaft, (13.12.1961).
Dettmar Cramer, Auf der Suche nach den Hauptschuldigen – Die Arbeit der Ludwigsburger Zentralstelle (30.3.1961).
Ders., Antworten aus Ludwigsburg (1.4.1961).
Ders., Eichmanns Verteidigung (9.11.1961).
Die Kosten für Eichmann (4.2.1961).
Die letzte Stunde Eichmanns (2.6.1962).
Eichmann arbeitete bis 1950 als Holzfäller in Norddeutschland (27.5.1960).
Eichmann-Prozeß wird gefilmt (11.3.1961).
Eichmann – Schlüsselfigur in der Judenverfolgung (13.12.1961).
Eichmann soll verhört werden (29.7.1961).
Eichmanns Verteidiger in Zeitnot (8.2.1961).
Eichmanns Richter benannt (27.2.1961).
Eichmann vor Berufungsgericht (23.3.1962).
Eichmann zieht nur Schlüsse (23.6.1961).
Erste Spur Eichmanns ein Brief? (25.10.1960).
Fahndung nach Eichmann-Mitarbeiter (28.1.1961).
Fall Eichmann vor dem Sicherheitsrat (16.6.1960).
F.O.E., Eichmann soll schon am 11. Mai gefaßt worden sein (30.5.1960).
F.O.E., Israel gibt Festnahme Eichmanns in Argentininen zu (8.6.1960).
Günther Gillessen, Schuld und Sühne in politischen Prozessen (23.11.1961).
Großfahndung nach Lagerarzt von Auschwitz (20.2.1961).
Hakenkreuzschmierer festgenommen (18.2.1961).
h.s., Kaul von Staatsschutzverfahren ausgeschlossen (14.3.1961).
Jede Bewegung Eichmanns wird überwacht (28.5.1960).
Israel dementiert Gerüchte um Eichmann (1.6.1960).
Kompromiß im Fall Eichmann in Sicht (25.6.1960).
Me., Abfuhr für Kaul (14.3.1961).
Mehrere Gnadengesuche für Eichmann (1.6.1962).
Mehrere tausend unter Verdacht (26.1.1961).
Mengele soll in Peru leben (23.2.1961).
Mitarbeiter Eichmanns verhaftet (10.6.1961).

Nach dem Gesetz (16.12.1961).
Pressemitteilung der SPD (25.5.1960).
Prozeß um Eichmanns Prozeßkosten (1.2.1961).
Pzg., Moskau schlachtet den Fall Eichmann aus (1./2.5.1961).
Benno Reifenberg, Unmenschen-Raub (22.6.1960).
Ders., Schuldig (12.12.1961).
Rolf Seelmann-Eggebrecht, Deutsche Schüler besuchen Israel (7.6.1960).
Joachim Schwelien, Der Prozeß gegen Eichmann (28.2.1961).
Ders., Hinter der Glaswand (11.4.1961).
Ders., Die Stunde des Grauens (19.4.1961).
Ders., Der Amtsgehilfe des Todes (21.4.1961).
Ders., Sowjetunion stellt keine Eichmann-Dokumente zur Verfügung (5.5.1961).
Ders., Jetzt auch eine westdeutsche Pressekonferenz in Jerusalem (6.5.1961).
Ders., Kein Material (8.5.1961).
Ders., Ein Mahnmal für die Jugend (12.5.1961).
Ders., Israel kann nicht vergessen (16.5.1961).
Ders., Servatius legt die Kompetenzen dar (22.6.1961).
Ders., Eichmann verweist auf Reichsinnenministerium (23.6.1961).
Ders., Das Recht im Prozeß gegen Eichmann (23.6.1961).
Ders., Eichmann gab sich weitschweifig (24.6.1961).
Ders., Eichmanns Orakel (24.6.1961).
Ders., Zunehmende Verärgerung in Israel über den Prozeßverlauf (1.7.1961).
Ders., Servatius will das Reichsaußenministerium belasten (4.7.1961).
Ders., Das Betreff und der Bezug (10.7.1961).
Ders., Richter Landau ermahnt den Generalstaatsanwalt (12.7.1961).
Ders., Kreuzverhör beendet (21.7.1961).
Ders., Verstimmte und Verschonte (22.7.1961).
Ders., Eichmanns Wahrheit (29.7.1961).
Servatius darf Eichmann verteidigen (24.11.1960).
Synagogenschänder schmierte wieder (19.12.1960).
Moshe Tavor, Kauls Auftritt in Jerusalem (8.5.1961).
Ders., Das Aktenstück »Fall Eichmann« (31.5.1960).
Ders., Vor der Berufungsverhandlung (19.3.1962).
Jürgen Tern, Der Fall Eichmann (27.5.1960).
Tränengas gegen »Mein Kampf« (25.5.1961).
Treffen Frondizi – Ben Gurion in Brüssel möglich (21.6.1960).
Wahrscheinlich keine Identität mit Bormann (1.10.1960).
Wie Eichmann gejagt wurde (26.10.1960).

Frankfurter Rundschau

20000 DM für die Ergreifung des KZ-Arztes Mengele (20.2.1961).
Adolf Eichmann erwähnt den Namen Globke (22.6.1961).

Conrad Ahlers, Wer zahlt für Eichmann (5.4.1961).
Ders., Bei der Gestapo hieß er nur »der Meister« (8./9.4.1961).
Ders., Vor der Abrechnung (11.4.1961).
Ders., Zum Thema Eichmann … (13.4.1961).
Ders., Tränen wie in den alten Klageliedern (17.4.1961).
Ders., Niemand kann den Pontius Pilatus spielen (19.4.1961).
Ders., »Ich kann nicht um Gnade bitten…« (20.4.1961).
Ders., Kainszeichen (21.4.1961).
Ders., Noch viele Mörder leben unter uns (24.4.1961).
Ders., »Immer bleibt der einzelne persönlich verantwortlich« (26.4.1961).
Ders., Mitverantwortlich fühlen (1./2.5.1961).
Ders., Zeuge Eichmann (20.6.1961).
Ders., Das Urteil von Jerusalem (16./17.12.1961).
Amtsenthebung Globkes gefordert (24./25.6.1961).
A. N., Der Kantianer (26.7.1961).
Ankläger gegen Globkes Vorladung (27.3.1962).
Anklage erhielt Namensliste (3.3.1961).
Bundeskanzleramt deckt Globke: Er war nur Beobachter (15.5.1961).
Bundeskanzleramt: Nur als Zuhörer (23.6.1961).
Das war 1961 – Frankfurter Rundschau zur Jahreswende (30./31.12.1961, S. 49-53).
drz., Nicht erledigt (2./3.6.1962).
Eichmann entkam möglicherweise mit Hilfe des Vatikan (25./26.3.1961).
Eichmann zum Tode verurteilt (16./17.12.1961).
Eichmann-Mitarbeiter Brunner in Syrien verhaftet (4./5.11.1961).
Eichmanns Stellvertreter in Haft (27.5.1960).
Frankfurt erhofft sich Beweise (25./26.5.1960).
Herbert Freeden, Großinquisitor des europäischen Judentums (1.6.1960).
Hermann P. Gebhardt, Sie kamen in Schlauchbooten und mit falschen Pässen (11./12.6.1960).
Karl Gerold, Der geraubte Mörder (11./12.6.1960).
Ders., Die deutsche Belastung (15./16.4.1961).
Globke soll im Eichmann-Prozeß als Experte aussagen (23.3.1962).
Israel übergibt Liste der Eichmann-Komplicen (22.2.1961).
Botho Kirsch, Für Moskau ein Wink des Schicksals (11.4.1961).
Lübke: Über eine Million Deutsche waren in KZ-Lagern (15./16.4.1961).
Abner Nechuschtan, Punkt für Punkt wird Eichmanns Schuld bewiesen (13./14.5.1961).
Ders., Das Bild des Grauens hat kaum noch Lücken (24.5.1961).
Ost-Berliner Anwalt Kaul in Israel abgeblitzt (5.4.1961).
PM, Kollektivscham (23.3.1961).
Prozeß gegen Eichmann-Gehilfen (3.5.1961).
Rotes Kreuz fand »Musterghetto« (13./14.5.1961).
Servatius wußte nichts von Weizmanns Tod (21.3.1962).
SPD-Zeitung »Vorwärts« fordert Globke-Rücktritt (17.5.1961).
War der Aufenthaltsort Eichmanns lange bekannt? (19.10.1960).
Gerhard Ziegler, Ein Manager des Massenmordes (27.5.1960).

Ders., Der Fall Eichmann (30.5.1960).
Zum zweiten Mal nennt Eichmann den Namen Globke (23.6.1961).

Neues Deutschland

Herbert Annas, Bonn will das Scheusal Eichmann für sich haben (26.5.1961).
Arabische Staaten klagen Adenauers Politik an (11.4.1961).
K. H. Arnold, Wer verdiente an Eichmanns Verbrechen? (19.5.1961).
Hilde Benjamin, Das Richtergesetz des Bonner Unrechtsstaates (30.6.1961).
Bonn wußte wo Eichmann war (15.8.1960).
Ya'aqov Caspi, Mit Eichmann steht Bonn vor Gericht (21.2.1961).
Ders., Nationales Interesse an der Ausrottung des Nazismus (25.2.1961).
Ders., Adenauer mischt mit (8.4.1961).
Harri Czepuck, Eichmanns Hintermänner zittern (30.5.1960).
Ders., Wir wußten wo Eichmann war – Konkrete Verfolgungsmaßnahmen seit Jahren verschleppt (23.6.1960).
Ders., Wer bezahlt Eichmanns Verteidiger (12.10.1960).
DDR – Gewissen der Nation (9.8.1960).
Der Eichmann von Bonn. Prof. Norden auf der internationalen Pressekonferenz des Ausschusses für Deutsche Einheit am 20. Juli in Berlin (29.7.1961).
Dokumente entlarven Eichmann (7.4.1961).
Eichmann – der Mann Bonns (28.5.1960).
Eichmann-Komplicen in hohen Ämtern (5.6.1960).
Eichmann lebte unbehelligt in Schleswig-Holstein (15.6.1960).
Eichmann verkörpert Militarismus (22.7.1961).
Eichmann-Prozeß – Schlag gegen Neonazismus. Interview von Max Kahane mit Samuel Mikunis (4.6.1961).
Faschisten befehligen West Polizei (14.1.1961).
Faschisten schändeten KZ-Ehrenmal (21.11.1961).
Fragen und Antworten auf der Pressekonferenz zum Fall Globke (30.7.1960).
Globke bezahlt Eichmanns Verteidiger (19.10.1960).
Globke ist der Eichmann Bonns (29.7.1961).
Globke-Komplice endlich hinter Gittern (25.5.1960).
Globkes Name fiel (13.5.1961).
Globke traf Eichmann bei der Gestapo (29.4.1961).
Globke-Skandal im israelischen Parlament (6.1.1961).
Hitler-Losung ist Wehners Losung (29.7.1961).
»Ich hätte auch meinen Vater getötet« (12.4.1961).
Israel erkennt die Gefahr des »Globkismus« (14.7.1961).
Israel fordert: Globke neben Eichmann (10.4.1961).
Jeder zweite Würdenträger in Westdeutschland ist Nazi (10.6.1961).
Jetzt schon SS-Appelle in Uniform und Waffen (21.6.1960).
Max Kahane, Der erste Tag des Eichmann-Prozesses (12.4.1961).

Ders., Mit Eichmann steht Bonn vor Gericht (14.4.1961).
Ders., Eichmann – der friedliche Bürger (15.4.1961).
Ders., Warum Globkes Name nicht fällt (26.4.1961).
Ders., Warum nennt die Anklage nur tote Mörder? Aber Globke ist aus dem Eichmann-Prozeß nicht zu verbannen (30.4.1961).
Ders., Schwer belastendes Material in Bonn (3.5.1961).
Ders., Globkes Name fällt im Massenmordprozeß (13.5.1961).
Ders., Der zweite Mann (20.5.1961).
Ders., Jerusalem und Berlin (16.8.1961).
Ders., Der Schoß aus dem das kroch (16.12.1961).
KP Israels: Nennt die Namen! (29.1.1961).
KZ-Museum in Dachau geschändet (15.8.1960).
Mörder Eichmann – Konzernagent des Herrn Abs. Bonner Verkehrsminister Seebohm brachte den Kriegsverbrecher ins »Ölgeschäft«! (29.5.1960).
Mörder Globke darf nicht ungeschoren bleiben (30.10.1960).
Nazis fürchten Belastungsmaterial (29.1.1961).
Neue Globke-Dokumente in Jerusalem (4.5.1961).
Oberländer steckbrieflich gesucht (18.6.1960).
Oberländer und kein Ende (30.10.1960).
Prozeß nicht zur Farce machen (29.4.1961).
Arne Rehahn, Wie Speidel Eichmann zuarbeitete (31.5.1961).
Servatius verteidigt Eichmanns Bonner Komplicen (12.4.1961).
SS-Aktion für Eichmann (25.4.1961).
Wieder Pogromlosung »Juden raus« in München (28.6.1961).
Otto Winzer, Strauß als Testamentsvollstrecker Hitlers (29.7.1961).

Rheinischer Merkur

Moritz Goldstein, Kaffee für Juden (Nr. 27 vom 1.7.1960).
Erich Läufer, Eichmann und die Jugend (Nr. 32 vom 4.8.1961).
Gerda Luft, Israel macht Eichmann den Prozeß (Nr. 23 von Pfingsten 1960).
Dies., Eichmann-Prozeß beginnt im April (Nr. 10 vom 3.3.1961).
William Stutz, England und der Eichmann-Prozeß (Nr. 19 vom 5.5.1961).
Karlheinz Treiß, Technik des Massenmordes (Nr. 31 vom 28.7.1961).
Paul Wilhelm Wenger, Kollektiver »Blutorden«? (Nr. 15 vom 7.4.1961).
Ders., Eichmann und Servatius (Nr. 19 vom 14.4.1961).
Ders., Deutsch-jüdische Tragödie (Nr. 20 vom 12.5.1961).
Ders., Eichmann als Gewissensschärfer (Nr. 23 vom 2.6.1961).
Ders., Eine groteske Intrige (Nr. 24 vom 9.6.1961).
Ders., Eichmann Jedermann (Nr. 26 vom 23.6.1961).
Ders., »Moses und Eichmann« – Zum Problem der historischen und politischen Schuld in Strafprozessen (Nr. 49 vom 1.12.1961).
Ders., Eichmann und Genossen (Nr. 52 von Weihnachten 1961).

Der Spiegel

Der Endlöser (Nr. 23 vom 1.6.1960, S. 32f.).
Der Endlöser (Nr. 25 vom 15.6.1960, S. 20-33).
Der Prozeß (Nr. 16 vom 12.4.1961, S. 20-32).
Feindliches Ausland (Nr. 31 vom 1995, S. 42f.).
Piefkes Abenteuer (Nr. 18 vom 26.4.1961, S. 76f.).
Moritz Pfeil [Rudolf Augstein], Recht auch für den Henker (Nr. 25 vom 15.6.1960, S. 24).
Hermann Renner, Das heilige Land und der Mörder (Nr. 24 vom 7.6.1961, S. 45-49).
Stunde der Schwäche (Nr. 53 vom 27.12.1961).
»Und so avancierte ich dann« – Adolf Eichmann über sich selbst. Aus den israelischen Vernehmungsprotokollen (Nr. 27 vom 28.6.1961).
Wer zahlt? (Nr. 43 vom 19.10.1960, S. 37-41).

Der Stern

Adolf Eichmann (Nr. 27 vom 2.7.1960, S. 14-18, 65-68, 72f.).
Robert Pendorf, Eichmanns letzte Jahre (Nr. 26 vom 25.6.1960, S. 10-16, 63f.).
Ders., Adolf Eichmann (Nr. 28 vom 9.7.1960, S. 16f., 58f.).
Ders., Lothar Wiedemann, Der Todesmühle letzter Kommandant Richard Baer (Nr. 33 vom 15.1.1961, S. 16-23).
Ders., KZ der SED (Nr. 35 vom 27.8.1961, S. 7-12, S. 62).
Henri Nannen, Liebe Sternleser! (Nr. 26 vom 25.6.1960, S. 5f.).
Ders., Liebe Sternleser! (Nr. 28 vom 9.7.1960, S. 5f.).
Ders., Liebe Sternleser! (Nr. 36 vom 3.9.1961, S. 5f.).
William S. Schlamm, Eichmann nach Deutschland! (Nr. 24 vom 11.6.1960, S. 82).
Ders., Eine Warnung (Nr. 3 vom 15.1.1961).
So wurde Eichmann entführt: Ein Volk jagt seinen Mörder (Nr. 25 vom 18.6.1960).
Egon Vacek, Israel wird Eichmann hängen (Nr. 29 vom 16.7.1960).

Süddeutsche Zeitung

Altnazis im Staatsrat der DDR (14.9.1960).
Klaus Ansprenger, Pilot Powers im Verhör (18.8.1960).
Auschwitz-Chefarzt in Brasilien (15./16./17.6.1960).
Auslieferungsantrag gegen Mengele (25./26.6.1960).
Ben Gurion schreibt Frondizi (11./12.6.1960).
Ben Gurion war bei de Gaulle (15.-17.6.1960).
Bundeskanzleramt: Eichmann irrt (23.6.1961).
Manfred von Conta, Der Massenmörder Eichmann (25./26.5.1960).
Deutsche Zeugen für Eichmann (4.5.1961).

Die Aufklärung der Nazi-Verbrechen (30./31.3.1961).
Eichmann-Prozeß im Fernsehen (14.3.1961).
Eichmann-Prozeß wird gefilmt (11./12.3.1961).
»Eichmann Symbol und Schandmal« (15./16.4.1961).
Eichmann vor dem Berufungsgericht (28.3.1961).
Eichmann zum Tode verurteilt (16./17.12.1961).
Einstweilige Verfügung gegen Eichmann-Buch beantragt (8./9.4.1961).
Erster Raumflug eines Menschen (13.4.1961).
Fahndung nach Auschwitz-Arzt – Josef Mengele angeblich in Argentinien (20.2.1961).
Frankfurter Universität entzieht KZ-Arzt-Mengele den Doktorgrad (11.7.1961).
»Globke war nur Zuhörer« (15.5.1961).
Raymund Hörhager, Eichmann-Helfer unter falschem Namen (23.1.1961).
Ht., Schuldkomplex (20.1.1961).
Invasion auf Kuba gescheitert (21.4.1961).
In verschlossenen Möbelwagen begann die Deportation (13./14.5.1961).
Israelis loben die deutsche Jugend (12.1.1961).
Willi Kinnigkeit, Schleswig-Holsteins Skandale (I): Herr Heyde hatte seine Gönner (9.12.1960).
Ders., Schleswig-Holsteins Skandale (II): Stille Teilhaber am Fall Heyde (13.12.1960).
Ders., Schleswig-Holsteins Skandale (III): Die Hypotheken des Dritten Reiches (16.12.1960).
Gerd Kistenmacher, Mittags um zwölf wurde Karl Bär gefesselt (22.12.1960).
Karl Wilhelm Körner, So wurde Eichmann entführt (7.6.1960).
Ders., Argentinien über antisemitische Vorfälle empört (31.8.1960).
Ku., Italien liefert Zind nicht aus (6.4.1961).
Lebt Bormann in Brasilien? (28./29.5.1960).
Martin Buber für Begnadigung (13.12.1961).
Ernst Müller-Meiningen jr., Wird Eichmann ausgeliefert? (25./26.5.1960).
Ders., Eichmann und wir (11.4.1961).
Ders., Eichmann und die Todesstrafe (16./17.12.1961).
Walter Schallies, SED-Anwalt Kaul setzt auf den Rechtsstaat (3.2.1961).
Ders., Kaul als Verteidiger ausgeschlossen(14.3.1961).
Streiflicht (12.4.1961).
Studienrat Zind freigelassen (12.4.1961).
Umfrage unter Jugendlichen zur unbewältigten Vergangenheit (24.7.1961).
Emil Walter, U2-Pilot freigelassen (12.2.1961).
Albert Wucher, Eichmann und die Gerechtigkeit (23.6.1960).
Ders., Eichmanns gab es viele. Ein Dokumentarbericht über die Endlösung der Judenfrage (siebenteilige Artikelserie) (9.11., 11.11., 22.11., 25.11., 30.11., 2.12., 7.12.1960).
Ders., Den letzten Nazi-Verbrechern auf der Spur (5.4.1961).
Ders., Die Augen der Welt schauen nach Jerusalem (12.4.1961).
Ders., Der Staatsanwalt ergreift das Wort (14.4.1961).
Ders., Eichmann – der Mörder neuen Stils (18.4.1961).
Ders., Jahre des Grauens stehen wieder auf (19.4.1961).
Ders., Der Staatsanwalt ruft die Zeugen auf (26.4.1961).
Ders., Eichmann-Film mit nächtlichem Vorspiel (2.6.1961).

Ders., Eichmann hebt die Hand zum Schwur (21.6.1961).
Ders., Eichmann erwähnte Globke erneut (23.6.1961).
Ders., Bürokrat Eichmann fühlt sich in seinem Element (26.6.1961).
Ders., Eichmann lügt, leugnet und windet sich (28.6.1961).
Ders., Die eigene Chance (24.7.1961).
Ders., Das perfekte Mordwerkzeug (17.8.1961).
Ders., Historische Schuld vor den Schranken des Gewissens (23.11.1961).
Zwanzig Tage Israel (20.1.1961).

Der Tagesspiegel

B.N., Das Todesurteil (2.6.1962).
Bischof Otto Dibelius, Propst Grüber zum 70. Geburtstag (24.6.1961).
Die Protokolle über Eichmanns Vernehmungen (21.4.1961).
Dokumentation zum Fall Eichmann (8.9.1961).
Eichmann-Mitarbeiter verschwunden (28.1.1961).
Eichmanns Mitarbeiter in der VAR (25.5.1960).
Empörung über Hakenkreuzschmierereien (13.4.1961).
Rainer Hildebrandt, Pankows »unbewältigte Vergangenheit« (28.4.1961).
J.B., Unsere Meinung (11.4.1961).
Kaul abgeblitzt (4.5.1961).
Kaul zweimal angelehnt (14.3.1961).
Alice Kempe, Der Tag der Sühne ist gekommen (9.4.1961).
Ders., Das Gespenst im Glaskasten (15.4.1961).
Ders., Routine und Grauen im Eichmann-Prozeß (9.5.1961).
Ders., Israel wartet auf das Urteil (1.6.1961).
Ders., Eichmanns Triebfeder war maßloser Ehrgeiz (10.6.1961).
Ders., Adolf Eichmann – der letzte Akt (16.12.1961).
Ders., Eichmann – »Schuld und Schwäche« (31.12.1961).
Kontroverse um den Fall Eichmann (19.10.1960).
Lübke: Eichmann nicht typisch für Deutschland (15.4.1961).
Martin Buber gegen Todesstrafe für Eichmann (14.12.1961).
Serie von KZ-Prozessen steht bevor (30.3.1961).
Ostblock-Kampagne gegen Bonn (11.4.1961).
Servatius verlangt Aussage Globkes im Eichmann-Prozeß, (23.3.1961).
Ernst A. Stiller, Der SS-Großinquisitor Adolf Eichmann (31.5.1960).
Um Eichmanns Auslieferung (28.6.1960).
Vier Monate Haft für Hakenkreuzschmierer (26.5.1960).

Die Welt

26823 Verfahren wegen NS-Verbrechen (6./7.5.1961).
Angeklagter hinter Glas (30.1.1961).
Auch das Archiv Eichmanns in israelischer Hand (16./17.6.1960).
Auswärtiges Amt beschmiert (1./2.5.1961).
Joachim Besser, Diese Sicherheitsratsdebatte war überflüssig (24.6.1960).
Bonn korrigiert Eichmann (23.6.1961).
Brandt: Eichmann-Prozeß hat auch positive Seiten (11.4.1961).
Bundeskanzleramt bestreitet Aussage Eichmanns (22.6.1961).
Bundesregierung: Urteil hat nicht überrascht (16./17.12.1961).
Die Zwischenrufe wurden lauter… (4.5.1961).
»Denkt an Eichmann!« dröhnt es aus dem Lautsprecher – Der »Phon-Krieg« an der Sektorengrenze (14./15.10.1961).
Eichmann 1950 noch in Deutschland (28./29.5.1960).
Eichmann »schlimmer als Hitler« (13./14.5.1961).
Eichmann verweigert Aussage über Globke (6.2.1961).
Globke lehnt Stellungnahme ab (24.3.1961).
»Globke war nur unbeteiligter Zuhörer« (15.5.1961).
Walter Görlitz, Eichmann, der Bürokrat der »Endlösung« (25.5.1960).
Walter Günzel, Im Ostblock sieht man nur den Propagandawert (28.4.1961).
Ist Martin Bormann noch am Leben? (28./29.5.1960).
Joel Brand: Eichmanns Adresse war 1957 bekannt (19.10.1960).
Keiner will Eichmann (26./27.5.1960).
Kaul als Beobachter zugelassen (27.4.1961).
Lübke: Erfüllt von tiefer Scham (14.4.1961).
KZ-Arzt Mengele in israelischer Hand? (30./31.3.1961).
Bernd Nellessen, Vor dem Prozeß (7.2.1961).
Ders., Zum Eichmann-Prozeß: Ludwigsburg zieht Bilanz (1./2.4.1961).
Ders., Der Prozeß (11.4.1961).
Ders., Ein »Schauprozeß« ist es nicht … (27.4.1961).
Ders., Kein freies Geleit für Entlastungszeugen (29./30.4.1961).
Ders., Dokumente kommen wieder zu Wort (9.5.1961).
Ders., Der Prozeß ist noch nicht gemeistert (20./21.5.1961).
Ders., Auch andere Dienststellen wirkten mit … (24.5.1961).
Ders., Der Richter unterbrach den Ankläger (30.5.1961).
Ders., Zeuge im Eichmann-Prozeß brach zusammen (8.6.1961).
Ders., »Unsere Ehre heißt Treue …« (11./12.6.1960).
Ders., Servatius lenkt von Eichmann ab (23.6.1961).
Ders., Der Mörder am Schreibtisch (6.7.1961).
Ders., Der Prozeß gegen Eichmann tritt in seine letzte Phase (11.12.1961).
Ders., Was wird aus Eichmann? (14.12.1961).
Ders., Die Lehren aus dem Prozeß (18.12.1961).
Ders., Urteil gegen Eichmann ist rechtskräftig (30.5.1962).

»Prawda« greift Israel an (24./25.6.1961).
SED-Pädagogen an Kriegsverbrechen beteiligt (3./4.6.1961).
Servatius beantragt Vernehmung Globkes (23.3.1962).
Servatius: Was ist politischer Mord? (20.11.1961).
»Sühne eines Verbrechens« (2.6.1961).

Die Zeit

Theodor Eschenburg, Globke im Sturm der Zeiten (Nr. 11 vom 10.3.1961).
Fünfhundert Mörder wurden nicht gefaßt. Gespräch mit dem Leiter der Ludwigsburger Zentralstelle – Wie Himmlers »Wölfchen« entdeckt wurde (Nr. 13 vom 30.3.1962).
Walter Gong, Eichmann, das große Weltgericht und wir (Nr. 12 vom 17.3.1961).
G.Z., Alarm wegen Eichmann (Nr. 23 vom 3.6.1960).
Wolfgang Helbich, Adolf Eichmann und die Endlösung (Nr. 51 vom 15.12.1961).
Thilo Koch, Schatten über der Kanzler-Reise (Nr. 16 vom 14.4.1961).
Robert Pendorf, Israels Staatsanwalt klagt an (Nr. 17 vom 21.4.1961).
Ders., Ein falscher Angeklagter? (Nr. 18 vom 28.4.1961).
Ders., »Mutter, darf ich wieder weinen?« (Nr. 21 vom 19.5.1961).
Ders., Das Märchen des Kronzeugen. Merten hat seine Behauptungen über Globke erfunden (Nr. 23 vom 2.6.1961).
Ders., Die Richter von Jerusalem (Nr. 23 vom 2.6.1961).
Ders., Auch in Israel herrschte zuviel Schweigen – Die Wirkungen des Eichmann-Prozesses (Nr. 25 vom 16.6.1961).
Ders., Wieder wühlt er in Akten (Nr. 27 vom 30.6.1961).
Ders., »Weil ich Treue geschworen habe...«. Das Fazit des Eichmann-Prozesses vor den Schlußplädoyers (Nr. 30 vom 21.7.1961).
Ders., Schuldspruch in Jerusalem. Eichmanns Name wurde ein düsteres Symbol (Nr. 51 vom 15.12.1961).
R. S., Eine noble Geste (Nr. 16 vom 14.4.1961).
Theo Sommer, Adolf Eichmann, Ostubaf. a.D. (Nr. 23 vom 3.6.1960).
Ders., Das Recht, Eichmann zu richten – Der Massenmörder gehört vor ein internationales Tribunal (Nr. 25 vom 17.6.1960).
Robert Strobel, Globke und die Judengesetze – Ein Zeit-Interview mit dem Staatssekretär im Bundeskanzleramt (Nr. 8 vom 17.2.1961).
Tel Aviv (Nr. 23 vom 8.6.1962).
Egon Vacek, »Jetzt blasen die Juden auch Trompete« (Nr. 27 vom 1.7.1960).
Warum jetzt noch einen KZ-Prozeß? Die Ludwigsburger Zentralstelle arbeitet langsam, aber gründlich (Nr. 22 vom 26.5.1961).

